本丛书系国家社科基金“一带一路”建设研究专项“‘一带一路’沿线国别研究报告”（批准号：17VDL002）成果，并得到上海社会科学院“一带一路”建设专项经费资助。

总主编　王振

副总主编　王健　李开盛

“一带一路”国别研究报告

（波兰卷）

主编　戴轶尘

The Belt and Road Country Studies

(Poland)

中国社会科学出版社

图书在版编目（CIP）数据

“一带一路”国别研究报告．波兰卷/王振总主编；戴铁尘主编．—北京：中国社会科学出版社，2020.4

ISBN 978－7－5203－4960－4

Ⅰ.①一… Ⅱ.①王…②戴… Ⅲ.①政治—研究报告—世界②政治—研究报告—波兰 Ⅳ.①D52②D751.3

中国版本图书馆 CIP 数据核字（2019）第 188574 号

出 版 人 赵剑英
责任编辑 赵 丽
责任校对 王佳玉
责任印制 王 超

出 版 中国社会科学出版社
社 址 北京鼓楼西大街甲 158 号
邮 编 100720
网 址 http://www.csspw.cn
发 行 部 010－84083685
门 市 部 010－84029450
经 销 新华书店及其他书店

印 刷 北京明恒达印务有限公司
装 订 廊坊市广阳区广增装订厂
版 次 2020 年 4 月第 1 版
印 次 2020 年 4 月第 1 次印刷

开 本 710×1000 1/16
印 张 46.25
插 页 2
字 数 758 千字
定 价 139.00 元

总　序

自习近平总书记于2013年分别在哈萨克斯坦和印尼提出建设“丝绸之路经济带”和“21世纪海上丝绸之路”以来，“一带一路”倡议得到了沿线国家的积极呼应，以政策沟通、设施联通、贸易畅通、资金融通、民心相通为合作框架的“五通”成为联接中国与世界的新桥梁、新通道。习近平总书记在第二届“一带一路”国际合作高峰论坛开幕式上的主旨演讲中，特别提出，共建“一带一路”，顺应经济全球化的历史潮流，顺应全球治理体系变革的时代要求，顺应各国人民过上更好日子的强烈愿望。面向未来，我们要聚焦重点、深耕细作，共同绘制精谨细腻的“工笔画”，推动共建“一带一路”沿着高质量发展方向不断前进。

上海社会科学院自2014年以来积极推进“一带一路”倡议研究和国别数据库建设。2017年4月第一届“一带一路”国际合作高峰论坛召开之际，我们与中国国际经济交流中心紧密合作，联合推出了智库型的“丝路信息网”。在创建“一带一路”数据库过程中，我们深感学术界、智库对“一带一路”沿线国家的国情研究，明显存在广度、深度不足问题。传统的区域国别研究或以历史、语言为背景，或主要局限于国际问题研究领域，往往缺乏国情研究的多学科特点和专业性调研范式，对于“一带一路”建设的实际需求，也考虑较少。“一带一路”沿线国家各有其不同的历史文化和国情特征。只有深入了解和认识这些国家之间的国情特征，才能为“一带一路”建设和相关决策提供较为扎实的智力保障和知识依托。

全国哲学与社会科学工作办公室为推进“一带一路”国情研究，于2017年专门设立了“一带一路”国别与数据库建设研究专项，并组织上海社会科学院、中国人民大学国家发展与战略研究院、兰州大学中亚研究所三家智库组成联合课题组，系统开展“一带一路”国别研究。2018年正式启动第一期研究，三家智库根据各自专业优势各选择6个国家开展国别研究，并在合作交流中逐步形成了体现国情研究特征的国别研究框架体系。

上海社会科学院高度重视“一带一路”研究，在张道根院长、于信汇书记的支持下，由副院长王振研究员牵头，组成了跨所跨院的研究团队。既集中了本院国际问题研究所、世界经济研究所、应用经济研究所、城市与人口研究所、宗教研究所、社会学研究所、“一带一路”信息研究中心等相关研究所的科研骨干，还特邀上海外国语大学、同济大学、上海对外经贸大学等上海高校的国别研究权威学者加盟，并担任国别研究的首席专家。在各位首席专家的牵头下，不仅有我院各个领域的科研骨干加入各国别研究小组，还组织国内外的各路专家学者参与国别研究，真正形成了多学科、社会化的合作研究格局。

为深化“一带一路”国别研究，有力推动“一带一路”国情数据库建设，我们在充分评判和总结已有各类研究文献的基础上，特别强调，要突出国情研究的特定类型和方式，要考虑国情数据库内容需要的全面性、积累性、长期性特点。一是内容的相对全面性。即除了研究各个国家的资源禀赋、对外开放、经济成长、地域政治外，还要研究各个国家的中长期战略、产业结构、市场需求、投资政策、劳动政策、科教文化、政党生态、宗教影响等，还要研究重点城市、产业园区等。二是调研的一线性。要收集、整理来自各个国家政府部门、智库的最新报告，同时动员这些国家的专家参与其中的部分研究，增强客观性和实地性；要收集、整理国际组织、发达国家智库最新的各类国别研究报告，增强多角度判断。三是观察的纵向时序性。要有发展轨迹的纵向梳理和评价，同时还要对未来的发展有个基本的展望和把握。四是数据库建设内容更新的可持续性。要研究国情信息来源渠道的权威性、多样性和长期性，确保国情研究和数据库建设的基础内容需要；研究如何把汇集起来的大量国情内容，经过专业人员的分析研究，形成更加符合政府需要、企业需要和学者需要的国情产品。

在国别研究过程中，课题组多次开会讨论、反复推敲，最终形成了包括基本国情、重大专题和双边关系三篇的基本研究框架，并致力于在以下三方面形成研究特色。

一是通过跨学科协作，突出基本国情研究的综合性。在第一篇基本国情，我们组织了来自经济学、地理学、人口学、政治学、国际关系学、宗教学等学科和领域的专家，分别从综合国力、人口结构、资源禀赋、基础设施、产业结构、政治生态、民族宗教、对外关系等方面对沿带沿路国家的基本国情进行深度剖析。

二是结合“一带一路”建设需要，突出重大专题研究的专业性。本书第二篇重大专题，采取“3 + X”模式。“3”即为各沿带沿路国别均须研究的内容，包括国家中长期战略、投资与营商环境、中心城市及其区域影响力。“X”即为基于各国特定国情以及“一带一路”建设在该国的特定需要而设置的主题。例如，关于以色列，我们就比较关注科技体制及其创新战略、巴以冲突和海外离散犹太人等问题。

三是着眼于务实合作，突出双边关系研究的纵深度。第三篇双边关系，同样采取“3 + X”模式。“3”即为各国别均须研究的内容，包括：历史与前瞻、中国观、“一带一路”与投资贸易关系。我们认为，这三部分对了解中国与沿带沿路国家双边关系的历史与现实有着重要的意义。“X”则是着眼于具体双边关系的特色，突出每对双边关系中不同优先领域，如匈牙利卷我们关注金融合作、波兰关注物流合作、土耳其关注反恐合作、希腊关注人文交流、摩洛哥关注港口合作等。

根据上述研究框架，从 2017 年底开始，到 2019 年初，大约用了一年多一点的时间，我们完成首批六个沿带沿路国家的国别研究报告，它们是：波兰、匈牙利、希腊、土耳其、以色列和摩洛哥。在全国哲学与社会科学工作办公室的支持下，我们正总结经验、推广布局，着手开始第二批沿带沿路国家国别报告的研究工作。我们期待，在不长时间里，我们能够完成主要沿带沿路国家的国别研究报告，为政府和企业决策提供相关的基础性信息，为促进我们对沿带沿路国家的了解添砖加瓦，为推动“一带一路”建设尽绵薄之力。

在此首批成果推出之际，要特别感谢全国哲学与社会科学工作办公室智库处。“一带一路”建设研究专项是国家社科基金重大专项之一，有幸入选这一专项并得到持续支持，是我们研究不断推进的根本动力。还要特别感谢各个国别研究小组的首席专家，在他们的组织和专业背景支持下，形成了具有开创性价值的国别研究成果；感谢各个领域的专家们，有了他们深厚的专业造诣和齐心协力，才能确保研究的顺利完成。另外还要感谢跟我们一起入选这一专项的中国人民大学和兰州大学研究团队，我们在各自擅长领域共同研究、分别推进，这种同侪间的交流拓展了我们的视野，让我们获益良多。最后，要感谢中国社会出版社给我们提供权威的出版平台，他们的努力是让这套丛书能够尽早与读者见面的直接保证。

王 振

上海社会科学院副院长

2019 年 5 月 30 日

本卷作者

前　言　戴轶尘，上海社会科学院国际问题研究所助理研究员

第一篇

第一章　周琢，上海社会科学院世界经济研究所副研究员
第二章　周海旺，上海社会科学院城市与人口发展研究所副所长、研究员
　　　　黄彦，上海社会科学院城市与人口发展研究所研究生
第三章　叶琴，上海师范大学环境与地理科学学院讲师
第四章　马双，上海社会科学院信息研究所助理研究员
第五章　卢晓菲，上海社会科学院产业经济学博士
　　　　尹航，上海对外经贸大学国际贸易学硕士
第六章　来庆立，上海社会科学院中国马克思主义研究所助理研究员
第七章　田艺琼，上海社会科学院宗教研究所助理研究员
第八章　戴轶尘，上海社会科学院国际问题研究所助理研究员

第二篇

第一章　董一凡，中国现代国际关系研究院欧洲所助理研究员
第二章　张琳，上海对外经贸大学国际经贸学院副教授
第三章　陈玉娇，上海社会科学院城市与人口发展研究所研究生
　　　　邓智团，上海社会科学院城市与人口发展研究所研究员
第四章　龙静，上海国际问题研究院欧洲研究中心副主任
第五章　贾瑞霞，中国社会科学院欧洲研究所副研究员
第六章　赵司空，上海社会科学院哲学研究所研究员
第七章　朱晓黎，华中师范大学政治与国际关系学院讲师

第八章　石云，华东师范大学公共管理学院教授
朱婉芬，华东师范大学公共管理学院研究生

第三篇

第一章　姚乐，复旦大学国际关系与公共事务学院博士

第二章　孙贝芸，复旦大学国际关系与公共事务学院博士

第三章　张琳，上海对外经贸大学国际经贸学院副教授

第四章　马莹，上海对外经贸大学国际贸易研究所助理研究员
何唱唱，上海大学社会学院硕士
李艳萍，上海大学社会学院硕士

第五章　原航，四川大学国际关系学院副教授、波兰与中东欧问题研究中心副主任

第六章　王春岩，上海对外经贸大学国际商务外语学院副教授
戴轶尘，上海社会科学院国际问题研究所助理研究员
田艺琼，上海社会科学院宗教研究所助理研究员
贾瑞霞，中国社会科学院欧洲研究所副研究员

前　　言

在中国，提起波兰，人们往往会想到伟大的波兰音乐家肖邦和第二次世界大战的爆发，波兰坎坷的国家命运与丰富的文化成就形成了鲜明的反差。正如波兰历史学者所言："波兰是一个有着极其复杂历史的国家。这种曲折和反复常常使波兰人自己都望而兴叹。"① 作为旁观的"局外人"，试图以一本书的体量全面展示波兰古往今来的变迁是一个"不可能的任务"，但通过管窥这个国家在发展中形成的若干特点，还是可以在深化对波兰的国别研究上起到些许抛砖引玉的作用。

首先，波兰是一个古老但历经波折的中东欧国家。波兰历来有"欧洲的心脏"和"欧洲的十字路口"之称，这首先源自波兰独特的地理位置。今天的波兰共和国（Rzeczpospolita Polska，The Republic of Poland，简称波兰）位于欧洲大陆的中部，东部与白俄罗斯、乌克兰相邻，东北部与立陶宛、俄罗斯的"飞地"加里宁格勒地区接壤，南部与捷克和斯洛伐克为邻，西部与德国相连，北面隔波罗的海与瑞典、丹麦相望。"波兰"在斯拉夫语中意为"平原"或"平原之国"。波兰的地势由西南向东北倾斜，在西南部和南部有喀尔巴阡山脉和苏台德山脉，中部和北部为平原和坡地平原，占到全国总面积的92%。波兰境内的维斯瓦河、奥德河、布格河、瓦尔塔河等主要河流自南向北流入波罗的海，因而也有"千湖之国"的美誉。平坦的地势，充沛的水资源，来自大西洋的暖湿气流和来自欧亚大陆腹地的干燥气流交汇下形成的温和气候以及丰富的矿藏和森林资源等一系列资源禀赋优势，使得波兰在中东欧地区中具有一份追求强国富民的殷

① ［波］耶日·卢克瓦斯基、赫伯特·扎瓦德斯基：《波兰史》，常程译，东方出版社2011年版，中文版序言第1页。

实“家底”，而且有连接欧洲东西南北的贸易交通走廊的区位优势。

然而，波兰作为“欧洲的心脏”又使其民族和国家的建构屡屡陷入对外部强国的反抗而几经中断。波兰的主体民族是缘起于西斯拉夫人的波兰族。约在963年，波兰大公梅什科一世（Mieszko Ⅰ）在西斯拉夫人的部落联盟基础上建立了封建王国，定都于波兰西部的格涅兹诺（Gniezno），历史上称为皮雅斯特王朝（Piast Poland）。格涅兹诺在波兰语中是“巢”的意思。相传，波兰民族的祖先在这里见到了白鹰在夕阳下回巢的雄伟景象，决定定居下来，繁衍生息。公元10世纪末，波兰的国土面积达25万平方千米，人口110万，是当时仅次于俄罗斯的第二大斯拉夫国家。随着皮雅斯特王室的衰落，波兰一度陷于封建割据，其领土先后受到来自西面的条顿骑士团和东面的蒙古军队的入侵。1385年，波兰和东边的邻国立陶宛通过王室联姻结成波兰—立陶宛联盟，并于次年建立雅盖隆王朝（Jagiellonowie），开始逐步收复领土，重新实现国家统一。1569年，波兰和立陶宛合并为统一国家，建立波兰—立陶宛联邦（史称波兰第一共和国），国家的领土从波罗的海一直延伸到黑海。波兰—立陶宛联邦也是一个多民族、多宗教的国家，居住着波兰人、立陶宛人、白俄罗斯人、日耳曼人、亚美尼亚人、卡舒比人、犹太人、鞑靼人等，信奉罗马天主教、基督教、东正教、犹太教和伊斯兰教等。到1618年，波兰的面积达到了99万平方千米，人口约1100万，在欧洲雄极一时。“随着国家的扩大，其版图也因为传统、宗教和语言的相异而变得极其不同。波兰的统治者缺乏实力和资源，将这些融合为一个统一而集中的实体。”① 随着波兰内部的君主与贵族之间矛盾日益加深，同时又对外与邻国展开激烈的军事竞争，在这一双重作用下，国力开始由盛转衰，最终被俄国、普鲁士和奥地利三次瓜分后于1795年亡国。经过长达一百多年的亡国磨难，波兰在1918年11月第一次世界大战结束后重新恢复独立，成立波兰共和国（波兰第二共和国）。然而，这一短暂的民族独立和国家复兴因为1939年第二次世界大战在欧洲爆发而再度中断，波兰成为纳粹德国和苏联两个强大邻国的“牺牲品”。第二次世界大战结束后，美、苏、英三大国根据《雅尔塔协定》和

---

① ［波］耶日·卢克瓦斯基、赫伯特·扎瓦德斯基：《波兰史》，常程译，东方出版中心2011年版，中文版序言第2页。

《波茨坦公告》重新划定了波兰的领土范围，改变了其在欧洲版图中的形状和位置。不仅如此，在波兰人看来，“第二次世界大战后引入波兰的新政治与经济体制是被外国强加的。许多波兰人对苏联充满怀疑并带有敌意，苏联式的共产主义被视为与国家的政治和文化传统格格不入的舶来品”。[①] 因此，尽管波兰在冷战期间加入苏联领导的社会主义阵营，并成为北约和华约两大军事集团在欧洲展开对峙的前沿，但也是第一个在1989年走向剧变的中东欧国家，寻求以全面的政治经济转型“回归欧洲”。

其次，波兰也是一个转型成绩优秀的中东欧国家。1989年剧变后，波兰在政治上实行多党议会民主制，在经济上推进自由化和私有化以建立市场经济制度。尽管在转型初期，波兰一度因实施激进的“休克疗法”而出现短暂的转型性经济衰退，但在1992年就率先在中东欧国家中恢复了经济增长，也是最先恢复到转型前经济水平的中东欧国家，并于1995年和1996年分别加入了世界贸易组织（WTO）和经济合作与发展组织（OECD）。2004年波兰成为欧盟正式成员后，欧盟提供的各类基金使之在追赶发达国家上更是如虎添翼。2014年，波兰加入欧盟10周年之际，波兰总统莫罗夫斯基、总理图斯克、外长西尔科斯基等政要十分自豪地向世人宣布，波兰交出了一份耀眼的“成绩单”。他们高度评价欧盟在波兰发展道路上具有里程碑的意义，波兰在10年期间取得的历史性进步值得引以为豪。波兰为达到欧盟成员国标准付出了巨大的努力，进行了全面的改革，自下而上地重塑了国家，用不到10年的时间建立了民主制度和自由市场经济。尤为让波兰人骄傲的是：“在加入欧盟的10年间，波兰的GDP飞涨了48.7%，即使在2009—2013年全球金融危机最严重时，我们的经济还是增长了20%，在欧洲表现最好。”[②] 波兰在宏观经济上的出色表现不仅使之具备了在中东欧国家中发挥领头羊作用的底气，而且为其在面对欧盟和更广泛的外部世界时增添了更多的自信和主动。2014年8月，波兰总理图斯克当选为欧洲理事会主席，意味着欧盟对以波兰为代表的中东欧国家转型和波兰不断增长的影响力的充分肯定。

---

① ［波］耶日·卢克瓦斯基、赫伯特·扎瓦德斯基：《波兰史》，常程译，东方出版中心2011年版，中文版序言第2页。

② 马细谱：《波兰加入欧盟10年的成绩与问题》，2016年5月27日，国务院发展研究中心欧亚社会发展研究所（http：//www.easdri.org.cn/newsitem/277392688）。

然而，波兰并不满足于上述转型成就，而是寻求更为持续、强劲的内生动力促进经济增长。尽管波兰经济在欧债危机的外部冲击下表现出了逆势增长的韧性，但是波兰仍面临着传统外部市场疲软、内部贫富差距拉大等一系列挑战，不少波兰政治精英担心随着转型红利的逐渐消失而掉入“中等收入陷阱”。为此，目前波兰执政党法律与公正党的“经济智囊”、现任波兰总理莫拉维茨基于 2016 年 2 月主持出台了《负责任的发展战略》，设立了中长期发展目标：到 2020 年，波兰人均 GDP 要达到欧盟平均水平的 79%，2030 年达到欧盟水平；投资率从 2015 年的 18% 提高到 25%；研发支出将从 2015 年 GDP 总值的 0.8% 增至 2020 年的 2%。波兰能否通过这一战略的实施在中东欧国家乃至整个欧盟维持经济连年增长的纪录值得密切关注。

再次，波兰还是一个对民族独立和国家主权高度敏感而与众不同的中东欧国家。18 世纪波兰被欧洲列强三次瓜分的历史记忆给波兰民族的性格和认同打上了深刻的烙印。“整个被瓜分的 19 世纪，波兰人始终没有忘记自己流淌的是波兰民族的血液，自己的祖国则是一个丧失了国土的国家。”① 在外部异族的统治之下，波兰的天主教会承载了凝聚起“没有国家的民族”的历史重任，逐渐形成了“波兰—天主教”（Polak - Katolik）认同，直至今日仍然在波兰的政治社会生活中发挥着不可替代的作用。但在漫长的大分裂时期，波兰被瓜分的几个部分，其政治、经济和社会发展模式都大不相同，由此导致的深远的地区间差异至今还影响着波兰国内的政治和经济布局。同时，在寻求复国的过程中，“波兰的精英们对祖国的困境做出了不同反应：协作、反抗、期望得到外国支援”。② 这不仅造成在 20 世纪初许多相互竞争的民族运动竞相影响着波兰，而且也塑造了今日波兰如何看待外部环境的方式。“自从国家灭亡的那一刻起，波兰人内部就在争论应该接受哪一方的帮助，采取怎样的具体措施，才能使他们最

---

① ［英］哈莉克·科汉斯基：《不折之鹰：二战中的波兰和波兰人》，何娟、陈燕伟译，中国青年出版社 2015 年版，第 30 页。

② ［波］耶日·卢克瓦斯基、赫伯特·扎瓦德斯基：《波兰史》，常程译，东方出版中心 2011 年版，中文版序言第 3 页。

终达成复国的梦想。”[①] 第一次世界大战前后，波兰内部出现了将德国还是俄罗斯视为主要威胁的两派政治力量的尖锐争论。目前，波兰再次面临着是寻求在加强欧盟的团结中强大起来，还是将欧洲一体化视为对波兰自主性的制约、甚至是威胁，两种针锋相对的战略抉择。波兰在看待欧洲一体化上将何去何从，不仅会左右波兰国内的治理议程，而且会给欧盟内部的权力格局带来深远变化，还将影响着波兰与更广阔的外部世界的互动方式。

最后，波兰是一个与中国“患难见真情”、双边关系稳中有进的中东欧国家。波兰与中国相隔万里，属于不同的文化文明圈，但两国人民有着许多共性。中波两国不仅在古代通过波兰的天主教传教士建立了初步接触，而且两国在近现代都有过被外部列强压迫的惨痛历史遭遇，加深了两国人民的相互同情，并在第二次世界大战的反法西斯斗争中相互支持，建立起了深厚友谊。波兰是最早与中华人民共和国正式建交的欧洲国家之一，也是较早与中国建立战略伙伴关系、第一个加入亚洲基础设施投资银行的中东欧国家。在中波两国建交70周年的历程中，双边关系经受住了国际风云变幻的冲击，在超越意识形态和政治制度差异的同时，两国在探索建立市场经济、促进国民经济发展上存在着相似的关切，在拓展双边政治对话、经贸合作和人文交流上存有高度的共识和可观的合作潜力。2012年中国国务院总理温家宝访问波兰期间正式确立了“中国—中东欧国家合作”框架即“16+1”合作[②]。2015年波兰总统杜达访华期间，与中国签署了共同推进“一带一路”建设的谅解备忘录。2016年中国国家主席习近平访问波兰期间，两国关系提升为全面战略伙伴关系，并签署了编制中波合作规划纲要的谅解备忘录。可以说，中波双边关系在“16+1”合作和“一带一路”框架下获得了更为广阔的多边合作平台，但也面临着双边贸易不平衡、“华为事件”等带来的挑战，未来如何推进两国关系的发

---

① ［英］哈莉克·科汉斯基：《不折之鹰：二战中的波兰和波兰人》，何娟、陈燕伟译，中国青年出版社2015年版，第31页。

② 中国—中东欧国家合作于2012年启动，最初参与合作的16个中东欧国家包括阿尔巴尼亚、波黑、保加利亚、克罗地亚、捷克、爱沙尼亚、匈牙利、拉脱维亚、立陶宛、北马其顿、黑山、波兰、罗马尼亚、塞尔维亚、斯洛伐克和斯洛文尼亚，简称为“16+1”合作。2019年4月第八次中国—中东欧国家领导人会晤期间，正式吸纳希腊加入，简称相应变更为“17+1合作”。为行文方便，本书统称“16+1”合作。

展仍然需要双方共同付出切实的努力。

本书是上海社会科学院副院长王振研究员担纲的国家社科基金“一带一路”建设研究专项项目“‘一带一路’沿线国别研究报告”的首批系列成果之一。本书由来自中国社会科学院、中国现代国际关系研究院、上海国际问题研究院、复旦大学、上海对外经贸大学、华东师范大学、上海师范大学、华中师范大学、四川大学以及上海社会科学院从事经济学、政治学、国际关系、宗教和城市研究的20余名专家学者组成的课题组分章撰写而成。全书分为基本国情研究、重大专题研究和双边关系研究三大部分，对位于“丝绸之路经济带”与“琥珀之路”交汇地、素有“欧洲的心脏”之称的中东欧地区大国波兰进行全面的介绍和系统的研究。

基本国情研究部分，依据由课题组自创的综合国力评估指标体系，从人口结构、资源禀赋、基础设施、产业发展、政治生态、民族与宗教以及对外关系七个方面，收集、整理和分析来自波兰政府、欧盟以及世界银行等国际权威机构的第一手数据、官方政策文件和研究报告等，做出了波兰的综合国力在“一带一路”沿线国家中位居前列的总体判断，从而为发展中波战略伙伴关系、推进两国在“16+1”合作以及“一带一路”倡议中的务实合作提供一个客观合理的参照标准。

重大专题研究部分，从宏观到微观，自上而下地关注和分析了当前波兰发展面临的若干重大政治、经济和社会议题。第一，聚焦于自2015年以来，本届波兰政府在国家层面制定和实施《负责任的发展战略》的背景、主要内容，及其带来的一系列宏观政策和当前的投资营商环境的变化。第二，介绍了波兰在华沙和格但斯克等主要城市、工业和技术园区、科技创新等中微观领域，采取的提升国家竞争力的各种具体措施及其实施效果。第三，探讨波兰的民粹主义思潮、天主教会和工会等社会力量兴起演变的复杂历史，它们相互之间盘根错节的关系及其对波兰社会的广泛影响。

双边关系研究部分，从系统回顾中波两国建交后双边关系的曲折发展着手。在此基础上，着重探讨了自“16+1”合作和“一带一路”倡议提出以来，波兰的精英、公众和媒体对中国的认知变化，及其对中波战略伙伴关系抱有既重视又存疑的矛盾心态。通过对中波双边贸易和投资关系的定量分析，解释了当前波兰的矛盾心态与中波双边经贸合作中存在着突出的不平衡现象有密切关系。同时，对由“中欧班列”引领的中波物流合作、中国四川—波兰罗兹的地方合作以及人文合作展开案例研究，梳理和分析了在“一带一路”框架下中波双边关系取得的进展、面临的挑战和发展潜力。

本书各章的写作立足于服务“一带一路”倡议的现实需要，力图做到客观、准确地呈现波兰方方面面的现状和发展态势，并试图为推进国别研究建立一般的分析框架和研究方法。本书既可为广大普通读者加深对波兰的认识提供助益，也可为专业人士深化波兰的国别研究提供参考。本书的问世首先有赖于课题组各位专家学者的精诚合作，不少素昧平生的专家学者欣然应允课题组的约稿，充分表明了加强国别研究的重要性和迫切性。同时，也要感谢首席专家王振副院长对我本人负责本书编写工作的充分信任和大力支持，还要感谢我所在的上海社会科学院国际问题研究所副所长李开盛研究员为课题的顺利推进所做的大量细致周到的协调工作。最后感谢中国社会科学出版社赵丽副编审在出版过程中的辛勤付出。但限于有限的时间、资料和本人的学术积累，书中难免存在挂一漏万和疏忽纰漏之处，欢迎广大学界同行和读者的批评指正。

目　　录

第一篇　基本国情研究

第二篇 重大专题研究

第三篇 双边关系研究

第一篇

基本国情研究

第一章　综合国力评估

综合国力评价是对一个国家基本国情的总体判断，也是进行国与国之间比较的基础。本书在参考国际上的指标体系和竞争力指标的基础上，立足于“一带一路”沿线国家的特点，构建“一带一路”沿线国家综合国力指数，旨在揭示“一带一路”沿线国家的综合国力和基本国情。在本书构建的综合国力评价三级指标体系中，波兰的综合国力在“一带一路”沿线国家中排名第 6 位。

第一节　综合国力评价

本书通过数量化的指标体系对波兰的综合国力进行评价。

一　指标体系构建原则

指标体系构建的原则是为了反映一国国家在一个时期内的综合国力。合理地选取指标和构建“一带一路”沿线国家综合国力指数评价体系，有利于真实、客观地反映“一带一路”沿线国家的发展质量与综合水平。在回顾既有研究成果的基础上，本书综合运用地理学、经济学、管理学、环境科学、生态学等理论，聚焦“国情”和“综合”，结合“一带一路”沿线国家的发展实践，提出“一带一路”沿线国家综合国力指数的构建原则，并据此构建一套系统、科学、可操作的评价指标体系，以便更好地判断“一带一路”的现实。

构建方法，第一步，将原始数据进行标准化处理，第二步，按照各级指标的进行算术加权平均，第三步，得出相应数值，进行排名。

本指数的基础数据主要来源于：世界银行数据库、世界经济论坛的全球竞争力报告和欧洲统计局。①

二 指标体系构建内容

本书构建一个三级指标体系对一个国家的综合国力进行评估。

（一）一级指标

一级指标体系包括四个“力”和一个“环境”，分别为基础国力、消费能力、贸易能力、创新能力和营商环境。

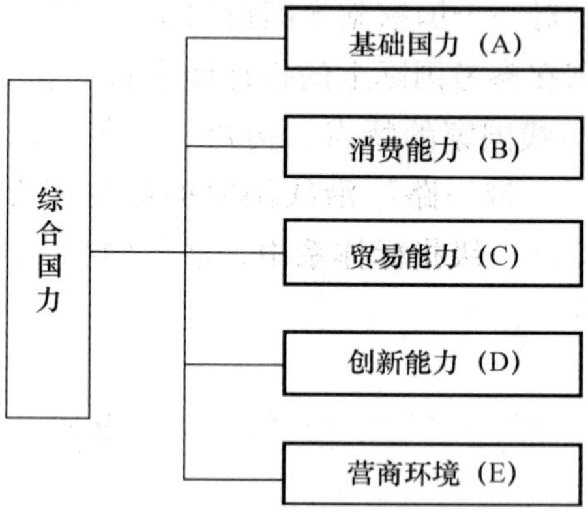

图Ⅰ-1-1 “一带一路”沿线国家综合国力的一级指标

（二）二级指标

在基础国力（A）中设置四个二级指标，分别是资源禀赋（A1）、人口状况（A2）、教育水平（A3）和基础设施（A4）。

在消费能力（B）中设置二个二级指标，分别是消费总量（B1）和消费结构（b2）。

在贸易能力（C）中设置二个二级指标，分别是进口能力（B1）和出口能力（B2）。

在创新能力（D）中设置三个二级指标，分别是创新人才（D1）、研

---

① 世界银行数据库（https：//data. worldbank. org. cn/），全球竞争力报告（https：//cn. weforum. org/reports/），欧洲统计局（https：//ec. europa. eu/eurostat）。

发投入（D2）和创新成果（D3）。

在营商环境（E）中设置四个二级指标，分别是制度环境（E1）、投资安全（E2）、外商政策（E3）和公共服务。

（三）三级指标

三级指标共有139个，具体见表Ⅰ-1-1

表Ⅰ-1-1　“一带一路”沿线国家综合国力指标列表

一级指标	二级指标	三级指标	三级指标代码
基础国力	资源禀赋	地表面积	A101
		可再生内陆淡水资源总量	A102
		耕地面积	A103
	人口状况	总人口数	A201
		城市人口数	A202
		农村人口数	A203
		少儿人口抚养比	A204
		老龄人口抚养比	A205
	教育水平	中学教育入学率	A301
		教育体系的质量	A302
		数学和科学教育质量	A303
		管理类教育质量	A304
		学校互联网普及程度	A305
		基础教育质量	A306
		基础教育入学率	A307
	基础设施	总体基建水平	A401
		公路长度	A402
		铁路长度	A403
		港口效率	A404
		空中运输	A405
		航线客座千米［百万/每周］	A406
		电力供应	A407
		手机普及程度［部/百人］	A408
		固定电话数［部/百人］	A409
消费能力	消费总量	GDP（PPP）［百万美元］	B101
		国内市场规模指数	B102

续表

一级指标	二级指标	三级指标	三级指标代码
	消费结构	人均消费（底层40%的人口）[美元/天]	B201
		人均消费（总人口）[美元/天]	B202
		人均实际消费年化增长率（底层40%的人口）[%]	B203
		人均实际消费年化增长率（总人口）[%]	B204
贸易能力	进口能力	保险和金融服务（占商业服务进口的比例）[%]	C101
		商业服务进口 [美元（现价）]	C102
		运输服务（占商业服务进口的比例）[%]	C103
		旅游服务（占商业服务进口的比例）[%]	C104
		货物进口 [美元（现价）]	C105
		农业原料进口（占货物进口总额的比例）[%]	C106
		食品进口（占货物进口的比例）[%]	C107
		燃料进口（占货物出口的比例）[%]	C108
		制成品进口（占货物进口的比例）[%]	C109
		矿石和金属进口（占货物进口的比例）[%]	C110
		通信、计算机和其他服务（占商业服务进口的比例）[%]	C111
	出口能力	保险和金融服务（占商业服务出口的比例）[%]	C201
		商业服务出口 [美元（现价）]	C202
		运输服务（占商业服务出口的比例）[%]	C203
		旅游服务（占商业服务出口的比例）[%]	C204
		货物出口 [美元（现价）]	C205
		农业原料出口（占货物出口总额的比例）[%]	C206
		食品出口（占货物出口的比例）[%]	C207
		燃料出口（占货物出口的比例）[%]	C208
		制成品出口（占货物出口的比例）[%]	C209
		矿石和金属出口（占货物出口的比例）[%] 窗体顶端	C210
		通信、计算机和其他服务（占商业服务出口的比例）[%]	C211
创新能力	创新人才	高等教育入学率 [%]	D101
		留住人才能力	D102
		吸引人才能力	D103
		科学家和工程师水平	D104

续表

一级指标	二级指标	三级指标	三级指标代码
		每百万人中 R&D 研究人员［人］	D105
		每百万人中 R&D 技术人员［人］	D106
	研发投入	研发支出占 GDP 比例	D201
		最新技术有效利用程度	D202
		企业的科技运用能力	D203
		科学研究机构的质量	D204
		企业研发投入	D205
		产学研一体化程度	D206
		政府对高科技产品的采购	D207
		FDI 和技术转化	D208
		互联网使用者（%人口）	D209
		固定宽带用户（每百人）	D210
		互联网带宽	D211
		移动互联网用户（每百人）	D212
	创新成果	非居民专利申请数［个］	D301
		居民专利申请数［个］	D302
		商标申请（直接申请，非居民）［个］	D303
		商标申请（直接申请，居民）［个］	D304
		商标申请合计［个］	D305
		高科技产品出口［美元（现价）］	D306
		在科学和技术学术期刊上发表的论文数［篇］	D307
		高科技产品出口占制成品出口的比例［%］	D308
		工业设计应用数量，非居民［个］	D309
		工业设计应用数量，居民［个］	D310
		非居民商标申请［个］	D311
		居民商标申请［个］	D312
		中高技术产品出口占制成品出口的比例［%］	D313
营商环境	制度环境	有形产权保护	E101
		知识产权保护	E102
		公共基金的多样性	E103

续表

一级指标	二级指标	三级指标	三级指标代码
	制度环境	政府公信力	E104
		政府的廉政性	E105
		公正裁决	E106
		政府决策偏袒性	E107
		政府支出效率	E108
		政府管制负担	E109
		争端解决机制的法律效率	E110
		改变陈规的法律效率	E111
		政府政策制定透明程度	E112
		审计和披露标准力度	E113
		公司董事会效能	E114
		金融服务便利程度	E115
		金融服务价格合理程度	E116
		股票市场融资能力	E117
		贷款便利程度	E118
		风险资本便利程度	E119
	投资安全	公安机关的信任度	E201
		恐怖事件的商业成本	E202
		犯罪和暴力的商业成本	E203
		有组织的犯罪	E204
		中小股东利益保护	E205
		投资者保护（0—10 分）	E206
		银行的安全性	E207
	外商政策	当地竞争充分程度	E301
		市场的主导地位	E302
		反垄断政策力度	E303
		税率对投资刺激的有效性	E304
		总体税率（% 利润）	E305
		开办企业的步骤	E306
		开办企业的耗时天数	E307

续表

一级指标	二级指标	三级指标	三级指标代码
	外商政策	农业政策成本	E308
		非关税壁垒的广泛程度	E309
		关税	E310
		外资企业产权保护	E311
	公共服务	当地供应商数量	E401
		当地供应商质量	E402
		产业集群发展	E403
		自然竞争优势	E404
		价值链宽度	E405
		国际分销控制能力	E406
		生产流程成熟度	E407
		营销的能力	E408
		授权的意愿	E409
		劳动和社会保障计划的覆盖率（占总人口的百分比）	E410
		劳动和社会保障计划的充分性（占受益家庭总福利的百分比）	E411
		20%的最贫困人群的劳动和社会保障计划的受益归属（占总劳动和社会保障计划受益归属的百分比）	E412
		失业救济和积极劳动力市场计划的覆盖率（占总人口的百分比）	E413
		20%的最贫困人群的失业救济和积极劳动力市场计划的受益归属（占总失业救济和积极劳动力市场计划受益归属的百分比）	E414
		社会安全网计划的覆盖率（占总人口的百分比）	E415
		社会安全网计划的充分性（占受益家庭总福利的百分比）	E416
		20%的最贫困人群的社会安全网计划的受益归属（占总安全网受益归属的百分比）	E417
		社会保险计划的覆盖率（占总人口的百分比）	E418
		社会保险计划的充分性（占受益家庭总福利的百分比）	E419

如图Ⅰ-1-2所示，2017年波兰的综合国力在“一带一路”沿线国家中排名第6位，在世界137个国家中排名45位。从横向比较上分析，根据世界银行数据库显示，2017年美国的国内生产总值（GDP）水平是193906亿美元，中国的GDP水平是122377亿美元，波兰的GDP水平是5245.1亿美元，波兰的GDP水平为美国GDP的2.71%，中国GDP的4.29%。①

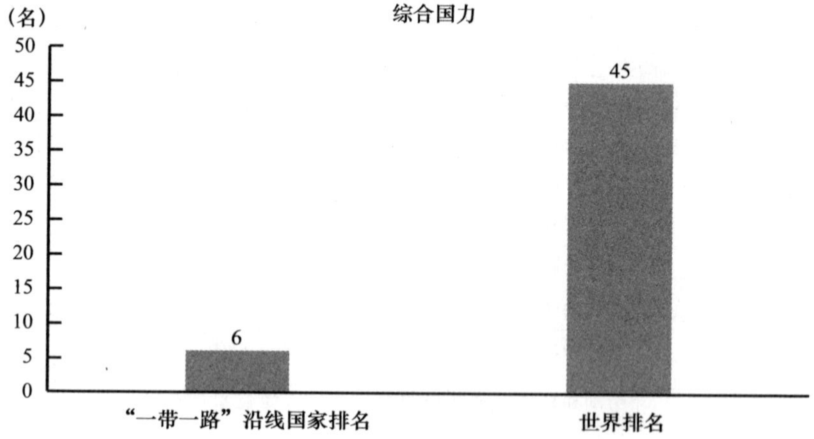

图Ⅰ-1-2　2017年波兰的综合国力排名

从图Ⅰ-1-3中可以发现，2017年波兰的基础国力在“一带一路”沿线国家中排名第5位，在世界137个国家中排名30位；消费能力在“一带一路”沿线国家中排名第4位，在世界137个国家中排名25位；贸易能力在“一带一路”沿线国家中排名第5位，在世界137个国家中排名50位；创新能力在“一带一路”沿线国家中排名第8位，在世界137个国家中排名59位；营商环境在“一带一路”沿线国家中排名第8位，在世界137个国家中排名57位。

① 世界银行数据库（https：//data.worldbank.org.cn/）。

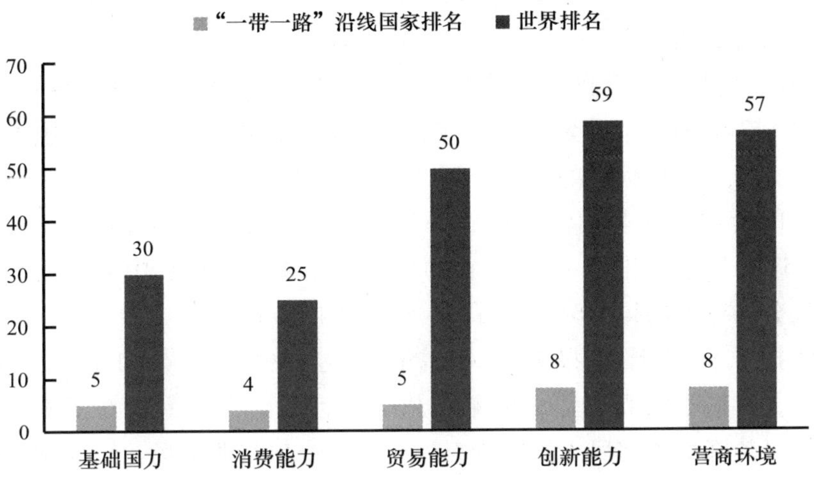

图 I－1－3　2017 年波兰综合国力一级指标排名

第二节　指标分类评价

一　基础国力评价

从图 I－1－4 中可以发现，2017 年波兰的资源禀赋在"一带一路"沿线国家中排名第 2 位，在世界 137 个国家中排名 25 位。中国外交部网站显示，以国土面积为例，2017 年美国的面积为 937 万平方千米，波兰的面积为 31.2679 万平方千米。[①] 中国统计局网站显示，中国的面积为 960 多万平方千米。[②] 波兰的土地面积为美国土地面积的 3.33%，为中国土地面积的 3.26%。[③]

2017 年波兰的人口状况在"一带一路"沿线国家中排名第 5 位，在世界 137 个国家中排名 26 位。世界银行数据库显示，以人口总数为例，

① 中国外交部（https：//www. fmprc. gov. cn/web/gjhdq _ 676201/gj _ 676203/bmz _ 679954/）。

② 中国统计局（http：//www. stats. gov. cn/tjzs/tjsj/tjcb/zggqgl/200403/t20040315 _ 37433. html）。

③ 世界银行数据库（https：//data. worldbank. org/indicator/AG. LND. TOTL. K2）。

2017 年美国的人口总数为 3.26 亿人，中国的人口总数为 13.86 亿人，波兰的人口总数为 3843.4 万人，波兰的人口为美国人口总数的 11.66%，为中国人口总数的 2.74%。[①]

2017 年波兰的受教育水平在“一带一路”沿线国家中排名第 3 位，在世界 137 个国家中排名 50 位。在本书的计算样本中，美国、中国和波兰在教育培训分指标上的得分分别是 6.3、4.8 和 5.02。

2017 年波兰的基础设施在“一带一路”沿线国家中排名第 2 位，在世界 137 个国家中排名 46 位。在的计算样本中，美国、中国和波兰在基础设施分指标上的得分分别是 6.0、4.7 和 4.66。

依据欧洲统计局报告，2017 年波兰 20—64 岁人口的就业率为 34.8%，远低于欧盟 41.7% 的平均值。尽管波兰失业率正在下降，但由于退休年龄降低和移民人数减少，许多人正退出就业市场，因此预计波兰就业率不会有显著变化。

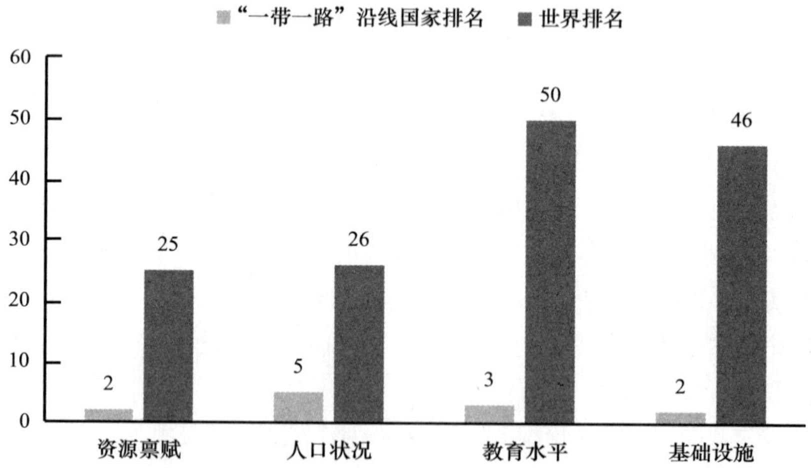

图 I-1-4　2017 年波兰基础国力二级指标排名

① 世界银行数据库（https://data.worldbank.org.cn/）。

表Ⅰ-1-2　　2017年波兰基础国力三级指标排名

三级指标	“一带一路”沿线国家排名	世界排名	三级指标	“一带一路”沿线国家排名	世界排名
地表面积	4	29	学校互联网普及程度	6	40
可再生内陆淡水资源总量	5	32	基础教育质量	6	33
耕地面积	5	33	基础教育入学率	4	25
总人口数	5	33	总体基建水平	5	29
城市人口数	3	30	公路长度	6	28
农村人口数	3	49	铁路长度	6	60
少儿人口抚养比	4	31	港口效率	6	25
老龄人口抚养比	4	36	空中运输	7	23
中学教育入学率	3	42	航线客座千米［百万/每周］	8	45
教育体系的质量	3	32	电力供应	7	29
数学和科学教育质量	3	25	手机普及程度［部/百人］	7	24
管理类教育质量	3	33	固定电话数［部/百人］	6	25

二　消费能力评价

从图Ⅰ-1-5中可以发现，2017年波兰的消费总量在“一带一路”沿线国家中排名第3位，在世界137个国家中排名30位。2017年波兰的消费结构在“一带一路”沿线国家中排名第6位，在世界137个国家中排名22位。世界银行数据库显示，2017年，美国、中国和波兰的人均GDP水平分别是59531.6美元、8826.9美元和13811.66美元。①

① 世界银行数据库（https：//data.worldbank.org.cn/）。

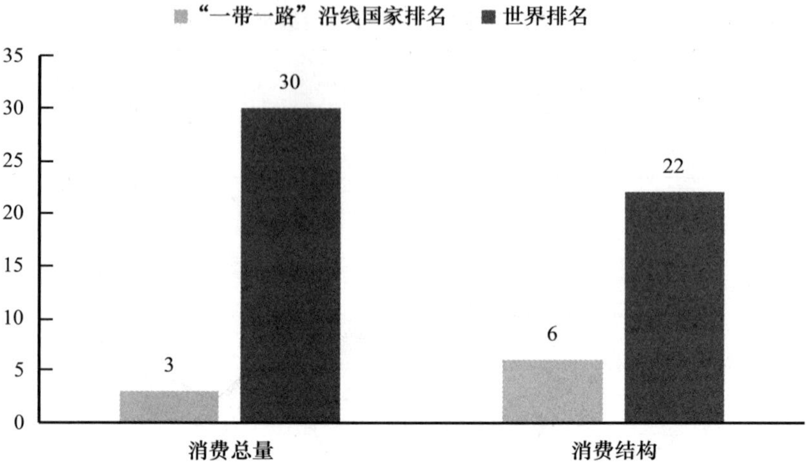

图 I-1-5　2017 年波兰消费能力二级指标排名

表 I-1-3　　**2017 年波兰消费能力三级指标排名**

三级指标	"一带一路"沿线国家排名	世界排名
GDP（PPP）［百万美元］	4	25
国内市场规模指数	5	28
人均消费（底层 40% 的人口）［美元/天］	3	22
人均消费（总人口）［美元/天］	3	22
人均实际消费年化增长率（底层 40% 的人口）［%］	6	45
人均实际消费年化增长率（总人口）［%］	7	35

三　贸易能力评价

从图 I-1-6 中可以发现，2017 年波兰的进口能力在"一带一路"沿线国家中排名第 6 位，在世界 137 个国家中排名 48 位。2017 年波兰的消费结构在"一带一路"沿线国家中排名第 6 位，在世界 137 个国家中排名 53 位。世界银行数据库显示，2017 年，中国和波兰在商品和服务出口占 GDP 的比重分别为 19.76% 和 53.39%，中国和波兰在商品和服务进口占 GDP 的比重分别为 18.05% 和 49.4%。①

① 世界银行数据库（https://data.worldbank.org.cn/）。

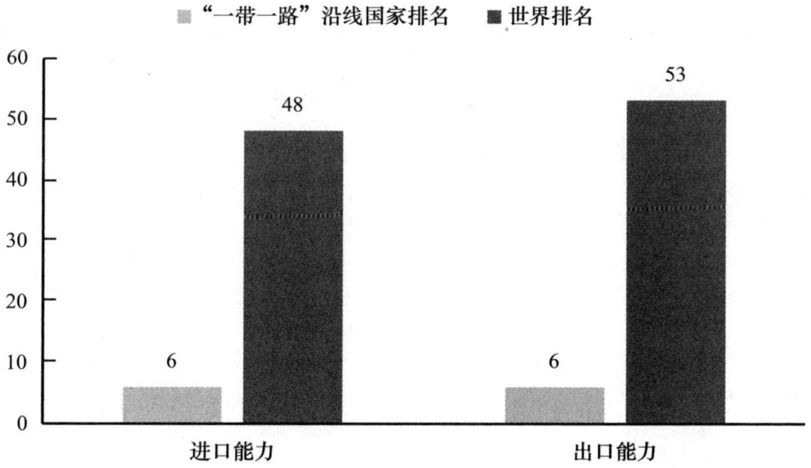

图Ⅰ-1-6　2017年波兰贸易能力二级指标排名

表Ⅰ-1-4　2017年波兰贸易能力三级指标排名

三级指标	"一带一路"沿线国家排名	世界排名	三级指标	"一带一路"沿线国家排名	世界排名
保险和金融服务（占商业服务进口的比例）[%]	6	55	食品进口（占货物进口的比例）[%]	9	59
商业服务进口[美元（现价）]	5	42	燃料进口（占货物出口的比例）[%]	7	50
运输服务（占商业服务进口的比例）[%]	4	50	制成品进口（占货物进口的比例）[%]	5	32
旅游服务（占商业服务进口的比例）[%]	7	51	矿石和金属进口（占货物进口的比例）[%]	5	36
货物进口[美元（现价）]	8	48	通信、计算机和其他服务（占商业服务进口的比例）[%]	4	31
农业原料进口（占货物进口总额的比例）[%]	5	45	保险和金融服务（占商业服务出口的比例）[%]	7	50

续表

三级指标	“一带一路”沿线国家排名	世界排名	三级指标	“一带一路”沿线国家排名	世界排名
商业服务出口［美元（现价）］	6	36	食品出口（占货物出口的比例）［%］	3	30
运输服务（占商业服务出口的比例）［%］	7	40	燃料出口（占货物出口的比例）［%］	8	40
旅游服务（占商业服务出口的比例）［%］	7	45	制成品出口（占货物出口的比例）［%］	6	42
货物出口［美元（现价）］	5	41	矿石和金属出口（占货物出口的比例）［%］	9	45
农业原料出口（占货物出口总额的比例）［%］	4	42	通信、计算机和其他服务（占商业服务出口的比例）［%］	9	56

四 创新能力评价

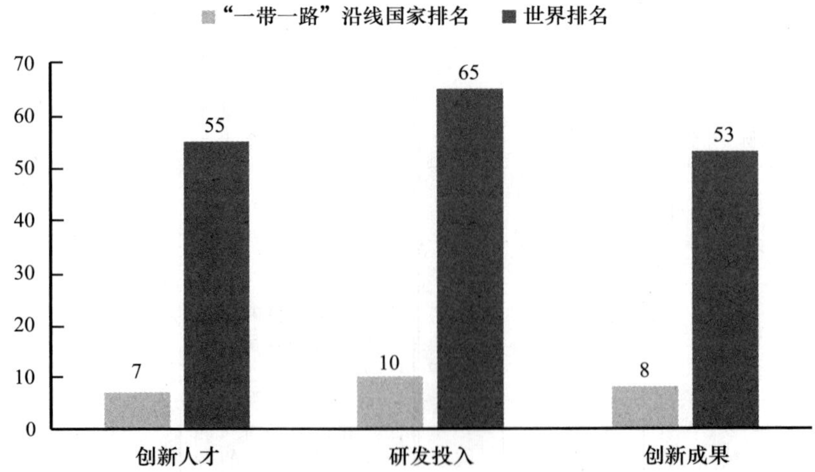

图Ⅰ-1-7 2017年波兰创新能力二级指标排名

从图Ⅰ-1-7中可以发现，2017年波兰的创新人才在“一带一路”沿线国家中排名第7位，在世界137个国家中排名55位。在本书的计算样本中，美国的创新人才得分为6.4，中国的创新人才得分为3.5，波兰的创新人才得分为2.8。

2017年波兰的研发投入在“一带一路”沿线国家中排名第10位，在世界137个国家中排名65位。在本书的计算样本中，美国的研发投入得分为8.1，中国的研发投入得分为5.9，波兰的研发投入得分为4.2。

2017年波兰的创新成果在“一带一路”沿线国家中排名第8位，在世界137个国家中排名53位。在本书的样本中，美国的创新成果得分为7.6，中国的创新成果得分为3.2，波兰的创新成果得分为3.1。

表Ⅰ-1-5 **2017年波兰创新能力三级指标排名**

三级指标	“一带一路”沿线国家排名	世界排名	三级指标	“一带一路”沿线国家排名	世界排名
高等教育入学率（%）	5	37	固定宽带用户（每百人）	5	52
留住人才能力	9	74	互联网带宽	6	53
吸引人才能力	10	65	移动互联网用户（每百人）	4	49
科学家和工程师水平	5	56	非居民专利申请数［个］	9	66
每百万人中R&D研究人员［人］	6	55	居民专利申请数［个］	7	60
每百万人中R&D技术人员［人］	7	55	商标申请（直接申请，非居民）［个］	8	66
研发支出占GDP比例	8	60	商标申请（直接申请，居民）［个］	8	64
最新技术有效利用程度	9	61	商标申请合计	5	60

续表

三级指标	"一带一路"沿线国家排名	世界排名	三级指标	"一带一路"沿线国家排名	世界排名
企业的科技运用能力	7	62	高科技产品出口［美元（现价）］	6	66
科学研究机构的质量	8	56	在科学和技术学术期刊上发表的论文数［篇］	4	60
企业研发投入	9	70	高科技产品出口占制成品出口的比例［%］	5	65
产学研一体化程度	9	60	工业设计应用数量，非居民［个］	5	63
政府对高科技产品的采购	7	56	工业设计应用数量，居民［个］	8	62
FDI 和技术转化	6	55	非居民商标申请［个］	9	55
互联网使用者（% 人口）	5	51	居民商标申请［个］	9	71
中高技术产品出口占制成品出口的比例［%］	7	61			

五　营商环境评价

从图 I－1－8 中可以发现，2017 年波兰的制度环境在"一带一路"沿线国家中排名第 7 位，在世界 137 个国家中排名 55 位。在本书的样本国家中，美国制度环境的得分为 9.6，中国制度环境的得分为 6.5，波兰制度环境的得分为 6.4。

2017 年波兰的投资安全在"一带一路"沿线国家中排名第 7 位，在世界 137 个国家中排名 40 位。在本书的样本国家中，美国投资安全的得分为 9.6，中国投资安全的得分为 6.5，波兰投资安全的得分为 6.5。

波兰长期经济成长的另一个重大威胁是投资率低。根据欧洲统计局的数据显示，多年来，波兰投资对 GDP 比例一直低于欧盟平均水平。2017 年，它达到 17.7%，而欧盟平均值为 20.1%。2016 年非金融企业投资占全国所创造的附加价值比例为 21.6%，欧盟平均值为 22.7%。波兰企业投资的动能很低，主要因法律频繁变动和不稳定的总体经济形势所致。①

2017 年波兰的外商政策在“一带一路”沿线国家中排名第 10 位，在世界 137 个国家中排名 61 位。在本书的样本国家中，美国外商政策的得分为 8.6，中国外商政策的得分为 7.5，波兰外商政策的得分为 7.3。

2017 年波兰的公共服务在“一带一路”沿线国家中排名第 11 位，在世界 137 个国家中排名 65 位。在本书的样本国家中，美国公共服务的得分为 7.6，中国公共服务的得分为 7.0，波兰公共服务的得分为 5.8。

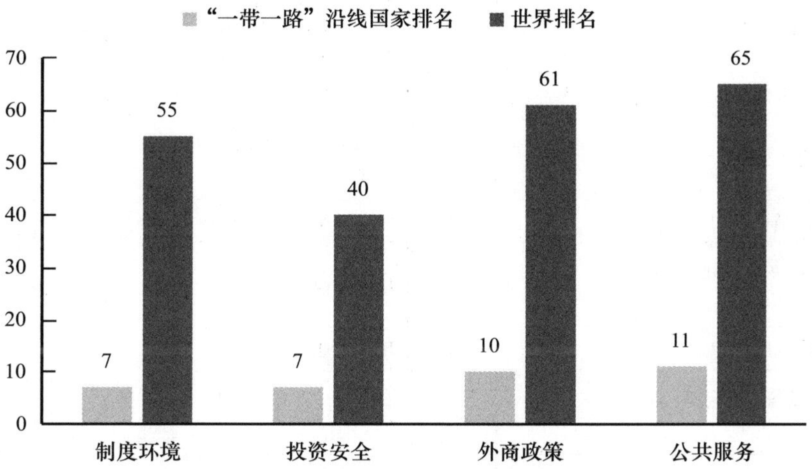

图 I－1－8 2017 年波兰营商环境二级指标排名

波兰在转型过程中，逐渐建立起完善的法律制度，加入欧盟之后，与欧盟的法律法规相衔接，进一步扩充了波兰的法律体系。并且，波兰的司法机关独立性较强，法院具有很高的独立裁决权。对于外商投资，波兰政府坚持四点原则：政府同等看待外资企业和国内企业；外国投资者可以全面返回营利；不限制外商投资任何领域，外商可以在波兰购买不动产；波兰优惠的政策符合欧盟的法律规定。另外，波兰政府还承诺，对外商出资的固定资产，如 3 年内不转移，免缴进口关税；经济特区的企业，其用于投资项目的进口机械设备享受免税待遇。

① 欧洲统计局（https：//ec.europa.eu/eurostat）。

表 I－1－6　　2017 年波兰营商环境三级指标排名

三级指标	“一带一路”沿线国家排名	世界排名	三级指标	“一带一路”沿线国家排名	世界排名
有形产权保护	7	55	有组织的犯罪	2	32
知识产权保护	7	56	中小股东利益保护	5	30
公共基金的多样性	6	69	投资者保护（0—10分）	5	45
政府公信力	9	60	银行的安全性	5	46
政府的廉政性	6	52	当地竞争充分程度	5	61
公正裁决	6	52	市场的主导地位	6	63
政府决策偏袒性	5	51	反垄断政策力度	5	64
政府支出效率	8	65	税率对投资刺激的有效性	7	62
政府管制负担	11	65	总体税率（％利润）	6	60
争端解决机制的法律效率	6	45	开办企业的步骤	8	68
改变陈规的法律效率	15	80	开办企业的耗时天数	6	66
政府政策制定透明程度	6	55	农业政策成本	5	68
审计和披露标准力度	6	50	非关税壁垒的广泛程度	5	69
公司董事会效能	6	51	关税	6	64
金融服务便利程度	5	50	外资企业产权保护	5	56
金融服务价格合理程度	5	50	当地供应商数量	5	54
股票市场融资能力	5	56	当地供应商质量	5	53
贷款便利程度	4	59	产业集群发展	6	54
风险资本便利程度	6	58	自然竞争优势	7	65
公安机关的信任度	6	45	价值链宽度	8	70
恐怖事件的商业成本	3	36	国际分销控制能力	9	71
犯罪和暴力的商业成本	3	38	生产流程成熟度	10	60

续表

三级指标	“一带一路”沿线国家排名	世界排名	三级指标	“一带一路”沿线国家排名	世界排名
营销的能力	11	81	20%的最贫困人群的失业救济和积极劳动力市场计划的受益归属（占总失业救济和积极劳动力市场计划受益归属的百分比）	4	60
授权的意愿	12	79	社会安全网计划的覆盖率（占总人口的百分比）	5	61
劳动和社会保障计划的充分性（占受益家庭总福利的百分比）	6	64	社会安全网计划的充分性（占受益家庭总福利的百分比）	5	62
20%的最贫困人群的劳动和社会保障计划的受益归属（占总劳动和社会保障计划受益归属的百分比）	6	65	20%的最贫困人群的社会安全网计划的受益归属（占总安全网受益归属的百分比）	6	62
失业救济和积极劳动力市场计划的覆盖率（占总人口的百分比）	7	66	社会保险计划的覆盖率（占总人口的百分比）	6	63
劳动和社会保障计划的覆盖率（占总人口的百分比）	6	65	社会保险计划的充分性（占受益家庭总福利的百分比）	7	64

第二章 人口结构研究

历史上，波兰曾因两次世界大战和国土疆界变更而出现人口锐减。第二次世界大战结束后，波兰的人口一直呈增长态势，曾是欧洲人口增长最快的国家之一。近年来，波兰人口数量保持平稳且呈现老龄化社会特征。截至 2017 年 1 月 1 日，波兰行政区划上共有 16 个省 314 个区 66 个城市 2478 个社区，总人口 3843.4 万人。

第一节 人口发展状况

一 人口总量发展变化趋势

（一）人口总量及其变化趋势

2017 年波兰的人口总数为 3843.40 万人，这是在连续两年的人口下降后出现的首次上升。2017 年，波兰总人口中，男性人口为 1859.30 万人，女性人口为 1984.0 万人。自 1998 年达到人口最高峰后，波兰人口在 2015 年之前一直处于负增长状态，老龄化社会是波兰人口的主要特点。

从人口变化趋势看，1950—2017 年，大致可以分为两个阶段。第一阶段是 1950—1995 年，人口数量处于上升阶段，从 1950 年的 2503.50 万人上升至 1995 年的 3828.40 万人。第二阶段为 1996—2017 年，这一阶段人口数量基本保持不变，在 3830 万左右浮动。

从性别结构看，1950—2017 年波兰女性人口数量一直高于男性人口数量，总人口性别比介于 91—95，1950—1985 年总人口性别比处于小幅度上升阶段，从 1950 年的 91.21 提高到 1985 年的 95.20，1985—2017 年总人口性别比处于小幅度下降阶段，从 95.20 下降到 2017 年的 93.71。

表 I-2-1　　1950—2017 年波兰人口总量和性别构成

年份	总人口（万人）	男性人口（万）	女性人口（万人）	总人口性别比
1950	2503.50	1194.20	1309.30	91.21
1955	2755.00	1323.20	1431.80	92.42
1960	2979.50	1441.40	1538.10	93.71
1965	3155.10	1531.90	1623.20	94.38
1970	3265.80	1586.10	1679.60	94.43
1975	3418.50	1663.30	1755.20	94.76
1980	3573.50	1741.10	1832.40	95.02
1985	3734.10	1821.10	1913.00	95.20
1990	3807.30	1855.20	1952.10	95.04
1995	3828.40	1862.80	1965.60	94.77
1997	3829.00	1860.10	1968.90	94.47
1998	3827.70	1857.90	1969.80	94.32
1999	3826.30	1854.80	1971.50	94.08
2000	3825.40	1853.70	1971.70	94.02
2001	3824.20	1852.50	1971.70	93.95
2002	3821.90	1850.70	1971.20	93.89
2003	3819.10	1848.70	1970.40	93.82
2004	3817.40	1847.00	1970.40	93.74
2005	3815.70	1845.40	1970.30	93.66
2006	3812.50	1842.70	1969.80	93.55
2007	3811.60	1841.20	1970.40	93.44
2008	3813.60	1841.50	1972.10	93.38
2009	3816.70	1842.90	1973.80	93.37
2010	3853.00	1865.30	1987.70	93.84
2011	3853.80	1865.50	1988.40	93.82
2012	3853.30	1864.90	1988.40	93.79

续表

年份	总人口（万）	男性人口（万）	女性人口（万）	总人口性别比
2013	3849.60	1863.00	1986.60	93.78
2014	3847.90	1862.00	1985.90	93.76
2015	3843.70	1859.80	1983.90	93.74
2016	3843.30	1859.30	1984.00	93.71
2017	3843.40	1859.30	1984.00	93.71

注：总人口性别比，即人口中每100名女性对应的男性人数。

资料来源：波兰中央统计局（http：//stat. gov. pl）。

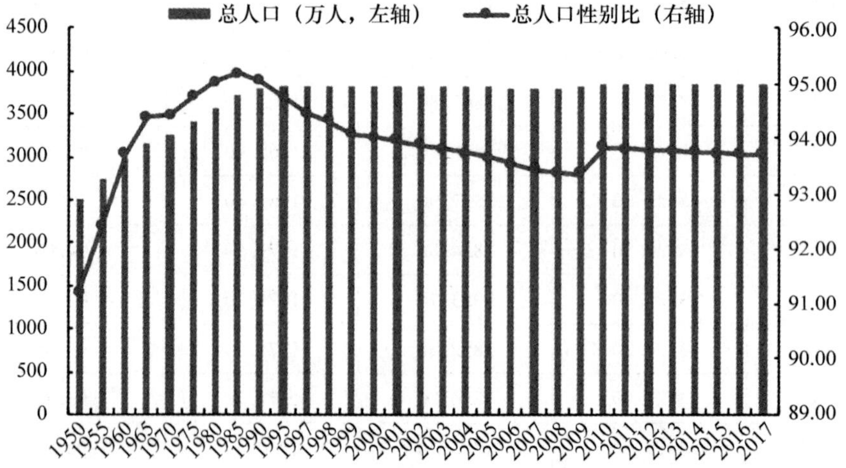

图Ⅰ-2-1 1950—2017年波兰总人口数量和总人口性别比

说明：总人口性别比，即人口中每100名女性对应的男性人数。

资料来源：波兰中央统计局（http：//stat. gov. pl）。

（二）人口发展前景展望

根据联合国《2017世界人口展望》的预测，2020年波兰总人口数量将达3794.2万，2025年波兰总人口数量将达3737.3万，2030年波兰总人口数量将达3661.6万；2040年波兰总人口数量将达3465.5万，2050年波兰总人口数量将达3239.0万。从联合国的人口预测结果可以得出，波兰总人口数量变动将呈现下降趋势。

表Ⅰ-2-2 **波兰人口发展预测** （单位：万人）

年份	总人口数	男性人口	女性人口
2020	3794.2	1831.9	1962.4
2025	3737.3	1803.5	1933.8
2030	3661.6	1765.9	1895.6
2040	3465.5	1672.1	1793.3
2050	3239.0	1570.8	1668.2

资料来源：联合国《2017 世界人口展望》。

二 人口自然变动情况

（一）人口自然变动趋势

根据波兰中央统计局数据，2017 年波兰出生人数为 40.2 万人，死亡人数为 40.3 万人，人口为负增长。从图Ⅰ-2-2 中可以看出，出生人数和自然增长人数变化趋势基本相同。自然增长人数变化趋势大致可以分为两个阶段。第一阶段：1950—1998 年波动中下降，从 1950 年的 47.4 万下降至 1998 年的 2 万；第二阶段：1999—2016 年在零增长轴上下浮动。从图Ⅰ-2-2 中可以看出，死亡人数变化趋势总体上为波动中上升趋势。

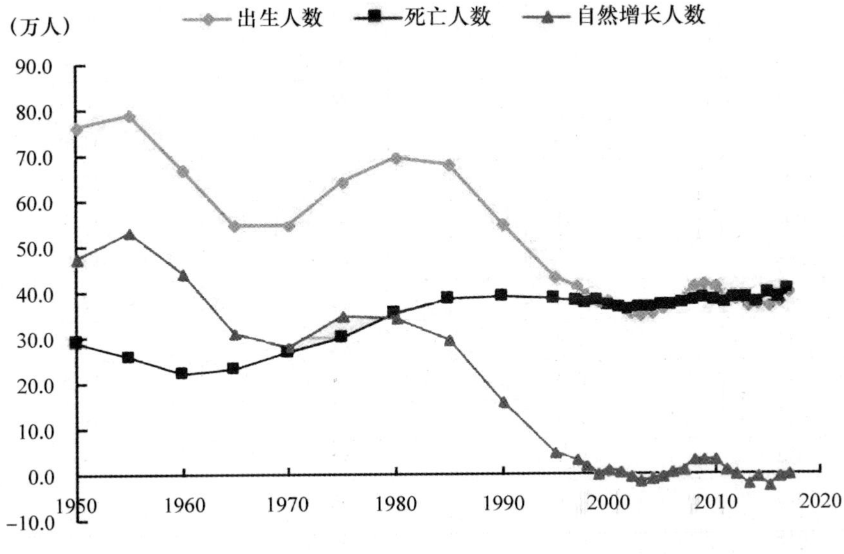

图Ⅰ-2-2 1950—2017 年出生人数、死亡人数和自然增长人数变化

资料来源：波兰中央统计局（http：//stat. gov. pl）。

表Ⅰ-2-3　　1950—2017 年出生人数、死亡人数和自然增长人数变化

（单位：万人）

年份	自然增长人数	出生人数	死亡人数
1950	47.4	76.3	28.9
1955	53.2	79.4	26.2
1960	44.5	67.0	22.4
1965	31.4	54.7	23.3
1970	27.9	54.8	26.9
1975	34.7	64.6	30.0
1980	34.3	69.6	35.3
1985	29.6	68.0	38.4
1990	15.7	54.8	39.0
1995	4.7	43.3	38.6
1997	3.3	41.3	38.0
1998	2.0	39.6	37.5
1999	0.1	38.2	38.1
2000	1.0	37.8	36.8
2001	0.5	36.8	36.3
2002	-0.6	35.4	36.0
2003	-1.4	35.1	36.5
2004	-0.7	35.6	36.4
2005	-0.4	36.4	36.8
2006	0.5	37.4	37.0
2007	1.1	38.8	37.7
2008	3.5	41.5	37.9
2009	3.3	41.8	38.5
2010	3.5	41.3	37.9
2011	1.3	38.8	37.6
2012	0.2	38.6	38.5
2013	-1.8	37.0	38.7
2014	-0.1	37.5	37.7
2015	-2.6	36.9	39.5
2016	-0.6	38.2	38.8
2017	-0.1	40.2	40.3

资料来源：波兰中央统计局（http：//stat. gov. pl）。

根据波兰中央统计局统计，截至 2017 年，波兰的人口出生率为 10.5‰，死亡率为 10.5‰，自然增长率为 0。

截取 1950—2017 年的人口数据，从人口出生率看，整体呈波动下降趋势，1950—1970 年为下降趋势，在 1950 年人口出生率为 30.7‰，1970 年为 16.8‰，下降了 13.9 个千分点，之后进一步下降到 2017 年的 10.5‰，近年来保持稳定。从人口死亡率看，整体呈小幅度波动趋势，1950 年为峰值 11.6‰，在 1965 年出现最低值为 7.4‰。从人口自然增长率看，总体呈波动下降趋势，与人口出生率的变动趋势相似，1950—1970 年为下降趋势，1970—1975 年出现短暂上升，其后进入长期下降阶段，近年在 0 左右波动。

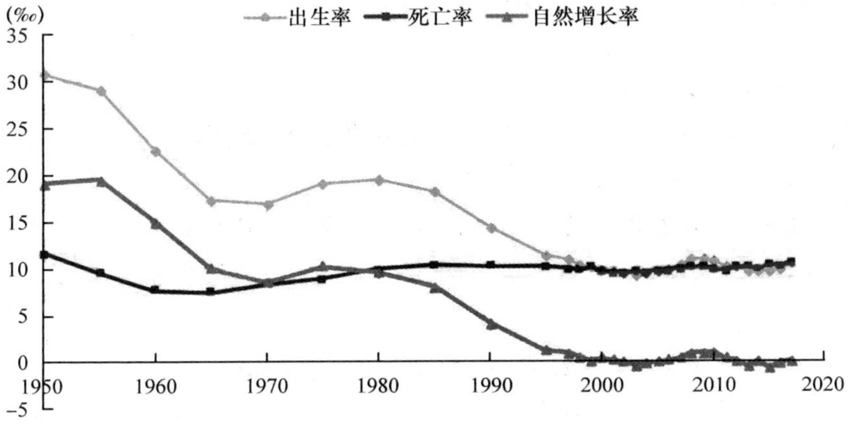

图Ⅰ-2-3　1950—2017 年波兰人口出生率、死亡率和自然增长率变化

资料来源：波兰中央统计局（http：//stat. gov. pl）。

（二）生育水平变化趋势

根据波兰中央统计局关于总和生育率的统计（图Ⅰ-2-4），波兰总和生育率变化趋势大致可以分为四个阶段。第一阶段：1950—1970 年快速下降期，从 1950 年的 3.71 下降至 1970 年的 2.20；第二阶段：1971—1985 年的平缓波动期，这一时期波兰总和生育率围绕 2.28 上下波动；第三阶段：1986—2003 年继续下降期，直至下降到 2003 年的 1.22；第四阶段：2004—2016 年低位波动期，这一时期波兰总和生育率在 1.25 上下波动。

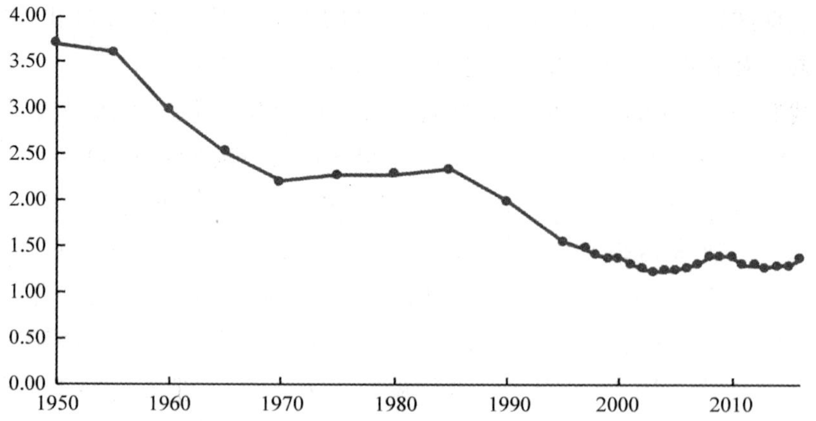

图Ⅰ-2-4　1950—2016年波兰总和生育率变化情况

资料来源：波兰中央统计局（http：//stat. gov. pl）。

（三）预期寿命变化

截至2016年，波兰的总人口预期寿命为77.5岁，男性预期寿命为73.5岁，女性预期寿命为81.6岁。

从1960—2016年的波兰人口预期寿命数据变化可以看出，总人口预期寿命呈上升趋势，从1960年的67.7岁上升到2016年的77.5岁，其中

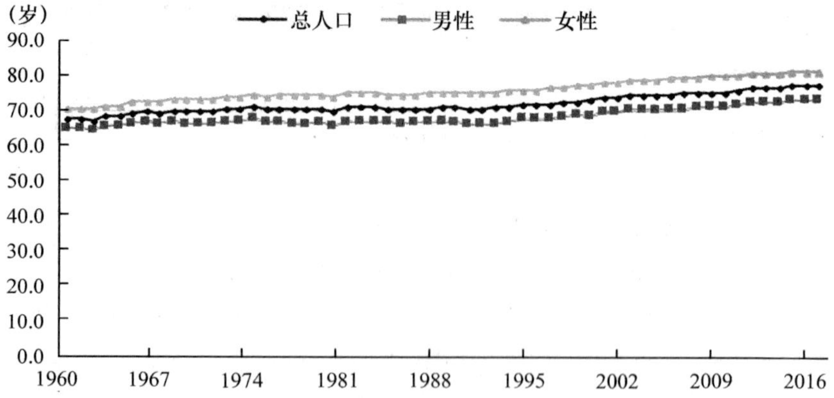

图Ⅰ-2-5　1960—2016年波兰预期寿命变化

资料来源：联合国人口司（https：//esa. un. org/unpd/wpp/Download/Standard/Population）。

男性人口预期寿命、女性人口预期寿命变动均呈上升趋势，且女性预期寿命一直高于男性预期寿命，男性人口预期寿命从1960年的64.9岁上升到2016年的73.5岁，女性人口预期寿命从1960年的70.6岁上升到2016年的81.6岁。

三　人口结婚率、离婚率变化

（一）总体情况

从表Ⅰ-2-4和图Ⅰ-2-6可以看出，2017年的结婚人数比2016年减少了约1000人，结婚率基本与上年持平，达到5.0‰，其中，城市的结婚率为4.9‰，农村为5.1‰。在2017年，约65000人离婚，比2016年多了1000人。离婚率与上年基本持平，为1.7‰。在2017年，城市的离婚人数为47000人，离婚率为2.0‰，城市离婚人数是农村的2.6倍。

从离婚人数与结婚人数的比来看，1950年时为4.12%，此后开始持续走高，2013年最高时为36.67%，2017年为33.68%，也就是说，有3对结婚的就对应1对离婚的。

表Ⅰ-2-4　　1950—2017年波兰结婚和离婚人数变化情况

年份	结婚人数（万人）	离婚人数（万人）	离婚/结婚（%）
1950	26.7	1.1	4.12
1955	25.9	1.3	5.02
1960	24.4	1.5	6.15
1965	20.0	2.4	12.00
1970	28.0	3.5	12.50
1975	33.1	4.1	12.39
1980	30.7	4.0	13.03
1985	26.7	4.9	18.35
1990	25.5	4.2	16.47
1995	20.7	3.8	18.36
1997	20.5	4.3	20.98
1998	20.9	4.5	21.53

续表

年份	结婚人数（万人）	离婚人数（万人）	离婚/结婚（%）
1999	21.9	4.2	19.18
2000	21.1	4.3	20.38
2001	19.5	4.5	23.08
2002	19.2	4.5	23.44
2003	19.5	4.9	25.13
2004	19.2	5.6	29.17
2005	20.7	6.8	32.85
2006	22.6	7.2	31.86
2007	24.9	6.7	26.91
2008	25.8	6.6	25.58
2009	25.1	6.5	25.90
2010	22.8	6.1	26.75
2011	20.7	6.5	31.40
2012	20.4	6.4	31.37
2013	18.0	6.6	36.67
2014	18.9	6.6	34.92
2015	18.9	6.7	35.45
2016	19.4	6.4	32.99
2017	19.3	6.5	33.68

资料来源：波兰中央统计局（http：//stat. gov. pl）。

（二）结婚率变化

由波兰中央统计局关于结婚人数的统计绘制结婚率如图Ⅰ-2-6所示，波兰的结婚率在1950年时为10.8‰；在1965年时下降到6.3‰，其后有所反弹，但是1975年以反弹到接近10‰以后又开始回落，在2016年、2017年时，结婚率为5‰。总体来看，1950—2017年波兰的结婚率呈下降趋势。

（三）离婚率变化

由波兰中央统计局关于离婚人数的统计绘制的离婚率如图Ⅰ-2-7所示，波兰的离婚率在1950年时为0.4‰；在2006年时为1.9‰，达到峰值；在 2016 年、2017 年时，离婚率为 1.7‰。总体来看，1950—2017 年波兰的离婚率呈上升趋势。

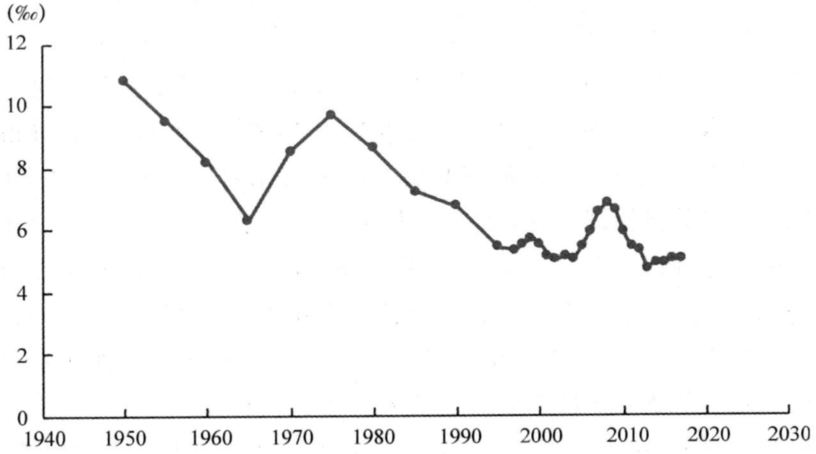

图Ⅰ-2-6　1950—2017 年波兰结婚率变化

说明：当年结婚率 = 当年结婚人数/当年的人口总数 ×1000‰。

资料来源：波兰中央统计局（http：//stat. gov. pl）。

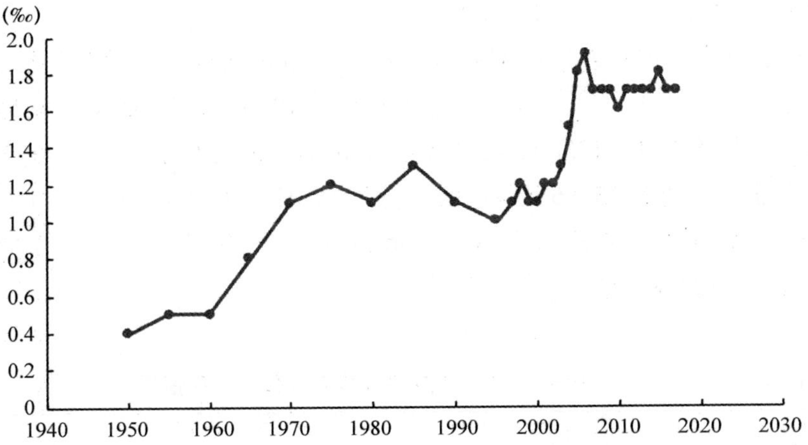

图Ⅰ-2-7　1950—2017 年波兰离婚率变化

说明：当年离婚率 = 当年离婚人数/当年的人口总数 ×1000‰。

资料来源：波兰中央统计局（http：//stat. gov. pl）。

四　人口城乡分布情况

（一）城乡人口规模变化趋势

根据联合国人口司数据统计，截至2017年波兰总人口数量为3817万人，其中城市人口数量为2294.24万，约占60.11%；农村人口数量为1522.83万，约占39.90%。在2017年，总人口略有增加，但是这一增加主要是农村人口的增加。农村人口比2016年增加了近6000人，城市人口下降近6万人。城乡人口数量的变化方向是变化的，但是，自2000年开始，城市人口数量持续减少，农村地区人口持续增长，特别是集中在大城市周边的农村地区人口每年均为增长趋势。在2017年，5个省份的人口均有增加。增幅最大的是滨海省，增长率为0.37%，其次是马佐夫舍省，增长率为0.35%，接着是大波兰省和小波兰省，增长率分别为0.22%和0.27%，最后是喀尔巴阡山省，增长率只有0.07%。

截取1950—2017年的波兰城乡人口数据，从城市人口占比变动上看，城市人口占总人口比重变动整体呈上升趋势，具体来看大致分为两个阶段：第一阶段，1950—2000年波兰城市人口变动处于上升阶段，1950年城市人口数量为951.70万，到2000年城市人口数量增加到2379.19万；第二阶段，2001—2017年波兰城市人口变动处于小幅度下降阶段，到2017年，城市人口2294.24万人。

从农村人口占总人口比重来看，农村人口占比变动整体呈下降趋势，具体来看大致也分为三个阶段：第一阶段，1950—2000年波兰农村人口变动处于下降阶段，1950年农村人口数量为1530.71万，到2000年农村人口数量减少到1475.86万；第二阶段，2001—2017年波兰农村人口变动处于小幅度上升阶段，农村人口数量从2000年的1475.86万增加到2017年的1522.83万。

表Ⅰ-2-5　1950—2017年波兰城乡人口数量变动情况　（单位：万人）

年份	城市	农村	总人口
1950	951.70	1530.71	2482.40
1955	1177.90	1549.07	2726.97

续表

年份	城市	农村	总人口
1960	1418.14	1543.01	2961.16
1965	1571.84	1563.93	3135.77
1970	1701.13	1562.43	3263.56
1975	1877.66	1519.00	3396.66
1980	2064.10	1489.41	3553.51
1985	2225.56	1487.32	3712.87
1990	2325.48	1469.98	3795.46
1995	2364.58	1480.68	3845.26
2000	2379.19	1475.86	3855.05
2005	2357.48	1478.79	3836.27
2006	2351.86	1482.24	3834.10
2007	2346.87	1486.09	3832.96
2008	2342.33	1490.24	3832.57
2009	2337.99	1494.50	3832.49
2010	2333.59	1498.75	3832.34
2011	2329.13	1502.96	3832.09
2012	2324.11	1507.63	3831.74
2013	2318.83	1512.12	3830.95
2014	2313.03	1516.28	3829.31
2015	2306.54	1519.98	3826.52
2016	2300.27	1522.17	3822.50
2017	2294.24	1522.83	3817.00

资料来源：联合国人口司（https：//esa. un. org/unpd/wpp/Download/Standard/Population/）。

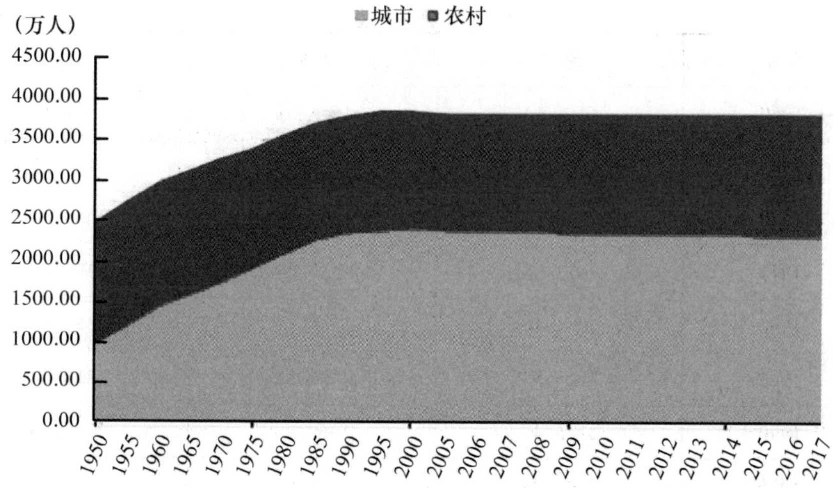

图Ⅰ-2-8　1950—2017年波兰城乡人口数量变动

资料来源：联合国人口司（https：//esa. un. org/unpd/wpp/Download/Standard/Population/）。

（二）人口城市化水平变化趋势

根据联合国统计数据，截至2017年，波兰人口城市化水平达到了60.1%。截取1950—2017年波兰人口城市化水平变动数据，波兰人口城

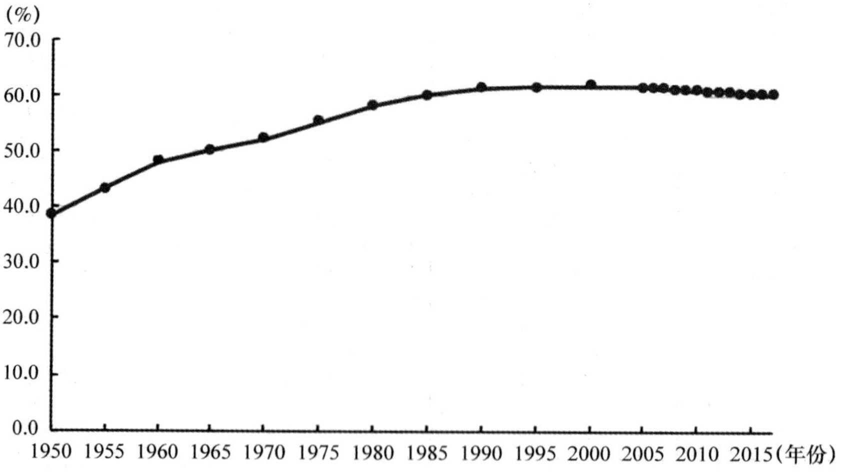

图Ⅰ-2-9　1950—2017年波兰城市化水平变动

说明：人口城市化水平=城镇人口/全国总人口×100%。

资料来源：联合国人口司（https：//esa. un. org/unpd/wpp/Download/Standard/Population/）。

市化水平在20世纪80年代以来只是小幅波动，从整体趋势看，1950—2000年波兰人口城市化水平整体呈上升趋势，2001—2017年城市化水平出现微弱下降趋势。

五　人口地区分布情况

根据波兰中央统计局统计数字，截至2017年底，波兰各省区人口占比如表Ⅰ-2-6所示。其中，华沙所在省马佐夫舍省的人口最多，2017年达到538.46万人，占全国人口的14.01%。奥波莱省人口最少，占全国人口的2.58%。

对比2016年各个省区人口占全国人口比重可以看出，卢布林省、罗兹省、小波兰省、马佐夫舍省、滨海省、喀尔巴阡山省和大波兰省在2017年的人口比重都有所提升，其余省区人口占全国比重则皆有下降，其中西里西亚省的人口比重下降最多，下降了0.03个百分点。

表Ⅰ-2-6　　2016年、2017年波兰不同省份人口情况

省份	2016年（万人）	占全国比重（%）	2017年（万人）	占全国比重（%）
下西里西亚省（Dolnośląskie）	290.37	7.56	290.25	7.55
库亚维—滨海省（Kujawsko-Pomorskie）	208.39	5.42	208.29	5.42
卢布林省（Lubelskie）	213.33	5.55	216.23	5.63
卢布斯卡省（Lubuskie）	101.74	2.65	101.68	2.65
罗兹省（Łódzkie）	248.53	6.47	257.63	6.70
小波兰省（Małopolskie）	338.23	8.80	339.14	8.82
马佐夫舍省（Mazowieckie）	536.59	13.96	538.46	14.01
奥波莱省（Opolskie）	99.30	2.58	99.01	2.58

续表

省份	2016 年（万人）	占全国比重（%）	2017 年（万人）	占全国比重（%）
喀尔巴阡山省（Podkarpackie）	212.77	5.54	212.91	5.54
波德拉谢省（Podlaskie）	118.66	3.09	118.45	3.08
滨海省（Pomorskie）	231.56	6.03	232.43	6.05
西里西亚省（Śląskie）	455.92	11.86	454.82	11.83
圣十字省（Świętokrzyskie）	125.29	3.26	124.77	3.25
瓦尔米亚—马祖里省（Warmińsko-mazurskie）	143.64	3.74	143.39	3.73
大波兰省（Wielkopolskie）	348.16	9.06	348.92	9.08
西滨海省（Zachodniopomorskie）	170.82	4.44	170.55	4.44

资料来源：波兰中央统计局：《按地域划分的人口规模报告》，2017 年 12 月 31 日（http：//stat. gov. pl）。

第二节　人口年龄结构

一　人口年龄结构及变化情况

（一）按照波兰国内劳动年龄标准划分的人口构成

在波兰，人口年龄组划分还有一个依据是参加工作前后，即是否为劳动年龄人口。劳动年龄人口是指一定年龄范围内具有劳动能力的人口。18—64 岁的男性人口被认为是劳动年龄人口，对于女性则为 18—59 岁。非劳动年龄人口是 0—17 岁和退休人口（包括男性 65 岁及以上和女性

60 岁及以上)。2017 年，在波兰这三类群体的人口结构为：0—17 岁非劳动年龄组占总人口的 18.0%；劳动年龄组（男性 18—64 岁，女性 18—59 岁）占 61.2%；退休年龄组（男性 65 岁及以上，女性 60 岁及以上）占 20.8%。

表 I-2-7　　1990—2017 年按波兰劳动年龄划分的人口结构

年龄组	年份					年份				
	1990	2000	2010	2016	2017	1990	2000	2010	2016	2017
	单位：万人					占比（%）				
总人口	3807.3	3825.4	3853.0	3843.3	3843.4	100.0	100.0	100.0	100.0	100.0
0—17 岁	1128.6	933.3	724.3	689.6	692.1	29.6	24.4	18.8	17.9	18.0
18—59/64 岁	2189.8	2326.1	2483.1	2376.8	2351.8	57.5	60.8	64.4	61.9	61.2
60/65 岁及以上	488.9	566.0	645.6	777.0	799.5	12.9	14.8	16.8	20.2	20.8

资料来源：波兰中央统计局（http：//stat. gov. pl）。

从表 I-2-7 中可以看出，0—17 岁年龄组在 1990—2016 年一直为下降状态，在 2017 年出现上升，增加了 25000 人，达到了 692.1 万人，但与 1990 年相比，仍减少了将近 400 万。60/65 岁以上年龄组一直处于上升状态，在 2017 年时占总人口比达到了 20.8%，比 1990 年的人口增加了将近 310.6 万人。

（二）按照国际劳动年龄标准 I 划分的人口构成

人口年龄结构指一定时点、一定地区各年龄组人口在全体人口中的比重，又称人口年龄构成，通常用百分比表示。人口年龄结构是过去几十年甚至上百年自然增长和人口迁移变动综合作用的结果，又是今后人口再生产变动的基础和起点。它不仅对未来人口发展的类型、速度和趋势有重大影响，而且对今后的社会经济发展将产生一定的作用。

一般而言，统计上的年龄结构组别划分为 0—14 岁（包含 14 岁）、15—64 岁（包含 64 岁）和 65 岁及以上。观察表 I-2-8 中数据可知，直到 2016 年，0—14 岁年龄组的人口数量不断下降，而同时，65 岁以上的人口数出现不断的增长。

表Ⅰ-2-8 1990—2017年按国际劳动年龄组划分的人口结构

年龄组	年份					年份				
	1990	2000	2010	2016	2017	1990	2000	2010	2016	2017
	单位：万人					占比（%）				
0—14岁	949.5	729.4	585.6	577.3	582.4	24.9	19.1	15.2	15.0	15.2
15—64岁	2470.5	2623.4	2748.4	2635.6	2608.9	64.9	68.5	71.3	68.6	67.9
65岁及以上	387.3	472.6	519.0	630.3	652.0	10.2	12.4	13.5	16.4	17.0
总人口	3807.3	3825.4	3853.0	3843.3	3843.4	100.0	100.0	100.0	100.0	100.0

资料来源：波兰中央统计局（http：//stat.gov.pl）。

可以看出，在2017年，0—14的人口占总人口的比重为15.2%，达到582.4万人。占总人口比重历年最低发生在2016年，0—14岁人口占总人口比重仅为15%。在1990年时，0—14岁人口占波兰总人口的大约1/4，为24.9%，达到了949.5万人。65岁及以上人口一直在不断上升，在2017年增加了21.7万人，增加到了652万人，占总人口的17%。在1990年时，65岁及以上人口占总人口的10.2%，为387.3万人。这一增长是因为20世纪50年代出生的人从15—64岁年龄组转移到了老年人群中。

（三）按照国际劳动年龄标准Ⅱ划分的人口构成

1. 0—14岁人口情况

从人口比重看，1950—2015年，波兰0—14岁人口数量占总人口数量的比重介于15%—35%，整体呈波动下降趋势。1950年波兰0—14岁人口数量占总人口数量的比重为29.4%，到1960年0—14岁人口数量占总人口数量的比重上升到33.6%，到1975年0—14岁人口数量占总人口数量的比重减少到23.9%，而到2015年波兰0—14岁人口数量占总人口数量的比重减少到14.9%，为历史最低水平。

2. 15—59岁人口情况

从人口比重看，1950—2015年，波兰15—59岁人口数量的比重占总人口数量比重介于56%—66%，整体呈波动上升趋势，主要出现两个峰值点：1980年62.8%、2005年66.4%。

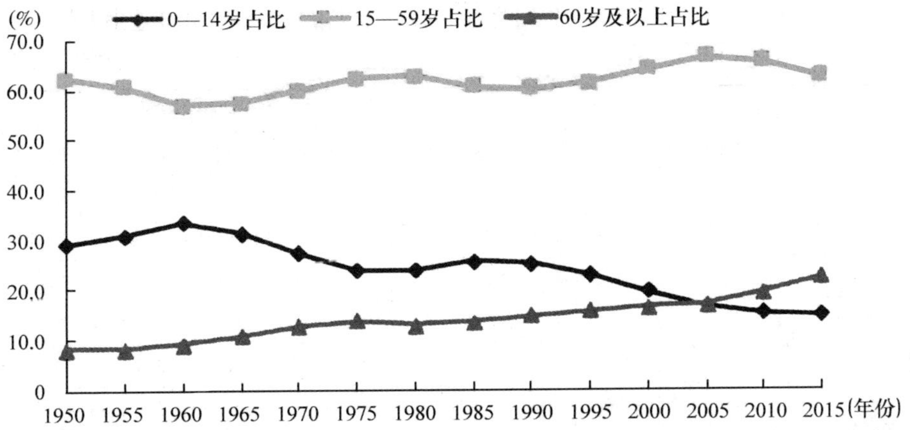

图Ⅰ-2-10　1950—2015年波兰各个年龄组人口占比变动

资料来源：联合国人口司（https：//esa. un. org/unpd/wpp/Download/Standard/Population/）。

具体来看，可以分为五个阶段。第一阶段：1950—1960年15—59岁人口占比不断下降，从1950年的62.4%下降到1960年的57.1%；第二阶段：1961—1980年占比不断上升，上升到1980年的62.8%；第三阶段：1981—1990年占比不断下降，到1990年下降为了60.2%；第四阶段：1991—2005年占比上升，直到2005年，上升为了66.4%；第五阶段：2006—2015年不断下降，至2015年下降为了62.6%。

3.60岁及以上人口情况

（1）60岁及以上老年人口总量及占比情况

从表Ⅰ-2-9可以看出，在1989—2014年，60岁以上老年人数增加了294.39万。1989年波兰60岁及以上的人口占总人口为14.7%，在2014年，波兰60岁及以上的人口占总人口为22.2%。从60岁以上各个年龄组人口占比中看出，在60岁以上老年人群中，60—64岁为占比最大的年龄组群体，在1989年占总人口比重为4.8%，在2014年占总人口比重为6.9%。80岁及以上的人口的增长率最高，在1989年，80岁及以上人口占总人口比例最小，为1.8%，在2014年，占比上升到了4.0%。同时，从表Ⅰ-2-9中可以看出，在60岁以上各个年龄组老年人口占比中，女性人口比重均大于男性人口比重，且随着年龄的上升，这两组数据差距有拉大的趋势。

表Ⅰ-2-9 1989年和2014年波兰60岁及以上老年人口总数和分性别人数

（单位：万人）

年龄	1989年						2014年					
	全国		男性人口		女性人口		全国		男性人口		女性人口	
	人数	%	人数	%	人数	%	人数	%	人数	%	人数	%
60岁及以上	560.39	14.7	222.54	12.0	337.85	17.3	854.78	22.2	351.58	18.9	503.20	25.3
60—64岁	182.58	4.8	79.72	4.3	101.39	5.2	265.50	6.9	124.75	6.7	142.98	7.2
65—69岁	144.55	3.8	59.33	3.2	83.84	4.3	196.24	5.1	87.51	4.7	109.22	5.5
70—74岁	79.88	2.1	29.66	1.6	46.79	2.4	123.13	3.2	50.27	2.7	71.49	3.6
75—79岁	83.68	2.2	29.66	1.6	52.64	2.7	115.44	3.0	42.83	2.3	71.49	3.6
80岁及以上	68.47	1.8	22.25	1.3	52.64	2.7	153.91	4.0	46.55	2.5	107.24	5.4
合计	3803.84	100	1854.05	100	1949.79	100	3847.86	100	1861.98	100	1985.88	100

说明：60岁以上总人口同各个年龄组相加的人口数有出入系小数点取数造成。全国栏数字里面的百分比（%）是指该年龄段人口数占全国总人口数量的比例（%），男性和女性栏里面的百分比（%）分别是该年龄段男性和女性占全国男性人数和全国女性人数的比例（%）。

资料来源：波兰中央统计局《60岁及以上人口报告》（http：//stat. gov. pl）。

（2）60岁及以上老年人口死亡情况

从表Ⅰ-2-10可以看出，在2014年去世的37.6万人中，60岁以上的人占到了81.9%，而在1990年，60岁以上人口占到73.5%。可以看出，随着60岁以上的总人口人数的上升，该年龄组的死亡人口数也在不断上升。

表Ⅰ-2-10 1990—2014年老年人口死亡人数 （单位：万人）

年份	死亡总数	60岁及以上死亡人数						
		总计	60—64岁	65—69岁	70—74岁	75—79岁	80—84岁	85岁及以上
1990	39.0	28.7	3.7	4.4	3.6	5.8	5.8	5.4
2000	36.8	28.4	2.9	4.1	5.2	5.6	3.9	6.7
2010	37.8	29.7	3.2	2.8	4.1	5.4	6.2	8.0
2014	37.6	30.8	3.5	3.6	3.4	4.8	6.1	9.4

资料来源：波兰中央统计局（http：//stat. gov. pl）。

需要注意的是年龄组的年龄增长对死亡人数统计的影响，死亡率的下降可能表明人口健康状况的改善。在1990年的60—64岁的年龄组在25年以后统计在85岁及以上的年龄组中，与1990年的85岁及以上相比，反映出医疗水平的改善。从1992年开始，波兰的人口预期寿命开始出现增长。1991年至2014年，男性的平均预期寿命增加了7.9岁，女性则增加了6.5岁。尽管预期寿命逐渐延长，波兰与发达国家相比仍处于较低水平。2013年，在波兰，65岁的男性的预期寿命比法国和瑞士短了将近四年。同时，65岁的女性的预期寿命比法国和西班牙等国短了将近3.5年。①

（3）60岁及以上老年人口健康状况

需要关注老年人生活的幸福指数。因为女性的预期寿命高于男性，使得在80岁及以上的老人中，2/3的人为丧偶人士，这部分群体主要为女性。对于这部分独居的老人，社会医疗养老体制需要给予保障支持。

老年人的健康状况也是需要关注的社会问题。2014年欧洲健康调查中对波兰的老年人健康状况进行了主观调查，受访人对自己的健康状况进行评估。如图Ⅰ-2-11所示，波兰将健康状况分为三个等级：好，一般，

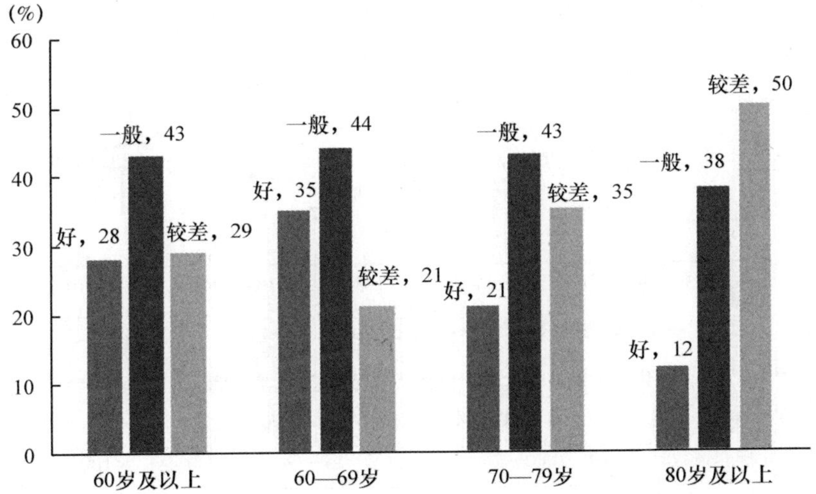

图Ⅰ-2-11　2014年波兰60岁及以上人口对自我健康状况的评估

资料来源：波兰中央统计局（http：//stat. gov. pl）。

① 详见波兰中央统计局《60岁及以上人口报告》，2016年2月19日（http：//stat. gov. pl）。

较差。可以看出，随着年龄的增长，老年人对自己的健康状况评估会逐渐恶化。在 60 岁及以上的人群中，28% 的人认为自身身体状况良好，有 29% 的人认为自身身体状况较差。在 80 岁及以上的人群中，只有 12% 的认为他们的身体状况良好，有 50% 的人认为他们的身体状况较差。①

二　抚养系数

根据联合国人口司统计数据，从总抚养系数看，1950—2015 年波兰总抚养系数整体在 50% 上下波动，1960 年达到最大值，为 64.6%，2010 年达到最小值，为 40.2%。

从少儿抚养系数看，1950—2015 年波兰少儿抚养系数变动整体呈下降趋势，下降幅度较大，1960 年少儿抚养系数达到最大值，为 55.2%，2015 年少儿抚养系数为最小值，为 21.4%。

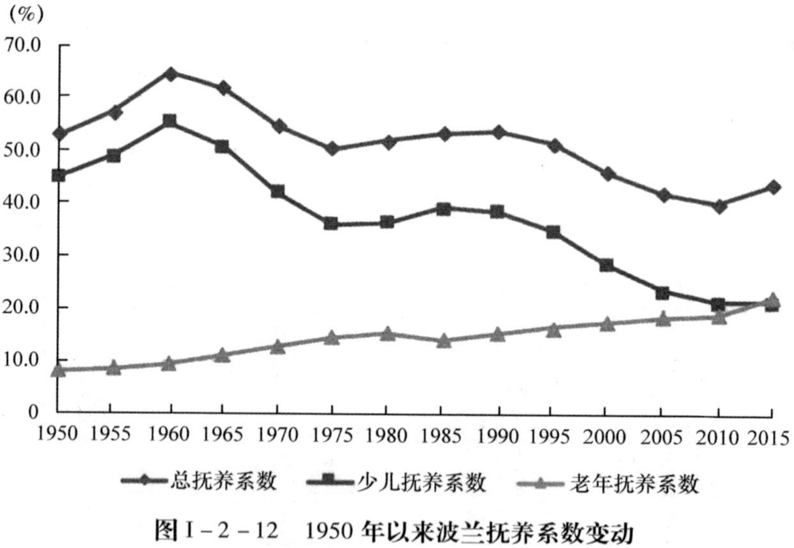

图Ⅰ-2-12　1950 年以来波兰抚养系数变动

说明：总抚养系数 =（0—14 岁人口数量 + 65 岁及以上人口数量）/ 15—64 岁人口数量 × 100%，少儿抚养系数计算公式为（0—14 岁人口数量/ 15—64 岁人口数量）×100%，老年抚养系数计算公式（65 岁及以上人口数量/ 15—64 岁人口数量）×100%。

资料来源：联合国人口司（https：//esa. un. org/unpd/wpp/Download/Standard/Population/）。

① 基于 2014 年欧洲关于健康状况的健康调查。详见波兰中央统计局《60 岁及以上人口报告》，2016 年 2 月 19 日（http：//stat. gov. pl）。

从老年抚养系数看，1950—2015 年波兰老年抚养系数变动整体呈上升趋势。从 1950 年的 8% 开始逐渐上升到 1980 年的 15.5%。1980—1985 年出现小幅下降，在 1985 年时为 14.2%。从 1985 年开始不断上升，到 2015 年时，老年抚养系数上升到 22.5%。

第三节　人口受教育情况及就业状况

一　人口受教育情况

（一）人口受教育状况

1. 小学初中实际在校情况

根据波兰中央统计局的数据，截至 2016 年 12 月 31 日，各学龄段的人口数量为：7—12 岁的儿童，即处于小学的人口达到了 237.68 万；13—15 岁的儿童，即处于中学年龄的人数为 107.11 万人；16—18 岁的青年人数，即处于高中教育年龄段的人数为 116.66 万人。在 2016—2017 学年，包括所有类型的小学、中学和高中，有 500 万人接受过教育，占全国人口的 12.9%。

由表 I-2-11 可知，在 2016—2017 学年，有约 227.2 万学生就读小

表 I-2-11　　2016—2017 **学年小学和初中学校数量和实际在校人数、毕业人数（不包括特殊学校）**

2016—2017 学年		小学	初中
总共	学校（所）	12720	6681
	学生（万人）	227.2	103.8
	毕业人数（万人）	34.3	34.3
农村	学校（所）	8463	3409
	学生（万人）	86	35.5
	毕业人数（万人）	20.7	12.1
城市	学校（所）	4257	3272
	学生（万人）	141.2	68.3
	毕业人数（万人）	13.5	22.1

资料来源：波兰中央统计局（http://stat.gov.pl）。

学，其中农村地区为 86 万人，城市地区为 141.2 万人。小学学校数量为 12720 所，其中农村地区为 8463 所，城市地区为 4257 所。在农村，每个小学学校平均拥有学生人数为 101 人；在城市地区，一所小学学校平均拥有学生人数为 331 人。在 2016—2017 学年，有约 103.8 万人就读初中，其中农村地区为约 35.5 万，城市地区为 68.3 万。在 2016—2017 学年，初中学校数量达到了 6681 所，其中农村地区为 3409 所，城市地区有 3272 所。在农村，每所初中平均拥有学生人数为 104 人；在城市地区，每所初中平均拥有的学生人数为 209 人。

（2）高中在校情况

在波兰，高中学校的类型可以分为：特殊学徒学校、基础职业学校、普通高中、技术学校和提供专业资格的综合艺术学校五类。从图 I-2-13 中可以看出，在 2016—2017 学年，波兰所有高中学校类型中，学校数量最多的是普通高中，数量为 3818 所，占所有高中学校数量的 47.7%。数量最少的是提供专业资格的综合艺术学校，为 121 所，占所有高中学校数量的 1.5%。

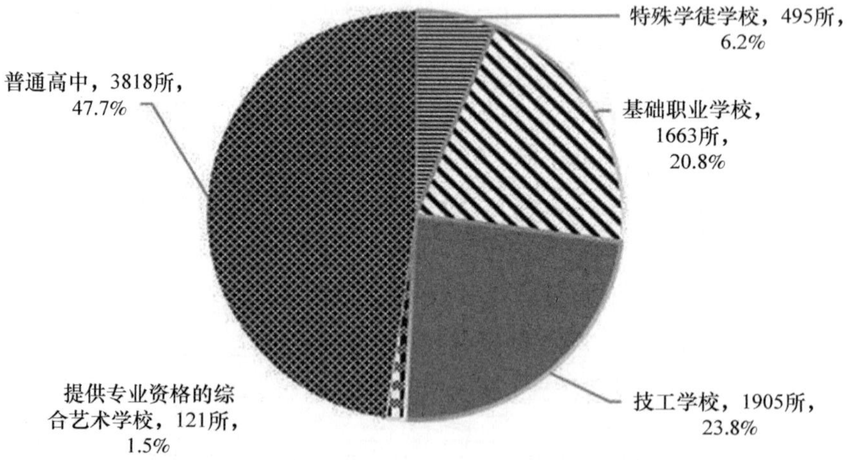

图 I-2-13　2016—2017 学年波兰按类别划分的高中学校数量及其比例构成

资料来源：波兰中央统计局（http：//stat. gov. pl）。

（二）小学、中学和大学的入学率

1. 小学入学率

根据联合国教科文组织数据，1971—2016 年波兰小学教育入学率情况如下：从总入学率看，分为五个阶段：1971—1974 年，呈上升趋势；1974—1979 年，整体呈下降趋势；1980—1986 年，呈上升趋势；1987—2005 年，整体呈波动下降趋势；2006—2016 年呈现上升趋势。分性别看（1975—1988 年数据缺失），1971—2015 年男生入学率与女生入学率的变化趋势与总入学率趋势相似，1993—2011 年男生入学率与女生入学率大致相同，2012—2016 年女生入学率高于男性入学率。

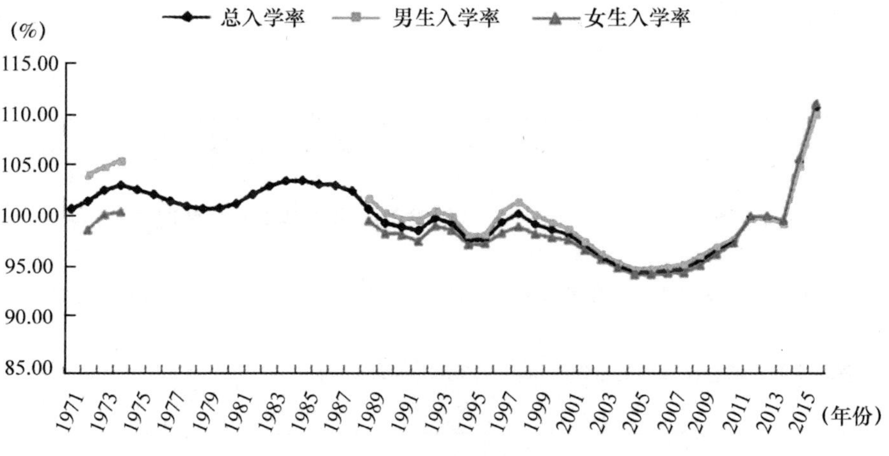

图 I－2－14　1971—2016 年波兰小学入学率变化情况

说明：小学总入学率是指无论年龄大小，小学的总入学人数，与官方规定的小学适龄总人口的百分比值。总入学率可能超过 100%，因为包含了较早或较晚入学及复读的超龄和小龄学生。

资料来源：联合国教科文组织（http：//www. unesco. org）。

2. 中学入学率

根据联合国教科文组织数据，1971—2016 年波兰中学教育入学率情况如下：从总入学率看，分为三个阶段。第一个阶段：1971—2003 年总体呈波动上升趋势；第二个阶段：2004—2012 年为下降趋势，从 97. 56%

下降到96.07%；第三个阶段：2013—2016年呈上升趋势，至2016年上升为107.07%。分性别来看，分为两个阶段。第一阶段：1971—1996年，女生入学率一直高于男生入学率；第二阶段：1997—2016年，男生入学率高于女生入学率（1975—1988年数据缺失）。

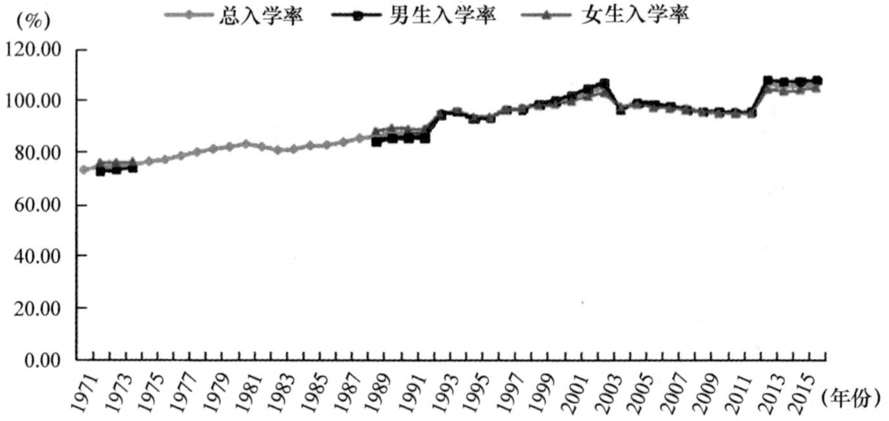

图Ⅰ-2-15　1971—2015年波兰中学入学率变化情况

说明：中学所有课程总入学率，是指不论年龄大小，中学在校生总数占符合中学官方入学年龄人口的百分比。总入学率可能超过100%，因为包含了较早或较晚入学及复读的超龄和小龄学生。

资料来源：联合国教科文组织（http：//www.unesco.org）。

3. 大学入学率

根据联合国教科文组织数据，1971—2016年波兰大学入学率情况如下：从总入学率看，分为三个阶段。第一个阶段：1971—1992年增长较为平缓；第二个阶段：1992—2011年总入学率增长速度加快；第三个阶段：2012—2016年，总体入学率出现下降。分性别来看，分为两个阶段。第一个阶段：1971—1972年，男生入学率高于女生入学率；第二个阶段：1972—2016年，女生入学率高于男生入学率。

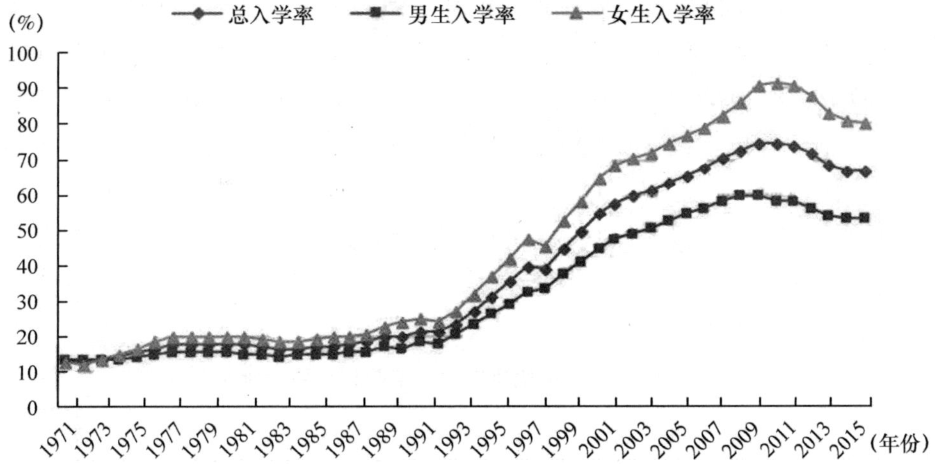

图Ⅰ-2-16　1971—2015年波兰大学入学率变化情况

说明：大学总入学率，是指不论年龄大小，大学在校生总数，占中学之后5年学龄人口总数的百分比。

资料来源：联合国教科文组织（http：//www. unesco. org）。

二　就业情况

（一）就业人口的主要行业及变化情况

根据波兰中央统计局的数据，2003—2016年的就业情况如表Ⅰ-2-12所示。在2003年，总就业人数为1361.7万，其中农业就业人数为250.8万，工业就业人数为389.2万，服务业就业人数为721.7万。男性人口总就业数为743.2万，其中服务业就业人数为318.3万；女性人口总就业数为618.6万，低于男性人口就业总量，且农业、工业的就业人数低于男性人口，但是服务业就业人数为403.2万，高于男性人口。到2016年，总人口的就业人数为1613.6万，相比2003年增长了251.9万，其中农业人口就业数由2003年的250.8万下降到170.8万，工业就业人数由2003年的389.2万增长到507.4万，服务业就业人数由2003年的721.7万增长到935.4万，同时，男性人口就业总数为889.8万，女性人口就业总数为723.7万，相比2003年，女性人口就业总数仍低于男性人口就业总数，其中农业、工业男性人口就业数大于女性人口就业数，但男性服务业就业数低于女性服务业就业数。

从2003年到2016年过程变化来看，农业就业总人数在逐年下降，男性人口和女性人口的农业就业人数也都呈现逐年递减趋势。工业就业总人数在波动中呈现逐渐上升趋势，其中男性人口在工业行业的就业人数变化幅度较大，在2003年到2016年中，极差为102.7万，女性人口在工业行业的就业人数幅度较小，2003年至2016年中，极差为15.4万。服务业就业总数基本呈现逐年上升趋势，但在2012年，服务业就业总人数相比2011年出现小幅下降，男性人口和女性人口服务业就业人数也在2012年出现小幅下降。

表Ⅰ-2-12　　2003—2016年波兰农业、工业和服务业就业人口

年份	总人口（万）			男性人口（万）			女性人口（万）		
	农业	工业	服务业	农业	工业	服务业	农业	工业	服务业
2003	250.8	389.2	721.7	142.2	282.7	318.3	108.8	106.6	403.2
2004	248.3	397.6	733.6	141.0	290.8	324.6	107.3	106.9	408.9
2005	245.2	412.7	753.1	140.2	304.7	335.7	105.0	108.0	417.4
2006	230.4	437.3	791.2	132.5	323.7	351.7	97.8	113.8	439.5
2007	224.7	468.1	830.9	127.7	346.0	366.4	97.0	122.2	464.5
2008	220.6	503.6	854.9	122.6	376.9	371.9	94.0	128.7	496.2
2009	210.7	493.4	881.9	116.5	373.2	382.1	94.2	120.2	499.8
2010	205.0	481.3	908.7	115.0	365.2	394.0	90.0	116.1	514.7
2011	204.5	493.3	914.7	117.5	373.9	397.5	87.0	119.4	517.2
2012	196.0	474.0	888.4	114.8	362.5	387.4	81.3	111.5	500.9
2013	186.7	475.2	894.1	111.0	363.8	388.8	75.7	111.4	505.2
2014	182.0	483.6	917.9	109.4	367.0	399.5	72.6	116.6	518.3
2015	184.9	489.6	928.9	110.4	371.1	402.2	74.6	118.5	526.7
2016	170.8	507.4	935.4	102.7	385.4	401.7	68.0	122.0	533.7

资料来源：波兰中央统计局（http://stat.gov.pl）。

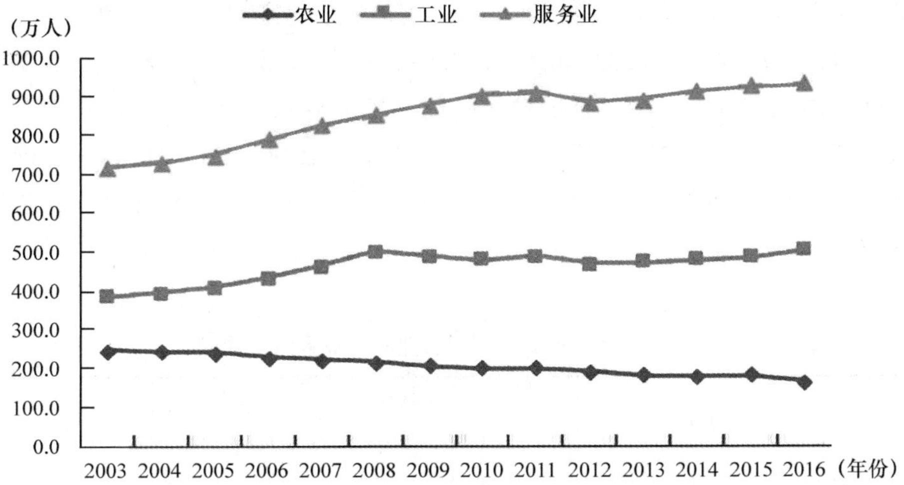

图Ⅰ-2-17　2003—2016年波兰三大行业的就业情况

资料来源：波兰中央统计局（http：//stat. gov. pl）。

（二）就业人口的主要职业及变化特点

根据波兰中央统计局对行业就业人数的统计，由表Ⅰ-2-13可知，截至2017年底，总就业人数为1651万人，就业人数为百万级的行业有农林牧渔业，制造业，建筑业，交通运输、仓储和邮政业，卫生和社会工作，教育等行业。其中制造业的就业人口占总就业人口的20.6%。从男女就业比例总体来看，对于男性人口，就业人数为百万级的行业有制造业、农林牧渔业和建筑业，其中制造业的男性就业人数占男性就业总人数的25.6%；对于女性人口，就业人数为百万级别的行业只有制造业，其中制造业、教育和社会工作三个行业的女性就业人数占女性就业总人数的比重均超过了10%，分别为14.4%、13.3%和10.7%。

细分来看，男性人口就业数约为915.7万，占总就业人数的55.4%，女性人口就业数约为735.3万，占总就业人数的44.6%。农林牧渔业就业总数为172万人，占总就业人数的10.4%，在这一行业中，男性人口就业人数约为106.2万，占到61.6%，女性人口就业人数约为65.8万，占到38.4%。制造业就业人数约为340.2万，占总人数的20.6%，其中男性人口就业数约为234万，约占该行业就业总数的68.8%，女性人口就业数约为106.2万，占该行业总就业数的31.2%。建筑业就业人数约为124.2万，占总就业人数的7.5%，其中男性人口就业数约为116.3万，占该行业总就业数的93.5%，女性人口就业数约为7.8万，占该行业就业总数的6.5%。交通运输、仓储和邮政业就业人数约为101.9万，占总就业人数的6.2%，其中男性人口就业人数约为82.4万，占本行业就业总数的80.8%，女性人口就业人数约为19.5万，占本行业就业总数的19.2%。

表Ⅰ-2-13 2017年波兰不同行业的就业人数及构成

行业	总就业		男性		女性	
	（万人）	（%）	（万人）	（%）	（万人）	（%）
农林牧渔业	172	10.4	106.2	11.6	65.8	9.0
采矿业	21	1.3	18.6	2.0	2.4	0.3
制造业	340.2	20.6	234.0	25.6	106.2	14.4
电力、热力的生产和供应业	16	1.0	12.3	1.3	3.7	0.5
自来水供应和污水处理	17.5	1.1	13.8	1.5	3.7	0.5
建筑业	124.2	7.5	116.3	12.7	7.8	1.1
交通运输、仓储和邮政业	101.9	6.2	82.4	9.0	19.5	2.7
住宿和餐饮业	39.5	2.4	11.8	1.3	27.7	3.8
信息传输、软件和信息技术服务业	37.7	2.3	26.3	2.9	11.4	1.6
金融业	38.8	2.4	14.0	1.5	24.8	3.4
房地产业	14.1	0.9	6.0	0.7	8.1	1.1
科学研究和技术服务业	62.2	3.8	30.0	3.3	32.2	4.4
水利、环境和公共设施管理业	45.5	2.8	26.5	2.9	19.0	2.6
卫生和社会工作	109.1	6.6	52.9	5.8	56.2	7.6
教育	124.3	7.5	26.7	2.9	97.7	13.3
社会工作	96.1	5.8	17.6	1.9	78.5	10.7
文化、体育和娱乐业	23.1	1.4	9.0	1.0	14.1	1.9
其他服务业	27	1.6	8.1	0.9	18.9	2.6
其他	240.8	14.6	103.2	11.3	137.6	18.7
总就业人口	1651	100	915.7	100	735.3	100

资料来源：波兰中央统计局（http://stat.gov.pl）。

第四节　国际移民情况

一　国际移民流出情况

根据波兰中央统计局对从波兰永久移民国外人数的统计，波兰的国际移民中，85%的人口流向了欧洲，13%的移民流向了北美洲。由波兰国际移民流出趋势可以看出，波兰移民欧洲的人数最多，历年变动幅度最大，在2006年达到峰值的41221人。

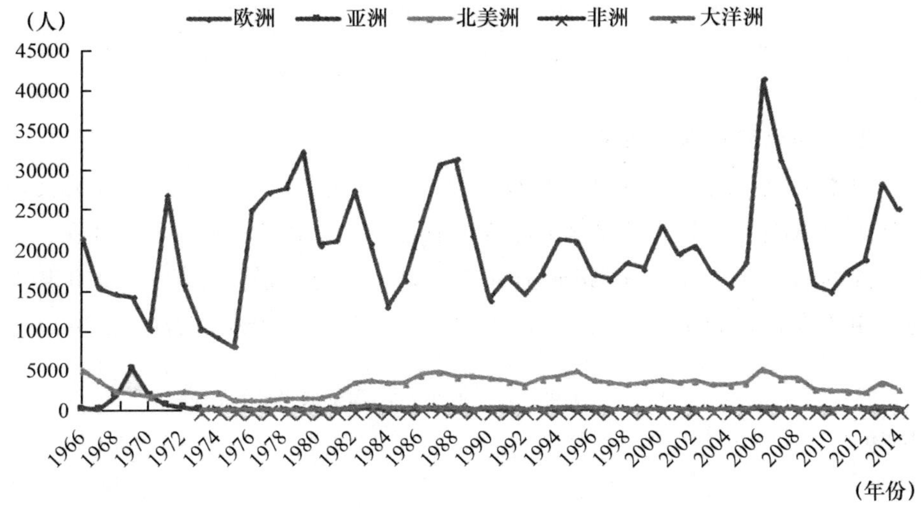

图Ⅰ-2-18　1966—2014年波兰国际移民流出情况

资料来源：波兰中央统计局（http：//stat. gov. pl）。

根据波兰中央统计局统计数据，截至2014年，波兰国际移民流出数量为28080人。波兰国际移民主要流向德国、英国、美国、荷兰、爱尔兰、奥地利、加拿大、挪威、意大利、瑞典等发达国家。其中，流向德国的移民为10266人，占流出移民总数的36.8%。流向英国的移民为7392人，占流出移民总数的26.5%（见图Ⅰ-2-19）。

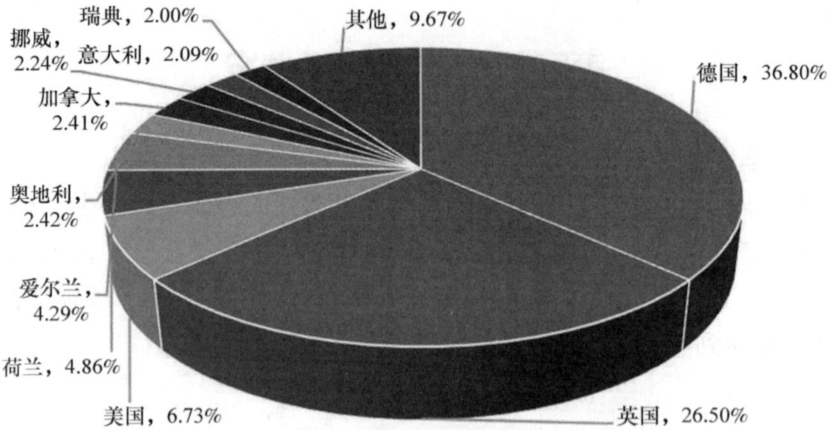

图Ⅰ-2-19　2014年波兰移民流向前10位国家

资料来源：波兰中央统计局（http：//stat. gov. pl）。

二　国际移民流入情况

根据波兰中央统计局对国际移民流入的统计，定居波兰的国际移民有71%来自欧洲，20%来自北美洲，5%来自亚洲。由图Ⅰ-2-20可知，来自欧洲的永久居民在2009年时为14369人，为历史最高点，在2010年时为12463人，在2014年时为10049人。来自北美洲的永久居民在2009年

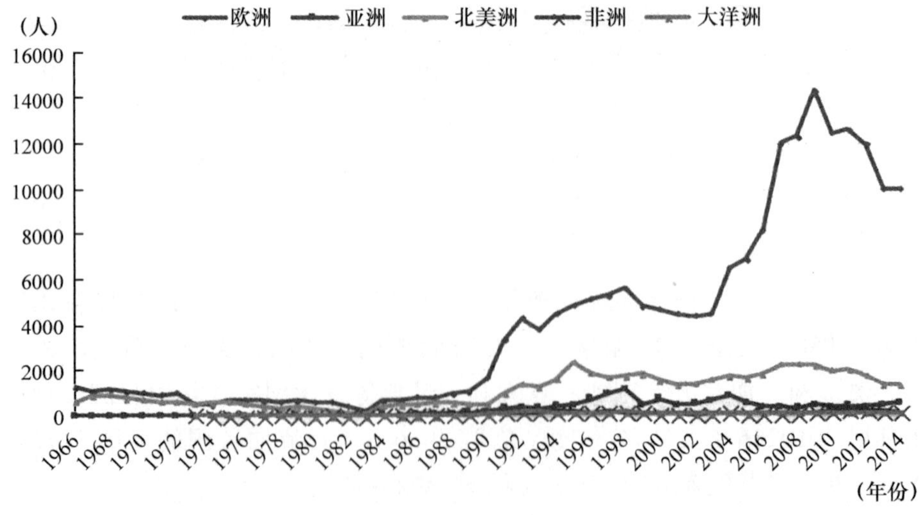

图Ⅰ-2-20　1966—2014年波兰国际移民流入情况

资料来源：波兰中央统计局（http：//stat. gov. pl）。

时为 2238 人，在 2010 年时为 2023 人，在 2014 年时为 1373 人。来自亚洲的永久居民在 2009 年时为 485 人，在 2010 年时为 402 人，在 2014 年时为 599 人。来自非洲的永久居民在 2009 年时为 153 人，在 2010 年时为 187 人，在 2014 年时为 168 人。来自大洋洲的永久居民在 2009 年时为 176 人，在 2010 年时为 163 人，在 2014 年时为 137 人。

波兰国际移民流入的数量比较少。根据波兰中央统计局统计数据，2014 年波兰国际移民流入数量为 12330 人。波兰国际移民流入的主要来源为英国、德国、美国、乌克兰、爱尔兰、意大利、荷兰、法国、挪威、奥地利等国家。其中，来自英国的移民为 2944 人，占移民流入总数的 24.73%，来自德国的移民为 2358 人，占移民流入总数的 19.81%（见图Ⅰ-2-21）。

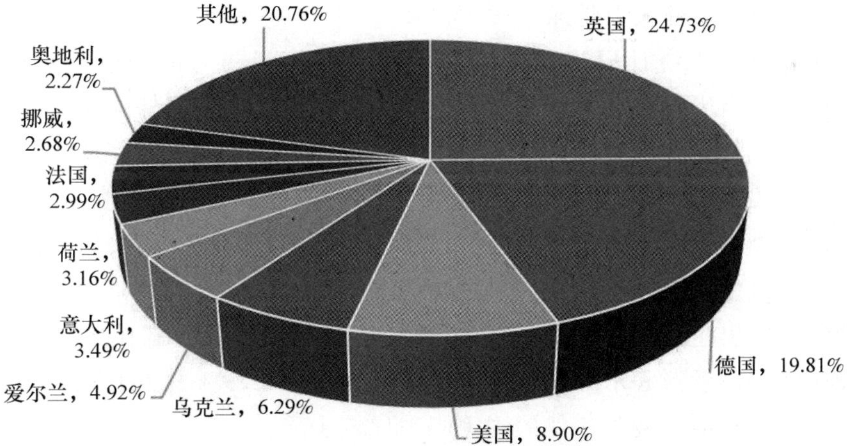

图Ⅰ-2-21　2014 年波兰国际移民来源前 10 位国家

资料来源：波兰中央统计局（http：//stat. gov. pl）。

应该指出的是，波兰中央统计局估计的波兰人口的流动趋势，不应该将其视为真实值，而应该视为近似值。由于每个国家记录移民量的统计方法不同，每个国家的迁移数据的可用性降低。例如，每个国家统计移民流入数据时，对移民来源国的定义就有不同。对于有波兰人口移民流入的国家，一般而言，这些国家统计的移民流入中的波兰人是指在波兰出生的人，包括那些已经从波兰永久移民的人和非永久移民只是居住在这些国家的人，而波兰统计的移民流入此项数据中，移民人数并不包括永久性移民。此外，个别国家在统计移民数据时，会有不同的居住时间标准，许多国家采用1年为基本标准，并未统计3个月以上12个月以下的移民流入。由于从特定的调查或登记中获得有关迁移规模的数据非常困难，因此将国内和国外可用的数据相结合作为基础，在此基础上做出适当的估算是一种合理的解决方案。考虑到移民现象和登记移民系统的复杂性，目前波兰移民统计采用了这种方法。对2008年的移民是基于2002年的人口普查的结果（2002年5月，国外有78.6万波兰人，其中超过62.6万人至少生活了12个月）。2011年至2014年的人口估计和2009年与2010年的数据修正是基于2011年进行的人口普查和外国数据。这其中也包括了波兰中央统计局根据行政来源（包括临时出国登记的人）和以家庭为单位的代表性调查的统计结果。①

三 移民后裔人口特点

从波兰中央统计局出版的《移民及其后代劳动力市场报告》可知，移民后裔是指出生在波兰且父母双方至少有一方出生在国外的人。考虑到移民人口与其后代之间的代际差异和第一代移民多处于65岁及以上的年龄段，该项报告调查统计的移民后裔中15—64岁年龄段的人数远多于65岁及以上年龄段的人数。从社会人口特征角度来看，波兰移民后裔的特点是女性人口占有数量优势，大约占移民后裔人口的53.8%。调查移民后裔的父母的出生国家可以发现，乌克兰是出现次数最多的国家，其中有31.2%的移民后裔表示乌克兰为其父亲的出生地，29%的人表示为其母亲的出生地。其他与波兰相邻的国家则占比较少。②

第五节 主要城市人口情况

一 主要城市人口分布情况

华沙作为波兰的首都，是波兰最大的城市。2016年华沙的土地面积

① 详见波兰中央统计局《2004—2016年波兰移民方向和规模报告》，2017年10月16日（http://stat.gov.pl）。

② 详见波兰中央统计局《移民及其后代劳动力市场报告》，2015年8月28日（http://stat.gov.pl）。

为 517 平方千米，总人口为 175.4 万人，人口密度为每平方千米 3391 人。克拉科夫是波兰的第二大城市，占地面积是 327 平方千米，总人口为 76.5 万人，人口密度大约为每平方千米 2342 人。罗兹为第三大城市，占地面积为 293 平方千米，人口总数为 696503 人，人口密度为每平方千米 2375 人。弗罗茨瓦夫为第四大城市，占地面积 293 平方千米，人口总数为 63.8 万人，人口密度为每平方千米 2178 人。

表 I－2－14 **波兰主要城市人口状况**

城市	面积（平方千米）	总人口（人）	人口密度（人/平方千米）
华沙（Warszawa）	517	1753977	3391
克拉科夫（Kraków）	327	765320	2342
罗兹（Łódź）	293	696503	2375
弗罗茨瓦夫（Wrocław）	293	637683	2178

资料来源：波兰中央统计局（http：//stat. gov. pl）。

二 主要城市人口结构情况

（一）性别结构情况

在 2017 年，华沙的总人口为 176.5 万人，其中男性人口为 810777 人，占总人口的 45.9%，女性人口为 953838 人，占总人口的 54.1%。从表 I－2－15 中可以看出，克拉科夫、罗兹和弗罗茨瓦夫三个城市的人口中，女性人数均多于男性。其中，克拉科夫的男性人口为 356395 人，

表 I－2－15 **2017 年波兰主要城市人口情况** （单位：人）

城市	男性人口	女性人口	城市男性人口	城市女性人口	农村男性人口	农村女性人口
华沙	810777	953838	810777	953838	—	—
克拉科夫	356395	369053	78726	85325	277669	283728
罗兹	183769	203188	109885	126136	73884	77052
弗罗茨瓦夫	175664	185444	87240	96979	88424	88465

资料来源：波兰中央统计局（http：//stat. gov. pl）。

占总人口的 49.1%；女性人口为 369053 人，占总人口的 50.9%。罗兹的男性人口为 183769 人，占总人口的 47.5%；女性人口为 203188 人，占总人口的 52.5%。弗罗茨瓦夫的男性人口为 175664 人，占总人口的 48.6%，女性人口为 185444 人，占总人口的 51.4%。

（二）年龄结构情况

1. 年龄结构

人口年龄结构方面，在 2017 年，华沙 0—17 岁的人口约为 31 万。18—44 岁的劳动年龄人口为 68 万，因为男性与女性的退休年龄不同，在 2017 年 45—59 岁的女性和 45—64 岁的男性人口总数为 34.9 万，男性 18—64 岁和女性 18—59 岁的人口总量为 103 万。退休后人口总量，即 65 岁及以上的男性和 60 岁及以上的女性的人口为 42.4 万人。

表 I-2-16　**波兰主要城市人口结构情况**　（单位：人）

城市	0—17 岁	18—44 岁	男 45—64 岁 女 45—59 岁	男 65 及以上 女 60 岁及以上
华沙	310319	680804	349256	424236
克拉科夫	146227	289032	159799	130390
罗兹	101502	246719	153328	188873
弗罗茨瓦夫	62718	137734	85483	75173

资料来源：波兰中央统计局（http：//stat. gov. pl）。

2. 抚养系数

在华沙，劳动年龄人口占比低于全国，老年人口占比高于全国，总抚养系数为 71%，即每 100 名劳动年龄人口需要抚养 71 名非劳动年龄人口。相比而言，罗兹的老龄化更为严重，老年人口占总人口的比重为 27.4%，总抚养系数为 73%，即每 100 名劳动年龄人口需要抚养的非劳动年龄人口数为 73 人。克拉科夫的老年人口为 13 万，占总人口的 17.9%。弗罗茨瓦夫的老年人口为 7.5 万，占总人口比重为 20.8%，总抚养系数为 62%。总体来看，波兰四个主要城市的人口总抚养系数均超过 50%，表示人口红利期均已结束，进入人口负担不断加重的人口负债期。

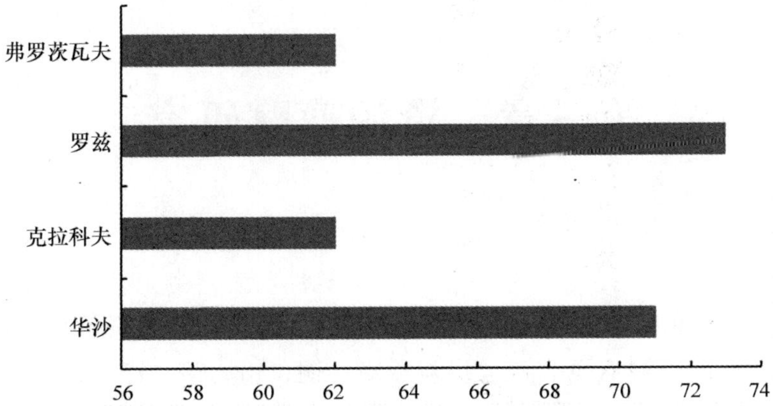

图Ⅰ-2-22　2017年波兰主要城市人口抚养系数（单位：%）

说明：总抚养系数计算公式为：（0—14岁人口数量+65岁以上人口数量）/15—64岁人口数量×100%。

资料来源：波兰中央统计局（http：//stat. gov. pl）。

第三章　资源禀赋研究

波兰是中东欧地区国土面积最大的国家，也是该地区资源最丰富的国家。主要矿产资源有页岩气、煤炭、银、铜、铅、铝、锌等，煤炭、银、铜和铅的储产量均居世界前列，铜和煤炭产业为波兰重点产业。硬煤生产和出口量位居欧洲第二，仅次于俄罗斯；铜产量位居世界第九，欧洲第二。① 波兰的煤炭采矿安全技术和管理水平处于世界领先地位。

第一节　能源资源

一　硬煤

煤炭是波兰基本的能源载体，硬煤和褐煤确保了波兰的能源独立性（70%—80%）。2016 年，波兰一次能源消费中，硬煤约占 40%，原油占 24.4%。2007—2016 年，波兰一次能源消费结构并没有发生根本的变化，从数量变化看，硬煤在一次能源消费中的份额正在逐渐减少。2016 年波兰的硬煤消费总量为 7850 万吨，比 2007 年减少 6.9%（减少 580 万吨）。

表 I－3－1　　2010—2016 年波兰一次能源消费结构　　（单位：PJ）

能源类型＼年份	2010	2011	2012	2013	2014	2015	2016
硬煤	2007.9	1955.6	1788.0	1861.8	1725.7	1697.8	1843.5
褐煤	484.7	524.4	532.1	549.9	520.3	514.1	490.1
原油	970.6	1027.2	1068.9	1028.8	1025.6	1109.6	1095.5

① 中华人民共和国商务部：《对外投资合作国别（地区）指南——波兰（2017 年版）》（http：//fec. mofcom. gov. cn/article/gbdqzn/upload/bolan. pdf）。

续表

年份 能源类型	2010	2011	2012	2013	2014	2015	2016
甲烷天然气	448.0	444.5	475.4	479.0	466.6	482.4	520.6
富氮气体	88.1	93.0	97.3	96.1	94.7	92.2	90.4
水、风、地热和太阳能	17.4	20.9	25.6	31.8	37.1	47.3	56.2
木头	180.3	193.1	201.5	211.5	201.4	201.4	204.5
废弃燃料和其他原料	141.3	169.2	198.3	170.5	178.3	178.1	181.4

资料来源：Agencja Rynku Energii SA。

煤炭消费的地理格局发生了轻微的变化。波兰始终保持着较高的硬煤消耗量，2007—2015 年，西里西亚矿始终是波兰煤炭消费最高的地区（图 I - 3 - 1）。波兰的西里西亚矿的硬煤消耗总量变化最大，从 2007 年消耗 2550 万吨降低到 2015 年的 2090 万吨。马洛波尔斯卡（Małopolskie）的消费量也大幅下降（减少 270 万吨）。而其他省份，2015 年硬煤消费量保持在与 2007 年相似或略有下降的水平。

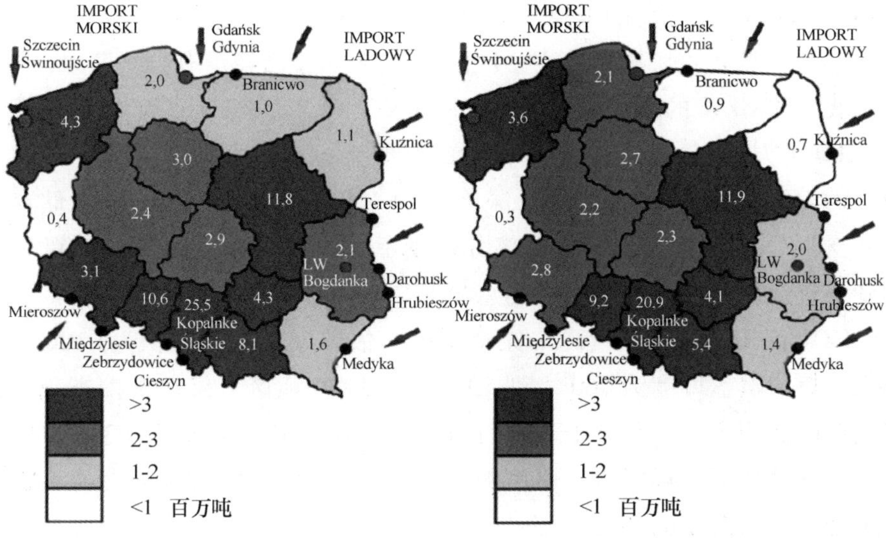

2007 年 2015 年

图 I - 3 - 1 2007 年和 2015 年波兰各省硬煤消耗量

资料来源：波兰能源局（Ministerstwoenergll，Warszawa）：《波兰硬煤采矿业计划（2018—2030）》（https：//www. gov. pl/web/energia/program-dla-sektora-gornictwa-wegla-kamiennego-w-polsce）。

波兰的煤炭资源开采对于电力行业具有重要意义。目前波兰主要依靠煤炭发电，而且未来这种能源结构并不会发生根本的变化。2016 年波兰发电量为 166634 千兆瓦时（GWh）（比 2007 年增加 4.6%），其中煤炭发电量占比 47.6%，硬煤发电量呈下降趋势，2016 年比 2007 年下降了 14.7%。在大多数欧盟国家，对能源进口的依赖性增加，在波兰，由于小波兰省拥有丰富的煤炭储存（位于 Lubelskie 和Śląskie Voivodships 的未开发的硬煤储量达 320 亿吨，构成了充足的能源安全储备），从依赖能源进口角度评估，其能源安全水平大约波动在 20%，而欧盟国家的这一比例高达53%。波兰电力消耗为 168633 千兆瓦时（比 2007 年增加了 9.5%），电力消耗增长快于电力生产。与 2007 年相比，2016 年波兰电力生产增长主要是由于风力发电（12066 千兆瓦时）和其他可再生能源发电（5313 千兆瓦时），燃气发电的比例大幅增加。

波兰的硬煤资源丰富，硬煤矿床主要分布在上西里西亚煤盆地（Gornoslaskim Zaglebiu Weglowym，GZW）、卢布林煤盆地（Lubelskim Zaglebiu Weglowym，LZW）、下西里西亚煤盆地（Dolnoslaskiego Zaglebia Weglowego，DZW），目前的采煤作业只在 GZW 和 LZW 区开展，GZW 的开采历史悠久，是波兰煤炭的最主要产区。DZW 如今已经没有煤炭开采。

波兰的 GZW 的表面积估计约 5800 平方千米。GZW 的矿床开采面积为 1100 平方千米，已经查明的保留的资源为 660 平方千米。GZW 地区约 27%的面积是潜在矿床，资源深度大约 1000 米，剩余区域煤炭储存在 1000 米以下以及盆地边缘，这部分储量不计入煤炭经济储备。GZW 区域的硬煤资源占波兰硬煤资源平衡总量的 78.5%。

LZW 区域的煤炭储量尚未完全明确，估计煤炭矿床面积为 9100 平方千米，煤层覆盖厚度为 360 米到 1000 米。LZW 地区，仅初次探查确定的煤炭矿床面积为 610 平方千米，目前详细调查确定矿床面积为 340 平方千米，大部分地区的煤层覆盖厚度超过了 1000 米。LZW 的硬煤资源占波兰硬煤资源平衡总量的 21.5%。①

截至 2017 年 12 月 31 日，波兰的硬煤经济资源总量为 604.96 亿吨，

① 详见波兰国家采矿局数据，2018 年 8 月 10 日（http：//www.wug.gov.pl/english/hard_coal）。

能源煤约占资源总量 70. 67%，焦炭占 28. 03%，其他类型煤的储量非常小。可开发利用的煤炭资源为 224. 97 亿吨，占预计的经济资源总量的 37. 19%。2017 年详细勘探的 A 类、B 类、C1 类硬煤预计经济资源为 273. 89 亿吨，占预计经济资源总量的 45. 28%。C2 类硬煤为 312. 34 亿吨，占总量的 51. 63%，D 类资源为 18. 71 亿吨，占总量的 3. 09%（表 I－3－2）。截至 2016 年 12 月 31 日，波兰矿产负债表中 50 个矿产已开发，61 个矿产未开发，未开发的煤炭资源余额为 321 亿吨，其中 GZW 为 212 亿吨，LZW 为 104 亿吨。

表 I－3－2 **截至 2017 年波兰硬煤资源总量与开发情况** （百万吨）

	矿床数量	地质资源						经济资源作为预期经济资源的一部分的
		预期的经济资源					预期的次经济资源 A 和 B.	
		总计	A + B	C_1	C_2	D		
总量	158	60495. 60	6344. 02	21045. 06	31234. 71	1871. 81	13726. 69 / 1040. 66	3200. 87
能源煤		42749. 01	4110. 96	13841. 27	23710. 78	1086. 00	10576. 53 / 817. 78	1904. 80
焦煤		16959. 15	2225. 23	7158. 24	7420. 77	154. 91	3113. 33 / 222. 88	1296. 08
其他煤炭		787. 44	7. 83	45. 55	103. 16	630. 90	36. 84 / —	—
已开发的矿床								
总计－	50	22497. 48	4367. 70	10377. 82	7544. 72	207. 25	4396. 14 / 793. 16	2832. 38
能源煤		12677. 57	2520. 30	6101. 67	3968. 12	87. 48	3086. 00 / 695. 18	1611. 39
焦煤		9813. 27	1847. 40	4274. 92	3571. 19	119. 76	1310. 14 / 97. 98	1220. 98
其他煤炭		6. 64	—	1. 23	5. 41	—	—	—

续表

	矿床数量	地质资源						经济资源作为预期经济资源的一部分的
		预期的经济资源					预期的次经济资源A和B.	
		总计	A+B	C_1	C_2	D		
1. 运营的矿山	42	20854.10	4208.59	9747.80	6777.94	119.76	3953.75/621.47	2558.97
能源煤		12107.08	2434.89	5903.48	3768.72	—	2969.17/526.42	1541.41
焦煤		8742.49	1773.71	3843.10	3005.92	119.76	984.58/95.06	1017.56
其他煤炭		4.54	—	1.23	3.30	—	—	—
2. 临时开采	6	700.13	89.08	305.38	218.19	87.48	123.00/171.68	80.44
能源煤		491.31	85.41	166.92	151.49	87.48	116.59/168.76	57.18
焦煤		208.83	3.66	138.46	66.71	—	6.41/2.93	23.26
其他煤炭		—	—	—	—	—	—	—
3. 准备开采	2	943.24	70.02	324.63	548.58	—	319.39/—	192.97
能源煤		79.18	—	31.27	47.91	—	0.24/—	12.80
焦煤		861.95	70.02	293.36	498.57	—	319.15/—	180.17
其他煤炭		2.11	—	—	2.11	—	—	—
未开发的矿床								
总计 -	61	33493.51	610.36	8972.03	22246.55	1664.56	8259.98/246.41	250.77
能源煤		26704.81	446.16	6334.42	18925.71	998.52	6822.03/122.23	250.77
焦煤		6149.41	163.91	2631.68	3318.67	35.14	1437.66/124.18	—

续表

	矿床数量	地质资源						经济资源作为预期经济资源的一部分的
		预期的经济资源					预期的次经济资源A和B.	
		总计	A+B	C_1	C_2	D		
其他煤炭		639.29	0.29	5.93	2.17	630.90	0.28/—	—
1. 详细勘探的矿床	43	17904.75	610.36	8972.03	8139.12	183.24	1164.86/246.41	250.77
能源煤		12936.68	446.16	6334.42	5973.59	182.51	639.23/122.23	250.77
焦煤		4959.68	163.91	2631.68	2163.35	0.73	525.35/124.18	—
其他煤炭		8.39	0.29	5.93	2.17	—	0.28/—	—
2. 初步勘探的矿床	18	15588.75	—	—	14107.44	1481.31	7095.12/—	—
能源煤		13768.13	—	—	12952.12	816.01	6182.80/—	—
焦煤		1189.72	—	—	1155.32	34.41	912.31/—	—
其他煤炭		630.90	—	—	—	630.90	—	—
被废弃的矿床								
总计 -	47	4504.62	1365.97	1695.21	1443.44	—	1070.58/1.09	117.72
能源煤		3366.64	1144.50	1405.19	816.95	—	668.50/0.38	42.63
焦煤		996.47	213.92	251.64	530.91	—	365.53/0.71	75.09
其他煤炭		141.50	7.54	38.38	95.58	—	36.56/—	—

注：A、B、C1、C2、D为不同类型的硬煤。

资料来源：波兰地质研究所（geoportal. pgi. gov. pl）。

市场价格波动和矿业重组对波兰的存量资源管理产生了巨大的影响（表Ⅰ-3-3）。在煤炭运营资源中，31—33型能源煤占主导地位，占运营资源总量的56%；34型的练焦煤，用于工业生产，占运营资源总量的27%；用于高炉工艺生产中的35型高质量优质焦煤，占工业运营资源总量的15%。其余类型36—38型，仅占2%（表Ⅰ-3-4）。根据个别硬煤矿经营者提供的数据，2017年波兰硬煤资源总产量为5.6824亿吨，比上年减少了966万吨（14.53%）（见图Ⅰ-3-2）。波兰现有的硬煤矿床见附表1。

保持波兰硬煤的竞争力成为波兰能源部关注的重点，为此波兰政府制定了《波兰硬煤采矿业发展计划》。

表Ⅰ-3-3　2010—2016年特许经营期内矿山存量中的硬煤资源情况　（百万吨）

截止时间	资源资产负债表	资源产业	资源开采
2010.12.31	11505	3752	2134
2011.12.31	11573	3686	2134
2012.12.31	13187	3681	2105
2013.12.31	13862	3305	1867
2014.12.31	14872	3230	1813
2015.12.31	16003	3084	1725
2016.12.31	17803	2785	1560

资料来源：波兰能源局（MINISTERSTWO ENERGII，WARSZAWA）：《波兰硬煤采矿业计划（2018—2030）》（https：//www.gov.pl/web/energia/program-dla-sektora-gornictwa-wegla-kamiennego-w-polsce）。

表Ⅰ-3-4　2017年特许经营期矿场存量中的硬煤业务储备状况

煤的类型	运营资源			
	总计（百万吨）	占比（%）	在建设中（百万吨）	占比（%）
31—33	876	56	667	56
34	425	27	348	29
35	235	15	150	13
36—38	23	2	22	2
总计	1560	100	1187	100

资料来源：波兰能源局（MINISTERSTWO ENERGII，WARSZAWA）：《波兰硬煤采矿业计划（2018—2030）》（https：//www.gov.pl/web/energia/program-dla-sektora-gornictwa-wegla-kamiennego-w-polsce）。

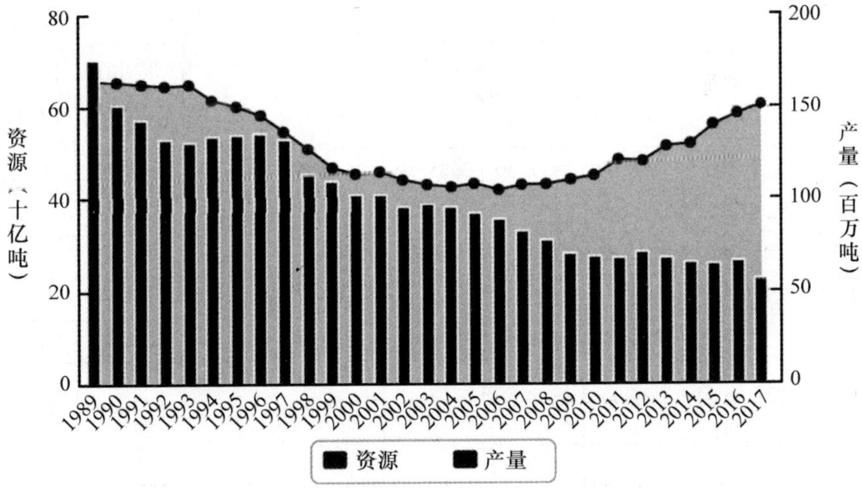

图Ⅰ-3-2　1989—2017年波兰硬煤资源和产量

资料来源：波兰地质研究所（geoportal. pgi. gov. pl）。

二　褐煤

在波兰，褐煤矿床产于较年轻的地质构造中，主要为第三纪。已知较老的棕色煤层也存在于侏罗纪、石炭纪和罕见的白垩纪和三叠纪。褐煤是硬煤和泥炭的中间产物，它的性质受其起源的母体植物类型和环境的影响。

褐煤矿床产于地台地区和造山带沉积盆地。煤形成了从几米到几十米厚的宽度，覆岩厚度通常很小，这使得矿床的露天开采成为可能。对于露天开采来说，较老的棕色煤的煤层往往位于地表以下很深的位置，需要进行地下开采。波兰的巴拜纳和西尼尼瓦矿床就是采用地下采矿的方法开采煤炭。截至2017年底，波兰预计的褐煤经济资源为233.8506亿吨。能源煤为233.8442亿吨，其余64万吨为烟煤（表Ⅰ-3-5）。也有可用来生产煤块的煤和蒸馏生产煤焦油和液体的煤。目前，所有这些煤都只作为能源煤使用和处理。波兰褐煤的开采情况如表Ⅰ-3-5所示。

表Ⅰ-3-5　　**截至2017年波兰褐煤资源存量和开采情况**　　（百万吨）

	矿床数量	地质资源						作为预期经济资源的一部分经济资源
		预期的经济资源					预期的次经济资源	
		总计	A+B	C_1	C_2	D		
总计	91	23385.06	2411.40	3525.50	12643.02	4805.14	3519.00	992.58
已开发的矿床								
经营的矿山	8	1276.41	1153.64	114.88	7.90	—	41.15	975.75
未开发的矿床								
总计	74	22081.18	1241.00	3404.43	12630.62	4805.14	3447.62	16.83
1. 详细勘探的矿床	35	5838.66	1241.00	3404.43	1193.23	—	872.64	16.83
2. 初步勘探的矿床	39	16242.52	—	—	11437.39	4805.14	2574.98	—
被废弃的矿床								
被废弃的矿床	9	27.47	16.77	6.20	4.51	—	30.23	—

资料来源：波兰地质研究所（geoportal. pgi. gov. pl）。

波兰已开发矿藏内的预期经济资源达12.7641亿吨（占预期经济资源总量的5.46%）。正在开发的五个褐煤矿是：Bełchatów、Turów、Adamów、Konin and Sieniawa。波兹南（Poznań）内储存着约36.9亿吨褐煤，占褐煤总储量的16%。Czempin、Gostyń、Krzywin的褐煤是可以露天开采的，但由于这些区域的土地是农业用地，受环境保护规定的限制，褐煤被杜绝开采。这些都是当地社会、生态组织和采矿企业在开采前要解决的主要问题。环境因素使今后的矿床开发工作变得复杂化。2017年褐煤经济资源达到233.8506亿吨，由于开采亏损，较上年减少6607万吨。

根据特许经营商提供的数据，2017年褐煤产量同比增长278.7万吨（4.62%），达到6306万吨。大多数的褐煤产出来自Bełchatow-pole Szczercow（2780.5万吨，占国内褐煤总产量的44.09%），从Bełchatow-pole Bełchatow开采的褐煤约为1673.4万吨（占国内褐煤总产量的26.54%）。其他的褐煤产出来自Turów（686.9万吨，占总产量的10.89%），Pątnow

IV（442.8万吨，占总产量的7.02%），Adamow（293.9万吨，占总产量的4.66%），Tomisławice（214万吨，占总产量的3.39%），Drzewce（206.2万吨，占总产量的3.27%）。剩余褐煤产出来自Sieniawa 1号矿床，达8.4万吨（占国内产量的0.14%）。

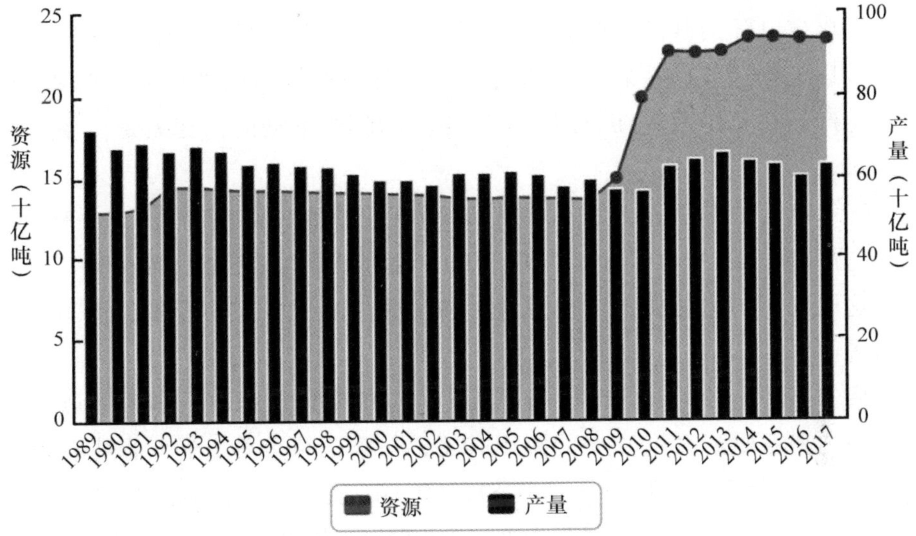

图Ⅰ-3-3　1989—2017年褐煤资源与产量

资料来源：波兰地质研究所（geoportal. pgi. gov. pl）。

三　原油

2017年，波兰登记的原油油田有86个，其中29个位于喀尔巴阡山脉Mts地区，12个位于喀尔巴阡山脉前陆（Carpathian Foreland），43个位于波兰低地（Polish Lowlands），2个位于波罗的海波兰经济区。喀尔巴阡山脉和喀尔巴阡山脉前陆的油田有着悠久的历史，因为这些地区是世界上第一个原油商业化生产的地区。然而，如今这些地区的原油几乎已经枯竭。目前，波兰经济最重要的油田位于波兰低地。2017年，波兰低地可利用的原油资源占波兰可利用原油资源总量的65%。其次是位于波罗的海波兰经济区的油田，占可开发资源总量的28%。喀尔巴阡山脉的前陆和喀尔巴阡山脉的矿产资源分别占国内资源的4%和3%。

在波兰低地，油田与二叠纪、石炭纪和寒武纪岩石圈闭有关。波兰低地油为中等石蜡型，石蜡含量在4.3%—7.4%，硫含量略高于1%，密度在0.857—0.870克/立方厘米。这些圈闭中的油田大多数是大型圈闭，具有气顶膨胀驱动和水的被动作用。Barnowko-Mostno-Buszewo油气田是波兰最大的油气田，它的原油资源是当时国内原油总资源的两倍。位于该地区的其他大型油田包括卢比亚陀油田、格罗托油田和塞奇里油田。

在喀尔巴阡山脉的Mts地区，油田主要分布在西里西亚的几个构造单元。油田与构造或构造岩性圈闭有关，主要是水体包围的油层类型圈闭。石油生产最初是由溶解在石油中的天然气的膨胀推动的，随后是由重力驱动的排水。

喀尔巴阡山脉的油气，含有甲烷和微量的硫。密度为0.750—0.943克/立方厘米，石蜡含量为3.5%—7%。喀尔巴阡山脉油田的资源一般较少，这取决于与之相关的结构的大小和性质。由于多年的开采，资源已基本枯竭。

喀尔巴阡山脉的前陆油田与中新世岩、中生代沉积岩（侏罗系碳酸盐岩，为白垩系砂岩系列）中的圈闭有关，与第三系重叠，通常以中新世不透水黏土层封闭，原油密度在0.811—0.846克/立方厘米，石蜡含量在2.32%—9.37%，硫含量在0.45%—0.85%。上述已开发油田资源占波兰国内资源总量的97%。

上述区域的一些油田含有溶解气体成分，形成凝析油。波兰低地油田的凝析油主要发生在Cychry区域，少数在Babimost、Jastrzębsko、Antonin 1 and Żarnowiec W区域。喀尔巴阡山脉的前陆石油冷凝发生在Łąkta区域和Słopnice领域。

2017年，原油和凝析油的可开发资源总量为2399.38万吨（预期经济和次经济资源），比上年增加157.308万吨。这主要是由于B3和B8油田的资源重新计算（见表I-3-6）。2017年，波兰国内陆上、海上原油、凝析油总产量为93.924万吨，比2016年下降1.781万吨。图I-3-4显示了1989—2017年波兰可开采的预期经济资源和石油产量的变化情况。波兰现有油田情况见附表2。

表 I-3-6　**截至2017年波兰石油和凝析油资源及其勘探开发情况**　（千吨）

	矿床数量	可开发资源				作为预期经济资源的一部分的经济资源
		预期经济资源			预期次经济资源	
		总计	A+B	C		
总量	86	23598.46	14660.23	8938.23	395.34	14482.15
		22239.10	14636.65	7602.45	395.34	14423.16
		1359.36	23.58	1335.78	—	58.99
已开发的矿床						
总计	64	23160.61	14543.09	8617.52	9.70	14365.27
		21832.07	14543.09	7288.98	9.70	14306.28
		1328.54	—	1328.54	—	58.99
波罗的海	2	6765.55	6728.33	37.22	—	6029.98
		6765.55	6728.33	37.22	—	6029.98
		—	—	—	—	—
喀尔巴阡山	27	679.05	574.24	104.81	9.70	143.93
		679.05	574.24	104.81	9.70	143.93
		—	—	—	—	—
波兰低地	29	15360.17	7031.82	8328.35	—	8130.53
		14031.63	7031.82	6999.81	—	8071.54
		1328.54	—	1328.54	—	58.99
喀尔巴阡山脉的前陆	6	355.84	208.70	147.14	—	60.83
		355.84	208.70	147.14	—	60.83
		—	—	—	—	—
未开发的矿床						
总计	7	382.03	108.29	273.74	329.53	116.50
		363.03	89.29	273.74	329.53	116.50
		19.00	19.00	—	—	—
波兰低地	4	266.10	108.29	157.81	—	116.50
		247.10	89.29	157.81	—	116.50
		19.00	19.00	—	—	—
喀尔巴阡山脉的前陆	3	115.93	—	115.93	329.53	—
		115.93	—	115.93	329.53	—
		—	—	—	—	—

续表

	矿床数量	可开发资源				作为预期经济资源的一部分的经济资源
		预期经济资源			预期次经济资源	
		总计	A + B	C		
被废弃的矿床						
总计	15	55.82	8.85	46.97	56.11	0.38
		44.00	4.27	39.73	56.11	0.38
		11.82	4.58	7.24	—	—
喀尔巴阡山	2	1.50	—	1.50	3.75	—
		—	—	—	3.75	—
		1.50	—	1.50	—	—
波兰低地	10	49.74	4.27	45.47	1.43	0.38
		44.00	4.27	39.73	1.43	0.38
		5.74	—	5.74	—	—
喀尔巴阡山脉的前陆	3	4.58	4.58	—	50.93	—
		—	—	—	50.93	—
		4.58	4.58	—	—	—

资料来源：波兰地质研究所（geoportal. pgi. gov. pl）。

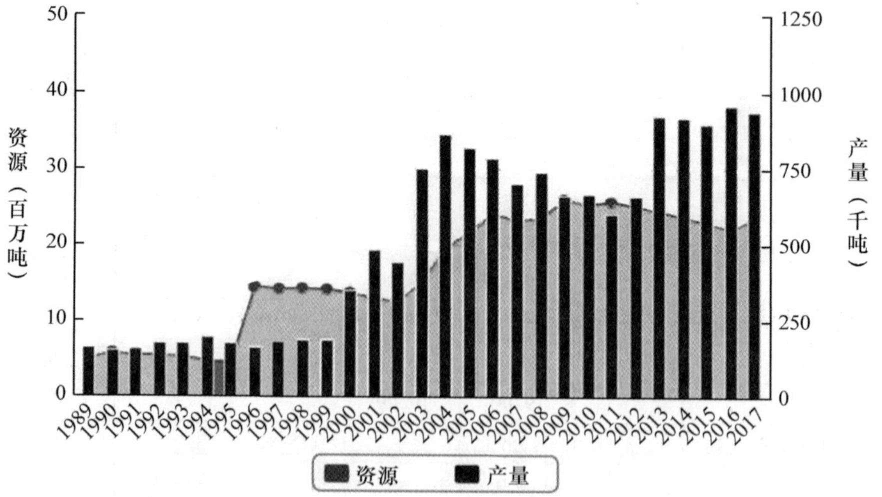

图 I-3-4　1989—2017 年波兰原油资源与产量

资料来源：波兰地质研究所（geoportal. pgi. gov. pl）。

四 天然气

波兰天然气田主要分布在低地区域，在喀尔巴阡山脉前陆，喀尔巴阡山脉到地中海的部分区域，以及波罗的海的波兰经济区都可以看到天然气田。波兰约75%的天然气资源在中新世和二叠纪时期形成，其余资源在寒武纪、泥盆纪、石炭纪、上二叠纪、侏罗纪和白垩纪形成。

在波兰低地区域，天然气田与前苏台和威尔科波尔斯卡地区的二叠纪有关，与波美拉尼亚西部的石炭纪和二叠纪有关。在这些地区，气体在水或气的驱动下出现在块状、块状油气藏中。在这些地区只有几个气田含有高甲烷气体，其余气田以含氮天然气为主，甲烷含量在30%—80%以上，为氮—甲烷或甲烷—氮混合物。含氮量超过90%的天然气田称为高氮天然气（HNNG）。

喀尔巴阡山脉前陆的天然气田与侏罗纪、白垩纪和中新世地层有关。该油田通常含高甲烷天然气，含氮量低。这里的天然气气田很少含有高浓度的氮。在该地区，天然气赋存于构造—岩性多层圈闭中，有时也存在块状油气藏中。

在喀尔巴阡山脉中，天然气产自在白垩纪和古近纪地层形成的天然气、油气和油气凝析油气田中。这里的天然气特征是甲烷含量高（通常超过85%），而氮气的平均含量不到10%。

波罗的海波兰经济区有两个天然气田（B4和B6）和两个油气田（B3和B8）。目前，波兰低地地区的天然气储量占国内天然气可利用资源的67%，喀尔巴阡前陆地区占28%。波罗的海波兰经济区和喀尔巴阡经济区的资源较少，分别占国内可利用资源的4%和1%。表I-3-7显示了天然气的可利用资源以及波兰个别地区的天然气、石油和凝析气田的勘探和开发程度。表中数据为不同甲烷含量的天然气资源，未转化为高甲烷气体（高甲烷气体=提取储量×实际天然气的燃烧热/高甲烷气体的燃烧热，约为34兆焦耳/立方米）。

2017年，波兰的天然气可利用资源为1191.9亿立方米（预计经济资源和预计次经济资源），比上年减少27.5亿立方米——主要是由于开采的原因。据2017年的记录，Kramarzowka可利用的预期经济资源为12.7289亿立方米；Miłosław E为9.2645亿立方米；Dzikow Stary为0.1600亿立方米。B3、B8 和 Kryg-Libusza-Lipinki 的油田资源增长最为显著。

已开发油田的可开发资源估计为 944.8 亿立方米，占可开发资源总量的 79%。2017 年，天然气经济资源估计为 506.1 亿立方米。

上述波兰国内总资源包括拟改建为地下天然气储存设施的天然气田。这些气田的生产已停止，以便在储存地点作业期间将剩余的天然气作为基气（base gas）。已经有 7 个气田选择转换成地下储存设施：Bonikowo（3.2863 亿立方米），Brze ź nica Ⅱ（0.4559 亿立方米），Daszewo（0.2772 亿立方米），Husow（3.7288 亿立方米），Strachocina（1.215 亿立方米），Swarzow（0.2880 亿立方米），Wierzchowice（57.28 12 亿立方米）。用于气田的天然气资源总量估计为 66.5 亿立方米。2012 年，波兰环境部部长批准 Henrykowice E 油田作为地下天然气储存设施。

盐矿中还建有地下油气储藏设施。有 3 个巨大的设施——天然气储存设施 Mogilno Ⅱ、Kosakowo 和原油和液体燃料储存设施 Góra。截至 2017 年底，波兰已颁发地下天然气、原油、液体燃料储备设施运行许可证 11 项。

表 I－3－7　**截至 2017 年波兰天然气可开采资源**　（百万立方米）

	矿床数量	可开发的资源				经济资源作为预期经济资源的一部分
		预期的经济资源			预期的次经济资源	
		总计	A + B	C		
总量	295	116956.98	72184.62	44772.36	2230.26	50607.80
		26424.66	10169.24	16255.42	653.57	11078.85
		83818.27	55301.33	28516.94	1576.69	38953.37
		6714.05	6714.05	—	—	575.58
已开发的矿床						
总计	207	93812.27	63439.03	30373.24	672.60	42496.60
		13445.33	5947.67	7497.66	650.09	6127.44
		73652.89	50777.31	22875.58	22.51	35793.58
		6714.05	6714.05	—	—	575.58

续表

	矿床数量	可开发的资源				经济资源作为预期经济资源的一部分
		预期的经济资源			预期的次经济资源	
		总计	A + B	C		
波罗的海	2	787.60	783.68	3.92	—	704.53
		787.60	783.68	3.92	—	704.53
		—	—	—	—	—
		—	—	—	—	—
喀尔巴阡山	28	1064.90	641.93	422.97	7.54	297.38
		116.72	100.23	16.49	0.09	13.31
		826.68	420.20	406.48	7.45	162.57
		121.50	121.50	—	—	121.50
波兰低地	93	61181.67	44904.81	16276.86	650.00	34056.77
		11090.45	3670.18	7420.27	650.00	4620.27
		44006.75	35150.16	8856.59	—	29436.50
		6084.47	6084.47	—	—	—
喀尔巴阡山脉的前陆	84	30778.10	17108.61	13669.49	15.06	7437.92
		1450.56	1393.58	56.98	—	789.33
		28819.46	15206.95	13612.51	15.06	6194.51
		508.08	508.08	—	—	454.08
未开发的矿床						
总计	56	22765.51	8745.59	14019.92	1421.68	8058.16
		12877.45	4221.57	8655.88	1.93	4950.39
		9888.06	4524.02	5364.04	1419.75	3107.77
		—	—	—	—	—
波罗的海	2	3807.05	—	3807.05	—	3765.25
		3807.05	—	3807.05	—	3765.25
		—	—	—	—	—
		—	—	—	—	—
喀尔巴阡山	3	240.00	240.00	—	74.93	—
		—	—	—	1.93	—
		240.00	240.00	—	73.00	—
		—	—	—	—	—

续表

	矿床数量	可开发的资源				经济资源作为预期经济资源的一部分
		预期的经济资源			预期的次经济资源	
		总计	A+B	C		
波兰低地	39	16268.07	8404.59	7863.48	1346.75	3147.39
		7797.51	4221.57	3575.94	—	55.62
		8470.56	4183.02	4287.54	1346.75	3091.77
		—	—	—	—	—
喀尔巴阡山脉的前陆	12	2450.39	101.00	2349.39	—	1145.52
		1272.89	—	1272.89	—	1129.52
		1177.50	101.00	1076.50	—	16.00
		—	—	—	—	—
被废弃的气田						
总计	32	379.20		379.20	135.98	53.04
		101.88	—	101.88	1.55	1.02
		277.32	—	277.32	134.43	52.02
		—	—	—	—	—
喀尔巴阡山	5	80.00	—	80.00	92.44	—
		80.00	—	80.00	0.56	—
		—	—	—	91.88	—
		—	—	—	—	—
波兰低地	20	285.80	—	285.80	0.99	53.04
		21.88	—	21.88	0.99	1.02
		263.92	—	263.92	—	52.02
		—	—	—	—	—
喀尔巴阡山脉的前陆	7	13.40	—	13.40	42.55	—
		—	—	—	—	—
		13.40	—	13.40	42.55	—
		—	—	—	—	—

注：表格统计了天然气资源总量，个别来自气田的石油和凝析油田、来自气田、来自 PMG 气田的天然气资源。A、B、C 指不同甲烷含量的天然气资源。

资料来源：波兰地质研究所（geoportal. pgi. gov. pl）。

2017 年，波兰国内天然气产量为 50.0912 亿立方米（见表 I－3－8），比 2016 年下降 0.064 亿立方米。图 I－3－5 显示了 1989—2017 年波兰天然气可开采的预期经济资源和产量的变化情况。

表 I－3－8　　2017 年波兰国内天然气资源生产情况　　（百万立方米）

	总计	可利用资源			
		预期的经济资源			预期的次经济资源
		总计	A＋B	C	
来自气田	4192.69	4191.34	3236.33	955.01	1.35
来自油田	385.30	385.28	121.82	263.46	0.02
来自凝析油田	431.13	431.13	431.12	0.01	—
波罗的海：	25.82	25.82	25.82	—	—
来自气田	0.00	0.00	—	—	—
来自油田	25.82	25.82	25.82	—	—
来自凝析油田	0.00	0.00	—	—	—
喀尔巴阡山：	31.34	30.87	25.92	4.95	0.47
来自气田	27.73	27.28	23.26	4.02	0.45
来自油田	3.61	3.59	2.66	0.93	0.02
来自凝析油田	0.00	0.00	—	—	—
波兰低地：	3641.00	3641.00	2882.39	758.61	—
来自气田	2903.19	2903.19	2406.97	496.22	—
来自油田	306.69	306.69	44.30	262.39	—
来自凝析油田	431.12	431.12	431.12	—	—
喀尔巴阡山脉：	1310.96	1310.06	855.14	454.92	0.90
来自气田	1261.77	1260.87	806.10	454.77	0.90
来自油田	49.18	49.18	49.04	0.14	—
来自凝析油田	0.01	0.01	—	0.01	—

资料来源：波兰地质研究所（geoportal. pgi. gov. pl）。

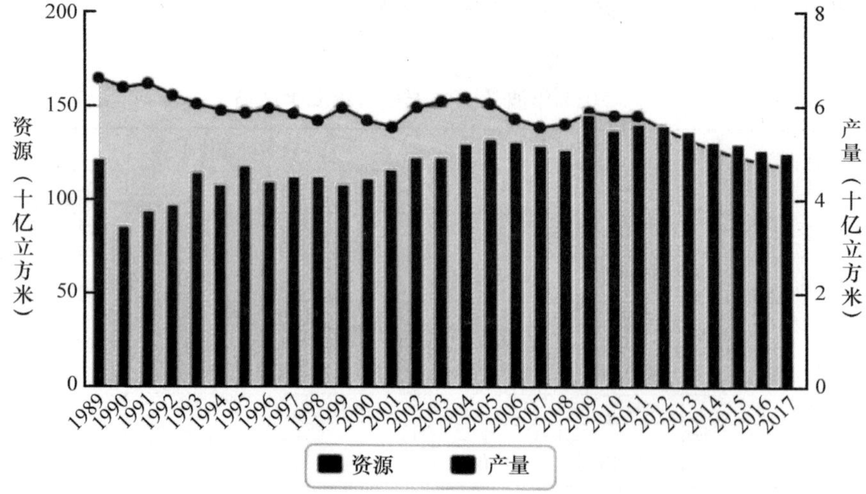

图 I-3-5　1989—2017 年波兰天然气资源与产量

资料来源：波兰地质研究所（geoportal. pgi. gov. pl）。

五　可再生能源之风能

波兰的可再生能源产业发展势头强劲，从图 I-3-6 可以看出，2003—2016 年，可再生能源的发电量占电力消耗比例逐年上升，2016 年该比例高达 13.4%。截至 2015 年 12 月，波兰共有 747 座水电站，总功率为 980 兆瓦，36 座生物质发电厂，总功率为 1008 兆瓦，259 座沼气发电厂，总功率为 152 兆瓦，1016 个风力发电装置，总功率为 5100 兆瓦。波兰可再生能源产业的发展离不开政府的支持，2015 年 2 月 20 日，波兰议会通过《可再生能源法案》，该法案的目的在于保证波兰可再生能源的可持续发展，优化针对具体不同可再生能源技术相关的财政支持措施，在一定时间内提供稳定支持。①

① 中华人民共和国商务部：《波兰可再生能源法简介》，2015 年 7 月 1 日，http://www.mofcom.gov.cn/article/i/dxfw/jlyd/201507/20150701031356.shtml。

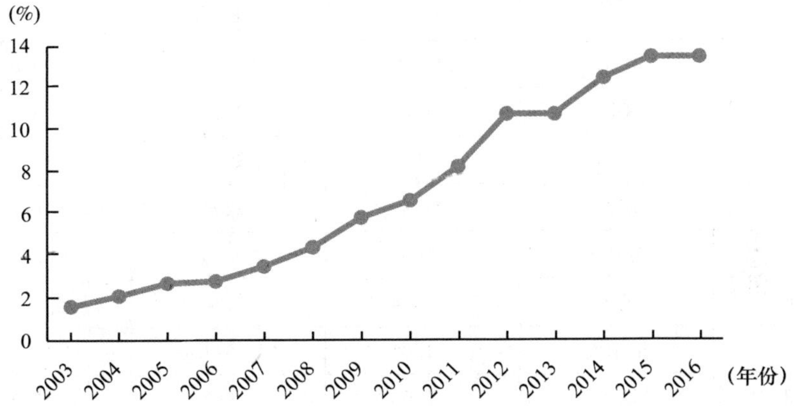

图 I-3-6　2003—2016 年波兰可再生能源发电占电力消耗比例

资料来源：波兰中央统计局（http：//strateg. stat. gov. pl/Home/Strateg）。

风能是波兰可再生能源行业最具发展潜力的部门。[①] 从表 I-3-9 可以看出，波兰的风力装置容量排名位于全球第 12，欧洲第 6 位。根据波兰能源监管办公室的数据，截至 2011 年底，波兰风力发电机的总功率为 1600 兆瓦，产生了 3090 千兆瓦的电力。截至 2015 年底，波兰共有 1016 个风力发电装置（单涡轮机和风电场，总功率为 5100 兆瓦）。根据波兰的“国家可再生能源行动计划”，到 2020 年，可再生能源消耗将在最终的能源消耗中占比 15%，而其中风电部门要发挥重要作用。目前，内陆风电场在风力发电方面处于领先地位，根据波兰“国家可再生能源行动计划”，未来小型风力发电和海上风力发电将得到快速发展。

---

① Bartłomiej Igliński, Anna Iglińska, Grzegorz Koziński, et al., “Wind Energy in Poland: History, Current State, Surveys, Renewable Energy Sources Act, SWOT Analysis”, *Renewable and Sustainable Energy Reviews*, No. 64, 2016, pp. 19-33.

表 I-3-9　　2015 年世界风力装置容量排名前 15 位国家

排名	国家	2015 年总容量（兆瓦）	增加容量（兆瓦）	2015 年容量增加率（%）
1	中国	148000	32970	29.0
2	美国	74347	8598	13.1
3	德国	45192	4919	11.7
4	印度	24759	2294	10.2
5	西班牙	22987	0	0.0
6	英国	13614	1174	9.4
7	加拿大	11205	1511	15.6
8	法国	10293	997	10.7
9	意大利	8958	295	3.4
10	巴西	8715	2754	46.2
11	瑞典	6025	615	11.1
12	波兰	5100	1266	33.0
13	葡萄牙	5079	126	2.5
14	丹麦	5064	217	3.7
15	土耳其	4718	955	25.4
其他国家		40800	5000	14.0
总计		434856	63690	17.2

资料来源：世界风能协会（WWEA）（https：//wwindea. org/blog/2016/02/10/the-world-sets-new-wind-installations-record-637-gw-new-capacity-in-2015/）。

采用波兰 1990—2014 年的月平均风速，月平均风向（8 个方向），风速数据从气象和水管理研究所的 450 个站点获得；使用华沙气象和水管理研究所的数据进行反距离加权插值算法，计算高度为 100 米的平均风速值，结果如图 I-3-7 所示，波兰北部和中部地区的风速最高，波兰的平均风速在不断上升。

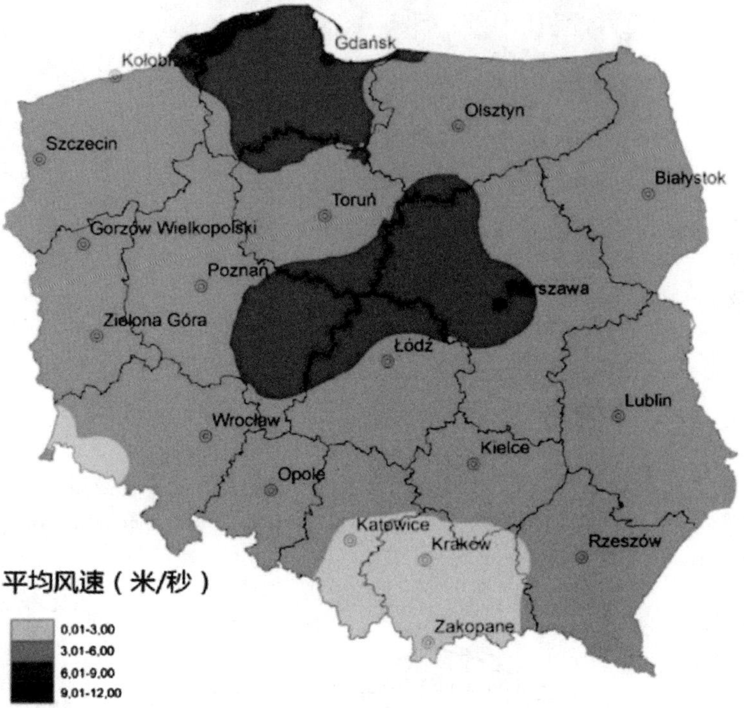

图 I-3-7　2014 年波兰 100 米高度的平均风速

资料来源：Bartłomiej Igliński, Anna Iglińska, Grzegorz Koziński, et al. , "Wind Energy in Poland: History, Current State, Surveys, Renewable Energy Sources Act, SWOT Analysis", *Renewable and Sustainable Energy Reviews*, No. 64, 2016, pp. 19－33。

从图 I－3－8 可以看出，Pomorskie Voivodeship（470 兆瓦），Kujawsko-Pomorskie Voivodeship（480 兆瓦），Wielkopolskie Voivodeship（500 兆瓦），Zachodniopomorskie Voivodeship（1200 兆瓦）地区的风能行业具有强劲发展势头。MałopolskieVoivodeship（3. 6 兆瓦），Lubelskie Voivodeship（6. 2 兆瓦）和Świętokrzyskie Voivodeship（9. 6 兆瓦）地区的风能行业发展缓慢。从图 I－3－9 可以看出，波兰的风电场较多位于北部和西北部。

图Ⅰ-3-8　2015 年波兰各省区风力发电装置功率与数量

资料来源：Energy Regulatory Office，“The Map of Renewable Energy Sources”，www. ure. gov. pl/uremapoze/mapa. html。

图Ⅰ-3-9　波兰风电场分布

资料来源：Bartłomiej Igliński，Anna Iglińska，Grzegorz Koziński，et al.，“Wind Energy in Poland：History，Current State，Surveys，Renewable Energy Sources Act，SWOT Analysis”，*Renewable and Sustainable Energy Reviews*，No. 64，2016，pp. 19 - 33。

第二节　矿产资源

波兰的矿产资源主要有页岩气、铜、锌、铅、铝、银等，银、铜、铅储量均居世界前列。

一　铜和银矿石

铜矿床可以在各种地质条件下形成，不同国家的铜矿床类型不尽相同。主要的铜矿床类型有斑岩型铜矿床、层控矿床和喷流—沉积型铜矿床（块状黄铁矿），此外，还有其他各种类型的火成铜矿石，但火成铜矿石具有较高的经济价值，然而资源总量少。

波兰的铜矿属于层控型矿床，矿床赋存于下西里西亚前苏台单斜带和北苏台盆地地区（the Fore-Sudetic Monocline and the North Sudetic Basin in the Lower Silesia），与 Zechstein Kupferschiefer 的形成有关（图 I－3－10）。含铜和其他金属的矿物主要存在于含铜页岩、下伏砂岩和上覆白云岩中。最具经济价值的铜矿床来自鲁宾前倾单斜区附近（vicinities of Lubin in the Fore-Sudetic Monocline）。

含铜岩系包括 3 个独立的岩性层：基部砂岩、中部黏土泥岩或白云岩页岩、上部白云石灰岩。最强烈的铜矿化发生在黑色黏土页岩，因此，被命名为含铜页岩。矿石中主要的铜矿物有：辉铜矿（Cu_2S）、铜矿石（Cu_5FeS_4）和黄铜矿（$CuFeS_2$）。它们伴随着大量的铜、银（包括原生银）、铅、锌、钴和镍等矿物。

波兰的铜矿区长 60 千米，宽 20 千米，从东南部的鲁宾到西北部的拜托姆·奥扎斯基。这实际上是鲁宾、波尔科维奇—西罗佐维奇和鲁德纳矿目前正在开采铜矿矿区。图 I－3－10 展示了波兰铜矿分布位置。

对前苏台地单斜地区，Żary Pericline 和北苏台盆地 6 个区域进行资源评估（在已记录的矿床周围），这 6 个区域的总面积为 132 平方千米，共计达 1030 万吨铜（探测深度在 1700 米），其中的 4 个选定区域探到更大面积的铜矿分布，铜矿总面积为 199 平方千米，资源总量达 1570 万吨铜（探测深度至 1900 米）。以此推算，在总面积为 1414 平方千米的 28 个区域内，铜资源总量达 15280 万吨：深度为 2000 米的 820 万吨铜和深度为 2000 米以下的 14460 万吨铜。

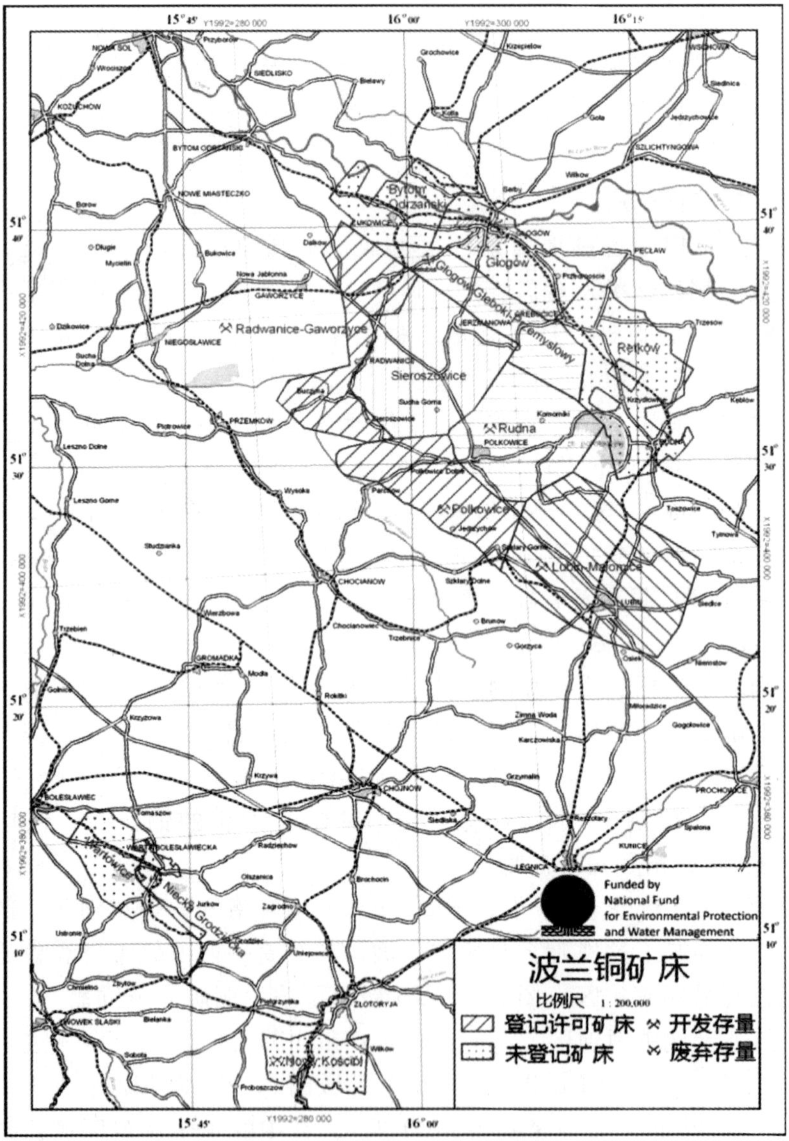

图Ⅰ-3-10　2017 年波兰铜矿石矿床分布

资料来源：波兰地质研究所（geoportal. pgi. gov. pl）。

2017 年，前苏台地块和北苏台盆地铜矿经济资源预计达到 19.31 亿吨，其中金属铜为 3459 万吨，金属银为 10.447 万吨（表 I－3－10）。由于开采和损耗，与上年相比，铁矿石资源减少了 1660 万吨。

表 I－3－10　　　　截至 2017 年波兰铜矿石资源存量与开采情况

	矿床数量	地质资源						经济资源作为预期经济资源的一部分
		预期的经济资源					预期的次经济资源	
		总计	A＋B	C1	C2	D		
总量	12	1931.95 34.59 104.47	614.42 10.82 31.95	1239.04 22.65 67.93	74.55 1.09 4.42	3.93 0.04 0.17	802.03 13.11 41.84	1213.75 24.28 70.83
已开发的矿床								
经营的矿山	6	1689.33	612.17	1059.68	17.48	—	1.77	1213.75
		30.93	10.78	20.01	0.14		0.02	24.28
		88.04	31.85	55.83	0.36		0.06	70.83
未开发的矿床								
详细勘探的矿床	4	218.85	—	165.62	49.30	3.93	782.18	—
		3.41		2.48	0.89	0.04	12.96	
		15.35		11.44	3.73	0.17	41.10	
被废弃的矿床								
被废弃的矿床	2	23.77	2.25	13.74	7.77	—	18.08	—
		0.26	0.04	0.16	0.06		0.13	
		1.08	0.11	0.66	0.32		0.68	

注：矿石单位百万吨，金属铜单位百万吨，银单位千吨。

资料来源：波兰地质研究所（geoportal.pgi.gov.pl）。

前苏台单斜地区铜矿的开采预计经济资源为 16.893 亿吨（金属铜 3093 万吨，银 8.804 万吨），约占预期经济资源总量的 87.44%。这些矿床的经济资源达 12.138 亿吨，比上年增长 7.36 万吨（6.15%）。这一增长是由于为 Radwanice-Gaworzyce 矿床开启了新矿床开发计划（矿区 Gaworzyce 有 7.11 万吨矿）和因为 Sieroszowice 的新矿床开采计划而重新计算的资源（0.686 万吨）。

未开采矿床内的预期经济资源主要分布在1000米和1250米范围内的深度，有时甚至在1450米深度。当使用现有相邻矿井提供挖掘或新建矿井方法开采时，它们的独立开发将变得困难。波兰现有的铜矿床见附表3。

2017年，从铜矿开采出的3118.5万吨铜矿石中，铜含量为1.50%、银含量为47.8克/吨，金属铜产量为46.7万吨，银产量为0.149万吨。据此计算，与2016年相比，铜矿产量减少了79.9万吨（2.50%），金属铜的回收率减少了1.3万吨（2.71%），金属银产量略有增加，增加了0.8万吨（0.54%）。

2017年，KGHM波兰铜业公司生产了52.2万吨电解铜，包括自产精矿35.89万吨、进口精矿14.8万吨、和加工废料1.51万吨。此外，还生产了3648公斤金、铂和钯，以及10.93吨来自本国和进口的浓缩铀。图Ⅰ-3-11、图Ⅰ-3-12、图Ⅰ-3-13显示了1989—2017年波兰铜和银矿资源储量、生产产量的变化。

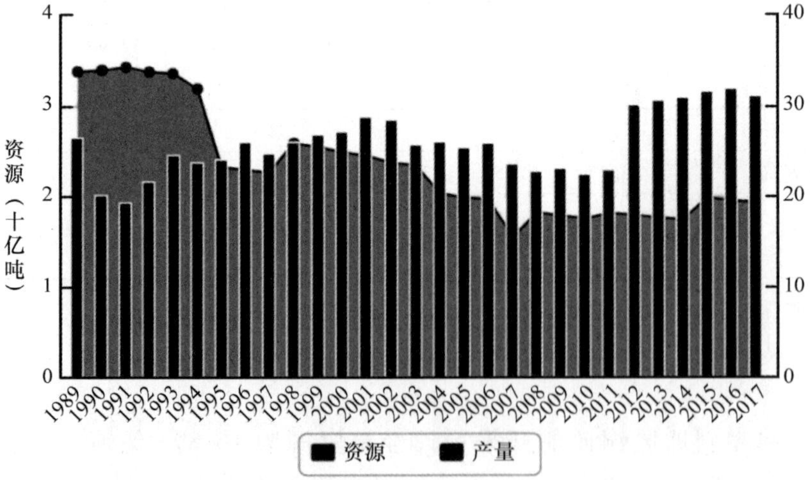

图Ⅰ-3-11 1989—2017年波兰铜矿石储量和产量变化

资料来源：波兰地质研究所（geoportal. pgi. gov. pl）。

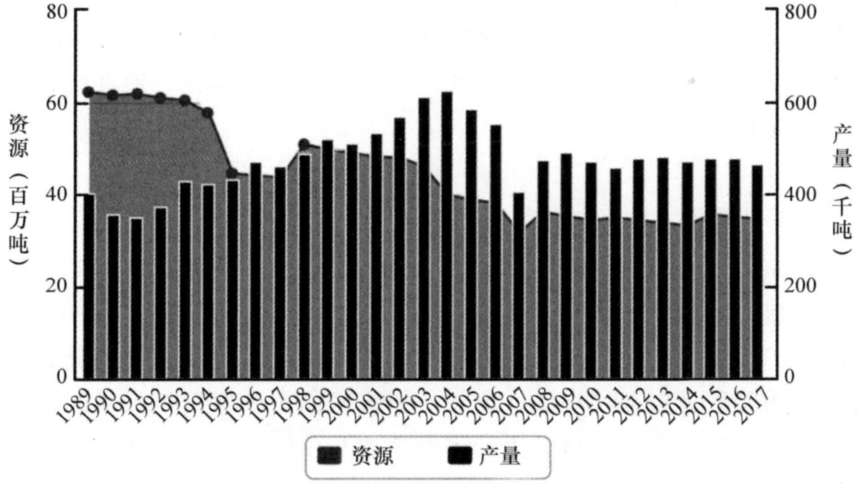

图Ⅰ-3-12　1989—2017年波兰金属铜资源和产量变化

资料来源：波兰地质研究所（geoportal. pgi. gov. pl）。

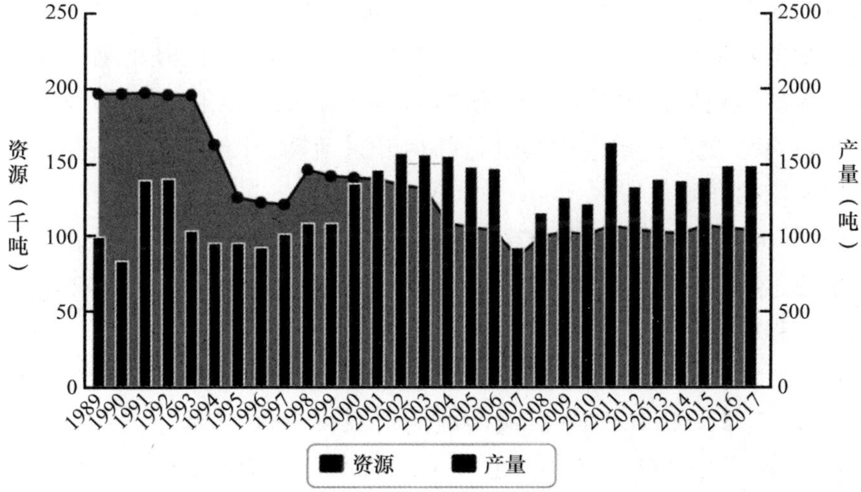

图Ⅰ-3-13　1989—2017年波兰银资源和产量

资料来源：波兰地质研究所（geoportal. pgi. gov. pl）。

从铜矿石中回收的其他金属包括铜、银、金、镍、铅、铂、钯、硒、稀土和硫酸作为副产品。银的回收是最具经济价值的。根据 KGHM 波兰铜业公司提供的数据，2017 年铜加工中回收银 1218 吨、金 571.7 吨、铅 26000 吨、硫酸镍 1790 吨、硒 73.90 吨、39.20 公斤的铂—钯混合物、硫酸和铜硫化物。

二　铅锌矿石

具有经济价值的铅锌矿床产于波兰南部上西里西亚煤盆地的北部和东北部边缘地区。这个地区有开采铅和锌的悠久传统，可以追溯到中世纪。该地区的矿床主要与古生界沉积基底上的二、中生代单斜分布的硅和克拉科夫地区的碳酸盐岩地层有关。含锌—铅成矿作用的岩石年龄从泥盆纪到侏罗纪不等。具有重要经济意义的资源主要与中三叠纪地区所谓含矿白云岩中的矿石积累有关。铅锌矿石以假层、亚水平透镜和巢状替代物的形式存在。西里西亚—克拉科夫（Silesian-Cracow）地区被认为是世界上最大的铅锌矿床产地，即所谓的密西西比河谷型（MVT）。

西里西亚—克拉科夫地区发现了四个铅锌矿床：Chrzanów 区、Olkusz 区、Bytom 区和 Zawiercie 区。Olkusz 地区 Klucze Ⅰ、Olkusz 和 Pomorzany 矿床目前正在开采中。Bytom 和 Chrzanow 地区的 Zn-Pb 矿床现在仅具有历史和科学考察价值。由于中世纪以来的开采，这些矿床已经枯竭，现在有一些其他矿石积累，主要是氧化物矿石。Zawiercie 矿床的开采至今尚未开始。2017 年，这些区域都没有进行任何开采活动。图Ⅰ-3-14 展示了波兰铅锌矿床的详细位置。

Zeschstein 铜银矿床的铜矿石中也存在一定比例的铅锌，这足以在铜精矿冶炼过程中回收铅。根据 KGHM 波兰铜业公司提供的数据，2017 年，铜加工过程中还回收了 2.6 万吨铅。

西里西亚—克拉科夫地区的硫化物铅锌矿资源开发前景最好。截至 2009 年 12 月 31 日，Olkusz 区域的预测资源为 5000 万吨，Zawiercie 区域为 1500 万吨。据评估，氧化锌矿石（galmans）的预测资源为 6000 万吨，包括 5100 万吨的废弃矿床和 900 万吨的采矿废料。近 50 年来，西里西亚—克拉科夫地区铅锌矿资源的估算值发生了显著变化。产生变化的原因一方面是由于对矿床的密集勘探和开采，另一方面是由于从国内矿物原料

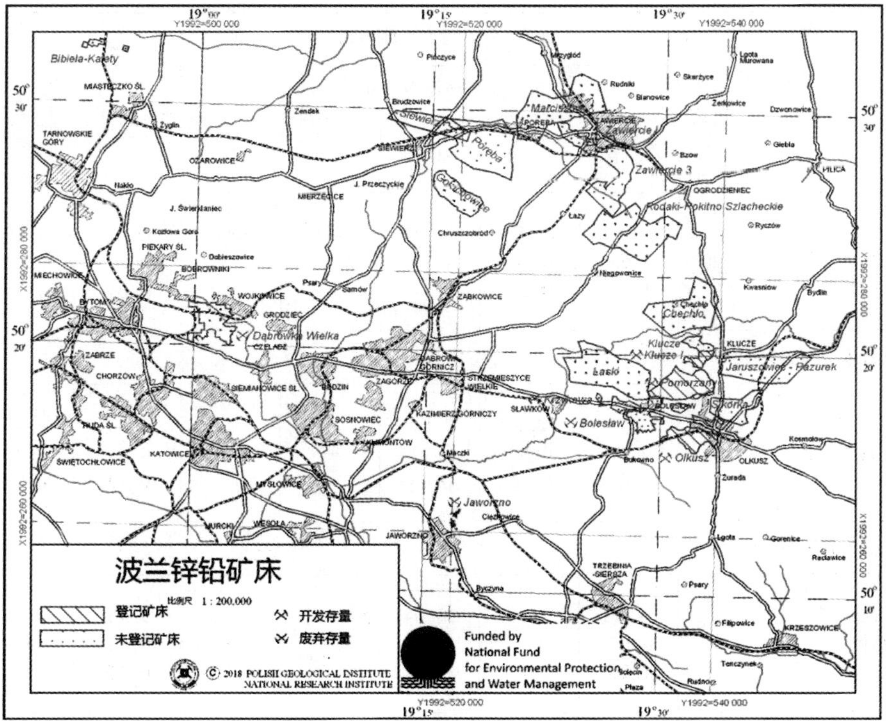

图 I-3-14　波兰铅锌矿石分布

资料来源：波兰地质研究所（geoportal. pgi. gov. pl）。

资源的官方记录中删除氧化锌矿石的资源。删除这项资源记录的原因是在氧化矿石加工中使用的一项技术会造成高职业性危害和环境危害，现在技术上的问题终于解决了，因此，有必要对不符合硫化物矿石分类标准的氧化锌矿石资源进行特殊分类。

截至 2017 年 12 月 31 日，预计铅锌矿的经济资源为 8442 万吨，可以提炼金属锌 363 万吨，金属铅 143 万吨。由于开采和损耗，减少了 58 万吨矿石、0.2 万吨锌和 0.2 万吨铅。大多数资源记录在 C2 类（51.26%）和 C1 类（26.11%）中，A+B 类（14.84%）更少，而 D 类仅 7.79%。与 2016 年相比，这些资源减少了 89 万吨（表 I-3-11）。图 I-3-15、图 I-3-16、图 I-3-17 显示了波兰 1989—2017 年锌、铅矿资源和产量的变化。

表Ⅰ-3-11 **截至2017年波兰铅锌矿资源存量与开采情况** （百万吨）

	矿床数量	地质资源						作为预期经济资源的一部分的经济资源
		预期的经济资源					预期的次经济资源	
		总计	A+B	C_1	C_2	D		
总量	20	84.42 3.63 1.43	12.53 0.50 0.20	22.04 1.02 0.44	43.27 1.87 0.68	6.58 0.23 0.12	57.56 2.04 0.64	4.96 0.23 0.08
已开发的矿床								
经营的矿山	3	14.54 0.61 0.23	12.53 0.50 0.20	2.01 0.11 0.03	—	—	7.00 0.24 0.13	4.96 0.23 0.08
未开发的矿床								
总计	13	69.88 3.02 1.20	—	20.04 0.92 0.40	43.27 1.87 0.68	6.58 0.23 0.12	9.43 0.41 0.15	—
1. 详细勘探的矿床	6	63.58 2.76 1.07	—	20.04 0.92 0.40	39.24 1.70 0.63	4.31 0.13 0.04	6.74 0.29 0.12	—
2. 初步勘探的矿床	7	6.30 0.26 0.13	—	—	4.03 0.17 0.05	2.27 0.10 0.08	2.69 0.12 0.03	—
被废弃的矿床								
被遗弃的矿床	4	—	—	—	—	—	41.14 1.40 0.36	—

资料来源：波兰地质研究所：《2017年铅和锌矿石储量》（http：//geoportal. pgi. gov. pl/surowce/metaliczne/rudy_ zn-pb）。

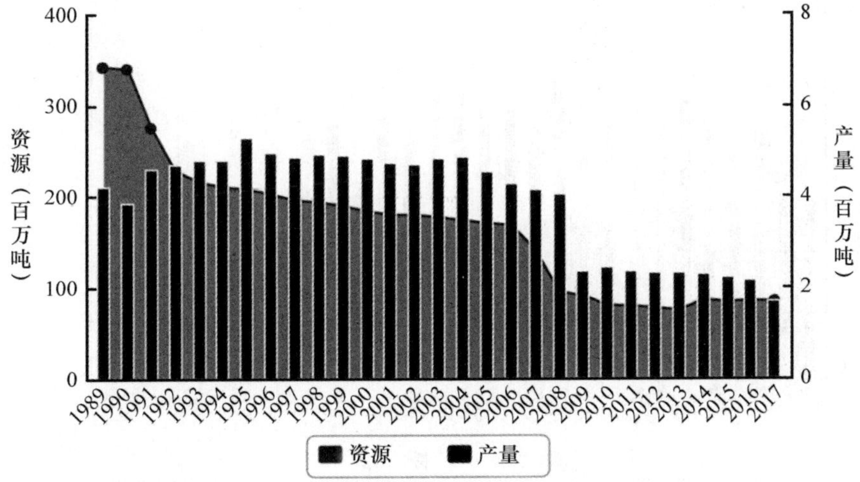

图 I-3-15 1989—2017 年波兰锌—铅矿资源与产量

资料来源：波兰地质研究所（geoportal. pgi. gov. pl）。

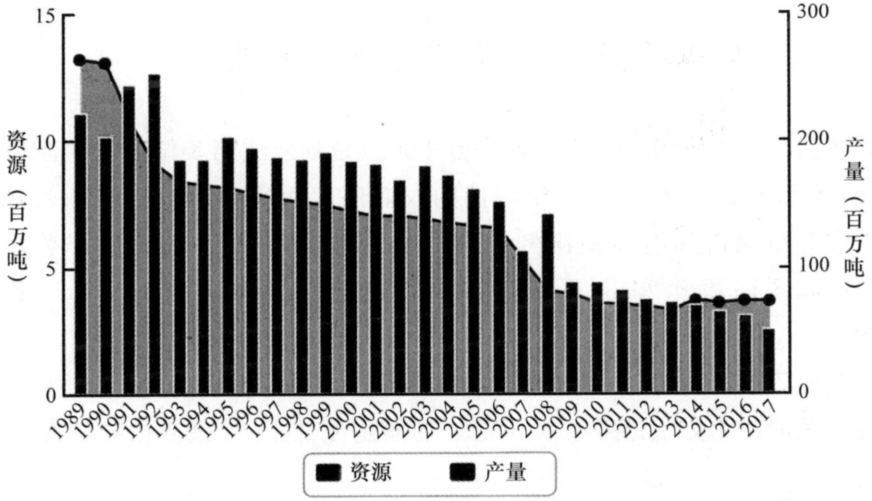

图 I-3-16 1989—2017 年波兰锌资源与产量

资料来源：波兰地质研究所（geoportal. pgi. gov. pl）。

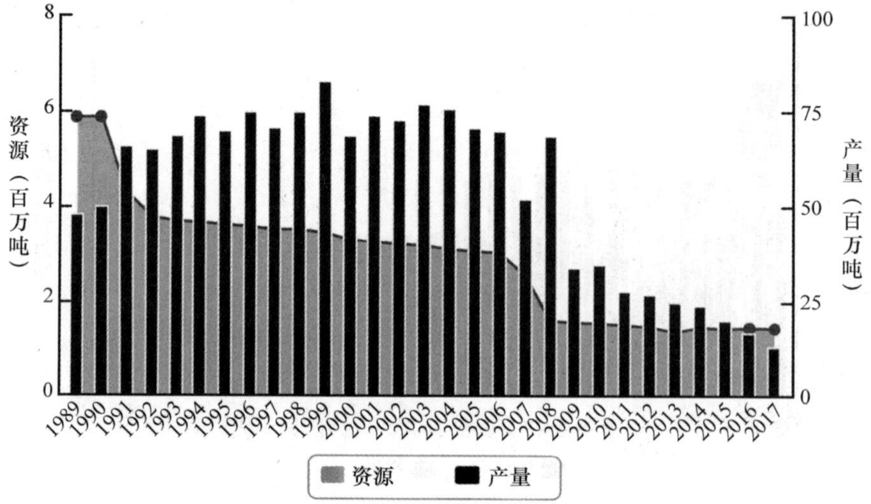

图 I-3-17　1989—2017 年波兰铅储量与产量

资料来源：波兰地质研究所（geoportal. pgi. gov. pl）。

第三节　土地和遗产资源

波兰国土面积为 31. 2679 万平方千米，位列欧洲第 8 位，土地面积为 30. 6190 万平方千米，2015 年统计的农业用地面积为 14. 3710 万平方千米，农业用地占陆地面积比例为 46. 9%，林地面积为 9. 4350 万平方千米，灌溉区面积 0. 73 万平方千米，非农业用地面积为 68. 12 万平方千米。①

截至 2017 年，波兰共有 15 处世界遗产，其中世界文化遗产 14 处，世界自然遗产 1 处（表 I-3-12）。下面是波兰 15 处世界遗产资源的基本情况：

比亚沃维耶扎森林（Białowieża Forest）：比亚沃维耶扎森林横跨白俄罗斯和波兰之间的边界，位于白俄罗斯的布雷斯特（Brest）北部 70 千米

① 世界数据图册（http：//cn. knoema. com/atlas/波兰/topics/土地使用）。

和波兰比亚韦斯托克（Białystok）的东南 62 千米处，占地 105 平方千米。它是欧洲存留下的最广袤的温带原始森林。1538 年波兰国王齐格蒙特一世颁布法律对该森林进行保护。1947 年，波兰在此建立国家公园，1979 年入选世界自然遗产。

奥斯维辛集中营（Auschwitz Birkenau）：全称为“奥斯维辛—比克瑙纳粹德国集中和灭绝营（1940—1945 年）”（German Nazi Concentration and Extermination Camp，1940－1945），是第二次世界大战期间纳粹德国建立的规模最大的集中营，最初作为纳粹德国占领波兰后关押波兰人和苏联战俘的集中营，在 1942 年 1 月后被纳粹德国用于实施灭绝犹太人的“最终解决方案”，对犹太人、波兰人和罗姆人等进行系统性的种族灭绝。1947 年波兰在奥斯维辛—比克瑙纳粹集中营原址上建立博物馆作为纳粹大屠杀的永久见证，并于 1979 年入选世界文化遗产。

马尔堡条顿骑士团城堡（Castle of the Teutonic Order in Malbork）：马尔堡条顿骑士团城堡位于波兰北部，维斯瓦河支流诺加特河（River Nogat）的东岸，占地 21 公顷，是世界上面积最大的城堡。该城堡由条顿骑士团（Teutonic Knights）在 13 世纪末兴建并多次扩建，以加强对普鲁士的军事控制，在 14—15 世纪成为条顿骑士团的总部。该城堡是迄今哥特式砖砌建筑群保留最为完整和精美的建筑，曾在第二次世界大战期间遭战火损毁，经数十年修复后已恢复旧貌。1997 年入选世界文化遗产。

弗罗茨瓦夫百年纪念堂（Centennial Hall in Wrocław）：该纪念堂由德国建筑师马克斯·伯格（Max Berg）设计，于 1911—1913 年建造。当时弗罗茨瓦夫市属于德意志帝国一部分，为纪念普鲁士国王腓特烈·威廉三世带领德意志民族反抗拿破仑·波拿巴统治一百周年而建，是当时最大的钢筋混凝土圆顶建筑，成为钢筋混凝土建筑的里程碑。2006 年入选世界文化遗产。

雅沃尔和希维得尼加的和平教堂（Churches of Peace in Jawor and Świdnica）：位于西里西亚的雅沃尔和希维得尼加的和平教堂是新教教徒们为纪念 1648 年的《威斯特伐利亚和约》，而在西里西亚建立的三座福音派教会教堂中幸存的两座，而建于格沃古夫（Głogów）的和平教堂在 1758 年毁于火灾。神圣罗马皇帝对批准新教徒建造教堂制定了苛刻的条件，教堂的建筑材料只能是城墙外的木材、泥土和稻草，不准建造尖塔和钟楼，施工时间限制在一年以内。因此，和平教堂的建造使用了大量的木材和复杂的结构，代表了木结构建筑技术的顶峰，是欧洲最大的木结构宗教建筑。2001 年入选世界文化遗产。

克拉科夫老城（Historic Centre of Kraków）：1038—1596 年，克拉科夫曾是波兰首都，是当时波兰政治生活的中心。建于中世纪的克拉科夫老城是如今波兰最著名的老城区之一，于 1978 年成为波兰首批入选联合国教科文组织的世界文化遗产之一。

华沙老城（Historic Centre of Warsaw）：华沙老城建于 13 世纪，市场广场（Rynek Starego Miasta）是其中心。第二次世界大战期间，纳粹德国对华沙进行了全面破坏，老城的 85% 建筑被摧毁。战争结束后，华沙进行了长达二十年的城市重建，对老城区、教堂、城墙、宫殿等进行了细致修复，成为保存波兰文化最为重要的证明和对复杂城市群进行整体重建的成功案例。1980 年入选世界文化遗产。

卡尔瓦里亚—泽布日多夫斯卡（Kalwaria Zebrzydowska）：1602 年，克拉科夫总督米科瓦伊·泽布日多夫斯基（Mikołaj Zebrzydowski）利用在波兰南部的扎尔山（Żar）耶稣受难教堂和一座小型修道院，以及其周边自然环境还原了耶稣受难之路。此后，该建筑群经多次扩建成为卡尔瓦里亚—泽布日多夫斯卡公园，是欧洲的著名朝圣地。1999 年入选世界文化遗产。

托伦中世纪城区（Medieval Town of Toruń）：位于波兰中北部的托伦是哥白尼的故乡，有着保存完好的中世纪欧洲贸易和行政中心的空间布局和建筑群。13 世纪中期，条顿骑士团在托伦修建了军事城堡，并在此后加入汉萨同盟而成为连接波罗的海和东欧的贸易枢纽。托伦的条顿城堡和新旧两个城区的结合形成了一种罕见的中世纪聚落形态，并忠实地保留了哥特式教堂和精美的中世纪砖砌联排别墅。1997 年入选世界文化遗产。

穆斯考公园（Muskauer Park / Park Mużakowski）：穆斯考公园是位于德国和波兰边境上最大、最著名的英式花园之一，于 1815 年开始建造，1844 年完工。第二次世界大战后，公园被波兰和德国一分为二，在两国境内分别占地 3.5 平方千米和 2.1 平方千米。1989 年，波兰和德国两国政府开始在公园的开发和保护上展开合作，成为两国跨境文化合作的典范。2004 年入选世界文化遗产。

扎莫希奇古城（Old City of Zamość）：16 世纪末，波兰贵族扬·扎莫厄斯基（Jan Zamoyski）委托意大利建筑师伯纳多·莫兰多（Bernardo Morando）设计了位于西欧与黑海的贸易路线上的扎莫希奇城。这座古城是16世纪末文艺复兴时期城镇的完美典范，保留了原有的布局和防御工事，并结合了大量意大利和中欧建筑传统的建筑。1992年入选世界文化遗产。

塔尔诺斯克山铅银锌矿及其地下水管理系统（Tarnowskie Góry Lead-Silver-Zinc Mine and its Underground Water Management System）：该遗址位于波兰南部西里西亚地区，是波兰最大、最具历史价值的地下铅银锌矿，包括整个地下矿山，有坑道、竖井、坑道和水管理系统。该铅银锌矿是波兰工业革命的基础，矿区拥有一条巨大的排水网络，既满足了工业用水，又兼顾了迅速增长的人口用水需求，其首创的地下水管理系统也是世界上同等类型排水系统中规模最大的，开创了公共排水系统的先河，是水利工程学上的里程碑。2017年入选世界文化遗产。

维利奇卡与博赫尼亚皇家盐矿（Wieliczka and Bochnia Royal Salt Mines）：维利奇卡盐矿位于波兰克拉科夫东南的维利奇卡镇，博赫尼亚盐矿在维利奇卡盐矿东部30千米处。13—20世纪两处盐矿不间断地生产食盐，是如今世界上最古老的开采盐矿，展示了欧洲采矿技术发展的历史。Żupy krakowskie公司一直在此开采盐矿，是世界上第14家历史最悠久的公司。两座盐矿都有数百千米的矿井，还有地下教堂和宗教主题的盐雕和壁雕。1978年入选世界文化遗产。

喀尔巴阡山区木质教堂（Wooden Tserkvas of Carpathian Region in Poland and Ukraine）：该建筑群由16座教堂（tserkvas）组成，是由16—19世纪位于波兰和乌克兰境内的喀尔巴阡山区的东正教和希腊天主教教徒采用横木工艺建造的木质教堂。这些教堂的风格是东正教教堂设计和当地传统的结合。2013年入选世界文化遗产。

小波兰南部的木质教堂（Wooden Churches of Southern Lesser Poland）：小波兰南部的木质教堂是小波兰地区（今小波兰省和喀尔巴阡山省部分地区）木质罗马天主教教堂的统称。这些教堂由贵族家庭资助，采用水平测井技术建造，以哥特式装饰和多色细节为特色。但由于教堂是木材结构，其结构和形式完全不同于波兰北部的砖石结构的哥特式教堂。2003年入选世界文化遗产。

表 I－3－12 波兰入选联合国教科文组织世界遗产名录的遗产列表

遗产名称	遗产类型	获批时间	位置	修建时间
比亚沃维耶扎森林（Białowieża Forest）	世界自然遗产	1979	波兰和白俄罗斯边界	—
奥斯维辛集中营（Auschwitz Birkenau，German Nazi Concentrationand Extermination Camp 1940－1945）	世界文化遗产	1979	奥斯维辛	1940—1945 年
马尔堡条顿骑士团城堡（Castle of the Teutonic Order in Malbork）	世界文化遗产	1997	马尔堡	13—14 世纪
弗罗茨瓦夫百年纪念堂（Centennial Hall in Wrocław）	世界文化遗产	2006	弗罗茨瓦夫	1911—1913 年
雅沃尔和希维得尼加的和平教堂（Churches of Peace in Jawor and Świdnica）	世界文化遗产	2001	雅沃尔和希维得尼加	1654—1657 年
克拉科夫老城（Historic Centre of Kraków）	世界文化遗产	1978	克拉科夫	11—19 世纪
华沙老城（Historic Centre of Warsaw）	世界文化遗产	1980	华沙	13—20 世纪
卡尔瓦里亚—泽布日多夫斯卡（Kalwaria Zebrzydowska：the Mannerist Architectural and Park Landscape Complex and Pilgrimage Park）	世界文化遗产	1999	卡尔瓦里亚—泽布日多夫斯卡	1605—1632 年
托伦中世纪城区（Medieval Town of Toruń）	世界文化遗产	1997	托伦	13—15 世纪
穆斯考公园（Muskauer Park / Park Mużakowski）	世界文化遗产	2004	德国和波兰边界	1815—1844 年
扎莫希奇古城（Old City of Zamość）	世界文化遗产	1992	扎莫希奇	1582—17 世纪
塔尔诺斯克山铅银锌矿及其地下水管理系统（Tarnowskie Góry Lead-Silver-Zinc Mine and its Underground Water Management System）	世界文化遗产	2017	塔尔诺斯克山	16 世纪
维利奇卡与博赫尼亚皇家盐矿（Wieliczka and Bochnia Royal Salt Mines）	世界文化遗产	1978	维利奇卡	13—20 世纪

续表

遗产名称	遗产类型	获批时间	位置	修建时间
喀尔巴阡山区木质教堂（Wooden Tserkvas of Carpathian Region in Poland and Ukraine）	世界文化遗产	2013	(Brunary, Chotyniec, Kwiatoń, Owczary, Powrónik, Radruż Smolnik, Turzańsk) Poland and Ukraine	16—19世纪
小波兰南部的木质教堂（Wooden Churches of Southern Lesser Poland	世界文化遗产	2003	小波兰南部	15—18世纪

资料来源：联合国教科文组织（https：//whc. unesco. org/en/statesparties/pl）。

附 录

附表 1 **硬煤矿床名录** （千吨）

	矿床名称	发展状况	地质资源						作为预期经济资源的一部分的经济资源	产量
			预期的经济资源					预期的次经济资源		
			总	A + B	C_1	C_2	D			
储量总额：158			60495600	6344022	21045059	31234713	1871806	14767352	3200873	56824
西里西亚下游盆地矿床数量：7			423980	54498	134298	235184	—	36838	—	—
1	Chrobry	Z	40730	20298	5104	15328	—	—	—	—
2	Heddi Ⅱ	R	932	—	635	297	—	283	—	—
3	Julia	Z	17660	8871	828	7961	—	—	—	—
4	Nowa Ruda Pole Piast Rejon Wacław-Lech	R	179311	10293	71757	97261	—	—	—	—
5	Nowa Ruda (p. Słupiec)	Z	16126	6105	5967	4054	—	—	—	—
6	Victoria	Z	123254	5921	42717	74616	—	—	—	—

续表

	矿床名称	发展状况	地质资源						作为预期经济资源的一部分的经济资源	产量
			预期的经济资源					预期的次经济资源		
			总	A + B	C_1	C_2	D			
7	Wałbrzych-Gaj	Z	45967	3010	7290	35667	—	36555	—	—
上西里西亚煤盆地矿床数量：141			48398810	6145811	16731005	23650188	1871806	9637706	2659640	49579
1	Andaluzja	Z	4683	1339	3101	243	—	4757	—	—
2	Anna	Z	26346	5943	10159	10244	—	—	—	—
3	Anna 1	E	—	—	—	—	—	—	—	148
4	Anna-Pole Południowe	R	37558	—	20534	17024	—	33011	—	—
5	Barbara-Chorzów	Z	32392	—	—	32392	—	—	—	—
6	Barbara-Chorzów 2	R	39505	6323	11013	22169	—	—	—	—
7	Bobrek-Miechowice	Z	156065	85787	39228	31050	—	—	—	—
8	Bobrek-Miechowice 1	E	38405	37467	938	—	—	1603	11971	36
9	Bolesław Śmiały	Z	402985	34869	67787	300329	—	—	—	—
10	Borynia	E	946140	94933	392875	338568	119764	—	56122	898
11	Brzeszcze	E	600803	102847	249718	248238	—	—	92812	955
12	Brzezinka	R	44130	32232	11420	478	—	8515	—	—
13	Brzezinka-2	R	320520	116840	146750	56930	—	48916	—	—
14	Brzezinka 1	E	152261	—	142562	9699	—	14950	18847	1
15	Brzezinka 3	R	90760	90760	—	—	—	—	—	—
16	Brzeziny	E	31358	24424	6934	—	—	—	17536	898
17	Budryk	E	1198053	62802	481519	653732	—	—	69424	2592
18	Byczyna	E	199337	22572	102445	74320	—	2659	44073	1210
19	Bytom I	Z	10189	7755	1809	625	—	—	—	—
20	Bytom I-1	E	20982	20692	152	138	—	—	15132	124
21	Bytom II	Z	47576	32009	12709	2858	—	—	—	—
22	Bytom II-1	Z	20974	9852	6255	4867	—	—	—	—

续表

	矿床名称	发展状况	地质资源						作为预期经济资源的一部分的经济资源	产量
			预期的经济资源					预期的次经济资源		
			总	A + B	C_1	C_2	D			
23	Bytom III	E	74906	71715	3191	—	—	—	16735	1091
24	Bzie-Dębina	R	106262	—	37589	68673	—	7563	—	—
25	Bzie-Dębina 1	R	122236	—	72593	49643	—	62638	—	—
26	Bzie-Dębina 1-Zachód	R	404608	—	318568	86040	—	—	—	—
27	Bzie-Dębina 2	R	347580	—	275527	72053	—	—	—	—
28	Bzie-Dębina 2-Zachód	E	322404	975	234146	87283	—	44906	69245	39
29	Centrum	Z	212214	143327	33220	35667	—	37950	—	—
30	Centrum-Szombier-ki	Z	169899	94579	26693	48627	—	36224	—	—
31	Chudów-Paniowy 1	T	172211	1578	88087	82546	—	—	10340	—
32	Chwałowice	Z	—	—	—	—	—	443487	—	—
33	Chwałowice 1	E	1221848	98753	753654	369441	—	—	108337	1759
34	Czeczott	Z	535950	70015	408509	57426	—	—	—	—
35	Czeczott-Wschód	R	434914	—	332884	102030	—	185180	—	—
36	Ćwiklice	R	499332	—	195777	303555	—	94138	—	—
37	Dankowice	R	115684	—	80633	35051	—	13914	—	—
38	Dąb	R	1085873	—	275258	810615	—	—	—	—
39	Dębieńsko	Z	—	—	—	—	—	133705	—	—
40	Dębieńsko 1	B	813288	70024	262292	480972	—	319386	171582	—
41	Dziećkowice	E	26222	2012	6842	17368	—	6461	893	389
42	Gliwice	Z	19358	2475	4265	12618	—	—	—	—
43	Gołkowice	R	77078	—	25887	51191	—	154978	—	—
44	Grodziec	Z	34430	1355	26998	6077	—	—	—	—
45	Halemba	E	360048	187083	154631	18334	—	108793	39539	459
46	Halemba Ⅱ	E	411602	31546	303165	76891	—	—	23849	636
47	Imielin Północ	R	766228	—	531085	146963	88180	—	—	—

续表

	矿床名称	发展状况	地质资源						作为预期经济资源的一部分的经济资源	产量
			预期的经济资源					预期的次经济资源		
			总	A + B	C_1	C_2	D			
48	Imielin-Południe	T	194860	—	12511	94865	87484	31735	4573	—
49	Jadwiga 2	E	7410	7410	—	—	—	—	4689	101
50	Jan Kanty	Z	232028	38898	122178	70952	—	—	—	—
51	Jan Kanty 2	R	8575	2932	5623	20	—	—	—	—
52	Jan Kanty-Szczakowa	R	146531	3829	113620	29082	—	—	—	—
53	Janina	E	1568188	182671	526759	858758	—	296923	198490	1958
54	Jankowice	E	777707	135420	518577	123710	—	—	76053	2037
55	Jas-Mos	E	203382	95020	76726	31636	—	27059	43569	1063
56	Jaworzno	E	888972	200903	391066	297003	—	445852	27064	713
57	Jejkowice	P	166245	—	—	75861	90384	93971	—	—
58	Jowisz	Z	38001	7529	8050	22422	—	—	—	—
59	Julian	Z	8168	—	7727	441	—	—	—	—
60	Katowice	Z	116785	79490	12672	24623	—	—	—	—
61	Kazimierz-Juliusz	Z	173906	29443	118649	25814	—	—	—	—
62	Kazimierz-Juliusz 1	Z	92074	18357	52802	20915	—	—	—	—
63	Kleofas	Z	169084	103718	20896	44470	—	31148	—	—
64	Knurów	E	706417	121126	301023	284268	—	—	39695	1802
65	Kobiór-Pszczyna	P	3063506	—	—	3063506	—	1888638	—	—
66	Krupiński	E	730857	115198	337400	278259	—	372089	68543	225
67	Lędziny	R	140586	—	65721	74865	—	87831	—	—
68	Libią̑Ŝ-Janina	R	6195	—	826	5369	—	—	—	—
69	Łaziska	E	239618	14734	87753	137131	—	360671	30921	1142
70	Makoszowy	Z	456285	130488	102226	223571	—	81889	111438	—
71	Marcel	E	228781	130232	73157	25392	—	28755	47849	2536
72	Marcel 1	R	266054	159097	76983	29974	—	—	—	—
73	Marcel-Ruch 1 Maja	Z	84621	1784	32158	50679	—	—	—	—

续表

	矿床名称	发展状况	地质资源						作为预期经济资源的一部分的经济资源	产量
			预期的经济资源					预期的次经济资源		
			总	A + B	C_1	C_2	D			
74	Międzyrzecze	P	368683	—	—	368683	—	183563	—	—
75	Mikołów	R	198518	—	136163	62355	—	153961	—	—
76	Modrzejów	R	46505	5675	21121	19709	—	140	—	—
77	Morcinck	Z	21386	—	969	20417	—	—	—	—
78	Morcinek 1	R	591368	12592	277264	301512	—	60738	—	—
79	Moszczenica	Z	125548	53395	54558	17595	—	—	—	—
80	Murcki	E	512232	45725	352471	114036	—	560218	55266	2
81	Mysłowice	T	27429	22943	3942	544	—	129548	8982	—
82	Niwka-Modrzejów	Z	113676	40870	66808	5998	—	—	—	—
83	Oświęcim-Polanka	P	2142426	—	—	2142426	—	—	—	—
84	Oświęcim-Polanka 1	R	534002	—	185908	348094	—	—	—	—
85	Paruszowiec	R	486337	—	195385	202813	88139	—	—	—
86	ParyŜ	Z	47741	22973	16013	8755	—	16695	—	—
87	Pawłowice	R	414263	38	241725	172500	—	85629	—	—
88	Pawłowice 1	E	303355	5062	276619	21674	—	101851	79300	321
89	Piast	E	923531	357673	533883	31975	—	215819	166145	1771
90	Piekary	Z	46881	30012	16810	59	—	—	6285	—
91	Pilchowice	P	150900	—	—	—	150900	—	—	—
92	Pniówek	E	586511	194677	240908	150926	—	140731	29918	3285
93	Pokój	E	133914	91811	41072	1031	—	17633	14118	870
94	Polska-Wirek	Z	153516	91196	50745	11575	—	28305	—	—
95	Porąbka-Klimontów	Z	53120	18039	24053	11028	—	—	—	—
96	Powstańców Śląskich	Z	9395	3892	2628	2875	—	—	—	—
97	Powstańców Śląskich 1	R	48021	42130	2392	3499	—	—	—	—

续表

	矿床名称	发展状况	地质资源						作为预期经济资源的一部分的经济资源	产量
			预期的经济资源					预期的次经济资源		
			总	A + B	C_1	C_2	D			
98	Rozalia	Z	51361	925	35366	15070	—	—	—	—
99	Rozbark	Z	82020	39567	37774	4679	—	—	—	—
100	Rydułtowy	E	600291	77452	145938	376901	—	—	57399	1642
101	Rydułtowy 1	R	1158570	88522	301420	768628	—	—	—	—
102	Rymer	Z	44863	9381	2839	32643	—	37274	—	—
103	Saturn	Z	61074	6774	21877	32423	—	44904	—	—
104	Siemianowice	Z	44765	25048	10870	8847	—	22218	—	—
105	Siemianowice-Szopienice I	Z	36465	18547	17858	60	—	5154	—	—
106	Siersza	Z	118401	24966	85411	8024	—	—	—	—
107	Siersza 2	R	202035	16463	165583	19989	—	—	—	—
108	Silesia	E	496692	46044	276101	174547	—	172231	118232	1771
109	Sosnowiec	Z	33970	16979	14756	2235	—	9929	—	—
110	Sónica	E	397552	74922	226615	96015	—	36772	42679	1413
111	Spytkowice	P	662614	—	—	662614	—	37352	—	—
112	Staszic	E	617412	237026	316024	64362	—	103857	138679	2720
113	Studzienice	R	327106	—	13336	306845	6925	134290	—	—
114	Studzienice 1	R	1335563	1124	363251	971188	—	—	—	—
115	Studzionka-Mizerów	P	180000	—	—	—	180000	—	—	—
116	Sumina	P	300000	—	—	—	300000	—	—	—
117	Szczygłowice	E	1032034	172614	352071	507349	—	—	48541	1725
118	Śląsk	E	141398	75382	56026	9990	—	10070	21604	914
119	Śląsk-Pole Panewnickie	T	112840	868	107209	4763	—	14587	12114	—
120	Śmiłowice	R	737620	—	207746	529874	—	—	—	—
121	Tenczynek	P	64543	—	—	64543	—	13621	—	—
122	Warszowice-Pawłowice Płn.	R	162961	101	78092	84768	—	117500	—	—

续表

	矿床名称	发展状况	地质资源						作为预期经济资源的一部分的经济资源	产量
			预期的经济资源					预期的次经济资源		
			总	A+B	C_1	C_2	D			
123	Wesoła	E	709000	226484	370748	111768	—	498244	127073	1860
124	Wieczorek	E	106205	81429	18698	6078	—	174882	8796	833
125	Wisła Ⅰ i Wisła Ⅱ-1	E	541638	9131	157342	375165	—	75001	30254	617
126	Wisła I-Wisła Ⅱ	P	822766	—	—	659928	162838	84432	—	—
127	Wisła-Północ	P	303969	—	—	303969	—	6196	—	—
128	Wojkowice	Z	19430	8117	7596	3717	—	—	—	—
129	Wujek	T	110743	55136	31238	24369	—	84313	11072	—
130	Wujek-część południowa	R	253428	—	142464	110964	—	—	—	—
131	Wujek-część Stara Ligota	T	82051	8553	62392	11106	—	34494	33358	—
132	Za rowem bełckim	P	342502	—	—	145530	196972	103010	—	—
133	Zabrze-Bielszowice	E	503301	300435	166260	36606	—	28567	56292	1968
134	Zator	P	708645	—	—	308425	400220	—	—	—
135	Zebrzydowice	P	108439	—	—	108439	—	59956	—	—
136	Ziemowit	E	890849	137553	389676	363620	—	260199	81732	2896
137	Zofiówka	E	648435	188804	186020	273611	—	—	92480	2158
138	śory	Z	153256	12068	48280	92908	—	101479	—	—
139	śory-Suszec	R	888173	1811	64415	821947	—	63964	—	—
140	śory-Suszec 1	R	542623	—	137807	404816	—	—	—	—
141	śory-Warszowice	R	151916	1720	145964	4232	—	93680	—	—
卢布林煤盆地矿床数量：10			11672810	143713	4179756	7349341	—	5092808	541233	7245
1	Bogdanka	E	754052	125835	496099	132118	—	468431	269074	7245
2	Chełm Ⅱ	P	1034514	—	—	1034514	—	916254	—	—
3	Kolechowice Nowe	P	2257374	—	—	2257374	—	1534933	—	—
4	Lublin	R	2277850	—	1943577	334273	—	—	—	—

续表

	矿床名称	发展状况	地质资源						作为预期经济资源的一部分的经济资源	产量
			预期的经济资源					预期的次经济资源		
			总	A + B	C_1	C_2	D			
5	Lublin K-9	R	400023	—	209783	190240	—	—	—	—
6	Lubelskie Zagłębie Węglowe-obszar K-3	B	129950	—	62341	67609	—	—	21387	—
7	Lubelskie Zagłębie Węglowe-obszar K-6 i	R	656007	—	619201	36806	—	—	—	—
8	K-7	P	1827942	—	—	1827942	—	1013740	—	—
9	Orzechów	R	1251413	17878	848755	384780	—	—	250772	—
10	Ostrów	P	1083685	—	—	1083685	—	1159450	—	—

缩写：

B—用于固体矿物—建筑过程中的矿井，燃料—为开采或试验期间的开采做好准备

E—已开发

G—地下天然气储存设施

M—在分析期间从矿产资源年度报告分出的矿床

P—初步勘探涵盖的矿床（C_2 + D 类别，燃料 - C 类）

R—详细勘探所涵盖的矿床（A + B + C_1 类别，燃料 - A + B 类别）

Z—废弃的矿床

T—暂时开采矿床

K—矿床中原材料的变化

附表 2　**原油和凝析油田名单**　（千吨）

油田名称	发展状况	资源				产量	县
		预期的经济资源 预期的次经济资源s			可利用经济资源		
		总	A + B	C			
总数：86		23598. 46 395. 34s	14660. 23 11. 63s	8938. 23 383. 71s	14482. 15	939. 24	
波罗的海的油田数量：2		6765. 55 -s	6728. 33 -s	37. 22 -s	6029. 98	208. 99	

续表

	油田名称	发展状况	资源				产量	县
			预期的经济资源 预期的次经济资源[s]			可利用经济资源		
			总	A + B	C			
1	B 3	E	2145. 32	2108. 10	37. 22	1695. 08	90. 89	Bałtyk (off shore)
2	B 8	E	4620. 23	4620. 23	—	4334. 90	118. 10	Bałtyk (off shore)
喀尔巴阡山脉的油田数量：29			680. 55 13. 45s	574. 24 11. 63s	106. 31 1. 82s	143. 93	22. 49	
1	Biecz	E	2. 87s	2. 87s	-s	—	0. 21	gorlicki
2	Bóbrka-Rogi	E	107. 29	107. 29	—	10. 97	2. 25	krónieński
3	Brzegi Dolne	E	0. 61	0. 61	—	0. 14	0. 07	bieszczadzki
4	Czarna	E	1. 06	1. 06	—	0. 36	0. 19	bieszczadzki
5	Dominik. -Kob. -Kryg	E	4. 93s	4. 93s	-s	2. 76	0. 19	gorlicki
6	Dwernik	E	1. 82s	-s	1. 82s	0. 96	0. 23	bieszczadzki
7	Fellnerówka-Hanka	E	15. 73	15. 73	—	1. 50	0. 30	gorl icki
8	Folusz-Pielgrzymka	E	43. 88	43. 88	—	14. 98	0. 98	jasielski
9	Gorlice	E	29. 44	—	29. 44	0. 05	0. 08	gorlicki
10	Grabownica	E	—	—	—	—	2. 68	brzozowski
11	Harklowa	E	20. 65	20. 65	—	3. 51	0. 73	jasielski
12	Iwonicz-Zdrój	E	17. 95	17. 95	—	2. 29	0. 48	krónieński
13	Jaszczew	E	72. 75	42. 25	30. 50	15. 44	0. 95	jasielski, krónieński
14	Krócienko	E	13. 28	13. 28	—	11. 44	0. 73	krónieński, m. Krosno
15	Kryg-Libusza-Lipinki	E	59. 74	59. 74	—	23. 48	1. 43	gorlicki
16	Łodyna	E	25. 34	25. 34	—	7. 84	1. 55	bieszczadzki
17	Magdalena	Z	3. 75s	3. 75s	-s	—	—	gorlicki
18	Mrukowa	E	0. 08s	0. 08s	-s	—	0. 04	jasielski
19	Osobnica	E	81. 54	53. 59	27. 95	10. 76	2. 37	jasielski
20	Potok	E	23. 50	23. 50	—	13. 13	0. 72	krónieński

续表

	油田名称	发展状况	资源				产量	县
			预期的经济资源 预期的次经济资源[s]			可利用经济资源		
			总	A + B	C			
21	Rej. Grabownica Wieś	T	10. 86	—	10. 86	0. 01	—	brzozowski, sanocki
22	Roztoki	E	13. 63	7. 57	6. 06	2. 92	0. 57	jasielski
23	Słopnice	Z	1. 50	—	1. 50	—	—	limanowski
24	Turaszówka	E	0. 97	0. 97	—	0. 09	0. 17	m. Krosno
25	Turze Pole-Zmiennica	E	1. 26	1. 26	—	1. 26	0. 47	brzozowski
26	Wańkowa	E	79. 34	79. 34	—	9. 60	3. 08	bieszczadzki, les-ki
27	Węglówka	E	57. 11	57. 11	—	8. 68	1. 80	krónieński
28	Wola Jasienicka	E	1. 86	1. 86	—	1. 38	0. 11	brzozowski, krónieński
29	Zatwarnica	E	1. 26	1. 26	—	0. 38	0. 11	bieszczadzki
波兰低地的油田数量：43			15676. 01 1. 43s	7144. 38 -s	8531. 63 1. 43s	8247. 41	691. 77	
1	Antonin 1	Z	5. 74	—	5. 74	—	—	ostrowski, ostrz-eszowski
2	Babimost	M	—	—	—	—	—	nowotomyski,
3		Z	1. 43s	-s	1. 43s	0. 38	—	wolsztyński, zielonogórski
4		E	8. 29	—	8. 29	8. 26	0. 42	
5	Białogóra-E	E	6190. 95	6190. 95	—	3727. 49	302. 55	pucki
6	Błotno	Z	—	—	—	—	—	goleniowski
7	BMB (Barnówko-Mostno-Buszewo)	E	29. 67	29. 67	—	26. 18	0. 76	gorzowski, myśli-borski
8	Breslack-Kosarzyn	E	1310. 84	—	1310. 84	55. 26	0. 36	krónieński
9	Buk	Z	4. 27	4. 27	—	—	0. 39	nowotomyski, poznański
10	Cychry	E	7. 79	—	7. 79	7. 81	0. 32	myśliborski

续表

	油田名称	发展状况	资源				产量	县
			预期的经济资源 预期的次经济资源[s]			可利用经济资源		
			总	A + B	C			
11	Daszewo	E	472. 83	—	472. 83	254. 31	8. 04	białogardzki
12	Dębki	E	36. 51	—	36. 51	37. 68	8 87	pucki
13	Dzieduszyce	E	7. 10	7. 10	—	4. 49	0. 27	gorzowski
14	Gajewo	Z	39. 73	—	39. 73	—	—	gorzowski, myśliborski
15	Glinnik	E	186. 81	186. 81	—	158. 38	4. 07	lubartowski, lubelski
16	Gomunice	E	1716. 60	—	1716. 60	1293. 16	15. 29	pajęczański
17	GryŜyna	R	72. 33	72. 33	—	—	—	krónieński, świebodziński
18	Jastrzębsko	R	19. 00	19. 00	—	—	—	nowotomyski
19	Jeniniec	T	7. 66	7. 66	—	7. 56	—	gorzowski
20	Kamień Mały	T	707. 08	—	707. 08	289. 90	—	gorzowski, sulęciński
21	Kamień Pomorski	E	7. 07	7. 07	—	6. 64	1. 69	kamieński
22	Kije	E	9. 29	—	9. 29	0. 37	0. 16	zielonogórski
23	Kije NE	Z	—	—	—	—	—	zielonogórski
24	Kosarzyn-E	Z	—	—	—	—	—	krónieński
25	Kosarzyn-S	Z	—	—	—	—	—	krónieński
26	Kosarzyn N	Z	—	—	—	—	—	krónieński, słubicki
27		E	3854. 33	—	3854. 33	1776. 16	322. 15	międzychodzki,
28	Lubiatów	E	5. 96	—	5. 96	5. 82	2. 36	międzyrzecki, strzelecko-
29		E	13. 94	13. 94	—	13. 23	7. 77	drezdenecki
30	Lubiszyn	E	1. 86	1. 86	—	1. 83	1. 37	gorzowski
31	Michorzewo	R	16. 96	16. 96	—	—	—	nowotomyski
32	Mozów S	E	25. 39	—	25. 39	20. 71	1. 40	zielonogórski

续表

	油田名称	发展状况	资源				产量	县
			预期的经济资源 预期的次经济资源[s]			可利用经济资源		
			总	A + B	C			
33	Namyślin	E	576. 00	549. 00	27. 00	384. 00	5. 70	myśliborski
34	Ołobok	E	1. 37	1. 37	—	1. 45	0. 08	świebodziński
35	Radoszyn	E	14. 61	14. 61	—	14. 61	2. 86	świebodziński
36	Rekowo	T	0. 45	0. 45	—	0. 48	—	kamieński
37	Retno	P	157. 81	—	157. 81	116. 50	—	krónieński
38	Rybaki	E	4. 42	4. 42	—	4. 42	0. 12	krónieński
39	Sieraków	E	86. 57	—	86. 57	8. 05	0. 05	międzychodzki
40	Sławoborze	E	16. 09	16. 09	—	16. 61	3. 73	świdwiński
41	StęŜyca	E	0. 82	0. 82	—	0. 42	0. 89	garwoliński, rycki
42	Wysoka Kamieńska	E	42. 17	—	42. 17	1. 52	0. 05	goleniowski
43	Zielin	E	17. 70	—	17. 70	3. 73	0. 05	gryfiński
喀尔巴阡山脉的油田数量：12			476. 35 380. 46s	213. 28 -s	263. 07 380. 46s	60. 83	15. 99	
1	Brzezówka	E	15. 38	15. 38	—	3. 58	1. 49	ropczycko-sędziszowski
2	Cetynia	Z	45. 00s	-s	45. 00s	—	—	lubaczowski
3	Grobla	E	35. 89	35. 89	—	12. 54	3. 71	bocheński
4	Jastrzą bka Stara	E	37. 05	35. 34	1. 71	1. 88	1. 73	dębicki
5	Korzeniów	Z	5. 93s	-s	5. 93s	—	—	dębicki, mielecki
6	Lubaczów	P	115. 93	—	115. 93	—	—	lubaczowski
7	Łą kta	Z	4. 58	4. 58	—	—	—	bocheński
8	Mniszów	P	325. 40s	-s	325. 40s	—	—	bocheński, proszowicki
9	Nosówka	E	44. 05	44. 05	—	27. 50	3. 24	rzeszowski

续表

	油田名称	发展状况	资源				产量	县
			预期的经济资源 预期的次经济资源[s]			可利用经济资源		
			总	A + B	C			
10	Pławowice	E	78.04	78.04	—	12.73	4.60	kazimierski, proszowicki
11	Tarnów	P	4.13s	-s	4.13s	—	—	tarnowski
12	Wierzchosławice	E	145.43	—	145.43	2.60	1.22	tarnowski

缩写：

B—用于固体矿物—建筑过程中的矿井，燃料—为开采或试验期间的开采做好准备

E—已开发

G—地下天然气储存设施

M—在分析期间从矿产资源年度报告分出的矿床

P—初步勘探涵盖的矿床（C_2 + D 类别，燃料 - C 类）

R—详细勘探所涵盖的矿床（A + B + C_1 类别，燃料 - A + B 类别）

Z—废弃的矿床

T—暂时开采矿床

K—矿床中原材料的变化

附表 3　**铜矿石矿床名录**　矿石（千吨）

金属铜（千吨）银（吨）

序号	矿床名称	发展状况	地质资源						作为预期经济资源的一部分的经济资源	产量	县
			预期的经济资源					预期的次经济资源			
			总	A + B	C_1	C_2	D				
矿床总量：12			1931950 *34594* *104468*	614424 *10819* *31951*	1239043 *22652* *67930*	74551 *1086* *4417*	3932 *37* *170*	802031 *13105* *41839*	1213753 *24278* *70828*	31185 *467* *1490*	
Fore-Sudetic Monocline 矿床数量：9			1828865	612171	1178588	38106	—	766662	1213753	31185	
			33172	*10782*	*21727*	*664*		*12773*	*24278*	*467*	
			99124	*31845*	*64652*	*2627*		*40579*	*70828*	*1490*	

续表

序号	矿床名称	发展状况	地质资源						作为预期经济资源的一部分的经济资源	产量	县
			预期的经济资源					预期的次经济资源			
			总	A + B	C_1	C_2	D				
1	Bytom Odrzański	R	2247	—	2247	—	—	169551	—	—	Głogów
			93		*93*			*3271*			
			54		*54*			*6517*			
2	Głogów	R	—	—	—	—	—	276951	—	—	głogowski,
								4780			Polkowice
								19550			
3	Głogów Głęboki-Przemysłowy	E	286653 *6861* *22624*	3221 *68* *372*	283432 *6793* *22252*	—	—	—	264886 *6357* *20774*	1861 *30* *141*	głogowski, polkowicki
4	Lubin-Małomice	E	383812 *5001* *21100*	220416 *2667* *12760*	163396 *2334* *8340*	—	—	608 *5* *22*	335728 *4250* *18160*	7533 *69* *353*	Lubiński, polkowicki
5	Polkowice	E	96756 *2300* *4524*	51838 *1241* *2213*	44918 *1059* *2311*	—	—	732 *5* *20*	80012 *1841* *3496*	3112 *49* *90*	Lubiński, polkowicki
6	Radwanice-Gaworzyce	E	344101 *4726* *9072*	200 *4* *7*	326424 *4587* *8703*	17476 *136* *362*	—	—	78758 *2012* *3709*	31 *1* *1*	głogowski, polkowicki
7	Retków	R	137288	—	116658	20630	—	318389	—	—	głogowski,
			2151		*1623*	*528*		*4703*			lubiński,
			11031		*8766*	*2265*		*14451*			Polkowice
8	Rudna	E	342962 *5633* *15873*	257951 *4348* *11153*	85011 *1285* *4720*	—	—	232 *4* *16*	240236 *4009* *11151*	8371 *137* *490*	głogowski, lubiński, polkowicki
9	Sieroszowice	E	235046 *6406* *14846*	78544 *2454* *5341*	156501 *3952* *9505*	—	—	199 *4* *3*	214134 *5809* *13538*	10277 *181* *414*	głogowski, polkowicki

续表

序号	矿床名称	发展状况	地质资源						作为预期经济资源的一部分的经济资源	产量	县
			预期的经济资源					预期的次经济资源			
			总	A + B	C_1	C_2	D				
North Sudetic Basin 矿床数量：3			103085	2253	60455	36445	3932	35369	—	—	
			1422	*37*	*925*	*423*	*37*	*333*			
			5344	*106*	*3278*	*1790*	*170*	*1260*			
1	Niecka	Z	10291	2253	8038	—	—	2205	—	—	bolesławiecki,
	Grodziecka		*141*	*37*	*105*			*30*			Złotoryja
			501	*106*	*395*			*70*			
2	Nowy Kóciół	Z	13478	—	5705	7773	—	15878	—	—	Jaworski,
			116		*53*	*63*		*102*			Złotoryja
			583		*262*	*321*		*608*			
3	Wartowice	R	79316	—	46712	28672	3932	17286	—	—	bolesławiec
			1165		*768*	*360*	*37*	*201*			
			4260		*2621*	*1469*	*170*	*582*			

缩写：

B—用于固体矿物—建筑过程中的矿井，燃料—为开采或试验期间的开采做好准备

E—已开发

G—地下天然气储存设施

M—在分析期间从矿产资源年度报告分出的矿床

P—初步勘探涵盖的矿床（C_2 + D 类别，燃料 - C 类）

R—详细勘探所涵盖的矿床（A + B + C_1类别，燃料 - A + B 类别）

Z—废弃的矿床

T—暂时开采矿床

K—矿床中原材料的变化

第四章　基础设施研究

与欧盟的老成员国相比，波兰的基础设施建设比较落后，高速和快速公路少，优质公路比例较低，铁路网技术退化，空运和海运能力较低，难以满足经济发展和吸引外商投资的需要。近年来，波兰对基础设施不断加大投入，交通运输网络、港口设施的运行能力等得到改善。《2007—2015年波兰国家发展规划》将基础设施建设列为首要任务，2007—2013 年欧盟援助波兰的资金中约 194 亿欧元用于发展基础设施建设。2012 年欧洲足球锦标赛前夕，波兰在有赛事的 4 个城市修（改）建体育场馆，并兴修配套的公路、铁路、机场、酒店等项目。2014—2020 年，欧盟预算拨给波兰 820 亿欧元，主要用于公路铁路建设、公共交通等方面。2016 年初，波兰政府推出《负责任的发展战略》（*Responsible Development Plan*）提出设计制造城市公共交通工具，包括低碳交通工具，如地铁、地区铁路、华沙—罗兹快铁。波兰获得的 2014—2020 年欧盟基础设施和环境项目基金中，用于铁路交通的资金有 58.9 亿欧元，用于城市低碳公共交通建设的资金有 27 亿欧元。

第一节　交通基础设施

一　公路

波兰的公路基础设施建设一直较为缓慢，2003—2016 年波兰修建的高速公路和快速公路总长不超过 3500 千米。为此，波兰政府提出《2014—2023 年波兰国家道路建设方案》，计划将花费 1070 亿兹罗提[①]用

---

① 兹罗提为波兰官方货币，目前 1 兹罗提≈0.26 美元。

于建设3900千米的高速公路和57条新的环形路，主要目标是完成波兰的道路网络，连接主要城市并缩短至少15%的路程时间，该方案将进一步改善波兰的公路基础设施状况。

根据中国国家统计局的统计数据，截至2016年，波兰共有公路线路415599千米，其中硬面公路290919千米，占比达到70%，国道19293千米，还有超过1646千米的高速公路和超过1832千米的快速公路。常规公交线路方面，国内线路14608条，总长754026千米，平均公路长度51.6千米；国际线路100条，总长126094千米，平均公路长度1260.9千米。公路客运周转量232.8亿人/千米，公路货运周转量2691.6亿吨/千米。

作为连接东西欧的枢纽，波兰的地缘优势显著，横贯欧洲的A2高速公路是波兰高速公路主干网的重要组成部分，波兰政府正加紧建设南北走向的A1高速公路，以打通连接波罗的海国家和中欧国家的交通走廊。

尽管波兰在加入欧盟后使用欧盟结构基金对公路进行了现代化改造，使高速公路和快速公路的总长逐步增长，但波兰仍是欧盟国家中拥有高速公路和快速公路最少的国家之一。2013年，高速公路和快速路仅分别占硬面公路的0.5%和0.4%。高速公路和快速公路网络落后、低等级公路比例较高是波兰公路运输存在的主要问题。由波兰基础设施部制订的国家公路建设计划将优先建设跨欧洲交通网络覆盖的国家交通路线，跨欧洲交通网在波兰境内涵盖4816千米，这部分公路也是波兰运输量最大的线路。①

从发展历程来看，2000—2016年波兰公路总里程从364656千米增加到415599千米，年均复合增长率为0.82%，其中硬面公路总里程从249060千米增加到290919千米，年均复合增长率为1.12%，所占比重从68.3%增加至70.0%，上升了1.7个百分点。公路路网密度从2000年的116.6千米/百平方千米上升至2016年的132.2千米/百平方千米，路网密度增加了15.6千米/百平方千米，年均复合增长率为0.79%。公路客运周转量从2000年的317.4亿人/千米减少至2016年的232.8亿人/千米，下降了84.6亿人/千米，年均复合增长率-1.97%；公路货运周转

① 中华人民共和国商务部：《对外投资合作国别（地区）指南——波兰（2017年版）》（http：//fec.mofcom.gov.cn/article/gbdqzn/upload/bolan.pdf）。

图Ⅰ-4-1　2016 年波兰主要道路的空间分布情况

资料来源：https：//d-maps. com/。

量从 2000 年的 728. 4 亿吨/千米增加至 2016 年的 2691. 6 亿吨/千米，上升了 1963. 2 亿吨/千米，年均复合增长率为 8. 51%。2003 年至 2016 年 9 月，波兰建成高速公路和快速公路总长达 3488. 85 千米。截至 2016 年 9 月，波兰有超过 1646. 05 千米的高速公路和 1832. 8 千米的快速公路。总体而言，波兰的水运基础设施及其运输能力的发展取得了长足进步。

近年来，波兰在高速公路方面的主要新投资有：连接克拉科夫与格但斯克的 S7 公路；连接三联城和波兰南部边界的 A1 高速公路；连接什切青和三联城的 S6 公路；连接华沙、卢布林和热舒夫的 S17 和 S19 公路；连接比得哥什、波兹南和弗罗茨瓦夫的 S5 公路；彼得哥什、托伦和弗罗茨瓦夫的 S10 公路。

表 I-4-1　　2000—2016 年波兰公路路网和运量情况

年份	公路总里程（千米）	硬面公路所占比重（%）	公路密度（千米/百平方千米）	公路客运周转量（亿人/千米）	公路货运周转量（亿吨/千米）
2000	364656	68.3	116.6	317.4	728.4
2001	373276	68.3	119.4	305.2	744.0
2002	381895	69.1	122.1	293.0	746.8
2003	423997	69.7	135.6	300.0	859.9
2004	402730	68.1	128.8	301.2	1104.8
2005	381463	66.5	122.0	293.1	1197.4
2006	381963	67.5	122.2	281.5	1364.9
2007	377546	68.2	120.7	273.6	1553.6
2008	370024	68.6	118.3	267.9	1742.2
2009	384104	69.9	122.8	243.9	1914.8
2010	398184	69.2	127.3	236.1	2142.0
2011	412264	68.1	131.8	235.4	2188.9
2012	412035	68.1	131.8	226.3	2333.1
2013	415133	68.7	132.8	229.9	2597.1
2014	417026	69.5	133.4	228.1	2628.6
2015	416312	69.8	133.1	230.8	2660.1
2016	415599	70.0	132.9	232.8	2691.6

资料来源：中国国家统计局：《国际统计年鉴》（2000—2017）（http：//www.stats.gov.cn/ztjc/ztsj/gjsj/）。

从时间序列来看（见图 I-4-2），2000—2016 年，波兰公路总里程及硬面公路占比呈现出波动上升的趋势。公路总里程在 2000—2003 年呈现持续上升态势，年均复合增长率为 5.15%，至 2003 年达到公路总里程的峰值 423997 千米，同期的硬面公路占比也呈现持续上升态势；2004—2008 年，除 2006 年稍有回升之外，公路总里程出现持续下降趋势，年均复合增长率 -2.14%，而同期硬面公路占比在 2005 年跌到最低点，随后开始回升；2009—2016 年公路总里程出现先上升后平稳的增长态势，2009—2011 年的年均增长率达 3. 60%，从 2011 年后公路总里程基本稳定在 410000 千米左右，同期的硬面公路占比则在 2009—2012 年出现下滑，随后回升并大致稳定在 69% 左右。总体而言，波兰公路总里程及硬面公路占比总体呈现波动上升趋势，细分时间段则呈现快速上升—快速下降—快速回升—总体趋稳的发展态势。

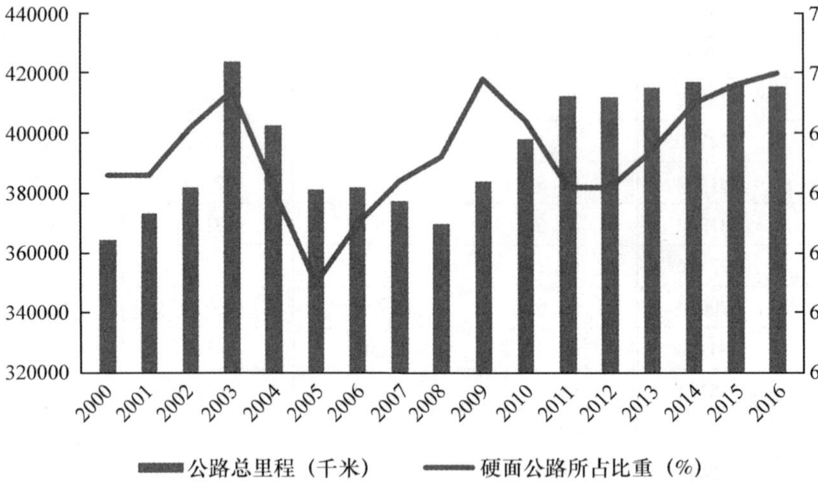

图 I－4－2 2000—2016 年波兰公路里程和硬面公路占比变化情况

2000—2016 年，波兰路网密度在 2000—2002 年有小幅上升，在 2002—2003 年有大幅度的上升，至 2003 年路网密度达到峰值，为 135. 6 千米/百平方千米，2003—2008 年大体呈现下降态势，2009—2011 年开始快速回升，2011 年之后波兰公路路网密度总体趋于平稳，大致稳定在 133. 0 千米/百平方千米左右。

从公路的客运和货运周转情况来看（见图 I－4－4），2000—2016 年波兰公路客运周转量和货运周转量呈现出截然不同的发展态势，公路客运周转量出现持续下降态势，公路货运周转量出现持续上升态势。出现上述现象可能与波兰人口持续下降（从 2000 年的 3825 万下降至 2016 年的 3795 万）导致客运不足、经济发展持续上升（GDP 从 2000 年的 1718. 9 亿美元上升至 2016 年的 4714. 0 亿美元）导致货运激增有关。

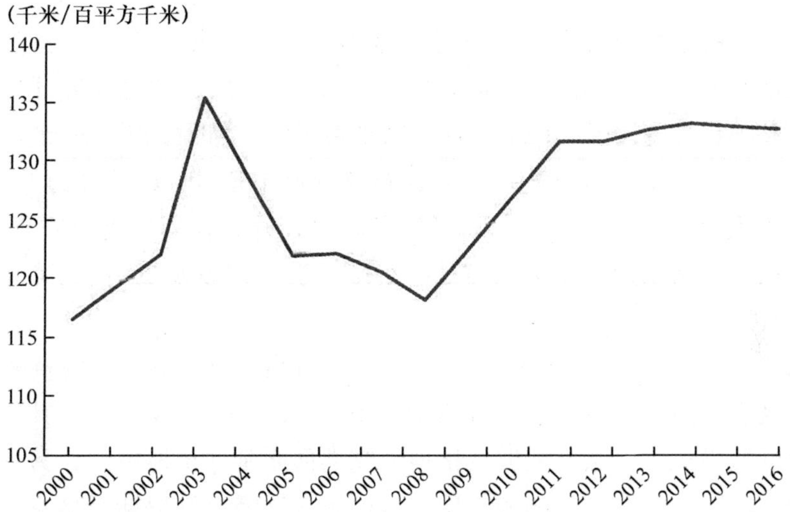

图Ⅰ-4-3　2000—2016年波兰公路路网密度变化情况

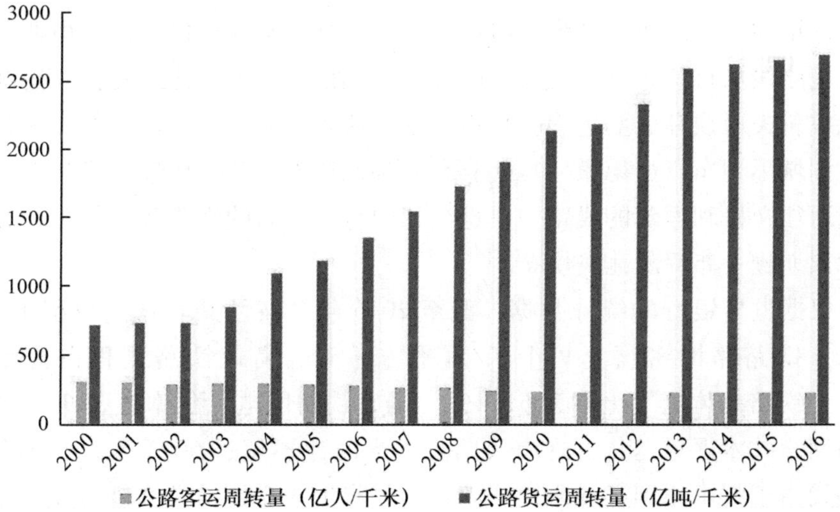

图Ⅰ-4-4　2000—2016年波兰公路客运、货运周转量变化情况

二　铁路

波兰的铁路基础设施建设一直停滞不前。2015 年，由波兰基础设施与发展部、财政部等部门联合制定的“至 2023 年国家铁路发展计划暨波铁集团基础设施建设”开启了波兰铁路现代化建设进程。该计划将在 2023 年前投资 175 亿美元用于波兰铁路基础设施建设，涉及超过 9000 千米的轨道现代化和新建工作。除了投资新建之外，计划还需要花费近 68 亿美元用于铁路维护、近 4 亿美元的车站投资计划以及近 18 亿美元的车辆投资计划。

波兰是全长 5400 千米的跨欧洲铁路运输网络（TEN-T）的重要组成部分。现有 4 条国际铁路运输走廊途经波兰（见图 I－4－3）。其中，两条位于欧盟境内，一条是从波兰格但斯克港向南延伸至地中海，另一条从荷兰经德国、波兰至波罗的海三国。另两条分别经白俄罗斯、乌克兰，再通过俄罗斯连接亚洲各国，渝新欧、蓉欧等中欧铁路货运班列即使用此线路。客运方面，波兰连接西方主要使用的线路是由奥德河畔法兰克福经波兹南至华沙，其中运营有柏林—华沙的欧洲城际列车，每天对开四班。在华沙—布列斯特—明斯克—莫斯科的线路上有两条分支可分别通往拉脱维亚首都里加、立陶宛首都维尔纽斯及乌克兰首都基辅。再往南，由西至东的过境路线从科特布斯（过境福斯特）经扎甘、弗罗茨瓦夫、卡托维兹和克拉科夫通往乌克兰边境普热梅希尔，这条线路运行有汉堡—克拉科夫的欧洲城际列车。由德累斯顿经格尔利茨/兹戈热莱茨至弗罗茨瓦夫并有支线通往文格利涅茨的线路主要担当德国与波兰间的铁路货运任务，并提供德累斯顿—弗罗茨瓦夫快车。①

根据世界银行的统计数据，截至 2016 年，波兰共有铁路里程 18429 千米，铁路路网密度 5.9 千米/百平方千米，高速铁路里程占比不足 10%，铁路总体电气化率为 61.4%，国有铁路网电气化率达 99%。波兰铁路网络技术严重退化，现有线路近一半时速不超过 60 千米，约 1/3 的铁路线由于技术原因必须限速或停运，另有 1/3 需要加大维修力度。主要

---

① 中华人民共和国商务部：《对外投资合作国别（地区）指南——波兰（2017 年版）》（http：//fec. mofcom. gov. cn/article/gbdqzn/upload/bolan. pdf）。

城市间缺乏快速铁路连接。铁路客运周转量 10117 百万人/千米，铁路货运周转量 28720 百万吨/千米。

从发展历程来看，2000—2016 年波兰铁路总里程从 22560 千米降低到 18429 千米，铁路里程长度减少了 4131 千米，年均复合增长率为 -1.27%；铁路路网密度从 2000 年的 7.2 千米/百平方千米下降至 2016 年的 5.9 千米/百平方千米，路网密度减少了 1.3 千米/百平方千米，年均复合增长率为 -1.25%。铁路客运周转量从 2000 年的 26187 百万人/千米减少至 2016 年的 10117 百万人/千米，下降了 16070 亿人/千米，年均复合增长率 -6.12%；铁路货运周转量从 2000 年的 55460 百万吨/千米减少至

表 I-4-2　　2000—2016 **年波兰铁路里程和运量情况**

年份	铁路总里程（千米）	铁路密度（千米/百平方千米）	铁路客运周转量（百万人/千米）	铁路货运周转量（百万吨/千米）
2000	22560	7.2	26187	55460
2001	20134	6.4	24226	55562
2002	20223	6.5	18208	47909
2003	19900	6.4	17310	46560
2004	19576	6.3	19643	47394
2005	19599	6.3	18626	47847
2006	19429	6.2	16742	46060
2007	19419	6.2	16976	42651
2008	19627	6.3	17081	43548
2009	19764	6.3	17958	39200
2010	19702	6.3	16454	29940
2011	19725	6.3	15715	34266
2012	19617	6.3	15724	37189
2013	18959	6.1	14720	32904
2014	18942	6.1	12941	33256
2015	18510	5.9	11865	32017
2016	18429	5.9	10117	28720

资料来源：世界银行：《世界银行指标数据库》（https：//data. worldbank. org. cn/indicator）。

2016 年的 28720 百万吨/千米，下降了 26740 亿吨/千米，年均复合增长率为 -4.20%。总体而言，波兰铁路基础设施及其运输能力呈现倒退态势。

从时间序列来看（图 I-4-5），2000—2016 年，波兰铁路总里程及路网密度呈现出波动下降的趋势。铁路总里程在 2000—2001 年出现剧烈的下降情况，之后波动下降至 2008 年的低点，随后又回升并在 2009—2013 年保持平稳状况，2013 年之后铁路总里程再次出现快速下降的趋势，同期的铁路路网密度也保持同样变化趋势。总体而言，波兰铁路总里程及路网密度下降较快，细分时间段则呈现快速上升—缓慢下降—快速回升—总体趋稳—快速下降的发展态势。

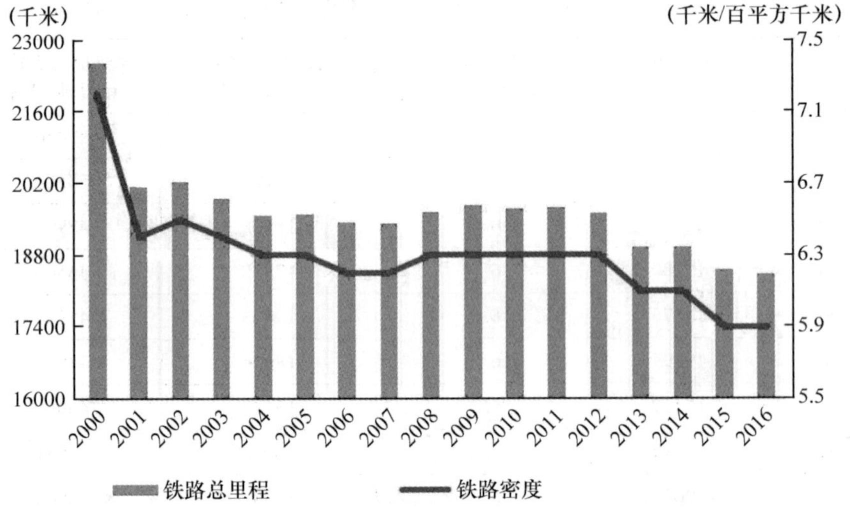

图 I-4-5　2000—2016 年波兰铁路总里程和路网密度变化情况

铁路的客运和货运周转情况见图 I-4-6。2000—2016 年城市轨道交通方面，目前波兰仅在首都华沙有两条地铁线路，全长 18.7 千米。其中，1 号线为南北走向，全长 12.6 千米，沿线设 12 个站点，1995 年部分开通，2008 年 10 月全线投入运营。2 号线为东西走向，2015 年 3 月部分开通，全长 6.1 千米，并设 7 个站点。有轨电车是波兰城市交通的重要组成部分。早在 19 世纪末期，格但斯克、卡托维茨等城市已使用此交通工具。目前，华沙、克拉科夫等主要城市均建立了有轨电车交通系统。例如，华沙现有 37 条有轨电车线路，总里程约 120 千米。①

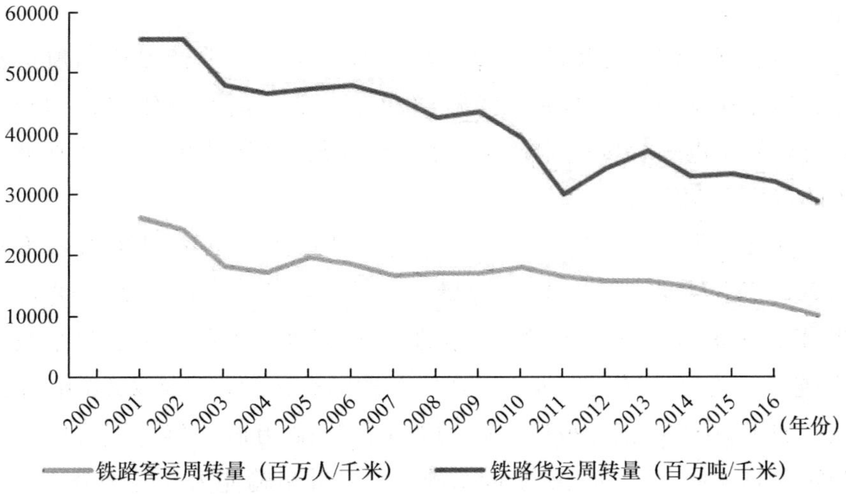

图Ⅰ-4-6　2000—2016 年波兰铁路客运货运周转量变化情况

三　水运港口

据世界银行的统计数据，2016 年波兰港口货物吞吐量为 2028577 标准箱，国际海运装货量 3100 万吨，国际海运卸货量 3994 万吨。根据联合国贸发会（UNCTAD）数据显示，波兰班轮运输相关指数②从 2004 年的 7.28 增加到 2016 年的 52.5，年均复合增长率 17.9%。根据世界经济论坛发布的《全球竞争力报告》显示，波兰港口基础设施质量指数③从 2007 年的 3.2 增加到 2017 年的 4.2，年均复合增长率 2.8%。

截至 2015 年底，波兰拥有货船 102 艘，远洋船 7 艘，渔船 875 艘。主要港口包括格但斯克、格丁尼亚、什切青、希维诺乌伊希切等，全年到港船只 18169 艘，港口总货物吞吐量 6952.9 万吨。各港提供服务有所侧重：格丁尼亚为北波罗的海最大集装箱港口，格但斯克海港是波罗的海最

---

① 中华人民共和国商务部：《对外投资合作国别（地区）指南——波兰（2017 年版）》（http：//fec. mofcom. gov. cn/article/gbdqzn/upload/bolan. pdf）。

② 该指数表明各国与全球航运网络的连通程度，是根据船舶数量、船舶集装箱承载能力、最大船舶规模、服务量、在一国港口部署集装箱船舶的公司数量五部分数据计算得到。

③ 该指数用于衡量企业高管对本国港口设施的感受。

大石油中转码头之一，什切青—希维诺乌伊希切海港组为波兰最大轮渡码头，其他地区级港口如科罗布塞格、达尔沃夫、埃尔布隆格主要发挥旅游和渔港的作用。①

波兰现有内河航道里程 3659 千米。奥德河及其支流是内河航运的主航道，奥德河水道位于 TEN-T 跨欧洲交通网上，主要为什切青和希维诺乌伊希切两个港口提供航运服务。由于内河航运环保性强，近年在波兰运输中的作用日益提高。

从发展历程来看，2000—2016 年波兰港口吞吐量从 219052 标准箱增加到 2028577 标准箱，年均复合增长率为 14.93%。国际海运装货量从 2000 年的 3152 万吨减少至 2016 年的 3100 万吨，国际海运装货量减少了 52 万吨，年均复合增长率为 -0.10%；国际海运卸货量从 2000 年的 1582 万吨增加至 2016 年的 3994 万吨，增加了 2412 万吨，年均复合增长率为 5.96%。总体而言，波兰的水运基础设施及其运输能力发展十分迅猛，港口吞吐量和装卸货能力有显著提升。

表 I-4-3　　**2000—2016 年波兰港口吞吐量情况**

年份	港口吞吐量（标准箱）	国际海运装货量（万吨）	国际海运卸货量（万吨）
2000	219052	3152	1582
2001	261419	3054	1442
2002	303786	3440	1353
2003	346152	2987	1264
2004	428373	3894	1715
2005	552083	3835	1642
2006	675793	3694	1516
2007	767567	2632	2612
2008	859341	2076	2807
2009	671552	2545	2955

① 中华人民共和国商务部：《对外投资合作国别（地区）指南——波兰（2017 年版）》（http://fec.mofcom.gov.cn/article/gbdqzn/upload/bolan.pdf）。

续表

年份	港口吞吐量（标准箱）	国际海运装货量（万吨）	国际海运卸货量（万吨）
2010	1053634	3014	3102
2011	1357182	2394	3264
2012	1657433	2607	3383
2013	1959537	2820	3622
2014	2139616	2921	3856
2015	1860800	2929	3919
2016	2028577	3100	3994

资料来源：世界银行指标数据库（https：//data. worldbank. org. cn/indicator）。

从时间序列来看（见图Ⅰ-4-7），2000—2016年，波兰港口集装箱吞吐量呈现快速的波动上升趋势。港口集装箱吞吐量在2000—2008年呈现较为平滑的上升态势，年均增长率18.63%，之后2008—2009年波动下降至低点（金融危机的影响），随后在2009—2014年保持快速回升态势，年均增长率26.08%，2014—2016年出现小幅波动情况。总体而言，波兰水运和港口吞吐能力发展较快，细分时间段则呈现缓慢上升—突然下降—快速回升—小幅波动下降的发展态势。

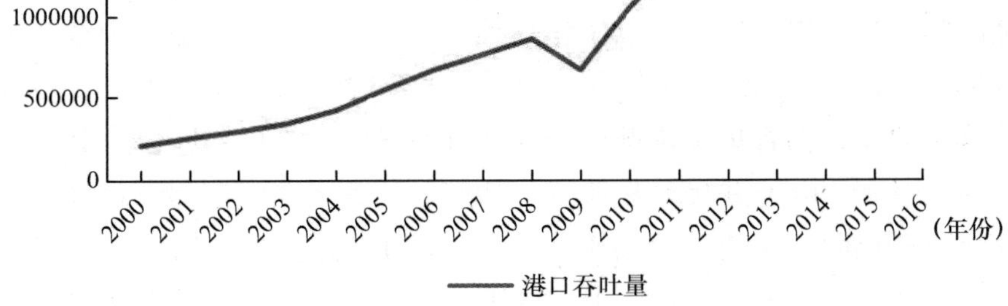

图Ⅰ-4-7　2000—2016年波兰港口集装箱吞吐量变化情况

从港口国际海运装货卸货情况来看（见图Ⅰ-4-8），2000—2016年波兰港口国际海运装货量和卸货量呈现不同发展态势。其中，港口国际海运装货量呈现先上升后下降再上升的态势，港口国际海运卸货量则出现先下降后快速上升的趋势。此外，波兰港口国际海运装货量在2007年前发展态势也较好且一直处于高位，但到2007年突然下降，而港口国际海运卸货量一直波动发展但到2007年陡然上升，与装货量基本开始持平。在2008年之后，波兰港口国际海运卸货量和转货量均处于持续上升态势，但前者的发展速度快于后者。出现以上现象可能与2008年金融危机以及波兰的进出口贸易顺差逆差的转变有关。

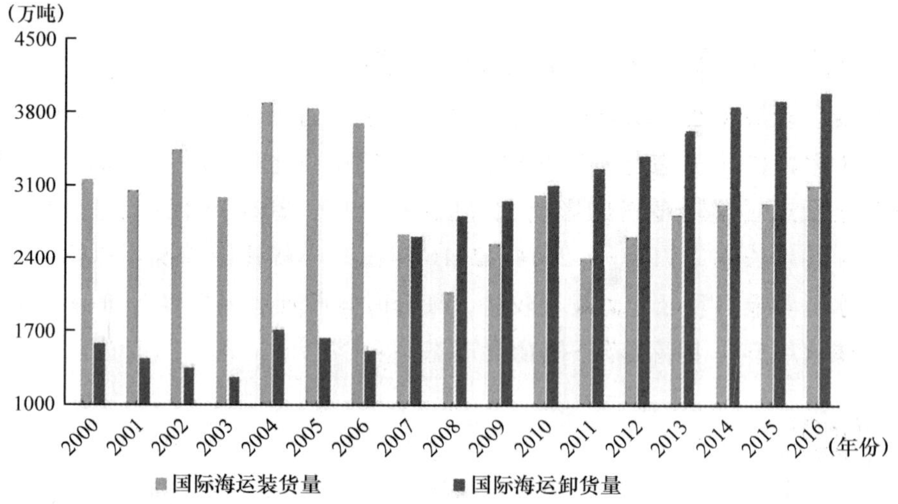

图Ⅰ-4-8 2000—2016年波兰港口装货卸货能力变化情况

总体而言，波兰的港口水运基础设施发展较好，但也存在比如轮船进出港时间较长、效率低下、成本较高等不足之处。按照《波兰海洋运输基础设施发展计划》，波兰未来将对什切青—希维诺乌伊希切水道进行现代化改造，建设什切青集装箱基地和什切青西滨海物流中心，以及其他现代化设施，提高吞吐量并提升从海路和陆路通往各主要海港的畅通性。格但斯克港将获得欧盟基金总额约1.19亿欧元的支持，主要用于港口基础设施升级改造，包括港口航道和泊位的现代化改造、导航系统升级以及与港口相连的公路和铁路扩建，欧盟基金占项目总成本的85%。

四　航空

根据世界银行的统计数据，截至2017年，波兰航空运输量累计达到106427次，各机场旅客吞吐量超过3300万人次，其中国际旅客运输占85%。航空客运量7376934人/千米，航空货运量221.81百万吨/千米（见表I-4-4）。目前，波兰拥有13个国际机场，其中12个为地区级空港，重要空港位于华沙、克拉科夫、格但斯克、波兹南、弗罗茨瓦夫和卡托维茨。共开通航线113条，其中国际航线96条，通航国家38个，通航城市79个。国内航线为17条，连接10座城市。

表I-4-4　　2000—2017年波兰航空运量情况

年份	航空运输量（次）	航空客运量（人/千米）	航空货运量（百万吨/千米）
2000	52371	2340919	77.83
2001	71799	2670283	68.51
2002	69842	2845919	66.72
2003	73137	3252222	70.90
2004	77690	3493094	77.11
2005	78992	3553680	71.28
2006	83451	3625982	79.82
2007	89289	4269655	83.15
2008	90031	4634676	78.92
2009	83053	4279072	55.48
2010	82630	4099082	76.61
2011	82052	4448727	39.42
2012	81194	4909100	91.83
2013	83336	5002976	97.65
2014	77094	5038745	120.85
2015	68326	4448883	114.79
2016	84075	5497163	155.55
2017	106427	7376934	221.81

资料来源：世界银行指标数据库（https：//data.worldbank.org.cn/indicator）。

从发展历程来看，2000—2017 年波兰航空运输量从 52371 次增加到 106427 次，增加了 54056 次，年均复合增长率为 4.26%。航空客运量从 2000 年的 2340919 人/千米增加至 2017 年的 7376934 人/千米，航空客运量增加了 5036015 人/千米，年均复合增长率为 6.99%；航空货运量从 2000 年的 77.83 百万吨/千米增加至 2017 年的 221.81 百万吨/千米，增加了 143.98 百万吨/千米，年均复合增长率为 6.35%。总体而言，波兰航空基础设施及其运输能力发展十分迅猛，航空客运和货运能力有显著提升。

从时间序列来看（见图 I-4-9），2000—2017 年，波兰航空运输量呈现波动上升趋势。航空运输量在 2000—2008 年呈现为略有波动的上升态势，年均增长率 7.01%，之后受到金融危机的影响，从 2008 年开始直到 2015 年，航空运输量一直处于下降态势，随后在 2015—2017 年保持快速回升态势，年均增长率 24.81%。总体而言，波兰航空运输量发展迅猛，细分时间段则呈现快速上升—缓慢下降—快速回升的发展态势。

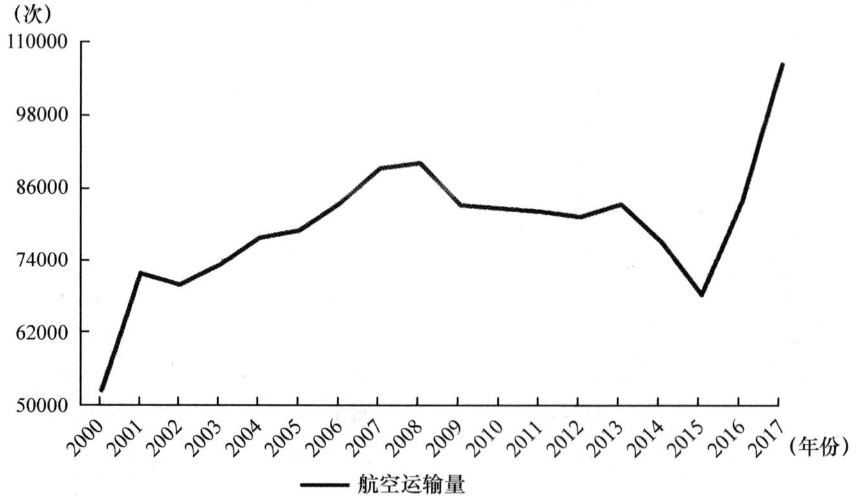

图 I-4-9 2000—2017 年波兰航空运输量变化情况

从港口国际海运装货卸货情况来看（见图 I-4-10），2000—2017 年波兰航空客运量和货运量均呈现出波动上升的态势。其中，航空客运量在

2000—2008 年呈现缓慢上升趋势，之后由于金融危机的影响，在 2008—2010 年出现快速下降情况。2010—2014 年开始缓慢回升，之后在 2015—2017 年出现快速上升趋势。航空货运量在 2000—2011 年缓慢下降，之后从 2012 年开始上升，特别是 2015 年后出现快速上升的态势。总体而言，波兰航空客运量和航空货运量的发展趋势基本类似，呈现缓慢上升—陡然下降—缓慢上升—快速上升的发展态势。

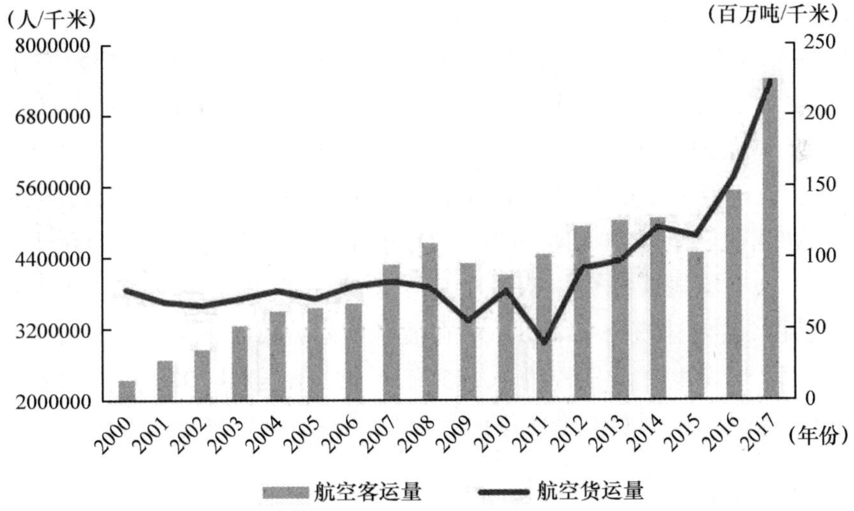

图 I-4-10 2000—2017 年波兰航空客运货运能力变化情况

近年来，波兰对空港基础设施和航空地面设施，特别对导航设施进行了扩建和现代化改造。2008 年华沙机场新航站楼启用，每年旅客吞吐能力可达到 1000 万人次。其他 7 个 TEN-T 跨欧洲交通网上的机场，包括波兹南、什切青、弗罗茨瓦夫、格但斯克、热舒夫、克拉科夫、卡托维兹也正在进行扩建和现代化改造，到 2018 年新建 5 座航站楼，改造停机坪，对跑道和滑行道进行现代化改造，建设有轨电车道，并采购相关车辆等。①

① 中华人民共和国商务部：《对外投资合作国别（地区）指南——波兰（2017 年版）》（http：//fec. mofcom. gov. cn/article/gbdqzn/upload/bolan. pdf）。

第二节 能源基础设施

据世界银行的统计数据，2015 年波兰电厂总装机容量 40344 兆瓦，煤炭发电量占比 80.9%，天然气发电量占比 3.84%，石油发电量占比 1.29%，水力发电量占比 1.12%，其他能源（如核能、风能、地热能等）发电量占比 12.85%。波兰电网总长约 75 万千米，其中 1.35 万千米为输电网，72.5 万千米为中低压配电网。2014 年，波兰国内电力总供给量 1725.66 亿千瓦时，其中国内生产 1590.58 亿千瓦时，进口 135.08 亿千瓦时；电力总消耗 1725.66 亿千瓦时，其中国内消耗 1509.74 亿千瓦时，出口 113.42 亿千瓦时。

波兰位于西欧供电系统（UCTE）、东欧供电系统（独联体/波罗的海国家）和北欧供电系统（Nordel）三大电力系统的交会处。波兰供电系统与欧盟国家（德国、捷克、斯洛伐克和瑞典）的最大连接能力是 2000—3000 兆瓦。波兰建筑公司 Budimex 在波兰西南城市 Turów 开工建设 496 兆瓦发电厂，该发电厂总投资约 10.11 亿欧元，预计在 2020 年第二季度开始运转，届时将成为欧洲最先进的发电厂之一，能够满足 100 万户居民的用电需求。

目前，波兰计划对电网特别是农村地区电网进行必要的升级和扩建，以确保当地的能源安全。同时，计划扩建和改造与德国、捷克、斯洛伐克和乌克兰的互联能力，提高波兰能源安全，扩大电力出口。正在酝酿中的项目还包括利用欧盟资金建设连接波兰和立陶宛的供电系统，以及波兰与加里宁格勒的供电线路。由于电厂及输电网老化面临淘汰，波兰亟须追加新的投资建造电站和对输电网进行现代化改造，以确保电力供应的安全。波兰能源部预计，波兰还需要增加 12—15 千兆瓦的发电能力，相当于 20—24 个 Turów 电厂的发电规模。

从发展历程来看，2000—2015 年波兰煤炭发电量占比从 2000 年的 96.3% 下降到 2015 年的 80.9%，减少了 15.4 个百分点；天然气发电量占比从 2000 年的 0.65% 上升到 2015 年的 3.84%，增加了 3.19 个百分点；石油发电量占比从 2000 年的 1.34% 小幅下降到 2015 年的 1.29%；水力发电量占比从 2000 年的 1.47% 下幅下降到 2015 年的 1.12%，其他能源发电量占比从2000年的0.24%快速增加到2015年的12.85%，上升了12.61个百分点。总体而言，波兰现阶段基础设施的能源供应主要还是依靠不可再生的煤炭能源，但天然气、核能、地热能、风能等清洁能源和可再生能源基础设施的增长十分迅猛，波兰能源基础设施的发展前景较为乐观。

表Ⅰ-4-5　　2000—2015年波兰各能源基础设施发电量情况

年份	煤炭发电量占比（%）	天然气发电量占比（%）	石油发电量占比（%）	水力发电量占比（%）	其他能源发电量占比（%）
2000	96.3	0.65	1.34	1.47	0.24
2001	95.4	0.94	1.67	1.62	0.37
2002	94.7	1.54	1.67	1.60	0.49
2003	95.2	1.62	1.64	1.11	0.43
2004	93.7	2.11	1.91	1.36	0.92
2005	92.2	3.32	1.77	1.42	1.29
2006	92.5	2.85	1.81	1.27	1.57
2007	91.8	2.82	1.76	1.48	2.14
2008	90.9	3.02	1.76	1.39	2.93
2009	89.2	3.17	1.80	1.57	4.26
2010	88.1	3.05	1.84	1.86	5.15
2011	86.8	3.57	1.50	1.43	6.70
2012	84.4	3.87	1.26	1.26	9.21
2013	85.2	3.21	1.09	1.49	9.01
2014	83.0	3.36	1.01	1.38	11.25
2015	80.9	3.84	1.29	1.12	12.85

资料来源：世界银行：《世界银行指标数据库》（https://data.worldbank.org.cn/indicator）。

第三节　通信基础设施

根据世界银行的统计数据，截至2016年，波兰每百人拥有移动电话139部，每百人拥有固定电话21.3部。从发展历程来看，2000—2016年波兰每百人拥有移动电话数从2000年的18部增加到2016年的139部，增加了121部，年均复合增长率13.63%；波兰每百人拥有固定电话数从2000年的28.4部减少到2016年的21.3部，减少了7.1部，年均复合增长率-1.81%。出现上述情况可能与移动通信技术的迅猛发展、固定电话安装和使用成本居高不下等原因有关。

波兰境内最大的有线电话运营商是波兰电信股份有限公司，拥有83%以上的固定电话用户。公司已经对网络设备进行了升级改造，目前主要电话交换机都使用光纤网络数字交换机，城市间和国际长途业务运营商还有Tele2和Netia。

波兰移动网络现已覆盖全国。2000—2014年，移动用户数量从674.8万增加到5759.5万，2015年手机普及率147.2%。波兰国内三大手机运营商为T-mobile、Orange和Plus。①

表I-4-6　　2000—2016年波兰固定/移动电话基础设施情况　　（单位：部）

年份	每百人拥有移动电话	每百人拥有固定电话
2000	18	28.4
2001	26	29.6
2002	36	30.8
2003	45	32.0
2004	60	32.7
2005	76	30.9
2006	96	29.9
2007	108	27.4
2008	115	24.7
2009	117	22.2
2010	123	20.0
2011	131	17.9

① 中华人民共和国商务部：《对外投资合作国别（地区）指南——波兰（2017年版）》（http：//fec. mofcom. gov. cn/article/gbdqzn/upload/bolan. pdf）。

续表

年份	每百人拥有移动电话	每百人拥有固定电话
2012	141	15.5
2013	149	21.6
2014	149	25.4
2015	143	23.7
2016	139	21.3

资料来源：世界银行指标数据库（https：//data. worldbank. org. cn/indicator）。

从时间序列来看（见图Ⅰ-4-11），2000—2016年，波兰每百人拥有移动电话和固定电话的发展趋势正好相反。每百人拥有移动电话部数在2006—2009年有些许发展速度的波动，而在2014年之后也出现了小幅下滑，但整体上处于快速上升的态势。相反，每百人拥有固定电话部数除了在2012—2014年有些许回升增长，整体上处于缓慢下降的发展趋势。

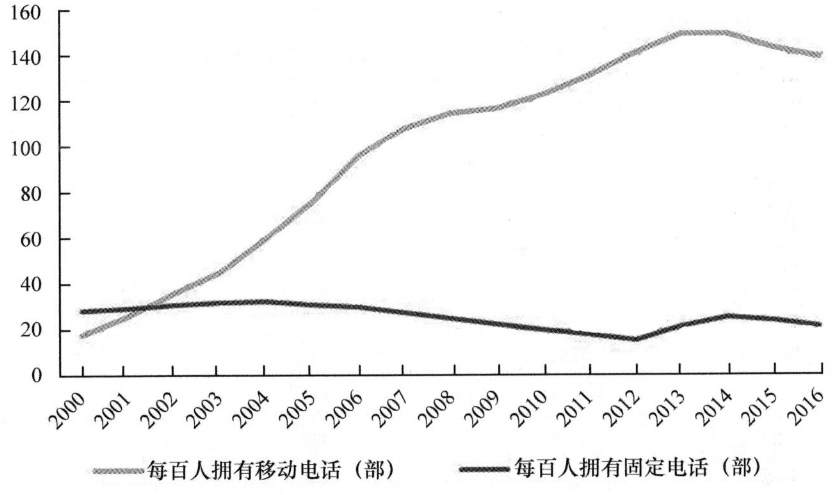

图Ⅰ-4-11　2000—2016年波兰每百人移动/固定电话拥有量变化情况

从互联网基础设施发展情况来看，截至2016年，波兰互联网普及率73.3%，每百万人拥有互联网服务器数6535个，每百人拥有固定宽带数

19.2 部。波兰电信发展非常重视改善固定线路和移动数据传输服务，包括宽带和第四代移动电话服务，通信业入网服务增长极快。2015 年，92.7% 的公司连接互联网，其中 91.9% 使用宽带，61.5% 的企业使用移动宽带，65.4% 的企业拥有自己的网站。77.9% 的家庭至少拥有一台电脑，75.8% 的家庭使用互联网。由于安装成本和上网价格大幅降低，旅游景点、酒店、办公楼、饭店、咖啡厅等开通无线上网接入点的数量逐渐增加，上网人数也随之增加。2015 年，波兰的互联网市场价值约 11.78 亿欧元，市场份额最大的是 Orange 公司，该公司为波兰 30% 的互联网用户提供服务；互联网用户数 1400 万，其中 48% 是通过 2G/3G 调制解调器接入方式，xDSL 线路方式占 20%。

从发展历程来看，2000—2016 年波兰互联网普及率从 2000 年的 7.3% 迅猛增加到 2016 年的 73.3%，年均复合增长率 15.51%；每百人拥有互联网服务器数从 2000 年的 1 个快速增加到 2016 年的 6535 个，年均复合增长率 73.16%；每百人拥有固定宽带数实现了从无到有的进化，2000 年只有 0 部，到 2016 年已经达到 19.2 部。

表 I-4-7　　**2000—2016 年波兰互联网基础设施情况**

年份	互联网普及率（%）	每百万人拥有互联网服务器数（个）	每百人拥有固定宽带（部）
2000	7.3	1	0.0
2001	9.9	2	0.0
2002	21.2	4	0.3
2003	24.9	7	0.5
2004	32.5	12	2.3
2005	38.8	19	2.5
2006	44.6	31	7.6
2007	48.6	50	10.9
2008	53.1	81	11.6
2009	59.0	155	14.6
2010	62.3	227	15.3
2011	61.9	399	18.2

续表

年份	互联网普及率（%）	每百万人拥有互联网服务器数（个）	每百人拥有固定宽带（部）
2012	62.3	518	18.0
2013	62.8	681	18.4
2014	66.6	956	18.9
2015	68.0	2492	19.0
2016	73.3	6535	19.2

资料来源：世界银行指标数据库（https：//data. worldbank. org. cn/indicator）。

从时间序列来看（图Ⅰ-4-12），2000—2016年，波兰互联网普及率和每百人拥有固定宽带部数均呈现先快速上升后缓慢上升的发展态势，而每百万人拥有互联网服务器个数则呈现出持续快速上升的发展态势。总体而言，相较发达国家，波兰通信基础设施的发展还较为落后，但发展速度较快，空间潜力巨大，发展前景乐观。

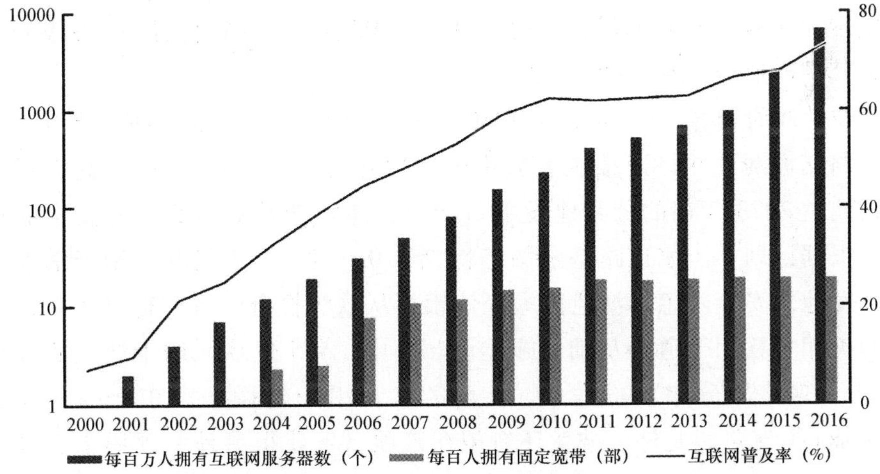

图Ⅰ-4-12　2000—2016年波兰互联网基础设施发展变化情况

邮政方面，截至2015年底，波兰有7387个邮政局，在用邮箱22838个，邮递员22567名。

第四节 基础设施发展规划

波兰的基础设施特别是交通基础设施较为落后，近年来，波兰政府陆续发布《2011—2015 年公路建设规划》《2020 年交通基础设施战略及 2030 展望》《2023 年国家道路建设计划》《波兰能源 2030 年规划》等，对下阶段基础设施发展做出规划，主要内容包括：

【公路】发展高速路和快速路；与地方政府合作发展地方道路及其与国道和省道的连接；通过建立城市环路系统，减少过境货车对城市交通的影响；发展交通安全基础设施；发展创新科技解决方案以使交通流量最大化并解决拥堵。根据《2020 年交通基础设施战略及 2030 展望》和《2011—2015 年公路建设规划》，波兰将投入 203 亿欧元用于新建和改造相关道路。其中，波兰东部公路建设地位突出，尤其是改善比亚韦斯托克、卢布林两大城市与华沙之间的公路状况，对提升东西欧国家间的运输基础设施质量至关重要。波兰政府优先考虑高速公路和快速路建设，将更广泛地采用公私合营（PPP）等方式建设新的高速公路，计划在 2020 年前实现加入欧盟时的承诺，最终将建成 7200 千米的高速公路和快速公路网，其中高速公路约 2000 千米。

波兰政府通过了《2023 年国家道路建设计划》，其目标是完善波兰国家道路交通网，并将连接主要城市的公路运行时间降低 15%。其中不仅包括波兰 2023 年前的公路建设项目清单，还将涉及对道路交通安全的投资。根据计划，国家道路基金每年将投入 0.7 亿—1.4 亿欧元用于消除事故多发地的安全隐患。波兰国家经济银行从欧洲投资银行获得近 8.0 亿欧元的长期贷款用于道路基础设施建设。其中，5.5 亿欧元用于波兰西部地区 S5 快速路部分路段的建设，2.5 亿欧元用于建设华沙市 Pulawska 到 Lubelska 街支路。此外，波兰还有望在该项目下获得另外一项用于在华沙新建一座跨维斯瓦河大桥的贷款。波兰政府出台的《负责任的发展战略》提出促进东波兰地区的基础设施发展，特别是比亚韦斯托克—卢布林—热舒夫 S19 快速路。

【铁路】未来几年波兰计划将客运火车提速到 160 千米/小时，货运火车提速到 120 千米/小时，并完成华沙中央站、格丁尼亚、弗罗茨瓦夫、克拉科夫火车站的现代化改造以及华沙西站、华沙东站、波兹南中央站、卡托维兹站、罗兹站等火车站的建设。欧洲投资银行为波兰铁路公司（PKP PLK）提供贷款2.5亿欧元，用于华沙至卢布林171千米铁路的现代化改造和卢克夫至卢布林51千米货运支线的重建；向波铁货运公司（PKP Cargo）提供4000万欧元信贷资金，用于购买多系统机车。根据《2020年交通基础设施战略及2030展望》，2020年前，波兰政府将做出是否建设华沙—罗兹—波兹南/弗罗茨瓦夫的“Y”形高速铁路的决定。计划到2030年，波兰将完成大部分铁路系统的现代化改造，连接泛欧交通网（TEN-T）的车辆最低时速达到100千米；恢复并扩建城市铁路，促进城市铁路与公路系统相融合；新建并扩建一批铁路联运集装箱码头。波兰政府出台的《负责任的发展战略》提出，为促进波兰东部地区发展，需要适时建设维尔纽斯—比亚维斯托克—卢布林—热舒夫铁路。另外，波兰国家发展部最新提出建设华沙、罗兹、波兹南、弗罗茨瓦夫的高速铁路网。

【航空】增加现有机场的吞吐量，以确保航空市场参与者能有效地提供服务；有效发展支线机场，特别是东部和西北部地区；提高空运在联合运输中的份额；通过执行“单一欧洲天空计划”（Single European Sky）增加空域容量；确保波兰航空市场的适当发展。波兰将通过建设货运基础设施并确保其与公路和铁路的连接来实现此目标。波兰国家发展部最新提出在华沙以西的马佐维亚建设年吞吐量4500万人次的中央机场，投资额约31亿欧元。

【水运】波兰拟从以下三方面加以引导：发展港口的路上和海滨基础设施；加强港口的经济作用；提高海上客运、货运在运输链中的重要性。为此，波兰政府将采取以下行动：对现有深水码头设施进行扩建，提高现有设施的装卸能力，加强波兰与世界的海运联通；开辟包括公路、铁路及内陆航运在内的与海运港口连接的内陆运输走廊；对现有港口设施进行扩建，实现以下目标：①提高能源安全并执行欧洲能源政策（如2014年完成对希维诺乌伊希切港液化天然气码头的改造）；②调整海运港口，满足市场需求（2020年前完成对深水集装箱码头的改造）；③降低环保压力（加强废物管理）。波兰国家发展部最新提出建设格但斯克外港深水集装箱码头及格但斯克港和格丁尼亚港仓储物流园区。波兰海洋经济及内河航运部也在研究内河航运业发展战略，推进在维斯瓦河沙嘴建设运河的项目，该工程耗资2.05亿欧元，计划2020年完工。这一计划不仅意味着在埃尔布隆格建设新的海港，也意味着大型船只不必绕道俄罗斯加里宁格勒地区的波罗的斯克海峡。

【能源】根据《波兰能源2030年规划》，波兰能源政策六大方向为：①努力提升能源利用效率，目标是经济增长但能源消耗量零增长，单位能耗产出达到欧元区15国水平；②稳定石油天然气等能源安全，规划将波兰储量丰富的煤炭作为稳定能源安全的重要砝码，同时考虑加强油气的运输和存储建设，多元化油气来源，提升与周边邻国互换电力的能力；③多元化电力能源结构。为应对欧盟碳减排要求，将引入核电削弱火电占比。波兰规划2020年开始建设核电站，2030年前建成至少两座拥有4500兆瓦装机容量的核电站；④是发展可再生能源。欧盟要求波兰2020年可再生能源占最终能源消费比例不低于15%。波兰根据实际情况，提出到2020年交通领域燃料10%实现生物质能，鼓励源于各地的分布式发电网络，利用国库部所有的河堰发电；⑤是打造公平竞争的能源市场；⑥是消减能源工业对环境的污染。

【电信】2014—2020年，波兰国家宽带发展计划的主要目标是发展电信基础设施网络，刺激对高流量服务的需求，保证建立覆盖波兰全境的宽带网络。具体目标为：①到2020年底保证普通互联网速度在30Mb/s以上；②到2020年底50%以上家庭互联网用户可以获得速度在100Mb/s以上的互联网服务。据波兰行政与数字化部估计，波兰建设高速宽带互联网基础设施费用为40.2亿—97.6亿欧元，欧盟公共基金可能会支持10.2亿—24.4亿欧元，占总额的20%—30%。

以上基础设施规划的资金来源主要包括：①国家公共基金，如财政预算、国家道路基金、铁路基金、国家专项基金、国家环保和水资源管理基金、地方财政预算等；②欧盟基金，主要是欧盟中长期预算下的融合基金、发展项目资金及其他国外资金；③国际金融机构融资，包括欧洲复兴与开发银行、亚洲基础设施投资银行等；④私有资本，主要为公私合营方式；⑤污染收费、通行费等；⑥商业信贷等。

第五章　产业发展研究

波兰是中东欧地区最大的转型国家和经济强国。自 1989 年进行政治经济转型以来，波兰加速工业私有化进程，逐步发展成为一个自由、充满竞争力的经济体，跻身于发达国家行列①。波兰的连年经济增长主要基于稳定的出口、强劲的内需、生产力提高、外国直接投资和欧盟资金的流入。目前，波兰不仅是欧洲的传统农业大国，而且已成为欧盟的制造中心并致力于向中高端制造业升级，其服务业也具有相当的国际竞争力。

第一节　产业结构概况

2000 年以来，波兰的 GDP 逐年上升，年均增长率达到了 9%，是整个欧洲大陆增长最快的国家，也是欧盟中唯一一个在金融危机期间没有遭受经济衰退的国家。据波兰中央统计局的数据，2016 年波兰经济增长依然强劲，现价 GDP 达 18586. 37 亿兹罗提，实际 GDP 增长 2. 9%，较 2015 年的 2. 7% 略有加速。在社会转型、劳动力市场蓬勃发展的基础上，消费也在快速增长。失业率处于历史最低水平，劳动力短缺的现象普遍存在，工资有上涨的迹象。预计劳动力市场将进一步收紧，导致工资上涨、通货膨胀加速。2017 年波兰现价 GDP 达 19820. 80 亿兹罗提，增速为 6. 7%，以 2016 年不变平均价格计算的 GDP 增速为 4. 8%。根据初步估计，2018 年实际 GDP 增速为 5. 1%（图 I－5－1）。

---

① 波兰是否为发达国家存有争议，本章界定为发达国家，主要依据为全球指数和数据提供商富时罗素的报告（https：//www. ftserussell. com/research/poland-journey-developed-market-status）和国际电信联盟的国家分类标准（https：//www. itu. int/en/ITU-D/Statistics/Pages/definitions/regions. aspx）。

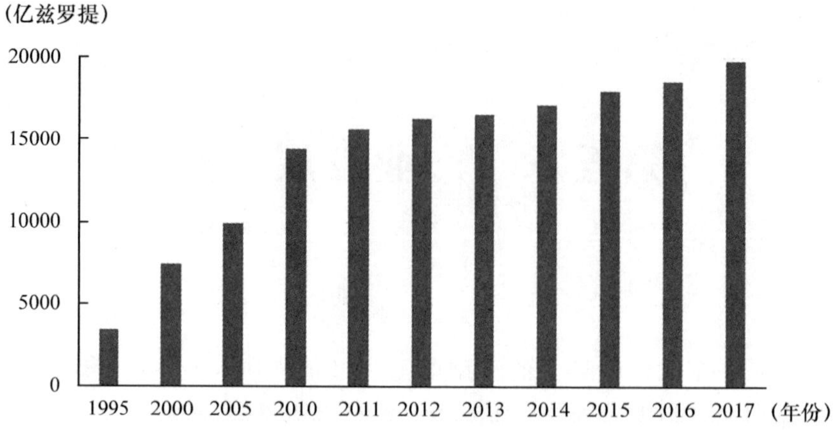

图Ⅰ-5-1　波兰1995—2017年GDP情况

资料来源：波兰中央统计局（http：//stat. gov. pl）。

一　三大产业结构演变

波兰第一产业在GDP中所占的比重总体呈现波动下降趋势，从1995年的6.28%下降到2017年的2.36%。第一产业增加值从1995年的190.79亿兹罗提上升到2017年的411.25亿兹罗提，年均增幅达4.24%（见表Ⅰ-5-1）。1999年第一产业占比跌至4%以下，随后的19年占比一直保持在很低的水平（见图Ⅰ-5-2）。波兰第一产业占比持续下降的趋势和波兰农业的特点有关，自耕农经济一直是波兰农业中的重要特征，这种农业模式产业化程度较低、生产效率低，导致第一产业的整体发展受到限制。

波兰在第二次世界大战以前是个落后的农业国，经过工业国有化、重点投资工业等一系列措施，到1970年，工业在国民收入中的比重已超过50%，发展十分迅速。[①] 近年来第二产业增加值从1995年的1156.91亿兹罗提上升到2017年的6013.88亿兹罗提，年均增幅达18.26%，除了2013年之外，第二产业增加值持续增加，处于稳步发展的阶段。1995年以来，波兰第二产业占比总体上基本稳定，1998年之后占比始终保持在

① Central Statistical Office，"History of Poland in Numbers"，2014（http：//stat. gov. pl/files/gfx/portalinformacyjny/en/defaultaktualnosci/3316/8/1/9/historia_ w_ europie. pdf）.

35%以下，2004年入盟之后基本稳定在33%左右。

波兰的第三产业从1995—2017年发展极为迅速，总增加值从1995年的1692.15亿兹罗提发展到2017年的11007.76亿兹罗提，年增速为28.22%，始终保持逐年增长的趋势。1995年以来第三产业在总增加值中的占比始终保持在50%以上，2000年以后始终保持在60%以上。

从三次产业结构来看，1995年之后波兰一直处于后工业化阶段①（第一产业占比小于10%，第二产业占比小于第三产业占比），波兰的工业经济发展已达到了较强大、相对领先的程度。

表Ⅰ-5-1　　1995—2017年波兰三大产业增加值及增速

年份	第一产业		第二产业		第三产业		总增加值	
	增加值（亿兹罗提）	增速（%）	增加值（亿兹罗提）	增速（%）	增加值（亿兹罗提）	增速（%）	增加值（亿兹罗提）	增速（%）
1995	190.79	—	1156.91	—	1692.15	—	3039.85	—
2000	231.13	-0.7	2157.68	13.9	4239.9	30.5	6628.71	23.3
2005	287.03	-5.8	2855.07	5.6	5561.39	6.0	8703.49	5.4
2006	285.58	-0.5	3105.49	8.8	5985.2	7.6	9376.27	7.7
2007	357.05	25.0	3440.59	10.8	6567.22	9.7	10364.86	10.5
2008	326.14	-8.7	3743.48	8.8	7168.57	9.2	11238.19	8.4
2009	341.01	4.6	4089.95	9.3	7770.02	8.4	12200.98	8.6
2010	370.85	8.8	4216.94	3.1	8126.97	4.6	12714.76	4.2
2011	443.71	19.6	4674.21	10.8	8651.75	6.5	13769.67	8.3
2012	434.13	-2.2	4846.46	3.7	9155.98	5.8	14436.57	4.8
2013	476.18	9.7	4742.36	-2.1	9490.63	3.7	14709.17	1.9
2014	449.39	-5.6	5063.32	6.8	9737.34	2.6	15250.05	3.7
2015	396.3	-11.8	5446.97	7.6	10120.39	3.9	15963.66	4.7
2016	443.08	11.8	5503.06	1.0	10482.9	3.6	16429.04	2.9
2017	411.25	-7.2	6013.88	9.3	11007.76	5.0	17432.89	6.1

资料来源：波兰中央统计局（http://stat.gov.pl）。

① 陈佳贵、黄群慧、钟宏武：《中国地区工业化进程的综合评价和特征分析》，《经济研究》2006年第6期。

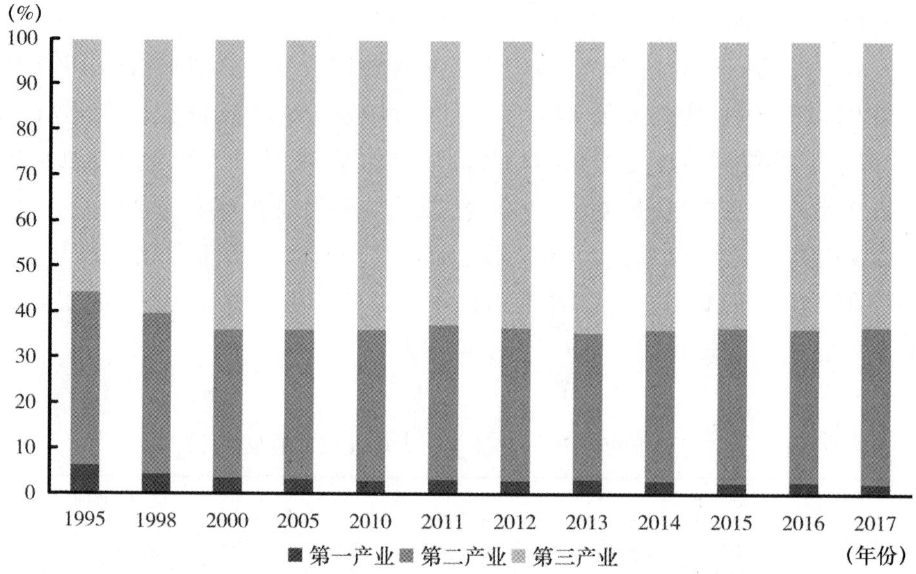

图Ⅰ-5-2 波兰主要年份三大产业结构

资料来源：波兰中央统计局（http：//stat. gov. pl）。

二 产业结构现状

（一）农业现状

波兰第一产业分为农业、林业与渔业，其中农业占主要部分。波兰“农业统计年鉴”表明，2010—2017 年农业占第一产业总产值、增加值的比重约为 90%，农业就业人数占比也高达 95% 以上。波兰作为欧盟主要的农产品供应国，奶类、猪肉制品、水果和蔬菜等在欧盟中具有较强的竞争力。

波兰农业有“小农为主”的传统，第二次世界大战后集体化的政策主张也没有使这一传统有本质的改变。图Ⅰ-5-3 显示了 2005—2017 年波兰农业总产出中私人农场产值所占的比重。可以看出，2016 年无论是在总产值中、还是在农作物、畜牧业产值中，私人农场产值所占的比重都达到了 88% 左右，与前几年相比并无较大变化。这说明了波兰农业生产的显著特征：农业生产由分散的个体农户以传统的农业生产方式进行，波兰农业产业化程度较低，生产主要是满足自己家庭需要，牲畜养殖密度一般不高，对环境影响不大。

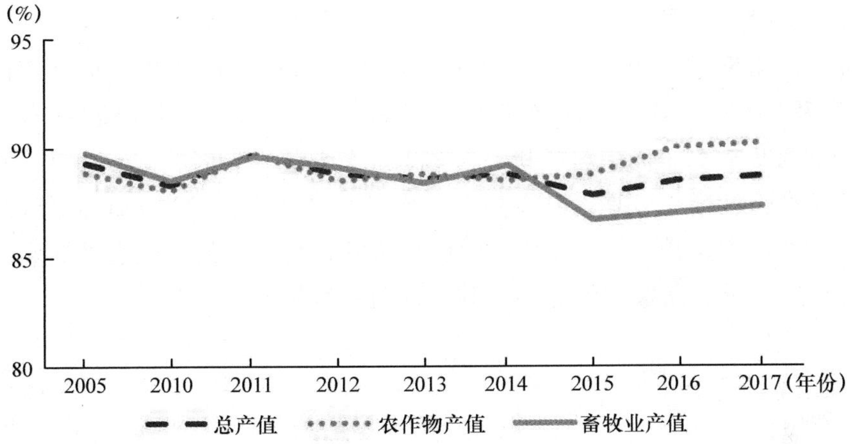

图Ⅰ-5-3 2005—2017年波兰农业产值中私人农场产值所占比重（以现价计算）

资料来源：波兰中央统计局："农业统计年鉴"（http：//stat. gov. pl）。

除此之外，波兰现有人口3800多万人，2000年以来，人口总数呈现出轻微增长的趋势，增长率为0.45%，其中农村人口增长率为4.93%。波兰全国的人口中，农村人口占30%以上（见图Ⅰ-5-4），说明波兰现存的农场大都是私有的并且大多数都是小规模经营的，生产效率不高，不利于推广新技术，也不利于采用大规模机械耕种，制约着波兰农业的发展。

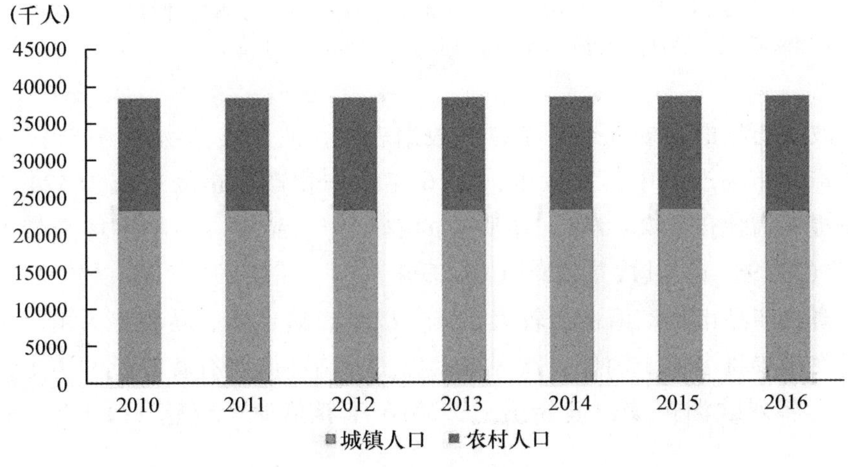

图Ⅰ-5-4 2010—2016年波兰农村人口与城镇人口数

资料来源：波兰中央统计局："农业统计年鉴"（http：//stat. gov. pl）。

图Ⅰ-5-5显示了2010—2017年波兰农业总产出情况，可以看出，农业总产出近年来变化不大，总体呈波动上升的趋势。2017年总产值为1125.781亿兹罗提，较2016年增长了8.9%，其中农作物产值和畜牧产值分别为541.138亿兹罗提和584.643亿兹罗提，约各占总产值的50%。农业总产值的增长，是由农作物产值增长和畜牧产值的增长共同带动的，农作物产值增长是由于大多农作物收成较好，畜牧业的生产水平提高主要是因为动物繁育阶段有湿热的、利于繁殖的气候条件。

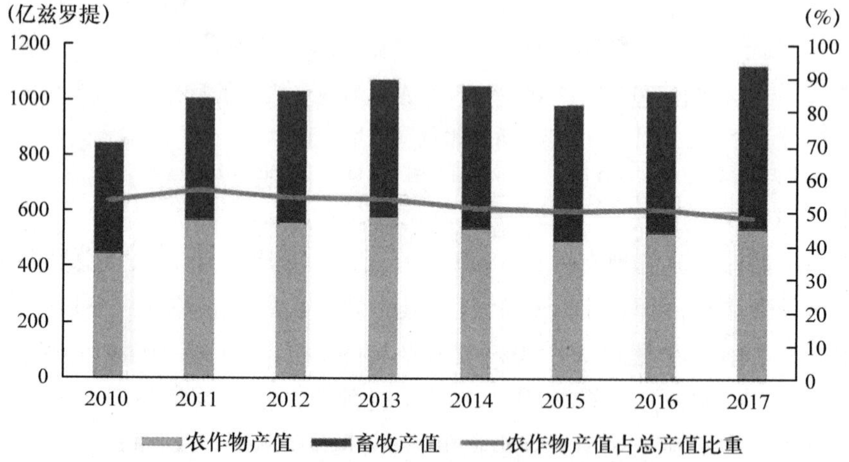

图Ⅰ-5-5 2010—2017年波兰农业产值（以现价计算）

资料来源：波兰中央统计局："农业统计年鉴"（http：//stat. gov. pl）。

波兰历年的"农业统计年鉴"数据表明，波兰农作物市场产值[①]在所有农产品市场产值中占比较小，2016年农作物产品市场产值为524.7亿兹罗提，占比仅为28.7%。在所有的农作物产品中，谷物市场产值占比最大（31.9%），其次是蔬菜（16.13%）。

畜牧产品市场产值占比较大，其中以牛、猪、羊、马和鸡为主，肉类产量在世界排名第十四位，欧洲第六位。养猪在波兰有着较长的历史，猪的生产名列欧洲第三，世界第七，2016年养猪业产值达112.67亿兹罗

① 市场产值是指在市场上出售或打算在市场上出售的所有产品（market output）的价值。

提，占肉类产品产值的39%（见图Ⅰ－5－6）；牛奶产量位居世界第十一位，欧洲第六位，2016年产值为142.79亿兹罗提，在所有畜牧产品中占比达28%。另外，波兰农产品加工业发达，占国内工业销售总额的20%以上。根据产品销售总额排名，食品加工业在所有生产部类中列首位。①

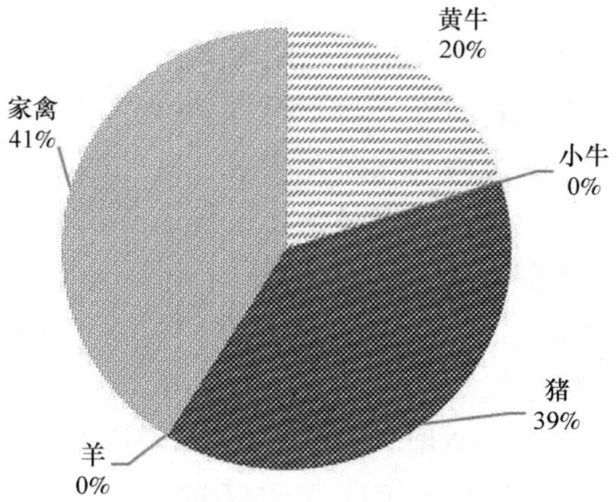

图Ⅰ－5－6　2016年波兰畜牧主要产品产值占比

资料来源：波兰中央统计局："农业统计年鉴"（http：//stat. gov. pl）。

2015年，波兰法律与公正党（PiS）执政后，将推动农业增长当作政府重点关注的首要任务，希望通过一系列加强农村发展的措施，实现波兰农业和农村现代化，将波兰打造成欧盟农业强国。如在2016年初制订农业平衡发展计划和《乡村地区公约》，从2017年1月1日起开始实行《简化农产品直销法》和《波兰产品标志法》两部农业法案。两部法案的实施旨在减轻农民营销自产农副产品的税费负担、规范农民的市场营销活动；推动生产者注重产品质量、品牌，树立波兰农产品的良好形象。

（二）工业现状

根据《欧洲共同体内部经济活动一般工业分类》的分类标准，工业

---

① Central Statistical Office，"Statistical Yearbook of Industry-Poland"，2017（http：//stat. gov. pl/en/topics/statistical-yearbooks/statistical-yearbooks/statistical-yearbook-of-industry-2017－5－11. html）。

包括采矿业、制造业和水电气的生产及供应业，工业与建筑业合称为波兰的第二产业。由于工业在第二产业中占据绝对优势，以下重点介绍工业的发展现状。

波兰第二产业增加值总体呈逐渐上升的趋势，从 1995 年的 1156.91 亿兹罗提上升到 2017 年的 6013.88 亿兹罗提，2017 年占总增加值的 34.5%，同比增长了 9.28%。

2007—2009 年全球金融危机导致欧洲工业产出在这段时期持续下降。2009 年，经济持续低迷减少了对欧洲国家工业产出的需求，导致欧盟工业产出大幅下降。与欧盟的其他国家相比，波兰的工业产出在这段时期的下降是最慢的，2009 年仅下降 1%，这是由于国内市场的吸收和波兰出口下降比较缓慢（兹罗提贬值导致的）。2010—2011 年，工业部门的情况得到实质性改善，经济形势好转使欧盟工业产品的需求逐渐恢复，欧盟工业产出增速略有提高。波兰工业产出在 2010 年增长 9%，超过了欧盟的平均水平，成为欧盟增长最快的几个国家之一，得益于其最大的贸易伙伴德国经济形势好转。2011 年和 2012 年，随着全球经济衰退，欧元区和整个欧盟经济形势低迷，欧洲的销售产出呈现下降趋势。在这样的经济环境中，波兰属于少数几个保持经济正增长的国家之一。2011 年、2012 年波兰的工业产出都超过欧盟平均水平，分别增长了 15% 和 4%。2013 年，欧盟工业生产的负向影响仍然存在，整个欧洲持续发展的方向和速度的不确定性使得当地工业生产的需求难以恢复，经济稍稍出现复苏的势头，欧盟工业产值同比下降 0.5%。到 2014 年，前几年欧盟工业生产的负面影响已经减弱，整个欧洲工业产出开始呈现上升态势。随后，波兰工业产出仍保持增长态势，年均增长率为 2%，工业发展相较于欧盟整体水平来说较为稳定（见图 I－5－7）。

在这一期间，波兰工业部门中各行业产出在总产值中占比基本保持不变（见图 I－5－8）。采矿业占总产出的 4% 左右，制造业占总产出的 84% 左右，电力、煤气、蒸汽和空调供应占总产出的 9% 左右，供水、污水处理和废物管理占总产出的 3% 左右。制造业在工业部门总产出中占比始终保持在 80% 以上，长期处于稳步发展的态势。

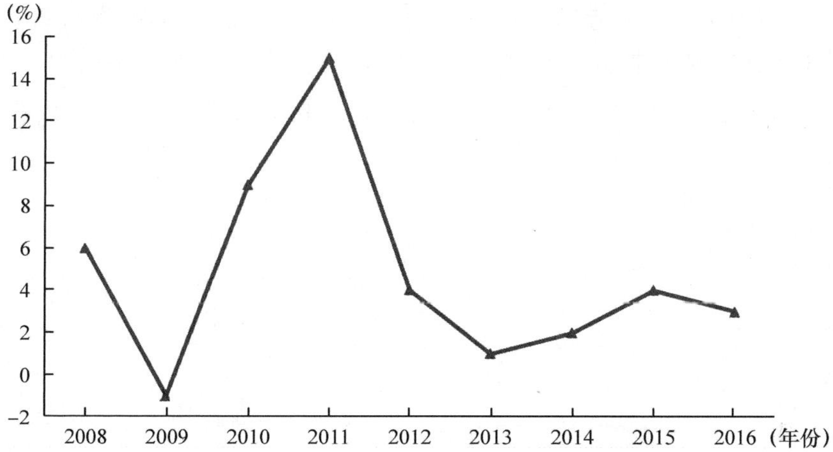

图Ⅰ-5-7　2007—2016年波兰工业总产出增长率（以现价计算）

资料来源：波兰中央统计局：《工业统计年鉴》（http：//stat. gov. pl）。

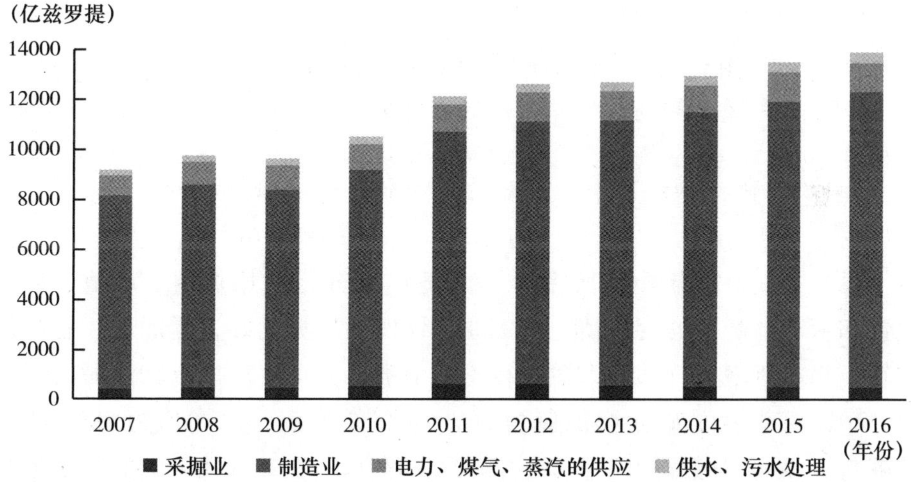

图Ⅰ-5-8　2007—2016年波兰工业各行业产出（以现价计算）

资料来源：波兰中央统计局：《工业统计年鉴》（http：//stat. gov. pl）。

2016年波兰就业人数整体呈缓慢上升趋势，增幅为3.1%，工业就业人数也在不断增加，较上年增长了2.7%。工业就业人数在总人数中的占比几乎没有变化，2013—2016年始终保持在20%左右。图Ⅰ-5-9显示了2016年波兰工业分行业的劳动生产率指数的具体情况。以2015年为基期，2016 年工业劳动生产率指数为 100.9①，总体生产率有所提高，各行业的情况稍有不同，采矿业、制造业、电力、煤气和蒸汽供应的劳动生产率在不断提高，供水、污水处理和废物管理业的劳动生产率有所下降。

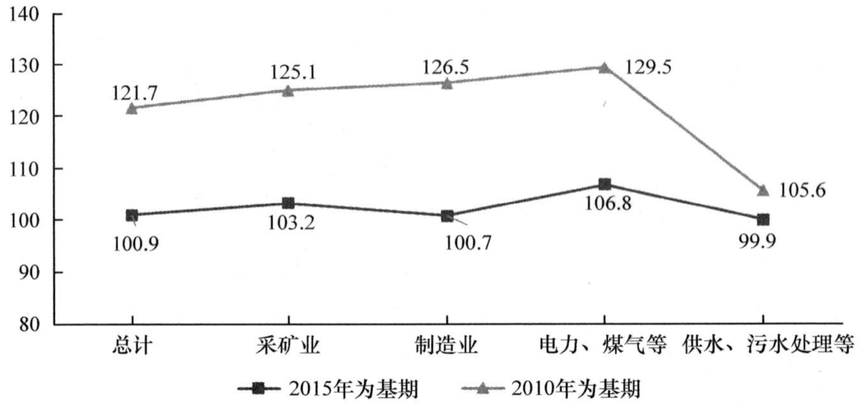

图Ⅰ-5-9　2016 年波兰工业各行业劳动生产率指数

说明：劳动生产率指数是指以单位从业人数的增加值衡量的劳动生产率指数，以不变价格计算。

资料来源：波兰中央统计局："工业统计年鉴"（http：//stat. gov. pl）。

表Ⅰ-5-2 列出了 2016 年波兰工业的细分行业增加值、产值、从业人数和劳动生产率的变化情况。工业总体发展形势良好，增加值、总产值都较上年有所增加，从业人数也在不断上涨，劳动生产率有轻微提高。

2016 年波兰采矿业增加值为 269.45 亿兹罗提，总产值为 480.39 亿兹罗提，从业人数达 14 万人。采矿业增加值在工业增加值中占比为 6.2%，产值在工业总产值中占比为 3.5%，从业人数占工业总从业人数的 4.7%。② 根据 2016 年世界矿业数据，波兰的铁、钛合金、有色金属、贵金属等矿物产出位列世界前二十。在过去十年中，波兰位居银、褐煤、

① Central Statistical Office, "Statistical Yearbook of Industry-Poland", 2017.（http：//stat. gov. pl/en/topics/statistical-yearbooks/statistical-yearbooks/statistical-yearbook-of-industry-2017，5，11. html）.

② Central Statistical Office, "Statistical Yearbook of Industry-Poland", 2017（http：//stat. gov. pl/en/topics/statistical-yearbooks/statistical-yearbooks/statistical-yearbook-of-industry-2017，5，11. html）.

钯、铬、炼焦煤、硫和铜等矿物的前十大生产国。

2016 年波兰工业各行业增加值、总产值、从业人数占比最大的均为制造业（占比分别为 76.9%、85.1% 和 86.3%），波兰政府正式确定的战略性产业中涉及制造业中的 5 个行业，波兰正致力于发展成为欧盟的中高端制造业中心。

波兰电力、煤气、蒸汽供应行业对工业增加值和总产值的贡献也不容小觑，2016 年电力、煤气和蒸汽的供应增加值为 501.2 亿兹罗提，占工业总增加值的 11.5%；产值为 1155.03 亿兹罗提，占工业总产值的 8.3%。其劳动生产率指数相较于采矿业、制造业来说，增长最为迅速，较 2015 年提高了 6.8%。

表 I－5－2　　2016 年波兰工业的细分行业结构

	增加值		总产值		从业人数		劳动生产率指数	
	总额（亿兹罗提）	增速（%）	总额（亿兹罗提）	增速（%）	年平均（千人）	增速（%）	2015 年 = 100	增速（%）
总计	4367.54	4.68	13883.89	2.90	3006.4	2.73	100.9	0.9
采矿业	269.45	－3.47	480.39	－3.40	140.3	－6.53	103.2	3.2
制造业	3359.80	5.91	11817.73	3.58	2594.0	3.58	100.7	0.7
1. 食品业	444.77	4.14	2060.23	6.46	408.7	1.57	100.1	0.1
2. 饮料业	63.15	3.14	195.10	－5.49	23.1	－6.85	109.2	9.2
3. 烟草业	57.28	1.94	96.06	7.85	5.7	3.64	97.9	－2.1
4. 纺织业	48.27	12.23	150.20	11.81	57.6	7.06	103.3	3.3
5. 服装业	46.34	0	108.03	5.33	94.2	－0.32	100.2	0.2
6. 皮革制品业	15.88	－0.13	53.65	5.57	26.2	0	94.2	－5.8
7. 木制品及草编制品业	119.53	5.42	385.09	－0.33	129.6	2.86	102.1	2.1
8. 纸制品业	112.74	8.01	393.57	5.06	59.2	2.07	104.2	4.2
9. 记录媒体的印刷和复制业	63.59	6.84	160.15	4.93	52.7	3.13	101.4	1.4

续表

	增加值		总产值		从业人数		劳动生产率指数	
	总额（亿兹罗提）	增速（%）	总额（亿兹罗提）	增速（%）	年平均（千人）	增速（%）	2015 年 = 100	增速（%）
10. 石油精炼、炼焦业	121.18	31.06	578.76	-10.02	13.9	4.51	123	23
11. 化工制品业	174.72	3.21	608.97	-0.84	79.5	2.58	99.1	-0.9
12. 制药业	59.30	3.29	161.08	-0.77	23.5	2.17	100.2	0.2
13. 橡胶塑料业	260.34	9.19	853.32	7.27	202.3	5.97	101.4	1.4
14. 其他非金属矿物业	190.69	7.51	530.42	6.78	134.1	2.29	104	4
15. 基础金属业	100.62	7.74	443.24	-1.26	66.1	5.93	99.7	-0.3
16. 金属制品业	386.72	6.91	1047.45	7.12	329.8	6.46	99.8	-0.2
17. 计算机、电子器件和光学产品制造业	70.93	4.26	382.51	4.42	59.2	1.54	100.2	0.2
18. 电子设备	136.74	-1.9	564.80	1.76	102.4	3.23	93.2	-6.8
19. 机械和设备制造业	149.25	2.21	459.22	1.05	127.8	1.11	99.7	-0.3
20. 汽车制造业	292.89	9.40	1401.57	9.65	183.0	6.09	100.7	0.7
21. 其他运输设备制造业	68.82	1.93	223.45	0.62	44.6	3.00	97.5	-2.5
22. 家具制造业	143.48	9.50	448.87	8.56	182.4	3.99	104.3	4.3
23. 其他制造业	56.40	8.00	142.42	11.13	58.4	4.29	102	2
24. 机械设备的修理和安装	176.18	-3.91	369.60	-12.14	130.0	4.84	90.8	-9.2
25. 电力、煤气、蒸汽的供应	501.20	-2.30	1155.03	-2.90	123.5	-2.83	106.8	6.8
26. 供水；污水处理和废物管理	237.09	14.21	430.75	8.64	148.6	2.488	99.9	-0.1

注：2016 年的产值、增加值、劳动生产率数据均为初始数据；产值、增加值以现价计算、劳动生产率以不变价格计算；劳动生产率指数是指以单位从业人数的增加值衡量的劳动生产率指数。

资料来源：波兰中央统计局："工业统计年鉴"（http：//stat. gov. pl）。

（三）服务业现状

1989 年以来，波兰社会经济进入转型期，服务业在经济中作用逐渐增强，服务业在 GDP、附加值中的占比从 1990 年的 50% 左右上升到近十年的 63% 左右，波兰的产业结构正在慢慢接近 OECD 的标准，即服务业在 GDP 的平均占比超过 70%。1995—2017 年服务业增加值总额呈逐渐上升的趋势（见图 I－5－10），年均增长 28%。

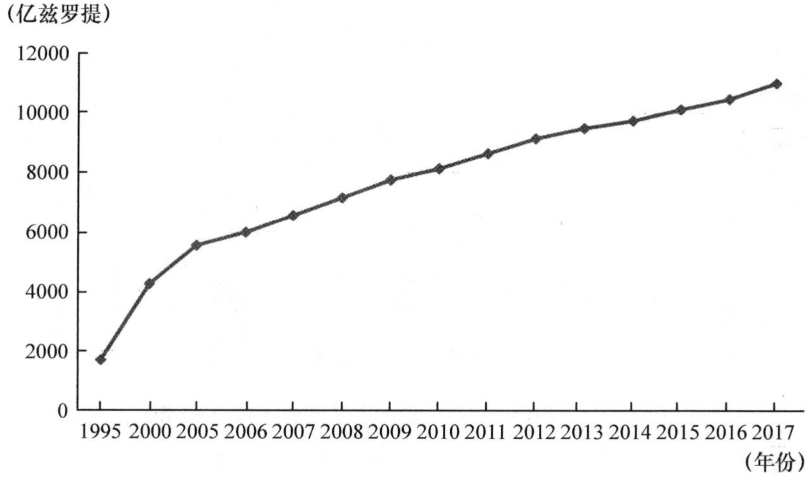

图 I－5－10 1995—2017 年波兰服务业增加值（以现价计算）

资料来源：波兰中央统计局（http://stat.gov.pl）。

波兰的服务业被分为市场服务和非市场服务。从长期的分析可以看出，与非市场服务相比，市场服务的总增加值增长得要快得多。例如，波兰中央统计局数据表明：2014 年服务部门总附加值为 9716.45 亿兹罗提，增长率为 3.92%，其中市场服务占 77%，非市场服务仅占 23%。市场服务中占比最大的部分为贸易和汽车维修，其次是运输和仓储以及房地产活动。就非市场服务而言，公共行政和国防、强制性社会保障部分占主导地位。

同时，服务业就业人数占比也在不断上升。尽管该行业仍然由小微企业主导，但是越来越多的以现代商业模式经营的大型公司正在不断涌现，成功地扩大了波兰服务业在国际上的活动规模。

2010年以来，波兰总就业人数呈逐渐上升的趋势，2010—2016年以每年1.4%的速度增长。服务业就业人数也在不断上升（见图I-5-11），但是服务业就业人数在整个波兰就业人数中所占的比重几乎没有变化，一直保持在57%左右。

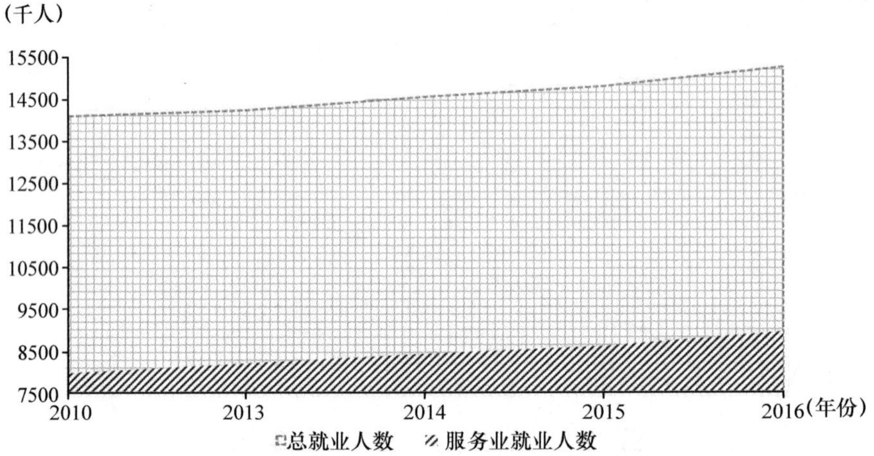

图I-5-11　2010、2013—2016年波兰总就业人数和服务业就业人数

资料来源：波兰中央统计局：《劳动统计年鉴》（http：//stat. gov. pl）。

2010—2017年波兰服务业增加值总体走势良好，在总增加值中的占比保持在64%左右，各个细分服务行业增加值整体呈上升的趋势[①]。

2016年、2017年服务业增加值排名前三的行业是贸易、机动车辆修理，运输和仓储，专业、科学和技术活动，占比分别为38.22%、14.54%、11.84%（见表I-5-3）。波兰的国内贸易中零售业占比最大，从20世纪90年代发展至今，零售业市场趋于成熟、新型零售业态不断增多、现代化水平较高，在服务业中的地位越来越突出。波兰地处欧洲中心的位置使得运输，尤其是陆上运输可以发挥重要作用。

与此同时，波兰从事服务业的人数近年来在不断上升，但是各个服务

① Central Statistical Office, "Statistical Yearbook of Industry-Poland", 2017（http：//stat. gov. pl/en/topics/statistical-yearbooks/statistical-yearbooks/statistical-yearbook-of-industry-2017，5，11. html）.

行业在总服务业就业人数中所占的比重变化不大，2010—2016 年基本保持不变，占比排名前三的行业分别是：贸易、机动车辆修理（25.64%），教育（12.90%），公共管理和国防、强制性社会保障（10.94%）（图 I-5-12）。

表 I-5-3　　　　2016—2017 年波兰服务业行业增加值及从业人数

	增加值（亿兹罗提）		增加值增速（%）		增加值占比（%）	从业人数（千人）	从业人数增速（%）
年份	2016	2017	2016	2017	2017	2016	2016
服务业总计	7770.02	8126.97	3.6	4.59	3.87	3.87	100
贸易、机动车辆修理	2873	3106	1.99	8.11	38.22	3.08	25.64
运输和仓储	1054	1182	2.67	12.14	14.54	6.69	9.16
住宿和餐饮	186	191	3.17	2.69	2.35	7.25	3.03
信息和通信	679	679	5.33	0.00	8.35	7.42	3.82
金融和保险活动	723	715	11.38	-1.11	8.80	0.94	3.96
房地产活动	854	889	8.85	4.10	10.94	5.60	2.43
专业、科学和技术活动	909	962	-2.18	5.83	11.84	6.37	7.33
行政和辅助服务	391	408	8.44	4.35	5.02	9.40	6.12
公共管理和国防、强制性社会保障	921	947	4.07	2.82	11.65	0.64	10.94
教育	777	791	1.08	1.80	9.73	1.33	12.90
人体健康和社会工作活动	733	744	3.80	1.50	9.15	2.86	9.69
艺术、娱乐和文娱活动	127	130	8.98	2.36	1.60	3.08	1.69
其他服务活动	234	243	1.70	3.85	2.99	7.40	3.28
家庭作为雇主的活动、家庭自用的生产活动	22	22	0.00	0.00	0.27	—	—

注：增加值占比为服务业各行业增加值占服务业总增加值的比重。

资料来源：波兰中央统计局（http：//stat. gov. pl）。

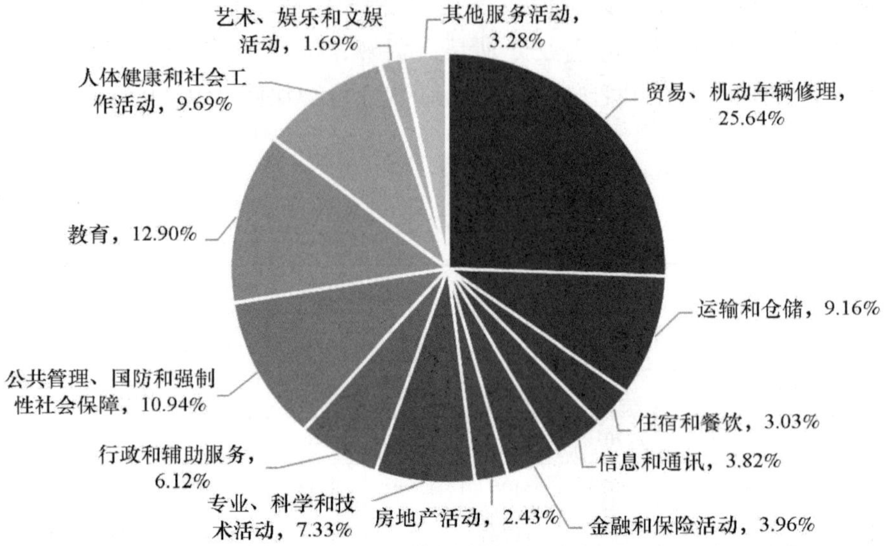

图Ⅰ-5-12　2017年波兰服务业各行业从业人数占比

资料来源：波兰中央统计局（http：//stat. gov. pl）。

第二节　重点工业

一　食品加工业

波兰是中东欧最大的农业食品生产国，欧盟排名第七。食品加工业是波兰经济中最重要和发展最快的行业之一，具有历史悠久、产品质量高、生产成本和劳动力成本较低、工人素质高、教育基础完善、研发潜力大、供应商网络完善等特点，为其提供了迅猛发展的动力。2016年，食品加工业产值占工业总产值的14.8%，增加值占工业总增加值的10.2%，就业人数占整个工业就业人数的10.5%，是工业中最重要的行业之一。2014年7月，波兰政府将食品加工行业列入优先发展的行业名单，加工行业的企业可以利用政府拨款发展新业务或者建立新的生产中心。

图Ⅰ-5-13显示，在2008—2016年，波兰食品加工业的销售总额及其在工业销售总额中的占比情况。波兰农产品加工业发达，2008年以来食品加工业占工业销售总额的比重始终保持在15%左右。2008—2016年销售总额每年以5.6%的速度增长，根据产品销售总额排名，食品加工业在所有生产部类中列首位。

波兰是水果（苹果、覆盆子、黑醋栗、蓝莓）、肉类（家禽、猪肉）、乳制品和蘑菇的主要生产国，食品加工以其多样性而闻名。以销售总额衡量，在食品加工业生产的众多产品中，最重要的是肉类、乳制品、糖果、烘焙、水果、蔬菜等。

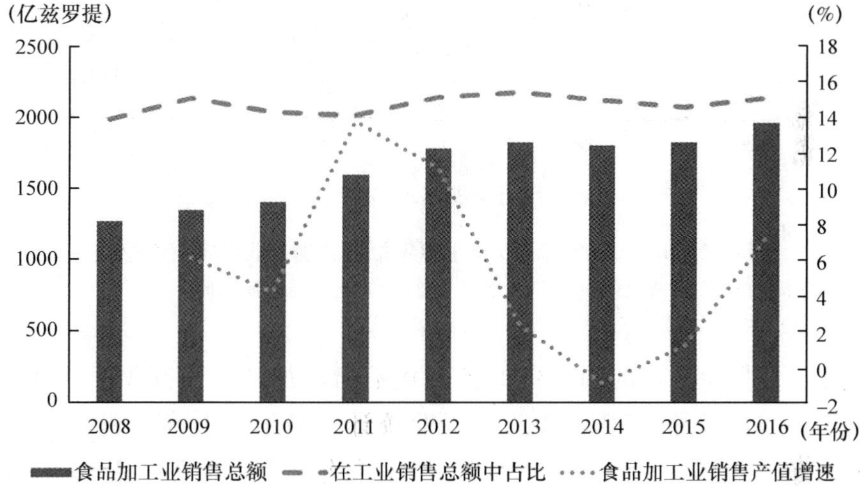

图Ⅰ-5-13　2008—2016年波兰食品加工业的销售总额及其在工业销售总额中的占比（以现价计算）

资料来源：波兰中央统计局："工业统计年鉴"（http：//stat. gov. pl）。

尽管波兰食品加工业的销售总额呈不断上升的趋势，但是食品加工业整体的劳动生产率仍与欧盟15国的平均水平相差较大。对此，波兰近年来在不断改进，如图Ⅰ-5-14所示，2005—2016年波兰食品加工业的固定资产总额呈现出不断上升的趋势，其中2008—2016年的固定资产总额以每年8.8%的速度增长。对于食品加工业固定资产的投资使该行业拥有非常现代化的生产线，特别是在乳制品、肉类、冷冻食品方面，拥有比其他欧盟成员国更先进的基础设施。例如Kompania Piwowarska和SABMiller两家公司建立的包装生产线拥有洁净室，是该领域质量标准最高的一种包装方式，而欧洲其他国家从未使用过。

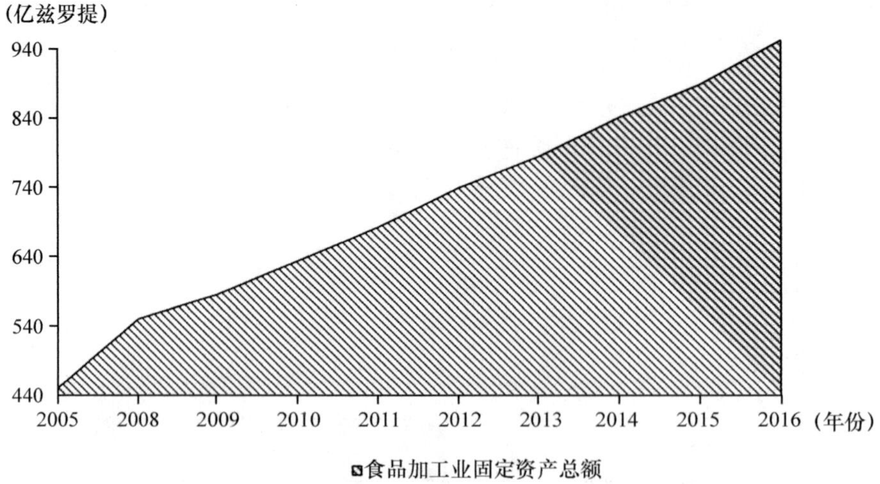

图Ⅰ-5-14 2005—2016 年主要年份食品加工业固定资产总额

资料来源：波兰中央统计局："工业统计年鉴"（http：//stat. gov. pl）。

除了食品加工业的固定资产投资在不断增加外，该行业的劳动生产率、出口也在不断提高。波兰"工业统计年鉴"的历年数据表明，自2009年以来，食品加工业的劳动生产率以每年4.3%的速度增长，而出口额自2009年以来，以每年14%的速度在增长。劳动生产率的增速还远不能满足出口的需要，有待进一步提高。

表Ⅰ-5-4显示了2009—2016年波兰食品加工业产品总出口以及出口到欧盟发达国家的数据。2009年以前，波兰食品制造业出口量呈现出不断上升的趋势，出口至欧盟发达国家的食品制造业产品也在不断增加，占比始终保持在80%左右的超高水平。波兰的食品加工业在2004年加入欧盟之后迅速发展起来，欧盟拥有5.08亿潜在的消费者，欧盟内部需求成为推动波兰食品加工业快速发展的主要驱动力之一。正是因为食品加工业的产品有相当大的比重出口到欧盟，所以波兰的食品生产和加工除了受到本国许多法律法规的制约，还要遵守欧盟制定的各种标准与食品法典委员会的要求。

表Ⅰ-5-4　　2009—2016年波兰食品加工业总出口及出口至欧盟发达国家（以现价计算）

年份	食品加工业总出口（亿兹罗提）	其中出口至欧盟发达国家（亿兹罗提）	出口至欧盟发达国家占总出口的比重（%）
2009	253.45	209.96	82.84
2010	281.78	230.13	81.67
2011	332.96	265.05	79.60
2012	382.47	301.20	78.75
2013	428.82	345.53	80.58
2014	424.31	354.91	83.65
2015	447.16	380.92	85.19
2016	502.38	422.02	84.00

资料来源：波兰中央统计局："工业统计年鉴"（http：//stat.gov.pl）。

在过去的20年里，波兰食品加工业在很大程度上进行了重组和私有化，许多大型跨国公司在波兰开展了私有化进程，包括可口可乐、雀巢、喜力、百事、火星、联合利华、达能等。波兰大多数的糖果制造公司、啤酒制造公司、肉类加工厂、水果和蔬菜加工厂由外国投资者拥有。

二　采矿业

如本篇第三章所述，波兰是中东欧矿产资源最丰富的国家，矿产开采、冶炼加工产业较发达。矿产品辐射整个中东欧及西欧部分国家市场，其中煤炭和铜出口到德国、奥地利、捷克、英国、法国等欧洲国家。

2007—2016年波兰采矿业产值变化情况如图Ⅰ-5-15所示，采矿业产值从2007年的405.01亿兹罗提上升到2012年的625.94亿兹罗提，随后又逐年下降，到2016年产值为480.39亿兹罗提。整体来看，采矿业产值在工业总产值中所占的比重呈现出逐渐下降的趋势，这是因为采矿业产品价格下降、产量下降，进而导致行业总产值下降。而在整个采矿业中，煤和硬煤所占的比重平均为50%，占据重要地位。

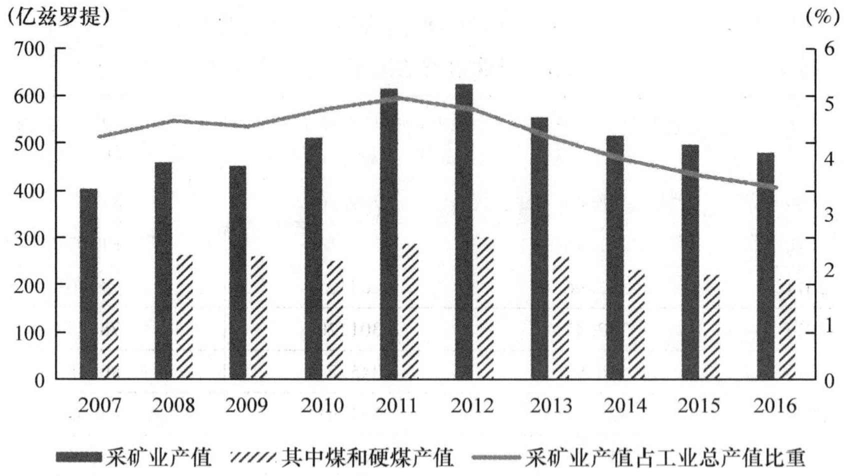

图Ⅰ-5-15　2007—2016年波兰采矿业产值

资料来源：波兰中央统计局："工业统计年鉴"（http：//stat. gov. pl）。

近几年，采矿业受价格（见图Ⅰ-5-16）的影响，产品价格指数自2012年之后一直呈现出下降的趋势。随着采矿业产品价格的降低，波兰采矿业的产量同样也呈下降趋势，消费主要满足本国需求。

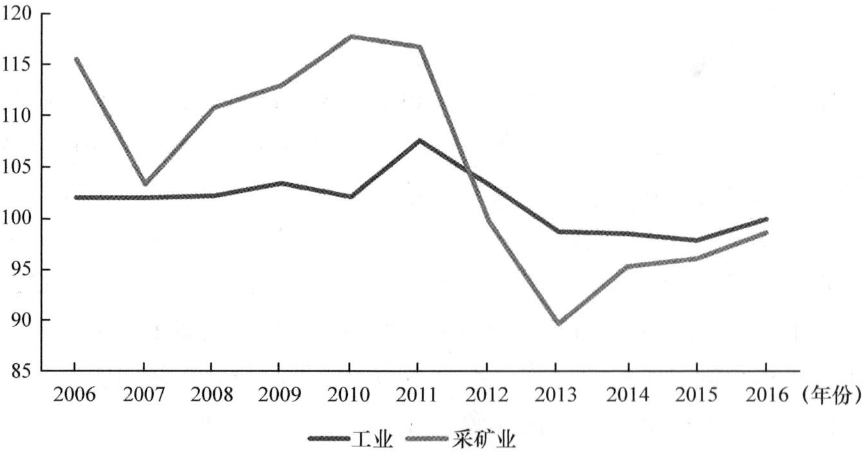

图Ⅰ-5-16　2006—2016年波兰工业、采矿业产品销售价格指数变化情况

资料来源：波兰中央统计局："工业统计年鉴"（http：//stat. gov. pl）。

煤炭占波兰国内初级能源的60%左右，占发电燃料的92%。2015年波兰的硬煤和褐煤的产量分别是7270万吨和6310万吨，分别同比减少0.8%和1.3%。2016年波兰硬煤和褐煤产量分别为7080万吨和6020万吨，分别同比减少2.6%和4.6%（表I－5－5）。2006—2016年只有少数年份硬煤和褐煤的产量实现增长。

表I－5－5　　2006—2016**年波兰硬煤与褐煤产量及其增速**

年份	硬煤（百万吨）	增速（%）	褐煤（百万吨）	增速（%）
2006	95.2		60.8	
2007	88.3	－7.25	57.5	－5.43
2008	84.3	－4.53	59.7	3.83
2009	78.1	－7.35	57.1	－4.36
2010	76.7	－1.79	56.5	－1.05
2011	76.4	－0.39	62.8	11.15
2012	79.8	4.45	64.3	2.39
2013	77.1	－3.38	65.8	2.33
2014	73.3	－4.93	63.9	－2.89
2015	72.7	－0.82	63.1	－1.25
2016	70.8	－2.61	60.2	－4.60

资料来源：波兰中央统计局："工业统计年鉴"（http：//stat.gov.pl）。

以采矿业中硬煤的消费量为例进行分析，表I－5－6列出了2000年、2005年、2009—2016年波兰采矿业中硬煤的供给与消费情况。可以明显看出，在2000年，硬煤的消费中，国内消费与出口的比例约为3.65∶1，2005年国内消费与出口的比例约为4.06∶1，但是2009—2016年两者的比例保持在9∶1左右，价格下降导致产量减少，消费量下降，出口至国外的量也减少，主要用来满足国内市场对于硬煤的需求。其他采矿业产品的产量变化趋势也大致相同。

表Ⅰ-5-6　　**波兰主要年份硬煤供给量与消费量**　　（单位：千吨）

	国内供给	进口	国内消费	出口	国内消费：出口
2000	105164	1452	84890	23245	3.65
2005	97904	3372	78722	19369	4.06
2009	78065	10792	73997	8395	9.52
2010	81150	13603	82162	9965	8.81
2011	76448	14955	79362	7008	8.25
2012	79813	10165	77358	7070	11.32
2013	79153	10516	78516	10847	10.94
2014	73271	10417	73125	8956	7.24
2015	72823	8289	72742	9192	8.16
2016	75516	8300	74642	9097	7.91

注：消费中存货、损失与统计误差因数值较小未在表中列出。

资料来源：波兰中央统计局："工业统计年鉴"（http：//stat. gov. pl）。

除了硬煤与褐煤，波兰是欧洲仅次于俄罗斯的第二大、世界第九大产铜国，未来15年中东欧的铜需求量呈上升趋势。波兰白银生产占全世界第六位，欧洲第一位。产出的铜和银大部分出口到欧盟市场。2016年，波兰铜产量为186万吨，同比增加0.9%。[①]

近几年，铜的开采也受价格控制的影响发展停滞，精炼铜的产量也在逐年下降，铜的开采量已经不能满足冶炼的需求。在这种形势下，波兰政府将继续大力发展煤炭和铜等矿产资源行业，以摆脱对俄罗斯矿产资源的依赖。

采矿业产品受价格下跌影响很大，一旦价格上涨，势必引起波兰采矿业产量和出口量的增加。表Ⅰ-5-7列出了2010—2016年波兰采矿业出口到不同国家的情况，不难发现，波兰采矿业产品的出口主要是对欧盟内部的发达国家进行的，占比保持在70%左右。

① Central Statistical Office, "Statistical Yearbook of Industry-Poland", 2017. （http：//stat. gov. pl/en/topics/statistical-yearbooks/statistical-yearbooks/statistical-yearbook-of-industry-2017，5，11. html）.

表Ⅰ-5-7　2010—2016年采矿业出口至不同国家的情况（以现价计算）

年份	出口（亿兹罗提）	发达国家		欧盟发达国家		中东欧国家	发展中国家
		金额（亿兹罗提）	占比（%）	金额（亿兹罗提）	占比（%）		
2010	125.52	103.82	83	97.10	77	1.36	20.35
2011	166.06	136.51	82	124.12	75	1.41	28.13
2012	189.58	162.15	86	157.33	83	1.09	26.35
2013	178.70	141.96	79	135.78	76	1.09	35.66
2014	166.17	134.87	81	124.01	75	0.66	30.65
2015	150.03	117.70	78	104.50	70	0.60	31.73
2016	144.06	114.51	79	99.23	69	0.55	29.00

资料来源：波兰中央统计局：《工业统计年鉴》（http：//stat.gov.pl）。

波兰政府大力发展矿产资源相关行业，除了应对国内矿产资源的开采和供给减少之外，还因为其采矿业也有很多优势：采掘方面经验丰富、大量熟练的劳动力以及来自例如AGH科技大学和西里西亚理工大学等的学术支持。具有这些优势意味着该行业能够成为波兰经济中高效、创新的一部分。但就欧盟15国平均水平而言，基础原料工业在波兰的经济中占据相当高的比重，而采矿业作为波兰基础原料工业中三个关键行业之一，其生产率与欧盟15国平均水平还有较大差距，因此提高生产率至关重要。造成波兰与欧盟15国平均生产率水平相差如此之大的原因主要有三个：监管和技术要求、资本和运营效率低以及具有挑战性的地理环境（波兰的煤炭资源主要深埋在地下超过一千米深度的地方，且都属于薄煤层，开采难度十分大）。波兰政府认为改变其采矿业的现状需要从以下几个方面着手：调整监管框架、提高运营效率、开发研发和创新中心、优化资产组合。尽管波兰的交通运输能力强但基础设施较落后，因此政府计划大力改造公路、铁路等基础设施，以推动经济更快发展。同时，波兰政府也重视清洁能源及煤制气研究，以提高相关能源占比。总体而言，波兰矿产资源及相关产业投资前景良好。

波兰铜业公司（KGHM）

一、简介

波兰铜业公司（KGHM Polska Miedź）是一家波兰跨国公司，在全球拥有近34000名员工，50多年来一直是铜和银生产的领导者。1991年，该公司进行重组并国有化。1997年，其股票在华沙证券交易所上市交易。目前，KGHM在波兰、加拿大、美国和智利经营9个露天矿和地下矿，并积极推进多个项目。KGHM生产关键的全球资源，包括铜、硫酸铜、金、银、镍、硫酸镍、钼、铼、铅、硫酸、硒和铂族金属。该公司位于波兰Lubin的Lower Silesian Voivodeship。2015—2020年的业务战略侧重于持续增长和最大化股东价值，目标是生产超过100万吨铜当量金属。

二、发展历程

在1949年至1954年，三座矿厂Lena，Konrad和NowyKóciół分别试探性钻探和开采。第一批机械冶金厂房于1951年开始建设，并在1953年投入运营，这是Lower Silesian钢铁工业的开端。1953年12月24日，第一次从熔炉反射器中铸造铜。1954年，生产了超过5000 Mg的阴极铜。1957年3月23日，Jan Wyżykowski发现矿石主要矿床含量为铜，深度为655—658米。最初，Jan Wyżykowski编写的钻探计划引起了许多负面意见。政府决定帮助Jan Wyżykowski实现他的目标，任命波兰地质研究所发现铜矿床以支持国民经济。随着钻探继续进行，于1957年3月23日在Lubin-Sieroszowice发现了第一个矿床。1960年，开始建立Lubin和Polkowice采矿场。

1961年5月1日，KGHM正式成立（缩写自Kombinat Górniczo-Hutniczy-Polska Miedź），Legnica-Głogów铜带的管理开采于1960年在Lubin成立国有公司，名为Zakłady Górnicze Lubinw budowie（“Lubin正在建设中”采矿工厂）。这些冶炼厂于1961年5月1日转变为Lubin的Kombinat Górniczo-Hutniczy Miedzi，其任务是建造矿山、矿石浓缩厂、铜冶炼厂以及辅助和社会设施的建设。1968年，开始建设Głogów冶炼厂，第一座生产工厂的建设于1968年3月4日开始，并于1969年决定将

Głogów铜冶炼厂电解铜的生产能力扩建至年产16万公斤。1971年6月4日，在1971年7月17日Głogów HM委托进行试验阳极炉铸造。1974年4月11日开始建造Głogów Ⅱ的第二部分。1969年，开始建造Rudna矿厂，这是KGHM最大的矿厂。Rudna矿厂建设的初期，目标采矿能力为每年750万吨镁矿石矿石。为了构建Rudna ZG，公司使用了在先前竖井施工期间获得的知识和经验，这导致了高效的建造速度。Rudna是最大的LGOM矿，采用了最佳设计的采矿结构，适用于矿床条件和技术配备齐全，可以获得最高的采矿能力。1974年7月，Rudna采矿厂达到了设计采矿能力的25%，同年制定了技术经济扩张计划，目标采矿能力为每年1200万吨镁矿石。

1991年，为了适应了市场经济条件，公司进行了重组。1991年9月取代了以前的Kombinat Górniczo-Hutniczy Miedzi，成立了一个由国家财政部公司—KGHM Polska Miedź S. A和铜业公司高层组成的公司。这意味着公司私有化成功，准备独立销售和交易。1990年，公司决定建立贵金属冶炼厂，并于1993年启动了该计划，1994年2月正式建设贵金属冶炼厂。该工厂生产精制金、银、铂和硒，是Głogów HM最重要的技术成就之一。1997年6月，公司公开发行股票，国有机构出售了32.8%的公司股票。1998年，脱硫工厂开始建设，启动Głogów铜冶炼厂的烟气脱硫装置，Legnica铜冶炼厂的气体脱硫装置以及安装新的阳极炉以保护大气，可大大减少二氧化硫排放。2005年开始使用WR4竖井结构，2006年，“Cedynia”铜冶炼厂开始使用新技术生产线UPCAST生产无氧铜线。2012年，公司通过多伦多证券交易所收购加拿大Quadra FNX Mining Ltd. 100%的股权，这是其在资源基础开发领域的重要事件之一，此次交易是当时波兰历史上最大的外国投资。

三、公司主要产品

1. 铜

KGHM是控制世界铜储量的第八大参与者，该公司的份额估计为2270万吨铜。公司拥有波兰矿床的采矿特许权，估计矿产储量为1750万吨铜。丰富的矿床将使该公司能够在未来40—50年内保持目前在波兰的铜矿开采业务。2012年对国外投资加强了KGHM的国际地位。由于这些投资，公司估计的铜储量增加到现在的2270万吨铜。KGHM每年生产约70万吨铜，包括阴极、线材、铜银线、圆坯和颗粒以及矿石和精矿中的铜。在波兰，铜是通过Lubin，Polkowice-Sieroszowice和Rudna矿开采的，公司还在北美和南美拥有铜矿。

2. 白银

KGHM约15%的收入来自白银销售。该公司是世界上生产这种贵金属的领导者之一。目前，约75%的金属银是作为铜矿开采的副产品获得的。基于目前持有的特许经营权的KGHM可开采资源，包括新的Deep Głogów矿床，估计有11亿吨铜矿石，铜含量为2.08%，白银含量为58克/吨。

四、公司业务

1. 采矿和浓缩

在公司几十年的活动中，KGHM已经掌握了矿石开采和浓缩的盈利过程。铜矿石富集涉及机械加工，能够有效地管理提取的矿石，浓缩物含有可在冶炼厂中进一步加工的铜量。由于开采的波兰矿床中铜的平均含量为1.52%，因此该过程是必要的。KGHM采用的技术可以成功地回收铜和银以及其他元素。

2. 冶制精炼

由于波兰铜冶炼厂的生产能力，KGHM是冶金领域的世界领先者之一。KGHM冶炼厂的生产主要依赖于公司自有资源和现场生产的铜精矿。KGHM的加工战略基于将生产规模维持在50万吨电解铜水平，同时提高全球所有矿山的采矿效率。该公司计划提高铜生产元素的回收率，并不断改进冶金技术。

3. 下游处理

KGHM响应现代技术市场的需求，提供加工的高品质产品——铜线材和无氧铜线。这些产品可用于生产电子、能源、汽车工业、电信、建筑业等许多专业电缆，薄和超细电线或电线束。具有优异稳定参数的轧制和熔炼材料在波兰的“Cedynia”铜冶炼厂和轧机中生产。生产满足最具挑战性的市场需求。

五、营收状况

2017年，公司矿产铜的产量同比下降3.1%，从67.7万吨减少至65.6万吨。波兰精矿产量减少4.5%，其原因之一是Głogów 1号铜冶炼厂和炼油厂的故障以及浓缩焙烧装置的调试延迟。KGHM国际部门的矿产铜产量下降了10%，而Sierra Gorda矿的产量增加了3.7%。可观察到的白银产量增加了2%，主要源自波兰的工厂。钼产量增长了61.5%，是Sierra Gorda生产过程大幅改善的结果。由于铜价上涨，KGHM集团的销售收入从192亿兹罗提增加到204亿兹罗提，增长了6%，尽管销售量较低。KGHM集团保持稳定的销售成本和管理费用。经调整息税前利润（EBITDA）增加23%至58亿兹罗提。销售利润跃升48%，从25亿兹罗提到38亿兹罗提。该期间的利润为15亿兹罗提，而2016年的亏损为44亿兹罗提，是由资产减值引起的。公司在KGHMI（包括Sierra Gorda矿）方面取得了高于计划的业绩，同时将公司对国际资产的股权投资水平降低了一半。截至2017年底，净负债与EBITDA处于1.3的安全水平。

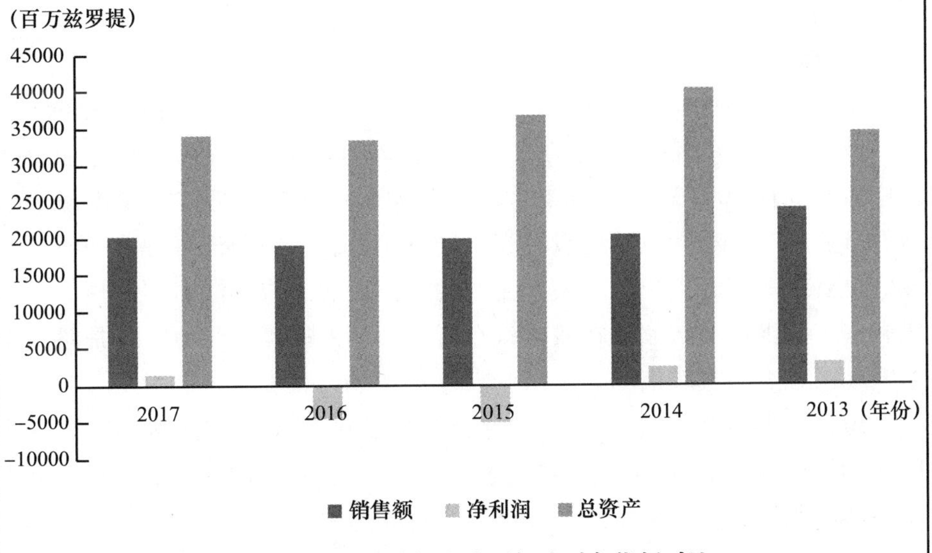

图Ⅰ-5-17 波兰铜业公司部分财务指标对比

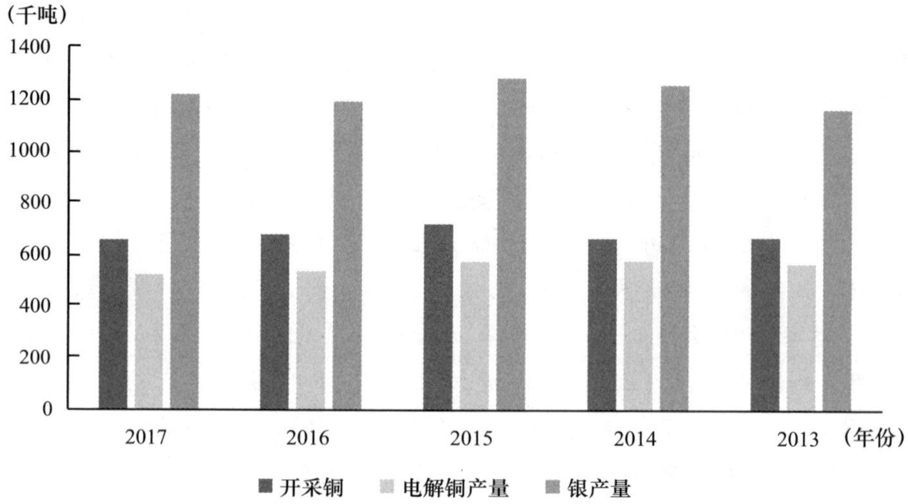

图 I-5-18 波兰铜业公司主要产品产量

三 汽车工业

波兰的汽车行业历史悠久，可追溯至 20 世纪 20 年代。在过去的十年中，波兰汽车行业销售产值增长了一倍，2016 年汽车行业因在工业总产值中占比高达 10.1%，成为波兰的第二大工业部门，是波兰发展最为迅速的行业之一。尽管波兰还没有自己的汽车品牌，但是汽车行业是波兰工业的重要组成部分，推动了整个波兰的经济发展。作为汽车零部件、发动机和汽车的供应商，波兰在欧盟汽车行业中也占据着重要地位，是整个中东欧地区最大的汽车市场。

2013—2016 年，波兰汽车企业的销售总产值年均增速为 4%（见表 I-5-8），如果以 2008 年经济危机作为参照，年均增幅达到 9%，可以说是经济危机以来整个欧洲增长最快的行业之一。

表 I－5－8　　2008—2016 年工业销售产值与汽车制造业销售产值情况（以现价计算）

年份	工业总销售产值（亿兹罗提）	增速（%）	汽车制造业销售产值（亿兹罗提）	增速（%）	汽车制造业销售产值占比（%）
2008	6878.10	—	636.58	—	9.22
2009	9182.82	－2.39	847.08	－1.74	9.29
2010	8963.80	9.97	832.35	10.44	9.33
2011	9857.16	15.39	919.20	17.05	9.46
2012	11373.73	3.60	1075.97	－4.23	8.75
2013	11783.04	0.40	1030.51	6.66	9.29
2014	11829.64	2.29	1099.19	3.18	9.37
2015	12100.39	3.76	1134.13	10.74	10.00
2016	12555.16	3.70	1255.95	11.05	10.71

资料来源：波兰中央统计局："工业统计年鉴"（http：//stat. gov. pl）。

波兰汽车制造业主要分为乘用车制造、卡车制造、公共汽车制造。2016 年，波兰生产乘用车 554712 辆（增长 20027 辆）、卡车 110995 辆（减少 1011 辆）、公共汽车 5293 辆（增长 242 辆），在欧盟中排名第八，市场份额为 3.5%（最大的制造商是菲亚特），在"维谢格拉德集团"①中落后于捷克共和国和斯洛伐克（欧盟中排名第五和第七，市场份额分别为 7% 和 4.9%），领先于匈牙利（在欧盟中排名第九）。2017 年，波兰生产乘用车 514514 辆（减少 40198 辆）、卡车 158224 辆（减少 47229 辆）、公共汽车 5310 辆（增长 17 辆），其中最为瞩目的是卡车的生产，产量较上年增长了 42.55%，但是乘用车产量下降了 7.25%，生产结构发生了变化。在欧盟领先的汽车制造商中，有五个都来自于中欧国家，欧盟 1/5 的汽车产量来自这些国家。最近几年，波兰对于外国投资的吸引力远不及"维谢格拉德集团"中的其他国家，但是仍然有许多汽车集团在波兰投资设厂（图见 I－5－19）。

① "维谢格拉德集团"是 1991 年由捷克斯洛伐克、匈牙利和波兰三国建立的次区域合作机制，后因捷克斯洛伐克解体，成员变为四国。

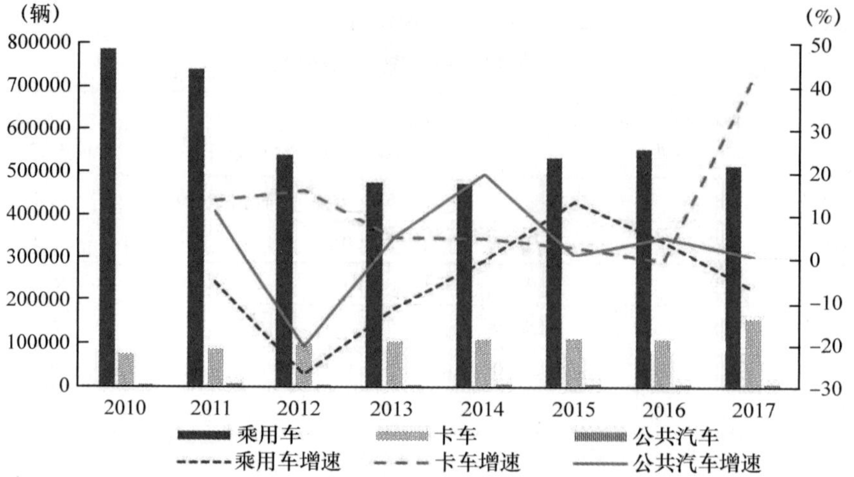

图Ⅰ-5-19　2010—2017 年波兰生产汽车情况及增速

资料来源：波兰中央统计局（http：//stat. gov. pl）。

实际上，波兰汽车行业最具活力的部门是汽车零部件和配件的生产部门。2011 年以来，汽车零部件和配件生产部门的产品价值超过了汽车的价值。2007 年，汽车零部件和配件生产部门产值在波兰汽车工业总产值中占比只有 42%，2016 年显著增长至 57%。除此之外，2016 年的汽车零部件出口额约占汽车产品出口额的 46%。①

波兰汽车企业的发展吸取了英国和西班牙汽车企业的经验教训。由于波兰的汽车企业与国际汽车企业相比缺乏竞争力，所以国内的汽车企业主要进行组装以及零件、配件的大量生产。波兰的条件适宜进行生产汽车零部件，大量的企业专注于以下方面：汽车附件、橡胶零件、消耗品、金属橡胶零件和金属零件。此外，许多波兰的企业会提供汽车表面和冲压（镀锌、氮化、氮处理、涂漆、防腐涂层）服务和机械加工等服务。波兰汽车工业的最主要特点是外资企业占主导地位。汽车行业能够成为波兰的第二大工业部门并非巧合，企业的不懈努力与波兰对外资的吸引力至关重要。2007—2013 年欧盟共拨款 670 亿欧元用于扶持汽车的研发、创新型投资

① 中华人民共和国商务部：《对外投资合作国别（地区）指南——波兰（2017 年版）》（http：//fec. mofcom. gov. cn/article/gbdqzn/upload/bolan. pdf）。

项目和大量基础设施的建设。[①] 同时，波兰的地理位置优越、经济和政治稳定、基础设施发展迅速、政策法规灵活、发展前景乐观等因素都使其成为良好的投资目的国。波兰 900 多家汽车企业中有 300 多家是外资企业，其中波兰最大的四家汽车制造商分别为：菲亚特汽车波兰公司、通用汽车波兰公司（波兰欧宝）、大众汽车波兹南公司和波兰 FSO 股份公司。这四家公司的产量占波兰汽车总产量的 99%。菲亚特为最大生产商，市场占有率 57%，生产基地位于波兰西南部城市别尔斯克—比亚瓦。[②]

波兰生产的汽车和零部件大部分用于出口，表 I－5－9 显示了 2010—2016 年波兰汽车制造业出口总额以及出口到不同类型国家的情况：波兰生产的汽车主要向发达国家出口，2010 年以来占比高达 90% 左右。这些发达国家几乎都是欧盟成员国，2010—2016 平均占比为 87%。波兰汽车出口对于欧盟发达国家的依赖程度较大，乘用车出口额排名前十的出口目的国分别为德国、意大利、英国、法国、土耳其、西班牙、比利时、匈牙利、瑞士、荷兰。

表 I－5－9　　2010—2016 年波兰汽车制造业出口额
（按出口目的国分，以现价计算）

年份	出口额（亿兹罗提）	发达国家		欧盟发达国家		中东欧国家	发展中国家
		金额（亿兹罗提）	占比（%）	金额（亿兹罗提）	占比（%）		
2010	734.23	670.20	91	644.43	88	23.88	40.16
2011	857.50	763.80	89	731.63	85	40.95	52.75
2012	839.34	735.96	88	702.33	84	42.56	60.82
2013	888.62	775.43	87	738.59	83	34.64	78.55
2014	907.85	827.62	91	794.54	88	22.36	57.87
2015	1003.21	933.39	93	896.14	89	15.04	54.78
2016	1099.27	1027.95	94	984.09	90	15.72	55.61

资料来源：波兰中央统计局：《工业统计年鉴》（http：//stat. gov. pl）。

---

① 中华人民共和国驻波兰共和国大使馆经商参赞处：《波兰鼓励投资优惠政策》，2015 年 7 月 24 日（http：//pl. mofcom. gov. cn/article/ddfg/tzzhch/201407/20140700678454. shtml）。

② 中华人民共和国商务部：《对外投资合作国别（地区）指南——波兰（2017 年版）》（http：//fec. mofcom. gov. cn/article/gbdqzn/upload/bolan. pdf）。

第三节　重点服务业

一　旅游业

旅游业是波兰经济的重要组成部分，旅游对于波兰 GDP 的贡献保持在5%—6%的水平。根据波兰体育与旅游部统计，旅游在波兰 2016 年 GDP 占比为5.6%，旅游服务收入占波兰出口总额的6.1%。旅游部门雇用了大约76 万人（占劳动力总数的4.7%）。1995 年波兰开始建立旅游统计体系，并于2000 年出台了《波兰 2001—2006 年旅游发展规划》，将旅游业列为政府重点推动和支持的行业之一。

从旅游业收入来看，波兰旅游业是创收的重要部门。2005—2008 年，波兰旅游业收入增长迅猛，年均增速高达 22%，2009—2010 年受国际金融危机的冲击，全球旅游业受到严重影响，波兰旅游业收入大幅下降，2011 年之后开始缓慢复苏（见图 I-5-20）。

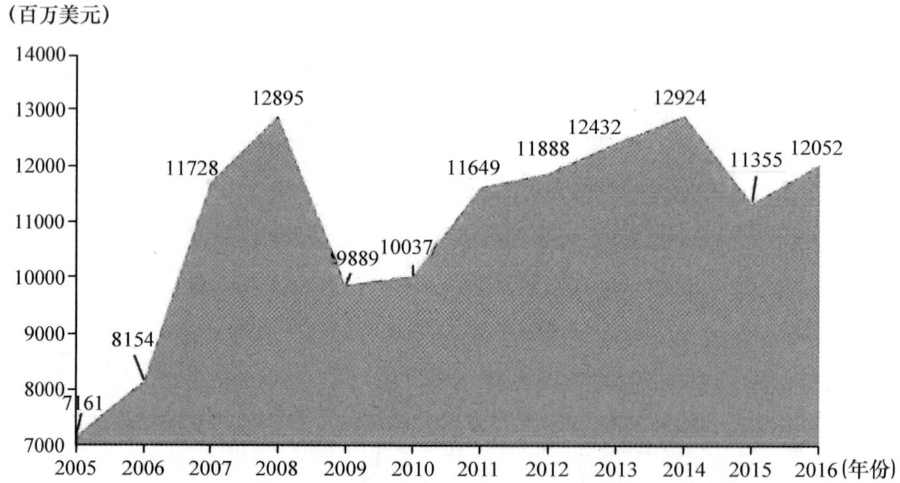

图 I-5-20　2005—2016 年波兰旅游业收入情况

资料来源：环亚经济数据库（CEIC）（https：//www. ceicdata. com/zh-hans/indicator/poland/tourism-revenue）。

华沙是该国的旅游胜地，2016 年有 2000 万国内外游客造访华沙，旅游业为波兰的 GDP 贡献了 154 亿兹罗提。在华沙过夜的 960 万游客中包括 270 万外国人，其中英国人占 12%，德国人占 11%，法国人占 7%。来自国内外的游客在华沙的平均消费额为 739 兹罗提，波兰本国人平均消费 402 兹罗提，外国人的消费额是波兰本国人的 3 倍多。从整个波兰来看，2012 年以来到波兰旅游（入境旅游）的人数逐年增加，2016 年有 8047.6 万人因各种原因到访波兰，其中过夜的游客为创纪录的 1747.1 万人（比 2015 年增长 4.5%），还有 6300.5 万人次为一日游游客（图 I－5－21）。

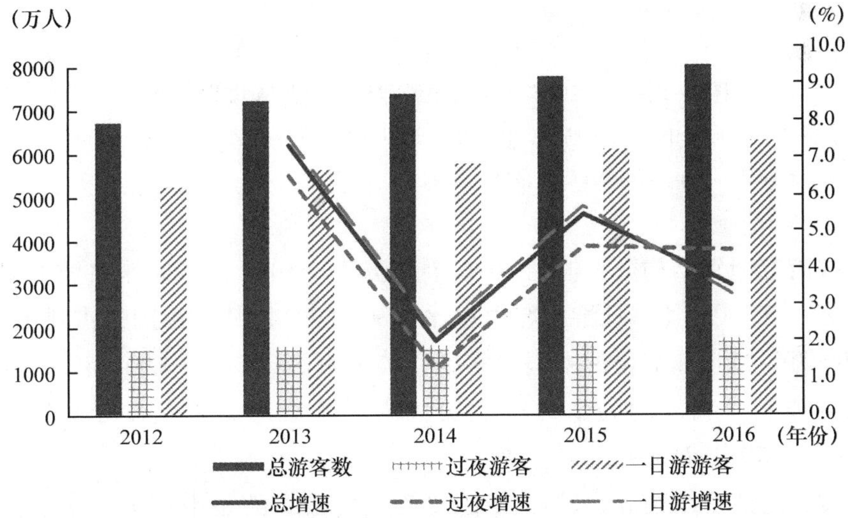

图 I－5－21　2012—2016 年波兰旅游人数及增速

资料来源：UNWTO（http：//statistics. unwto. org/news/2017-03-17/methodological-notes-tourism-statistics-database-2017-edition）。

按入境目的分，波兰旅游业主要分为：休闲、娱乐、度假，探亲访友，教育，健康治疗，宗教原因，购物和出差。图 I－5－22 显示了 2016 年因各种原因到访波兰的游客占比，其中探亲访友的占比最大（41%），其次是出差（25%），休闲、娱乐、度假（25%）。

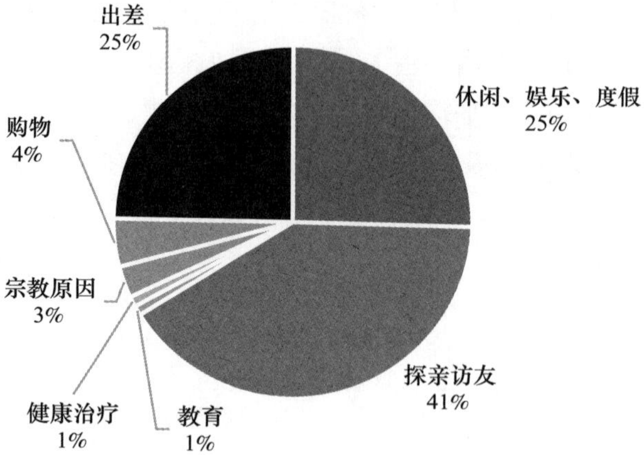

图Ⅰ-5-22　2016 年波兰旅游业结构（按入境目的分）

资料来源：波兰中央统计局：《2017 年旅游业》（https：//stat. gov. pl/en/topics/culture-tourism-sport/tourism/tourism-in-2017，1，15. html）。

按游客国别结构分，波兰 2016 年到访的 8050 万人中，来自波兰邻国的游客占 58.4%（一日游旅客中占比为 97.1%），其中德国人占比最高，达 600 万。来自非邻国的外国游客中，英国人占比最大，为 4.6%，其次是法国和意大利（均为 2.9%），美国人、荷兰人、挪威人占比分别为 2.7%、2.6%、2.5%。

按游客消费结构分，2016 年在波兰花费最多的是中国人，平均消费 7800 兹罗提。花费排在第二位的是美国，为 5600 兹罗提，芬兰人排在第三位，排在末尾的是捷克人和斯洛伐克人。

除了外国人到波兰旅游，波兰近些年国内旅游和出境旅游的人数也在不断上升。国内旅游主要选择在西滨海省、滨海省和小波兰省。出境旅游则大多选择以下国家：意大利、克罗地亚、希腊、捷克、美国、埃及、以色列、摩洛哥、突尼斯和多米尼亚共和国等。国内旅游人数较上年增长了 9%，出境旅游（除当日游）人数较上年增长了 3%。国内旅游的 4360 万人中，有 49.8% 是由于探亲访友，有 39.3% 是为了休闲、娱乐、度假（见表Ⅰ-5-10）。

表 I-5-10　　2016 年波兰国内旅游和出境旅游情况　　单位：万人

	国内旅游			出境旅游（除当日游）
	总计	短期	长期	
总和	4360	2653	1707	1129
休闲、娱乐、度假	1714	724	989	634
探亲访友	2170	1629	541	351
健康治疗	130	27	103	4
宗教原因	88	77	12	16
教育	46	32	14	13
出差	146	109	37	87
其他	66	54	12	22

资料来源：波兰中央统计局：《2017 年旅游业》（https：//stat. gov. pl/en/topics/culture-tourism-sport/tourism/tourism-in-2017，1，15. html）。

二　商业服务

商业服务部门（BSS）包括业务流程外包（BPO）、信息技术（IT）、共享服务（SSC）和研发（R&D）行业，这些行业都属于波兰政府制定的战略性行业。使商业服务能够成为波兰经济中最具活力、发展最快的行业之一，波兰的 23 个城市均有商业服务中心。波兰商业服务的发展得益于后勤部门职能集中化的全球趋势，企业决定在何处开展业务时会重点考虑熟练、专业员工的可得性问题。

过去 5 年，商业服务部门已经成为波兰雇佣人数最多的部门之一，2009—2014 年，BPO、IT 和 R&D 的雇佣人数几乎增长了两倍，年增长率达到 20%。2015 年就业人数增长最快，增速约为 25%。2016 年，936 家波兰和外资企业雇佣人数超过 21. 2 万人。预计到 2020 年，商业服务业雇佣人数至少为 30 万。

近年来，波兰的商业服务是吸收外资最多的行业之一，波兰的 936 家商业服务中心中，有 676 家是外资企业。2016 年商业服务雇佣的 21. 2 万人中，有 17. 6 万人在外资企业中工作（见图 I-5-23）。

波兰商务服务行业中雇佣人数最多的行业是共享服务（SSC），占比约为 34%，其次是信息技术（IT）、业务流程外包（BPO）和研发（R&D）。值得注意的是，当具体考察外资服务中心和波兰服务中心中的雇佣人数时，结构差别很大。最显著的差异是 IT 业雇员人数占比，外资服务中心中IT业雇佣人数仅占整个IT业雇佣人数的21%，而波兰服务中心IT业雇佣人数占比高达63%（见图Ⅰ-5-24）。除此之外，R&D中的外资服务中心雇佣人数占比较大，这是由于诺基亚、英特尔、通用电气、三星、摩托罗拉等企业都在波兰设厂投资。

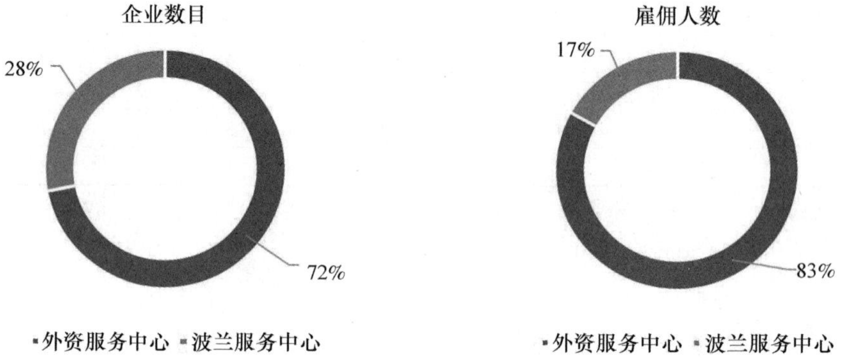

图Ⅰ-5-23　2016年波兰企业数目、雇佣人数的外资企业占比

资料来源：Association of Business Service Leaders（ABSL），"Business Services Sector in Poland (2015)"。

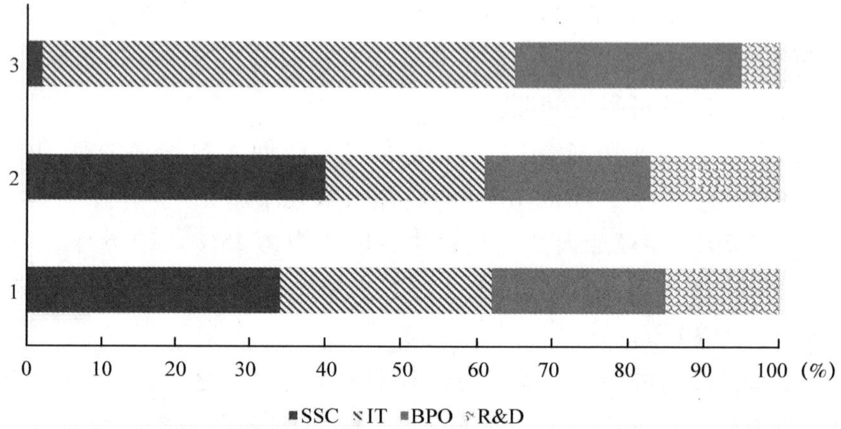

图Ⅰ-5-24　波兰商业服务业细分行业雇员结构情况（2015年）

说明：1为商业服务业中雇员行业分布，2为外资服务中心雇员行业分布，3位波兰服务中心雇员行业分布。

资料来源：Association of Business Service Leaders（ABSL），"Business Services Sector in Poland (2015)"。

波兰商业服务的优势主要体现在两个方面：大量的高素质人才和低成本。波兰受过高等教育的人才在不断增加，每年从波兰的高等学府毕业的人数达45万，他们掌握强大的外语能力（特别是英语和德语，还有其他西欧国家语言）。这些毕业生大多在大都市工作，有利于从事商务服务。和同样作为世界上最大的商业服务外包中心的印度相比，波兰的人才优势和现代化基础设施优势尤其明显，越来越多的公司在波兰创建服务中心。这一方面满足了大公司对于高素质人才的需求，使服务的劳动力成本可以管理。另一方面，对于投资者而言，商业服务外包降低了运营风险。波兰的人才成本低于其他的西欧国家，但是质量却没有下降。在金融服务等领域，波兰的劳动力成本比德国、法国、英国和爱尔兰等西欧国家要低55%—75%（见图Ⅰ-5-25），具有显著的成本优势。在欧洲，只有罗马尼亚、保加利亚和乌克兰的熟练劳动力成本与波兰不相上下，但是波兰提供的劳动力涉及行业领域更广、质量更高。相较于印度，尽管波兰劳动力成本比印度高20%—50%行业领域，但波兰与西欧国家的文化更为相似、处于同一时区，劳动力人才的语言能力和文化更有优势。

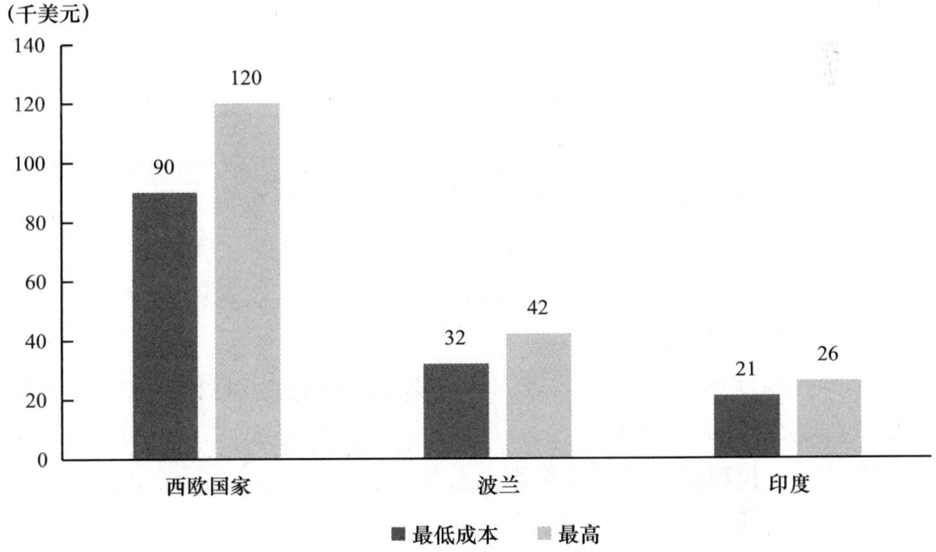

图Ⅰ-5-25　2015年西欧、波兰、印度单位全日制劳动力年均成本

资料来源：McKinsey & Company，"Poland 2015：Europe's New Growth Engine"，January 2015。

第六章　政治生态研究

波兰是个历史悠久的国家，其政体几经演变。10—18 世纪，波兰处于封建君主制时期，大体上又可以分为封建割据时期（1138—1333 年）、等级君主制时期（1333—1505 年）、贵族共和国时期（1505—1618 年）以及大贵族统治时期（1618—1733 年）。① 1772 年，波兰被沙俄、普鲁士和哈布斯堡王朝瓜分后进入启蒙和改革时期。1791 年，斯坦尼斯瓦夫二世组建“四年议会”，通过并颁布了波兰第一部成文宪法——“五三宪法”，这是欧洲第一部、世界第二部（美国之后）成文宪法，授予市民和贵族平等的政治权利，保护农民利益，标志着波兰开始实行君主立宪制。19 世纪中期，波兰进入资本主义发展阶段，民主革命运动高涨，陆续爆发了 1830 年十一月起义、1846 年克拉科夫起义、1863 年一月起义等，社会主义思想和工人运动、政党开始兴起。第一次世界大战后，波兰于 1918 年 11 月恢复独立，成立第二共和国并于 1921 年通过“三月宪法”，确定实行共和政体和三权分立的议会民主制。第二次世界大战后，波兰成立人民共和国，波兰统一工人党成为波兰的领导力量。1952 年，波兰议会通过《波兰人民共和国宪法》，取消了总统职位，改设国务委员会及主席职位，总理改称部长会议主席。

1989 年东欧剧变后，波兰进入第三共和国时期，陆续通过《宪法修正案》《议会选举法》《集会法》《政党法》等多部法案，迈入多党议会制时期，实行共和制、两院议会制、总统制和三权分立的政治制度。1997 年，波兰议会通过《波兰共和国宪法》。截至 2018 年，根据现行宪法，

---

① 刘祖熙：《波兰通史》，商务印书馆 2006 年版；高德平、高空编著：《列国志・波兰》，社会科学文献出版社 2017 年版。

波兰议会已经举行了9次选举，议会党派格局基本稳定，国内政局趋于平稳，经历30年的艰难转型，波兰政治体制日趋稳固。[①]

第一节 政治结构

一 宪法

“波兰拥有悠久的宪政传统。”[②] 1505年，波兰贵族在“拉多姆议会”中通过决议，由国王、众议院和参议院组成议会，限制王权，实行贵族民主制。1791年，波兰通过了“五三宪法”实行君主立宪制，1815年沙皇亚历山大一世签署了“波兰王国宪法”。1921年，波兰第二共和国陆续颁布了“三月宪法”实行议会共和制，但不久“三月宪法”就因总统毕苏茨基（Józef Piłsudski）于1926年发动“五月政变”而被推翻。波兰在1935年通过的“四月宪法”将权力集中在总统手中。1952年，波兰议会通过《波兰人民共和国宪法》。1992年，波兰议会通过《关于波兰共和国立法当局与执行当局之间相互关系以及地方自治问题的宪法法令》（又称“1992年小宪法”），同时废除了《波兰人民共和国宪法》。1997年4月2日，波兰议会通过《波兰共和国宪法》，并于5月25日举行全民公决，通过。1997年通过的宪法为波兰共和国现行宪法。

《波兰共和国宪法》包括序言、13章243条。[③] 13章包括：共和国；公民和个人的自由、权利与义务；法的来源；议会；总统；政府；地方政府；法院和法庭；国家控制和维护权力的机关；公共财政；非常措施；宪法修改；最终和过渡性条款。

在国体和政体上，宪法规定：波兰是共和国，国家最高权力属于人民，人民直接行使权力或通过代表行使权力，国家保证公民的自由和权利。确立波兰施行三权分立的多党议会民主制度，议会行使立法权，总统

---

① 值得关注的是，在波兰，工会运动有悠久的历史，影响着波兰的政治、经济和社会文化。同时，随着法律与正义党重又上台执政，波兰也展开了一系列司法和社会等领域的改革，如最高法院法官的退休年龄由70岁提前到65岁、国家立法全面禁止堕胎，等等。这些都增加了波兰政局的不稳定因素。

② 高德平、高空编著：《列国志·波兰》，社会科学文献出版社2017年版，第105页。

③ “The Constitution of the Republic of Poland of 2nd April, 1997”（http://www.sejm.gov.pl/prawo/konst/angielski/kon1.htm）.

和政府行使行政权，法院行使司法权。值得注意的是，波兰宪法明确规定：国家严禁纲领中带有纳粹主义、法西斯主义、共产主义和极权主张的政党和组织在波兰进行活动。

二 行政权

波兰共和国的行政权由总统和政府共同行使。

（一）总统

1989 年 4 月，波兰议会通过"宪法修正案"，重新设立总统职位，由国民大会选举，任期 6 年。1990 年，波兰议会通过《总统选举法》，规定总统由国民直选产生。"1992 年小宪法"在确认直选的基础上，规定总统任期为 5 年，只能连任 1 次。

1997 年"宪法"规定，总统是波兰共和国的最高代表，也是国家权力连续性的保证。共和国总统应遵守"宪法"，维护国家的主权和安全以及领土的不可侵犯性和完整性。总统应在"宪法"和"章程规定的范围内并按照其规定行使职责"。

在选举方面，35 岁以上的波兰公民拥有被选举权，有参与众议员选举的资格，均可以竞选共和国总统。获得一半以上有效选票的候选人直接当选总统。如果没有候选人获得所需的多数票，则由在第一轮投票中获得最多票数的两名候选人参加第二轮选举。如果两名候选人中的一人撤回其候选资格，丧失其选举权或死亡，则应在第一轮投票中获得次高票数的候选人在第二轮投票中予以替换。在这种情况下，重复投票的日期应再延长 14 天。在第二轮投票中获得较多票数的候选人当选共和国总统。

在职能方面：作为外交事务国家代表的共和国总统拥有以下权力：第一，批准和废除国际条约，并通知众议院和参议院；第二，任命并召回波兰共和国的驻外使节；第三，授予波兰国籍、勋章等；第四，颁布行政法规；第五，是波兰共和国武装部队的最高指挥官，等等。

如果议会不能在法定期限内组建政府，总统有权解散议会，但议会可以以 3/5 的多数票拒绝总统的决定；总统提名总理，接受或拒绝总理与政府的辞职；总统还可以签署或否决议会通过的法律，对议会提出建议，等等。

1989—2018 年，波兰共举行了 6 次总统选举，历任总统名单见表 I-6-1。

表 I-6-1　　1989—2018 年波兰历任总统

总统	任期	原所属党派
沃依切赫·雅鲁泽尔斯基 (Wojciech Jaruzelski)	1989—1990 年	波兰统一工人党（PZPR）
莱赫·瓦文萨 (Lech Wałęsa)	1990—1995 年	团结工会（Solidarność）
亚历山大·克瓦希涅夫斯基 (Aleksander Kwaśniewski)	1995—2005 年	民主左翼联盟（SLD）
莱赫·卡钦斯基 (Lech Kaczyński)	2005—2010 年	法律与公正党（PiS）
布罗尼斯瓦夫·科莫罗夫斯基 (Bronisław Komorowski)	2010—2015 年	公民纲领党（PO）
安杰伊·杜达 (Andrzej Duda)	2015 年至今	法律与公正党（PiS）

（二）政府

波兰"宪法"规定了政府和总理的职能，政府由总理和各部部长组成。

政府职能包括：第一，确保法律、法规的实施；第二，颁布法律法规；第三，协调和监督国家行政机关的工作；第四，保护国库的利益；第五，通过国家预算草案；第六，监督国家预算的执行情况并制订预算的执行情况；第七，确保国家和公共秩序的内部安全；第八，确保国家的外部安全；第九，处理与其他国家和国际组织的关系，接受和放弃其他国际协定，等等。

总理的主要职能包括：第一，代表政府；第二，领导、管理政府的工作；第三，发布行政法规；第四，确保执行政府通过的政策并具体说明其执行方式；第五，协调和领导政府成员的工作；第六，在宪法和法律规定的范围内，监督当地政府，是政府管理人员的最高长官；等等。

1989 年以来，波兰总共经历了 17 任总理，历任总理及现任政府构成见表 I－6－2 和表 I－6－3。

表 I－6－2　　**1989 年至今波兰历任总理**

总理	任期	所属党派
塔德乌什·马佐维耶茨基（Tadeusz Mazowiecki）	1989. 8. 24—1991. 1. 4	团结工会（Solidarność）
扬·别莱茨基（Jan KrzysztofBielecki）	1991. 1. 4—1991. 12. 6	自由一民主大会（KLD）
扬·奥尔谢夫斯基（Jan Olszewski）	1991. 12. 6—1992. 6. 5	中间联盟（PC）
瓦尔德马·帕夫拉克（Waldemar Pawlak）	1992. 6. 5—1992. 7. 10	波兰人民党（PSL）
汉娜·苏霍茨卡（Hanna Suchocka）	1992. 7. 10—1993. 10. 26	民主联盟（UD）
瓦尔德马·帕夫拉克（Waldemar Pawlak）	1993. 10. 26—1995. 3. 7	波兰人民党（PSL）
约瑟夫·奥莱克西（Józef Oleksy）	1995. 3. 7—1996. 2. 7	社会民主党（SdRP）
沃齐米日·齐莫舍维奇（Włodzimierz Cimoszewicz）	1996. 2. 7—1997. 10. 31	社会民主党（SdRP）
耶日·布泽克（Jerzy Buzek）	1997. 10. 31—2001. 10. 19	团结选举运动（AWS）
莱舍克·米莱尔（Leszek Miller）	2001. 10. 19—2004. 5. 2	民主左翼联盟（SLD）
马雷克·贝尔卡（Marek Belka）	2004. 5. 2—2005. 10. 31	民主左翼联盟（SLD）
卡齐米日·马尔钦凯维奇（Kazimierz Marcinkiewicz）	2005. 10. 31—2006. 7. 14	法律与公正党（PiS）
雅罗斯瓦夫·卡钦斯基（Jarosław Kaczyński）	2006. 7. 14—2007. 11. 16	法律与公正党（PiS）
唐纳德·图斯克（Donald Tusk）	2007. 11. 16—2014. 9. 22	公民纲领党（PO）

续表

总理	任期	所属党派
埃娃·科帕奇 (Ewa Kopacz)	2014. 9. 22—2015. 11. 16	公民纲领党（PO）
贝娅塔·希德沃 (Beata Szydło)	2015. 11. 16—2017. 12. 11	法律与公正党（PiS）
马泰乌什·莫拉维茨基 (Mateusz Morawiecki)	2017. 12. 11—至今	法律与公正党（PiS）

表 I-6-3　　**波兰现任政府构成**

第一副总理	贝娅塔·希德沃（Beata Szydło）
副总理兼文化与国家遗产部部长	彼得·格林斯基（Piotr Gliński）
副总理兼科学和高等教育部部长	雅罗斯瓦夫·格文（Jarosław Gowin）
基础设施部部长	安德烈·阿达姆赤克（Andrzej Adamczyk）
农业和农村发展部部长	扬·克里斯托夫·阿尔丹诺夫斯基（Jan Krzysztof Ardanowski）
体育和旅游部部长	维托德·班卡（Witold Bańka）
国防部部长	马留什·布瓦什查克（Mariusz Błaszczak）
内务和行政部部长	尤希姆·布鲁津斯基（Joachim Brudziński）
外交部部长	雅采克·查普托维奇（Jacek Czaputowicz）
财政部部长	特蕾莎·切尔文斯卡（Teresa Czerwińska）
产业与技术部部长	雅德维加·埃米莱维奇（Jadwiga Emilewicz）
海洋经济和内河航运部部长	马雷克·格鲁巴尔赤克（Marek Gróbarczyk）
环境部部长	亨雷克·科瓦尔赤克（Henryk Kowalczyk）
投资和经济发展部部长	耶日·克维钦斯基（Jerzy Kwieciński）
家庭、劳动和社会政策部部长	艾利什别塔·拉法尔斯卡（Elżbieta Rafalska）
卫生部部长	乌卡什·舒莫夫斯基（Łukasz Szumowski）
能源部部长	克日什托夫·特霍热夫斯基（Krzysztof Tchórzewski）
数字化部部长	马莱克·扎古尔斯基（Marek Zagórski）
国家教育部部长	安娜·扎莱夫斯卡（Anna Zalewska）
司法部部长	兹比格涅夫·姚布罗（Zbigniew Ziobro）

资料来源：https：//www. premier. gov. pl/en. html。

三　立法与司法

（一）议会

1989 年，波兰重建两院议会制，同年 6 月举行了第一次议会选举，根据“半自由原则”选举出众议院和参议院。1991 年，议会实行真正完全的自由选举。

根据波兰现行“宪法”，波兰议会分为众议院和参议院，实行两院制。议员通过自由选举产生，任期 4 年；凡年满 21 周岁的波兰公民均有资格参加众议院竞选；凡年满 30 岁的波兰公民均有资格参加参议员选举；因故意犯罪被法院判刑的人不得担任议员；议员候选人可以由政党或选民提名产生：不得同时担任众议院议员和参议院议员；议员不得兼任波兰国家银行、最高审计办公室、驻外大使等工作，也不能在议会办公厅总统办公厅或政府机构中任职：议员享有豁免权。

众议院的主要职能为：第一，在宪法和法律范围内监督部长会议；第二，向总理和部长会议其他成员提出质询；第三，制定、通过法律，修改宪法；第四，对外宣战和停战；第五，众议院第一次会议选举产生议长和若干名副议长，等等。议长召集众议院会议，领导众议院的工作，对外代表众议院。众议院设有常务委员会，并有权设立专门委员会和调查委员会。众议院可根据众议员法定人数的 2/3 多数票所通过的决议自行解散，总统在征求众议院议长和参议院议长同意后亦有权解散众议院，但议会可以 3/5 的多数票拒绝总统的决定；一届众议院议员任期结束之时、同一届参议院议员的任期亦告结束；在国家面临危险的情况下，如战时状态、紧急状态或发生自然灾害时，众议院不得被解散，也不得进行议会选举。

参议院的主要职能是：第一，审议众议院通过的法律，并在 30 日内决定通过、修改或驳回；第二，修改宪法；第三，以参议员法定人数的绝对多数票授权总统举行全民公决；第四，参议院第一次会议选举产生议长和若干名副议长，等等。议长负责召集参议院会议，领导参议院的工作，维护参议院的权利，对外代表参议会。

众议院和参议院举行的联席会议，称国民大会（Zgromadzenie Narodowe）。国民大会通常由众议院议长主持，其职能有：听取总统就职宣誓；宣告总统因健康原因无法履职；向总统提起诉讼等。

（二）司法

1. 法院

根据“宪法”规定，波兰实行四级法院结构：最高法院、普通法院（上诉法院、区级法院）、行政法院、军事法院等。波兰最高法院是波兰最高司法机关，主要职能是：审查和监督下级法院的审判活动。普通法院负责刑事、民事等案件的审理。行政和军事法院负责行政和军事案件审理。最高法院法官由波兰司法委员会提名，总统任命。①

2. 检察机关

波兰的检察机关包括：总检察院、国家检察院、省级检察院和区级检察院。总检察院是波兰最高检察机关，主要职能是协同司法机关维护国家法治，监督法律实施，领导和监督地方检察机关的工作，负责处理相应刑事案件。2016 年，波兰检察院并入司法部，由司法部长兼任总检察长。

3. 执法机关

根据“宪法”，波兰的执法机关主要是波兰警察和城市卫队，前者直接对中央政府负责，侦破各类一般犯罪案件，从事部分反恐工作。后者由地方政府组建和指挥，与警察部门协同工作，负责维护公共秩序和交通安全等，不处理犯罪案件。

第二节　国民大会选举

1989 年 4 月，在波兰统一工人党长期执政后，波兰决定重建两院议会制，重新选举了众议院和参议院。1990 年 1 月，波兰通过“政党法”，正式实行多党制。1997 年 4 月，波兰议会通过《波兰共和国宪法》规定，波兰为议会制共和国，实行以议会制为特征的三权分立的政治制度，议会拥有立法权，是波兰最高立法机构，总统和政府行使行政权。国民大会由众议院和参议院组成，政府由议会居多数的政党组成。众议院 460 名，参议院 100 名，议员通过直选产生，任期 4 年。参议院有立法建议和审议

---

① 波兰 2018 年 7 月 3 日正式生效的新法案将最高法院法官的退休年龄从 70 岁降至 65 岁，因此波兰最高法院现任 72 名法官将有 27 人“被迫提前退休”。新法案也适用于最高法院院长，其现任院长 6 年任期也将提前终止。前任最高法院院长格斯多夫（Małgorzata Gersdorf）已经退休，现任总统杜达任命伊沃尔斯基（Jozef Iwulski）为新任院长，但后者拒绝上任。

权，可以通过或否决众议院通过的法律，而众议院的多数票可以推翻参议院的否决权。议会的3/5多数可以否决总统的决议。

2011年，波兰改革议会选举制度，众议院选举采用洪德法基础上的比例代表制度。参议院选举将全票制改成简单多数制。[①]

自1989年以来（截至2018年），波兰总共举行了9次议会选举，具体情况如下。

一　1989年的议会选举

1989年6月4日，波兰举行了剧变后的第一次选举，重建了参议院，但是这一次选举并非完全的自由选举。此次选举也意味着，在中东欧，波兰是第一个通过民主选举的形式产生执政党的国家。

1989年2月到4月，波兰举行了"圆桌会议"，最终签署了《有关政治改革问题的立场》《有关社会和经济政策及体制改革问题的立场》等文件，强调政治多元化和工会多元化。这也标志着波兰统一工人党正式承认了反对派团结工会存在的合法性、地位及价值。同年4月17日，团结工会在法院注册登记，正式获得了合法地位，同月更是通过了《宪法修正案》《议会选举法》《集会法》等法案，为6月的议会选举做好了铺垫。

6月4日，波兰举行了"半自由"的议会选举，产生的议会具有过渡性质。在众议院的460个席位中，65%归波兰统一工人党，另外35%归团结工会领导的团结公民委员会。参议院的100个席位实行自由选举。在参议院选举中，波兰统一工人党获得了173个席位，团结公民委员会获得了161个席位。在众议院选举中，团结公民委员会获得了100个席位中的99个。[②]

选举结束后，参议院选举沃伊切赫·雅鲁泽尔斯基（Wojciech Jaruzelski）为波兰总统，继而提名切斯瓦夫·基什恰克（Czesław Kiszczak）为政府总理，8月14日，基什恰克辞职。8月24日，塔德乌什·马佐维耶

---

① 洪德法是比例代表制下的最高均数方法选举形式。基本规则为：把每一参选党派所取得的票数除以1、2、3……直至议席数目，然后将得出的数字分配给各参选党派的候选人，最后比较各候选人所获得的数字，选出其中最高的与议席数目相等的候选人获得议席。全票制是投票者最多可选择与议席数量相同的候选人的投票制度。参见高德平、高空编著《列国志·波兰》，社会科学文献出版社2017年版，第104页。

② 数据参见（http://www.nsd.uib.no/european_election_database/country/poland/）。

茨基（Tadeusz Mazowiecki）出任总理，并于9月成功组阁。

这意味着，波兰出现了第二次世界大战后第一个由非波兰统一工人党领导的政府，同样也是东欧国家首次出现非无产阶级政党领导的政府。同年12月，波兰议会通过宪法修正案，更改波兰国名，删除了原有名称当中的“人民”，改为波兰共和国，同时也删除了波兰统一工人党是波兰政治领导力量，实行社会主义制度等条款。这也为下一次议会选举做了铺垫。

表Ⅰ-6-4　**第一届波兰议会构成**

政党	席位（席）
波兰统一工人党（PZPR）	173
团结公民委员会（KO）	161
统一人民党（ZSL）	76
民主党（SD）	27
帕克斯协会（PAX）	10
基督教社会联盟（UChS）	8
天主教社会协会（PZKS）	5

二　1991年选举

1990年1月，在原有政治体制改革的基础上，波兰通过了《政党法》，规定了多党制等内容。1月27日，波兰统一工人党正式解散，退出了历史舞台。

1991年10月27日，波兰举行第二次议会选举。在过渡议会后，此次选举采用了真正的“自由选举”原则，也是波兰统一工人党解散、波兰第三共和国成立以来举行的第一次民主选举，此次选举的最大特征是深度的政治碎片化和较低的投票率（43%），主要原因是团结公民委员会的“崩溃”。从选举结果来看，总共有29个政党进入众议院，有10个政党进入参议院。“没有任何党派获得超过13%的选票”，“其中波兰啤酒爱好者党（PPPP）竟获得16个众议院议席，一时成为头条新闻”①。

① 高德平、高空编著：《列国志·波兰》，社会科学文献出版社2017年版，第116页。

表Ⅰ-6-5 **第二届波兰议会构成①**

政党	众议院选举			参议院选举		
	席位（席）	投票（票）	得票率（%）	席位（席）	投票（票）	得票率（%）
民主联盟（UD）	62	1382051	12.3	21	3764156	32.8
民主左翼联盟（SLD）	60	1344820	12.0	4	2431178	21.2
天主教选举行动（WAK）	49	980304	8.7	9	1995866	17.4
波兰人民党（PSL）	48	972952	8.7	7	1691566	14.7
独立波兰同盟（KPN）	46	841738	7.5	4	1071364	9.3
中心公民联盟（POC）	44	977344	8.7	9	2071045	18.0
自由—民主大会（KLD）	37	839978	7.5	6	1497718	13.1
农民协议（PSL-PL）	28	613626	5.5	5	719778	6.3
团结工会（Solidarność）	27	566553	5.1	11	2219160	19.3
波兰啤酒爱好者党（PPPP）	16	367106	3.3	—	—	—

三 1993年选举

1993年9月19日，波兰举行了第三次议会选举，此次选举根据1993年通过的新的“选举法”，规定参加议会竞选的政党和竞选联盟，“只有当其得票率分别在5%和8%以上时，方有资格进入议会。少数民族政党不受以上限制”②。两院选举的投票率均超过50%（52%）。民主左翼联盟提出了消除失业、加速经济发展、实施稳定的农业政策和有限私有化等政策主张，力求吸引渴望稳定、公正生活的选民。团结工会阵营四分五裂，瓦文萨试图通过给每个成年公民1亿兹罗提以购买国有企业的主张吸引选民。

选民没有选择四分五裂的团结工会，而是把希望寄托在了左翼政党——民主左翼联盟上，后者在竞选中获胜，并与维护农民利益的波兰人民党组成联合政府。波兰人民党的瓦尔德马·帕夫拉克（Waldemar Pawlak）出任总理。

① 数据参见（http://www.nsd.uib.no/european_election_database/country/poland/）。

② 高德平、高空编著：《列国志·波兰》，社会科学文献出版社2017年版，第116页。

表Ⅰ-6-6　　　　　　　　　　**第三届波兰议会构成①**

政党	众议院选举			参议院选举		
	席位（席）	投票（票）	得票率（%）	席位（席）	投票（票）	得票率（%）
民主左翼联盟（SLD）	171	2815169	20.4	37	4993061	35.7
波兰人民党（PSL）	132	2124367	15.4	36	3238999	23.2
民主联盟（UD）	74	1460957	10.6	4	2913773	20.8
工人联盟（UP）	41	1005004	7.3	0	1121744	8.0
独立波兰同盟（KPN）	22	795487	5.8	0	1646654	11.8
支持改革的无党派组织（BBWR）	16	746653	5.4	2	2193970	15.7

四　1997年选举

1993—1997年，波兰经济逐渐好转，失业率、财政赤字和通货膨胀率都等经济指标逐渐向好，[②] 1996年加入经合组织，1997年，波兰国内生产总值增长6.9%，同年参加加入北约的谈判。但由于1997年7月波兰发生了20世纪最大的洪灾，政府应对不当，受到舆论责难，[③] 民主左翼联盟的选举前景因此也蒙上了一层阴影。

1997年9月21日，波兰举行第四次议会选举，自由保守党团结选举运动获胜，同自由联盟（UW）组成联合政府。民主左翼联盟和波兰人民党在此次选举中失败，未能参加联合政府。团结选举运动的耶日·布泽克（Jerzy Buzek）出任政府总理。

表Ⅰ-6-7　　　　　　　　　　**第四届波兰议会构成④**

政党	众议院选举			参议院选举		
	席位（席）	投票（票）	得票率（%）	席位（席）	投票（票）	得票率（%）
团结选举运动（AWS）	201	4427373	33.8	51	6550176	49.2
民主左翼联盟（SLD）	164	3551224	27.1	28	6091721	45.7

---

① 数据参见（http：//www.nsd.uib.no/european_ election_ database/country/poland/）。

② ［波］格泽戈尔兹·W. 科沃德克：《从休克到治疗：后社会主义转轨的政治经济》，刘晓勇、应春子等译，上海远东出版社2000年版，第86页。

③ 刘祖熙：《波兰通史》，商务印书馆2016年版，第592页。

④ 数据参见（http：//www.nsd.uib.no/european_ election_ database/country/poland/）。

续表

政党	众议院选举			参议院选举		
	席位（席）	投票（票）	得票率（%）	席位（席）	投票（票）	得票率（%）
自由联盟（UW）	60	1749518	13.4	8	2943527	22.1
波兰人民党（PSL）	27	956184	7.3	3	1819176	13.7
重建波兰运动（ROP）	6	727072	5.6	5	2553252	19.2

五　2001 年选举

布泽克政府执政可谓问题多多。一方面，在其执政后期，波兰经济形势堪忧，2001 年国内生产总值增长仅有 1.1%，失业率为 17.4%，创第三共和国新高，财政赤字也达到 880 亿美元，社会不满情绪上升；另一方面，政府不断出现丑闻，一些内阁成员不仅与犯罪集团有联系，还深陷贪污受贿等丑闻。①

2001 年 9 月 23 日，在对右翼形势不利的背景下，波兰举行了第五次议会选举，民主左翼联盟—劳动联盟组成的竞选联盟大获全胜，击败了团结选举运动和自由联盟，民主左翼联盟的莱舍克·米莱尔（Leszek Miller）出任政府总理。同时，这次选举还意味着公民纲领党（PO）与法律与公正党（PiS）成为波兰政坛不可忽视的力量。

表 I－6－8　　**第五届波兰议会构成**

政党	众议院选举			参议院选举		
	席位（席）	投票（票）	得票率（%）	席位（席）	投票（票）	得票率（%）
民主左翼联盟—劳动联盟（SLD-UP）	216	5342519	41.0	75	10476677	38.7
公民纲领党（PO）	65	1651099	12.7	—	—	—
波兰共和国自卫党（SRP）	53	1327624	10.2	2	1158887	4.3
法律与公正党（PiS）	44	1236787	9.5	—	—	—
波兰人民党（PSL）	42	1168659	9.0	4	3631234	13.5
波兰家庭联盟（LPR）	38	1025148	7.9	2	1097058	4.1

资料来源：http：//www. nsd. uib. no/european_ election_ database/country/poland/。

① 刘祖熙：《波兰通史》，商务印书馆 2016 年版，第 598 页。

六 2005 年选举

莱舍克·米莱尔重蹈了布泽克政府的覆辙。一方面，莱舍克·米莱尔深陷腐败丑闻。2002 年以来，他曾因涉嫌腐败问题接受波兰华沙地方法院的询问。由于腐败丑闻的困扰再加之民主左翼联盟党内的不和等原因，2003 年 3 月初，米莱尔辞去该党主席职务。2004 年 3 月 26 日，米莱尔宣布，他将在 5 月 2 日即波兰加入欧盟后的第二天辞去总理职务。另一方面，2004 年进行的一项民意调查显示，政府的支持率仅为 5%。2001 年 10 月就任波兰总理以来，莱舍克·米莱尔不仅没有提振波兰经济，反而仍旧使波兰面临高失业率、削减支出、执政党腐败丑闻等问题，这种状况也引发了民主左翼联盟一部分成员的强烈不满，近 30 名民主左翼联盟成员宣布组建新的波兰社会民主党。

经过 1991 年以来的议会选举，无论是左翼政党还是右翼政党组建的政府，实际上很难摆脱腐败问题，始终没能彻底解决的经济问题，在私有化进程中没有处理好民众福利和削减政府开支的关系问题。这导致波兰在经济转轨过程中面临着许多政治—经济难题，例如失业率上升，企业私有化进程中的贪腐丑闻，等等。这使民众对原有政党及其政策主张日益不满，呼唤能够振兴波兰、消除政弊、提升民众生活水平、保持社会和经济稳定发展的新政党出现，也正是在这一背景下，波兰举行了新的议会选举。值得一提的是，2004 年 1 月，时任华沙市长的莱赫·卡钦斯基（Lech Kaczyński）为抗议美国对入境外国人拍照和提取指纹，取消访美计划。这一举动在不少波兰民众眼中是“有骨气”之举。同时，由于他在担任华沙市长期间不断成为媒体关注焦点，树立了打击腐败的清廉形象，赢得众多选民支持。他曾不断重申，反腐应是政府工作重心之一，这些话语无疑能够赢得众多选民对他和他所属的政党的支持。

应当说，2005 年议会选举在波兰第三共和国历史上具有重要地位，改变了波兰政局，使之进入了中右翼政党主导时期。在竞选过程中，法律与公正党提出要建立第四共和国的主张；修改宪法、扩大总统权力；打击腐败，建立廉洁政府；注重宗教信仰和道德观念，重建社会应有的道德秩序；强调国家干预经济，解决失业问题，防止经济崩溃，等等。尤其在社会和民众存在不满情绪的大背景下，法律与公正党强调要建立第四共和国，以区分后共产主义时代的第三共和国，建立真正民主和具有公共道德的国家，重建民众对国家的信任，注重社会团结，以团结的理念对抗原有的“自由”理念。这无疑契合了部分波兰选民的认识。

2005 年 9 月 25 日，波兰举行了第六次议会选举。这次选举改变了波兰政坛格局，两个中右翼政党公民纲领党和法律与公正党成为波兰政坛的主导力量，而中左翼政党民主左翼联盟则遭遇失败，在众议院选举中丢掉了 161 个席位。法律与公正党领袖雅罗斯瓦夫·卡钦斯基（Jarosław Kaczyński）本可以出任政府总理，但为了他的弟弟莱赫·卡钦斯基（Lech Kaczyński）能够成功当选总统，而放弃了总理职位，卡齐米日·马尔钦凯维奇（Kazimierz Marcinkiewicz）出任政府总理。但在 2006 年 7 月 7 日，马尔钦凯维奇在法律与公正党政治委员会会议上提出辞职，随后该党政治委员会一致提名雅罗斯瓦夫·卡钦斯基接替总理职位。

表 I－6－9　**第六届波兰议会构成**①

政党	众议院选举			参议院选举		
	席位（席）	投票（票）	得票率（%）	席位（席）	投票（票）	得票率（%）
法律与公正党（PiS）	155	3185714	27.0	49	5020704	20.8
公民纲领党（PO）	133	2849259	24.1	34	4090497	16.9
波兰共和国自卫党（SRP）	56	1347355	11.4	3	2016858	8.3
民主左翼联盟（SLD）	55	1335257	11.3	0	3114118	12.9
波兰家庭联盟（LPR）	34	940762	8.0	7	2990092	12.4
波兰人民党（PSL）	25	821656	7.0	2	1413872	5.9

七　2007 年选举

在 2005 年议会选举中，公民纲领党仅以微弱劣势不敌法律与公正党，与上台执政失之交臂。在近 2 年的执政过程中，民众大多认为法律与公正党在内政、外交等方面乏善可陈。

自 2005 年上台执政后，法律与公正党为争取议会多数，于次年 5 月与波兰家庭联盟和自卫党组成执政联盟。然而由于执政联盟内部纷争不

① 数据参见，http：//www. nsd. uib. no/european_ election_ database/country/poland/。

断，法律与公正党频向盟党施压。2007 年 8 月，执政联盟宣告瓦解。法律与公正党由此给民众留下不善与同盟党合作的印象。此外，该党还被曝光利用中央反贪局为一己之私服务，对政治对手进行监视和窃听，这也使该党的反腐主张受到质疑。

法律与公正党在对外关系方面也屡遭诟病。出于维护本国利益、谋求欧盟内强势地位的考虑，波兰政府在欧盟内外政策问题上屡屡提出异议。因该党的疑欧主张，波兰与欧盟关系的发展始终不畅，与其两大邻国德国、俄罗斯的关系也处于紧张状态。而公民纲领党则借机宣传其“亲欧盟”政策，主张大力改善波兰与德国、俄罗斯的关系，避免同美国政府过分亲近，公民纲领党的这一表态在波兰国内赢得了多数民众的支持。

在 2005 年议会选举中，法律与公正党抛出“亲社会、亲家庭”政策助其胜选。而在本次选举中，公民纲领党祭出的“亲社会”大旗得到了民众的拥护。此外，法律与公正党主张建立强力经济权力中心，而公民纲领党主张推行自由经济，减少国家对经济的干预，建立开放、自由和发达的经济，这一主张对民众颇有吸引力。①

因此，法律与公正党广为宣传的“第四共和国”主张没能赢得社会认同，反而造成了社会分裂。正是在上述大背景下，由于法律与公正党领导的联合政府中，波兰共和国自卫党党主席莱佩尔（Andrzej Lepper）发生贪腐丑闻，众议院自行解散，提前举行议会选举，最终公民纲领党获胜，与波兰人民党组成联合政府，其领袖唐纳德·图斯克（Donald Tusk）取代雅罗斯瓦夫·卡钦斯基成为新的波兰总理。值得一提的是，只有 7 个政党在 41 个选区中竞选议会席位，仅有 4 个党获得众议院议席。

表 I－6－10　**第七届波兰议会构成**

政党	众议院选举			参议院选举		
	席位（席）	投票（票）	得票率（%）	席位（席）	投票（票）	得票率（%）
公民纲领党（PO）	209	6701010	41.5	60	12734742	39.1
法律与公正党（PiS）	166	5183477	32.1	39	10208412	31.4

① 《波兰最大在野党缘何在议会选举中获胜》，2007 年 10 月 23 日，中国网（http：//www.china.com.cn/international/txt/2007-10/23/content_ 9110521.htm）。

续表

政党	众议院选举			参议院选举		
	席位（席）	投票（票）	得票率（%）	席位（席）	投票（票）	得票率（%）
左翼与民主党（LiD）	53	2122981	13.2	0	4751281	14.6
波兰人民党（PSL）	31	1437638	8.9	0	2863883	8.8

资料来源：http：//www. nsd. uib. no/european_ election_ database/country/poland/。

八 2011 年选举

自执政以来，公民纲领党取得了不俗的成绩，在经济方面主张自由主义，而在社会和道德议题上倾向保守主义立场，反对堕胎、反对同性婚姻、反对软性毒品合法化、反对安乐死、反对胎儿干细胞研究，以及部分反对体外人工授精的广泛可得性。另一方面，在该党内部，社会自由主义“派系”不断成长，例如，支持进步主义的国家现代化、社会正义、社会市场经济、注重生态议题，等等。值得一提的是，在公民纲领党执政期间，波兰是唯一一个在 2009 年避免经济衰退的欧盟国家。

在这一大背景下，2011 年 10 月 9 日，波兰举行了第八次议会选举，公民纲领党再次获胜，唐纳德·图斯克成为 1989 年以来波兰第一位连任的总理。选举后，公民纲领党仍旧与波兰人民党组成联合政府。

表 I-6-11 **第八届波兰议会构成**

政党	众议院选举			参议院选举
	席位（席）	投票（票）	得票率（%）	席位（席）
公民纲领党（PO）	207	5629773	39.18	63
法律与公正党（PiS）	157	4295016	29.89	31
帕利科特运动（RP）	40	1439490	10.02	0
波兰人民党（PSL）	28	1201628	8.36	2
民主左翼联盟（SLD）	27	1184303	8.24	

注：2011 年以后没有参议院选举的投票和得票率数据。

资料来源：http：//www. nsd. uib. no/european_ election_ database/country/poland/。

九 2015 年选举

虽然在公民纲领党的领导下，波兰经济一直处于增长阶段，但也不可避免地受到了欧盟和全球经济衰退的影响，增幅放缓。同时，相当一部分波兰民众未能从经济增长中受益。[①] 增幅的减少和失业率的上升引起了一些民众尤其是底层民众对公民纲领党政府的不满。因此，波兰兴起求变思潮，没有获得感的选民因此转向和法律与公正党携起手来。

原本就以底层群众为基础的法律与公正党利用这一机会，在 2015 年的议会竞选中打出了“让波兰的穷人富起来，让底层老百姓的日子好起来”的口号。它还提出要劫富济贫，为孩子较多的家庭提高生活补助，废除前政府提出的延迟退休年龄政策。这都赢得了普通民众的支持。此外，法律与公正党与天主教组织的契合程度相当之高。在波兰的各政党中，法律与公正党往往是最善于利用宗教力量的政党。[②]

2015 年 10 月 25 日，波兰举行了第九次议会选举，法律与公正党以 37. 58% 的得票率战胜公民纲领党。这次议会选举的重要性体现为：第一，法律与公正党成为波兰主导的政治力量。[③] 这意味着该党可以单独执政，不需要与他党联合。第二，一些新生政治力量，如“现代波兰协会”和“库齐兹运动”，均为 2015 年成立，在成立数月后就进入议会，前者获得了 28 个席位，后者更是获得了 42 个席位。第三，左翼未能进入议会。由民主左翼联盟、波兰社会党、劳动联盟和绿党等政党组成的统一左翼选举联盟未能获得 8% 的议会最低门槛。这是 1989 年波兰开始进行议会“自由”选举以来，第一次出现议会没有左翼政党的情况。“波兰也成为议会中没有左翼代表的唯一欧洲国家。”[④]

此外，这次议会选举有三个突出的特点：第一，这是自 1993 年挪威议会选举以来，欧洲国家第一次在议会选举中，两大党的领袖都是女性。第二，法律与公正党总共获得 235 个众议院议席，超过了议会半数席位，这是

① 黄平、周弘、江时学：《欧洲发展报告 2015—2016》，社会科学文献出版社 2016 年版，第 163 页；《波兰法律与公正党：实用主义的民粹政党》，http：//news. 163. com/16/1216/13/C8DL800200018AOQ. html。

② 《波兰法律与公正党：实用主义的民粹政党》，http：//news. 163. com/16/1216/13/C8DL800200018AOQ. html。

③ 黄平、周弘、江时学：《欧洲发展报告 2015—2016》，社会科学文献出版社 2016 年版，第 163 页。

④ 黄平、周弘、江时学：《欧洲发展报告 2015—2016》，社会科学文献出版社 2016 年版，第 163 页。

1989 年以来波兰第一次出现了由一个政党单独组阁的政府。第三，由于左翼党派组成的竞选联盟“统一左翼”没能获得进入议会的票数，这也是议会中第一次失去左翼的身影。法律与公正党的贝娅塔·希德沃（Beata Szydło）成为波兰新一任总理。2017 年 12 月 7 日，贝娅塔·希德沃辞职，8 日，副总理马泰乌什·莫拉维茨基（Mateusz Morawiecki）接任。

表 I－6－12　　**第九届波兰议会构成①**

政党	众议院选举			参议院选举
	席位（席）	投票（票）	得票率（%）	席位（席）
法律与公正党（PiS）	235	5711687	37.58	61
公民论坛（PO）	138	3661474	24.09	34
库齐兹运动（Kukiz）	42	1339094	8.81	0
现代波兰协会（Nowoczesna）	28	1155370	7.60	0
波兰人民党（PSL）	16	779875	5.13	1

注：2011 年以后没有参议院选举则投票和得票率数据。

第三节　主要政党

一　法律与公正党

（一）历史沿革

法律与公正党（波兰文名称：Prawo i Sprawiedliwość，简称 PiS；英文名称：Law and Justice），现为波兰执政党，本届波兰议会最大的全国性政党。

法律与公正党的前身是团结选举运动（波兰文名称：Akcja Wyborcza Solidarność，简称 AWS，英文名称：Solidarity Electoral Action）。2001 年，卡钦斯基兄弟（即 Lech Kaczyński 和 Jarosław Kaczyński）脱离该组织后，与主张基督教民主的中间联盟（波兰文名称：Porozumienie Centrum，简称

① 数据参见，https：//parlament2015. pkw. gov. pl/pliki/1445898069_ Komunikat-pkw-zbiorcze-wyniki-glosowania. pdf。

PC；英文名称：Centre Agreement）合并成立了法律与公正党，弟弟莱赫·卡钦斯基当选党主席。

2001年3月3日，卡钦斯基兄弟在华沙组织召开会议，宣布要成立法律与公正党。2001年5月29日，法律与公正党举行成立大会，31日申请注册。

2002年11月10日，在波兰第二轮地方选举中，莱赫·卡钦斯基当选华沙市市长，得票率为70.54%，其竞选口号是“能够振兴华沙的诚实人”。

2003年1月，莱赫·卡钦斯基担任该党的名誉主席，哥哥雅罗斯瓦夫·卡钦斯基当选党主席。随后，法律与公正党提出了新的宪法大纲。

2004年6月13日，法律与公正党在欧洲议会选举获得12.67%的选票，成为波兰的第三大党。

2005年3月19日，法律与公正党召开第一次代表大会，莱赫·卡钦斯基正式宣布参加总统竞选。9月25日，法律与公正党赢得议会选举。10月23日，在第二轮总统选举中，莱赫·卡钦斯基以54.04%的得票率当选总统。同日，莱赫·卡钦斯基宣誓就职，并宣称“波兰要成为强大的欧洲国家”。

2006年7月14日，卡钦斯基政府成立，莱赫·卡钦斯基正式辞去名誉党主席头衔。2007年12月8日，法律与公正党在华沙召开第二次全国代表大会，雅罗斯瓦夫·卡钦斯基再次当选党主席。

2009年1月31日至2月1日，法律与公正党召开第二次代表大会第三次会议，近1500名代表出席了会议。会议重点讨论了波兰经济危机的解决方案。6月7日，在欧洲议会选举中，法律与公正党的得票率为27.4%，获得15个议席，成为欧洲议会中的第二大保守党。

2010年3月6—7日，法律和公正党在波兹南举行第三次代表大会，1200多名国内外代表和嘉宾出席，大会主题是“波兰2020”，雅罗斯瓦夫·卡钦斯基再次当选党主席。4月10日，“斯摩棱斯克空难”导致包括莱赫·卡钦斯基夫妇在内的96人遇难，波兰议会特别决议宣布这是波兰在第二次世界大战后最可怕的悲剧。4月26日，雅罗斯瓦夫·卡钦斯基宣布提前举行总统选举。6月20日，第一轮总统选举，雅罗斯瓦夫·卡钦斯基得票率为36.46%，7月4日，第二轮总统选举得票率为

46.99%，不敌公民纲领党候选人布罗尼斯瓦夫·科莫罗夫斯基（Bronislaw Komorowski）。

2011年10月9日，波兰举行议会选举，法律与公正党得票率为29.89%，赢得了157个席位。2013年6月29—30日，法律与公正党在索斯诺维茨举行第四次代表大会，主题是“我们的国家，我们的未来”，约1200名代表与会，雅罗斯瓦夫·卡钦斯基再次当选党主席。2014年2月15日，法律与公正党在华沙召开第四次代表大会第二次会议，大会通过了新党纲，设立了咨询机构。12月6日，法律与公正党推举安杰伊·杜达（Andrzej Duda）为2015年总统竞选的候选人。

2015年5月25日，通过两轮竞选，安杰伊·杜达成为波兰共和国总统，10月26日法律与公正党赢得议会选举，再次成为执政党，获得独立组阁资格，成为自1989年以来第一个获得单独执政资格的政党。

（二）施政纲领

根据法律与公正党2014年竞选纲领①，可以将其政治主张概括为以下四个方面的内容。

1. 政党原则和价值观

（1）生命权。消除剥夺他人生命的可能性，反对“自我毁灭”的行为，尤其是安乐死，消除造成物质贫困的社会结构，消除种族和文化隔阂，强调国家要保护公民生命和公共安全。（2）自由。只有自由，人才能有效争取个体福利，而个体既是个人也组成群体并从属于家庭、地方社区和国家。（3）团结。个体是相互联系的，没有社会权利之外的个人自由，个人自由与社会团结紧密相连，表现为公平相处和平等团结。（4）平等。克服曾经过度强调平等的历史包袱，平等并不意味着对个体特殊性的破坏和对个体创造性的抑制。（5）正义。正义是国家治理的重要前提，包括性别平等、机会平等、尊重个体意志、强调法治，等等。（6）共同体。强调不同社会群体的重要性，家庭尤为重要，它承担了性别关系的塑造和后代培养。（7）国家。强调塑造自由和平等的共和国，通过制度建构达到自由和安全的平衡。（8）国际。强调“国家利益至上”，反对激进政治和激进主义。

---

① “Program Prawa I Spra Wiedliwosci 2014”（http：//pis. org. pl/dokumenty）.

2. 营造良好的政治秩序和社会秩序

法律与公正党针对当前波兰存在的严重政治和社会问题，如国民教育成本上升、医疗成本上升、公民安全受到威胁、运输和通信水平下降、文化基础设施减少、法律正义下滑等，提出了相应主张。（1）提高政府效率、增加社会组织；（2）行政公共化，为解决公民问题服务；（3）提升公共安全，注重边防、消防、救援体系等组织建设；（4）加大力度，打击恐怖主义、防止经济犯罪和腐败；（5）加强司法建设，提升检察官水平，尊重司法独立，提升判决能力和水平；（6）增强机构独立性，促进行动有效性，修复党和各类组织关系；（7）加强立法。

3. 促进经济发展

（1）制定发展政策，强调国家干预手段，缩短与欧洲发达国家的差距，使波兰经济在未来15—20年的平均增速为2%—3%；（2）加强基础设施建设，改善国家的交通通信；（3）加强电力设施建设，改变能源政策，减少碳排放量；（4）注重技术研发，主张通过创新获得竞争力，通过推进产业创新、扶植企业创新、服务科技创新中心，促进长期经济发展；（5）振兴海洋业，加强港口建设，复兴造船业和捕捞业，提升渔民收入；（6）改善住房；（7）注重农业和环境保护。

4. 对外政策

波兰外交的首要目标是恢复、加强和保护本国外部安全，进一步提升波兰的国际地位。为此，其外交政策强调以下三个基准：（1）波兰和波兰人民的安全；（2）波兰的国家利益和波兰的政治地位；（3）波兰人、波兰社会与全球化进程的关系和互动。

总体上，法律与公正党的官方意识形态是右翼民族主义和保守主义，强调“国家利益至上”，具有强烈的宗教（天主教）保守主义思想，注重传统家庭和社区文化。

（三）现有规模及影响

法律与公正党在全国16个省，分为41个区域组织。①

根据统计，2007年，法律与公正党成员人数大致是2.4万人，2011

① 参见http：//pis. org. pl/partia/struktury-organizacyjne。

年一度达到 5 万人，2014 年降至 2.3 万人左右，2015 年又增至 3 万人。[①] 2018 年，该党党员人数持续上升，达到 3.45 万人。

表 I－6－13　　**法律与公正党规模变化**

年份	2007	2011	2014	2015	2018
党员人数（人）	24000	50000	23000	30000	34500
相对国民比例（%）	0.0624	0.1300	0.0598	0.0779	0.0904

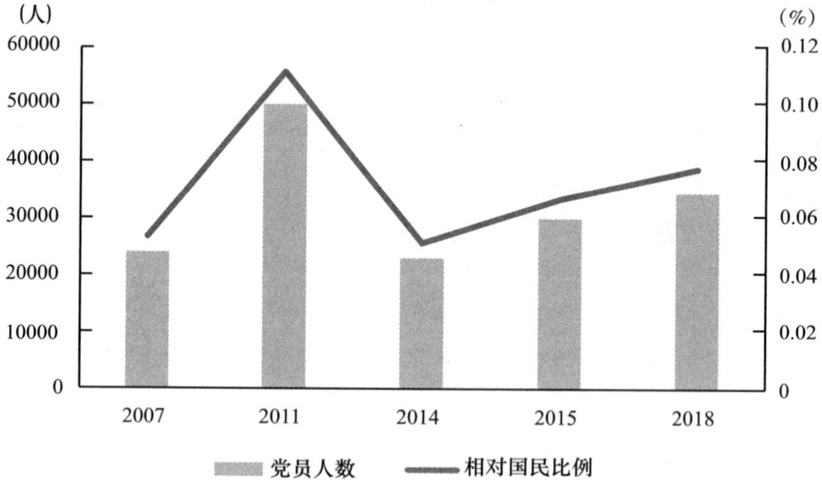

图 I－6－1　法律与公正党规模变化

根据 2005 年、2007 年、2011 年和 2015 年的选举统计数据，自 2005 年以来，法律与公正党在国家议会中始终处于重要地位，并于 2005 年和 2015 年赢得议会选举。

2005 年 9 月 25 日波兰议会选举，法律与公正党获得 3185714 张选票，得票率为 27%，在 460 个议席中获得 155 个席位，成为议会第一大党。[②]

① Skomra and Sławomir, "Jak wstąpić do PiS? Coraz więcej chętnych by stać się członkiem partii rządzącej", *Kurier Lubelski*, Retrieved 30 June 2016.

② 参见波兰选举委员会选举结果文件（http://pkw.gov.pl/463_Wybory_Prezydenta_RP_w_2005ampnbspr; http://wybory2005.pkw.gov.pl/SJM/EN/DOKUMENTY/obwieszczenia/index.html）。

2007 年 10 月 21 日波兰议会选举，法律与公正党获得 5183477 张选票，得票率为 32.1%，在 460 个议席中获得 166 个席位，成为议会第二大党。[①]

2011 年 10 月 9 日波兰议会选举，法律与公正党获得 4295016 张选票，得票率为 29.9%，在 460 个议席中获得 157 个席位，成为议会第二大党。[②]

2015 年 10 月 26 日波兰议会选举，法律与公正党获得 5711687 张选票，得票率为 37.6%，在 460 个议席中获得 235 个席位，再次成为议会第一大党。[③]

表 I－6－14　　法律与公正党在波兰议会的席位变化

年份	2005	2007	2011	2015
议会席位（个）	155	166	157	235
席位占比（%）	33.7	36.1	34.1	51.1

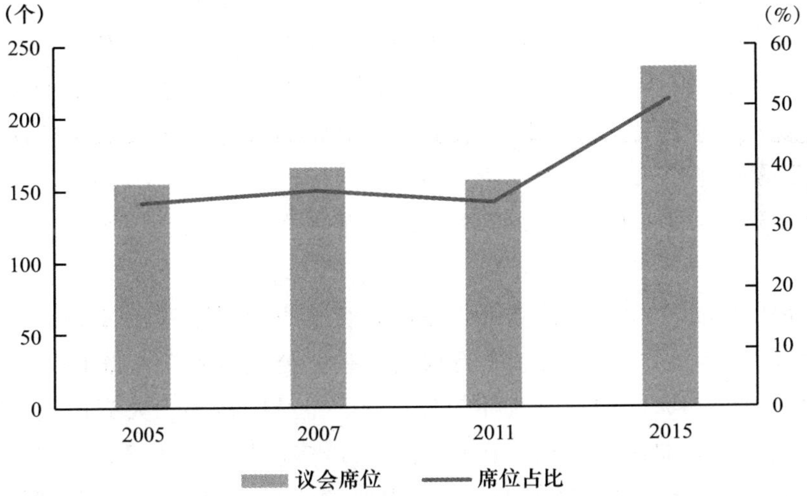

图 I－6－2　法律与公正党在波兰议会的席位变化

① 参见波兰选举委员会选举结果文件（http：//wybory2007.pkw.gov.pl/）。

② 参见波兰选举委员会选举结果文件（http：//wybory2011.pkw.gov.pl/wsw/en/000000.html）。

③ 参见波兰选举委员会选举结果文件（http：//prezydent2015.pkw.gov.pl/）。

2005 年波兰总统选举，法律与公正党推举的候选人莱赫·卡钦斯基在第二轮选举中获得了 8257468 张选票，得票率为 54%，成功当选波兰总统。①

2015 年波兰总统选举，法律与公正党推举的候选人安杰伊·杜达在第二轮选举中获得了 8719281 张选票，得票率为 51.5%，成功当选波兰总统。②

二 波兰公民纲领党

（一）历史沿革

公民纲领党（波兰语：Platforma Obywatelska，PO；英文名称：Civic Platform）是波兰中右自由主义政党。

2001 年 1 月 19 日，安杰伊·欧雷霍斯基（Andrzej Olechowski）与马切伊·普瓦金斯基（Maciej Płażyński）脱离团结选举运动，与自由联盟（波兰文名称：Unia Wolnóci，简称 UW；英文名称：Freedom Union）的唐纳德·图斯克（Donald Franciszek Tusk）共同发起创建公民纲领党。三位发起人被波兰媒体戏称为“三大男高音”。当年波兰议会选举，该党就取得 12.6% 的得票率，拿下 58 席，仅次于执政党民主左翼联盟（SLD），成为最大反对党。

2003 年 6 月 1 日，公民纲领党召开第一次代表大会，图斯克当选党主席。

2004 年 6 月 13 日，该党赢得欧洲议会选举，得票率超过 24%。

2005 年 9 月 25 日，波兰举行议会选举，公民纲领党获得 133 个席位，得票率为 24.14%，但不敌法律与公正党，继续维持第二大党地位。10 月 9 日，在第一轮总统选举中，图斯克得票最多。10 月 23 日，在第二轮总统选举中，图斯克收获 7022319 票，得票率仅为 45.96%，不敌“法律与公正党”总统候选人莱赫·卡钦斯基。

2006 年 6 月 21 日，公民纲领党召开第二次代表大会，图斯克再次当

① 参见波兰选举委员会选举结果文件（http://pkw.gov.pl/463_Wybory_Prezydenta_RP_w_2005ampnbspr）。

② 参见波兰选举委员会选举结果文件（http://pkw.gov.pl/402_Wybory_Prezydenta_RP_w_2015ampnbspr）。

选党主席。他呼吁对现政府不满的人进行抗议游行活动。9 月 26 日，公民纲领党申请解散众议院，提前举行大选，试图改变波兰局势。10 月 7 日，公民纲领党在华沙发起“蓝色游行”，超过 13000 人参加。

2007 年 10 月 21 日，公民纲领党赢得议会选举，获得 41.51% 得票率，在众议院获得 209 个席位，在参议院获得 60 个席位，成为议会第一大党和执政党，布罗尼斯瓦夫·科莫罗夫斯基（Bronisław Komorowski）出任新一届众议院议长。

2009 年 6 月 7 日，在欧洲议会选举中，公民纲领党赢得 25 席，获得 44.43% 的得票率。

2010 年 3 月 27 日，科莫罗夫斯基赢得党内初选，成为公民纲领党的总统候选人。4 月 10 日，在“斯摩棱斯克空难”中，公民纲领党的创始人之一普瓦金斯基连同数名党议员一同罹难。

2011 年 6 月 11 日，在格但斯克竞技场，公民纲领党举行成立十周年庆祝大会，民主左翼联盟加入公民纲领党，图斯克在大会期间表示：“波兰是所有波兰人的波兰，必须为波兰人的发展提供良好的平台。”10 月 9 日，在众议院选举中，公民纲领党取得 39.18% 的得票率，获得 207 个座位，继续维持其第一大党地位。11 月 8 日，科莫罗夫斯基当选总统，委托图斯克组建新政府。

2013 年 6 月 29 日，公民纲领党再次举行全国代表大会，会议决定党主席将由全体党员选举产生。8 月 23 日，图斯克以 79.58% 的支持率再次当选公民纲领党主席。全体党员首次可以通过邮件或互联网形式参加投票。

2014 年 5 月 25 日，公民纲领党再次赢得欧洲议会选举。8 月 30 日，图斯克当选欧洲理事会主席，任期两年半。

2015 年，公民纲领党在议会选举中败给法律与公正党，失去了执政党和第一大党地位。

2016 年 1 月 26 日，波兰前外长格热戈日·谢蒂纳（Grzegorz Schetyna）以 91% 的支持率当选公民纲领党主席，他在就任仪式上说：“我们需要重新赢得波兰人的信任，打造新的平台和领导人集体。”

（二）施政纲领

2015 年，公民纲领党公布纲领《未来波兰》，提出了十个方面的政治主张。[1]

1. 就业

引入“统一合同”机制，确定雇主与雇员之间的永久法律关系，保障雇员权利。一方面，在签订雇佣合同时，雇主必须为雇员缴纳社会保险费，另一方面，用人单位有义务根据最低收入来确定合同中的最低工作时间、最低小时工资和假期保障。

2. 财税

每个公民在“统一合同”中仅需一次纳税，应纳税额通过家庭人均计算；最低所得税率将维持在10%左右，最高限额从目前的43.5%下降到39.5%；政府应尽量消除国家财政中的结构性赤字，到2018年使国家债务下降到GDP的50%以下。

3. 退休金

推行养老金改革计划，将退休年龄延长至67岁，并结合员工劳动贡献，提高退休金，增加自愿保险，提升对低收入人群的吸引力。

4. 工会

工会将通过建立雇主和雇员的协商机制来维护双方权益。

5. 经济刺激

在当前经济低迷的情况下，应当通过劳动基金和福利基金扩大税收减免范围，允许延长债务；将进一步支持民众创业，提供流动性资金保障，保证企业的市场主体地位，保持企业与银行或外部融资机构的长久正常关系；对企业新技术的研发活动提供税收减免和相关政策支持；将波兰经济中剩余的公共部门私有化。

6. 家庭

改善房屋租赁市场，保障业主与租客的权利平衡，制定相应法律保护租客权益，使年轻家庭获得更加实惠的租金；提供基金建设新的儿童保育设施等机构，为有不同年龄段子女的家庭提供更好的社区服务；修订法律，使企业能够保证员工养育子女的条件；提升家庭补贴标准，使家庭养育后代有最低保障；反对堕胎、同性婚姻、软毒品合法化、安乐死以及胚胎干细胞研究。

---

① “Program Platformy Obywatelskiej”（http://www.polskieradio.pl/5/3/Artykul/1504334,Program-Platformy-Obywatelskiej-dokumentacja）.

7. 健康

通过自愿保险计划提供护理性质的保险，目的是支持家庭养老和日托中心建设；为幼儿园和学校提供公共资金，资助儿童免费接种疫苗等。

8. 教育

实施奖学金制度，满足特殊教育需要，使残疾儿童享受同等待遇，为有天赋的儿童提供教育支持；为加强学校管理，引进理事会形式的社会监督机制；废除普遍强制性的外部考试；推出教师绩效薪酬制度；建设职业培训机构和科学实验室等。

9. 乡镇建设

创建开发区，为工业投资等经济活动服务；设置地方税收优惠，提升地方竞争力；在农村地区建立和发展乡镇企业，使地方市场和交易行为标准化；为保障农业生产，预留未开发土地；制订发展计划，保护地方自然景观和文化遗产。

10. 政治制度

引入众议院和参议院的混合选举制度，用简单多数制代替比例代表选举制度；进一步减少政党资金预算，使政党财政完全透明，确定私人资金赞助比例；限制议员行动和豁免权；建立透明的规则体系，划定相关责任，明确波兰政府人员的公共资金使用；推动市长和地方官员直选。

总体上看，公民纲领党着重关注经济社会问题，推崇经济自由主义，但在社会和伦理问题上同法律与公正党一样采取社会保守主义立场。

（三）现有规模及影响

2007—2011 年，在公民纲领党执政期间，其成员人数不断增加，从 24000 人上升到 50000 人。但自 2014 年失去执政党地位后，四年间该党已经减少了 33000 人，年轻党员流失尤其严重，2015 年公民纲领党只有 17000 人，这是其成立以来的最低谷，而到 2018 年，该党党员人数有所回升，达到 33500 人。

自 2012 年起，公民纲领党就开始注重改变党员年龄结构，使党的主要领导及其相关权力机构成员年轻化，25—40 岁的人群占了大多数。[①]

---

① “Platforma Obywatelska traci swoich członków”（http：//wmeritum. pl/platforma-obywatelska-traci-swoich-czlonkow）.

表Ⅰ-6-15 **公民纲领党规模变化**

年份	2007	2011	2014	2015	2018
党员人数（人）	23000	50000	41000	17000	33500
相对国民比例（%）	0.0598	0.130	0.107	0.0441	0.0878

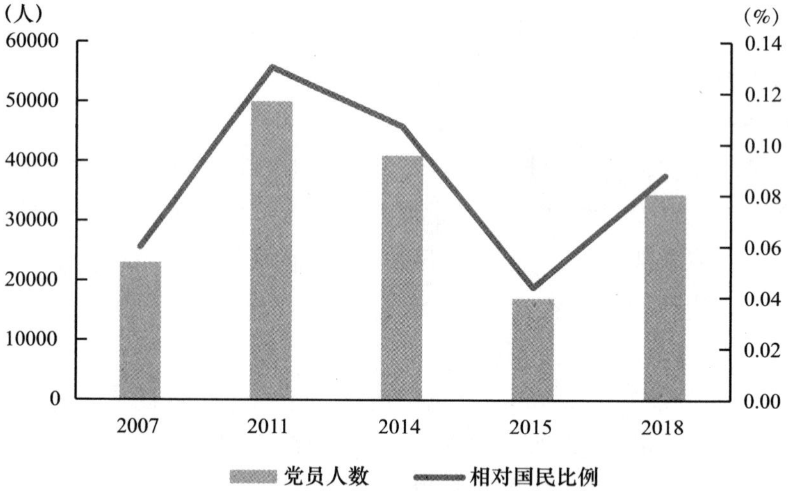

图Ⅰ-6-3 公民纲领党规模变化

根据2005年、2007年、2011年和2015年选举统计数据，2005年以来，公民纲领党在国家议会中始终处于重要地位，并于2007年和2011年连续赢得议会选举。

2005年9月25日波兰议会选举，公民纲领党获得2849259张选票，得票率为24.1%，在460个议席中获得133个席位，成为议会第二大党。①

2007年10月21日波兰议会选举，公民纲领党获得6701010张选票，得票率为41.5%，在460个议席中获得209个席位，成为议会第一

① 参见波兰选举委员会选举结果文件（http://pkw.gov.pl/463_Wybory_Prezydenta_RP_w_2005ampnbspr）（http://wybory2005.pkw.gov.pl/SJM/EN/DOKUMENTY/obwieszczenia/index.html）。

大党。①

2011 年 10 月 9 日波兰议会选举，公民纲领党获得 5629773 张选票，得票率为 39.2%，在 460 个议席中获得 207 个席位，成为议会第一大党。②

2015 年 10 月 26 日波兰议会选举，公民纲领党获得 3661474 张选票，得票率为 24.1%，在 460 个议席中获得 138 个席位，成为议会第二大党。③

表 I－6－16　　公民纲领党在波兰议会的席位变化

年份	2005	2007	2011	2015
议会席位（个）	133	209	207	138
席位占比（%）	24.1	41.5	39.2	24.1

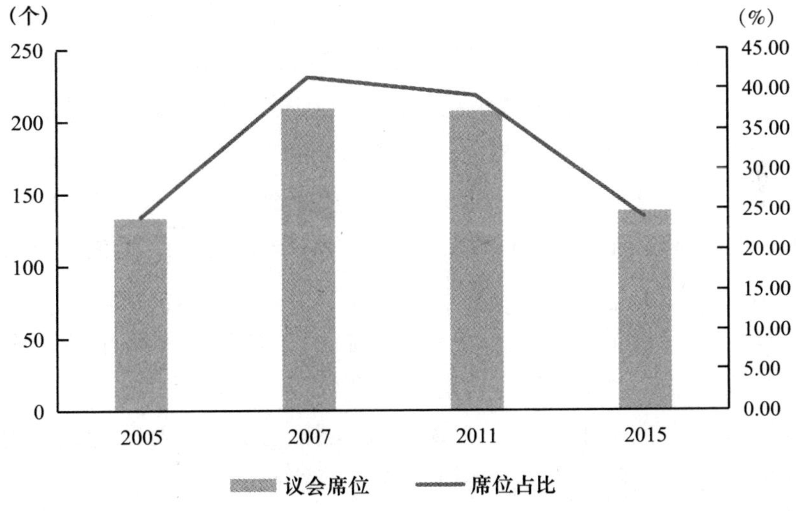

图 I－6－4　公民纲领党在波兰议会的席位变化

① 参见波兰选举委员会选举结果文件（http：//wybory2007. pkw. gov. pl/）。

② 参见波兰选举委员会选举结果文件（http：//wybory2011. pkw. gov. pl/wsw/en/000000. html）。

③ 参见波兰选举委员会选举结果文件（http：//prezydent2015. pkw. gov. pl/）。

2010 年波兰总统选举，公民纲领党推举的候选人科莫罗夫斯基在第二轮选举中获得了 8933887 张选票，得票率为 53%，成功当选波兰总统。①

总的来看，公民纲领党自 2007 年以来连续两届执政，但在 2015 年的议会和总统选举中均败给了法律与公正党，党员人数也因此而减少。目前，该党仍是波兰议会第二大党，和法律与公正党形成两党竞争格局。

三 波兰民主左翼联盟和波兰人民党

（一）波兰民主左翼联盟

民主左翼联盟（波兰文名称：Sojusz Lewicy Demokratycznej，简称 SLD；英文名称：Democratic Left Alliance，又译民主左派联盟），成立于 1999 年 4 月，前身是 1991 年波兰议会选举中成立的，由波兰共和国社会民主党、波兰工会联合会、波兰社会党、民主妇女联盟等 30 多个政党和社会组成的竞选联盟。该党在政治光谱中处于中左地位，意识形态主要为社会民主主义，2012 年数据表明，该党目前党员人数为 36328 人②。在社会党国际分裂后，该党从属于德国社会民主党牵头组织的新的社会党国际组织：进步联盟。现任党主席为沃齐米尔·扎萨斯蒂（Włodzimierz Czarzasty）。

民主左翼联盟成立之初，成员人数一度达到 8 万多人，其中 2/3 是中老年人。在 1989 年以来的多次议会选举中，该联盟始终是波兰政坛的重要力量之一。

1991 年议会选举中，民主左翼联盟赢得了众议院 460 个席位中的 60 个，成为议会第二大党，但未能进入联合政府。

1993 年议会选举中，民主左翼联盟获胜，与波兰人民党组成联合政府，其中的波兰共和国社会民主党成为主要执政党。

1995 年波兰总统选举中，波兰共和国社会民主党候选人克瓦希涅夫斯基击败瓦文萨，成为波兰第三共和国第三任总统。

1997 年议会选举中，民主左翼联盟竞选失利。同年，波兰共和国社

---

① 参见波兰选举委员会选举结果文件（http：//pkw. gov. pl/402_ Wybory_ Prezydenta_ RP_ w_ 2010ampnbspr）。

② 参见（http：//www. rmf24. pl/fakty/polska/news-polskie-partie-to-fikcja%2CnId%2C724993）。

会民主党举行第三次代表大会，选举米莱尔为新任党魁。

1999 年，民主左翼联盟将自身改造为政党，目的是为了在议会选举中赢得多数选票，同年，民主左翼联盟举行第一次代表大会，通过了党的纲领性宣言，选举米莱尔为党主席。

2001 年议会选举中，民主左翼联盟的改革获得成效，赢得大选，成为执政党，与劳动联盟和波兰人民党组成联合政府，米莱尔出任总理。

2002 年，由于腐败丑闻，米莱尔致辞，亚尼克成为新任党主席，时任众议院议长博罗夫斯基等人宣布脱党，另组新的左翼政党：波兰社会民主党。

2004 年，时任众议院议长奥莱克赛成为新任党主席。

2005 年，该党在议会选举中惨败，欧雷尼查克当选为新任主席。

2007 年，该党与波兰社会民主党、劳动联盟和民主党等政党组成竞选联盟：左翼与民主党，但仅仅获得 13% 的选票，获得 53 个众议院席位。2008 年，该联盟解体。

2011 年议会选举中，该党得票率仅为 8%。2015 年议会选举中，该党与你们的运动、波兰社会党、劳动联盟和绿党等政党组成的统一左翼选举联盟在竞选中惨败，未能进入议会。

该党的主要政策是主张社会民主主义，尤其与英国学者安东尼·吉登斯和英国首相托尼·布莱尔提出的“第三条道路”相似。在近年来社会民主主义衰退的大背景下，该党也逐渐转向进步主义，试图扭转自身发展的颓势。总体上看，该党主张建立自由平等和社会公正的国家、强调市场经济与国家干预相结合，以社会所有制取代国家所有制。同时，该党也力求将爱国主义纳入其中，提出了社会市场经济的口号，强调维护波兰公民和国家的利益，反对极权主义，与共产主义划清界限，等等。

值得一提的是，该党对中国十分友好，常派代表团访问中国，认同中国共产党带领中国人民取得的社会主义成就，认同中国特色社会主义道路。①

（二）波兰人民党

波兰人民党（波兰文名称：Polskie Stronnictwo Ludowe，简称 PSL，英

---

① 高德平、高空编著：《列国志·波兰》，社会科学文献出版社 2017 年版，第 128 页。

文名称：Polish People's Party，又译为波兰农民党）成立于1990年，由波兰农民党的复兴派和维拉诺夫派（Polskie Stronnictwo Ludowe：Odrodzenie，Polskie Stronnictwo Ludowe：Wilanów faction）等党派合并而成。截至2015年，该党共有党员14万人左右，是波兰最大的政党之一，主要党员构成为农民。① 现任党主席为科西尼亚克·卡梅什（Władysław Kosiniak-Kamysz）。

1991年议会选举中，波兰人民党获得8.7%的选票，在众议院中赢得48个席位，在参议院中赢得7个席位。

1993年议会选举中，波兰人民党有所进步，不仅赢得了15.4%的选票，还在众议院中赢得了132个议席，在参议院中赢得了36个议席，成为议会第二大党，进入联合政府，与民主左翼联盟共同执政。

1997年议会选举中，波兰人民党仅获得7%的选票，在众议院和参议院的议席数都在下降，仅为27席和2席。

2001年议会选举中，波兰人民党获得8%的选票，赢得42个众议院席位，参与民主左翼联盟的联合政府。

2005年议会选举中，波兰人民党获得7%的选票，赢得25个众议院席位和2个参议院席位。

2007年议会选举中，波兰人民党获得8%的选票，赢得31个众议院席位，加入公民纲领党的联合政府。

2011年议会选举中，波兰人民党获得8%的选票，赢得28个众议院席位和2个参议院席位，继续与公民纲领党联合执政。

2015年议会选举中，波兰人民党获得5%的选票，赢得16个众议院席位和1个参议院席位，是议会中最小的政党。

该党的主要政策主张始终带有重农主义色彩，包括重视国家干预的市场经济，在集体主义和自由主义之间走出第三条道路；各种所有制地位平等；重视农村和农民的社会地位；扶持农业，保障粮食供应；放缓私有化；在国有农业私有化进程中满足农民利益；发展农业合作社；推行免费

① "Jak wstąpić do PiS? Coraz więcej chętnych by stać się członkiem partii rządzącej"（http：//www.kurierlubelski.pl/aktualnosci/art/9278643，jak-wstapic-do-pis-coraz-wiecej-chetnych-by-stac-sie-czlonkiem-partii-rzadzacej，id，t.html）。

教育和公共医疗体系；取消单一税制，等等。①

第四节 近年政治生态的主要特征

一 当前政局的主要特征与2018年地方选举

当前，波兰政治总体保持稳定的同时也有暗流涌动，在某种程度上表现为以公民纲领党为领导的城市和精英，与法律与正义党领导下的农村和底层之间的政治—社会分裂，而一些具有反建制倾向的年轻人也另组新党，如“库齐兹运动”等。在此背景下，2018年10月，波兰举行地方选举，此次选举结果更加体现出公民纲领党和法律与公正党之间的不同，反映出波兰的政治—社会价值观分裂继续深化。

（一）法律与公正党执政争议的主要根源

自2015年法律与公正党再度上台执政后，采取的一系列扩大中央政府权力和改革宪法法院的举措引发了“宪法危机”②，其出台的新的媒体法、堕胎法等政策也引发国内的大规模抗议游行，并且在安置中东难民政策问题上与欧盟存在激烈的矛盾。

早在2005年议会选举中，法律与公正党就提出了“第四共和国”的口号，从中可以反映出其“国家利益至上”和政治实用主义优先的策略。例如，“在波兰加入欧盟时，让渡部分主权的要求曾令法律与公正党大为恼火，而近年来欧盟的难民分摊安置政策更是令其对欧盟大为不满。然而，2014—2020年波兰可以获得825亿欧元的欧盟基金，这无疑使其成为欧盟新成员国中的‘最大赢家’。在巨大的利益面前，存在疑欧倾向的法律与公正党也不得不‘为五斗米折腰’，不敢轻言退出欧盟。在它与中国的关系中同样也能看到实用主义的影子，该党政府响应‘一带一路’

---

① 高德平、高空编著：《列国志·波兰》，社会科学文献出版社2017年版，第129页。

② 法律与公正党再度执政以来大力推动司法系统改革，已先后通过了十多项法案。最先通过的宪法法院改革法案将宪法法院通过决定的“门槛”由现行的“简单多数”提升至“2/3”，总统或司法部长可以申请对宪法法院法官提出诉讼。此外，司法改革还就总统或司法部长对法院法官的任命权、法院法官的退休年龄等问题进行了修改。对此，欧盟委员会在2017年12月以波兰司法改革严重违反欧盟法治原则为由建议启动《里斯本条约》第七条进行审查以决定是否剥夺波兰在欧盟理事会的投票权。同时，欧盟还在2017年、2018年和2019年先后三次针对波兰司法改革向欧洲法院对波兰提起诉讼。

倡议，正是出于改变贸易逆差的目的；在谈论亚投行问题时，他们最关心的也是，波兰所能获得的好处和条件优惠的贷款支持”①。

与此同时，法律与公正党强调建立第四共和国，意在强调与第三共和国决裂。该党批判第三共和国是前共产党官员与团结工会达成妥协的结果，既表现为在形式上持有“自由民主”政治立场的官员在各个领域的腐败，也表现为社会失序和现代化发展的迟缓，对其进行简单的改良是没有效果的，只能经历革命性的重建。同时，“青年人和贫困人群对这个共和国也很不满，认为他们被快速的现代化远远甩在了后头”。② 因此，法律与公正党在本质上反对的是东欧剧变后在世界上流行起来的，以“自由民主”为普世价值，以权力分立为基础，向西方民主制度看齐的政治制度。在 2005 年和 2015 年两次上台执政时，法律与公正党都寻求扩大总统权力，并对宪法法院进行改革，从而绕开宪法制定新的决议和新的法律。

从法律与公正党的选民结构来看，在 2005 年议会选举，该党正是靠东部、靠底层和农民群体“发家致富”，成为执政党（见表Ⅰ-6-17）。这一态势在 2015 年的议会选举中体现得更为明显。经济欠发达地区更热

表Ⅰ-6-17　　**2005 年波兰各区域乡村人口比例、人均 GDP**

	乡村人口比例（%）	人均 GDP
波兰全国	38.6	100
中部	35.3	131.6
南部	33.3	101.4
东部	53.3	72.0
西北部	38.4	100.5
西南部	33.9	97.6
北部	36.6	89.7

资料来源：张牧洲、文学《21 世纪波兰政治两次右转的原因及影响》，《哈尔滨学院学报》2017 年第 5 期。

① 《波兰法律与公正党：实用主义的民粹政党》（http://news.163.com/16/1216/13/C8DL800200018AOQ.html）。

② 刘作奎、［波兰］卡塔里娜·高里克：《2015 年波兰宪法危机根源、前景及对中波关系影响分析》，《欧洲研究》2016 年第 2 期。

衷于支持法律与公正党，尤其是波兰发展中长期存在的东部和西部发展的地域不平衡，往往使秉持国家和民众优先主张的法律与公正党更容易得到相关区域（尤其是东部和南部）民众的支持。

波兰选民的城乡分野加剧态势在2005年和2015年的总统大选也十分明显。2015年总统大选表现出，“经济繁荣在促进大中城市迅速发展的同时，未能惠及广大乡村地区和社会底层民众。在东部很多远离城镇的偏远农村地区，失业问题严重，居民收入偏低，很多人不得不背井离乡前往西欧打工，有媒体甚至将这些地区说成是‘第二个波兰’。杜达在竞选中抨击了公民纲领党的不公平政策，承诺将采取措施缩小城乡差距和贫富差距，要通过创造就业机会让远在西欧打工的波兰人尽快回到家乡工作。可以说，草根阶层是在用选票发泄对现政府的不满，大选结果则堪称‘农村包围城市’的又一经典案例”①。因此，2015年议会选举体现了波兰的政治价值观进一步右转。

从政治光谱上看，原有的左翼政党强调收入分配以吸引中低收入群体，而右翼政党强调“自由民主”并以中高收入群体为基础。但这一二元划分已经不再适应现实，新的右翼政党往往以回应多数民众集中关心的共识性议题为主。法律与公正党吸引的正是波兰转型发展过程中尤其是在经济危机压力下产生的或已经存在的、中低收入的或广大对现实经济状况有所不满的选民，再加上法律与公正党的保护主义、民族主义论调和在教育、医疗等方面扩大公共开支投入的政策主张具有很强的吸引力，二者共同推动了波兰社会的右转。

从政治文化上看，波兰最重要的国家特征是“波兰—天主教”的宗教价值观文化，也是波兰政治社会近些年右转的基础。甚至可以说，波兰政治存在天然的右翼倾向，右翼保守主义和民族主义可以成为维护波兰国家和民众利益的根本、共识性的政治文化。在经济危机的大背景下，民众“逆全球化”情绪担忧经济利益受损，担忧欧盟会给波兰带来“伤害”。例如在农业问题上，加入欧盟无疑会使农业这一波兰的传统产业受到西欧廉价农产品的猛烈冲击，在关税、补贴和生产等层面都失去原有的优势。

---

① 鞠辉：《政坛黑马成功逆袭凸显波兰社会人心思变》，新华网（http：//www.xinhuanet.com/world/2015-05/27/c_ 127845678.htm）。

因此，法律与公正党和不少波兰民众正是在这一旗帜下结成同盟，推动波兰社会右转。

从政治议题上看，近年来，腐败问题和移民问题尤其成为波兰政治社会关注的重点议题。民众认为腐败问题是其经济利益受损的重要根源之一。同时，接受叙利亚等国家的战争难民同样会使自身利益受损。在这些现实性的议题中，法律与公正党无疑迎合了民众的要求，也助力推动波兰社会右转。

总体而言，法律与公正党和公民纲领党均持保守主义立场，在社会价值观的认同度上有相似性，但是在政治价值观上，二者有着明显的不同。公民纲领党所“保守”的是传统社会价值观与“自由民主”的政治价值观，近似于撒切尔夫人的英国新保守主义（某种程度上直接等同于新自由主义）。而法律与公正党在政治价值观层面是公民纲领党的对立面。对于法律与公正党改革宪法法院所引发的“宪法危机”，公民纲领党认为，捍卫宪法自由是捍卫公民自由的根基，而法律与公正党的举动则是为了自身的政党利益，违背了“自由民主”的价值观，甚至认为这是波兰民主的结束。法律与公正党的辩护则更为直白，宣称其目的正是寻求改变精英，建立新的国家形态（即第四共和国），这意味着与第三共和国的民主体制、利益集团进行激烈斗争。同时，有关波兰媒体改革的争论同样是这一政治价值观在实践中对立的体现。

从西方政治社会发展史中也不难看到，“自由民主”的价值观更容易被现代化—城市化发达地区所接受，在历史上体现为市民阶层—资产阶级营造的“普世价值观”，而现代化在某种程度上也是城市化、资本主义化的进程。自21世纪以来，在许多处于现代化—城市化进程的地区，农村和农民群体往往在地域和人口比例中占有一定数量。在尚未处于经济危机时期，发展成果往往容易掩盖民众的内部矛盾，但在危机到来之时就会加剧中产阶级空心化和两极分化，城市之间的贫富差距和城市与农村之间的分化、甚至是国与国之间的发展冲突就会体现得更为明显。此时，经济发展上的不平衡更易于从政治—社会价值观层面表现出来。因此，在波兰，当前以宪法和难民这两大问题为表象，法律与公正党和公民纲领党之间的对立更多的是经济基础上的政治—社会价值观冲突。在宪法问题上表现为“威权主义”和“自由民主”的话语冲突，在难民问题上表现为“西方、全球化”与“东方、逆全球化”的话语冲突。

不以“自由民主”价值观为基础的法律与公正党在执政时往往引发更多争议。该党是以民族主义面目出现的右翼保守主义，在众多议题上都与20世纪80年代以来流行的全球化和普世价值的话语相背离。早在2005—2007年法律与公正党第一次执政时期，就有观察家指出该党没有实现社会团结，反而扩大了社会分裂。到2015年该党再度执政后，“民族主义不再是传统意义上由精英主导的”，“而是在一定程度上成为社会上各种不满情绪的共同出口，因此，它在政治动员上拥有更广泛的基础和更大的力量。法律与公正党成功地在竞选中将对外政策上偏左的主张定义成对国家的背叛。与此同时，它有关爱国主义与振兴波兰的主张和面对经济全球化时的一系列保护主义论调的政策使它成功地利用了波兰的民族主义作为其胜选的重要助推力量”。[①] 不仅如此，在强烈的宗教保守主义思想的指引下，该党极力宣称波兰是一个宗教国家，这使得天主教在国内拥有了无可动摇的地位和影响力，提倡回归波兰的传统家庭文化；让波兰的穷人富起来，让底层老百姓的日子好起来的口号。它还提出要劫富济贫，为孩子较多的家庭提高生活补助，废除前政府提出的提高退休年龄政策，等等。法律与公正党的这些主张使之在2015年竞选中，更能吸引因担忧波兰国内经济增幅放缓、贫富差距和城乡差距拉大以及欧洲日益显现难民问题而人心思变的选民。

在对待欧盟的问题上，除去经济保护主义主张，波兰社会还普遍从波兰在欧洲的地位和独立性角度来审视入盟与否的问题。有学者描述波兰社会中有人认为：“波兰的民主转型标志性地截至在2004年5月1日，也就是波兰正式加入欧盟的那一天。”“60%的波兰人认为国家将在欧盟中沦为‘二等公民’。”[②] 同时，在经济层面，法律与公正党认为波兰只有赶上西欧以后才能加入欧元区。因此，法律与公正党的民族主义倾向与欧盟的超国家组织之间的对立，反映出的是作为现代化发展不及西欧的波兰，在欧盟中既想获利又畏惧竞争的两难境地之间的深层次的、需

---

① 张牧洲、文学：《21世纪波兰政治两次右转的原因及影响》，《哈尔滨学院学报》2017年第5期。

② 张牧洲、文学：《21世纪波兰政治两次右转的原因及影响》，《哈尔滨学院学报》2017年第5期。

要调和的矛盾。[①] 另外值得注意的是，与匈牙利相对独立的政治空间和国情不同的是，波兰的大城市较多，且西部直接与德国接壤，西部的现代化、工业化较为发达，政治价值观更为“自由民主”，更为“西方”，因而比匈牙利出现更多的社会分裂和抗议等行为。

（二）2018 年波兰的地方选举及其对 2019 年议会选举的影响

2018 年 10 月 21 日，波兰举行了地方选举。在这次选举中，大约有 3000 万波兰人有选举资格。从公布的数据来看，投票率达到了 54.96%，是波兰地方政府选举历史上最高的。这次选举选出了近 47000 名市议员和 2500 名市长、县长、镇长和其他当地政府官员。根据相关选举规则，如果没有候选人在第一轮中获得超过 50% 的选票，则两位得票最高候选人将进行第二轮投票。地方新政府从 2018 年 11 月 16 日开始工作，任期 5 年，最多可以连任两届。

从选举结果来看，波兰选民的城乡分野依然牢固，执政党法律与公正党获胜，基本盘稳固，仍旧是在落后地区占有优势，但领先优势缩小，被波兰人民党分流了部分农村选民。公民纲领党与“现代波兰”协会组成的公民联盟，则基本上在大城市表现出色，华沙、波兹南、罗兹、卢布林等主要大城市的市长获得连任。

表 I－6－18　　**2018 年波兰地方选举得票率变化**

政党	得票率%/±%（2014，2015）	地方议会议席/±
法律与公正党	34.3/+8，－3.28	254/+83
公民联盟	27.1/+0.8，－4.59	194/+15
波兰人民党	12.1/－11，+6.97	70/－87
民主左翼联盟	6.7/－2，－0.75	11/－17
库齐兹运动	5.63/+5.63，－3.18	0

注：得票率变化参照 2014 年地方选举及 2015 年众议院选举。

资料来源：https：//en. wikipedia. org/wiki/2018_ Polish_ local_ elections。

波兰地方选举在某种程度上是波兰 2019 年议会选举和 2020 年总统选

① 张牧洲、文学：《21 世纪波兰政治两次右转的原因及影响》，《哈尔滨学院学报》2017 年第 5 期。

举的风向标。尤其是控制地方政府等同于掌握更多的地方竞选资金。尽管从结果上看，法律与公正党赢得了选举，但从一些结果上看，法律与公正党并不乐观，主要城市的市长竞选都没能获胜，落入公民纲领党手中。华沙不仅是“自由民主”价值观的重要存在场域，也是公民纲领党抗议法律与公正党进行宪法改革的主要场所，因此华沙的市长竞选在某种程度上是下一轮议会和总统选举的政治风向标。公民纲领党候选人拉法乌·特沙斯科夫斯基（Rafal Trzaskowski）赢得胜利为该党增加了重新上台执政的可能。同时，公民纲领党的汉娜·兹坦诺夫斯卡（Hanna Zdanowska）已经三次连任罗兹市市长。

从各大民调上看，以2015年选举法律与公正党和公民纲领党的得票率为基准，目前法律与公正党仍旧维持着自身优势（表Ⅰ-6-19）。尽管仍旧没能在大城市选举上有所突破，但这实际上是法律与公正党和公民纲领党在波兰政治—社会价值观分裂的“正常”结果。

表Ⅰ-6-19 **法律与公正党和公民纲领党的民调差距①** （%）

数据来源	法律与公正党	公民纲领党	差距
2015年议会选举	37.6	24.1	13.5
Millward Brown（2018年11月20日）	33	26	7
Kantar Public（2018年11月15日）	34	24	10
CBOS（2018年11月15日）	42	21	21
IBRiS（2018年11月13日）	40	30	10

如没有太大变数，法律与公正党赢得2019年和2020年议会和总统选举的可能性不小，但也面临着一系列挑战，包括如何处理民众诉求和合理界限的问题，如何处理民主制度与其宣称的“第四共和国”的关系，如何应对波兰政治—社会价值观的分裂问题，等等。从长远来看，在政治—

① 参见（https：//fakty. tvn24. pl/ogladaj-online，60/sondaz-partyjny-dla-faktow-tvn-i-tvn24-duze-zmiany，885397. html）；（https：//www. rp. pl/Polityka/181119409-Sondaz-PiS-poprawia-wynik-Zwieksza-przewage-nad-Koalicja-Obywatelska. html）；（https：//www. rp. pl/Polityka/181119435-Sondaz-CBOS-PiS-z-dwukrotnie-wiekszym-poparciem-niz-PO-Nowoczesna-za-Korwinem. html）；（https：//www. rp. pl/Kraj/311199878-Sondaz-Na-kogo-chcaglosowacPolacy. html）。

社会分裂的大背景下，法律与公正党的政策主张较难长久且顺利的推行，能否解决分裂问题，是其能否成功使波兰发展道路转向的重要基础。

二　力图恢复民族的历史荣耀

近年来，作为中东欧“偏离”自由民主制度的代表，波兰一直颇受关注。有观点认为，波兰之所以偏离西方主流价值观和制度设计，主要原因在于力图恢复民族声望和地位。民族荣耀和民族权力的重要性要高于法治和自由民主。[①]

（一）追求民族荣耀与自由民主

在中东欧，重新定位民族自身是一个颇为现实的问题，尤其是在东欧剧变以及欧盟东扩之后。“东欧”的定位源于“西方”参照和“西方”中心。因此，如果波兰等国不被完全承认是“西方”的正式成员，不以西方的价值观和民主制度为标准界定自身，那么完全可能会强调自我民族的道路和历史，这就使民族的声望和荣誉上升为主要问题。此外，当西方的自由民主制度出现治理问题，失去某种现实有效性时，“东欧”自然会脱离这一中心，寻找另一条道路和发展方式。

从民主视角来看，“西方”在某种意义上具有威望，原因可能在于大多数完全民主国家是西方国家，并实现了良好的政治治理。根据2016年和2017年的民主指数报告，在167个被研究国家中，只有45.5%的国家属于民主国家。19个完全民主国家中有14个位于欧洲，而所有北欧国家都享有这种民主声望，并成为民主定义的标准：现在“北方”代表了民主意义上的“西方”。波兰和匈牙利分别排在第53和第56，并且被视为自2016年来两国已经接近混合政权而不是完全民主国家。[②] 上述报告将波兰当前的政治制度称为软威权主义（Soft Authoritarianism），波兰和匈牙利代表了欧盟国家的民主衰落。虽然目前两者都是民主国家，但它们比完全

---

① Heino Nyyssönen, “The East is different, isn’t it? Poland and Hungary in search of prestige”, *Journal of Contemporary European Studies*, No. 3, 2018.

② The Economist Intelligence Unit, “Democracy Index 2016Revenge of the ‘deplorables’” (http://pages.eiu.com/rs/783-XMC-194/images/Democracy_ Index_ 2016.pdf); The Economist Intelligence Unit, “Democracy Index 2017 Free speech under attack” (http://pages.eiu.com/rs/753-RIQ-438/images/Democracy_ Index_ 2017.pdf).

民主国家更接近混合型。从这个意义上来说，“这种软威权主义可能是未来欧盟国家政治制度发展的一种趋势”。①

（二）追求民族荣耀与批判共产主义

在波兰，除了改革民主制度以外，当前政府的合法性还在于不断批判共产主义和威权主义，甚至有人认为，“在政治上，他们在拆除共产主义方面做得还不够”。② 事实上，波兰司法改革背后的理念揭示了一切：根据雅罗斯瓦夫·卡钦斯基的说法，法院仍处于共产党人及其继承人的控制之下：“法院基本上还与当时共产党人统治时一样。”③ 在将“共产主义”和“自由主义”融合在一起的时代，这种“相似性”的指控仍然说明了，在中东欧，尤其是在波兰，“拆除共产主义”的意识形态仍旧是波兰政治的合法性之一，而且是其右翼民族主义追寻历史认同的重要工具，这更超出了欧盟的界限和范围。

（三）追求民族荣耀与波兰的历史

波兰有着悠久的历史，不仅是古老的国家，也是中世纪时期中东欧的大国（在14世纪的欧洲是相对富裕和积极发展的国家）。波兰希望重振自己的历史地位，在当前的欧洲及其他地区加强自己的发言权，试图使自身成为欧洲的“中坚力量”，能够摆脱各种外部干预实现自立，从而发展自身。在欧盟中，波兰希望成为“规则的制订者”，而不是“接受者”。尽管欧洲理事会主席、波兰前总理唐纳德·图斯克批评2017年波兰司法改革，但是他担心的出发点和动机是，政府政策将“导致波兰在欧洲的边缘化”。④

无论是过去针对维也纳、莫斯科，还是现在反对布鲁塞尔，波兰都在强调国家主权，并渴望恢复自己伟大的历史，“波兰人要求绝对的尊重”

---

① Heino Nyyssönen, “The East is different, isn't it? —Poland and Hungaryin search of prestige”, *Journal of Contemporary European Studies*, No. 3, 2018.

② Heino Nyyssönen, “The East is different, isn't it? —Poland and Hungaryin search of prestige”, *Journal of Contemporary European Studies*, No. 3, 2018.

③ 参见（http://www.politico.eu/article/poland-rule-of-lawconstitution-brussels-warns-over-judicial-reforms/）。

④ “Donald Tusk warns of ‘bleak outcome’ from Polish Judiciary Reform”（https://www.theguardian.com/world/2017/jul/20/donald-tusk-criticses-bleak-outcomes-in-wake-of-polands-judiciary-reform）.

是当前波兰民族的典型话语表达。[①] 18 世纪后期波兰被瓜分，一个失落的帝国潜伏在现实当中。现今，波兰试图通过新的“三海倡议”（Three Seas Initiative）加强其在欧盟的影响力[②]。“亚德里亚海—波罗的海—黑海倡议”（BABS）是一个具有盛名的“中欧”论坛，讨论涉及成员国的各种问题。正如波兰新闻机构于 2017 年 5 月指出的那样，杜达总统创造的这个概念，“促进欧洲的团结和凝聚力，这是一个在亚得里亚海、波罗的海和黑海之间的 12 个国家之间合作的设想”。[③]

有学者提出，“有必要消除旧和新，东方和西方的人为划分。我们是中欧，希望成为欧盟的核心，就像任何其他欧洲—大西洋国家一样。我们不想成为外围的一部分”。[④] 无论是位于“东欧”还是“中欧”，波兰都在为自己在欧盟的声望而奋斗。波兰的参考点是国家利益和政治现实主义。然而，国家利益不仅仅指民族生存，还意味着社会认同、民族福祉和自尊。

三 议会选举的政治预期重在市一级政府的经济治理

在波兰政治体制中，政府大体上可以分为五个层面：中央政府、省政府、市政府、县政府和村一级政府。经济对选民政治偏好的影响，可以通过各种不同的机制来发挥作用。对于经济问题，选民往往持有相同立场，并对此抱有共同期望。从这个特殊视角来看，无论在特定经济问题上的立场或各自在政治光谱和结构中的位置，选民们都更多地重视经济繁荣。[⑤] 因此，民众会在政府特定任期内回顾性地评估政府的经济治理，并在选举

---

① Anna Gromada, “Pride is at Stake in Poland’s Tussle with the EU. It won’t give Ground Easily” (https: //www. theguardian. com/commentisfree/2017/aug/01/poland-tussle-eu-populist-leaders-nationalist-feeling-judicial-reforms) .

② Heino Nyyssönen, “The East is different, isn’t it? —Poland and Hungaryin search of prestige”, *Journal of Contemporary European Studies*, No. 3, 2018.

③ 参见（http: //www. prezydent. pl/en/news/art, 425, minister-szczerski-three-seas-initiative-to-boost-european-unity-. html）。

④ Ina Vukic, “Fare well—Three Seas Initiative” (https: //inavukic. com/2017/07/09/fare-well-three-seas-initiative/) .

⑤ Paula Kukołowicz and Maciej A. Górecki, “When incumbents can only gain: economic voting in local government elections in Poland”, *West European Politics*, No. 3, 2018; R. Dassonneville and M. S. Lewis-Beck, “Economic Policy Voting and Incumbency: Unemployment in Western Europe” *Political Science Research and Methods*, No. 1, 2013.

时决定投票给现任者还是在野者。在波兰的政治体制中，往往市一级政府的经济治理决定了选举结果。

第一，波兰地方政府机构的设计方式，决定了经济发展的大部分责任在于市政府的行政领导人。地方政府高官和地方议会之间的权力分配有利于前者。① 政府执行办公室负责制订年度财政预算计划，然后各地方议会批准后实施。所有市政当局的财产也由行政领导人管理。

第二，市一级政府负责提供绝大多数重要的公共服务，例如初等教育和社会保障。值得注意的是，国家分配了大量公共资金供市一级政府使用。大部分波兰公民实际上意识到他们的生活质量取决于当地社区。在2010年发表的民意调查中，受访者被问及哪一级的权力机构负责提供特定的公共产品和服务，多数人选择了市一级。② 例如，在教育、卫生保健和社会关怀方面，多个受访者指向市一级政府（见表I－6－20）。

表I－6－20　**波兰公民对各级政府责任的看法（数值越大，重要性越高）③**

	责任范围/责任归属								
政府级别	社会关怀	教育	卫生保健	文化	基础设施建设	应对失业问题	发展民营企业	环保	公共秩序和安全
村一级	13	6	3	7	3	2	3	4	8
市政府	55	47	28	46	32	26	27	33	36
县政府	14	18	20	18	21	22	20	16	20
省政府	7	13	23	14	20	17	19	19	12
中央政府	3	8	17	7	11	26	19	19	18
欧洲联盟	1	1	2	0	3	2	3	4	1
这很难说	7	7	8	7	9	6	9	7	6

① Paula Kukołowicz and Maciej A. Górecki, "When incumbents can only gain: economic votingin local government elections in Poland" *West European Politics*, No. 3, 2018.

② "Samorzą̧Dnośćc W Polsce-Bilans Dwudziestolecia"　(http://www.cbos.pl/SPISKOM.POL/2010/K_ 144_ 10.PDF).

③ Paula Kukołowicz and Maciej A. Górecki, "When incumbents can only gain: economic voting in local government elections in Poland", *West European Politics*, No. 3, 2018.

第三，政府的多层次结构对地方经济投票效应模式也产生了影响。在选举周期，市政府往往可以增加财政支出使现任候选人受益。失业率往往是衡量经济状况的指标，但在波兰地方政府的选举竞争背景下，该指标的相关性较低。失业对现任候选人的选举表现没有显著影响。同时，在波兰地方政府选举的背景下，无论各自的城市经济状况如何，现任者都倾向于享有实质性的选举优势。这同样也表明了存在超出纯粹经济投票现象的因素，如选民往往更加熟悉或认同长期执政的领导人。

四 民主制度衰退的表现：政治参与的多样性正在下降

有研究表明，从职业结构来看，自 1991 年以来，波兰议员的职业背景正朝向单一化发展。[①] 尽管候选人的职业多样性有所增加，但当选议员的职业多样性已显著下降。自 1991 年以来，议员中知识分子的比例从 78% 变为 83%，农民从 9% 下降到 1%。与此同时，当选的企业主议员人数有所增加（表 I－6－21 和表 I－6－22）。2011 年大选的数据清楚地表明，两大党，尤其是公民纲领党，知识分子议员占了大多数。而其他相对较小的党更有可能选择具有不同职业背景的候选人。

表 I－6－21 **波兰职业划分**

非技术知识分子	教师和学校督察；经济学家，银行，财务专家；社会学家和政治学家；法律专业人士；专业人士和专家；农业工程师；医师（医生）；研究科学家和大学教师；议员；经理；记者和媒体评论员；社会科学和人文科学专家；艺术家；心理学家；化学家；律师；政治家
非体力工人	技术员；机械技师；电气和电力行业技术人员；施工技术人员；专业办公室工作人员；财务检查员和顾问；计算机操作员和数据处理技术人员；政府行政官员；护士和中层医务人员；农业和林业中级；房地产，保险和贸易代理；簿记文员；统计和经济部门的文员；警察；军官；运动员，运动员，体育官员兽医
技术知识分子	技术领域的专家；工程师；机械工程师；电气，电子和电力工程师；建筑工程师；大地测量学，地质学和采矿工程师；工程专家和技术专家

① Sheri Kunovich, “Occupational Diversity in Polish Politics, 1991－2011”, *International Journal of Sociology*, Vol. 48, 2018.

续表

体力劳动者	矿工；电工；机械工人；铁路工人；汽车、卡车和公交司机
没有职业	退休；领取养老金；失业；家庭主妇；学生
企业家和企业主	个体户；商人或工厂主
销售和服务人员；农民	

在1991—2011年的7次选举中，议员候选人的职业特征与最终当选的议员之间，呈现出越来越大的多样性差别（见表Ⅰ－6－22）。工人阶级在政治中的象征性日益减弱，知识分子愈加突出。工人阶级、农民和小企业主的代表在波兰社会中具有历史性和现实性。波兰的农业仍然非常重要，但是候选人中农民的比例正在下降（见表Ⅰ－6－23）。而工人阶级的代表性严重不足，小企业主似乎在最近的选举中取得了一些成绩。虽然参加波兰选举的几个政党声称代表工人阶级、农民、自营职业者和企业主的利益，但实际上很少有人从这些职业阶层招募候选人，更不用说成功竞选议员。当前，在波兰议会中，知识分子拥有特权地位，多在政党中占据领导地位。

表Ⅰ－6－22　**波兰议员候选人职业多样性变化**　（%）

社会阶层/年份	1991	1993	1997	2001	2005	2007	2011
非技术知识分子	46.5	46.0	48.6	46.6	41.2	43.9	47.0
技术知识分子	16.9	15.0	13.7	10.6	9.2	9.6	7.1
非手工工人	13.7	14.7	12.2	13.5	16.1	16.1	20.4
销售和服务人员							2.4
体力劳动者	4.7	3.9	3.5	5.1	8.1	6.8	5.6
农民	6.7	7.9	4.9	7.6	4.1	4.9	3.3
企业主和个体经营者	5.8	5.4	6.6	6.5	9.0	8.7	8.6
不工作	5.8	7.0	10.6	10.2	12.2	10.0	5.7

表 I－6－23　　　　　　　　　**波兰议员职业多样性**　　　　　　　　　（%）

社会阶层/年份	1991	1993	1997	2001	2005	2007	2011
非技术知识分子	63.7	67.6	67.4	65.2	67.8	69.6	75.7
技术知识分子	13.5	11.7	10.9	9.3	9.8	13.0	7.8
非手工工人	7.0	10.4	5.7	8.5	9.8	7.6	8.9
销售和服务人员	0	0	0	0	0	0	0
体力劳动者	2.8	0.4	1.1	0.9	2.0	1.1	0.9
农民	7.8	5.4	2.4	10.7	3.9	1.7	1.1
企业主和个体经营者	3.5	2.0	3.3	3.5	4.3	4.1	5.2
不工作	1.7	2.4	9.3	2.0	2.4	2.8	0.4

五　保守的民族主义和疑欧主义：雅罗斯瓦夫·卡钦斯基的政治哲学

自 2015 年以来，法律与公正党的强硬政策与“法治的被侵蚀”成为波兰政治生态的一条主线，改变了西方对波兰的积极看法。① 波兰监察专员亚当·博德纳（Adam Bodnar）于 2016 年 7 月接受采访时宣称，“在 2015 年选举之后，波兰的宪法正在改变”。②

雅罗斯瓦夫·卡钦斯基的政治哲学和对法律的改革，主要基于两个层面的影响。一是他对波兰政治的看法。他认为，波兰政治士气低落。政治家、官员、精英都被腐化（包括道德堕落），并服务于他们自己或外国的利益。法官在道德上受到了腐蚀。社会处于两极化状态，许多人被排除在“精英圈子”之外。跨国公司正在“侵蚀”波兰经济和社会。这意味着波兰需要艰难和庞大的改革才能变得强大、公正和富裕。对于

---

① “Warsaw tells Brussels to back off in fight over court changes”, Politico（https://www.politico.eu/article/warsaw-tells-brussels-to-back-off-in-fight-over-court-changes-rule-of-law/）；“Today at Commission, Polish threats get real”, Politico（https://www.politico.eu/blogs/playbook-plus/2017/07/today-at-commission-polish-threats-get-real/）；“In stinging attack, France's Macron says Poland isolating itself in Europe”, Reuters（https://www.reuters.com/article/us-france-centraleurope-idUSKCN1B5128）.

② Dawid Bunikowski, “The constitutional crisis in Poland, Schmittian questions and Kaczyński's political and legal philosophy”, *Journal of Contemporary European Studies*, No. 3, 2018.

雅罗斯瓦夫·卡钦斯基来说，通常具有共产主义背景或自由主义意识形态的特权群体，损害了经济和社会的公正。[①] 二是受到他的“导师”斯坦尼斯瓦夫·埃利希和马歇尔·约瑟夫·毕苏斯基的影响。[②] 他认为，波兰需要一种“制度化”的，政治的“身体、道德治愈”。早在2005年，雅罗斯瓦夫·卡钦斯基在党的地方会议上就表示，需要对立法部门进行深刻改革。法律不是权力合法性的源泉，权力来源于政治意愿。法律实践比成文法更重要，法律实践不仅取决于法律条文，还取决于社会政治现实。[③] 只有通过分析主要政治和社会参与者的利益，才能使法律现实化。

2010年，当时在政治上处于反对派的雅罗斯瓦夫·卡钦斯基被邀请作了题为“波兰是一个法治国家吗?”的演讲[④]，该演讲主要有以下四个观点：第一，社会多元化是必需的，这是社会、经济、政治和文化力量的平衡。第二，“精英”应该“深入社会”。精英们不应该捍卫他们自己群体的特殊利益或自由主义世界观，而是尊重与社会生活相关的法律和道德价值观，即“群众的自发性”，这是一种保守的社会哲学。第三，“健全的司法制度”对于法治至关重要，这意味着去除共产主义时代走过来的“旧法官”。在资本主义和民主制度下，“国家对于这些法官的压力不够大”。第四，媒体在政治上不应该是同质的。缺乏强大的多元化媒体意味着缺乏强有力的社会控制。他认为，今天的媒体“甚至受到自治政府或其他强大的市场主体的影响”。

波兰的大多数普通人有两个价值观：安全（经济和公共）以及政府的诚实。第一个价值观侧重于社会和经济安全，是关于生活质量的社会保障。第二个价值观与执政党既不腐败也不基于裙带关系活动的价值观有关。

---

① Krzysztof Mazur, “Jarosław Kaczyński-ostatni rewolucjonista III RP” (http: //jagiellonski24. pl/2016/01/18/jaroslaw-kaczynski-ostatni-rewolucjonista-iii-rp/).

② Krzysztof Mazur, “Jarosław Kaczyński-ostatni rewolucjonista III RP” (http: //jagiellonski24. pl/2016/01/18/jaroslaw-kaczynski-ostatni-rewolucjonista-iii-rp/).

③ Dawid Bunikowski, “The constitutional crisis in Poland, Schmittian questions and Kaczyński's political and legal philosophy”, *Journal of Contemporary European Studies*, No. 3, 2018.

④ Dawid Bunikowski, “The constitutional crisis in Poland, Schmittian questions and Kaczyński's political and legal philosophy”, *Journal of Contemporary European Studies*, No. 3, 2018.

在西方自由民主的意义上，雅罗斯瓦夫·卡钦斯基的政治哲学不是民主的，也不是法治的。这是一种波兰导向的、民族的、保守的和民粹主义的意识形态。在某种程度上也是一种务实的意识形态。在雅罗斯瓦夫·卡钦斯基的愿景中，波兰应该拥有独立的主权、民族自豪感和强大的国家影响力，民众团结在维护国家利益的执政党周围。这是一个“民族团结的国家”，没有穷人和富人的区分，为人民带来了正义。这是一个伟大而保守的国家的愿景，波兰应是欧洲最伟大的国家之一，中东欧的领导者之一，具有从波罗的海到亚得里亚海到黑海的影响力”。[①]

六　民族主义的影响力日益增长

（一）民族主义兴起的原因

有关波兰民族主义政治兴起的解释，大体上有以下两种观点。

第一，民族主义是党派竞争的产物。首先，民族主义简化了党派差异。在选举波动和选民对政党忠诚度低的情况下，民族主义能够为选民和政治家提供最简单的有利线索，能够有效地动员各种文化领域的选民，比如宗教、不同学历和不同历史价值观，使之团结在民族主义的旗帜之下。其次，民族主义是一种灵活的后政治话语。它为各方提供了一种解决方案，能够桥接“左”和“右”。对于那些不想将自己的计划与左翼或右翼的强烈意识形态承诺联系起来的政党来说，这种话语尤其诱人。最后，民族主义给各方带来了遗产和历史的连续性。它引用了“我们”（人民）和“他们”（精英）之间熟悉的二分法，值得注意的是，这种二分法来自波兰1989年以前反对共产主义的抗议活动。

第二，民族主义代表了一种基本文化，反映了民众对民族文化的完整性和地缘政治独立性的追求。民族主义的兴起，往往还是社会中出现的民众新焦虑的反映，这种焦虑是对民族同质性或国家社会地缘政治独立性的前所未有威胁的应激反应。波兰转向自由民主和自由市场，可能引起了某些群体的相对贫困、焦虑和沮丧感，而这种情绪反过来可能使人们容易受到影响。从这个意义上说，波兰民族主义的兴

---

① Dawid Bunikowski, “The constitutional crisis in Poland, Schmittian questions and Kaczyński's political and legal philosophy”, *Journal of Contemporary European Studies*, No. 3, 2018.

起，可能与西欧的仇外心理和福利沙文主义的崛起相类似，民族主义和反建制政党主要被“失意者”选民支持。就波兰而言，自1989年以来发生了深刻的社会经济变化，即使那些没有直接受到负面影响的人也可能产生不安感。

此外，民族主义也意味着历史延续的新时代创造，波兰民族主义政治的一个显著因素是，倾向于表明与过去的连续性，同时以政治动员为目的，提高国家认同。各个党派往往支持这种行动，以说明他们对历史的理解比竞争对手更正确，从而具有更高的合法性。

（二）波兰民族主义的表现

在话语层面，波兰民族主义主要体现在以下几个方面。

第一，在波兰公共话语中，逐渐对移民采取负面态度。虽然在大多数情况下很少有公众会公开对移民发表看法，但现实经验表明，公众对移民的态度越来越消极。[①] 1989年以后，波兰公共舞台的特点是缺乏多元化的声音，而且常常被社会的敌意、仇恨和根深蒂固的政治化意识形态斗争所主导，包括非常突出的少数民族问题，关于少数群体的负面讨论经常被投射到波兰反移民的案例中。[②]

第二，波兰的反犹太主义在很大程度上仍然是民族主义话语的主流。例如，反犹太主义式的“替罪羊”政治和话语模式，不仅是历史性的，而且在当代波兰确实很普遍。[③] 同时，反犹太主义的话语形式，也渗透到对不同民族、社会群体的仇恨言论中，如反对罗姆人、乌克兰人和穆斯林等少数民族，或波兰的同性恋人群。欧洲爆发难民危机后，反犹太主义者的歧视话语，也被投射到移民和难民群体中。

第三，民族主义还表现在，反对移民和“伊斯兰恐惧症”，有时甚至表现为种族主义。欧洲难民危机一直是波兰移民政治化进程中的核心问题，激烈的政治辩论引发了对移民特别是对庇护者和难民的歧视性观点。

---

① Aleksandra Grzymała-Kazłowska et, “Influx and integration of migrants in Poland in the early 21st century”（https：//www. researchgate. net/publication/237538464_ Influx_ and_ Integration_ of_ Migrants_ in_ Poland_ in_ the_ Early_ XXI_ Century）.

② Michał Krzyżanowski, “Discursive Shifts in Ethno-Nationalist Politics：On Politicization and Mediatization of the ‘Refugee Crisis’ in Poland”, *Journal of Immigrant & Refugee Studies*, Issue1-2, 2018.

③ Bilewicz M. and Krzeminski I.，“Anti-semitism in Poland and Ukraine：The belief in Jewish control as mechanism of scapegoating”, *International Journal of Conflict and Violence*, 2010. 4（2）.

移民、其他宗教（尤其是伊斯兰教）和其他种族，往往被视为对波兰文化、宗教和国家的“威胁”，他们与波兰的“本土”人口有着全方位的不同。2015 年以来，移民进入了公共话语，并在变得强烈政治化，这也为了右翼民粹主义和政治机会主义提供了机遇，它导致了政治话语的转变，民族主义话语不仅被引入公共领域，而且进一步重新语境化，从而在社会中传播和延续。

第七章　民族与宗教研究

波兰地处连接东西方的纽带地区，独特的地理位置对波兰民族的形成起到了重要作用，在早期发展过程中，波兰民族为了与相邻的德意志人进行对抗而选择信仰天主教，自此开始了独具特色的“波兰—天主教”（Polak-Katolik）认同。此后，这样一种民族宗教高度融合的身份认同在波兰屡次遭遇不幸时被反复强化，既是波兰民族得以渡过难关的精神支柱，也是战后波兰发生“和平演变”直至近年来民族主义势力抬头的根源。

第一节　民族的形成与现状

一　民族发展历史

波兰人是西斯拉夫人的一支，起源于维斯瓦河和奥德河流域，9、10世纪之交，这里居住着斯拉夫部落的莱赫人，就是后来的波兰民族的祖先。[①] 在青铜器时代，前乌日茨文化和奇齐涅茨文化在波兰境内形成并融合成为乌日茨文化。部分波兰和苏联历史学家认为乌日茨文化是古代斯拉夫人的摇篮，在长期的历史过程中形成了西起奥德河，东到第聂伯河的古代斯拉夫人共同体。[②]

---

① 钱乘旦主编：《欧洲文明：民族的融合与冲突》，贵州人民出版社 1999 年版，第 311 页。此外，波兰学界对“民族”一词的认知也存在分歧。“早在 30 年代，波兰学者就在其著作中使用‘ethnic group’一词并将其定义为‘自我认同的文化和社会统一体’。然而这一解释只得到部分学者的认可，它与苏联民族学界所采用的‘nationality’一词的释义也大相径庭”，参见王丽芝《波兰〈民族研究〉丛书第一卷——〈民族冲突〉简介》，《世界民族》1997 年第 3 期。

② 刘祖熙：《波兰通史》，商务印书馆 2006 年版，第 2—3 页。

> 古波兰人东与斯拉夫人、罗斯人毗邻，东北与普鲁士人，即立陶宛部落为邻，在西部与南部则与其他斯拉夫部落接壤，这样，在古波兰人发展之初，就形成了属于他们这个种族的地域。同时，随着斯拉夫各民族的形成，各地斯拉夫人中出现了语言的差别，而在波兰土地上，已形成了统一的语言。统一的地域与语言对波兰民族的形成具有重大意义。①

1569 年，波兰与立陶宛合并成立以波兰为主体的联邦国家波兰—立陶宛共和国，即“波兰第一共和国”，原属立陶宛占领下的乌克兰领土并入波兰版图。原立陶宛所占罗斯地区的信奉东正教的白俄罗斯人、乌克兰人和俄罗斯人，受到了信奉天主教的波兰—立陶宛共和国的迫害，民族文化遭到摧残，他们产生了与俄罗斯合并的要求，并“逐渐受到莫斯科大公的关注”，这就成了以后波兰与俄罗斯之间斗争的一个重要原因。② 在波兰民族漫长的发展过程中，其独特的地理位置使其不得不常年在德意志、俄罗斯两大民族之间挣扎③，甚至可以说与德意志民族的斗争见证了波兰民族形成与发展的全部历程。长期的斗争、历次被瓜分的惨痛记忆等因素时至今日仍对波兰民族具有重要影响力。虽然波兰如今是一个民族、宗教都较为单一的国家，但历史上波兰长期是个多民族的国家，波兰民族在全国人口所占的比例并不像现在这样呈现压倒性的多数。同时，也正是因为民族组成较为多元，反而成为波兰与周边国家和地区大国产生矛盾的导火线。

17 世纪前半期，波兰人口增加到 1000 万，其中 40% 是波兰人。④ 20 世纪初，在波兰境内除了波兰人之外，在波兰西部、北部的省份中，如波莫瑞、西里西亚等，德意志人占人口的大多数；在东南，乌克兰居民大量

---

① 钱乘旦主编：《欧洲文明：民族的融合与冲突》，贵州人民出版社 1999 年版，第 311 页。

② 钱乘旦主编：《欧洲文明：民族的融合与冲突》，贵州人民出版社 1999 年版，第 316 页。

③ 也有学者指出波德关系和波俄关系截然不同。“波德关系与波俄关系存在着本质差别。波德之间的漫长历史可以追溯至 1000 年前，对前现代波兰的集体记忆做出了巨大的贡献，而波俄关系仅自 16 世纪始才变得重要起来。德国除了曾向东扩展与波兰发生过几场战争外，波德之间分享着较长时期的合作与和平。”参见孙友晋、张磊《后冷战时期波兰的民族认同与俄罗斯观》，《俄罗斯研究》2007 年第 2 期。

④ 刘祖熙：《波兰通史》，商务印书馆 2006 年版，第 82 页。

集居，此外还有东部的立陶宛人和白俄罗斯人，以及散居各地的犹太人。[①] 第二次世界大战结束后，波兰的民族结构才逐渐从一个多民族国家转变成为一个单一民族国家。由于波兰收复的西部失地内居住着大量德国人，各大国决定"应该由波兰迁出的全体德国人（350 万）将迁入德国的苏占区和英占区"，以解决波兰境内的德意志少数民族问题。这使得战后波兰成为种族上高度一致的国家（波兰人占总人口的98%以上），较好地解决了波兰境内长期的多民族状况。[②] 至此，波兰民族真正成了波兰的主体民族，但与此同时，几个世纪不断与外部抗争的历史记忆和民族结构上的绝对多数也为近年来波兰国内出现的民族主义思潮埋下了隐患。

二　民族发展现状

波兰现有人口为 3800 余万人，其中波兰民族占人口总数的 96.9%，是波兰的主体民族。但在较长一段时间内，波兰曾是一个民族组成较为多元的国家，如在 20 世纪初的统计显示，波兰全国人口为 2700 万，其中波兰民族占 69%，约为 1870 万人；少数民族约占 1/3，其中乌克兰人占 14%，犹太人占 7.8%，白俄罗斯人占 3.9%，日耳曼人占 3.8%，立陶宛人、俄罗斯人和捷克人占 1%。[③]

根据 2005 年生效的波兰《少数民族与地区语言法》（*Law on National and Ethnic Minorities and Regional Language*）的相关内容，"少数民族"指在波兰人口中占少数的波兰公民群体；在语言、文化、传统等方面与其他民族明显不同的，并致力于保护这种差异性。目前波兰的少数民族主要包括白俄罗斯族（Belarusian）、立陶宛族（Lithuanian）、莱姆克族（Lemko）、德意志族（German）、亚美尼亚族（Armenian）、罗姆族（Roma）、俄罗斯族（Russian）、鞑靼族（Tartar）、乌克兰族（Ukrainian）、犹太族（Jewish）、卡舒比语群体（Kashubian Language Community）等。[④]

21 世纪以来波兰中央统计局曾于 2002 年和 2011 年进行过两次全国范围的民族人口统计，但相关数据结果引起部分少数民族的质疑。如部分白

① 钱乘旦主编：《欧洲文明：民族的融合与冲突》，贵州人民出版社 1999 年版，第 322 页。
② 钱乘旦主编：《欧洲文明：民族的融合与冲突》，贵州人民出版社 1999 年版，第 325 页。
③ 刘祖熙：《波兰通史》，商务印书馆 2006 年版，第 362 页。
④ Central Statistical Office of Poland, *Statistical Yearbook of the Republic of Poland* 2017, p. 188.

俄罗斯族表示波兰政府对民族的认定“无知且不敏感”①，统计过程中会自动将具有波兰公民身份的人认定为波兰族，导致最终数据失实。此外在相关数据中还出现“美国”，美国本身是个移民国家、多民族多宗教信仰的国家，能否作为一个民族纳入统计，值得商榷。

表 I－7－1　　**波兰国内主要民族人口数据②**

民族	人口数量（人）
西里西亚	435750
德意志	74464
乌克兰	38387
白俄罗斯	36399
罗姆	12560
俄罗斯	8203
莱姆克	8203
立陶宛	5599
越南	3585
亚美尼亚	2971
犹太人	2488
斯洛伐克	2294
英格兰	1560
意大利	1690
法兰西	1506
捷克	1307
美国	1239
希腊	1083
荷兰	860
其他	22320
卡舒比	17746

资料来源：GUS，*Przynależność narodowo-etniczna ludności-wyniki spisu ludności i mieszkań 2011*, p. 90.（http：//www. stat. gov. pl/cps/rde/xbcr/gus/Przynaleznosc _ narodowo-etniczna _ w _ 2011 _ NSP. pdf）。

① Central Statistical Office of Poland, *Statistical Yearbook of the Republic of Poland*, 2017, p. 188.

② 本表格仅显示“第一身份”（first identity）的相关数据，原统计报告中还包含了“第二身份”（second identity）的相关数据。

三 主要少数民族概况

如上文所述，波兰在很长一段时间内是一个多民族的国家，波兰民族只是其中一个组成部分，亚美尼亚族、白俄罗斯族、鞑靼族等都因为各种各样的原因进入波兰并落地生根。

（一）亚美尼亚族

在13、14世纪时期，由于鞑靼人占领了克里米亚半岛，约5万名亚美尼亚人前往波兰并定居。波兰接受了这批移民，至卡齐米日三世（Casimir Ⅲ）时期，亚美尼亚人甚至在波兰被允许建立民族委员会，由他们所在的12个城市各选一位法官组成。① 亚美尼亚族信仰的亚美尼亚天主教教派是波兰天主教四大教派之一，虽然他们长期在波兰生活，但在宗教信仰上仍然保持原有特色，是与波兰民族类似的、民族宗教认同高度重合的民族。

第二次世界大战期间，波兰亚美尼亚人同其他民族一样大量被害，战争结束后亚美尼亚族长期致力于恢复民族、宗教传统。目前波兰的亚美尼亚人中也有部分是在苏联解体后从亚美尼亚前往波兰寻求更好的生活。

（二）白俄罗斯族

根据波兰中央统计局2011年的人口普查数据，波兰白俄罗斯族人口不足五万。这一结果在白俄罗斯族群体中引起争议，据白俄罗斯族的活动人士称："白俄罗斯人的实际人数要高出官方数据的好几倍，甚至可能高达20万至25万人。"② 这一数据上的争议也出现在其他少数民族人口统计数据中，白俄罗斯族认为应当归咎于统计方法上的错误。白俄罗斯族及其他几个少数民族中有一部分群体不愿意公开谈论民族身份，或是在申报时认为自身具有不止一种民族认同（如白俄罗斯族—波兰族双重认同）。此外，为了满足白俄罗斯族的需求，波兰于2005年规定在白俄罗斯族人口超过当地人口20%以上时可以将白俄罗斯语作为官方语种之外的附加语种。③

---

① "The First Large Emigration of the Armenians"，（http：//www. armenica. org/cgi-bin/armenic-ai）.

② Paula Borowska，"Belarusians in Poland：Living Together but Separately"，2012-08-25，（https：//belarusdigest. com/story/belarusians-in-poland-living-together-but-separately/）.

③ Paula Borowska，"Belarusians in Poland：Living Together but Separately"，2012-08-25，（https：//belarusdigest. com/story/belarusians-in-poland-living-together-but-separately/）.

（三）鞑靼族

鞑靼族，也被称为“利普卡鞑靼人”（Lipka Tatar）。鞑靼人来源于蒙古部落，于14世纪到波兰的邻国立陶宛定居。鞑靼人在立陶宛得到当时的立陶宛大公维陶塔斯的重视，并享有许多特权，立陶宛大公希望以此换取他们在武力和军事上的帮助。17世纪，鞑靼人开始在波兰定居，他们以勇敢著称，成为波兰的雇佣兵。①

诺贝尔文学奖获得者亨利克·显克微支（Henryk Sienkiewicz）就是改信基督教的鞑靼人，他以17世纪利普卡起义为背景创作了其历史事件“三部曲”中的最后一部《伏沃窦约夫斯基先生》（*Pan Wolodyjowski*，1889）。

（四）犹太族

在波兰国内少数民族方面，波兰曾是苏东国家中犹太人最多和最集中的国家，犹太人在波兰生活拥有逾千年的历史，波兰也被誉为“犹太人的天堂”。第二次世界大战结束后，波兰犹太人从战前的350万骤降到6万至8万，此后经过50年代末和60年代末两次大规模的犹太人向外移民，波兰犹太人仅剩6000—10000人，并持续减少。② 1956年哥穆卡尔成为波兰统一工人党第一书记后，党内指责“莫斯科派”犹太族领导人要“为斯大林的错误负责”；随后在“非斯大林化”时期，部分犹太族领导人被解职，反犹主义成为波兰政治生活中的重要方面，以至于“想晋升的官员必须积极反犹”。③ 直至20世纪80年代，波兰国内才逐步开始对反犹主义进行反思和修正。

第二次世界大战期间，波兰约有300万犹太人和100万波兰人被杀害。2016年3月，“乌尔马”第二次世界大战波兰人援救犹太人纪念馆正式开放，这是波兰第一座为了纪念波兰人对犹太人的帮助而建立的纪念馆。1944年，乌尔马夫妇及家中6名子女因救助犹太人而被德国警察杀害，当时乌尔马太太还怀有身孕。一同被杀害的还有8名被他们救助的犹

---

① Nelly Kamińska，“An Oriental Piece of Poland”，（http：//www. poland. gov. pl/tourism/urban-tourism/oriental-piece-poland/）.

② 杨友孙：《社会主义波兰的犹太民族政策初探》，《当代世界社会主义问题》2008年第3期。

③ 杨友孙：《社会主义波兰的犹太民族政策初探》，《当代世界社会主义问题》2008年第3期。

太人。因此，这一纪念馆决定以乌尔马夫妇的名字命名。①

（五）德意志族

德意志族在波兰的生活可以追溯到中世纪，该民族长期以来都是波兰少数民族中人口数量相对较大的民族。第二次世界大战期间，部分波兰德意志民族公民起到了极不光彩的作用。他们与纳粹德国合作，向后者提供他们所熟悉的情报，进一步加剧了战争对波兰的伤害。目前波兰共有一家德意志族的学校（Willy-Brandt-Schule School），包含一个幼儿园及一个1—12 年级的学校以及《西里西亚周报》《波兰评论报》等德语媒体。

四 基于民族的社会机构概况

总体而言，波兰是一个天主教和波兰民族占绝对多数的国家，少数族裔在其国内政治、经济、宗教等领域的影响都较为有限。前波兰统一工人党第一书记哥穆卡尔谈到波兰民族的性格时指出：“在世界上很难找到一个像波兰民族这样敏感地对待自己的独立和主权的民族”②。18 世纪下半叶，波兰曾三次被瓜分，进入 20 世纪，波兰则成为两次世界大战损失最惨重的国家，因此近代以来波兰的民族宗教关系的融合程度、宗教对波兰民族的影响在波兰人民追求独立的过程中一再被强化，构成了波兰民族独特的民族性格和民族特征。

除了基于宗教信仰的社会组织外，波兰国内还有少量由少数民族组建的社会组织（见表 I－7－2）。

表 I－7－2　**波兰基于民族的社会组织数量**

民族	组织数量（个）	成员数量（人）
白俄罗斯（Belarusian）	12	4999
立陶宛（Lithuanian）	7	4062
莱姆克（Lemko）	7	1161

① See “New museum remembers Poles who helped Jews”, 2016－03－08,（http://thenews.pl/1/11/Artykul/243868, New-museum-remembers-Poles-who-helped-Jews）.

② 转引自林清龙、林怀艺《前波兰剧变中的境外宗教渗透因素剖析》，《西北民族大学学报》（哲学社会科学版）2018 年第 1 期。

续表

民族	组织数量（个）	成员数量（人）
德意志（German）	51	68268
亚美尼亚（Armenian）	4	218
罗姆（Roma）	41	6062
俄罗斯（Russian）	3	233
鞑靼（Tartar）	3	243
乌克兰（Ukrainian）	10	3722
犹太（Jewish）	12	2320
其他（others）	3	2499
卡舒比语群体（Kashubian Language Community）	13	6175

资料来源：Central Statistical Office of Poland, *Statistical Yearbook of the Republic of Poland 2017*, p. 192。

1997年4月，波兰国民大会通过新宪法并于当年10月生效，其中规定："少数族裔有权建立教育和文化机构，这些机构旨在保护其宗教身份与认同，以及参与解决其他与其文化类身份认同有关的事项。"2009年，波兰还批准了旨在保护与促进语言与文化多样性的《欧洲区域或少数民族语言宪章》。目前波兰国内开设了一些少数民族教育机构，涵盖了小学至高中，以及职业技术类高中。此外还有部分学校专门负责教授本民族语言。

表Ⅰ-7-3　**波兰各少数民族学校数量**

民族	小学		初中		高中		职业技术类高中	
	学校数量（所）	学生人数（人）	学校数量（所）	学生人数（人）	学校数量（所）	学生人数（人）	学校数量（所）	学生人数（人）
白俄罗斯	25	1580	17	664	3	466	—	—
卡舒比	314	15509	119	2886	14	359	20	719
立陶宛	7	268	4	105	2	72	—	—
鲁塞尼亚	24	157	7	35	1	10	—	—
德意志	475	38268	138	5734	—	—	8	189
乌克兰	86	1074	54	479	9	304	4	18

资料来源：Central Statistical Office of Poland, *Statistical Yearbook of the Republic of Poland 2017*, p. 342。

第二节　宗教发展历史与现状

一　宗教的发展历史

目前波兰是一个民族成分和宗教信仰都较为单一的国家，国内绝大多数人口属于波兰民族、信仰天主教，但在10世纪波兰接受基督教之前，波兰民族的信仰还较为原始。“波兰斯拉夫人信仰火神，特别信仰太阳神，此外，还信仰雷神、风神。他们祭拜祖先，认为人死后灵魂不灭。他们在固定的时间和地点祭祀神灵和祖先，希望保佑他们来年五谷丰登，人畜平安。”① 在社会经济发展等内部原因和与德意志人抗衡等外部原因的共同作用下，波兰开始发生信仰上的转变，并试图以此改变当时波兰所遭遇的困境。这种信仰上的转变是自上而下的，最初仅有统治阶级和社会上层人士接受了基督教，而底层民众保留了原始信仰和多神信仰，这一现象一直持续了一个多世纪才逐步使波兰成为一个以基督宗教为主要信仰的国家。

966年，波兰国父梅什科一世接受了罗马天主教，此后天主教在波兰不断发展，直至13世纪前后成为波兰国内占主导地位的宗教。在漫长的历史中，波兰的天主教传统与波兰族已经深度融合，“多数人认为信仰天主教对于成为一个‘真正的波兰人’来说是非常重要的”②。天主教宗教传统是建构波兰民族身份认同的基石，是其最为重要的组成部分，而在屡次波兰民族追求独立与解放的过程中，宗教也起到了“精神支柱”的作用，因此对波兰而言，宗教和民族二者早已相互嵌入、密不可分。

为了对抗德意志人，波兰大公梅什科一世娶了捷克公主道布拉瓦为妻，通过联姻加强了这两个西斯拉夫国家的联系。他还决定接受基督教，并在全国范围内加以推行，这就使德意志人不能再借口推行基督教而发动反波战争，这也是波兰与西欧各国有了联系，这对波兰民

① 刘祖熙：《波兰通史》，商务印书馆2006年版，第10页。

② Pew Research Center, *Religious Belief and National Belonging in Central and Eastern Europe*, May. 10, 2017, pp. 5 - 6. (http://assets.pewresearch.org/wp-content/uploads/sites/11/2017/05/15120244/CEUP-FULL-REPORT.pdf).

族的进一步发展具有重要意义。①

在962年加冕为神圣罗马帝国皇帝的奥托一世，力图利用基督教向东方扩张。他妄图使波兰的基督教隶属于马格德堡主教区（968年改为大主教区）。为了维护波兰的主权和独立，梅什科一世于965年娶捷克大公鲍莱斯瓦夫一世的女儿为妻。当时，捷克已经按拉丁仪式接受了基督教，但还没有建立自己的主教区，而隶属于设在兰次胡特的巴伐利亚主教区，该主教区又从属于美因兹大主教区。966年，梅什科一世和他的宫廷人员接受了来自捷克的神职人员的洗礼。接着，全国接受了基督教。波兰从此进入了基督教文明世界。968年，梅什科一世在波兹南建立了主教区，没有使它隶属于德意志大主教区，而是直接隶属于罗马教廷，并为建立波兰的大主教区而斗争。②

此后，天主教势力对波兰政治的参与程度逐步加深，至16世纪，教会与民众的矛盾到达顶峰，宗教改革成为社会底层民众推翻天主教会垄断的路径之一。"波兰的天主教会同德国的天主教会一样，玩忽职守、纪律松弛、贪污舞弊和淫荡等现象随处可见。高级僧侣和低级僧侣之间的生活条件相差悬殊。教会的高级职务由大贵族垄断。由市民和农民充任低级僧侣，被扣除和剥夺了神职委任费，生活十分困难，天主教会内部的斗争十分尖锐。天主教会拥有大量的地产和经济政治特权，限制了中等贵族的发展。"③ 以上种种教会内部和外部的矛盾都增加了从底层民众到贵族阶级的不满，并最终演化为一场针对天主教会的宗教改革运动。

表I-7-4 **16世纪波兰宗教改革的主要力量**

主要派别	主要群体
路德宗	波莫瑞、大波兰和西里西亚的城市平民及贫民
加尔文宗	波兰贵族
阿里安宗	社会成分极为复杂，除贵族在教会中占有优势外，还有中小城市的平民、贫民和农民

资料来源：刘祖熙《波兰通史》，商务印书馆2006年版，第89—92页。

① 钱乘旦主编：《欧洲文明：民族的融合与冲突》，贵州人民出版社1999年版，第312页。
② 刘祖熙：《波兰通史》，商务印书馆2006年版，第12—13页。
③ 刘祖熙：《波兰通史》，商务印书馆2006年版，第88页。

> 十六世纪波兰贵族的政治斗争和波兰文化活动的加强，是和波兰的宗教改革运动的发展紧密相连的。宗教改革运动在波兰首先包括了两个阶级——市民和贵族，而没有对农民产生影响，这是一个特点。另一特点是，在波兰，加尔文教派比路德派新教扎根更深。有少数市民加入路德派新教；而贵族则加入加尔文教，特别是其中在当时与少数大富豪的优势地位进行坚决斗争的那部分。贵族要求进行国家的改革，即所谓“整顿共和国”。对此虽有各种理解，但其目的则是进行某些积极的改革，特别是在消除大贵族在国家政治和社会生活中的最高地位所带来的消极因素方面。①

直到17世纪末18世纪初，伴随整个欧洲境内宗教改革的失败和被镇压，波兰的宗教改革也逐渐走向失败，波兰国内出现了以保守、排外和宗教狂热为特征的“萨尔玛特文化”②，这种偏激的观点事实上与当前波兰政治中的极右翼势力和民粹主义势力相类似。

在近代以来波兰政治的发展进程中，宗教同波兰的命运紧密相连。天主教在“波兰的历史几乎就是天主教的受难史，在失去祖国的日子里，面对信奉新教的德国统治者与信奉东正教的俄罗斯统治者，波兰人把天主教与自己的民族意识联系在一起，因为唯有宗教可以守护，宗教便成了‘没有希望的希望所在’。”③ 在东欧剧变中，天主教对波兰政治发展同样扮演了至关重要的角色，1979年教皇访问波兰更是起到了催化剂的作用。

> 70年代以来，波兰经济发展缓慢，社会问题严重，内部改革艰难，引发了多次罢工，天主教教会支持这些罢工。战后波兰宗教势力仍然很大，天主教徒占全国人口的90%以上。在当时波兰的体制下，

---

① ［波］斯坦尼斯瓦夫·阿尔诺耳德、马里安·瑞霍夫斯基：《波兰简史：从建国至现代》，史波译，商务印书馆1974年版，第64页。

② 萨尔玛特文化是17世纪波兰大贵族的生活方式、风俗习惯和思想意识的总称，其特点是保守、排外和宗教狂热，其政治内容是保卫贵族民主制和贵族的“黄金自由”。萨尔玛特主义宣传波兰人是上帝的选民，鼓吹笃信上帝、反对国王、反对改革、保卫波兰共和国和基督教文明是波兰人的神圣使命。参见刘祖熙《波兰通史》，商务印书馆2006年版，第88页。

③ 参见金雁《宗教在波兰转型中的作用》，2013年9月25日，经济观察网（http：//www. eeo. com. cn/2013/0925/250199. shtml）。

“教会无疑是反对派中唯一能安抚群众的形式”。天主教会往往成为各种反政府思潮的中心。1972 年，罗马教廷承认了波兰的西部边界，这无疑为以后波兰对抗苏联增加了力量。1979 年，教皇约翰·保罗二世——原波兰克拉科夫大主教访问了他的祖国，受到了天主教徒的热烈欢迎，他们在宣布效忠教会的同时，也间接地暗示了反政府的倾向。①

波兰中央统计局2017 年发表的年度统计报告对波兰国内各主要宗教的教堂数量、宗教教职人员数量及信徒人数进行了详尽的统计。目前波兰国内信仰天主教的人口比例约为 87.2%，约为 3307 万人，占其国内信教人口的绝对多数（参见表 I－7－5）。

表 I－7－5　**波兰主要宗教教堂数量、宗教教职人员数量及信徒人数**

宗教	教堂数量（所）	教职人员数量（人）	信徒总人数（人）
天主教	10387	31017	33078705
旧天主教（Old Catholic）	138	113	44602
东正教	248	486	506026
基督新教	1056	1745	135798
圣经学生运动（Bible Student Movement）	1436	538	123526
伊斯兰教	4	4	6844
远东宗教（Far Eastern Religions）	53	389	4691
其他	38	146	2923

资料来源：Central Statistical Office of Poland, *Statistical Yearbook of the Republic of Poland 2017*, pp. 193－195。

根据世界价值观调查（World Value Survey）在 2012 年对波兰的调查数据显示，绝大多数波兰人认为宗教是他们日常生活的重要组成部分。当被问到宗教的重要性时，45.7% 的受访者表示“非常重要”，33.9% 的受访者表示“相当重要”（rather important），占压倒性的多数。但从历次调

① 钱乘旦主编：《欧洲文明：民族的融合与冲突》，贵州人民出版社 1999 年版，第 327 页。

研数据来看，波兰宗教信仰的总体情况经过了苏联时期的压抑、苏联解体后的狂热之后出现了一些回落和调整（参见表Ⅰ-7-6）。

表Ⅰ-7-6　世界价值观调查历次调查数据　单位：%

	2012	2005	1997	1989
非常重要	45.7	47.2	46.4	33.3
相当重要	33.9	38.5	36.3	22.9
并不重要	15.1	10.3	13.0	5.4
完全不重要	0.1	2.7	3.2	1.7
不知道/无法回答/未填写答案	0.4	1.2	1.0	36.7
受访人数（人）	966	1000	1153	938

资料来源：World Value Survey，"Online Data Analysis"，http：//www.worldvaluessurvey.org/WVSOnline.jsp。

在其他宗教方面，波兰信仰东正教的人口比例约为1.3%，全部为波兰自治东正教[①]；信仰基督教新教的人口比例0.4%；信仰其他宗教的人口比例约为0.4%，包括耶和华见证人、佛教、印度教、伊斯兰教、犹太教、摩门教等，无特定宗教信仰的人口比例约为10.8%。[②] 其中，信仰其他宗教的群体大多为移民及少数族裔（参见表Ⅰ-7-7）。目前，波兰是中东欧国家中天主教徒占总人口比例最高的国家，随后为克罗地亚（84%）、立陶宛（75%）和匈牙利（56%）。[③] 移民人口的流动也在一定程度上推动了波兰其他宗教少数派别的出现与发展，但总体上，这部分人群相对于波兰天主教徒而言还是微乎其微。

① 波兰自治东正教：1948年，俄国东正教承认了波兰东正教的独立，后者得以独立发展。参见张延国译《波兰的教会与教派协会》，《俄罗斯研究》1985年第1期。

② CIA World Factbook，https：//www.cia.gov/library/publications/the-world-factbook/geos/pl.html.

③ Pew Research Center，*Religious Belief and National Belonging in Central and Eastern Europe*，p. 51.

表 I－7－7　　2016 年波兰移民人口情况

	入境移民（Immigrants）		出境移民（Emmigrants）	
地区	总人数（人）	备注	总人数（人）	备注
非洲	972		850	
南美洲	256		219	
中美洲、北美洲	2564	其中：加拿大 366 人；美国 2065 人	1849	其中：加拿大 326 人；美国 1849 人
澳大利亚和大洋洲	194		188	
亚洲	6380		5761	
欧洲	51361	其中：欧盟成员国 28495 人；白俄罗斯 1505 人；挪威 889 人；俄罗斯 1235 人；乌克兰 17690 人	38256	其中：欧盟成员国 25547 人；挪威 691 人；乌克兰 8802 人
未知移民去向	3		2	

资料来源：Central Statistical Office of Poland, *Statistical Yearbook of the Republic of Poland 2017*, p. 224。

二　主要宗教的基本情况

（一）天主教

过去数十年中，部分中东欧国家天主教人口成明显下滑趋势，1991 年波兰国内的天主教人口约占总人口的 96%，而 2015 年下降至 87%。[①] 就青年人信教情况而言，根据近期公布的一项针对欧洲青年人宗教信仰情况的调研报告显示，在 16 岁至 29 岁年龄段中，约有 17% 的波兰青年受访者表示“无宗教信仰”，而其他受访国家的数据分别为：捷克 91%，爱沙尼亚 80%，瑞典 75%，立陶宛 25%，英国 70%，法国 64%。在受访的波兰青年群体中约有 83% 表示信仰天主教，其中有 47% 的受访者表示“每周参加弥撒”，而比利时、匈牙利、奥地利的这一数据均低于 3%，与波兰青年人形成鲜明对比。[②]

① Pew Research Center, *Religious Belief and National Belonging in Central and Eastern Europe*, p. 9.

② Stephen Bullivant, *Europe's Young Adults and Religion: Report 2018*, pp. 3, 6.

表Ⅰ-7-8　　**波兰罗马天主教基本情况表**

大城市主教区	堂区（个）	牧师（人）	信教人口总数（单位：千人）	占人口比例（%）
比亚韦斯托克	396	1299	1038.5	87.30
琴斯托霍瓦	774	2218	2213.4	94.70
格但斯克	684	1944	2223.7	92.50
格涅兹诺	648	1623	1963.7	96.50
卡托维兹	877	2559	2763.1	93.80
克拉科夫	1414	5354	4106	95.40
卢布林	760	2564	2435	97.20
罗兹	386	1148	1934.3	95.20
波兹南	695	1720	2212.1	98.90
普热梅希尔	821	2471	1797.9	94.40
什切青—卡曼	764	1955	2864.6	94.80
瓦尔米亚（奥尔什丁）	569	1289	1504.7	96.80
华沙	658	2792	3369.6	89.00
弗罗茨瓦夫	728	1932	2296.4	87.10
波兰军队	81	62	300	96.80
总计	10255	30930	33022.9	93.80

资料来源：Central Statistical Office of Poland, *Statistical Yearbook of the Republic of Poland 2017*, pp. 196-197。

波兰东正教信徒人数仅次于罗马天主教，达到50.6万人，其中绝大多数属于波兰正教会（the Polish Autocephalous Orthodox Church），共计504400人①，还有少部分人口属于亚美尼亚天主教、拜占庭—斯拉夫天主教②。

（二）其他宗教

波兰基督新教主要分布在波兰郊区，绝大多数具有信仰新教的传统和

① Central Statistical Office of Poland, *Statistical Yearbook of the Republic of Poland 2017*, p. 193.

② Pew Research Center, *Religious Belief and National Belonging in Central and Eastern Europe*, May 10, 2017, p. 51（http://assets.pewresearch.org/wp-content/uploads/sites/11/2017/05/151202 44/CEUP-FULL-REPORT.pdf）.

固定群体，其中维斯瓦地区的基督徒占多数，超过了当地信仰天主教的人数。根据波兰中央统计局 2017 年的统计报告，目前波兰国内共有基督教教堂 1056 处，基督教教职人员 1745 人，基督徒 135798 人。

表 I-7-9　　波兰基督新教主要教派与信徒人数

主要教会	信徒人数（人）
波兰福音派—奥格斯堡教会（Evangelical-Augsburg Church in Poland）	61270
波兰五旬节教会（Pentecostal Church in Poland）	23984
波兰基督复临安息日会（Seventh-day Adventist Church in Poland）	9660
波兰基督徒团契教会（Fellowship of Christian Churches in Poland）	5869
波兰新使徒教会（New Apostolic Church in Poland）	5633
波兰浸信会（Baptist Union of Poland）	5243
上帝基督会（Church of God in Christ）	4933
波兰联合卫理公会教堂（United Methodist Church in Poland）	4465
波兰福音派改革教会（Evangelical-Reformed Church in Poland）	3453
波兰共和国自由基督徒教会（Church of Free Christians in the Republic of Poland）	3098
波兰共和国福音派基督徒教会（Church of Evangelical Christians in the Republic of Poland）	2149

资料来源：Central Statistical Office of Poland, *Statistical Yearbook of the Republic of Poland 2017*, pp. 194 - 195。

波兰穆斯林群体主要由鞑靼人组成，但信仰伊斯兰教的鞑靼人仅占一小部分，更多的鞑靼人在波兰长期生活的过程中逐步通过通婚等形式改信其他宗教。根据 2017 年统计数据，波兰穆斯林人数为 6844 人，其中绝大多数属于“家人”（Ahl al-Bayt）伊斯兰协会，还有 773 人属于“穆斯林团结协会”，51 人属于“穆斯林宗教联盟”。其中，波兰穆斯林宗教联盟（又称波兰伊斯兰宗教联盟）成立于 1925 年，并于 1936 年 4 月开始正式活动①。波兰最早的清真寺位于 Kruszyniany，修建于 18 世纪，长期以来是波兰穆斯林与周围其他群体和谐相处的典范。

此外，波兰的其他宗教人口规模较小，通常由赴波兰的外国移民、留

① 乐英编译：《波兰的穆斯林及伊斯兰教研究》，《中国穆斯林》1988 年第 2 期。

学生、务工人员等组成，对波兰国内政治与社会发展的影响都较为有限。

三 基于宗教信仰的社会组织

根据波兰中央统计局2014年发布的《波兰的第三种行为体：协会、基金会、宗教慈善组织、行业协会、商会与工会（2012）》显示，波兰有1800余个基于宗教信仰的社会组织（faith-based social organizations）。在1997年的统计中，该类型的社会组织约为1000个，2005年统计数据显示增加至约2200个，2010年与2012年的统计结果均稳定在1800个左右（见表Ⅰ-7-10）。[①]

表Ⅰ-7-10 **波兰基于信仰的宗教慈善组织概况**

	基于信仰的慈善组织（千个）	成员人数（千人）	志愿者人数（千人）
2010	1.8	60.9	41.7
2014	1.9	69.2	61.6
2016	1.8	71.3	71.9

资料来源：Central Statistical Office of Poland, *Statistical Yearbook of the Republic of Poland 2017*, p. 190。

此外，基于宗教信仰的慈善组织积极参与波兰的社会工作，成立了8个社会融入中心（Social Integration Centers），约占总数的5%；87个职业技能培训工作室（Occupational Therapy Workshops），约占总数的10%，7个职业活动中心（Vocational Activity Establishments），约占总数的10%。[②]

这类组织主要提供社会服务，或是与当地教堂或宗教团体一同运行。值得注意的是在上述各类组织中，基于宗教信仰的社会组织虽然志愿者规模较小，但是其财务状况最为可观，所有活跃实体的年平均收入达到150

① Central Statistical Office of Poland, *The Third Sector In Poland. Associations, Foundations, Faith-Based Charities, Professional And Business Associations, Employers' Organizations in 2012*, 2014, pp. 3-4 (http://stat.gov.pl/files/gfx/portalinformacyjny/en/defaultaktualnosci/3405/1/3/1/the_third_sector_in_poland_2012.pdf).

② Central Statistical Office of Poland, *Statistical Yearbook of the Republic of Poland 2017*, pp. 192-193.

万兹罗提（约合 40.1 万美元），超越其他各类组织。[①]

第三节 政教关系

欧洲国家普遍实行政教分离原则，波兰亦是如此。但值得注意的是，虽然波兰在名义上实行政教分离的模式，但不论是宗教协定还是宪法都没有明确使用“separation”（分离）这个字眼[②]，甚至有学者指出“天主教会咄咄逼人的政治参与是波兰独特的政治景观”[③]。教会干预政治的现象长期存在于波兰国内政治发展的进程中，尤其是第二次世界大战结束后至苏联解体期间，拥有雄厚实力与感召力的波兰天主教会成了事实上的政治反对派。

第二次世界大战结束后，波兰照搬了“苏联模式”，在不结合自身国情的情况下对宗教采取了限制与打压，引起了教会和信教群众两方面的不满和反抗，教会利用信教群众的不满激化政教矛盾与社会矛盾，最终导致“波兹南事件”的发生。苏联解体后，教会依然对波兰政局进行干预，1990 年上半年，主教团提出了“国家在政教关系上不能保持中立，必须偏上教会一方”的要求；干预 1990 年总统选举，使“教会的儿子”瓦文萨当上总统。[④] 此外，教会还直接影响军事、法律、教育等多个领域，要求政府给予各种特权、不得插手宗教学校教育体系等。

境外宗教势力同样积极介入波兰的国内事务，波兰天主教悠久的宗教传统与庞大的信教人口为战后美国对波兰乃至整个东欧地区进行“和平演变”提供了天然的土壤。以美国为首的西方势力和罗马教廷梵蒂冈自 20 世纪 40 年代起就结盟对前波兰进行长期的宗教渗透，利用波兰党和政府的宗教工作频繁失误、团结工会政治活动宗教化和前波兰教会宗教活动政

---

① Central Statistical Office of Poland, *The Third Sector In Poland. Associations, Foundations, Faith-Based Charities, Professional And Business Associations, Employers' Organizations in* 2010, 2013, p. 18.（http://stat. gov. pl/files/gfx/portalinformacyjny/en/defaultaktualnosci/3405/1/1/1/the_ third_ sector_ in_ poland_ 2010. pdf）.

② Central Statistical Office of Poland, *The Third Sector In Poland. Associations, Foundations, Faith-Based Charities, Professional And Business Associations, Employers' Organizations in 2010*, 2013, p. 15.

③ 孔田平：《东欧剧变后国家与教会关系的演化》，《俄罗斯中亚东欧研究》2003 年第 4 期。

④ 姚永祥、郭增麟：《对波兰天主教会的新观察》，《当代世界》1996 年第 3 期。

治化成功实现对波兰的“和平演变”。[①]

因此，1979年对波兰政治而言是极为重要的一年。复旦大学徐以骅教授在《宗教在1979年》一文中指出“1979年是充满象征意义的一年”，伊朗伊斯兰革命、阿富汗圣战运动、教皇约翰·保罗二世第一次回祖国波兰访问、美国宗教新右翼旗舰组织道德多数派的成立以及中国宗教对外开放等由宗教驱动和引起的重大事件及运动使我们有充分理由将其视为宗教对当代国际关系产生重大影响的元年。[②] 其中，1979年教皇约翰·保罗二世的访问将波兰战后宗教信仰的热情推至顶峰，为普通信教群众提供了释放宗教热情的契机，也使得波兰国内政治势力得以在宗教热情的推动下扩大其政治影响力，进一步对当局形成挑战。

但近年来波兰天主教徒在政教关系上的态度在一定程度上有所改变，与教会深度介入政治事务形成了对比。波兰天主教徒一方面信仰非常虔诚，虽然波兰国内天主教徒的人口比例有所下降，但波兰宗教在波兰天主教徒的日常生活中仍然起到了重要作用。据皮尤研究中心的报告显示，在波兰受访者中约有27%的受访者表示会每天进行祷告，在受访的天主教徒中约有45%表示每周至少前往教堂一次，两项数据均位列中东欧国家的第一位。另一方面，波兰天主教徒对政教关系的看法则更倾向于坚守政教分离原则。受访者中有70%认为宗教与政府的政策应当分离，25%认为政府应当支持传播宗教。[③] 如果宗教政治化和政治宗教化的本质是宗教信仰“去私人化”（deprivitized）的话，那么当前波兰民众的调查结果则从一定程度上体现了波兰天主教徒对宗教“私人化”的回归及宗教世俗化在波兰的发展。

2015年，波兰法律与公正党赢得议会选举并独立组阁标志着政治上的民族主义和宗教上的保守主义已在波兰国内具有较为坚实的民意基础，这种趋势还将进一步持续发酵。法律与公正党与波兰天主教会有着非常密切的联系，该党上台后进行一系列大刀阔斧的改革，在波兰国内和欧盟内

① 林清龙、林怀艺：《前波兰剧变中的境外宗教渗透因素剖析》，《西北民族大学学报》（哲学社会科学版）2018年第1期。

② 徐以骅：《宗教与美国社会（第十三辑）》，时事出版社2016年版，第3—12页。

③ Pew Research Center, *Religious Belief and National Belonging in Central and Eastern Europe*, May 10, 2017, p. 97.

部引起较大争议，但波兰天主教会却很少表态。

法律与公正党的政治主张准确地抓住了波兰民众对经济发展和生活的不满情绪，并通过不断强调天主教的宗教认同和波兰民族认同，强化其政治主张的合法性。如，天主教罗马教皇方济各 2016 年 7 月 28 日在波兰参加天主教活动“世界青年日”时，呼吁年轻人欢迎移民和难民。这一表态与波兰政府的政策相左，也不受波兰天主教会的认同。有 13% 的波兰教徒公开宣布，方济各不是他们的榜样。[①] 而法律与公正党在这一问题上始终坚持拒绝欧盟摊派难民，这一态度无异于对波兰民众排外情绪的公开支持和鼓励。

从某种程度上来说，法律与公正党所追求的波兰利益最大化与特朗普的“美国优先”相类似，均代表了政治上的单边主义倾向、经济上的逆全球化倾向和文化上的排外主义倾向。令人感到担忧的是，法律与公正党能够赢得选举也在一定程度上反映出当前波兰民众，尤其是青年群体的保守主义倾向，而这种倾向一旦得不到正确的引导，极易滑向种族主义。

波兰从早年的多民族国家逐步发展成单一民族为主体的国家，这一变化进一步加强了波兰“强民族、强宗教”的社会氛围，继而成为当前波兰政治稳定的隐患。在宗教信仰方面，波兰的天主教无疑占据着主导地位，并且对其国内政治具有巨大的、持续的、深层次的影响力，2015 年的波兰大选再一次证明了天主教对波兰政治的影响力。尤其值得注意的是，即使是在当前欧洲青年人宗教信仰总体趋于弱化的背景下，波兰青年人仍然保持了虔诚的宗教情感和宗教实践，因此在可以预见的未来，天主教在波兰依旧具有广泛的民意基础和强大的动员能力。

---

① 樊诗芸：《罗马教皇到访波兰吁年轻人欢迎难民，引发当地教徒不满》，2016 年 7 月 29 日，澎湃新闻网（https：//www. thepaper. cn/newsDetail_ forward_ 1505724）。

第八章　对外关系研究

长期以来，地处欧洲中部的波兰一直被视为欧洲在地理意义和文化宗教意义上的十字路口。特殊的地缘环境与坎坷的历史造就了波兰在对外关系上一直将摆脱大国控制、追求国家安全和民族独立置于首要地位。自波兰转型以来，历届政府始终将维护国家的主权和安全视为根本的国家利益所在，在对外关系上表现出了既需要与大国合作又对大国抱有戒心、在推进地区合作中谋取地区领导权的双重性。

第一节　地缘政治环境变迁

英国地缘政治学家哈尔福特·麦金德有句名言："谁统治了东欧谁便控制了'心脏地带'；谁统治了'心脏地带'谁便控制了'世界岛'；谁统治了'世界岛'谁便控制了世界。"① 地处欧洲中部的波兰无疑是身处"心脏地带"的重要国家。专治波兰史的英国学者诺曼·戴维斯（Norman Davies）将波兰称为"欧洲的心脏"。② 波兰学者朱斯蒂纳·扎勇斯则认为波兰是一个在地理位置上和国际等级体系中都处在中间的"中等强国"。③

从地理位置来看，波兰处于德国和俄罗斯两个大国的中间。波兰的北部为波罗的海，有 440 千米长的海岸线，与瑞典、丹麦隔海相望；在东北部与立陶宛、俄罗斯的"飞地"加里宁格勒地区接壤，边界线为 104 千

---

① ［英］麦金德：《民主的理想与现实》，武原译，商务印书馆 1965 年版，第 134 页。

② Norman Davies, *Heart of Europe: A Short History of Poland*, Oxford & New York: Oxford University Press, 1984, p. 463.

③ Justyna Zajaç, *Poland's Security Policy: The West, Russia, and the Changing International Order*, London: Palgrave Macmillan, 2016, pp. xiii – xiv.

米和210千米；在东部和白俄罗斯有418千米、乌克兰有535千米的边界线，在南部与捷克和斯洛伐克为邻，边界线分别为796千米和541千米；在西部和德国有467千米边界。①

就国际等级体系中衡量国家地位的领土面积、人口规模、经济总量、军事实力等指标而言，波兰也是一个中等强国。波兰的国土总面积为31.2685万平方千米（含内陆水域面积），位居欧洲第九位和欧盟第六位。② 在人口上，据波兰中央统计局的数据，2017年波兰的总人口为3843.4万，占欧盟总人口的7.4%，位列欧洲第八位和欧盟第七位。在经济实力上，据波兰中央统计局的数据，2017年波兰的GDP达1.86万亿兹罗提（相当于5245.1亿美元），增速为4.8%（欧盟平均增速为2.5%），是中东欧地区最大的经济体，在欧盟成员国中排名第八位，世界排名第二十三位。③ 在军事实力上，波兰拥有北约第九大军队，拥有4.82万名现役人员，所有分支机构共有约9.93万名活跃的军事人员。波兰的安全预算是GDP的1.8%，是欧洲比例最高的国家之一，并从2016年起将比例提高到2%。④

波兰作为欧洲中等强国的地缘政治地位与其曲折复杂的历史也有密切关系。"要了解当代的地缘政治，尤其是波兰的地缘政治，必须参考历史。波兰的地缘政治哲学活跃于这个国家历史上的关键时期——第一共和国的衰落和被瓜分时期。"⑤ 有史可考的波兰国家可追溯到10世纪中叶由梅什科一世（Mieszko Ⅰ）创建的皮雅斯特王朝（Piast Poland，963—1385年）。1385年，波兰与立陶宛结成联盟，并在次年建立雅盖隆王朝（Jagiellonowie）。在此基础上，波兰在1569年建立了实行贵族民主制的波兰—立陶宛联邦共和国（1569—1795年），亦被称为"波兰第一共和

---

① Justyna Zajaç, *Poland's Security Policy: The West, Russia, and the Changing International Order*, London: Palgrave Macmillan, 2016, p. 2.

② Justyna Zajaç, *Poland's Security Policy: The West, Russia, and the Changing International Order*, London: Palgrave Macmillan, 2016, p. 2.

③ 波兰的人口和经济数据详见本篇第一章"综合国力评估"、第二章"人口结构研究"及第五章"产业发展研究"。

④ Agnieszka Bieńczyk-Missala, "Poland's Foreign and Security Policy: Main Directions" *Revista UNISCI / UNISCI Journal*, No. 40 (Enero / January 2016), p. 107.

⑤ Jowita Brudnicka, "Geopolitical position of Poland: from time of Partitions to the independence", *Securitologia*, No. 1/2016, p. 87.

国”，实际上是一个包括今天的波兰、立陶宛、乌克兰、白俄罗斯和部分俄罗斯等在内的多民族国家，领土面积达到55万平方千米。波兰第一共和国时期，不断向东扩张，疆域从波罗的海到黑海的疆域辽阔的欧洲大国。到1618年，波兰已经成为一个面积达99万平方千米、人口约1100万的欧洲强国。①

但从1620年起，波兰与奥斯曼帝国爆发旷日持久的战争，直到1699年才告结束，期间波兰国内又发生“哥萨克暴动”，还陷入与俄罗斯、瑞典的战争之中。连年的穷兵黩武给波兰带来了沉重的经济负担，贵族统治阶层为筹措军费，加重对波兰国内的平民和农民的盘剥，激化了这个多民族国家的内部矛盾，破坏了经济平衡和社会稳定，加上贵族自身的政治腐败和派系斗争，使得波兰的国力在内忧外患的持续消耗下由盛转衰。进入18世纪后，波兰已从欧洲大国逐渐沦为俄国的附庸，并在1772年、1793年和1795年先后三次被俄国、普鲁士和奥地利三国瓜分，存在800多年的波兰国家灭亡，直到1918年第一次世界大战结束才恢复独立，丧失国家主权长达123年。经过三次瓜分波兰，普鲁士获得了20%领土和23%人口，奥地利夺占18%领土和32%人口，俄国获得了62%的领土和45%人口。②

亡国的悲惨遭遇促使当时的波兰政治和文化精英开始探讨导致国家虚弱和民族灾难的根源，并将波兰的领土和边界的地理特征及其处于俄国、普鲁士和奥地利之间的不利地位视为国家失败的主要原因。其中最具代表性的观点认为，“波兰是一片西方文化和东方文明相碰撞的地域，并表现在社会财富和宗教层面，西方的富有的天主教和东方的贫穷的东正教。波兰是从西方到东方的门户。”③ 在英国历史学者艾伦·帕尔默看来，发源于喀尔巴阡山的维斯瓦河贯穿波兰国境，自南向北流入波罗的海，成为“波兰的民族轴心”，由它沿途灌溉的波兰平原土地肥沃，但平缓的地势难以抵御东西两侧敌军的进犯。“地理强加给波兰历史的悲剧性负担”导致波兰的边界反复变迁，成为过去几百年里欧洲唯一一个版图

① 高德平、高空编著：《列国志·波兰》，社会科学文献出版社2017年版，第53—54页。

② 刘祖熙：《波兰通史》，商务印书馆2016年版，第173页。

③ Jowita Brudnick, “Geopolitical Position of Poland: from time of Partitions to the independence”, *Securitologia*, No. 1/2016, p. 90.

不定的国家。但在这一过程中，波兰“对一种共同的文化与传统——西方的和天主教的，但却是斯拉夫式的——的自觉使其民族意识（虽受到德意志各国与俄罗斯的强烈影响）却得以保存下来”①。英国学者赫德利·布尔认为，波兰在18世纪被俄国、普鲁士和奥地利瓜分是欧洲大国运用均势概念的结果，“作为一个虚弱的国家，为了保持欧洲的均势，波兰被牺牲了”②。

第一次世界大战爆发后，俄国、德国和奥匈帝国竞相寻求在波兰招募兵力，从而各自提出了让波兰享有自由和独立的口号。由此，“独立的波兰的想法首次在20世纪成为一个检验东欧均势的解决方案”。随着战争的推进，波兰独立的议题成为国际社会讨论战后世界新秩序的一部分，并开始意识到“俄国和德国之间的独立国家对整个欧洲的稳定至关重要”③。1918年11月，第一次世界大战以同盟国战败并签署凡尔赛条约告终，波兰共和国旋即宣布成立，史称波兰第二共和国，并在次年的巴黎和会上获得国际社会的承认。

波兰复国后与苏俄、德国、捷克斯洛伐克等邻国仍然存在着严重的领土分歧。一方面，波兰和苏俄都不接受巴黎和会划定的“寇松线”作为波兰东部的临时边界，即苏瓦乌基—比亚韦斯托克地区东部—布格河—布列斯特—涅米罗夫一线。最终，波兰和苏俄通过1921年3月签署的《里加合约》将“寇松线”大幅东移，西白俄罗斯、西乌克兰和立陶宛的维尔纽斯地区被并入波兰。另一方面，波兰与德国争议的上西里西亚地区以公民投票形式决定该地区的归属，并最终由国际联盟在1921年10月裁定，将上西里西亚地区30%的领土和46%人口的东部地区归并波兰。④ 此时，波兰的领土面积达到38.8万平方千米，大约是被瓜分前的一半大小，却仍然有着不利的边界线：在波罗的海仅有140千米的海岸线，与德国的1912千米的边界线穿越有争议的领土，且没有河流或山脉等任何天然的

---

① ［英］艾伦·帕尔默：《夹缝中的六国夹缝中的六国——维也纳会议以来的中东欧历史》，商务印书馆1997年版，第4—7页。

② Justyna Zajaç, *Poland's Security Policy: The West, Russia, and the Changing International Order*, London: Palgrave Macmillan, 2016, p. xiv.

③ Jowita Brudnicka, “Geopolitical position of Poland: from time of Partitions to the independence”, *Securitologia*, No. 1/2016, p. 96.

④ 高德平、高空编著：《列国志·波兰》，社会科学文献出版社2017年版，第63页。

防御屏障。不仅如此，波兰境内的德裔少数民族经常在国际联盟寻求保护其权利，并得到德国的支持。格但斯克自由区引发了波德两国的争议。波兰与苏联的1412千米边界线，穿越的领土上居住着的乌克兰人和白俄罗斯人对波兰人和波兰国家持有敌意。波兰和立陶宛的507千米边界也不平静，双方对维尔纽斯地区有争议。波兰和捷克斯洛伐克长达984千米边界线以喀尔巴阡山和族群分布为界，但关系也很冷淡。只有波兰和罗马尼亚的349千米，波兰和拉脱维亚的109千米边界相对平静。①

"波兰成为一个有一定规模的独立国家，仅是因为德国和俄国的暂时疲软。"② 因此，保卫边界安全仍然是波兰复国后的首要战略目标，而在当时的国内政治精英中形成了两种相对立的地缘政治观。一种地缘政治观是由波兰复国后的第一任国家元首、波兰社会党领导人约瑟夫·毕苏茨基（Józef Klemens Piłsudski）提出的"海间联邦"的设想（波兰文：Międzymorze，英文：Intermarium）。他将俄罗斯视为对波兰国家安全的真正威胁，而对抗俄罗斯的唯一方法就是建立中欧和东欧国家的联盟。他主张成立一个由波兰、波罗的海国家、芬兰、白俄罗斯、乌克兰、匈牙利、南斯拉夫和捷克斯洛伐克组成的联邦，其领土从波罗的海延伸到黑海，也就是效仿历史上的波兰—立陶宛联邦共和国。波兰可以通过和这些国家签订政治—军事协议建立防御性联盟，既能首先保护自己，也能保护盟国。另一种地缘政治观则是当时的波兰国家民主党领导人罗曼·德莫夫斯基（Roman Dmowski）提出的"合并理论"（incorporate theory），认为波兰必须和俄罗斯发展良好关系，对其他处在两国之间的国家应分而治之并逐渐合并。③

在这两种观念的共同作用下，波兰先后在1932年和苏联签订了《波苏互不侵犯条约》、1934年和德国签订了《波德互不侵犯条约》，以免同时受到东西两个大国的夹击。然而，1939年3月，纳粹德国向波兰提出

① Justyna Zając, *Poland's Security Policy: The West, Russia, and the Changing International Order*, London: Palgrave Macmillan, 2016, p. 3.

② ［波兰］耶日·卢克瓦斯基、赫伯特·扎瓦德斯基：《波兰史》，常程译，东方出版中心2011年版，第223页。

③ Adam Starzyk, Natalia Tomaszewska, "Concepetion of Intermarium in Polish Foreign Policy in 21 century", *Torun International Studies*, 2017, No. 1, p. 17.

合并格但斯克自由区的要求，遭到拒绝后撕毁了《波德互不侵犯条约》，并在8月与苏联签订了《苏德互不侵犯条约》，其中包含了两国秘密瓜分波兰、罗马尼亚、立陶宛、芬兰等国的内容。1939年9月1日，纳粹德国闪袭波兰，在欧洲发动第二次世界大战。苏联也随即出动军队越过波苏边界，迅速占领了1921年后被并入波兰版图的西乌克兰、西白俄罗斯和维尔纽斯地区。纳粹德国占领波兰后，对波兰人民实行残酷统治，先后在波兰境内建立了数千个集中营和灭绝营，屠杀犹太人等少数族裔和抵抗人士。在苏联占领的地区则实施“苏维埃化”，清洗波兰精英。1940年3—5月，有超过2万名波兰人在卡廷森林等地被苏联秘密处决，其中包括1.4万名被俘的波兰军人，史称“卡廷惨案”。

随着反法西斯盟军在欧洲战场上的胜利，波兰的独立及其领土边界的划分再次成为重建战后欧洲秩序的焦点。1945年2月和8月，苏、美、英三大国首脑相继在雅尔塔会议和波茨坦会议上确立了波兰的东部边界和西部边界。波兰和苏联的边界以1919年的“寇松线”为基准，将西白俄罗斯、西乌克兰等18万平方千米的土地划给苏联，同时波兰和德国以奥德河—尼斯河一线为界，使其在西部获得了10万平方千米土地的补偿。总体上，第二次世界大战后波兰的领土面积比战前减少了8万平方千米，缩小了20%，改变了其在欧洲版图中的形状和位置。与波兰共享边界的国家减少到3个，苏联（1321千米）、捷克斯洛伐克（1292千米）以及民主德国（467千米），但是大部分边界都是由河流和山脉形成的自然边界，而且人口也更为同质化。①

从1948年起，波兰开始全面接受苏联模式，并在1949年和1955年相继加入了苏联控制的经济互助委员会（简称经互会）和华沙条约组织（简称华约），被纳入苏联的势力范围，处在美苏领导的东西方冷战的前沿。随着冷战的结束，两极体系将欧洲一分为二的“铁幕”不复存在，原本属于“东方集团”一员的波兰在新的地缘政治环境中再次面临如何维护国家主权和独立的挑战。对此，美国的波兰裔地缘政治大师布热津斯基断言，由于波兰太弱，在欧洲无法成为法国、德国那样的地缘战略棋

---

① Justyna Zając, *Poland's Security Policy: The West, Russia, and the Changing International Order*, London: Palgrave Macmillan, 2016, pp. 3-4.

手，因此“它只有一个选择：融入西方”。[①]

第二节　对外政策的演变

波兰的历史经验表明，“在东西方之间的地缘政治位置是影响波兰的国家性上升和民族认同形成的最强烈的因素。它也界定着波兰的国家利益以及有关安全的战略目标的根本性质”。[②] 两极体系崩溃后形成的以西方为主导、以美国为中心的单极秩序，促使波兰将对外政策的重心从东方转向西方，并在国际格局和国内政治的双重影响下经历了大致四个阶段的发展和调整：20 世纪 90 年代初期的过渡性“桥接战略”（bridge strategy），90 年代中期后侧重西方的多元外交，2004 年正式加入欧盟后在积极融入欧洲的前提下开展全方位外交，以及 2014 年乌克兰危机爆发和 2015 年法律与公正党再度执政后强调主权至上、“去欧洲化”的外交政策。

20 世纪 90 年代初期，波兰在推进国内政治经济转型的同时，在对外政策上寻求摆脱与苏联的不平等同盟关系和意识形态的束缚，独立自主地制定本国的对外政策；通过努力融入北约和欧盟为支柱的大西洋—欧洲体系，保障自身的独立与安全，实现“回归欧洲”的战略目标；在相互尊重主权平等、领土安全与共同边界的基础上，同所有邻国发展友好关系。1989—1993 年期间，波兰的周边地缘政治格局发生了剧变：在西部，1990 年德国重新统一；在东部，1991 年华约和经互会解散、苏联解体，出现了数个新独立的东方邻国；在南部，1993 年捷克和斯洛伐克解体。波兰在这一过程中发挥了充当东西方之间的桥梁的作用，“与所有邻国结盟以降低所面临的区域安全困境，而不是挑动国家间的彼此对抗，隐藏在中立背后或通过不结盟作壁上观”[③]。在“桥接战略”的指导下，一方面波兰寻求向西方开放，在双边层面扩大与西欧国家和美国的接触，在多边

---

① ［美］兹比格纽·布热津斯基：《大棋局——美国的首要地位及其地缘战略》，中国国际问题研究所译，上海人民出版社 1998 年版，第 59 页。

② Justyna Zajaç, *Poland's Security Policy: The West, Russia, and the Changing International Order*, London: Palgrave Macmillan, 2016, p. 2.

③ Justyna Zajaç, *Poland's Security Policy: The West, Russia, and the Changing International Order*, London: Palgrave Macmillan, 2016, xviii.

层面寻求通过加入欧洲委员会、欧盟、北约以及发展和西欧联盟的关系实现“回归欧洲”；另一方面，波兰选择与所有邻国签订新的双边条约以确认彼此的主权和边界，开展双边合作，同时积极参与“魏玛三角”“维谢格拉德集团”“波罗的海国家理事会”“中欧倡议组织”等次区域合作机制，并通过欧安全会促进欧洲的合作安全模式。①

随着1994年北约通过“和平伙伴计划”和1997年欧盟卢森堡首脑会议决定启动扩大进程，波兰被列为北约和欧盟双东扩的首轮候选国，在实现“回归欧洲”的战略目标上迈出了实质性步伐。在此前提下，波兰仍将西方确立为对外政策的首要方向，追求将于美国的伙伴关系提高到“最高水平”，进一步增强与德国和法国的关系，并且努力争取于1999年加入北约和2002年加入欧盟。同时，波兰为了降低俄罗斯对北约东扩的抵制，以及恢复其和俄罗斯的传统经贸联系，开始着手改善并发展与俄罗斯的关系，并且对处在波、俄两国之间的乌克兰、白俄罗斯以及波罗的海三国等国家也谋求互利合作，从而在波兰的东方塑造一个有利的地区角色，使之在外交政策上表现出倾向西方同时关注东方的特点，形成了侧重西方的多元外交格局。②

在波兰于1999年和2004年相继正式加入北约和欧盟后，其对外政策将国家安全置于首位的前提下，更为注重追求现实利益和战略平衡，形成了在安全和防务上依靠北约和美国，在政治和经济上立足欧盟，睦邻周边，积极构建全方位外交的格局。2000年的波兰国家安全战略中明确指出，波兰成为北约成员国降低了受到侵犯的危险，从而改变了波兰的地缘政治和地缘战略地位。在可见的未来，波兰作为独立国家的继续存在不会受到威胁，也没有任何直接的军事侵略的危险。此后，在2003年和2007年的国家安全战略中，波兰仍然认为在欧洲不太可能发生对其构成威胁的

① “魏玛三角”是1991年起建立的德国、法国和波兰的三国定期会晤机制，其议题从外交逐步扩展到了军事、经济和文化诸多领域，意在将波兰全面纳入西方。“维谢格拉德集团”是1991年由捷克斯洛伐克、匈牙利和波兰三国建立的次区域合作机制，后因捷克斯洛伐克解体，成员变为四国。“波罗的海国家理事会”是1992年由波罗的海沿岸的10个国家成立的合作机制，旨在促进成员之间在经济发展、能源、教育和文化、公共安全与人类发展等领域的全面协调。“中欧倡议组织”是1989年由奥地利、匈牙利、捷克斯洛伐克、南斯拉夫和意大利成立的区域合作组织，波兰于1990年加入。

② 参见郭洁《近二十年波兰外交转型刍议》，《俄罗斯研究》2012年第1期。

军事冲突，北约是确保波兰外部安全的首要支柱，也是维护欧洲政治和军事稳定的关键因素，维持北约的集体防御职能是波兰的高度优先事项。[①]为了维护波美同盟关系，波兰无条件地支持美国和北约而不惜在伊拉克战争问题上与法德分裂，但仍将欧盟视为其外部安全的第二支柱，强调北约—欧盟合作的必要性。波兰在2005—2007年一度因法律与公正党执政而表现出疑欧情绪，但不久就随着2007年公民纲领党上台而转向积极融入欧洲的政策，并在欧盟事务中争取更多发言权。此外，波兰在推动北约和欧盟继续东扩的同时，寻求加强对俄的经贸关系并审慎处理与俄罗斯的摩擦。2012波兰政府提出在建立强大的欧盟中强大的波兰和继续作为跨大西洋秩序可靠盟友的同时，进一步推动波兰外交格局的多元化，不仅对区域合作持开放态度，而且寻求在欧洲之外推广波兰以促进国际贸易，在中东寻找替代的能源进口来源，并为北非、东非、阿富汗和中亚国家提供援助，开展全方位外交。[②]

然而，随着2014年乌克兰危机爆发、克里米亚被并入俄罗斯，始终对俄罗斯抱有恐惧和戒心的波兰认为，冷战结束后其享有的好于以往任何历史时期的安全局势被打破。波兰在当年发布的《国家安全白皮书》中忧心忡忡地指出，“在波兰周边存在着可能让国家间接或直接参与的区域和地方冲突的风险。波兰不能免于使用军事斗争的政治压力。在离波兰最邻近的地方，集结着大量进攻态势的军事潜力。对波兰的威胁可能在不利条件下变成非军事或军事性的。就军事威胁而言，可能会采取危机威胁或战争威胁的形式，即各种规模的军事冲突，包括从传统战争临界线下的军事活动到较不可能的大规模冲突”。同时，波兰认为“俄罗斯与西方的关系仍然是影响着波兰、地区和欧洲安全的重要因素。俄罗斯重新主张大国地位是以其邻国和对抗政策的升级为代价的，例证之一就是其与乌克兰的冲突和吞并克里米亚，这已对地区安全产生了负面影响”[③]。鉴于北约的

---

① Justyna Zajaç, *Poland's Security Policy*: *The West*, *Russia*, *and the Changing International Order*, London: Palgrave Macmillan, 2016, pp. 16 – 17.

② Agnieszka Bieńczyk-Missala, "Poland's Foreign and Security Policy: Main Directions" *Revista UNISCI / UNISCI Journal*, No. 40 (Enero / January 2016), pp. 116 – 117.

③ Justyna Zajaç, *Poland's Security Policy*: *The West*, *Russia*, *and the Changing International Order*, London: Palgrave Macmillan, 2016, p. 18.

逐渐衰弱、欧盟陷于内部问题，以及美国的全球战略优先转向“亚太再平衡”的态势，虽然波兰仍将北约、美国和欧盟视为外部安全最为重要的支柱，但开始更为关注增强其自身防务能力的必要性。

在这一背景下，波兰国内的两大政党——公民纲领党和法律与公正党在对外政策上的分歧更为突出，并在2015年随着法律与公正党再次执政而出现了显著调整。两大政党在对外政策的大方向上存在共识：双方都赞成波兰加入北约和欧盟，维护与美国的密切关系，与所有邻国保持良好关系，波兰在国际舞台上发挥积极作用符合波兰的国家利益，有必要增强波兰的军事能力。但两党在追求这些战略目标上的手段和方式有很大的不同。中右翼的公民纲领党认为波兰是一个中等规模的国家，影响力有限，波兰对外政策的有效性很大程度上依赖于多边合作。因此，该党主张在欧盟的框架下开展外交以提升波兰的影响力，致力于增进与法德两国的友好关系。但在保守右翼的法律与公正党看来，地缘政治是21世纪国际政治的主导性背景，国际政治正在恢复到追求势力范围的竞争之中，国家之间存在等级制，某些国家的帝国野心膨胀，运用权力对弱小国家施压。对外政策应将共享利益的国家之间的双边合作视为优先，而在国际组织框架下的多边合作是次要的。因此，法律与公正党再次上台执政后改变了公民纲领党的亲欧盟的多边主义外交，而是在欧盟中尤其是面对德国时坚决维护国家主权和民族利益，同时加强与美国的双边同盟关系，力图削弱俄罗斯，在处理地区关系上则重新引入“海间联邦”设想，寻求在波兰的领导下建立从波罗的海到亚得里亚海的区域联合。①

法律与公正党在对外政策上的政治现实主义立场贯穿于波兰外交部发表的《2017—2021年的波兰对外政策战略》之中。这份文件首先强调“国际关系是主权国家的领域，即使各国进行各种形式的合作，国家仍保留这一主权”。在此前提下，波兰将安全、增长和高地位确立为2017—2021年的外交政策的优先目标。在安全上，波兰认为其安全环境因乌克兰危机大为恶化，“自第二次世界大战以来，欧洲的政治格局从未出现过如此公开的敌对行为，对邻国的主权和领土完整的侵犯。”同时，东欧之

① Justyna Zajaç, *Poland's Security Policy: The West, Russia, and the Changing International Order*, London: Palgrave Macmillan, 2016, pp. 19 – 24.

外的中东和北非的地区热点问题也对欧洲和波兰的安全构成挑战。为此，波兰寻求从三个互补的层面加强自身安全：在盟友层面，与美国保持密切联系的同时，增强北约的可信度，提升欧盟的潜力；在区域层面，与罗马尼亚、“维谢格拉德集团”以及波罗的海和北欧国家开展密切合作；在国内则大力增强波兰自身的防御能力。在促进经济增长上，尽管波兰仍然将欧盟单一市场的完整性视为增长的重要前提，但同时也强调不会对“欧盟的缺陷视而不见”，“对欧盟稳定最为严重的威胁是将其转变为一个基于不受民主监督的官僚精英的事业”，“多速欧洲”是“欧盟凝聚力的另一个威胁”。因此，波兰主张在欧洲一体化取决于选民的支持程度。同时，波兰还将积极利用经济外交来提升在全球价值链中的地位以成为“发达”经济体。在不放弃在欧盟和东欧的强势地位下，波兰寻求加强与南亚、北美、非洲、中东以及发展中国家的经济联系，继续实施“走向非洲”（Go Africa）和“走向中国”（Go China）的计划，并考虑对东盟、伊朗和印度等国也采取类似的计划。在塑造国际形象上，波兰寻求在全球政治中扮演负责任的角色，将2018—2019年担任联合国安理会非常任理事国视为加强波兰国际声望的关键一步。此外，鉴于2018年是波兰重新获得独立的一百周年之际，驳斥波兰被动地对大屠杀负责的观点、强调德国和苏联对波兰的瓜分成为波兰对外政策的一项关键任务。①

第三节 波兰与大国的关系

波兰学者朱斯蒂纳·扎勇斯指出，波兰作为一个中等强国，存在于一个大国强加的自助世界之中，大国过于频繁地试图忽视、操纵或主导中等强国。大国有能力改变国际体系的权力分配，而中等强国很大程度上试图影响或避免大国的区域主导权。② 因此，长期以来，处理大国关系始终是波兰的外交重点。

---

① Ministry ofForeign Affairs, Republic of Poland, “Polish Foreign Policy Strategy 2017 - 2021” (https://montreal.msz.gov.pl/en/news/polish_foreign_policy_strategy_for_2017_2021)

② Justyna Zajaç, *Poland's Security Policy: The West, Russia, and the Changing International Order*, London: Palgrave Macmillan, 2016, p. 18.

一　波兰与欧盟的关系

波兰与欧盟的关系深受波兰国内政治的影响，在“亲欧”和“疑欧”之间呈周期性摇摆。波兰政府对一体化的不同态度使其对欧盟的外交呈现为“亲一体化决心”“一体化停滞”和“一体化倒退”三种范式。[①]

在波兰正式加入欧盟之前，波兰外交政策的优先是必须发展和西欧、美国的政治、经济和文化关系，“回归欧洲”并成为西方世界的一部分是波兰政治精英和社会大众的主导思想。特别是在1993—1997年和2001—2005年两次上台执政的民主左翼联盟大力推进“回归欧洲”进程，波兰在其执政期间先后成为欧盟候选国和正式加入欧盟。由波兰社会民主党领导的民主左翼联盟支持在欧盟内部加深一体化，积极参与“魏玛三角”的合作以维持与德国和法国两个欧洲大国的伙伴关系，寻求加入欧元区，支持欧盟的共同安全和防务政策，与美国维持紧密的同盟关系和全面合作，加强北约和欧盟作为波兰的安全保障，以及与波兰的邻国和中东欧国家维持密切关系。然而，波兰作为中等强国的地缘政治地位及其历史遗留下来的大国情结，使之在入盟谈判中并非一直对欧盟亦步亦趋，而是在获得欧盟提供的农业补贴、反对欧盟采用不利于中小国家的双重多数表决机制（55%成员国和65%居民的同意）等关键问题上态度强硬，以维护自己的国家利益。为此，波兰不仅在2003年的伊拉克战争问题上与法德两国公开唱反调，还联合西班牙阻挠欧盟宪法草案通过，一时被欧洲舆论批评为美国的“特洛伊木马”。[②]

2004年波兰正式获得欧盟成员国资格，对其意味着在对外政策上的巨大调整，但是当时波兰“对欧盟的未来并没有明确的愿景，尚未立即准备讨论欧洲一体化的进一步发展，而是需要时间获得在欧洲内制定建设性政策方针的经验”[③]。随着2005年法律与公正党首次上台执政、莱赫·卡

① Grzegorz Gromadzki, “Poland in the EU: Unavoidable marginalization with a small question mark”, Friedrich-Ebert-Stiftung, February 2018, pp. 2–3.

② 姚勤华、戴轶尘、朱雯霞：《从“魏玛三角”到“波兰现象”——欧盟东扩与整合中的利益博弈》，《现代国际关系研究》2004年第5期。

③ Agnieszka Bieńczyk-Missala, “Poland's Foreign and Security Policy: Main Directions”, *Revista UNISCI / UNISCI Journal*, No. 40 (Enero / January 2016), p. 104.

钦斯基当选总统，波兰在对欧政策上的疑欧情绪、排德倾向日益突出，开始从“亲一体化决心”范式过渡到“一体化停滞”范式。

卡钦斯基兄弟领导的法律与公正党自视为民族利益最坚定的捍卫者，认为建立强大的、独立的波兰，其主权是纯粹不可分割的，波兰要成为一个“在国际舞台上享有大欧洲国家地位的共和国”。[①] 为维护波兰在欧盟的地位，卡钦斯基总统在欧盟扩大后的机构改革问题上坚持政府间主义立场，反对《里斯本条约》改革表决机制，反对任命欧洲理事会主席和维护欧盟委员会中“一国一委员”的原则等寻求增强欧盟机构权力的提案。波兰一直等到爱尔兰就《里斯本条约》举行第二次公投后才在2009年10月通过该条约，因此被视为并未以欧洲合作为优先的一个国家。[②]

不仅如此，法律与公正党也对德国侵犯波兰的历史耿耿于怀，对德国在欧盟中的经济和政治影响力持有高度戒心，认为欧盟是德国用来控制欧洲的工具，而波兰应向德国“将自己的繁荣建立在牺牲他国利益”之上的霸权发起挑战。[③] 2005年，德国与俄罗斯达成了建设穿越波罗的海海底的北溪天然气管道协议。这在高度依赖从俄罗斯进口天然气的波兰看来，北溪管道绕开波兰对其地缘政治地位和能源安全构成了直接威胁。时任波兰国防部部长的西科尔斯基甚至将这一协议与1939年苏联和德国密谋瓜分波兰相提并论。[④] 此后2006年年初的俄罗斯和乌克兰天然气争端加重了波兰的危机感。在未与欧盟或北约成员事先进行外交磋商的情况下，波兰提议欧盟和北约国家签订“欧洲能源安全条约”，建立共同能源安全机制，确保在任何欧盟成员国的能源安全受到威胁的情况下，其他国家必须提供援助，但不包括武装干预。这一提议被欧盟和北约否决了。[⑤] 同时，在波德双边关系层面，2006年德国媒体抨击卡钦斯基兄弟，德国民间呼

① 陈春华：《波兰在欧盟影响力的发展趋势与决定因素》，《俄罗斯东欧中亚研究》2017年第3期。

② Agnieszka Bieńczyk-Missala, “Poland's Foreign and Security Policy: Main Directions”, *Revista UNISCI / UNISCI Journal*, No. 40 (Enero / January 2016), p. 104.

③ 郭洁：《近二十年波兰外交转型刍议》，《俄罗斯研究》2012年第1期。

④ 赵艳霞、唐更田：《21世纪初波兰的东方政策及其制约因素》，《俄罗斯学刊》2013年第4期。

⑤ Katarzyna Kolodziejczyk, “Poland in the European Union. Ten Years of Membership”, *Revista UNISCI / UNISCI Journal*, No. 40 (Enero / January 2016), p. 18.

吁对第二次世界大战后被驱逐的德国人进行赔偿的“反驱逐运动”等争议性问题也加深了两国的隔阂。由此，波兰一度被视为欧盟内部的“搅局者”。①

2007 年图斯克领导的公民纲领党上台执政后，吸取了前任政府的教训，致力于改变欧盟内部对波兰的看法。2008 年西科尔斯基就任波兰外交部部长后，在向议会提交的对外政策报告中宣称，他的首要优先任务是让波兰“在欧盟团结一致的力量中强大起来”，“欧盟不是危险的‘他们’，欧洲和欧盟就是‘我们’”。2011 年该党获得连任后，西科尔斯基在向议会的演讲中强调，波兰支持一个成员国永远拥有主权且保留离开欧盟的权利，也有权决定让渡的权力，主张欧盟“走向更强大的权力、共同建立而不是失去认同的道路”②。在这一新欧盟政策指导下，2007—2015 年公民纲领党执政期间，尽管波兰仍然在加入欧元区的核心问题上表现迟疑，但在欧盟中的地位显著提升。

首先，波兰成为欧盟经济增长的领跑者，是欧债危机期间唯一保持经济正增长的成员国。据欧盟统计，波兰入盟后 GDP 增长了 48.7%，人均 GDP 达到了欧盟的 66.9%。其中，欧盟为波兰提供的各种资金从 2004 年的 27.4 亿欧元增长到了 2014 年的 171.2 亿欧元，成为刺激波兰经济增长的重要因素。在图斯克执政期间，波兰在欧盟的 2007—2013 年、2014—2020 年两个预算周期中分别获得了 660 亿欧元和 820 亿欧元的资金。从 2011 年开始，波兰成为所有成员国中欧盟基金的主要净受益者。③

其次，波兰积极改善与德国关系，并寻求在欧洲一体化的议题和立场上相近的国家建立联合，来维护自己的利益。德国是波兰的最大邻国和最大的贸易伙伴。图斯克上台后便访问柏林以加强两国之间的对话及其在欧盟内部的合作。2009 年年底欧债危机爆发后，图斯克领导的波兰政府呼吁德国在解决欧债危机中承担领导者角色，积极支持德国的解决方案。同

---

① 陈春华：《波兰在欧盟影响力的发展趋势与决定因素》，《俄罗斯东欧中亚研究》2017 年第 3 期。

② Agnieszka Bieńczyk-Missala, “Poland’s Foreign and Security Policy: Main Directions”, *Revista UNISCI / UNISCI Journal*, No. 40 (Enero / January 2016), p. 104.

③ Katarzyna Kolodziejczyk, “Poland in the European Union. Ten Years of Membership”, *Revista UNISCI / UNISCI Journal*, No. 40 (Enero / January 2016), p. 16.

时，在2007—2013年和2014—2020年的欧盟预算框架谈判问题上，波兰和从欧盟凝聚政策中接受资金最多的中东欧成员国以及葡萄牙、希腊和西班牙建立联合，以此作为尽可能维持有利于其预算决策的筹码，与欧盟预算的净捐助国进行谈判。在欧债危机日益严重的情况下，波兰领导的这个小团体得到了不少其他欧盟成员国的支持，最终实现了较少削减欧盟预算、及时对成员国拨款等积极成果。①

再次，波兰联合立场相近的欧盟成员国将自己的对外政策欧洲化，提升了波兰在欧盟对外政策上的话语权。自波兰加入北约和欧盟后，一直致力于推动北约和欧盟的双东扩，其面向东部近邻独联体国家的东方政策一直是波兰对外政策的关键优先之一。2006—2007年，波兰出台了《欧洲睦邻政策——东部方向》和《欧盟与乌克兰的关系：波兰的建议》，但因为当时波兰在欧盟内的负面形象而没有得到其他成员国的响应。图斯克政府则选择了在欧盟对外决策中经验丰富，并且在东部近邻问题上与之有相似的利益关切和政策偏好的瑞典进行合作，将波兰的东方政策欧洲化为整个欧盟的政策。波兰和瑞典两国都支持欧盟加强与东部邻国的联系和推进东部邻国的民主化。但在瑞典的建议下，波兰务实地放弃了向东部邻国提供入盟前景的设想，并将“东方伙伴关系计划”纳入欧盟睦邻政策框架之中，从而被欧盟采纳并于2009年5月正式启动。2012年，波兰还联合瑞典、意大利和西班牙四国，一起推动欧洲议会外交事务委员会下属的安全与防务分委会召开专门会议，讨论重新评估和更新2003年的“欧洲安全战略”，并且由四国外交部下属的智库联合撰写报告，提出了“欧洲全球战略”的概念。②

最后，波兰在2011年下半年担任欧盟轮值主席国期间显示了其在欧盟内部的领导能力和协调能力。在欧债危机深化和中东剧变冲击欧盟安全的情况下，波兰积极发挥了“理解欧盟机制并且能在困难问题上寻求妥协和共同解决方案”的作用，在有效采纳2012年的欧盟预算、克罗地亚正式加入欧盟、对欧债危机采取行动以及与乌克兰结束联系协定的谈判等事

---

① Katarzyna Kolodziejczyk, “Poland in the European Union. Ten Years of Membership”, *Revista UNISCI / UNISCI Journal*, No. 40 (Enero / January 2016), p. 18.

② 杨海峰：《有原则的务实主义——欧盟外交与安全政策的全球战略评析》，《欧洲研究》2016年第5期。

项上实现了预期目标。波兰推动整个欧盟团结并利用欧盟的机制，而不是采取欧盟大国更易于追求自身目标的政府间解决方案，避免了欧元区和其他成员国加剧分裂，是波兰作为轮值主席国取得成功的关键。[①] 2014 年欧盟机构进行换届，波兰总理图斯克成功当选欧洲理事会主席，波兰与欧盟的亲密关系达到了顶点。

但是，2015 年法律与公正党再度上台后，其一贯的疑欧立场使得波兰与欧盟的矛盾日益加剧。欧洲舆论认为该党引入了最根本的转变：波兰国内外政策的“去欧洲化”，即并非质疑波兰的欧盟成员国资格，而是希望波兰摆脱西欧伙伴的影响，获得更大的自主权。[②] 由此导致波兰在对欧盟的关系上走向了“一体化倒退”范式：寻求一体化退回到仅限于共同市场的欧共体阶段，并在一个“家园”的欧洲中幻想波兰的主权。[③]

法律与公正党的“去欧洲化”冲动不仅出于其保守主义和民族主义的意识形态，也有经济上的结构性根源。一方面，该党在意识形态上不再将欧洲一体化视为波兰发展的机遇，而是视之为导致成员国陷入持续危机的原因。欧盟在波兰转型二十多年后首次被视为威胁。该党认为，波兰的“回归欧洲”是建立在“模仿政策”基础之上的，屈从于西方或德国的“时尚”。波兰的价值观受到了超国家机构的政策和外部影响的威胁。欧盟是一个在很久之前就放弃了基督教—保守派和经济根源的事业。波兰才代表着“真正的西方”，西欧已经背离了最初的西方价值观。另一方面，该党对欧洲一体化的抵制也有经济动机。波兰的经济转型成功主要得益于其与西欧市场的融合，接受欧盟的资金以及参与到德国的价值链之中，从而使之形成了一种基于低工资、大量外国投资以及高度依赖外部因素的经济增长模式。因此，法律与公正党批评欧盟对波兰经济的影响，认为欧盟的基金有助于维持波兰作为外围行动者和德国经济的后院。同时，波兰认为欧盟的政策和立法对其能源和国防工业等关键经济部门施加压力。在能

---

① Katarzyna Kolodziejczyk, “Poland in the European Union. Ten Years of Membership”, *Revista UNISCI / UNISCI Journal*, No. 40 (Enero / January 2016), p. 20

② Piotr Buras, “Europe and its Discontents: Poland's Collision Course with the European Union”, Policy Brief, ECFR/230, Sep. 2017, p. 2.

③ Grzegorz Gromadzki, “Poland in the EU: Unavoidable marginalization with a small question mark”, Friedrich-Ebert-Stiftung, February 2018, p. 3.

源上，波兰严重依赖煤炭生产和消费，而欧盟的气候变化政策提议成员国不再使用化石燃料，对其构成直接挑战。波兰也担心欧盟委员会逐渐整合成员国的国防工业将威胁到自己建立军工大企业的抱负。①

出于上述考虑，自2015年以来波兰与欧盟之间爆发了一系列的争吵：第一，在波兰的内政问题上，法律与公正党实施的一系列加强对司法、媒体和经济干预能力的“激进”改革政策被欧盟视为“民主倒退”。2015年波兰的总统和议会大选后，出现了总统和政府都来自法律与公正党，该党独立组阁且在参、众两院都占多数席位的政治格局。该党认为波兰的现行制度需要革命性重建，审查议会、总统和政府是否违宪的宪法法院已影响了政府的决策效率。为此，波兰总统杜达在当年12月拒绝任命上一届议会选举出的宪法法院5名新法官中的其中3人，并推动议会通过《宪法法院法》修正案，将原来的投票制度简单多数提升至三分之二多数，强制性延长案例受理时间，且议会议长和司法部长可以解职宪法法院法官，以此增加宪法法院的违宪审查难度，削弱其监督职能。该月月底，波兰议会又通过了公共媒体法修正案，将公共广播电台和电视台改组为“国民文化机构”，政府有权重新任命其高层管理人员，以限制独立的媒体监管委员会的权限。因为该党认为波兰公共媒体过去的报道倾向于“忽视国家责任，罔顾民族利益，渲染有关波兰负面报道”，而且媒体掌握在德国人手中。此外，该党还加强了政府对央行货币委员会等独立经济机构的人员任命的干预。这些举措引起了欧盟的强烈批评。欧洲议会议长马丁·舒尔茨视之为波兰政府“具有政变性质的最新行动”，是欧洲政治的“普京化”。欧盟委员会则在2016年1月发起了对波兰司法改革的全面调查，以确定是否有违法治原则，并考虑依据《里斯本条约》第七条对波兰实施制裁，剥夺其在欧盟理事会的投票权。②

第二，在应对中东难民危机上，波兰等中东欧国家批评欧盟尤其是德国的无条件欢迎态度，并拒绝接受欧盟的难民分配计划。2015年，中东

---

① Piotr Buras, “Europe and its Discontents: Poland’s Collision Course with the European Union”, *Policy Brief*, ECFR/230, Sep. 2017, pp. 3 -4.

② 参见刘作奎、［波兰］卡塔里娜·高里克《2015年波兰宪法危机根源、前景及其对中波关系影响分析》，《欧洲研究》2016年第2期；李俊、王媛媛、刘晨：《波兰“新发展模式”解析》，《现代国际关系》2016年第6期。

难民危机在欧洲加剧后，当时执政的公民纲领党在欧盟委员会的难民分配计划中接受了来自意大利和希腊的7082名中东难民。① 但此后，法律与公正党在议会大选中声称波兰面临着大量中东难民流入的严重危险。据波兰民调机构CBOS的报告，2015年11月的巴黎恐怖主义袭击和以反穆斯林情绪上升为特征的竞选活动导致反对接受难民的人数显著增加，平均2/3的波兰人不愿接收来自中东和非洲的难民。“这种不情愿与绝大多数难民是穆斯林和（或）非白人的事实有关。波兰人将他们视为威胁。75%的波兰人认为逃离叙利亚和伊拉克的大量难民是一个巨大的安全威胁。”② 在此民意支持之下，法律与公正党政府拒绝实施欧盟的难民分配计划，而是建议欧盟控制难民入境的流量，推进和完善现有各国的边境管理局的合作机制，在尊重成员国主权原则下加强欧盟外部边境管理，并支持继续履行2015年11月欧盟与土耳其达成资助土耳其安置叙利亚难民的协定。③

第三，在欧洲一体化的发展方向上，波兰与法德轴心渐行渐远，并反对欧盟委员会为应对英国脱欧而提出的“多速欧洲”设想。法律与公正党上台后明确表示希望重新界定谁是其在欧盟的主要外交政策伙伴，而且明确表示德国不再是波兰对外政策的优先。该党批评波兰的对外政策屈服并效仿于德国，而德国是导致欧洲难民危机的源头。德国一直试图将其多元文化主义政策强加于其他欧盟国家，推动穆斯林难民迁往波兰和其他国家将导致波兰的民族同质性下降，从而失去对自己国家的控制权。不仅如此，德国和俄罗斯达成北溪二期管道协议也再度引发波兰的不满。法律与公正党还重翻波德关系的历史旧账，在2017年7月提出德国仍然需要就其第二次世界大战期间犯下的战争罪行对波兰做出赔偿。同时，波兰与法国的关系因为2016年10月拒绝了向空中客车购买直升机的交易而受到破坏，使双方关系降至1989年以来的最低点。④ 波兰与法德交恶的同时转向

---

① Anna Piłat, Dominika Potkańska, “Local responses to the refugee crisis in Poland: Reception and integration”, *Institute of Public Affairs*, Warsaw 2017, pp. 6 – 7.

② Adam Balcer, Piotr Buras, Grzegorz Gromadzki, Eugeniusz Smolar, “Polish views of the EU: the illusion of consensus”, *Stefan Batory Foundation*, Warsaw, Jan. 2017, p. 10.

③ 茅银辉:《波兰对外关系的变化及中波关系的机遇与挑战》,《现代国际关系》2016年第6期。

④ Piotr Buras, “Europe and its Discontents: Poland's Collision Course with the European Union”, *Policy Brief*, ECFR/230, Sep. 2017, p. 4.

了和英国加强联系。法律与公正党和英国保守党都属于欧洲议会中的保守派，双方对欧洲一体化的立场有接近之处：拒绝欧元、大西洋主义和对欧盟共同防务持怀疑态度，欧洲一体化应以共同市场为关键支柱而不是寻求政治一体化。因此，该党视英国为欧盟内部的盟友，以借力制衡法德轴心在欧盟的权力。

但是，2016 年 6 月英国公投脱欧给波兰带来了诸多挑战：英国的离开将导致欧元区 19 国在欧盟的 GDP 的比重高达 85%，波兰等 8 个非欧元区国家难以与之抗衡，其与法德和欧盟机构讨价还价的能力将被严重削弱，在欧盟内部面临着进一步被边缘化的风险。同时，缺乏英国对欧盟预算的巨大贡献使得 2021—2027 年欧盟的基金预算规模整体减少了 10%。鉴于欧盟与波兰的紧张关系，波兰从中获得的 644 亿欧元比 2014—2020 年的预算资金缩水了 23%。[①] 此外，英国是波兰仅次于德国的第二大出口目的地，又有近 100 万波兰人居住在英国，波兰也十分关切英国脱欧后的双边贸易安排以及英国劳动力市场对波兰公民的开放问题。

为应对英国脱欧给欧盟带来的空前冲击，欧盟委员会主席容克在 2017 年 3 月发表了题为《欧盟的未来》的讲话，将“多速欧洲”作为欧盟未来发展的战略选项之一，引起了波兰等中东欧国家的质疑和反对。“多速欧洲”意味着欧盟内部的不同国家可以根据自己的意愿和能力，决定参与一体化的程度和向欧盟让渡权力的范围。法国、德国、意大利、西班牙等成员国对这一符合欧盟现实的选项表示支持，但波兰等中东欧国家担心“多速欧洲”会进一步加强法德在欧盟的主导地位，而要求在欧盟内的所有问题上拥有同等话语权。[②]

波兰政府与欧盟围绕这些重重矛盾已进行了多次博弈。2017 年 12 月，欧盟在波兰议会通过有关最高法院、全国司法委员会法案当日，宣布正式启动对波兰是否违反《里斯本条约》第七条的审查。在此强大压力下，时任波兰总理、法律与公正党副主席的贝娅德·希德沃辞职而由副总理莫拉维茨基接任，并在 2018 年 1 月改组政府，18 个部中包括外交部、

---

① Grzegorz Gromadzki, “Poland in the EU: Unavoidable marginalization with a small question mark”, *Friedrich-Ebert-Stiftung*, February 2018, p. 3.

② 参见丁纯、张铭心、杨嘉威《“多速欧洲”的政治经济学分析》,《欧洲研究》2017 年第 4 期。

国防部在内的9个部更换了部长。2018年7月，欧盟委员会对波兰发起违规程序，但没能阻止波兰的《最高法院法》修正案的生效。10月，欧洲法院发布临时裁定，命令波兰恢复因实施《最高法院法》修正案而被强制退休的最高法院法官的职务。11月，波兰议会撤回修正案中有关强制法官退休的内容，但没有解除新任法官的职务。欧盟委员会欢迎波兰的让步，但表示，鉴于波兰仍采取其他一些限制司法独立的措施，欧盟委员会将继续对波兰实行《里斯本条约》第七条规定的程序。① 根据2018年10月波兰地方选举后的民调结果，该党仍然有33%—42%的支持率，领先于其他在野党，而且波兰的经济增长态势也有望维持到2019年的议会大选。② 因此，目前法律与公正党在对外政策上仍然有相当大的回旋余地，其在对欧盟关系上的“一体化倒退”范式仍有较大的可能性持续下去。

二　波兰与美国的关系

波兰一直将建立特殊的波美关系作为外交的重中之重，因为中等强国在对外政策上的特点是“无法主要通过自己的能力获得安全，而是在根本上必须依赖他人的帮助。”③ 自冷战结束以来，波兰在安全上对美国和北约呈现出日益倚重的态势有着来自历史和现实因素的考虑。

历史经验使波兰深信对其独立和安全最大的威胁是处在德国和俄罗斯之间不可调和的地缘政治位置，美国则是一个不在欧洲大陆却比德国和俄罗斯更强大的大国。波兰将美国视为冷战的胜利者，维护着欧洲的安全，保障着欧洲大陆的权力平衡。美国和北约不仅可以保护波兰免于俄罗斯的安全威胁，还可以制约德国，比起曾在第二次世界大战前推行绥靖政策的英国和法国也更为可靠。同时，波兰在政治上和民族情感上也对美国抱有好感。美国威尔逊总统在第一次世界大战结束时提出的“十四点计划”是波兰复国的重要依据，美国领导了第二次世界大战的反法西斯同盟，并在冷战中支持团结工会。此外，在美国还有1000万左右的波兰裔移民。因此，冷战结束后，波兰的政治精英强烈地认为波兰和美国的利益融合在

---

① 高歌：《亲美疑欧：波兰外交的个性》，《世界知识》2019年第3期。

② 民调数据参见本篇第六章“政治生态研究”。

③ Justyna Zając, *Poland's Security Policy: The West, Russia, and the Changing International Order*, London: Palgrave Macmillan, 2016, xiv.

一起，美国在波兰的对外政策中占据特殊地位。

美国也坚决支持波兰的政治经济转型，向 1989 年建立的稳定波兰货币基金提供了 2 亿美元，以帮助波兰控制通货膨胀。在 1991 年波兰总统瓦文萨访问美国期间又减免了波兰 70% 的债务。美国还在确认德国和波兰的边界以及苏联军队撤离波兰问题上发挥了关键作用。对此，波兰也以在海湾战争中向美国提供伊拉克军队的武器装备情报和提供军事援助作为回报。[①] 1992 年，美国总统布什访问波兰，此后历任美国总统都到访波兰，是唯一获此礼遇的中东欧国家。

波兰在美国的大力支持下，先后加入了北约和欧盟，而北约的政治和军事吸引力源自美国的强大。“弱小的盟友依赖强大的盟友，而在自己处于压力之下时，通过参与实现更强大的盟友的利益，可以换取在危险局势中得到保障支持。”[②] 为了向北约中最强大的盟友美国表明自己的忠诚，波兰于 1996 年 2 月加入了北约在波黑的军事行动，此后，参与了北约在 1999 年阿尔巴尼亚和科索沃的行动。2001 年“9·11”事件爆发后，波兰成为第一个追随美国参与阿富汗反恐战争的北约盟国，在美国的直接指挥之下向阿富汗派遣特种部队。在 2003 年伊拉克战争中，波兰也顶着法德的强大压力追随美国派兵出战，而且允许美国中央情报局为反恐在其境内设立秘密监狱。波兰又在 2005 年 11 月表示赞成在波兰境内设立美国的导弹防御基地，以此方式维持两国的持久联系。

这些举措被外界视为“波兰对外政策的美国化”。究其原因在于波兰的决策者们坚信，维护美国在欧洲的政治和军事存在是必不可少的，美国是欧洲的安全稳定器。波美特殊关系对于确保波兰的安全和稳定、政治变革以及可持续的经济发展都是必要的，而且是波兰在国际舞台上拥有强大话语权的一种手段。相对于波兰对美国和北约的无条件信任，波兰对发展欧洲自主的安全和防务能力持谨慎态度，不信任欧盟在没有北约的资源和后勤支持下采取有效行动的能力，而且西欧国家不愿承担大笔军费建立独立于北约的防务力量，因此欧洲安全和防务政策没有实质性的军事意义，

---

① Justyna Zajaç, *Poland's Security Policy*: *The West*, *Russia*, *and the Changing International Order*, London: Palgrave Macmillan, 2016, pp. 41 – 42.

② Justyna Zajaç, *Poland's Security Policy*: *The West*, *Russia*, *and the Changing International Order*, London: Palgrave Macmillan, 2016, p. xiv.

而只会在政治意义上限制美国的行动。[①]

尽管波兰被视为美国在欧洲除英国之外最坚定的盟友，但是随着2007年图斯克出任波兰总理和2009年奥巴马当选美国总统，波美特殊关系向追求务实利益回摆。在波兰一方，图斯克政府认为在强调波美友好关系重要性的同时，应更为务实地注重波兰自身的利益，而不是一味地无条件充当美国的“绝对追随者”。在部署导弹防御基地问题上，图斯克政府认为这一系统首先保护的是美国而不是波兰的安全，波兰应从美国在其境内建立导弹防御基地中获得相应的“交易报酬”，而在没有全面评估其成本和安全风险之前，不接受建立反导基地的计划。在伊拉克驻军问题上，波兰民众因该国安全局势恶化而强烈反对波兰在伊拉克长期驻军，同时波兰在中东的军事存在也未能转化成参与伊拉克重建的经济利益，从而促使图斯克政府力求从伊拉克撤军。[②] 但是2008年8月俄罗斯和格鲁吉亚爆发冲突，加剧了波兰对俄罗斯的担忧，迫使其与美国建立更紧密的政治和军事关系。2008年8月20日，波兰与美国签署了在波兰境内部署美国反弹道导弹防御系统的协定，界定了建立和运作反弹道导弹拦截系统基地的法律地位，两国分担该基地的监管和运作责任以及相关的财务成本。同时，波兰又担心美国在其领土的军事存在会使之受到来自俄罗斯的更大威胁，从而要求美国提供更多的安全保障，建立两国战略合作协商小组，并承诺向波兰武装部队现代化提供军事援助和爱国者导弹，以及在波兰部署美国的军事人员。[③]

在美国一方，奥巴马上台后立即寻求“重启”美俄关系，此后又推行“亚太再平衡”战略，将战略重心从欧洲转向亚太，波兰等中东欧国家感到了冷落。2009年7月，中东欧国家22名原政要联名给奥巴马总统写公开信，呼吁美国需充分介入欧洲大陆事务，北约应向所有成员国提供战略再担保，在中东欧部署导弹防御系统不应受到俄罗斯的干扰，建立更

---

① Justyna Zajaç, *Poland's Security Policy: The West, Russia, and the Changing International Order*, London: Palgrave Macmillan, 2016, pp. 79 – 84.

② 熊昊：《变与不变间的波兰——图斯克新政府外交政策走向》，《俄罗斯东欧中亚研究》2008年第4期。

③ Justyna Zajaç, *Poland's Security Policy: The West, Russia, and the Changing International Order*, London: Palgrave Macmillan, 2016, pp. 115 – 116.

具战略性的美欧关系，美国应支持欧盟能源来源多元化并对中东欧国家实行免签制度。① 对此，奥巴马政府以宣布改变在中欧部署导弹防御系统作为回应。2009 年 9 月，奥巴马总统致电波兰总理图斯克通报了这一决定，并在 10 月派遣副总统拜登先后访问波兰、罗马尼亚和捷克三国，解释美国以 EPAA 取代原来的导弹防御计划，将短程导弹作为重点防御对象。此后，波兰和美国又在当年 12 月签署了《关于美国在波兰驻军地位问题的协定》，为美国在波兰驻军创造必要条件。2010 年，波美两国在波罗的海举行了首次重要的军演。但是，波兰在加强与美国双边军事合作的同时，对参与在北约的域外军事行动兴趣明显下降。波兰在北约的 2010 年里斯本峰会和 2012 年芝加哥峰会上，呼吁北约应维持域外行动和防御能力之间的平衡。波兰拒绝参与 2011 年北约在利比亚的军事行动，认为北约没有足够的必要在北非执行域外军事任务。②

2014 年乌克兰危机爆发后，波兰认为在可见的将来，其面临的军事威胁具有双重性，一种是传统的领土冲突带来的战争威胁，另一种是政治和军事危机有关的威胁。为应对来自俄罗斯的潜在威胁，波兰寻求加强波美的双边同盟关系并推动北约强化其东翼的防御能力，使之逐渐成为美国和北约在中东欧地区的战略支点。

在双边层面上，波兰追求与美国展开更为紧密且长期化的政治和军事合作。在政治上，2014 年 3 月和 6 月，美国副总统拜登和总统奥巴马先后访问波兰，向波兰保证美国将毫不动摇地履行其安全承诺，“波兰永远不会孤立无援”，并在华沙宣布推出《欧洲再担保倡议》（ERI）以安抚美国的欧洲盟友。在军事上，美国加大了对欧洲的军力部署。2014 年 3 月，美国临时将 12 架 F-16 战机从意大利部署到波兰。当年 12 月，美国国会批准了 2015—2017 年对《欧洲再担保倡议》的财政拨款，共计 51.743 亿美元。③

在此基础上，波兰寻求在防空、空中力量、特种部队、网络和陆地防

---

① 朱晓中：《冷战后中东欧与美国关系》，《俄罗斯学刊》2014 年第 6 期。

② Agnieszka Bieńczyk-Missala, "Poland's Foreign and Security Policy: Main Directions" *Revista UNISCI / UNISCI Journal*, No. 40 (Enero / January 2016), p. 108.

③ Derek E. Mix, "Poland and its Relations with the United States", *CRS Report*, Mar 2016, p. 10.

御等重点领域推进与美国的军事合作，重新加快美国在波兰的导弹防御系统建设，并极力游说美国在波兰长期驻军。2016 年 5 月，在波兰北部城市伦济科沃举行了部署美国陆基“宙斯盾”反导系统的基础建设开工仪式，并在 2018 年达到战备状态，波兰自行研发的防空导弹防御系统也将成为北约的 EPAA 系统的一部分。同时，从 2015 年 4 月起，美国开始向波兰和波罗的海国家部署小型分遣队，并不断加派兵力和装备。2017 年 1 月，美国第一批“大西洋决心行动”部队 250 人抵达波兰，波兰政府组织民众进行热烈欢迎。2018 年 5 月，波兰媒体披露波兰国防部计划出资 20 亿美元，在波兰引入 1.5 万名美军和 250 辆坦克装甲车。9 月，波兰总统安杰伊·杜达访问美国时请求美国在波兰设立名为“特朗普堡”的永久军事基地，美国总统特朗普表示会“认真考虑”这一提议。①

在多边层面，波兰寻求北约在其境内长期部署军队。但德国和法国担心，这一提议违反了 1997 年北约和俄罗斯之间就北约不在东扩后的领土上部署重兵的协定，而予以反对。因此，波兰在 2014 年 9 月北约举行的纽波特峰会上提出了变通方案，寻求北约的多国部队在其境内轮流驻军，并得到了波罗的海三国和罗马尼亚、保加利亚的支持，而且推动北约发表声明将加强从波罗的海到黑海的东部侧翼。此后，波兰将落实纽波特峰会的倡议作为其在北约框架下的优先事项：一是全面落实北约快速反应部队的改革，二是采取适应新要求的指挥结构，三是加强北约集体防御框架中的预警规划。在波兰的积极推动下，2016 年 7 月在华沙举行的北约峰会决定加大在中东欧的军事存在，在波兰和波罗的海三国共部署 4 个营的多国部队。美国、德国、英国和加拿大将分别承担在波兰、立陶宛、爱沙尼亚和拉脱维亚驻军的领导责任。② 目前北约在波兰驻扎约 4500 名士兵，而波兰总统杜达仍表示希望未来几年北约在波兰的军事存在能够持续增加，同时北约盟国之间的军事演习也能够更多地在波兰举行。③

---

① 高歌：《亲美疑欧：波兰外交的个性》，《世界知识》2019 年第 3 期。

② 《综述：北约华沙峰会做出多项决定》，2016 年 7 月 10 日，新华网（http://www.xinhuanet.com/world/2016-07/10/c_1119192718.htm）。

③ 《波兰总统说希望北约增加在波军事存在》，2019 年 3 月 7 日，新华网（http://www.xinhuanet.com/world/2019-03/07/c_1124201823.htm）。

三　波兰与俄罗斯的关系

波兰在对俄罗斯的关系中始终无法摆脱出于历史积怨、地缘政治利益冲突和能源安全顾虑产生的防备心理。

尽管波兰有被东西两大邻国俄罗斯和德国同时瓜分侵占的历史记忆，但对两国的防范之心有轻重之别。20 世纪初的波兰元帅米格莱·雷诺曾有句名言："同德国人在一起，我们有丧失自由的危险；而同苏联人在一起，我们会有丧失灵魂的危险。"英国历史学者普利泽尔也认为："波兰人也许畏惧德国人，但他们总感到，他们与西部邻居分享着共同的文明。对波兰人来说，安抚德国可能仅存在着边境和安全问题，安抚俄罗斯则要求他们放弃波兰民族认同中的核心要素，构建一个关于波兰文明的新定义。尽管德国对波兰带来的生理伤害较之俄罗斯和苏联更为深刻和野蛮，俄罗斯对波兰造成的心理伤害则更牢固地扎根于波兰的民族认同之中。"因此，冷战结束后，波兰在"回归欧洲"的进程中推动波德关系和解并逐渐与德国建立了紧密关系，但仍将俄罗斯视为冷战的失败者、"压迫者"和潜在的威胁，以此强化波兰基于"受害者情结"建构的民族认同感和内部凝聚力。①

在此背景下，波俄两国之间不时因历史争议问题引发外交纠纷和情绪对立。1990 年 4 月，波兰总统雅鲁泽尔斯基访问苏联期间，苏联正式承认对"卡廷惨案"负全部责任，戈尔巴乔夫主动将 1939—1940 年间涉及卡廷事件的部分内务人民委员会档案移交波兰。苏联解体后，波兰开始寻求与俄罗斯的关系正常化。1992 年俄罗斯总统叶利钦解密了表明苏联最高领导层对此事负有责任的文件，并将其交给了波兰。次年，叶利钦在正式访问波兰拜访了华沙波沃斯基公墓并向卡廷纪念碑敬献花圈；挖掘工作亦大致同时展开。② 波兰方面则提出与俄罗斯建立"转型伙伴关系"，呼吁加强两国在经济、社会、科学和文化领域的合作。但是，1994 年第一次车臣战争爆发后，波兰政府一度公开声援车臣武装分子，波俄关系由此

① 孙友晋、张磊：《后冷战时期波兰的民族认同与俄罗斯观》，《俄罗斯研究》2007 年第 2 期。

② 郭洁：《近二十年波兰外交转型刍议》，《俄罗斯研究》2012 年第 1 期。

出现波折。俄罗斯叶利钦总统缺席了1995年1月在波兰举行的集中营解放50周年活动，而波兰瓦文萨总统则没有参加5月在莫斯科举行的反法西斯战争胜利50周年活动。当年年底，民主左翼联盟领导人克瓦希涅夫斯基当选总统后，着力改善对俄关系，他在1996年4月访俄期间表示，波兰在争取加入北约的同时，将继续重视与俄罗斯保持和发展友好关系。

2002年波俄两国成立了名为“波兰—俄罗斯困难事务小组”的机构，并于2008年开始运作，寻求在历史问题上达成和解。但是与波兰和德国之间的类似对话相比，波俄在这一问题上的双边对话进展不多。波兰多次提出解密“卡廷惨案”的所有相关文件、就事件做出解释以及定性为“种族屠杀”等要求都被俄罗斯拒绝。俄罗斯反过来批评波兰对纪念在反法西斯战争中牺牲的苏联士兵不够尊重。[①] 2010年是卡廷惨案70周年，俄罗斯和波兰两国都试图通过在俄罗斯斯摩棱斯克举行的纪念活动进一步改善双边关系，但未料波兰总统莱赫·卡钦斯基等政要乘坐的专机在4月10日赴俄途中坠毁遇难，给两国关系增添了新的隐患。坠机事件发生后，俄罗斯总统普京第一时间向波兰发去唁电，宣布4月12日为俄罗斯全国哀悼日，成立由其负责的事故调查委员会与波方共同寻找飞机失事原因等一系列措施来避免波俄之间的外交裂痕，波兰政府和媒体也对此反应克制，但在波兰民众中流传着俄罗斯“炸机阴谋论”“普京幕后黑手”等舆论。[②] 2015年法律与公正党再次上台后提出，波兰上一届政府与俄罗斯的空难调查报告令人难以信服，空难可能涉及“政治阴谋”，这一事件极大地损害了波俄关系。2016年2月，波兰政府建立专项调查委员会重启调查，并在2017年8月发布调查结论称，失事飞机左翼已在空中损毁，损毁处具有爆炸痕迹。2018年6月5日波兰通信社再度指称，在飞机多块残骸和一名遇害者遗体上发现爆炸物残存。[③]

在地缘政治上，波兰和俄罗斯也有不可调和的战略利益冲突。冷战结束后，波兰不仅坚定支持中东欧国家加入北约和欧盟，而且主张将乌克

---

① Agnieszka Bieńczyk-Missala, “Poland's Foreign and Security Policy: Main Directions”, *Revista UNISCI / UNISCI Journal*, No. 40 (Enero / January 2016), pp. 113 – 114.

② 熊昊：《空难事件后波兰对美欧俄政策走向》，《现代国际关系》2010年第4期。

③ 刘畅：《俄罗斯与波兰再度检查卡钦斯基空难飞机遗骸》，《文汇报》2018年9月7日（http://wenhui.whb.cn/zhuzhan/huanqiu/20180907/211715.html）。

兰、格鲁吉亚等独联体国家也纳入西方的势力范围，以此扩大波兰与俄罗斯之间的缓冲地带，防范和削弱俄罗斯。俄罗斯却认为西方忽视了其利益，北约和欧盟的双东扩“使俄罗斯被排斥在欧洲之外，被认为不值得加入欧洲文明的体系框架”[①]。1999 年波兰正式加入北约后，波俄关系急剧恶化。当年 9 月，俄罗斯外交部公开质疑 1939 年苏联侵略波兰，招致波兰的外交抗议。2000 年初，波俄两国分别以从事间谍活动为名，相互驱逐对方的外交官，引发外交风波。

2003 年和 2004 年，格鲁吉亚和乌克兰相继发生颜色革命，进一步加深了波兰和俄罗斯在地缘政治上的对立。波兰政府和民众强烈支持格鲁吉亚和乌克兰的亲西方势力，而俄罗斯则视之为对其后院的蓄意入侵。在美国和欧盟的支持下，波兰总统克瓦希涅夫斯基在乌克兰的两位候选人亚努科维奇和尤先科之间展开斡旋，波兰民众还前往基辅支持乌克兰的示威者，并派出当时规模最大的国际观察员队伍监督乌克兰的重新选举。作为报复，俄罗斯于 2005 年 11 月以不合健康标准为由，对波兰的肉类和农产品实施禁运。[②]

2007 年图斯克上台执政后，试图改善与俄罗斯的关系。他在 2008 年 2 月访问俄罗斯期间，建立和恢复了两国战略合作委员会、经济合作政府间委员会、公民对话论坛和地区论坛。但这一局面很快被半年后的俄格冲突所中断。波兰认为，任何在欧洲重新划定边界的企图都应被视为对波兰的安全威胁，应引起整个北约的反应。普京统治下的俄罗斯就是要通过削弱北约和将美国赶出欧洲来破坏西方的统一，从而恢复其在欧洲的势力范围。欧洲的安全和俄罗斯恢复大国地位是相互排斥的，俄罗斯的战略成功将威胁到波兰的安全，因此要不惜一切代价予以防止。[③] 在此背景下，波兰坚决支持格鲁吉亚和乌克兰加入北约，并推动欧盟出台“东部伙伴关系计划”，提升欧盟与乌克兰、白俄罗斯等六个独联体国家的关系。

---

① Justyna Zajaç, *Poland's Security Policy*: *The West*, *Russia*, *and the Changing International Order*, London: Palgrave Macmillan, 2016, p. 107.

② 郭洁：《近二十年波兰外交转型刍议》，《俄罗斯研究》2012 年第 1 期。

③ Justyna Zajaç, *Poland's Security Policy*: *The West*, *Russia*, *and the Changing International Order*, London: Palgrave Macmillan, 2016, pp. 108 – 110.

乌克兰危机爆发后，波兰是欧盟中最为坚决主张对俄罗斯实施严厉制裁的国家之一。在乌克兰危机之初，波兰利用“魏玛三角”机制与法德两国共派外长赴乌克兰进行调停，并一度在亚努科维奇和反对派之间达成协议。2014 年 2 月亚努科维奇下台后，欧盟外交与安全事务高级代表阿什顿委托“维谢格拉德集团”外长访问乌克兰，建议乌克兰和欧盟签署联系协定和自由贸易协定。3 月克里米亚以公投形式被并入俄罗斯后，波兰强烈谴责俄罗斯违反了国际法的基本原则。波兰外长西科尔斯基认为这是“第二次世界大战后第一次一个欧洲国家吞并了另一个欧洲国家的省份。这是对我们视为基于和平基础的整个法律体系以及国际规范和条约的背弃。没有一个欧洲国家没有少数民族，如果通过改变边界来保护少数民族，我们将退回到 20 世纪甚至之前的地狱。这就是普京在克里米亚和乌克兰东部的所作所为是对我们所有人构成的威胁的原因”[①]。为此，波兰呼吁欧盟对俄罗斯采取果断行动，同时还呼吁在所有领域加强对乌克兰的支持，是欧盟内部少数几个赞成向乌克兰提供防御性武器的国家之一，并赞成北约在可见的未来接纳乌克兰。波兰作为欧盟内部的反俄鹰派，“表现出无可挽回的一贯立场，并将旨在解决乌克兰危机谈判中的每一个妥协都视为对西方的挫折。”[②] 对此，俄罗斯则以卫生条件恶劣等理由对波兰的猪肉及其制成品、牛奶类制品、水果和蔬菜等农产品实行进口限制，关闭两国的水果和蔬菜边贸市场等措施作为回敬。同时，波兰也逐渐被法德两国排斥在政治谈判解决乌克兰危机的“诺曼底进程”之外。

在能源安全上，波兰一直想方设法摆脱对俄罗斯的能源依赖，并防范欧盟与俄罗斯的接近。长期以来，欧盟有 1/3 以上的天然气进口来自俄罗斯。早在 20 世纪 40 年代中期，苏联就向波兰出口天然气。目前波兰每年有 2/3 的天然气进口来自俄罗斯。90 年代，俄罗斯计划修建“亚马尔—欧洲天然气管道”，将俄罗斯西西伯利亚的亚马尔半岛的天然气经白俄罗斯和波兰运输到德国和其他欧洲国家。1999 年该项目经白俄罗斯的一期工程建成后，俄罗斯提议二期工程越过白俄罗斯和波兰的边界，沿波兰和

---

① 孔田平：《波兰在乌克兰危机中的行为及其根源》，《俄罗斯学刊》2018 年第 4 期。

② Justyna Zajaç, *Poland's Security Policy: The West, Russia, and the Changing International Order*, London: Palgrave Macmillan, 2016, pp. 167 – 168.

乌克兰边界进入斯洛伐克后与已有的欧洲管道连接。波兰政府拒绝了这一提议，认为波兰的东南边境地区的天然气需求不足，并且建设管道破坏当地的自然环境。相反，波兰希望管道能够通过波兰中南部更为工业化和城市化的地区，但遭到俄罗斯拒绝。“波兰政府拒绝俄罗斯提案的一个非官方但非常重要的原因是这过于挑衅和反对乌克兰，其政治目的是要表明波兰放弃和乌克兰战略伙伴关系，而加入俄罗斯一伙。俄罗斯方面拒绝在距离波兰和乌克兰边境较远的地区修建管道，证实了波兰怀疑该提案的目的是挑起波兰与乌克兰之间的冲突。”①

2004 年乌克兰“橙色革命”后，俄罗斯多次威胁重新谈判对波兰的天然气供应价格，而 2005 年北溪管道的动工和 2006 年俄乌第一次天然气争端进一步加剧波兰对能源安全的担忧。为此，波兰寻求在《里斯本条约》中引入能源团结条款，寻求在欧盟层面建立统一的能源安全政策，并强烈要求俄罗斯在能源问题上向欧盟做出承诺。波兰曾在 2006 年 11 月和 2007 年 5 月，两次利用“牛肉门”事件动用否决权，阻挠欧盟和俄罗斯签订新的《伙伴关系与合作协议》。一个重要的原因就是波兰借此要求俄罗斯签署《欧洲能源宪章》，增加俄罗斯能源供应的透明度，允许欧洲投资者进入俄罗斯的能源市场，打破俄罗斯在欧洲天然气市场的垄断地位。② 与此同时，波兰还积极支持欧盟推进“南部能源走廊”建设，绕过俄罗斯从中亚地区经里海、格鲁吉亚和乌克兰进口油气，并在 2007 年发起召开东欧、南高加索和中亚国家共同参与的欧亚能源峰会。2014 年以来，波兰最大的天然气生产和经销商波兰国家石油天然气公司（PGNiG）一直寻求从美国进口液化天然气，以降低对俄罗斯的依赖。2017 年 6 月，美国第一艘液化天然气船抵达波兰。7 月，特朗普访问波兰并会见出席“三海合作”倡议峰会的各国领导人时表示，美国将帮助波兰和其他国家解决能源供应问题。2018 年 10 月和 11 月，波兰石油和天然气公司分别与两家美国公司签署协议，从美国进口液化天然气。③

---

① Roman Szul, “Geopolitics of Natural Gas Supply in Europe-Poland between the EU and Russia”, *European Spatial Research and Policy*, No. 2, 2011, p. 58.

② 赵艳霞：《冷战结束后波兰对俄罗斯政策的变化》，《俄罗斯中亚东欧市场》2008 年第 4 期。

③ 高歌：《亲美疑欧：波兰外交的个性》，《世界知识》2019 年第 3 期。

第四节　地区合作

波兰在历史上曾有过的大国辉煌和现实中的中等大国地位，使之一直抱有地区大国意识，寻求通过与周边的中欧和东欧国家的区域合作实现掌握地区领导权的抱负。当前，波兰依托“维谢格拉德集团”和“三海倡议”（Three Seas Initiative），在地区外交中重拾毕苏茨基的“海间联邦”，即与从波罗的海到黑海之间的国家开展广泛的地区合作和建构集体安全。

1991 年成立的“维谢格拉德集团”是波兰提升地区影响力的主要平台。维谢格拉德集团最初是波兰、匈牙利和捷克斯洛伐克（1992 年解体为捷克和斯洛伐克）三国为加入欧洲一体化而成立的区域协调机制，主要功能有：为加入欧盟进行协调与合作，就安全事务进行磋商，开展贸易和投资领域的合作，实现基础设施的互联互通，开展生态合作、保护少数民族权利以及地方合作等。1992 年，四国又签订了《中欧自由贸易协定》建立自由贸易区。同时，波兰还于 1990 年加入意大利、奥地利、匈牙利、南斯拉夫、捷克斯洛伐克五国成立的“中欧倡议国组织”，与中东欧、东欧国家在交通、通信、能源、旅游、环保、文化、教育和信息、中小企业发展、农业、灾难预防等方面开展合作。

随着维谢格拉德四国均加入北约和欧盟后，该集团在 2004 年 5 月举行的布拉格峰会上确立了未来开展合作的四个层次：集团内部合作，欧盟内部合作，与其他个别伙伴国家和集团的合作，北约和其他国际组织内的合作。此后，该集团形成了在欧盟峰会之前先行召开四国首脑会议的惯例，并根据议题以“V4 +”的形式与其他欧盟成员国在欧盟峰会前交换意见。同时，该集团的合作从以地区事务为重转向以欧盟事务为主，扩大了合作的领域和议程。“在加入欧盟的初期，维谢格拉德集团合作的关键领域开始确定的一个中心主题就是欧洲政策，特别是加速各国经济发展的方式，即凝聚政策和共同农业政策。除欧洲政策外，其他经常讨论的议题包括国家安全和军事合作。维谢格拉德合作的另一个领域是这一地区与其近邻国家之间的关系，非常关注促进西巴尔干国家的一体化愿望，并促进欧洲共同体与欧盟东部邻国的合作。”[1] 波兰借助维谢格拉德集团，提升了其在中东欧地区的能源安全、周边安全、互联互通和移民问题等议题上的话语权，进而影响欧盟的政策。

在能源安全问题上，波兰在2009年俄罗斯和乌克兰再次爆发天然气争端之际，利用其担任该集团轮值主席国的机会，推进四国成立常设的能源安全高级别小组。同时，该集团利用捷克、匈牙利和波兰在2009年、2011年分别担任欧盟轮值主席国的机会，将能源安全设立为欧盟的主要议程。

在周边安全问题上，波兰在2007年8月通过该集团向欧盟理事会提交了题为《维谢格拉德集团加强对欧洲睦邻政策讨论的贡献》的报告，主张需要在欧洲睦邻政策中明确区分东部和南部邻国，表达了加强与东欧国家合作的必要性。此后，波兰又在2008年利用该集团的协调机制，在华沙举行了由集团四国、波罗的海三国、瑞典、罗马尼亚和保加利亚共10个国家参加的外长会议，为波兰和瑞典提交给欧盟的“东部伙伴关系计划”造势。[2] 自2009年起，“东部伙伴关系计划”成为维谢格拉德集团的中心议题之一，并定期举行该集团与东部伙伴国的外长会议。2012—2013年，波兰担任该集团轮值主席国期间，大力推动该集团与乌克兰的合作，邀请乌克兰参加四国组成的维谢格拉德战斗部队。2014年乌克兰危机爆发后，该集团轮值主席国匈牙利召开四国外长和希腊、罗马尼亚、保加利亚外长的会晤并发表联合声明，强调保持乌克兰的独立、团结、主权和领土完整，此后又受欧盟委托访问乌克兰。

在地区互联互通上，波兰借助维谢格拉德集团，寻求欧盟投资以改善中东欧地区南北走向的运输能力。2009年，波兰通过该集团向欧盟游说，主张交通路线的融资和规划必须考虑欧洲的整体平衡，而不仅仅考虑人口密集度，应当看到中欧和东欧的地区特殊条件，以及因其与西欧

---

① Martin Dangerfield, “V4: A New Brand for Europe? Ten Years of Post-Accession Regional Cooperation in Central Europe” *Poznań University of Economics Review*, No. 4, 2014, p. 79.

② Martin Dangerfield, “V4: A New Brand for Europe? Ten Years of Post-Accession Regional Cooperation in Central Europe”, *Poznań University of Economics Review*, No. 4, 2014, p. 83.

的技术和基础设施差距导致的不利地位。[①] 波兰希望重振维谢格拉德集团下设立的交通运输互联互通高级别工作组，从欧盟的泛欧交通运输网络项目（Ten-T）获得欧盟的资金，推进从立陶宛到波兰东部，经斯洛伐克、匈牙利、罗马尼亚和保加利亚，最后与希腊相连的穿越喀尔巴阡山的高速公路。[②]

在安置中东难民问题上，维谢格拉德集团也公然与德国和欧盟唱反调，并且在2016年宣布成立由波兰负责协调的四国移民危机管理中心，支持将难民安置在欧盟以外的国家。2018年6月，四国又与奥地利在欧盟召开峰会之前先行举行领导人会晤在这一问题上的共同立场。

另外，波兰在乌克兰危机后更为积极地推动地区合作来应对周边局势的变化。特别是当前执政的法律与公正党试图通过“三海倡议”将历史上的“海间联邦”赋予新的内涵和动力。

杜达就任波兰总统后，寻求“在俄罗斯的威胁和北约的军事支持之间建立一个志趣相投的邻国之间的自然防御联盟”，与瑞典、波罗的三国、捷克、斯洛伐克、匈牙利、保加利亚和罗马尼亚建立强有力的联系。2015年8月，杜达的首次出访选择了爱沙尼亚。爱沙尼亚作为波罗的海三国之一，境内有可观的俄罗斯少数民族，在战略上无力捍卫自己的领土，与俄罗斯关系紧张。因此，它在欧盟内部上与波兰一样同属反俄鹰派。这一举动显示了杜达有意提升地区合作在波兰外交中的地位，并将其确立为优先事项。据波兰学者统计，截至2017年7月，中东欧国家成为杜达总统出访的主要方向，占到了40%以上：克罗地亚2次、斯洛文尼亚1次、匈牙利3次、捷克1次、保加利亚2次、罗马尼亚1次、斯洛伐克4次、波罗的海国家1次。同时，中东欧国家政要对波兰的访问也超过了30%。尤其是克罗地亚总统访问过波兰4次。[③] 频繁的高层往来表明波兰在推动中东欧地区合作上具有坚定的政治意愿和充分的外交

---

① 参见孔田平《维谢格拉德集团的地位与中欧的未来》，《俄罗斯东欧中亚研究》2015年第4期。

② Vít Dostál, “Understanding New Polish Intermarium: Trap or Triumph for the Visegrad Group?” Policy Paper 3/2016, Association for International Affairs（AMO）, pp. 5－6.

③ Adam Starzyk, Natalia Tomaszewska, “Concepetion of Intermarium in Polish Foreign Policy in 21 Century”, *Torun International Studies*, 2017, No. 1, p. 22.

投入。

在此背景下，2016 年 8 月，波兰和克罗地亚共同发起了“三海倡议”，促进波罗的海、亚得里亚海和黑海沿岸的欧洲国家在贸易、能源和基础设施领域深化合作，目前已有 12 个欧盟成员参与。[①] 与历史上波兰寻求建立政治和军事联盟的“海间联邦”不同，“三海倡议”作为“确保中欧和东欧政治和经济发展的非正式平台”，以贸易、运输、物流、经济为基础，寻求通过激发沿岸国家在能源和基础设施上的合作潜力加强区域经济联系，从而创造一个具有竞争力的发达经济体，成为欧盟中的强大支柱。在首次“三海倡议”峰会期间，杜达总统向与会国家强调，这一倡议不仅增加三海地区在欧盟内部的投资吸引力和竞争力，还应该促进该地区与全球伙伴的贸易和经济合作。该倡议寻求产生区域协同效应，而不是要在欧盟内部创建小团体或针对任何其他欧盟国家。此后，杜达也在多个场合中反复表明，“三海倡议”是深化欧洲一体化进程而不是替代欧盟的工具，该倡议的成功将确保欧洲市场的积极运作，在欧洲以及全球范围内提高这一地区的可信度。[②]

在波兰的外交努力下，2017 年的“三海倡议”峰会在美国总统特朗普访问华沙期间举行，从而使特朗普顺理成章地出席会议并发表演讲，表明了美国对该倡议的支持立场。特朗普在演讲中表示，希望发展美国和三海地区之间的商业和经济合作，尤其是在能源安全方面，美国将致力于确保三海沿岸国家获得替代性能源，使之“再也不会被单一的能源供应商挟持”。言下之意就是在美国的帮助下，“三海倡议”的能源合作将最终抵消由于依赖俄罗斯天然气而对中欧和东欧造成的能源威胁。第二次“三海倡议”峰会还在会后发表的联合声明中确立了其开展地区合作的优先方向：第一，加强该地区的交通连接，发展并进一步融入泛欧交通运输网络；第二，落实欧盟的能源政策目标，第三，促进联合经济项目的商业性，与欧盟政策充分对接。同时，声明确认了参与“三海倡

---

① 参与“三海倡议”的 12 个中东欧国家为：波兰、捷克、斯洛伐克、匈牙利、奥地利、保加利亚、罗马尼亚、克罗地亚、斯洛文尼亚、立陶宛、爱沙尼亚、拉脱维亚。

② Kamil Calus, Horia Ciurtin, Gheorghe Magheru, “The Emergence of a European Project: Three Summits for the Three Seas Initiative”, *New Strategy Center and The Centre for Eastern Studies* (OSW), 2018, p. 5.

议”的关键原则包括具有欧盟成员国资格，联合规划应有“连通性”“商业性”和“互补性”，并成立了“三海商业论坛”作为落实政治倡议的经济平台。[①]

第三次“三海倡议”峰会于2018年9月在罗马尼亚首都布加勒斯特举行，重点是在实现能源、交通基础设施和数字化三个主要领域的长期地缘经济目标之下，阐明其在中短期内的具体前景。在能源方面，主要有两大项目：一是将波罗的海的希维诺乌伊希切（Świnoujście）液化天然气接收站与亚得里亚海的克尔克岛正在建设的终端连接起来，从而可以使来自美国、挪威、北非和中东的液化天然气进入欧洲市场；二是建造BRUA天然气管道，经土耳其获得来自里海和黑海的天然气。这两个项目将打破俄罗斯天然气在中东欧地区的垄断地位，并且使得天然气可以在欧洲的东西向和南北向进行均衡的再分配。在交通基础设施方面，除了修建前述穿越喀尔巴阡山的高速公路之外，还有将芬兰、波兰和德国连接起来的波罗的海铁路倡议，以促进欧盟东部地区的货物、人员和资本流动，并增强西欧与俄罗斯、乌克兰和西巴尔干地区之间的互联互通。在数字化方面，将建立南北走向的光纤网络，建造“三海数字高速公路”，改善区域内的数据连接和流动，并在5G、云计算、新型区块链等数字创新最前沿的领域开展合作。[②]

作为欧洲的中等强国，波兰的对外政策富有鲜明的现实主义特征，因为处在大国之间的地缘政治位置和多舛的历史遭遇使其对曾被痛苦剥夺过的国家自由和国家安全分外敏感。当前波兰政府在处理大国关系上显示出的亲美、疑欧和抑俄的倾向并未偏离冷战后融入北约和欧盟的“跨大西洋秩序”的轨道，波兰仍然在安全上依赖美国、在经济上需要欧盟，但更强调国家主权至上和本国利益优先。在此背景下，波兰推动的地区合作成为其提升在欧盟地位的重要砝码，而当前波兰与匈牙利、意大利等疑欧政府的亲近将是影响未来几年欧盟的权力格局所不可忽视的力量。

---

① Kamil Calus, Horia Ciurtin, Gheorghe Magheru, “The emergence of a European project: Three Summits for the Three Seas Initiative”, New Strategy Center and The Centre for Eastern Studies (OSW), 2018, p. 7.

② Kamil Calus, Horia Ciurtin, Gheorghe Magheru, “The emergence of a European project: Three Summits for the Three Seas Initiative”, New Strategy Center and The Centre for Eastern Studies (OSW), 2018, pp. 12 – 13.

第二篇
重大专题研究

第一章 《负责任的发展战略》研究

2015 年 11 月，法律与公正党政府宣誓就职后，对政府架构进行了大幅调整，其中最为令人瞩目的是以设立发展部取代经济部。法律与公正党的“经济智囊”马泰乌什·莫拉维茨基出任副总理兼发展部部长（现为总理），负责制定波兰的整体经济政策。2016 年 2 月，莫拉维茨基正式公布了由其主导的《负责任的发展战略》（*Responsible Development Plan*），亦被称为“莫拉维茨基计划”。该战略是基于法律与公正党的经济理念下制定的新发展模式，规划了波兰中长期的发展蓝图。

第一节 出台动因

一 打造波兰版的“第三条道路”

2015 年法律与公正党赢得总统和议会大选的胜利后，希望转变东欧剧变后波兰以“巴尔采罗维奇计划”为基础的经济转型模式，而是打造具有其自身执政特色的发展模式。

“巴尔采罗维奇计划”是 1990 年 1 月 1 日由时任波兰副总理兼财政部部长莱舍克·巴尔采罗维奇（Leszek Balcerowicz）主导制定和实施的名为《经济转型纲领》的改革方案。1989 年波兰发生剧变时出现了以恶性通胀、高额财政赤字和巨大的外债为表现的“波兰病”，已处在经济崩溃的边缘。1990 年，波兰的恶性通胀高达 639.6%，1989 年的财政赤字达到 GDP 的 7.2%，外债占 GDP 的 49.3%，成为当时世界上的第四大债务国。[①] 严重恶

① 姬文刚：《波兰的经济转型及社会发展：阶段、成就与问题》，《欧亚经济》2018 年第 4 期。

化的经济形势迫使剧变后上台的波兰新政府必须进行大刀阔斧的彻底改革，因此聘请了当时以“休克疗法”闻名的美国经济学家杰弗里·萨克斯作为政府经济顾问。在其建议下，1989 年 10 月，巴尔采罗维奇制定了经济改革的主要原则：第一，实行财政改革，力争预算平衡；第二，实行市场机制，保持兹罗提与美元的稳定汇率；第三，改变所有制结构，进行广泛的私有化，取消对土地、住宅和建筑物买卖的限制。当年 12 月，波兰政府获得了国际货币基金组织和世界银行提供的 10 亿美元贷款用以遏制通胀，并出台 11 项经济改革法律，为全面的经济转型奠定了法律基础。①

巴尔采罗维奇作为波兰经济改革的设计师，不仅寻求国民经济的稳定化、自由化和私有化，更是旨在建立起适应市场经济的制度，从而采取了快速向市场经济过渡的激进改革方式。1990 年 1 月 1 日，“巴尔采罗维奇计划”的实施标志着波兰进入了从计划经济向市场经济转型的轨道。这一计划在宏观层面对公共财政、市场机制和所有制结构进行改革的同时，还在微观经济运行层面对国有企业、银行、工资、税收、外资商业活动、外汇、关税、就业以及劳动合同等进行建章立制。波兰政府通过实行限制性的财政和货币政策，全面放开 90% 的商品和劳务价格，取消进口的数量限制，全面开放国际贸易，实行国有企业的私有化等举措，开始建立起适应市场经济的制度框架。这一“休克疗法”对遏制恶性通胀和稳定宏观经济起到了立竿见影的效果。波兰的 GDP 在经历了 1990 年和 1991 年分别下降 11.6% 和 7% 后实现了持续增长，使之成为中东欧国家转型后最先恢复经济增长的国家，也是最先恢复到剧变前水平的中东欧国家。②

尽管“巴尔采罗维奇计划”为波兰建立市场经济、实现持续增长奠定了制度基础，但实施激进的“休克疗法”也不可避免地带来了一系列负面的社会后果，其中最为突出的就是失业问题和贫富分化加剧。“巴尔采罗维奇计划”实施后，国家不再包办就业，原来计划经济时代的隐性失业问题浮出水面。1990 年的失业率达到 6.3%，1991—1998 年失业率一

---

① 刘祖熙：《波兰通史》，商务印书馆 2006 年版，第 554—555 页。

② 孔田平：《从巴尔采罗维奇计划到莫拉维茨基计划——试析波兰经济转型范式和发展模式的变化》，《欧亚经济》2018 年第 4 期。

直在10%以上，1993年达到了16.4%。[①] 同时，自波兰进行经济转型以来，收入不平等程度呈稳步上升态势，其中居民收入不平等在1993—1997年和1998—2010年的两个阶段呈持续上升态势，10%的底层家庭的收入份额从1998年的3%下降到2010的2.7%，同一时期中高层家庭的收入份额则迅速上升，贫富差距显著拉大。由此造成大量波兰民众的物质生活匮乏以及因为贫困引发的社会凝聚力下降。2005年欧盟统计局对波兰进行的物质匮乏测量显示，在2004年正式加入欧盟后波兰仍有超过半数的波兰人生活在物质匮乏的家庭中，其中约有1/3的波兰人生活在严重的物质匮乏的家庭之中。虽然这一比例在2010年分别下降到了28.4%和14.2%，但是在测量的欧盟26个国家中，波兰在物质匮乏和严重的物质匮乏的排名上都处于第24位的垫底状态。根据欧盟的2020贫困指标测量，到2010年波兰仍有27.8%的人处于贫困和社会排斥的风险之中。[②]

因此，不可否认以巴尔采罗维奇为代表的波兰早期改革者在摆脱经济危机、实现增长和建立市场经济上确实发挥了积极作用，其继任者也通过引入失业救济、社会福利、养老金和贫困救济金等形成的社会转移支付体系来缓解急剧的经济转型所造成的社会代价，但是这些举措主要关注的是降低绝对贫困，而对控制收入不平等加剧的效果不明显。此外，从20世纪90年代中期起，波兰的高消费使得社会政策的再分配作用被削弱，而在新自由主义观点在波兰经济转型中占据主导地位的情况下，决策者追求“制度优先”使之对贫困和不平等关注不足。这些经济转型中的弊病随着欧债危机的冲击和转型红利的消失愈加凸显，促使波兰的学界和政策界开始反思其经济增长模式。

2008年国际金融危机爆发后，尽管波兰仍维持了经济的正增长，但是增幅放缓。在1992—2000年波兰经济年均增长率高达5.1%，2001—2008年年均增长率为4%，而2009—2015年平均增长率下降到了3%。此外，按照世界银行标准，波兰已属于人均收入超过12736美元的高收入国家，但是仍然需要大力追赶欧盟老成员国。为此，波兰前经济部部长豪斯

---

① 姬文刚：《波兰的经济转型及社会发展：阶段、成就与问题》，《欧亚经济》2018年第4期。

② 金玉：《波兰经济转型中收入不平等问题探微》，《未来与发展》2015年第6期。

内尔（Hausner）在2013年主编的一份研究报告中就波兰面临“中等收入陷阱”提出警告，认为波兰以往的增长是片面的和分子化的，不克服波兰经济的结构性弱点，波兰就不能成为完全发达的国家。同时，作为波兰经济转型之父，巴尔采罗维奇在接受媒体采访时也重点讨论了波兰是否面临“中等收入陷阱”的风险，并提出波兰需要加快改革，以避免经济陷入停滞。[①] 因此，如何通过结构性改革建立更为平衡和可持续的经济增长模式、如何重新界定国家在经济发展中的作用，成为波兰执政者面临的核心问题。2015年10月法律与公正党执政后，由莫拉维茨基主导制定的《负责任的发展战略》，在批判和否定新自由主义发展模式的基础上，全面系统地阐述了该党在后危机时代全面提升波兰国家竞争力的发展理念。

被称为“莫拉维茨基计划”的《负责任的发展战略》首先着重强调的是在保持社会市场经济模式的同时，增加国家在经济、社会和地区的责任，也就是“负责任”的内涵之所在。莫拉维茨基批评新自由主义发展模式僵化地将国家与市场相对立、一味排斥政府对经济的干预，认为：“‘市场或政府二选一’的简单模式是不可持续的，波兰在这方面有广泛的经验。20世纪90年代初期，波兰以那种非此即彼的方式全盘采纳了西方发达国家倡导的发展模式。这种模式无疑要优于此前高度集中的计划经济模式，但它忽略了波兰等中东欧国家的历史与社会特性。直至几年前，波兰政府仍将华盛顿共识视为发展资本主义制度、改善福利的基本原理，而华盛顿共识严重低估了前社会主义国家转型期间面临的现实挑战。同时，传统的新自由主义理论也未能在其他中东欧国家和其他地区的一些国家发挥恰当的作用。”他认为，波兰正面临修正经济政策的复杂而严峻的挑战，需要制定一套新的发展战略，不仅能满足波兰人民与社会的期望，而且要能有效地调整波兰的发展模式以应对当前全球经济的外部条件。[②]

莫拉维茨基以新结构经济学为理论指导，制定的《负责任的发展战略》是波兰应对当前全球经济和社会问题的系统性方案。在他看来，以往

---

① 关于波兰“中等收入陷阱”的讨论，详见孔田平《“中等收入陷阱”与中东欧国家的增长问题》，《欧洲研究》2016年第2期。

② Mateusz Morawiecki, “Preface”, Justin Yifu Lin and Alojzy Z. Nowak eds., *New Structureal Policy in an OpenMarket Economy*, Warssaw: University of Warsaw Faculty of Management Press, 2018, pp. 19 – 20.

波兰的新自由主义发展模式的最大缺陷之一是未能在将 GDP 的增长转化为增进社会各群体的福祉，也没有考虑波兰各地区日益拉大的结构性差距，导致出现了民心涣散、排外主义、两极分化等问题，从而在长远上会对波兰发展的速度和质量造成影响。新结构经济学则不仅揭示了发展中国家在追赶发达国家时必须面对的陷阱和障碍，而且为发展中国家突破中等收入陷阱、追赶发达国家提供了解决方案。《负责任的发展战略》就是应用新结构经济学理论，强调在有效的竞争市场中发挥有为政府的作用，因势利导地推动经济结构转型。①

因此，《负责任的发展战略》的实质是在介于一味放任市场的新自由主义和主张全面管制市场的中央计划经济之间开辟一条有效市场和有为政府齐头并进的“第三条道路”。莫拉维茨基不仅认为亚洲新兴经济体的成功证明存在“第三条道路”，而且越来越多的西方国家也寻求从中受益。波兰则有意成为中东欧这一地区的先行者。《负责任的发展战略》打造的“第三条道路”意在通过国家干预对自由市场形成补充，其主要特点为：降低波兰经济对外资的依赖，削减波兰在国际产业链扮演低端水平的程度，在资本上加强国家对国民经济命脉的控制，强调国家这一“看得见的手”的调控作用，强调国家产业政策对关键行业的促进作用，增加福利和社会公平。简言之，《负责任的发展战略》作为波兰第一份将国内的社会期望与培育经济发展新动力的必要性妥善结合的文件，其核心要旨是在波兰已确立的市场经济制度基础上，在遵循自由市场原则的同时，加强国家在促进经济现代化中的积极干预，国家控制、民族经济和社会公平相平衡的“第三条道路”，是法律与公正党发展模式和理念的集大成者。

二 打造“民族经济”的诉求

卡钦斯基领导的法律与公正党具有浓厚的波兰民族主义思想色彩。卡钦斯基认为，在意识形态领域，波兰内部有前共产党的遗留势力通过各种手段施加控制与影响；外部则有以德国为首的欧盟自由主义力量企图改造

---

① Mateusz Morawiecki, “Preface”, Justin Yifu Lin and Alojzy Z. Nowak eds., *New Structureal Policy in an OpenMarket Economy*, Warssaw: University of Warsaw Faculty of Management Press, 2018, pp. 19 – 20.

波兰，同时俄罗斯也妄想“恢复统治”。因此，他强调必须用积极的波兰传统价值团结波兰，反对过去20多年盛行的“耻辱教育方式”（指西方自由主义思想等），对波兰进行“全面改革”。《负责任的发展战略》正是法律与公正党及卡钦斯基的波兰民族主义思想在经济领域的映射。

莫拉维茨基认为，过去波兰欢迎外资的态度给其经济带来诸多问题。一是经济命脉被外资掌控。波兰50%的工业产出和2/3的出口来自外企，1/3的工业投资属于外资。银行业业务的65%由外资掌控，远高于美（18%）、英（15%）、德（12%）、法（6%）及经合组织（OECD）12%的平均水平。[①] 二是外资在波兰攫取超额利润，致使波兰的财富外流。莫拉维茨基认为，波兰卖掉了许多企业，每年以股息、资本利息、贷款利息、存款和经常账户的方式导致大量资金流出波兰。每年流出波兰的资金净值在750亿—800亿兹罗提（合221亿—236亿美元），其中大部分来自银行、保险和房地产等高利润部门，而这些部门中40%—90%由外资控制。外国资本控制了银行部门和工业等主要经济部门，无助于激励创新。[②] 三是融资渠道被外资控制。2014年，波兰国际投资头寸（外资量流入减本国资本流出量）达1.178万亿兹罗提（约3046亿美元），外债达1.986万亿兹罗提（约5135.8亿美元），为GDP的1.13倍，企业融资中的外资比例从2007年的35%升至39%，本土资本比例则从60%降至57%。莫拉维茨基认为，尽管外资为波兰经济引入了有益的竞争，但是对社会、商界和企业家却施加了太多的竞争压力，而外资和内资在国民经济中占比均衡有利于波兰经济“健康发展”。波兰时任总理希德沃更是高呼，波兰应重建工业，重新掌握银行和传媒业，发展“波兰制造”。[③]

为此，法律与公正党打造“民族经济”的关键是通过国有化提升国家对经济的控制能力。法律与公正党猛批自由主义经济模式下，国家对于经济失去掌控，只有重新控制国家经济才能促进发展。波兰总统杜达批评国有企业私有化，认为大部分的国有财产处置不当或被窃取。莫拉维茨基认为，虽然私有化对政府年度预算的贡献为140亿兹罗提，但波兰应当中

① 李俊、王媛媛、刘晨：《波兰“新发展模式”解析》，《现代国际关系》2016年第6期。

② 孔田平：《从巴尔采罗维奇计划到莫拉维茨基计划——试析波兰经济转型范式和发展模式的变化》，《欧亚经济》2018年第4期。

③ 李俊、王媛媛、刘晨：《波兰“新发展模式”解析》，《现代国际关系》2016年第6期。

止私有化，钟摆应当缓慢地向“主体经济”移动。政府应倾向于向国内举债，而不是向国外举债。因此，波兰政府对外资的态度也发生了变化，提出要保持外国资本与国内资本的平衡，应当使波兰资本而不是外资成为增长的基础。同时，法律与公正党还认为私人资本在波兰有其局限性，国家资本和政府的引导对市场经济和把握国家经济的发展方向具有重要作用。为加强国家对经济的干预能力，法律与公正党强调国家重要经济部门的“再波兰化”，通过扩大政府在企业并购中的作用，从银行到能源领域形成国家级的龙头企业。①

三　提高产业竞争力的诉求

波兰虽为欧盟第六大经济体、中东欧第一大经济体，但其经济较依赖农业和加工工业，亟须转型提质。法律与公正党认为，波兰经济在产业竞争力上不足，高新行业、高端制造业等发展不力，强调这一趋势将使得波兰经济难以出现质的飞跃和升级，也将使得波兰经济陷入中等收入陷阱，难以通过合适的路径向发达国家水平迈进。因此，波兰首先需要加大研发投入，提升企业创新能力。波兰的年度研发经费仅占 GDP 的 0.94%，远低于美国（2.81%）、欧盟（2.03%）、日本（3.47%）、中国（2.08%）的投入。不仅如此，波兰在创新与研发上的投入并未转化为创新产品和服务的增加，其在创新力排名上位列大部分欧盟国家之后。2016 年波兰在欧盟的创新排行榜上名列 27 国的第 23 位。其次，需要提升出口产品的附加值。波兰高科技部门创造的出口仅占总量的 8.5%，低于其他维谢格拉德国家（捷克 15.4%，匈牙利 15.2%，斯洛伐克 9.8%）。② 再次，提升企业的实力。波兰大企业仅占企业总量的0.16%，中小企业占99.8%，仅有6 家波兰企业上榜福布斯全球 2000 强上市企业，远落后于英国（95 家）、法国（64 家）、德国（50 家）、意大利（30 家）等国。在中小企业中，仅有 13% 进行创新活动，欧盟的平均水平则为 31%。波兰经济发展部认为，大企业对于留住人才、增加创新投资十分重要，波兰企业应力争从依靠劳

① 孔田平：《从巴尔采罗维奇计划到莫拉维茨基计划——试析波兰经济转型范式和发展模式的变化》，《欧亚经济》2018 年第 4 期。

② 孔田平：《从巴尔采罗维奇计划到莫拉维茨基计划——试析波兰经济转型范式和发展模式的变化》，《欧亚经济》2018 年第 4 期。

动力成本优势向依靠创新与产品质量优势转变。第四，提振商业环境。当前波兰商业环境面临诸多问题：如行政审批手续繁杂，企业每年要至少填写5份税收表格，新开公司要经40个部门审核；公共服务效率低下，商业诉讼流程平均花费685天，企业处理税收事务每年平均花费286小时。

对此，有部分欧洲学者提出，技术进口模式不是一个持久的发展模式，波兰需要利用机会提升发展阶段，从技术的进口国变为出口国。波兰应从改善教育体系、改善金融、优化商业环境、做好必要的技术准备以及建立促进创新的基础设施来发展创新经济，通过基础设施的投资促进现代的再工业化，通过税收政策促进高附加值产品的生产。[①] 有鉴于此，法律与公正党认为，为了确保最大限度的经济增长，波兰必须改变其经济模式，发展自己的技术和品牌，而不是充当外国公司的承包商。在新结构经济学的影响下，《负责任的发展战略》借鉴东亚国家制定产业政策实现跨越式发展的成功经验，强调国家在制定产业政策上的领导作用，由国家确定经济中具有潜在比较优势的部门，并向具有比较优势的特定部门的经济活动或投资提供直接的金融促进。因此，产业政策在《负责任的发展战略》中具有重要地位，一方面强调波兰应当保持其在化工、金属、汽车、家具等部门的竞争力，另一方面应当促进新兴的具有发展潜力的经济活动和部门。为此，在《负责任的发展战略》中规定了国家重点促进的战略性部门，并通过拉动“再工业化”、发展创新公司以形成新的竞争优势。研发支出将从目前的GDP的0.8%提高到2%。[②]

四　增加国民收入的诉求

法律与公正党认为，波兰经济在转型后虽然增长率方面取得较大的成绩，但是国民的收入增长水平与之不相匹配，随之产生的社会公平问题日益凸显。一方面，国民收入水平总体偏低。2015年的波兰人均GDP仅为美国的45%，人均工资收入仅为发达国家平均水平的1/3。2000—2015年，波兰的工资增长（41%）远低于GDP增长（63%），同时储蓄率从

---

① 孔田平：《“中等收入陷阱”与中东欧国家的增长问题》，《欧洲研究》2016年第2期。

② 孔田平：《从巴尔采罗维奇计划到莫拉维茨基计划——试析波兰经济转型范式和发展模式的变化》，《欧亚经济》2018年第4期。

20%降至11%，低于德国（26%）、捷克（24%）等国水平。2/3民众人均月收入低于4107.8兹罗提（约1062美元），5%的波兰人占据了国民收入的25%，相当于占总人口40%的最贫穷劳动者收入总和。2014年波兰的绝对贫困率为6.5%，相对贫困率为16.2%。因此，波兰“国富民不富”的现象突出，民众应对危机的能力弱，参与投资的财富少。[①]

另一方面，收入不平等问题严峻。法律与公正党认为以往波兰经济转型推行的新自由主义政策导致国家缺乏掌控，造成社会不均和地区差异的现象严重。在波兰转型初期，由于推行财政货币双紧缩政策，强制性削减社会支出，导致失业率上升的同时，各收入层级的实际收入都在下降，测量收入不平等的基尼系数由1989年的0.269上升到了1993年的0.323。1999年，波兰进入最不平等国家行列，比肩意大利和美国。2004年波兰正式加入欧盟后，因入盟而进行的经济社会政策调整使其收入不平等继续上升并创了新高，当年基尼系数达到了0.359，直到2011年才回落到入盟前0.327的水平。[②] 收入不平等不仅存在于不同的经济部门和行业之间，白领相比蓝领工人和农民成为经济增长的获益者，而且地区之间的差距日益显著，中西部的发展水平和收入水平远远高于东部。根据人均购买力平价标准计算，2014年人均GDP最高的省份为马佐夫舍省，相当于欧盟平均水平的108%，人均GDP最低的省份为圣十字省和瓦尔米亚马祖尔省，相当于欧盟平均水平的48%—49%。[③] 富有人群集聚的首都华沙的收入水平则远远高于创业精神高涨、基础设施良好的西部省份和经济贫穷落后的东部省份。

对此，波兰的学界和政界都将跨越“中等收入陷阱”视为波兰未来面临的重大挑战，主张在保障发展的同时，促进发展成果更加惠及民众，并促进社会公平。法律与公正党自视为纠正1989年转型的不公正后果的政党，即该党名称中的“公正”概念的来源，因而主张经济政策首先应当服务于公民、职工、企业家和波兰家庭，而不只是统计、数字和百分

---

① 李俊、王媛媛、刘晨：《波兰“新发展模式”解析》，《现代国际关系》2016年第6期。

② 李忠华：《波兰转型过程中收入不平等的演进、发展趋向及启示》，《未来与发展》2014年第11期。

③ 孔田平：《从巴尔采罗维奇计划到莫拉维茨基计划——试析波兰经济转型范式和发展模式的变化》，《欧亚经济》2018年第4期。

比。当服务于公民的利益时，宏观经济指标的质量将得到改善。莫拉维茨基强调在实施《负责任的发展战略》时，最为重要的是在执行亲社会的计划与促进经济增长之间保持平衡。

五 应对人口和就业的挑战

当前，波兰已出现与西欧国家类似的人口老龄化和劳动人口衰减的挑战。如本书第一篇第二章“人口结构研究”的分析，波兰的总人口数量呈下降趋势的同时，人口自然增长率也呈下降趋势，人口结构有明显的老龄化社会特征。

据波兰中央统计局的预测，2050 年波兰就业年龄人口将降至 1900 万左右，占总人口的 56%，而当前就业人口为 2420 万，占总人口比例的 63%。赡养率将从 2013 年的 58% 增至 2050 年的 105%，波兰将成为欧洲人口老龄化问题最严重的国家之一。老龄化将拖累波兰经济追赶西欧的速度。经合组织认为波兰的 GDP 增速将从 2011—2030 年的 2.6% 下降到 2030—2060 年的 1.4%，使其到 2030 年的人均 GDP 仅为欧元区平均水平的 70%。欧盟委员会的老龄化报告也认为，波兰的劳动力人口将在未来 40 年里大幅下滑 20%，严重制约经济增长。①

与此同时，波兰还面临着年轻的高素质人口的流出问题。常年定居海外的波兰人从 2002 年的 78.6 万人增加到了 190 万人以上，其中受过良好教育和具有高技能的青年移民比例最大。波兰的一项调查显示，18—24 岁年龄群体中有 64% 的受访者正在考虑永久或长时间离开波兰。波兰青年对其在国内的发展前途缺乏信心与波兰的失业问题有关。失业是波兰经济转型的副产品。尽管经过历届波兰政府的努力，失业人口的总量从 1989 年的 175 万下降到了 2013 年的 142 万，但其失业规模在欧盟内部偏大，而且就业率低于欧盟平均水平。2012 年波兰 15—64 岁人口的就业率为 59.7%，低于同一时期欧盟平均水平（64.1%）。② 与此同时，波兰的失业人群呈年轻化态势，结构性失业问题突出。2015 年波兰 15—29 岁青

① 姬文刚：《波兰的经济转型及社会发展：阶段、成就与问题》，《欧亚经济》2018 年第 4 期。

② 姬文刚：《波兰的经济转型及社会发展：阶段、成就与问题》，《欧亚经济》2018 年第 4 期。

年人的失业率为 14.2%，比总失业率 7.5% 高出近一倍。此外，波兰的 50 岁以上人群、残障人群和妇女等特殊人群的就业率也在欧盟范围内属于较低的水平。

由此可见，人口结构的老化和社会结构的分化已制约了波兰生产力的发展，可能成为波兰经济未来发展的主要问题，也因此引发了法律与公正党的关注，社会保障、就业措施等在《负责任的发展战略》中也得以体现。

第二节 主要内容

法律与公正党制定的《负责任的发展战略》寻求通过设立三大目标和五大支柱，进一步释放国家的经济潜力，打造强大的经济发展。

一 主要目标

法律与公正党主张波兰经济需要强大的发展激励，国家不能仅仅充当一个监管者，而是应当成为指引和伙伴。在《负责任的发展战略》的框架下，国家机构应当积极地、有选择地为经济发展创造条件，充分利用比较优势，在自身发展资源和新的经济活动的条件下建立持续发展的基础。在国家与市场的关系上，国家机构并不直接干预市场主体的经济决策，而是促进市场机制的利用，激励企业发展新的经济部门或领域，鼓励现代技术解决方案的涌现和应用。在国家与社会、区域的关系上，将寻求维持经济竞争力与关注环境和生活质量之间的平衡，通过有效的国家治理合理地管理公共财政，促进代际之间、不同区域之间、城乡之间、雇主与雇员之间多层面的社会团结和公共利益。

《负责任的发展战略》的根本目的是为居民收入增长创造条件，促进社会、经济和区域的聚合，包括三大目标：第一，在现有的和新的优势基础上，实现经济的可持续增长；第二，实现社会和区域的平衡发展；第三，形成促进经济增长和社会包容的有效的国家机构和经济机构。这一战略为波兰规划了 2015—2030 年的中长期发展路线图，设定了三项硬指标：一是波兰的人均 GDP 在 2020 年达到欧盟平均水平的 79%，到 2030 年将达到欧盟的平均水平；二是投资率将从 2015 年的 18% 增加到 2020 年的

25%；三是研发支出将从2015年占GDP的0.8%提高到2020年的2%。[①]

二　“再工业化”

以莫拉维茨基为核心的法律与公正党经济团队认为，波兰的工业潜力巨大且有专业化的优势，在国际市场上已具备一定的竞争力，未来的主要问题是如何保持现有的竞争优势，并且向高端制造业爬升。“再工业化”支柱是《负责任的发展战略》的首要重点，其目标是通过增加投资、技术合作、培育产业园区、政府采购倾斜等政策促进方式，重点扶植包括造船、无人机、制药、信息技术、交通运输、生命科学、采煤装备和服务外包等产业。为此，波兰要创新发展新的管理模式，促进国有资产的提升，盘活现存的劳动力技能、知识储备和资源取得实际收益，将国内和国际的既有竞争优势进行保持并且加强。

在明确重点目标的基础上，“再工业化”支柱分析了波兰工业的优势、问题及其可利用的机遇。从波兰工业的既有优势来看，其在国民经济中的占比较高，制造业的出口增长稳定，在现代化的科研中已经拥有了较好的基础设施，劳动人口中受过大学及以上水平的高等教育比例相对较高。但是波兰的工业发展也面临较大的问题，主要包括：在产业结构上，传统工业占比较大，而新兴领域和高科技的工业的生产、出口以及就业的比重仍然偏低；在技术上，工业技术的本土化程度低，工业产品的技术含量低；在经济效益上，一些传统工业部门的能源效率低，经济效益低；在人力资源上，从业者的职业技能和水平难以胜任市场需求；在产业规划上，缺乏产业政策的制定，对于有着重要影响力的部门需要强化指导与重组来整合资源；在竞争力上，波兰企业在国际市场上的总体竞争力偏低，真正适应国内外市场竞争的波兰企业仍需要增加；在国有资产管理上，缺乏明确目标，国有企业以及国有资本参加的公司中的管理人员之间应当加强合作与协调。其他方面的问题还包括全球化进程中跨国公司的能量偏大，经济领域法律诉讼的流程比较长，经济仲裁的利用较为缓慢，劳动力人才流出，能源成本上升，等等。同时，波兰的

---

① 孔田平：《从巴尔采罗维奇计划到莫拉维茨基计划——试析波兰经济转型范式和发展模式的变化》，《欧亚经济》2018年第4期。

“再工业化”也面临着一系列有利的机遇：当前的第四次工业革命以及智能工业领域的发展趋势，有利于波兰增加数字化产品的运用；有机会推动传统经济模式向着循环经济模式转型，在商业模式和技术解决方案等方面促进一定的创新；有望向着低碳经济的模式和方向转型，为获得新的工业原材料供应商创造条件。

“再工业化”首先意味着推进智能化，鼓励企业及产业部门发展数字经济，以推动在生产和管理上应用数字和智能技术，促进传统产业的更新并在产业价值链上向高端升级。同时，“再工业化”也意味着形成基于创新的现代工业，发展基于数字化、先进自动化以及连接供应商、制造商、客户和消费者的智能网络的现代工业。为此，政府将为工业创新解决方案的形成和实施创造条件，促进新的突破性技术和产品的开发和应用；促进特定的产业和部门，特别是促进涉及特定产品和突破性技术的旗舰项目。

“再工业化”支柱的实施包括两个具体的政策规划，即“国家智能专业化”（National Intelligent Specialisations）与“工业专业化”（Industrial Specialisations）。前者包括20项内容，主要针对医疗、农林环保、可再生能源、自然资源及废料管理、创新与自动化等6大行业，目的是提升这些行业的智能化水平。后者主要针对航空、军工、造船、信息技术、化工、家具和食品行业，目的是整合资源，打造行业的全球竞争力。

“国家智能专业化”主要在传统领域以及一些新兴领域拉动智能化、现代化的升级改造和创新。这一计划关注的重点领域有：医学工程技术类的医学生物工程、医药产品生产，农业食品和林业部门的技术、流程和产品的创新；能源的生产、储存、运输和配送的高效、低排和系统集成；智能和节能建筑；环境友好的交通解决方案；性能先进的多功能材料和复合材料（包括纳米过程和纳米产品）；自动化与技术工程中的机器人等。“工业专项计划”寻求推动产业结构转型，在保持传统优势的同时，促进符合一定标准的新兴产业部门，包括：具有较高的关联、网络、集群效应（为高度的内在复杂性提供良好解决方案）；具有高附加值（位于波兰本地的价值链链接）；具有全球范围的较大的市场潜力（寻找能够实现收入稳定增长的市场商机）；具有较高的技术密集性（研发支出在公司成本结构中占有较高份额）；具有较低的资源消耗；对环境友好（降低对环境和人的不利影响）；具有关键的横向技术的应用，特别是数字技术的深度融合（物联网、大数据、人工智能等）；工业设计在价值来源中占有较高比重（设计密集性）和生态设计（循环经济）。

根据上述标准，波兰政府确定了对国民经济起到突出作用的一系列战略产业部门，包括：公共运输工具（如电子巴士、铁路机车和特种船舶）；专业电子（如智能电表、逆变器、汽车充电器、传感器）；专业软件（如金融科技、机械和建筑自动化、网络安全、电脑游戏、生物信息学）；航空航天解决方案（如无人机、卫星部件）；医药和医疗设备生产及现代医疗服务（如远程医疗、医疗设备、疗法、生物制药）；采矿系统（如智能矿业）；原材料回收；生态建筑（如被动性建筑、微能源和木制建筑）；优质食品；军事系统。这些战略部门的设置将随着波兰国内外发展趋势的变化而与时俱进，随着产业政策的更新而逐步更新战略部门清单。为支持战略产业部门的发展，波兰政府还通过《新产业政策》《低碳经济转型战略》等专项政策文件，支持一系列重点领域的试点项目，如“造船工业现代产品计划”“国防工业现代产品计划”“电动力计划”（包括电动巴士项目、Luxtorpeda 2.0 铁路机车项目和电动小汽车项目）、英格玛网络园中心（网络安全与数据分析）、远程医疗项目、生物技术开发中心、波兰医疗设备项目和智能矿业项目等。[①]

与此同时，波兰政府在政府行为方面也予以了政策促进，包括：在公共采购上对关键技术产品提前订货；在促进产业发展的管理制度上，为战略性部门开辟快速通道，降低法律、组织和制度上不必要的门槛；在企业生产和经营上，支持商业争端的调解，减少大宗商品生产不稳定的影响；在环保标准上，在遵循欧盟法律规定的同时，为环保目标的达成设置过渡期；在国际上，政府在国际论坛等场合维护战略性部门的利益；在出口上，为相关企业提供出口保险和担保，并提供相关信息和技术等。

三　鼓励企业创新

波兰企业以中小企业为主。波兰政府根据本国企业不同级别，如中小企业、大企业和冠军级企业，为推动其发展制定不同的支持政策：对中小

---

① 孔田平：《从巴尔采罗维奇计划到莫拉维茨基计划——试析波兰经济转型范式和发展模式的变化》，《欧亚经济》2018 年第 4 期。

企业，立足减少过度监管，为其提供更多的增长和发展余地，更为关注对商业的全面支持。对于大企业，重点培育其创新、创造高质量就业、促进海外合作和市场开拓能力，并给予大规模投资支持。对冠军级企业，则是提供更便利融资、更多的并购机遇并激发其创新潜能。

波兰政府鼓励企业创新的主要措施包括出台《新商业宪法》（*New Business Constituion*）与新版《创新法案》（*New Innovation Act*）。前者着力整合各机构监管商业的法律，制定以简化规则、方便创业为原则的初创企业集资入股法规，为创新、商业合作创造条件，并减少机构间摩擦给企业经营造成障碍。2016 年 6 月，波兰修正现有的创新法案，加入研发创新活动扣税项目清单、知识产权税收优惠和对初创企业创新活动补贴等项目，并在 2017 年上半年正式颁布新版《创新法案》。此外，波兰还将通过打破制度壁垒，建设创新企业与大企业的联系网络、增拨 10 亿兹罗提（约 2.57 亿美元）欧盟资金的项目资助、促进初创企业参与智能城市等政府项目，为创新提供政策倾斜。波兰还对促进创新企业发展提出了一系列激励举措，包括增加对人力和社会资本的支持，加强科研和创新能力的建设，促进企业创新文化的发展，推进有助于创新的法律制度建设，促进研发、保证创新成果的实施、保护知识产权、产学合作等。

四 提高投资规模与效率

波兰经济发展部预计，波兰未来数年需新增 1 万亿兹罗提（约 2586 亿美元）投资，但却面临低投资率问题的困扰。首先，波兰近年来投资率低于 OECD 国家的平均水平，在中东欧国家中也处于末位水平。在 2006—2015 年，波兰投资率为 20.3%，经合组织为 21.3%，中东欧地区为 24.2%，2003—2004 年私营部门占总投资的比重为 68%，2013—2014 年则降至 62%。其次，波兰的家庭贷款占比较高，银行对实体经济的“输血”能力有限。欧洲央行数据显示，2015 年波兰家庭贷款比例为 28%，高于欧盟国家 18% 的平均水平，而波兰银行部门向向非金融企业贷款的比重与欧盟平均 16% 的水平相当，说明波兰的银行融资结构向实体经济倾斜的力度仍然有所不足。再次，企业融资渠道狭窄。波兰企业对银行系统的依赖性远高于欧盟其他国家，比如波兰企业以股票和债券融资的比例约为 30%，低于欧盟 42% 的水平，更低于美国 70% 的水平。最后，整体储蓄率以及家庭储蓄率偏低。2004—2014年波兰平均储蓄率为17.8%，而德国和捷克分别为26.2%和24.2%。2006—2014年波兰家庭储蓄占GDP的2.2%，而捷克和德国家庭储蓄的比重分别为6.5%和11.1%，欧盟的平均水平为7.4%。[①] 波兰储蓄和资本配比的现状表明其资本的国内自给能力不足，尚未得到有效配置，同时对于外国资本和外债的依赖程度较高。

为应对投资不足的问题，《负责任的发展战略》采取的主要办法是：第一，设立波兰发展基金（Polish Development Fund，PDF）。该基金是由波兰经济发展部牵头，并由基金指导委员会、经济发展部及其他部委共同管理的政府投资基金，通过资本市场融资获取资金，为中小企业、出口、创新、项目宣介及基建等领域提供信贷，其主要作用是加大对波兰社会经济的可持续发展方面的投资，满足波兰企业的需要，促进经济的重点部门的发展。该基金的设立体现了波兰整合各主导公共投资促进部门，加强协调性的思路，通过增强开发性投资的政策协调，解决职权和管理重叠问题，加强整合力度来提升改革效率。同时，波兰发展基金还是为《负责任的发展战略》中的重点战略性项目提供融资帮助的主要机制，这些项目包括波兰创业启动项目、出口开发项目、中小企业担保项目、资本开发项目、“公寓+”项目、电动汽车项目等。第二，吸引国际投资。利用欧洲投资银行（EIB）、欧洲战略投资基金（EFSI）、欧洲复兴开发银行（EBRD）等欧盟投资合作工具，申请世界银行、亚投行（AIIB）等机构的融资项目，并有意在欧美债券市场发行波兰基建项目的融资债券。第三，盘活民众储蓄，刺激私人投资。波兰政府提出向民众提供不同类型的养老金储蓄计划，鼓励民众加强储蓄，增强其对长期投资收益的了解和认识。同时，政府鼓励私人储蓄和投资相结合，推动发展私人投资对于经济投资的建设，对于公私伙伴关系等创新投资模式加以支持。具体途径包括向个人投资者开放由波兰发展基金管理的基础设施投资基金，向股民发售支持项目投资的债券，鼓励雇员持有公司股份等。

---

① 孔田平：《从巴尔采罗维奇计划到莫拉维茨基计划——试析波兰经济转型范式和发展模式的变化》，《欧亚经济》2018年第4期。

五 拓展海外市场

波兰经济发展部认为，促进出口重在政府扶持。目前，波兰企业已具有一定的国际竞争力，2015 年其商品和劳务出口产值约占 GDP 的 50%。但是波兰的出口主要依靠低廉的劳动力成本拉动，以制造加工工业为主，而且过于依赖欧盟市场，有 80% 的出口面向欧盟。同时，波兰企业的国际化水平不高，仅有 21.4% 的波兰企业与国际市场有联系，从事商品出口的企业占比为 4.6%，从事劳务出口的企业占比为 0.9%，仅有 0.6% 的企业在海外投资。①

因此，自欧债危机以来，波兰政府一直积极寻求通过贸易促进政策鼓励波兰的商品和企业“走出去”，促进国外对波兰产品和品牌的认知，提高波兰企业的国际化程度，拉动出口产品的现代化，促进波兰企业在欧盟之外拓展业务等。根据《负责任的发展战略》，波兰政府在此方面努力的工作重点包括：在中央层面对波兰发展基金的出口支持部门、贸易代表处、经济特区、商会等出口促进机构进行统一调度；通过经济外交活动、出口导向政策、公共部门信息供给、建立外贸信息平台等方式综合推动波兰的出口增长；在继续重视并巩固欧洲市场的同时，在全球新增 22 个贸易代表处，分别在亚洲、美洲和非洲推销波兰优势产品。根据波兰的比较优势，波兰政府还确定了一些重点推介的商品种类，包括：医疗器械、机械设备、化妆品、信息技术、信息通信技术、生物技术和药品、波兰时尚产品、建筑和成品建筑物、船只和游艇、家具、波兰特色食品、医疗服务、汽车和航空配件。

六 促进社会及地区平衡发展

针对波兰人口低自然增长率的问题，波兰政府计划分两步走：第一步在 2016 年 4 月推出“500 + 计划”，即为多子女家庭（从第二个孩子起）和贫困家庭儿童提供补贴，每个儿童每月可领取 500 兹罗提的补贴。以直接补贴的形式刺激生育率，在未来数年使得新生儿增长 10%。

---

① 孔田平：《从巴尔采罗维奇计划到莫拉维茨基计划——试析波兰经济转型范式和发展模式的变化》，《欧亚经济》2018 年第 4 期。

第二步，在 2017 年推进全面的人口保障计划，包括改善孕妇及儿童的保障，建立不同形式的托儿机构（托儿所、日托服务和儿童俱乐部），有效的劳动力市场政策和鼓励波兰人回国。同时，针对老龄化问题，波兰政府向 75 岁以上的老人提供免费医疗，并且取消了延迟退休的政策，男子的退休年龄将从 67 岁降至 65 岁，妇女的退休年龄将从 67 岁降至 60 岁。①

在解决就业问题和收入不平等问题上，波兰政府大力促进职业教育以适应就业市场的需求，建立学徒制的双重教育模式，商业积极参与教育规划并提供适应当前和未来商业需求的课程，发展实习教育中心，提供模块化教育以适应个性需求和雇员的职业规划，参与经济特区发展等手段，充分发掘劳动力市场人力资源的潜力。同时，通过将个人所得税的起征点提高至 8000 兹罗提，并将最低小时工资提高到 12 兹罗提等举措，对中低收入群体实行托底政策以提高其抵御贫困和社会排斥风险的能力。

在平衡区域发展上，提出东部专项的发展战略，分别在比亚韦斯托克、卢布林和热舒夫三省建设创新、商贸、食品、清洁煤炭、航空等产业聚集区，修建连接三省 S19 高速公路、“维尔诺—比亚韦斯托克—卢布林—热舒夫”铁路等一系列基础设施。

此外，为了推行《负责任的发展战略》的有效实施，波兰政府还提出了建立“高效国家”（Efficient state）的概念，主要包括：第一，提高政府合同效率。波兰每年政府采购规模达 1600 亿兹罗提（约 413.8 亿美元），约占 GDP 的 8%，未来政府采购将改变单纯考虑合同价格的思路，综合考虑维护成本、优待中小企业、激励创新与就业等因素，使之成为带动经济综合发展的抓手，并将每年为政府节省 5%—12% 的成本。第二，建立“电子政府”。将医疗、文化、法律、税收、公民信息等方面事务尽最大可能实现网上查询与办理，公民甚至能上网就医、诉讼、报税。第三，加强能源自给。波兰力推油气进口多元化、兴建管网及贮存站等设施、促进地热等低碳能源发展、鼓励装备家庭发电装置等措施保证能源供

① 孔田平：《从巴尔采罗维奇计划到莫拉维茨基计划——试析波兰经济转型范式和发展模式的变化》，《欧亚经济》2018 年第 4 期。

给。第四，完善交通网络。波兰将通过国家道路计划、与路桥公司合作等方式，兴建多条高速公路及铁路，完成交通网布局。第五，改革政府运作模式。波兰将学习美国、英国、加拿大、澳大利亚等国的经验，引入促进创新、收入激励、项目主导、部门及职能统筹等管理办法，提升行政及计划落实效率。①

第三节 实施效果

《负责任的发展战略》是根据波兰经济发展面临的瓶颈，统筹考虑制造业、就业、出口、科研创新、政府治理、地区发展、投资、基建等经济社会发展诸多维度的全面计划，兼顾政策刺激与制度改革的作用，并将各方面问题有机结合、综合施策，长期看将有效带动波兰经济社会综合发展。波兰政府预计，该战略有望达到较好的实施效果，给波兰经济带来一定的拉动作用：2020 年波大中型企业数量将超过 2 万家，科研投入占 GDP 比重可突破 2%，投资额占 GDP 比重超过 25%，出口和工业产值增长率超过 GDP 增长率，人均 GDP 从欧盟平均水平的 68% 升至 79%。

一 经济的“本土化程度”和国家化程度上升

本土化程度上，外资在波兰的存在出现一定程度下降。在国家化方面，国家在波兰经济中的作用明显上升。国家资本和控制力在波兰经济命脉中的影响力大大增强，金融、能源、大宗商品、化工和房地产等重要行业中，国家的控股比例达到 29.43%—71.88%。同时，国家资本也在重新通过收购的方式获取重点行业的控制力，2016 年波兰政府分别拉动由“PZU”控制的“Alior Bank”收购通用电气的“Bank BPH”，“PZU”和国家发展基金获得“Bank Pekao”的控股权，“Enea”收购“Engie”的波兰资产，“PGE”收购“EDF”的波兰资产等重大收购，大大提升了波兰经济的波兰化水平和国有化水平。2017 年，波兰政府还考虑推进“PKN

① Ministry of Economic Development, *Responsible Development Plan* (https://usa.trade.gov.pl/en/news/187921, responsible-development-plan.html.pdf).

Orlen SA”和“Grupa Lotos SA”合并。波兰希望发挥国家在拉动基础设施建设中的作用。波兰政府计划在波兰中部建设大型机场和经过波兰、连接立陶宛克莱佩达与希腊萨洛尼卡的高速公路等基础设施项目。为了应对福利扩大导致的财政支出增加，政府对银行、保险公司、超市等增税，同时加强税收征管，严厉打击逃税行为。华沙大学社会政策研究所莱希教授认为，该计划表明国家最终承认其在人口和经济进程中的积极作用。依靠波兰的资本和技能，国家可参与经济和社会发展的投资。①

同时，在《负责任的发展战略》的国家主义政策推进下，波兰社会公平程度有所上升。“500＋计划”的实行使贫困率下降20%—40%，儿童贫困率下降70%—90%。2017年12月莫拉维茨基担任总理后，他承诺将提高波兰人民的基本工资，并将政府在医疗保健领域的支出增至占波兰GDP的6%。

二　经济总体保持稳定增长

自《负责任的发展战略》推行以来，波兰经济总体企稳向好。2016年和2017年，波兰的经济增长率分别为3.1%和4.8%，不仅远高于欧盟水平，同时也在近年来新兴市场增长乏力的背景下，成为中欧新兴国家的增长代表。在2018年的第1—3季度，波兰经济季度环比增长率分别为1.6%、1.1%和1.7%，第三季度年度GDP增长达到惊人的5.7%，在欧盟和欧元区2018年整体大幅增长滑坡的背景下成绩惊人。欧盟委员会预测，2018—2020年波兰经济增长率将分别为4.8%、3.7%和3.3%，仍然将高于欧盟国家平均水平。显示出对波兰经济基本面的总体信心。

在就业市场方面，波兰的改善程度也大为出色。过去波兰的经济转型发展与失业现象相伴相生，失业率成为历届政府经济治理中的“顽疾”。1991年的失业率蹿升至12.2%，大大超过波兰人认为西方失业率的标准水平4%—7%。自此，波兰的失业率几乎都在10%以上，仅有2008年、2015年和2016年处于8%—10%，尤其是2002—2004年的失

① 孔田平：《从巴尔采罗维奇计划到莫拉维茨基计划——试析波兰经济转型范式和发展模式的变化》，《欧亚经济》2018年第4期。

业率最高，接近20%，失业人口超过300万。近年来，波兰失业率已大为缓解，2017年10月的失业率为4.5%，2018年10月已经降至3.8%，失业人口从2017年10月的77.7万人降至2018年10月的65万人，而2018年同期欧盟平均失业率为6.7%。根据来自高盛投资银行的预测，到2030年，波兰与其他中东欧国家的增长速度每年将比欧盟15个老成员国高两个百分点。到2050年，波兰的人均收入仅比欧盟15国低15%，但是要高于西班牙这样的国家。2020年，波兰将成为一个高效现代型经济国家。影响经济社会发展的诸多障碍性因素将会缓解，如低就业、劳动力供需不平衡。交通运输、能源及IT等行业的不断发展将日渐满足社会发展的需求。①

三 进一步落实仍面临挑战

《负责任的发展战略》已按照法律与公正党的预期得到一定程度的落实。2016年4月，波兰已通过《新政府采购法案》，当年第四季度又通过《新商业宪法》和《中小企业行动计划》两项措施，产业、人口、地区、出口支持、波兰发展基金等相关政策方案也将陆续提出，并向有意在波兰发展初创企业的企业家提供签证便利。2017—2018年，波兰还将启动投资激励、职业教育、电子政务、职能政府采购、中小企业发展等方面的政策措施。此外，波兰已在全国建立14个经济特区，并吸引美国汽车配件公司威伯科在弗罗茨瓦夫和飞机发动机制造商普惠在热舒夫建立研发中心。值得一提的是，波兰政府也努力创造中国与波兰对接机遇。波兰前总统科莫罗夫斯基称，波兰与中同样面临改革转型挑战，双方应携手面对。《负责任的发展战略》着重吸引国际投资合作机制参与，有意吸引亚投行参与波项目建设。波兰外长瓦什奇科夫斯基称，波兰是最早加入亚投行的中东欧国家，愿利用欧洲“十字路口”的地理优势，抓住“一带一路”机遇。波兰信息与投资局有意在滨海省经济特区建设中国经济园区。目前该计划已得到地方政府的原则同意，该省驻华办事处已于2018年5月在北京举办了“滨海省斯武普斯克经济特区经贸推介

① 姬文刚：《波兰的经济转型及社会发展：阶段、成就与问题》，《欧亚经济》2018年第4期。

洽谈会”。[1]

然而，《负责任的发展战略》也给波兰经济带来一定问题，比如波兰的财政状况出现紧张的趋势。自2010年以来，波兰的公共债务占GDP比重在50%以上徘徊，最高时接近欧盟《马斯特里赫特条约》规定的60%门槛。如果波兰经济出现长时间的停滞或者减速，且兹罗提汇率大幅贬值，政府出现财政危机的可能性就会增加。尽管目前波兰经济形势及公共财政状况依旧良好，但标准普尔仍将波兰的长期外币信用评级从A－下调为BBB＋，并警告或将进一步下调，其理由是法律与公正党政府的宪法法院改革削弱了重要机构的独立性，波兰的机构制衡系统已被显著侵蚀。由此导致波兰兹罗提的汇率应声下跌超过2%。2016年5月，信用评级机构穆迪认为波兰政府的多项举措将导致财政支出大幅增长，引发财政风险，同时新立法损害投资环境，降低波兰对海外投资者的吸引力，将波兰国家评级展望由稳定调整为负面。

同时，欧盟结构基金在未来几年的预算削减也将给波兰的投资和债务前景带来压力。2014—2020年波兰获得了775.7亿欧元的团结政策基金，比上一预算期增长了15.5%。该基金由波兰的基础设施和建筑部负责分配使用（其对外称825亿欧元，包含了波兰参与相关项目需支付欧盟委员会的49.3亿欧元）。但2018年3月，欧盟委员会发布了2021—2027年的欧盟预算提案。按照该提案，2021—2027年，欧盟的预算总额为1.135万亿欧元，将占除英国以外的27个欧盟成员国国民总收入（GNI）的1.11%。欧盟预算未来将更多考量移民、青年就业和环境保护等因素，未来更多的欧盟资金将流向难民压力和就业压力大的东南欧国家，相对而言中东欧国家接收到的欧盟资金将日益缩减，缴纳的“会费”则逐年上涨。根据波兰媒体披露，在欧盟委员会的2021—2027年预算草案中，改善欧盟欠发达成员国基础设施的凝聚基金将远低于2007—2014年度。由于波兰发展水平日趋接近欧盟平均水平，再加上凝聚基金考虑通胀因素可能减少7%—20%，波兰在新的预算年度获得的资金将大幅减少，预计在2027

① 波兰滨海省驻华办事处：《中国—波兰滨海省合作项目》（http://www.biuropomorskie.pl/cn/wspolpraca）。

年后可能成为净贡献国，从而彻底改变波兰在欧盟的地位。[①] 随着波兰接受的欧盟公共资金减少，其基础设施、社保、企业投资等所需的市场融资将必然增加，债务问题也将更为严峻。

总之，法律与公正党在一片争议声中出台的《负责任的发展战略》是在反思以往经济转型模式上，立足于波兰本国的现实国情所进行的大胆调整，且目前已取得了一定的成效，但其可持续性仍然有待实践的证明、时间的考验。

① 驻波兰经商参赞处：《2027 年波兰可能成为欧盟预算净支出国》，中华人民共和国商务部（http：//www. mofcom. gov. cn/article/i/jyjl/m/201805/20180502738868. shtml）。

第二章　投资与营商环境*

波兰作为自2008年金融危机后欧盟内唯一实现经济正增长的国家，成为欧洲范围内最安全和最具吸引力的投资地，也是“一带一路”倡议的必经之地。投资波兰并以此深化中国与中东欧地区的合作，不仅是增进中欧关系的重要组成部分，也是落实“一带一路”倡议的有力支撑。

第一节　利用外资情况

一　吸引外资总额趋势分析

1989年波兰剧变后，伴随着大规模的经济政治体制转型而来的是90年代初期国内政治经济的动荡。直至1994年，波兰重组其外部债务、经济恢复稳定，外国直接投资开始大量涌入（见图Ⅱ-2-1），从1990年0.84亿美元增加至1995年36.6亿美元，2000年因波兰电信（TPSA）35%的国有股份被法国电信收购，使得当年波兰吸引外资额高达94.5亿美元，1990—2000年外商投资年均涨幅超过60%，外资存量由1993年的23亿美元增至2002年的479亿美元。①

伴随私有化进程的放缓，2002年的波兰外资流入回落至41.2亿美元，成为吸引外资的“谷底”。此后，FDI流入恢复涨势，至全球金融危机发生前，2007年FDI流入额达235.8亿美元，截至2017年底，波兰累计吸引外资总额达2384.8亿美元，其中2000—2011年流入的资金占总额

---

* 原载张琳、陈宏《中东欧十六国投资环境分析——兼论中国企业投资策略》，格致出版社2017年版，本章对相关数据进行了更新、补充。

① OECD（http：//stats. oecd. org/Index. aspx？DatasetCode = FDI_ FLOW_ PARTNER）。

的62%。受金融危机影响，外资投资规模在2008—2009年小幅下降，2011年全年吸引外资总额198.2亿美元，基本恢复到危机发生前水平。但2012年开始受欧洲债务危机影响，流入波兰的FDI大幅下降，2013年FDI流入规模为近20年来的最低点，仅为27.3亿美元。

固定资产投资的下降带来经济增长减速与失业的大幅增加，为此政府加大引资力度，2014年上半年，波兰国内各经济特区总计引入438个投资项目，吸引资金约72亿美元，将新增20500个就业岗位。① 此后，外资规模逐渐扩大，2016年引资总额达到156.9亿美元。2017年波兰吸引FDI达347亿兹罗提（约90.22亿美元），比2016年减少40%（618亿兹罗提，约160.68亿美元），主要原因是2017年6月意大利UniCredit将Pekao SA银行以106亿兹罗提（约27.56亿美元）的价格出售给波兰PZU和PFR公司，撤资额达84亿兹罗提（约21.84亿美元）；荷兰公司出售Allegro公司股权，撤资额达72亿兹罗提（18.72亿美元）。②

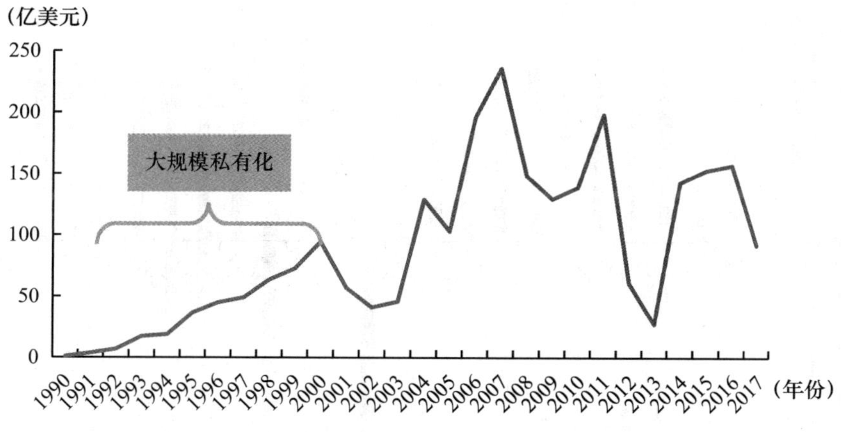

图Ⅱ-2-1　1990—2017年波兰吸引外资金额

资料来源：OECD（http：//www.oecd.org/corporate/mne/statistics.htm）。

① 驻波兰经商参赞处：《波兰经济特区刮起投资风暴》，中华人民共和国商务部（http：//www.mofcom.gov.cn/article/i/jyjl/m/201407/20140700667647.shtml）。

② 驻波兰经商参赞处：《2017年波兰吸引外国直接投资347亿美元》，中华人民共和国商务部（http：//www.mofcom.gov.cn/article/i/jyjl/m/201810/20181002793919.shtml）。

二 外商投资的行业分布

制造业是波兰吸引FDI最多的产业。1993—2017年，制造业吸引了超过730亿美元的外商投资，为同一时期流入波兰外资总额的31.0%（图Ⅱ-2-2）。其中，汽车、拖车及其他运输设备生产为波兰制造业中引资最多的行业。该行业累计吸引外资148.6亿美元，占同期制造业引资总额的20.1%。通用、菲亚特、大众、丰田、五十铃等国际汽车公司均在波兰投资设厂，从事汽车及零部件的生产，使该行业成为波兰经济的重要产业之一。2017年波兰机动车及零部件产品出口额达到265亿美元，进口额为216.5亿美元，为波兰外贸赢得近60亿美元的顺差。[①] 食品制造业以141.8亿美元位居制造业中吸引外资第二的行业，占制造业引资总额的19.2%。

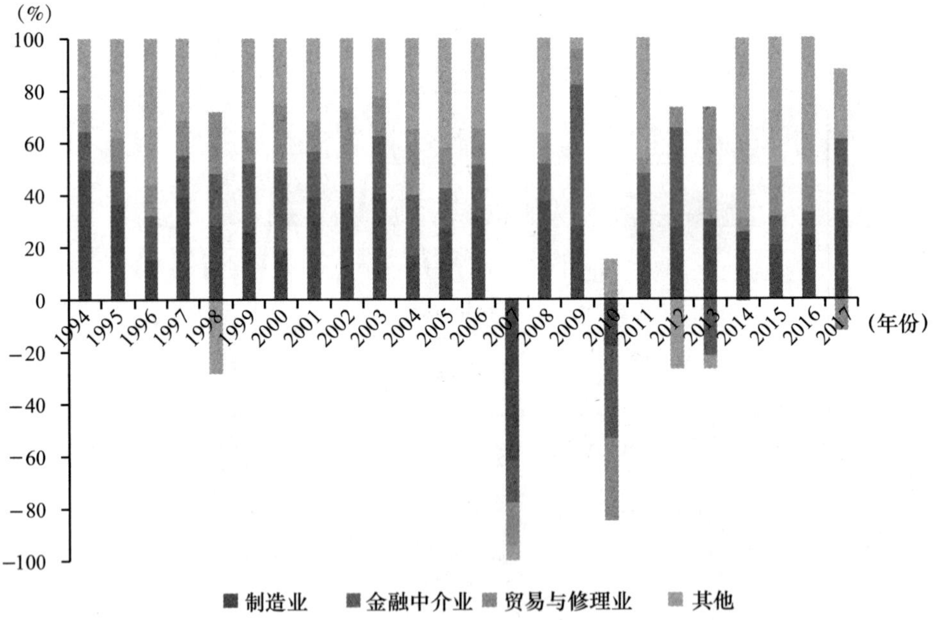

图Ⅱ-2-2 1994—2017年波兰外资流入部门分布（%）

资料来源：OECD，FDI position by industry（http：//stats. oecd. org）。

① 作者依据UN Comtrade Database相关数据计算。

波兰吸引外资第二多的产业为服务业中的金融中介业。该行业引资额在2009年达到近20年来的最高点161.3亿美元，超过当年吸引外资总额的50%。随后受欧洲债务危机波及，2010年该行业外资净流出63.6亿美元，截至2017年底，金融中介累计吸引外商投资488.3亿美元，占波兰外资总额的20.5%。至2010年，波兰71家商业银行中的60家由外资控股，外资控股银行资产占波兰银行业总资产的70%。[①] 截至2017年底，贸易与维修行业和房地产业累计吸引外商投资分别为331.7亿和205.7亿美元，位列引资总额第三位和第四位，各占同期流入波兰外资总额的13.9%和8.6%。

三　外商投资方式选择

波兰私有化进程中的政策反复和复杂程序，导致外商在波兰进行投资时更倾向于选择绿地（Green field）投资。随着大部分企业私有化的完成，绿地投资占外商对波兰总投资的比例不断提高。2002年绿地投资占当年波兰外商直接投资的37%，2004年这一比例上升至58%，2007年高达80%。2013年在外资流入大幅下降的情况下，绿地投资流入88.7亿美元，而同年外资参与波兰企业并购额仅为4.02亿美元（图II-2-3）。可

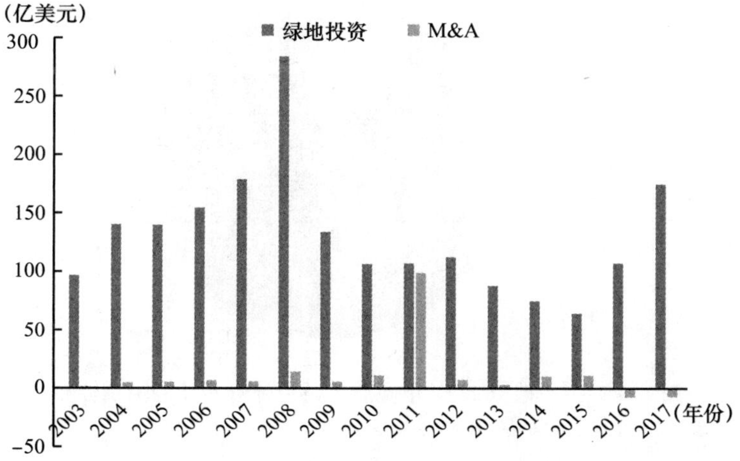

图II-2-3　2003—2017年波兰外商绿地与并购投资额

资料来源：UNCTAD，*World Investment Report 2018：Investment and New Industrial Policies*。

---

① Consumer Credit Bulletin Europe 3（http：//www. eurofinas. org）.

见，绿地投资正逐渐超过曾在私有化过程中发挥重要作用的并购投资，成为外资流入的主要方式。

四　外商投资来源国分布

如图Ⅱ－2－4所示，总体而言，波兰外商投资主要来自欧盟成员国。欧盟十四国累计投资2067.7亿美元，占FDI流入总额的86.7%，中东欧十五国共投入39.3亿美元，占比1.7%。[①] 其他发达国家中，美国约占总投资额的2.4%，瑞士和塞浦路斯各占比3.0%和3.6%。就单个国家而言，荷兰是波兰FDI的最大来源国，1993—2017年共计458.4亿美元流向波兰，其他排名前五的国家分别为德国（418.8亿美元）、卢森堡（331.9亿美元）、法国（215亿美元）、西班牙（144.4亿美元）和英国（114.4亿美元），以上六国投资额占同一时期引资总量的70.6%。[②] 由此可知，尽管卢森堡、西班牙等国在全球范围内对外投资规模较小，但却成为波兰吸引外资的主要来源。

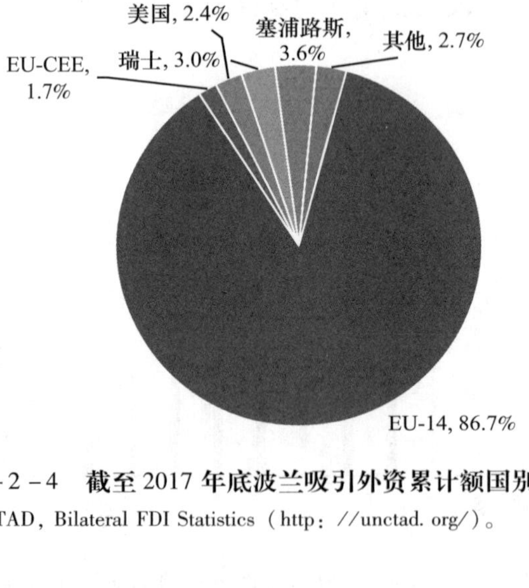

图Ⅱ－2－4　截至2017年底波兰吸引外资累计额国别分布

资料来源：UNCTAD，Bilateral FDI Statistics（http：//unctad.org/）。

---

① EU－14包括荷兰、比利时、卢森堡、法国、意大利、德国、爱尔兰、英国、丹麦、葡萄牙、西班牙、奥地利、芬兰及瑞典；EU－CEE包括除波兰外的其他中东欧十五国。

② UNCTAD，Bilateral FDI Statistics（http：//unctad.org）.

第二节　政治与社会环境

一　政治稳定性

近年来，波兰政局稳定。根据经济与和平研究所的2018年全球和平指数（Global Peace Index，GPI），在全球163个国家和地区的排名中，波兰GPI指数为1.727，位居第32位，和平程度较高。① 该指数认为，2015年波兰法律与公正党政府上台后，改善了政治稳定性，但造成政治环境恶化（political terror），或许将使波兰失去对民主进程的信心。② 由于各国和平指数不同，其抵制暴力的成本及暴力对经济发展的影响也不相同。一国抵制暴力的支出与其人均收入密切相关，因此，考察该项支出占GDP的百分比可以衡量暴力对经济造成的负面影响，占比越高，负面影响越大。2017年波兰为抵制暴力（Violence Containment Costs）共支出1130.7亿美元，人均成本1553.7美元，占当年GDP的6.0%，在全球162个国家和地区中排名第114位，即波兰经济并未受到暴力的影响。

该研究所的另一项积极和平指数（Positive Peace Index，PPI）衡量一国创造并维持和平能力，反映了一国抵御外部冲击的能力。该指数由8个领域共24个指标构成，各指标分值1—5，评分越是接近1，表明积极和平能力越强。8个领域具体包括：政府功能、商业环境、资源分配是否平等、是否接受他人权利、邻里关系、信息交换是否自由、人力资本水平以及腐败程度，各指标相互依赖并构成良性（恶性）循环，以此影响一国（地区）的和平。2018年波兰的PPI指数为2.25，在全球163个国家和地区中排名第37位。从表Ⅱ-2-1可以看出，波兰的各项指标得分中，资源分配平等和信息交换程度非常高，但存在政府职能不清和较为严重的腐败现象，在一定程度上提高了企业经营成本，降低了企业投资的吸引力。

---

① 该指数引用联合国及其他国际组织的数据，针对社会安全、国内或国际冲突和军事化程度三方面，由公民之间互信程度、政治稳定性、国内内组织性冲突死亡人数、与邻国关系、军费开支等22个指标构成，该指数值越低，表明一国（地区）和平程度越高。Institute for Economics and Peace，*Global Peace Index 2018*.

② Institute for Economics and Peace，*Global Peace Index 2015*.

表Ⅱ-2-1　　**2018年波兰PPI各指标得分**

PPI指数	政府职能明晰	腐败程度低	商业环境良好	资源分配平等	维护他人权利	信息自由流动	人力资本丰富	邻里关系和睦
2.25	2.63	2.38	2.53	1.99	2.06	2.07	2.18	1.87

资料来源：Institute for Economics and Peace, *Positive Peace Index Report 2018*。

二　转型程度

自20世纪90年代开始，中东欧国家进行了一系列政治、经济、社会转型改革。经济转型旨在恢复或维持宏观经济稳定，实现内外贸易和金融的自由化，通过国有企业的现代化和重组实现私有化和企业化，劳动力市场改革以处理转型过程中出现的负面社会影响为目的。简言之，按照西方的标准看，中东欧转型是实现由计划经济向市场经济的转变，并以建立市场经济、多元化所有制结构和民主政治体系为目标的。[①] 根据欧洲复兴开发银行（EBRD）制定的转型指标显示，波兰的转型程度在转型国家中处于中上水平，为其保持经济增长和吸引投资提供了有利的政治环境。

2017年，EBRD对其原有转型指标评价体系进行更新，更注重从市场经济的可持续发展程度来衡量转型国家的转型进展，具体包括竞争程度、经济包容性、良好治理、环境友好、经济韧性（Resilience）与社会融合等6项指标。竞争程度由市场结构、企业创新能力和企业激励来衡量。经济包容性指经济机会的平等性，即是否为不论年龄、性别、社会背景差异的人群提供平等的就业与创业机会，从而实现人力资源的有效配置。良好治理包括对制度质量、诚信标准、腐败控制及企业治理等方面的考察。环境友好指经济发展是否有利于环境的可持续发展。经济韧性则是以金融稳定和宏观经济稳定为核心，同时涵盖经济多样性、食品安全和能源安全等多个方面，如通过提高经济多样性降低对单一行业（如自然资源）和进出口的依赖性。社会融合则不仅仅指国内外交通、能源和IT网络方面的物理融通，还包括发展完善制度和治理结构同更高的

① 余南平、孔令兰萱：《后金融危机时代中东欧社会经济转型评估》，《俄罗斯研究》2013年第4期。

国际标准接轨。各指标取值范围从1到10，其中1表示转型国家市场经济的可持续发展程度最差。

波兰在转型初期即同时推进政治民主化与经济自由化改革。虽然在短期内民主政治可能会阻碍经济改革或给政策实施造成困难，但从长期来看，民主政治可以有效纠正和制止错误的经济政策，因而成为市场经济制度运行的支撑。如表Ⅱ-2-2所示，目前波兰的经济韧性、经济包容性和环境友好程度较高，但竞争程度有待改善，如对中小企业发展的支持和强化企业融入全球价值链以创造更多附加值的激励。

表Ⅱ-2-2 2017—2018年波兰转型程度评价

	竞争程度		良好治理		环境友好		经济包容性		经济适应性		社会融合	
年份	2017	2018	2017	2018	2017	2018	2017	2018	2017	2018	2017	2018
转型程度	6.5	6.6	7.1	6.9	6.9	6.9	7.0	7.1	7.9	8.0	6.8	6.8

资料来源：EBRD，*Transition Report 2018 - 19*（https：//www.ebrd.com/news/publications/transition-report/transition-report - 201819.html）。

三 社会文化环境

（一）宗教与经济

宗教作为社会资本的一部分通过影响技术和人力资本的使用方式来影响产出，通过提供教育机会使宗教资本对人力资本的积累有重要影响，从而影响到了经济的发展。[①] 不同种族、不同宗教信仰以及由此而来的不同行为准则对商业行为会产生深远的影响。

如本书第一篇第七章“民族与宗教研究”所述，波兰是一个民族和宗教构成都相对单一的国家。波兰族是波兰的主体民族，占人口总数的96.9%，95%的波兰人信奉天主教，少数人信奉东正教、基督教新教等。天主教会在波兰享有极高的社会威望和政治影响。宗教是波兰的民族之魂，民众对宗教的信任使宗教成为超然于政党、主义、发展模式之上的公信力。在抗击外国入侵——蒙古国、奥斯曼土耳其、瑞典、德国、奥匈帝国和俄国的历次斗争中，天主教都起了巨大的民族凝聚作用。天主教在转

① 郭熙保、孔凡保：《宗教与经济增长：一项研究综述》，《国外社会科学》2006年第5期。

型时期提供了社会伦理规范与精神秩序的来源，使波兰在经历剧变之后得以建立民主化、市场化的公民社会。①

天主教追求和平、崇尚和谐、关爱弱势，东正教主张善良、无私、和谐、团队精神和苦行，以拯救世人的群体意识。东正教的这一特殊内涵有利于培养团队中成员的优秀品质，如：自我牺牲精神、高度的集体主义荣誉感和爱国主义情怀。与东正教精神内涵相一致的公正合理、团结和谐、勤俭克制、乐于奉献等优良品质体现在经济交往中的自觉抵制欺诈等行为。② 这就将经济准则和宗教伦理道德准则合二为一，在现代经济生活中有利于调节人们之间的经济关系，对于维护市场经济秩序有重要的现实意义。

（二）教育与医疗

波兰教育体系较为完整，包括学前教育、初等教育、中等教育、职业教育、高等教育、成人教育和特殊教育等，其中中小学共九年，为义务教育。民众受教育程度较高，全国接受过高等教育的人口接近总人口的17%。2000—2011年，取得大专以上学历的年轻人年均增长9.7%，几乎是OECD国家增长率均值的3倍，其中25—34岁接受高等教育人口比例较55—64岁人口高29%，2011年25—34岁拥有大专以上学历的劳动力比例高达39%，较欧盟21国平均36%的比重高出3个点，取得高等教育学历的成年人中75%具有硕士学位或同等学历。③ 仅2016年，取得高等教育学历人数达48.8万，其中近35%取得社会科学学位，15.6%获得工程学位，7.2%的学生毕业于数学等自然科学领域（见图Ⅱ-2-5）。较高素质的劳动力成为吸引企业投资的因素之一，并为潜在的经济增长奠定了基础。

波兰拥有覆盖全国范围的医疗保险体制，居民平等且免费获得各种医疗保险待遇。据世界卫生组织统计，2015年波兰社会医疗保险支出占GDP的6.3%，政府医疗健康支出占政府总支出的10.7%，全社会医疗健康总支出中，政府支出占比69.6%。按购买力平价计算，人均医疗健康支出1704美元。④ 医疗卫生财政支出的增加能够减少疾病、改善卫生

① 金雁：《宗教在波兰转型中的作用》，2013年9月25日，经济观察网（http：//www.eeo.com.cn/2013/0925/250199.shtml）。

② 萧净宇：《东正教在中亚五国》，《俄罗斯研究》2009年第6期。

③ Education at a Glance 2015，*OECD Indicators*，*Country Note-POLAND.*

④ WHO European Region，*Polandstatistics summary*（http：//www.who.int/gho/countries/en/#C）.

服务水平，提升个体劳动力的质量及效率，进而促进经济增长、提高经济发展水平并增加国民财富。

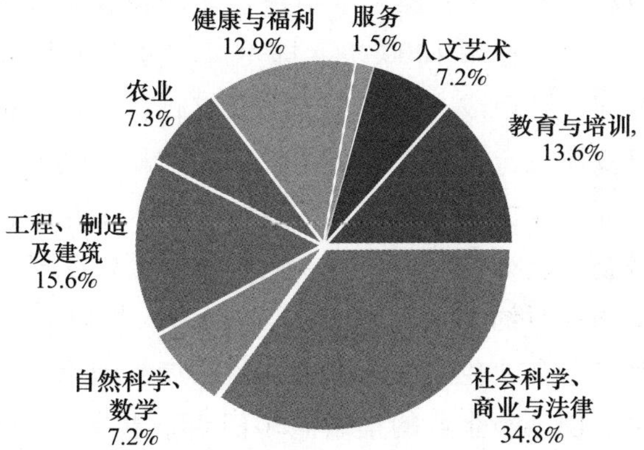

图Ⅱ-2-5　2016年波兰按专业划分的高等教育毕业生比重

资料来源：Eurostat，Tertiary Education（https：//ec. europa. eu/eurostat/statistics-explained/index. php？title = Tertiary_ education_ statistics#Participation）。

第三节　商业与政策环境

根据国际货币基金组织和波兰国家银行的统计，截至2017年年底，波兰累计吸引FDI约2384.8亿美元。尽管政府取消了外商对大部分领域的投资限制，但针对某些战略部门，外资企业的所有权及对土地（特别是农业用地）的购买仍然受到约束。近年来，为吸引国内外投资，波兰政府进行了一系列改革为营造有利于投资的商业环境。如2014年4月，政府通过“2020年企业发展规划”以支持企业进行研发投入及鼓励产学研合作创新。同时，国家和地方政府正在实施一个基于互联网的“一站式”注册流程，简化了房地产登记的行政审批手续。①

一　营商环境

根据2019年世界银行的《营商环境报告》，波兰的营商指数得分

① Bureau of Economic and Business Affairs，*2014 Investment Climate Statement-Poland*，June 2014（http：//www. state. gov/e/eb/rls/othr/ics/2014/index. htm）.

76.95，较上年下降0.36个点，在调查的190个经济体中排名第33位。波兰商业环境各指标得分值与世界排名情况如图Ⅱ-2-6所示。其中，跨境交易最为便利，波兰位列第一，以波兰车辆及其零部件出口到德国为例，国内运输8小时，成本1000美元即可。创办企业指标综合考察了创业流程、所耗时间、货币成本及最低资金要求，波兰这一指标排名低于匈牙利、保加利亚及捷克，仅排在第121位。如在华沙创办一家有限责任公司，首先需要公证企业协议、将企业注册资金存入银行账户，而后向国家法院登记以取得企业统计注册账号、税则号和社会保险号。以上创办新企业的四个流程平均耗时约37天，货币成本约为人均收入的11.8%。2014年，波兰政府允许新企业免于向国家劳动监察局和国家卫生监察局登记注册，进一步简化了创办新企业的手续。2015年，世界银行对波兰18个城市的调查显示，相对而言，波兹南、格但斯克和奥尔什丁创办新企业较为容易，而比得哥什（Bydgoszcz）和热舒夫（Rzeszów）较易取得施工许可。此外，影响波兰商业环境最主要的问题是税收名目繁多，支付手续烦琐。除企业收入所得税外，企业还需缴纳增值税、社会保险、残疾基金、劳动基金、财产税等7项税费，约占利润的40.7%，计算以上税费需耗时334小时，这一定程度上打击了投资者的积极性。

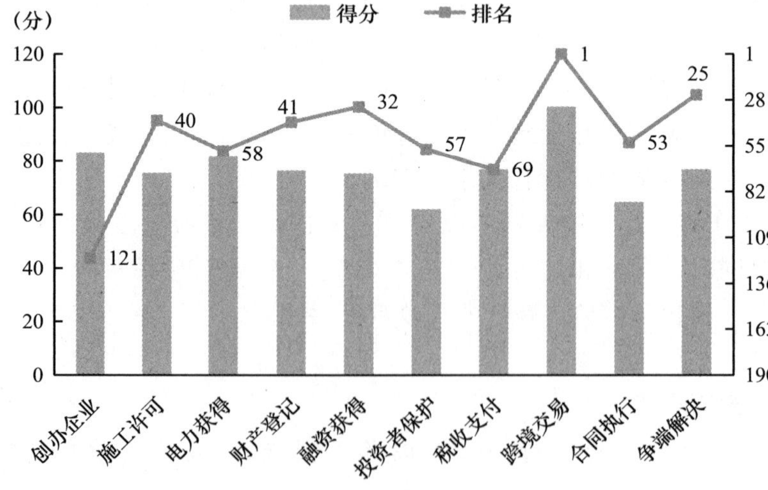

图Ⅱ-2-6　波兰营商环境各指标变化

资料来源：http：//www.doingbusiness.org/en/data/exploreeconomies/poland。

波兰的法律体系在短时间内经历了明显改善，为企业经营提供了适当的保护。波兰商法，即商业公司法典（Commercial Companies Code）为企业的设立、组织、运营、解散和转型提供了法律依据。全球竞争力报告在 2018 年对 140 个国家和地区的公众对司法独立性和司法机构解决争端的效率进行了调查，波兰分别位于第 114 和 106 位，两个指标值分别为 2.8 和 3.0，均低于全球平均水平。[①] 平均而言，在波兰做出的仲裁裁决从提出申请到执行大约需要 13 周。可见，波兰司法效率仍存在较大的改进空间。

二　外商投资优惠政策

外商投资对于波兰而言，不仅是经济增长和带动就业的源泉，同时也是技术转移并融入全球供应链的助推器。因此，尽管经历了政党的多次更迭，但波兰政府一直保持自由、开放的政策积极吸引外资，仅对少数领域实行限制。外国投资者基本上可自由地在波兰进行投资，而欧盟的自然人或法人则享有与波兰自然人或法人同等的待遇。波兰主要借助政府资助、欧盟结构基金、经济特区政策及房产税减免等方式鼓励外国直接投资。

（一）政府资助

近年来，波兰政府针对目标行业颁布许多计划以刺激投资，如：“波兰能源政策 2030”“电力部门计划”“波兰共和国政府关于石油行业的政策”“2007—2015 年波兰煤炭开采”等。另外，根据“2011—2023 年支持对国民经济有重要意义的投资规划纲要”，投资者对汽车、电子、航空、生物技术、现代服务业及研发等领域的新投资，可申请政府资助。资助金额根据创造就业数量、具有高等学历雇员比、投资区域、产品在国际市场上的吸引力（制造业项目）、企业提供服务的复杂程度不同而不同。除重点资助的行业外，如果投资者对其他行业感兴趣，则需满足最低合格费用 7.5 亿兹罗提，同时创造就业岗位 200 个或最低投资 5 亿兹罗提，且增加就业 500 个，才可提出申请（见表 II－2－3）。

---

① Klaus Schwab, *The Global Competitiveness Report 2018*, World Economic Forum 2018.

表 II－2－3 **波兰政府就业资助金额**

<table>
<tr><th>领域</th><th>创造就业</th><th>新投资合格费用*
（百万兹罗提）</th><th>资助金额
（兹罗提/新增就业）</th></tr>
<tr><td>汽车、电子、航空、生物科技</td><td>250</td><td>40</td><td rowspan="5">3200—15600
（800—3900 欧元）</td></tr>
<tr><td>现代服务业</td><td>250</td><td>1.5</td></tr>
<tr><td>R&D</td><td>35</td><td>1</td></tr>
<tr><td rowspan="2">其他制造业重大投资</td><td>200</td><td rowspan="2">750
500</td></tr>
<tr><td>500</td></tr>
</table>

注：合格费用（Eligible Costs）包括土地购买费用、新增固定资产（建筑、机器、设备、工具及基建）费用、无形资产购买、固定资产的安装费用等。

资料来源：The Polish Information and Foreign Investment Agency（PAIiIZ）（https：//www. paih. gov. pl/why_ poland/investment_ incentives）。

企业因投资获取资助的金额取决于投资创造的就业岗位数量、每个雇员的投资支持及投资地点的选择。对于优先发展的战略性行业及满足条件的其他行业投资最高资助额为投资金额的7.5%，而对研发活动的资助一般低于投资额的10%（见表 II－2－4）。

表 II－2－4 **波兰新增投资资助金额**

<table>
<tr><th>领域</th><th>创造就业</th><th>新投资合格费用
（百万兹罗提）</th><th>资助金额
（合格费用百分比）</th></tr>
<tr><td>优先领域</td><td>50</td><td>160</td><td rowspan="3">1.5%—7.5%</td></tr>
<tr><td rowspan="2">其他行业
重大投资</td><td>200</td><td>750</td></tr>
<tr><td>500</td><td>500</td></tr>
<tr><td>R&D</td><td>35</td><td>10</td><td>最高 10%</td></tr>
</table>

资料来源：The Polish Information and Foreign Investment Agency（PAIiIZ）（https：//www. paih. gov. pl/why_ poland/investment_ incentives）。

（二）欧盟结构基金

2007—2013 年，欧盟以公共援助（Public Aid）形式向波兰提供 670 亿欧元的资金，使波兰成为 27 个成员国中的最大受益者。与之相比，2014—2020 年欧洲结构投资基金通过六个国家的操作计划（Operational

Program，OP）和16个地区计划拟资助波兰825亿欧元。与前期相比，创新经济与人力资本提升计划分别更名为智能发展，知识、教育与增长计划。前者重点支持私人部门研发活动，鼓励企业与科研机构合作创新以提高波兰企业竞争力。后者则关注高等教育系统的质量和效率。此外，欧盟结构基金拟投入21.7亿欧元实施数字波兰操作计划（见图Ⅱ-2-7），旨在促进信息通信技术、宽带网络和电子服务的发展。新一轮计划更加注重区域间平衡发展，16个地区计划资金投入占项目总额的比重由24.9%提高到40.7%，主要投向企业家精神的培养、社会融合、能源与运输等领域。①

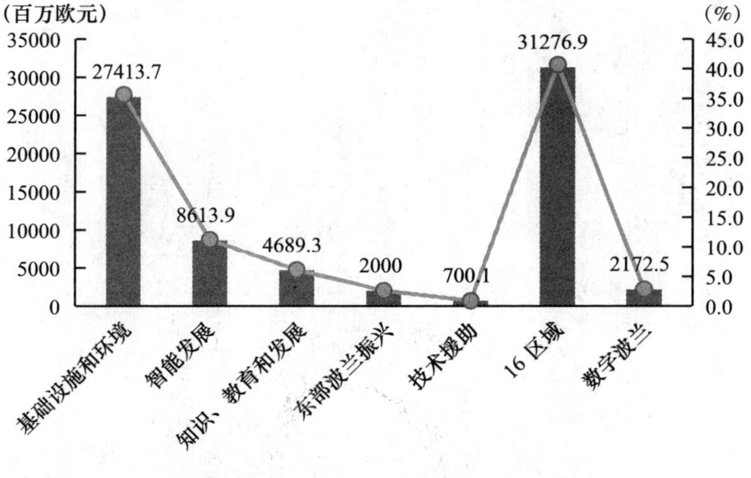

图Ⅱ-2-7　2014—2020年欧盟结构投资基金国家项目投入

资料来源：Ministry of Infrastructure and Development, *Programming of the* 2014 - 2020 *Financial Perspective—Partnership Agreement*, May 2014。

欧盟的地区资助限额因各地区发展程度不同而不同，较发达地区的资助额度较低，为合格费用的30%，不发达地区额度较高，为合格费用的50%。此外，不同类型企业可申请的资助额度也存在差别，中型企业资助额可在原限额基础上提高10%，小型企业则可提高20%，因此，不同地

---

① 2007—2013年波兰接受欧盟结构基金总额中包括欧洲领土合作计划项目。Ministry of Regional Development, *European fundsfor entrepreneurs-Guidebook through operationalprogrammes 2007 - 2013*, p. 12.

区企业投资最高可获得的资助额度介于30%—70%（图Ⅱ-2-8）。按照欧盟划分标准，马佐夫舍省（Mazowieckie）因人均收入超过欧盟人均GDP的75%而成为波兰第一个脱离最不发达地区的省份，因此其对企业投资的资助额度低于其他地区。但因各省省内的发展极度不平衡，一省之内投资不同地区的企业可申请资助的也不同。其中，普沃茨克、谢德尔采、拉多姆和华沙东部资助限额为55%，华沙西部地区为40%，华沙中心地区为30%—35%。[①]

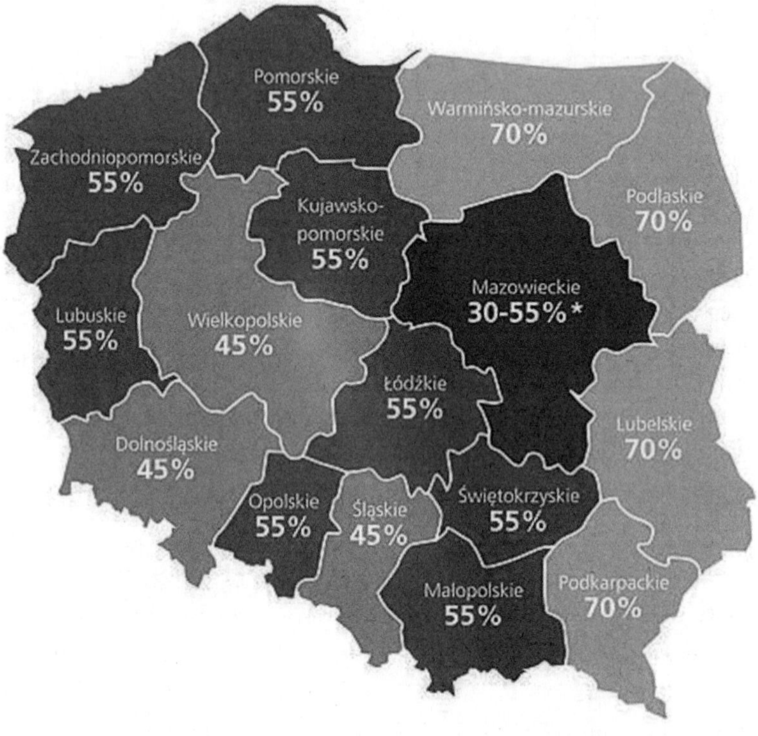

图Ⅱ-2-8 2014—2020年企业享受欧盟结构基金资助地区分布

资料来源：http://www.roedl.com/pl/en/services/state_aid_advice/eu_funds_in_poland_20142020.html。

① 此额度自2014年7月1日起实施，其中，华沙中心城区2014/7/1-2017/12/31期间享有35%资助额度，2018/1/1-2020/12/31期间额度降为30%。

（三）经济特区政策

为加快区域经济发展、创造就业及吸引外商投资，波兰共设立了14个经济特区（SEZs）。目前，波兰企业所得税率为19%，特区内企业投资享有所得税减免优惠，最高减免额度取决于投资地点、企业规模和投资总额。大型企业可获得合格费用30%—50%的税收优惠，中小型企业优惠力度更强，分别为合格费用的40%—60%与50%—70%。[①] 此外，在满足一定条件的基础上，如投资前向相关部门提交申请，投资期限至少5年，企业还可以享受由地方政府提供的房产税减免。波兰特区的优惠政策由2020年延长至2026年极大地吸引了外资，其中，卡托维兹（Katowice SEZ）为波兰最大的经济特区，园区内企业超过250家，投资总额超过52亿欧元，创造就业岗位5.3万个（图Ⅱ-2-9所示）。本书第二篇第四章将对此做详尽介绍。

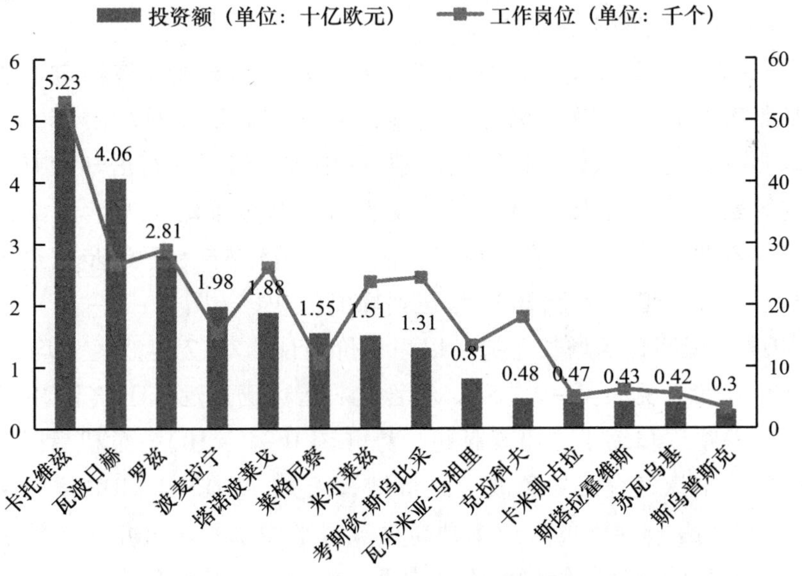

图Ⅱ-2-9　波兰各经济特区吸引投资额及创造就业数量

资料来源：*KSSE Investors Guidebook*：*The Zone of Great Potential*（http：// invest-ksse. com/ files/？id_ plik = 1435）。

① 中等规模企业指雇员人数少于250人且年营业额低于5000万欧元，而小企业指雇员人数少于50人且年营业额低于1000万欧元的企业。

第四节　经济环境

经济环境对投资的影响可以从宏观与微观两个角度来分析。前者主要指国家或地区的经济发展水平、物质资源和基础设施等因素对投资的影响，后者主要指有关政策法规、人力资源等影响企业投资、经营并取得潜在收益的因素，如果对投资有直接影响的各类基础设施和运输条件难以满足，或者引资国对利润汇回或再投资存在严苛要求都会对投资项目的长远发展造成不可估量的损害。因此，作为投资者应该综合考虑宏微观经济环境，并从中发现新的经济增长点和可能形成辐射整个地区的经济增长要素。

一　宏观经济环境

（一）主要宏观经济指标

自 1990 年实行经济自由化改革以来，波兰的宏观经济稳定增长与低通货膨胀率并存，财政状况持续改善，失业率不断降低。在 2008—2009 年全球金融危机中，波兰成为欧盟成员国中唯一经受住打击却没有陷入负增长的国家。2004 年加入欧盟后，欧盟结构基金推动了波兰经济持续发展，伴随资源的共享和产业的转移，波兰的经济增长水平逐步超过了欧盟平均水平，经济增长率于 2007 年达到峰值 7.0%（图 II－2－10）。此外，人均 GDP 呈现明显的增长态势，以当年价格计，2017 年波兰人均 GDP 超过 12000 欧元（见表 II－2－5），尽管这一指标仍然远低于欧盟 28 国平均水平，但差距逐步缩小，出现赶超趋势（图 II－2－10）。危机后时期，欧元区的经济不景气直接导致波兰经济增长乏力，2013 年 GDP 增长率仅为 1.4%，而高达 13.4% 的失业率则高于欧盟平均水平。近年来，波兰加大了对其陈旧基础设施的维护和更新力度，致力于简化政府办事流程，鼓励中小企业进行研发创新，恢复经济活力，2017 年 GDP 增长率达到 4.8%，远高于欧盟 28 国 2.4% 的平均增长率。

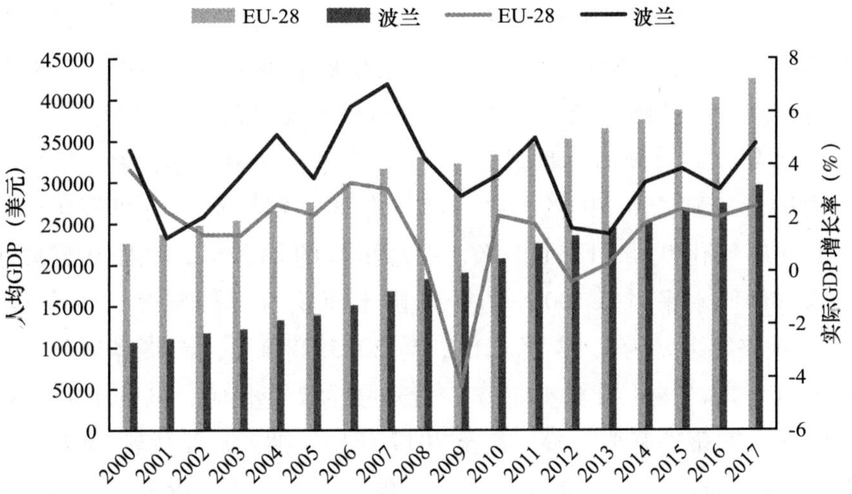

图 II－2－10　波兰和欧盟 28 国的名义人均 GDP 与实际 GDP 增长率比较

资料来源：OECD 数据库（http：//stats. oecd. org/Index. aspx？ QueryId = 51654#）。

表 II－2－5　　2007—2017 年波兰 GDP 及其增长率指标（当年价欧元）

年份	2007	2008	2009	2010	2011	2012	2013	2014	2015	2016	2017
GDP（亿欧元）	3138.7	3661.8	3170.8	3618.0	3802.4	3893.8	3947.3	4111.6	4302.5	4265.5	4671.7
人均 GDP	8159	9523	8140	9204	9623	9900	10123	10678	11116	11235	12303
GDP 增长率（%）	7.2	3.9	2.6	3.7	5	1.6	1.4	3.3	3.8	3.1	4.8
HICP	83.3	86.8	90.3	92.7	96.3	99.8	100.6	100.7	100	99.8	101.4

注：GDP 增长率为不变价格统计所得，消费者价格调和指数（HICP）以 2015 年为基期。

资料来源：波兰中央统计局（http：//stat. gov. pl/en/poland-macroeconomic-indicators/）；Eurostat，（http：//epp. eurostat. ec. europa. eu/portal/page/portal/national_ accounts/data/database）。

（二）基础设施质量

世界银行将基础设施分为经济性基础设施与社会性基础设施。其中，交通运输、邮电通信、能源供给等经济性基础设施作为物质资本，直接参与生产过程，有益于提高社会生产能力进而加快经济增长速度；科教文卫、环境保护等社会性基础设施水平的提高，有利于形成人力资本、社会资本、文化资本等，是调整和优化经济结构、改善投资环境、推动经济发展的基础。[①] 基础设施作为由政府免费提供的公共品，可以改善企业的决策环境，经济性基础设施水平的提高还有助于提高劳动生产率。

2017 年，波兰硬面公路总里程 30 万千米，其中高速公路 1768 千米，总客货运量分别为 3.79 亿人次、17.5 亿吨。铁路运营总里程 19209 千米，其中电气化铁路 11854 千米，占总里程的 61.7%，铁路线密度为中欧国家的最低水平，每 100 平方千米国土面积内仅有 5.95 千米铁路线。2017 年铁路客运量为 3.03 亿人次，与 2005 年相比，铁路客运量占总客运量比重由 24.7% 上升至 43.5%；货运量为 2.4 亿吨，同比上升 7.6%。波兰海洋运输条件有待改善，截至 2017 年底，拥有远洋货轮 89 艘，载重 238.9 万吨。主要港口包括格但斯克、格丁尼亚、什切青及希维诺乌伊希切等，2017 年海上货运量为 825.4 万吨，较上年同期上升 13.9%。波兰拥有华沙、格但斯克、弗罗茨瓦夫和卡托维茨等主要空港。截至 2017 年底，波兰共开通国际航线 156 条，通往 45 个国家的 71 座城市，国内航线 10 条，2017 年航空客运量为 755.6 万人次，较上年同期上涨 34.3%，货运量为 5.2 万吨，尽管航空货运较上年增长 27.5%，但是在海陆空总运量中所占比重极小，不足万分之一，而公路货运量仍占据首位，货运比重超过 80%。[②]

在 2018 年全球竞争力报告对 140 个经济体的基础设施质量排名中，波兰综合得分 79.3，位于第 27 位，其中电气化率排名第一，铁路网密度排在第 12 位，而公路质量、航空及港口服务效率排名均较为靠后，分别为第 64、55 和 54 位。[③] 以上交通运输及邮电通信领域的落后状况成为制约企业投资的因素之一，也是波兰政府着重改善的领域。近年来，波兰对基础设施投入不断加大，交通运输网络、港口设施的运行能力等得到改善。2007—2015 年波兰国家发展规划将基础设施建设列为首要任务，2007—2013 年欧盟援助资金中约 194 亿欧元用于发展基础设施建设，2014—2020 年欧盟结构基金计划进一步增加投入达 274 亿欧元，增幅达 41.2%。

---

① 李平等：《基础设施与经济发展的文献综述》，《世界经济》2011 年第 5 期。

② *Statistical Yearbook of the Republic of Poland 2017*, pp. 536 – 543.

③ Klaus Schwab, *The Global Competitiveness Report 2018*, World Economic Forum 2018.

（三）金融市场

1989 年波兰政府推行的《银行法案》和《波兰国民银行法案》要求国民银行（National Bank of Poland，NBP）执行中央银行的职能，国民银行经授权可以按照银行法规定的内容对商业银行进行监管。1992—1997 年，伴随波兰经济体制向市场经济的转型，金融机构也经历了重组，其中部分银行被私有化，另一部分银行则进行资本重组。与此同时，政府出台了相关法律以提高银行业竞争力。以上改革吸引了各国战略投资者进入波兰银行业。自 1995 年以来波兰银行总数下降近 60%，主要是因为合作银行部门的结构性改革。目前，波兰 60% 以上的银行资产被外国投资者持有，其中意大利投资者拥有波兰银行业资产 13.1% 的股份，紧随其后的分别是德国（10.3%）、荷兰（8.9%）、西班牙（8.5%）和美国（5.7%）的投资者。[①]

欧盟基金的流入、来自欧元区（特别是德国）的旺盛需求、相对稳定的政治环境等吸引了大量外资银行在波兰设立子公司，波兰国内银行业受益于外资银行的知识技术从而得以迅速发展。银行兼并和银行规模的扩张，导致银行业市场集中度上升，2013 年底前十大银行资产份额增至 67.3%（见表 II－2－6），贷款比重与存款比重分别达到 64.2% 和 70.1%。与同等规模国家相比，从鼓励竞争及经济长期稳定发展角度来看，目前波兰银行业集中度接近最优水平。此外，商业银行及合作银行分别将其 50%、90% 的利润转为自有资金，使银行业自有资金规模提高 104 亿兹罗提，进而银行体系运营状况不断改善，资本充足率持续上升，2013 年底达到 15.8%。

表 II－2－6 **波兰银行业结构变化**

年份	2009	2010	2011	2012	2013
办理信贷业务实体数量（个）	643	646	642	642	640
商业银行	49	49	47	45	41
信贷机构	18	21	21	25	28

① Polish Financial Supervision Authority, *Report on the Condition of Polish Banks in 2013*, p. 22.

续表

年份	2009	2010	2011	2012	2013
合作银行	576	576	574	572	571
就业	175249	176919	176658	175094	174331
占部门资产份额（%）					
国内控股银行	31.9	33.8	35.0	36.4	36.8
外资控股银行	68.1	66.2	65.0	63.6	63.2
占部门资产份额（%）					
五家大银行	44.2	43.9	44.3	45.0	46.1
十家大银行	63.5	63.05	63.4	64.6	67.3

资料来源：Polish Financial Supervision Authority, *Report on the Condition of Polish Banks in 2013*, p. 21。

近几年，伴随着银行业的兼并重组，银行业的所有权比重发生了变化。如2014年，波兰储蓄银行（PKOBank Polski）收购了北欧联合银行集团下属的银行保险公司。2016年7月，意大利联合信贷银行（UniCredit）将第二大银行Pekao SA的10%股权转让给机构投资者。2017年6月UniCredit进一步将Pekao SA银行以106亿兹罗提的价格出售给波兰国有保险公司PZU和PFR公司，撤资额达84亿兹罗提。至此，PZU成为中东欧地区最大的金融集团。国有银行对外资银行的收购使外资银行在总资产的份额从60%下降到2017年底的47%，前五家大银行资产和存款占银行业比重分别为48%和47%。[①] 同时，波兰银行业的重要性不断提升，其资产占GDP比重由1999年的55%提升至86%，其中家庭贷款份额增至34%。较强的银行业监管要求各银行随时核查外币借款，加之各银行严格执行欧盟法律，远离风险资产，使波兰银行业受次贷危机冲击较小。如图Ⅱ-2-11显示，波兰银行业在资产、收入和利润三方面都位居中东欧各国之首。2017年，银行业净利润达136亿兹罗提。伴随波兰转型进程的推进，本币融资快速发展，资本市场不断开放，银行业服务进一步升级，社会保险体系市场化水平提高，成为吸引外商投资的有利因素之一。

① https://www.export.gov/article?id=Poland-Banking-Systems.

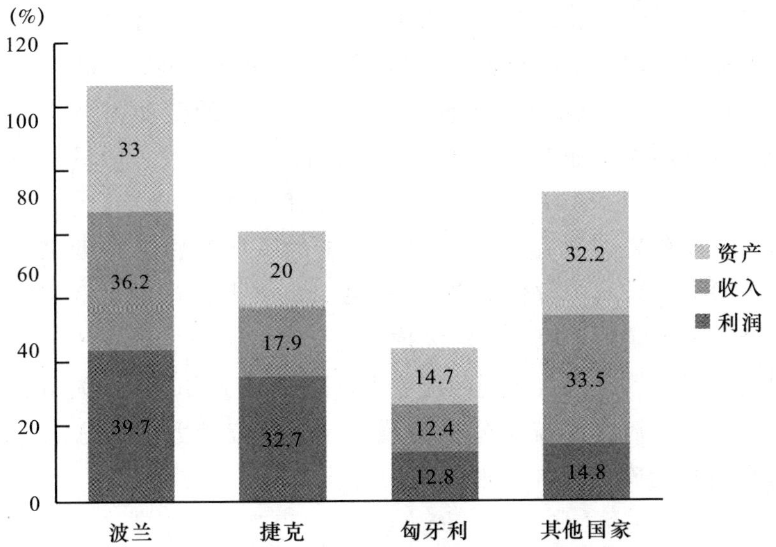

图Ⅱ-2-11　2010年中东欧国家银行业营收状况（%）

说明：其他国家包括保加利亚、克罗地亚、罗马尼亚、斯洛伐克和斯洛文尼亚。

资料来源：Thomas White，*Emerging Market Spotlight*：*Banking Sector in Poland*，Sep. 2011。

二　微观经济环境

作为转型经济体，无论是吸引外资还是提高本国企业竞争力，良好的商业环境必不可少。商业环境不仅包括资源禀赋、基础建设等硬件设施，还包括人力资本、管制、腐败等“软因素”。①

（一）劳动力市场活跃程度

经济转型过程中必然伴随一些社会问题，如结构性失业、社会分配不公等，而劳动力市场改革旨在处理经济改革中难以调和的社会矛盾。受到国际金融危机影响，波兰失业率小幅上升至10.5%，其中长期失业率超过40%，且15—64年龄段就业率不足60%（表Ⅱ-2-7），而欧盟2020战略目标中这一比例为75%，这一巨大差距表明波兰劳动力远远未被充分利用。此外，25%的就业人员与雇主签订的为临时雇佣合同，而临时雇佣人员中近50%（约140万人）签订的为不受国家劳动法律保护的城镇

① 余南平、李秋悦：《后金融危机时代俄罗斯经济转型评估》，《俄罗斯研究》2012年第3期。

合同。虽然临时合同改善了劳动力市场的灵活性，提高了年轻人、低技能工人的就业，但雇主不愿投资提高临时工人的劳动技能，工人缺乏健康保险和其他社会福利的保障，可能进一步削弱工人的劳动积极性及工作效率。①《OECD国家就业展望（2014）》指出，无论从收入质量（收入水平及不平等程度）、劳动力市场安全（失业风险及收入支持），还是从工作环境质量（工作需求及用于满足以上需求的资源配置）角度来看，波兰均落后于OECD成员中位数水平。② 多数劳动者普遍认为自身工作压力较大，而资源不足制约了雇员按时完成工作任务，此外，收入不平等问题突出，即同类岗位签订永久合同的就业人员工资高于临时雇佣人员，伴随失业风险加大，如何促进就业公平与效率，改善劳动力市场分割加剧的现状，仍然是波兰政府面临的难题。

表Ⅱ-2-7　　2007—2017年波兰劳动力市场主要指标　　单位：%

年份	2007	2008	2009	2010	2011	2012	2013	2014	2015	2016	2017
就业/人口	57.0	59.2	59.3	58.9	59.3	59.7	60.0	61.7	62.9	64.5	66.1
劳动参与率	63.2	63.8	64.7	65.3	65.7	66.5	67.0	67.9	68.1	68.8	69.6
失业率	9.7	7.2	8.3	9.7	9.8	10.2	10.5	9.1	7.6	6.2	5.0
长期失业率*	50.2	34.5	30.2	31.4	37.3	40.2	42.6	42.7	39.2	40.7	40.5

注：各指标均为15—64岁年龄段人口数据；*长期失业率为失业人口中长期失业所占比重。

资料来源：Online OECD Employment database（http：//stats. oecd. org/Index. aspx? DatasetCode = LFS_ SEXAGE_ I_ R）。

无论对于男性还是女性而言，国际金融危机前波兰的失业率都高于欧盟28国的均值，但失业率差距在逐年缩小。由于波兰受国际金融危机及欧洲债务危机的冲击较小，使二者间差距进一步缩小。历年失业率数据表明，波兰的女性失业率普遍高于男性，而男性失业率在危机期间首次低于欧盟28国均值，并持续至今，女性失业率较2002年的21%已大大降低，2017年女性失业率仅为4.9%，低于欧盟平均水平（图Ⅱ-2-12）。

---

① Boosting Employment in Poland：The Pros and Cons of Civil Contracts，http：//www. worldbank. org/en/news/feature/2014/07/01/boosting-employment-in-poland-the-pros-and-cons-of-civil-contracts.

② OECD Employment Outlook 2014，How does POLAND compare?，17 - Nov - 2014.

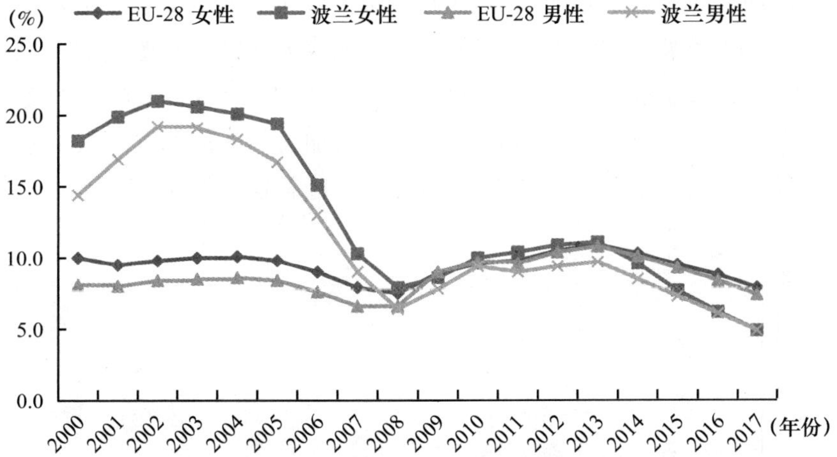

图Ⅱ－2－12　波兰历年女性与男性失业率（%）

资料来源：Eurostat（http：//epp. eurostat. ec. europa. eu/portal/page/portal/statistics/search_database）。

同时，波兰年轻人失业仍然是政府亟待解决的问题。年轻人过早失业，不仅不利于自身发展，还会危害社会治安，引起社会动荡。2017 年波兰年轻人失业率为 14.8%，低于欧盟 28 国和欧元区 19 国失业率的均值，但远高于相邻的德国（6.8%），也高于同属中东欧转型国家的捷克（7.9%）和匈牙利（10.7%）（见图Ⅱ－2－13）。显然，波兰须进一步实施针对年轻人就业的促进措施。

为缓解经济危机对工人和雇主的影响，波兰部长会议于 2009 年 7 月 1 日通过一项新法案及相关措施，将工作时间参考期限由 3 个月延长至 12 个月，企业应为需要照顾亲属或 14 岁以下子女的员工重新制定工作计划；固定期限合同最长 24 个月，并取消连续固定合同数量的限制，允许遇到经济困难的企业减少员工工作时间或准予员工请假（最长六个月）以替代大规模裁员。为确保员工利益，该法案要求企业 12 个月内不能开除参加培训的员工。但波兰有较高比例的雇员签订固定期限合同（27.7%，欧盟 28 国平均为 14%），此外，部分员工签署没有带薪休假或未达到最低工资要求的城镇合同。① 以上政策使波兰与其他欧盟成员国相比，劳动

① Clauwaert, S. and Schömann, I. The crisis and national labor law reforms: a mapping exercise. Country report: Poland, ETUI (European Trade Union Institute) January 2013.

力成本优势开始显现，每小时总成本为 9.4 欧元，低于捷克、斯洛文尼亚等国，远低于欧盟 28 国平均水平（图 II－2－14）。但与此同时，固定期限合同及城镇雇佣合同以员工利益为代价换取劳动力市场灵活性的做法，遭到工会组织的诟病，他们提出应进一步增加工作时间的灵活性、提高固定合同雇员的待遇、给予无辜解雇的员工高额补偿等要求。

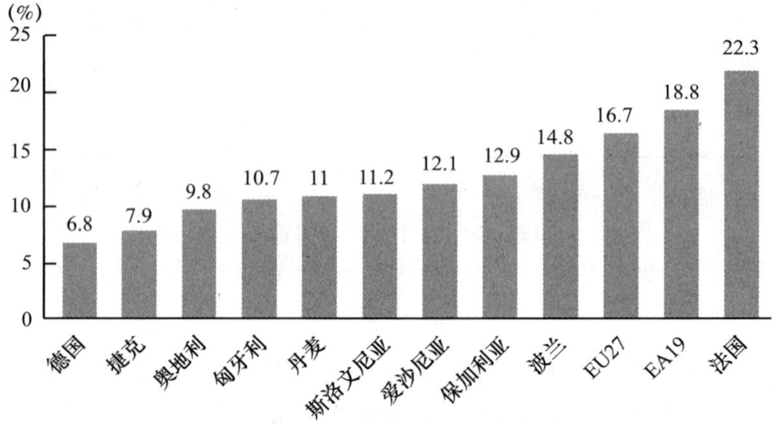

图 II－2－13　2017 年欧盟各国 15—24 岁年轻人失业率

资料来源：Eurostat（http：//epp. eurostat. ec. europa. eu/portal/page/portal/statistics/search_database）。

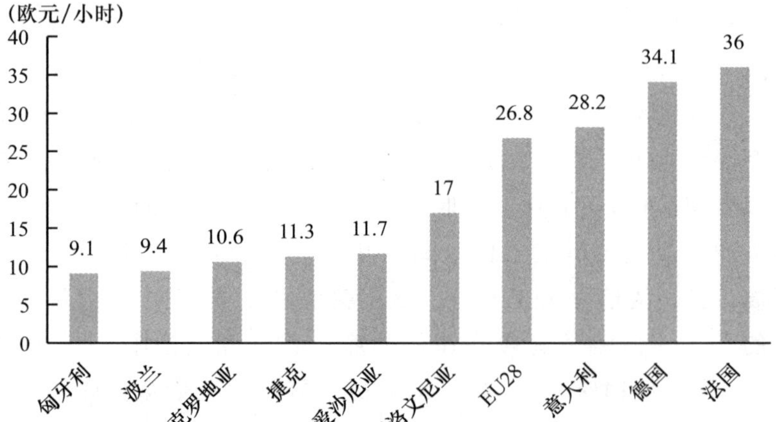

图 II－2－14　2017 年欧盟各国劳动成本比较

资料来源：Eurostat（http：//epp. eurostat. ec. europa. eu/portal/page/portal/labour_ market/labour_ costs/database）。

（二）腐败与寻租

中东欧转型国家借鉴 OECD 的评估建议，通过私有化改革以适应欧盟法律要求，其政府治理效率近年来明显提高，公共支出效率也有所改进。但是，一些主要国际组织在对中东欧各国的营商环境进行评估时，仍然继续将腐败视为一个主要问题。世界银行给出的政府有效指数[①]表明，波兰的政治稳定性较 2004 年明显提高。2015 年法律与公正党政府上台后，通过立法限制宪法法院、最高法院、最高司法委员会、普通法院等机构的独立性，加强对司法机构的政治控制，造成了法律制度的不确定性。波兰在野党以及欧盟认为法律与公正党取消制衡，动摇法治，违背了欧盟的基本价值观。围绕法律制度方面的争执导致波兰的政治稳定性指标出现恶化趋势。政府有效性、腐败监管等领域得到进一步改善，但危机后期暴力事件频发、腐败问题重现，表明波兰在以上领域仍存在改进空间（见图 II－2－15）。根据 2018 年全球竞争力报告对 140 个经济体的公众对公共服务信任

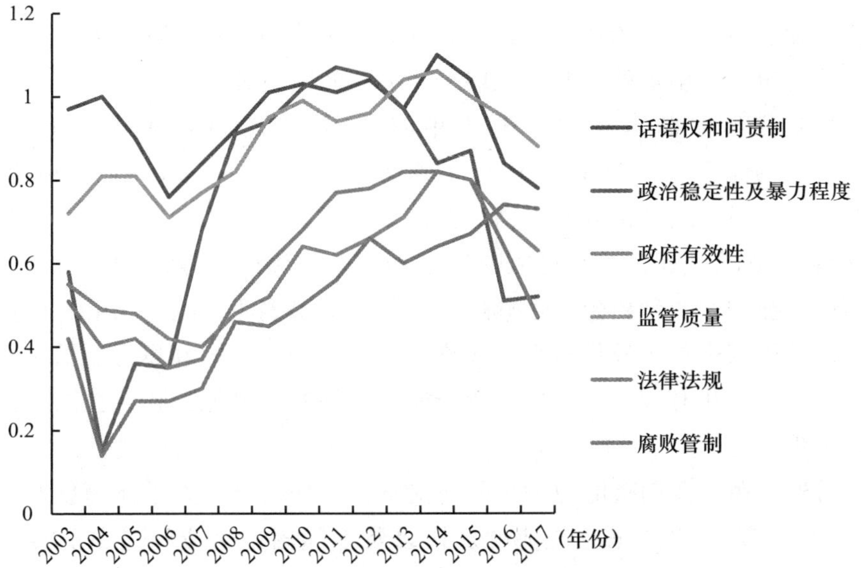

图 II－2－15　2003—2017 年波兰政府治理指数

资料来源：The Worldwide Governance Indicators 2018（www. govindicators. org）。

---

① 世界银行政府治理指数包括公民自由、政治稳定、政府有效性、政策质量、法律法规和腐败治理六个指标。

度、预算决策透明度、政府规制负担、政府未来决策导向和知识产权保护程度的调查，波兰分别位于第 92、49、111、110 和 73 位，除政府预算透明度指标略高于全球均值外，其余指标均低于全球平均值。①

与政治上的集权相适应，波兰的经济体制和经济政策也在发生变化，国家主义色彩增强，经济自由主义遭到鄙弃，增强了政治制度和经济政策的不确定性。制度的不确定性将提高企业的交易成本并将抑制外商的投资热情，从而可能阻碍本国企业家精神和实体经济的增长。

（三）研发投入

一个国家技术创新的源泉主要来自企业，但从自主创新能力看，波兰企业与欧美发达国家相比，在创新理念和创新意识上仍存在较大差距。在结构性转型过程中，由于企业内、外部存在的各种体制机制性障碍并没有得到很好的解决，导致企业对市场压力的感知度不高，企业 R&D 投入不积极，造成很多企业因缺乏原创性技术或专有技术而对高端技术的集成整合能力不足。因此，增加研发投入、培养创新能力，不仅有利于吸引需求高素质劳动力的外资企业，而且有利于提高企业的技术吸收能力，进而增强企业竞争力、增加就业并扩大内需，加速经济复苏。

与欧盟其他国家相比，2017 年波兰 R&D 支出总额仅占 GDP 的 1.03%，远低于欧盟 28 国 2.07% 的水平（见图 II－2－16）。国内 R&D 总支出中，各部门支出并不平衡，企业支出接近 2/3，占 GDP 的 0.67%，而欧盟 28 国这一比例的平均值则高达 1.36%。2018 年全球竞争力报告对创新性企业增长、创新包容性等进行的调查结果表明，波兰以上两项指标在中东欧国家中处于较低水平（见图 II－2－17）。包容新思想、勇于承担风险等企业文化有利于企业部门创新能力的提升，可见，波兰在以上方面有待加强。

另外，在企业创新能力不足的情况下，更加凸显出大学作为创新源泉的地位，而且随着全球化趋势的加快以及不同国度企业间竞争的日趋激化，单个企业已无法在短时间内有效整合可利用的资源，原来那种企业只身单打独斗的模式已不合时宜，产学研合作已成为知识转换成生产力、转化为经济效益的有效途径。高等教育机构通过基础性研究的应用和发展

① Klaus Schwab, *The Global Competitiveness Report 2018*, World Economic Forum 2018.

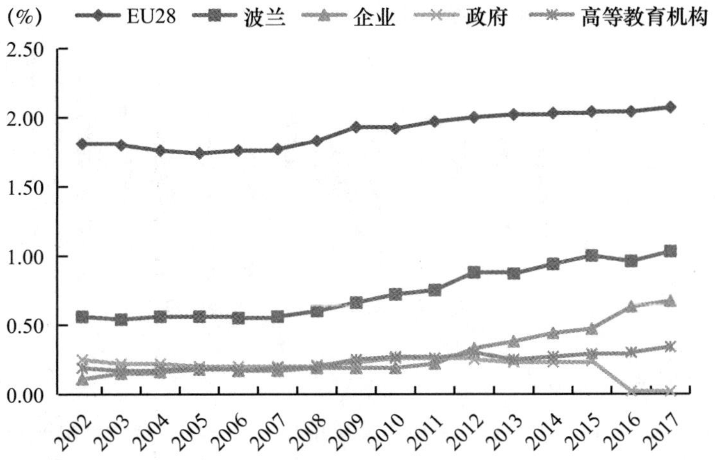

图Ⅱ-2-16　波兰国内 R&D 支出总额/GDP

资料来源：Eurostat（http://epp.eurostat.ec.europa.eu/portal/page/portal/statistics/search_database）。

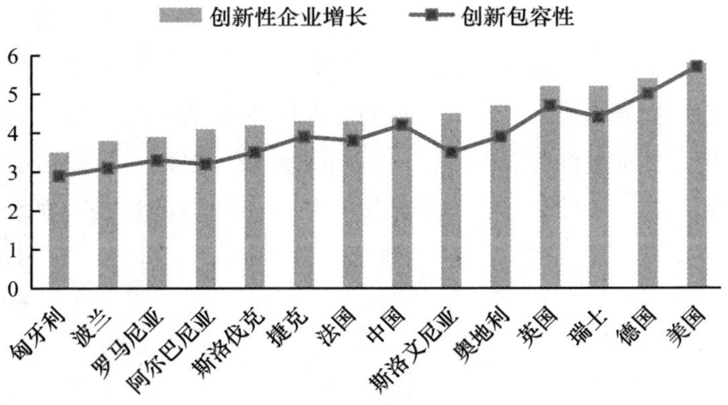

图Ⅱ-2-17　欧美各国科研情况比较

说明：本图指标值来自《全球竞争力报告》对各国具体情况的评分，评分取值介于 1-7，其中 7 表示最优状况。

资料来源：Klaus Schwab, *The Global Competitiveness Report* 2018, World Economic Forum 2018。

发挥学术研究对企业 R&D 的激励作用，因此，研发投资回报与运转良好的公共科研机构、高等教育机构等具有互补关系。而对比研究显示，波兰科研机构质量还有很大的改进空间，集聚创新合作程度也难以令人满意，与捷克和匈牙利相比仍存在差距（见图Ⅱ-2-18）。

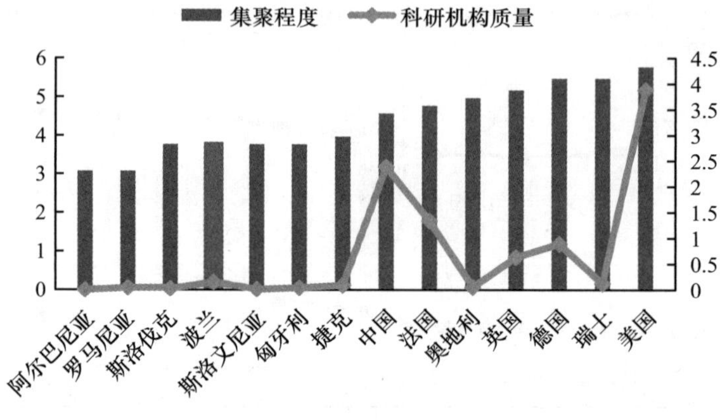

图Ⅱ-2-18　欧美各国科研机构质量及大学—产业合作情况比较

注：本图聚集指标值来自《全球竞争力报告》科研机构质量指标值介于0—3.88，其中，3.88为美国科研机构指数值。

资料来源：Klaus Schwab，*The Global Competitiveness Report 2018*，World Economic Forum 2018。

总体而言，波兰有较为稳定的政治社会环境和巨大的国内市场，具备较强的抵御外部经济风险的能力，从而使之在金融危机中迅速恢复，并支撑起较快速的经济增长。同时，波兰还具有高素质低成本劳动力、相对灵活的劳工法、高质量的基础设施、优越的地理位置等一系列吸引外商投资的核心优势，是“一带一路”沿线中一个较为理想的投资目的地。

第三章　重要城市及其区域影响力

波兰首都华沙是全国第一大城市，2017 年人口约 176.5 万，是全国的工业、贸易及科学文化中心，也是全国最大的交通运输枢纽。华沙位于波兰中部平原上，坐落在维斯瓦河中游西岸，面积 450 平方千米，

图Ⅱ-3-1　华沙与格但斯克地理位置示意

资料来源：(https：//d-maps. com/m/europa/poland/pologne/pologne29. pdf)。

是中欧诸国贸易的通商要道，自古便为繁华之地。滨海省首府格但斯克市位于波罗的海沿岸维斯瓦河的入海口，人口约46.4万，是波兰北部最大的城市。格但斯克是斯拉夫人最早的定居点之一，也是波兰中世纪最发达的城市之一，现在与索波特、格丁尼亚两市形成庞大的港口城市联合体——三联城。

第一节　城市化发展历史与趋势

波兰历史悠久，在公元前后的几个世纪里已出现手工业中心和商业中心，形成了城市的雏形。波兰的著名城市华沙、克拉科夫和格但斯克等在中世纪已成为连接东西欧的重要政治、经济和文化中心，但目前波兰的城市化程度仍低于欧洲的平均水平。

一　中度城市化

（一）城市化水平不断上升，随后稳定乃至有轻微下滑

早在1950年，波兰的城市化率不足40%；随后40年，城市化率不断稳定上升。从1950年起，最初的十年，城市化率年均增速达到近1个百分点；1965年，城市化率突破50%关口；后30年间，总体而言，城市化的速度较之前十年有所放缓，但上升趋势依旧稳健，截至1970年，城市化率为52.1%；1970年至1980年，城市化率上升6个百分点；再随后十年，城市化率仅上升3个百分点。1990年起，波兰的城市化率便不再有大幅的提升，每年上下浮动不超过0.5个百分点；2001年，城市化率达到峰值61.8%之后，甚至开始逐年以0.1个百分点的速度轻微下滑；截至2018年，城市化率仅为60.1%。根据联合国预测，到2020年，波兰的城市化率会下降至1986年以来的最低值——60.0%，随后该值不再下降，而是不断平稳上升，预计该值将于2030年达到61.5%，2040年达到65.5%，2050年达到70.4%。

（二）城市化率均处于世界中等偏下位置，不及东欧及欧洲平均水平

放眼全球范围，波兰的城市化率处于世界中等偏下位置，远不及东欧及欧洲的平均水平。早在1950年，波兰的城市化率与东欧平均水平相差不多，均不足40%，显著低于同期欧洲平均水平51.7%逾10个百分点；

随后直至1960年的十年，波兰与东欧的城市化率数值相差均不大，且增长态势均十分明显，十年上升超过9个百分点，达到欧洲城市化率增长水平的近两倍。随后的1960年至1990年，东欧的城市化水平增长态势依旧强健，于1990年达到68.0%，十分接近欧洲平均水平69.9%；与此同时，波兰的城市化率虽然依旧在上涨，但是力度显然不足东欧平均水平，30年间仅上升约13个百分点，于1990年达到61.3%。随后直至2018年，三者的城市化速度均开始放缓，欧洲平均水平依旧有少许增长，从1990年的近70%上升到2018年的74.5%，预计该值将于2020年达到近75%，

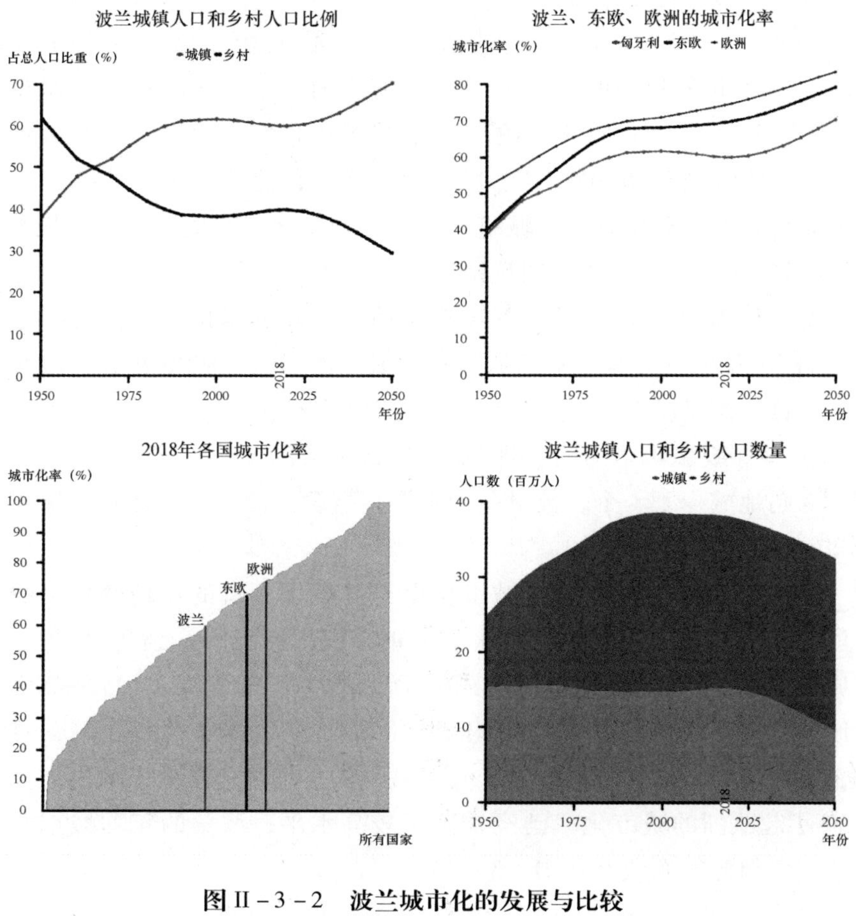

图Ⅱ-3-2　波兰城市化的发展与比较

资料来源：United Nations（2018）（https：//population. un. org/wup/Country-Profiles/）。

年均增速 0.5%；东欧平均水平 18 年间上升不足 2 个百分点，约 1.6%，2018 年为 69.6%，表现出城市化发展进程已趋于完善的状态；同此期间，波兰的城市化率不仅一度陷入停滞状态，还在近年来呈现出不断缓慢下降的趋势，截至 2018 年，城市化率仅为 60.1%，已远远落后于东欧和欧洲平均水平。根据联合国预测，三者数值将在今后 32 年间继续不断上升，且涨幅明显，欧洲、东欧和波兰的城市化率将分别于 2030 年达到 77.5%、72.2% 和 61.5%，于 2040 年达到 80.6%、75.7% 和 65.5%，于 2050 年达到 83.7%、79.4% 和 70.4%。

二　城市化速度停滞

20 世纪下半叶，波兰的城市人口数量呈增量逐年减少的趋势，1950—1955 年的年均增速为 4.26%，随后的三个五年的年均增速跌落至 3.71%、2.06% 和 1.58%。1970 年后，城市化发展速度进一步放慢，不断减速至 20 世纪末的 0.12%，城市化发展进程近乎停滞。到 21 世纪，波兰的城市化速度开始倒退，城市人口的年均变化率一直为负值，基本维持在 -0.2% 左右。根据联合国预计，该趋势在今后直至 2050 年都不会有较大改变，32 年间将在零线上下轻微浮动。据此也得以解释 1990 年至今，波兰的 30 万—50 万人口等级城市数量缩减的现状。1990 年起，波兰便拥有 1 个百万人口以上城市，4 个 50 万—100 万人口等级城市，5 个 30 万—50 万人口等级城市。然而，到 2018 年，波兰的 30 万—50 万人口等级城市反常态地减少了 1 个，数量变为 4 个。据联合国预计，此种情况将维持到 2050 年（图 II-3-3）。

波兰在 1950—2050 年的城市化率与其城市人口的年均变化率的趋势高度吻合，前半个世纪年均变化率为正，但不断下降。到 21 世纪，波兰的城市化率的年均变化率转而为负，城市化率不断下降。1950—2018 年，将波兰、东欧和欧洲的平均年均城市化率与全世界各国相比较，可以发现，三者均处于世界较低位置，其中欧洲的年均增速最低，原因之一在于 1950 年起欧洲的城市化率已经达到了较高水平；波兰的年均城市化率高于欧洲，但低于东欧（图 II-3-4）。

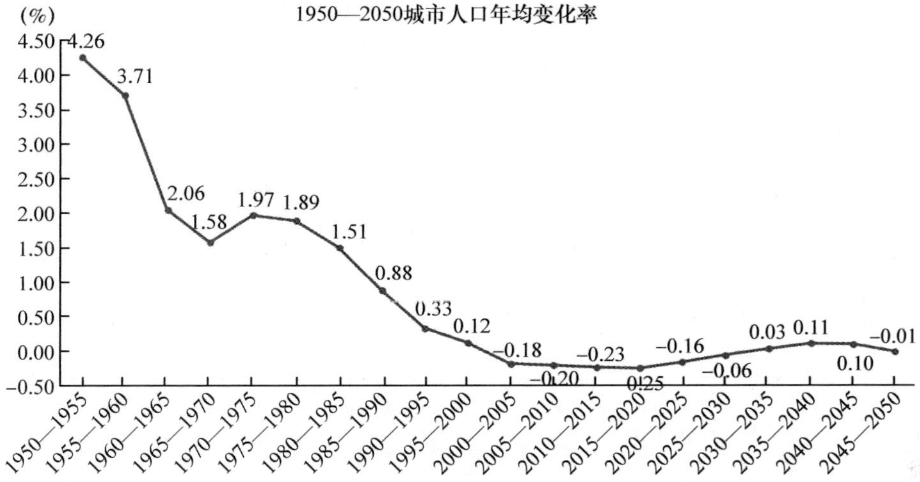

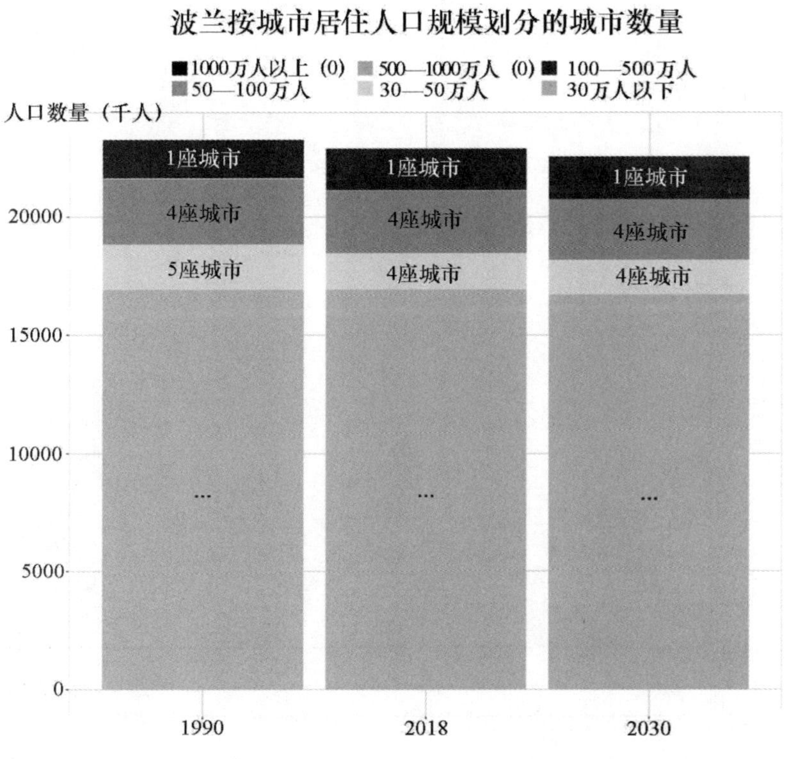

图 II－3－3　波兰城市化的发展速度

资料来源：United Nations（2018）（https：//population. un. org/wup/Country-Profiles/）。

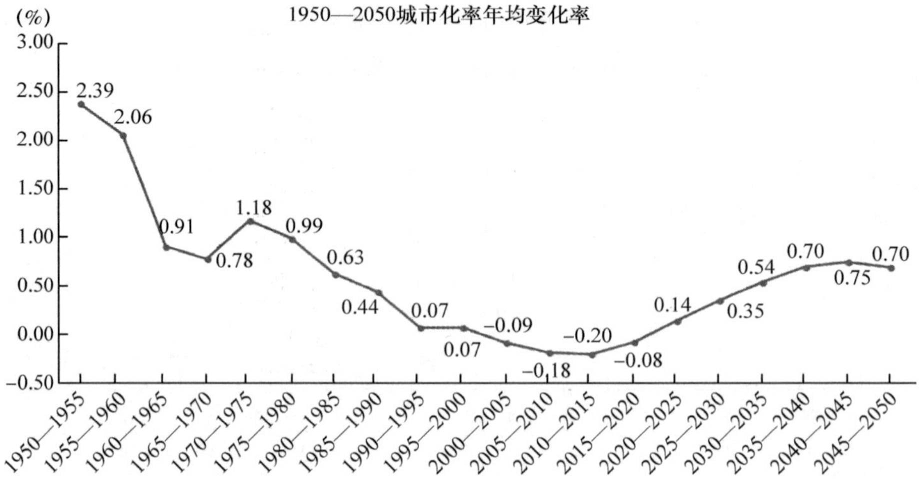

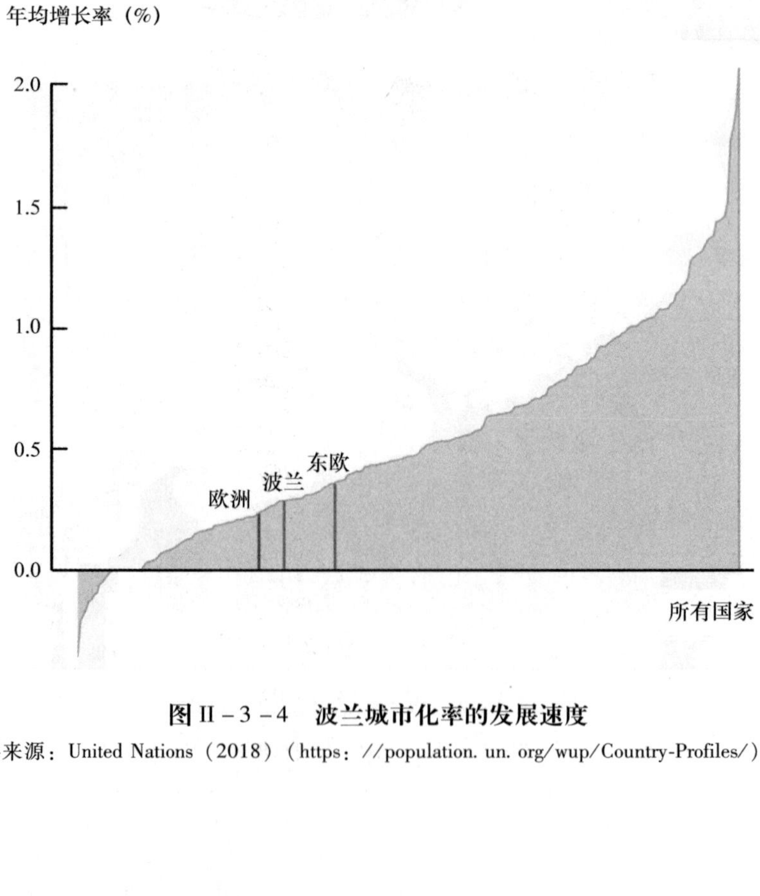

图Ⅱ-3-4　波兰城市化率的发展速度

资料来源：United Nations（2018）（https：//population. un. org/wup/Country-Profiles/）。

第二节　城市体系和重点城市

一　城市发展

目前，波兰的行政区划有 16 个省（województwa）：西滨海省、滨海省、瓦尔米亚—马祖里省、波德拉斯省、卢布斯卡省、大波兰省、库亚维—滨海省、马佐夫舍省、下西里西亚省、奥波莱省、罗兹省、圣十字省、卢布林省、西里西亚省、小波兰省和喀尔巴阡山省。各省首府分别为：什切青、格但斯克、奥尔什丁、比亚维斯托克、戈茹夫、波兹南、比得哥什、华沙、弗罗茨瓦夫、奥波莱、罗兹、凯尔采、卢布林、卡托维兹、克拉科夫和热舒夫。省下共分 380 个县（powiats）（包括 66 个拥有县的权利城市）和 2478 个公社或市镇（gminas）（见图 II－3－5）。

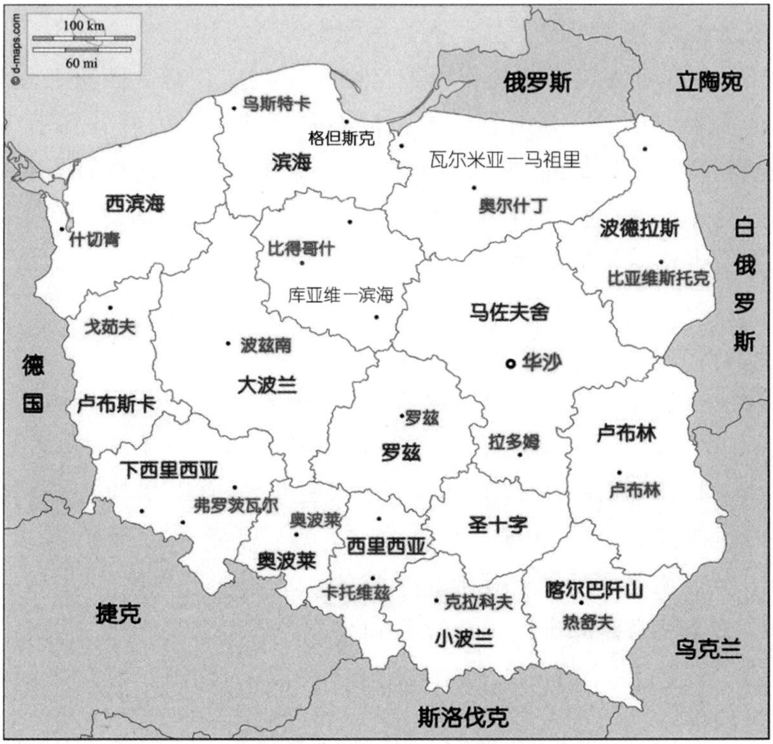

图 II－3－5　波兰各省地图

资料来源：https：//d-maps. com/carte. php？ num_ car = 18744&lang = zh。

总体而言，除了马佐夫舍和大波兰二省占地面积较大、马佐夫舍和西里西亚二省人口数量较多、西里西亚和小波兰二省的人口密度较高之外，其余各省的占地面积、人口数量和人口密度相对发展都较为均衡。

（一）占地面积

纵观全国16个省，首都华沙所在的马佐夫舍省占地面积最大，达到3.56万平方千米；其次是大波兰省，占地面积近3万平方千米；其余14个省占地面积均分布于0.94万平方千米至2.5万平方千米之间，各省面积最大相差不超过三倍，相对而言比较均衡（见表Ⅱ-3-1）。

（二）人口数量

占地面积最大的马佐夫舍省也同时拥有全波兰最多的人口数量，2017年估计值为538万人口，是全国唯一一个人口数量逾500万的特大省份。人口数量排名第二的西里西亚省，拥有人口455万，基本上可以与马佐夫舍省分庭抗礼，使波兰并未形成“单中心”的局面。随后，300万人口以上的省有大波兰省和小波兰省，人口数量分别为350万和340万，数值也不相上下。200万人口梯队的省份数量则相对较多，有下西里西亚省、罗兹省、滨海省、喀尔巴阡山省、卢布林省和库亚维—滨海省6个。最后，除开最小省奥波莱仅拥有99万人口，其余五个省均位列百万人口登记城市梯队。总体而言，整个波兰各省的人口数量分级较为均衡，各等级人口的城市数量也相对较为均衡，没有出现人口压倒性向某个特定区域偏移的情况。

（三）人口密度

地处波兰北部、接壤省或国家数量最多的西里西亚省全国人口密度最高，达到369人/平方千米；其次是小波兰省，每平方千米有223人。其余14个省的人口密度相对均衡，100—150人/平方千米的省有马佐夫舍省、下西里西亚省、罗兹省、库亚维—滨海省、喀尔巴阡山省、大波兰省、圣十字省和奥波莱省；其他5个省的人口密度分布区间为59—85/平方千米。总体而言，除开西里西亚省和小波兰省的人口密度显著高于全国其他省份，其余14个省的人口密度分布相对较为均衡，彼此之间相差最大不超过两倍。

表 II－3－1 **波兰各省份基本信息**

序号	省	首府	面积（km^2）	人口普查（2002）	人口普查（2011）	人口估计（2017）	人口密度（2017）
1	下西里西亚	弗罗茨瓦夫	19948	2907212	2915238	2902547	146
2	库亚维—滨海	比得哥什	17970	2069321	2097634	2082944	116
3	罗兹	罗兹	18219	2612890	2538677	2476315	136
4	卢布林	卢布林	25122	2199054	2175700	2126317	85
5	卢布斯卡	戈茹夫	13989	1008954	1022843	1016832	73
6	小波兰	克拉科夫	15190	3240730	3337471	3391380	223
7	马佐夫舍	华沙	35560	5124018	5268660	5384617	151
8	奥波莱	奥波莱	9412	1065043	1016213	990069	105
9	喀尔巴阡山	热舒夫	17844	2095515	2127285	2129138	119
10	波德拉斯	比亚维斯托克	20186	1208606	1202365	1184548	59
11	滨海	格但斯克	18293	2179900	2276176	2324251	127
12	西里西亚	卡托维兹	12331	4742874	4630364	4548180	369
13	圣十字	凯尔采	11708	1297477	1280727	1247732	107
14	瓦尔米亚—马祖里	奥尔什丁	24192	1428357	1452147	1433945	59
15	大波兰	波兹南	29826	3351915	3447441	3489210	117
16	西滨海	什切青	22897	1698214	1722883	1705533	74
Sum	波兰	华沙	312685	38230080	38511824	38433558	312685

资料来源：城市人口网（http：//www. citypopulation. de/Poland-Cities. html）。

二 9个重点城市规模

（一）重点城市概况

波兰9个重点城市的重要性根据其人口数量由高到低进行排序。同时，各重点城市的人口数量占其所属省总人口数的百分比均相对较高：首都华沙的城市人口数量占其所在马佐夫舍省总人口数的比重高达33%；罗兹、什切青、克拉科夫和弗罗茨瓦夫4个城市人口数量占各自所在省总人口数也分别高达28%、24%、23%和22%（见表II－3－2）。

表Ⅱ－3－2　　**波兰重点城市基本信息**

序号	重点城市	所属省	2017 人口数量（重点城市）	2017 人口数量（省）	重点城市人口数量占其所属省总人口数的百分比（%）
1	华沙	马佐夫舍	1764615	5384617	33
2	克拉科夫	小波兰	767348	3391380	23
3	罗兹	罗兹	690422	2476315	28
4	弗罗茨瓦夫	下西里西亚	638586	2902547	22
5	波兹南	大波兰	538633	3489210	15
6	格但斯克	滨海	464254	2324251	20
7	什切青	西滨海	403883	1705533	24
8	比得哥什	库亚维—滨海	352313	2082944	17
9	卢布林	卢布林	339850	2126317	16

资料来源：城市人口网（http：//www. citypopulation. de/Poland-Cities. html）。

将波兰各重点城市所在省依据其排名进行填色，排名越靠前，绿色越深，可以得到图Ⅱ－3－6。根据图像可以看出，波兰的九大重点城市，大都分布于不与邻国接壤的内陆或沿海地区。重要性排在首位的首都华沙，地处波兰中部偏东位置，不与任何邻国接壤；排名第 3 的罗兹、排名第 8 的比得哥什以及排名第 9 的卢布林所在省均与华沙所在的马佐夫舍省相邻。十分醒目的是排名第 2 的重点城市克拉科夫，与其接壤的另外四个省，不拥有一个排名前 9 的重点城市，克拉科夫所在的小波兰省有近 1/3 的边境线与邻国斯洛伐克接壤；与此同时，小波兰省的人口密度也位列全国第 2，表明克拉科夫是波兰南部的一大中心城市。此外，排名第 4 的弗罗茨瓦夫、排名第 7 的什切青分别于邻国捷克、德国接壤，排名第 9 的卢布林与白俄罗斯和乌克兰接壤。最后，滨海省和西滨海省均濒临波罗的海，其重点城市格但斯克和什切青分别排列全国第 6、第 7。

图Ⅱ-3-6　波兰9大重点城市

资料来源：（https：//d-maps. com/carte. php？ num_ car = 18744&lang = zh）。

进一步分析可以发现，9个重点城市均处在国内的交通要道上，水运、陆运均星罗棋布、十分便捷，可以有效与周边城市或国家进行沟通、交流（见图Ⅱ-3-7）。9个重点城市，除华沙位于全国中部位置之外，其他8个城市均散落分布于全国的北部、西部和南部，各城市均位于诸多交通要道的交汇处，但彼此之间鲜少有直达线路，呈现出全国各地多中心发展的现象。

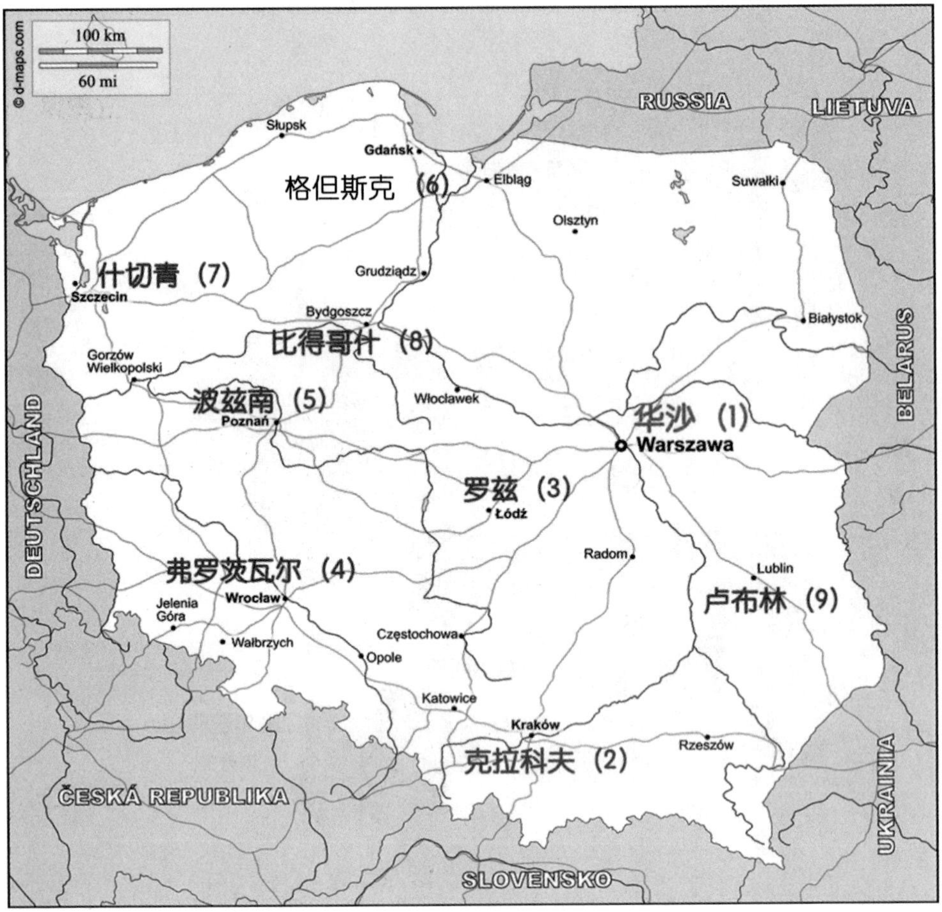

图Ⅱ-3-7　波兰9个重点城市交通

资料来源：（https：//d-maps. com/carte. php？ num_ car = 18742&lang = zh）。

（二）重点城市规模变化

考察波兰9大重点城市自1980年来的人口变化情况（表Ⅱ-3-3），可以发现：

第一，首都华沙的城市规模一直位列全国首位，且历年来不断稳定扩张，由1980年的160万人口上升至2017年的176万。剔除首位城市，观察其余8个重点城市，可见各自的城市规模变化情况各异（图Ⅱ-3-8）。

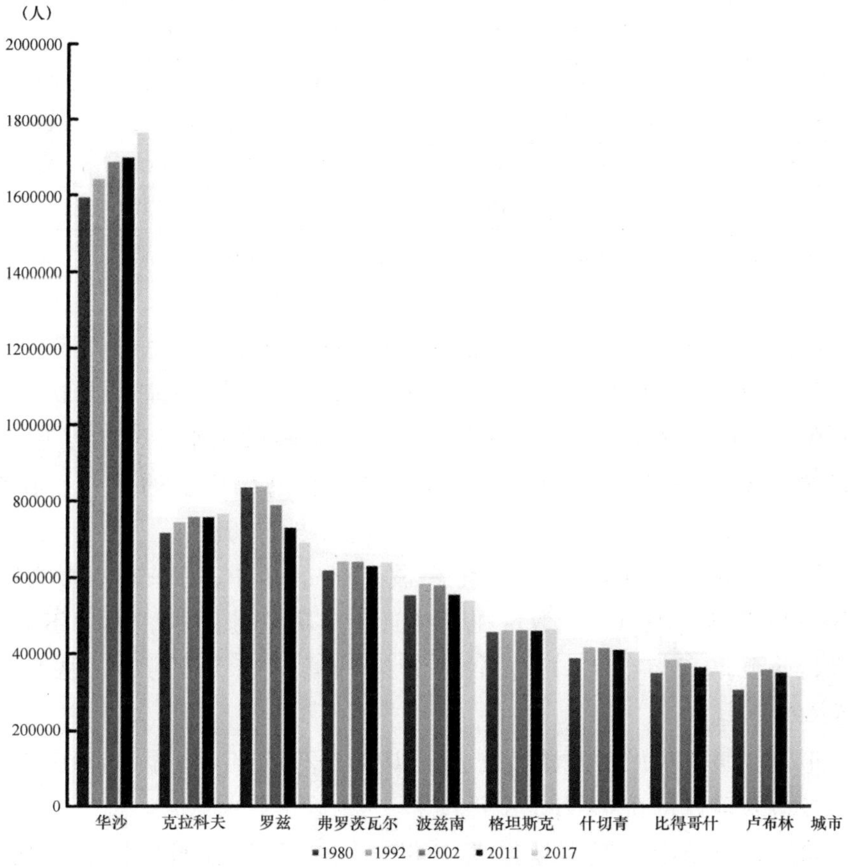

图Ⅱ-3-8　波兰各重点城市历年来人口变化情况

资料来源：笔者绘制。

表Ⅱ-3-3　　波兰重点城市主要年份人口数量

城市＼年份	1980	1992	2002	2011	2017
华沙	1596100	1644515	1689201	1700612	1764615
克拉科夫	715700	744032	758544	757611	767348
罗兹	835700	838367	789318	728892	690422
弗罗茨瓦夫	617700	640663	640367	630131	638586
波兹南	552900	582919	578886	554696	538633

续表

城市＼年份	1980	1992	2002	2011	2017
格但斯克	456700	461680	461334	460276	464254
什切青	388300	416402	415399	410131	403883
比得哥什	348600	383568	373804	363926	352313
卢布林	304400	350377	357110	349103	339850

资料来源：城市人口网（http：//www. citypopulation. de/php/poland-warsaw. php）。

第二，克拉科夫的人口数量在1980年就已突破70万，随后直至2002年的22年间，城市规模不断扩张，截至2022年，城市人口数量达到近76万；但是2002—2011年，该城市人口数量有轻微下滑，减少了近千人；2017年，克拉科夫城市规模将回升至21世纪初往上的水平，达到近77万。

第三，罗兹的城市规模变化在波兰的诸多重点城市中最具特色，1980—2017年，城市人口数量在起初近十年间变化不大，而后不断显著下降，截至2017年，人口数量较之37年前减少17个百分点，从83.6万降至69.0万。

第四，弗罗茨瓦尔的城市规模自1980—2017年于轻微波动中保持稳定，城市人口数量在63万上下浮动。

第五，波兹南的城市规模在1980—1992年，有明显扩张，城市人口数量由55.3万上升至58.3万；但随后，该城市的规模便开始不断缩减，幅度不大，但也足以观测到；截至2017年，波兹南的城市人口数量为53.9万。

第六，格但斯克的城市规模是9个重点城市之中37年间最为稳定的一个，每次统计人口数量相差不超过4000人，变化率不到1%。

第七，什切青、比得哥什和卢布林的城市规模变化情况均与波兹南类似，1980—1992年12年间，有明显扩张，城市人口数量显著上升；但随后，城市的规模便开始不断缩减，幅度不大，但也足以观测到；截至2017年，三个城市人口数量分别为40.4万、35.2万和34.0万。

值得注意的是，由于罗兹的城市规模缩减，波兰80万人口以上等级规模城市消失，70万人口以上等级规模城市也只剩克拉科夫1个；什切青、比得哥什和卢布林 3 个小城市的人口规模近年来不断缩减，什切青也面临 40 万人口失守的现象；从侧面反映出波兰的大城市人口进一步集聚，小城市规模不断缩减的现状。

第三节 华沙的经济特点

一 城市概况

华沙是波兰首都，马佐夫舍省首府，全国的政治、经济、文化中心和最大的城市，维斯瓦河穿城而过。2017 年，城市人口数量为 176.5 万，面积约 517 平方千米，是欧盟第 9 大首都城市、19 个世界一线城市之一。华沙是一个阿尔法级全球城市[①]，重要的国际旅游胜地，还是中欧和东欧最富有的首都城市之一。

华沙是欧洲最具活力的大都市之一。2017 年，华沙在“商业友好”类别中排名第四，在“人力资本和生活方式”中排名第八。[②] 同时，华沙也是世界上绿化最好的城市之一，拥有大小公园 82 座，条条大街绿茵葱葱，绿草坪和小花坛星罗棋布，整个城市掩映在绿荫花海之中；全市共有绿地面积 1.26 万公顷，约占城市总面积的 27%，人均占有 77.7 平方米，遥居世界各大城市之首，被评为中欧和东欧最宜居的城市之一。2012 年，经济学人智库的世界宜居城市排名中将华沙列为第 32 位。

华沙在第二次世界大战期间遭到德军的严重破坏，几乎被夷为平地，全城 85% 以上的建筑被毁，那些富丽堂皇的古典建筑几乎荡然无存，到处是残垣断壁，一片焦土。1945 年第二次世界大战结束后，恢复华沙老城的消息传开，流浪国外的波兰人一下子归来了 30 万。波兰政府顺应了人民恢复华沙原有古城风貌的要求，组织他们投身重建华沙，整个波兰掀起高涨的爱国热潮，人民的家园得到重建，被誉为“华沙速度”。城市的重建不仅保持了中世纪古城的风貌，还兴建了新市区，超过战前的规模和水平。在重建过程中，保护和修复历史古迹的工作受到格外重视，战前市

---

① 总部位于英国罗浮堡大学地理系的“全球化及世界城市研究网络”（GaWC）将世界级城市由高到低分为 Alpha 级、Beta 级和 Gamma 级。根据 2018 年 GaWC 的排名，华沙属于 Alpha 级城市。详见全球化及世界城市研究网络（https：//www. lboro. ac. uk/gawc/world2018t. html）。

② http：//www. msz. gov. pl/en/foreign_ policy/nato_ 2016/warsaw/.

内900多座具有历史意义的建筑物，几乎都进行了修复和整饬，那些昔日的宫殿、教堂、城堡等更显巍峨壮观。华沙老城后来作为特例，于1980年被联合国教科文组织列入《世界遗产名录》。世界遗产一般拒绝接受重建的东西，但华沙人民自发保护自己的民族文化和历史传统，为世界所有古城做出了榜样，也对欧洲的古城保护产生了重要影响。

华沙面积为517平方千米，占全国领土面积不足1.7%；但拥有176.5万人口，占全国总人口（3843.3万）的近4.6%。华沙所在省马佐夫舍，占地面积为35560平方千米，占全国领土面积约11.4%；拥有538.5万人口，占全国总人口数的14.0%。

按2017年人口密度排序，华沙的18个区分别为：Ochota、Praga-Południe、Śródmieście、Wola、Ursus、Mokotów、Żoliborz、Praga-Północ、Targówek、Bemowo、Bielany、Ursynów、Białołęka、Włochy、Rembertów、Wesoła、Wilanów和Wawer（图Ⅱ-3-9）。可以发现，人口密度较高的区主要集中在华沙中部，且占地面积都较小。人口密度排名前十的10个区中，除Ursus（5）显著远离城市中心，以及Bemowo（10）位于城市左边缘位置之外，其余8个区，呈环状聚集围绕在城市内部。人口密度排名后8位的各区，则环绕中心8个区分散在城市的边缘；其中，人口密度最低的Wawer区，占地面积最大。

将华沙的18个区按照2017年的人口密度由高到低排序，观察其自2002年以来的人口数量及其变化情况（见图Ⅱ-3-10、表Ⅱ-3-4），可以发现：15年来，人口密度较高的区，其城市人口规模大部分有所缩减，而在人口密度较低的区，城市人口规模大部分有所扩张，呈现出人口由密集的市中心向稀疏的周边区域疏散的态势。首先，在2002—2017年人口密度排名前三的Ochota、Praga-Południe和Śródmieście，三次人口统计均显示出人口数量不断减少的现象，人口密度也相应不断降低。其次，人口密度排名第4的Wola，2002—2010年8年间的人口数量显著下降，但到2017年有少许回升。再次，人口密度排名第5的Ursus较为特殊，其占地面积位列18个区倒数第二，历年来人口数量不断上升，由2002年的4.3万上升至2010年的5.3万，再到2017年的近6万人。复次，Mokotów（6）、Praga-Północ（8）和Bielany（11）三次人口统计中，区域规模的变化趋势相似，均是不断稳健缩减。最后，Żoliborz（7）、Targówek（9）、

Włochy（14）和 Rembertów（15）在 15 年间的人口变化情况均不大，基本可以忽略。此外，Bemowo（10）、Ursynów（12）、Białołęka（13）、Wesoła（16）、Wilanów（17）和 Wawer（18）这 6 个人口密度排名相对较后的区，2002 年至 2017 年 15 年间，人口数量不断上升；其中，Białołęka（13）和 Wilanów（17）的规模扩张尤其显著——Białołęka（13）的人口由 2002 年的不足 5.8 万上升至 2010 年的近 9.3 万，再到 2017 年的近 12 万，15 年间人口数量翻番；Wilanów（17）的人口由 2002 年的不足 1.4 万上升至 2010 年的近 2.2 万，再到 2017 年的近 3.8 万，15 年间人口数量增加了 173%。

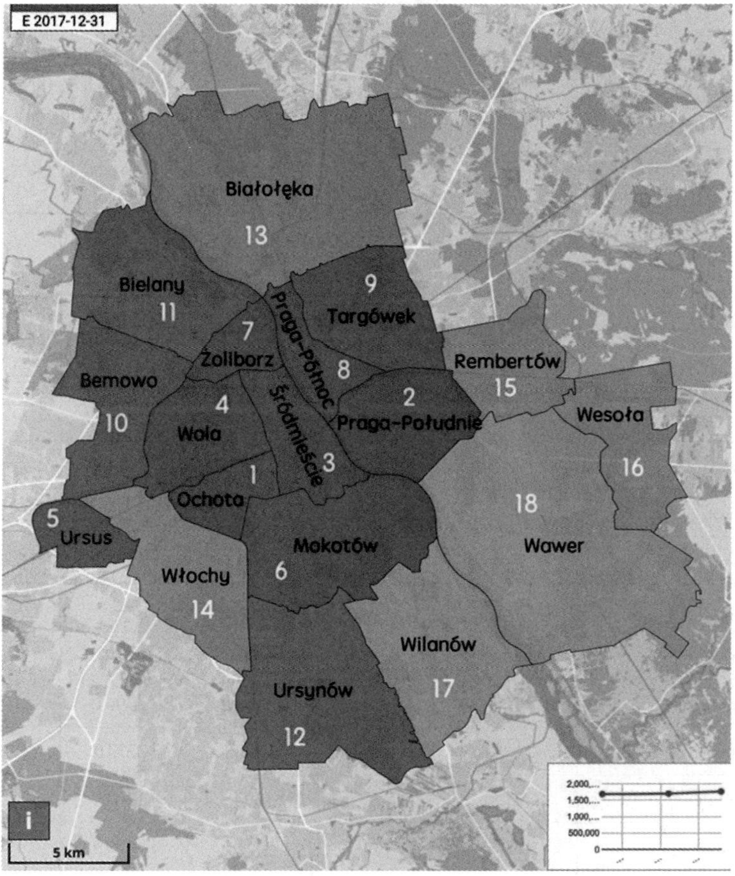

图Ⅱ-3-9　华沙各行政区

资料来源：城市人口网（http://www.citypopulation.de/php/poland-warsaw.php）。

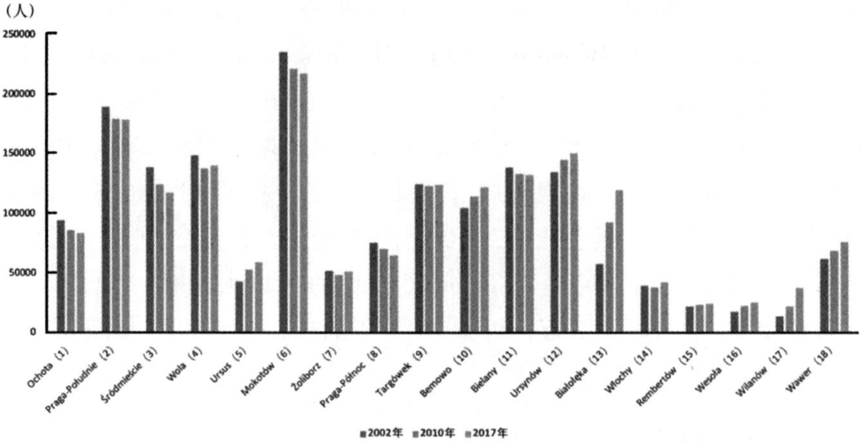

图 II-3-10 华沙各区主要年份人口变化情况（按 2017 年人口密度排序）

资料来源：笔者绘制。

表 II-3-4 **华沙各区主要年份人口数量**

序号	区名	占地面积（平方千米）	2002 年	2010 年	2017 年	人口密度（人/平方千米）
1	Ochota	29.7	94178	85488	83081	8547
2	Praga-Południe	22.4	189251	179017	178726	7986
3	Śródmieście	15.6	138299	124003	117005	7515
4	Wola	19.3	148869	137559	140111	7275
5	Ursus	29.4	42547	52837	59261	6331
6	Mokotów	35.4	235381	221211	217577	6143
7	Żoliborz	28.5	51932	48404	51441	6073
8	Praga-Północ	11.4	75348	70168	64904	5683
9	Targówek	24.4	124316	123020	123941	5117
10	Bemowo	25.0	104663	114407	122210	4898
11	Bielany	32.3	138356	132949	132026	4082
12	Ursynów	48.6	134440	144580	150273	3432
13	Białołęka	73.0	57765	92589	119374	1634

续表

序号	区名	占地面积（平方千米）	2002 年	2010 年	2017 年	人口密度（人/平方千米）
14	Włochy	28.6	39176	37872	41929	1465
15	Rembertów	19.3	21601	23101	24148	1251
16	Wesoła	22.6	17531	22356	25106	1094
17	Wilanów	36.7	13731	21851	37511	1021
18	Wawer	79.7	61817	68700	75991	954
Sum	Warszawa [Warsaw]	521.8	1689201	1700112	1764615	3412

资料来源：城市人口网（http://www.citypopulation.de/php/poland-warsaw.php）。维基百科（https://en.wikipedia.org/wiki/Warsaw）。

二　经济发展

2011 年，华沙被评为全球第 46 个最富有的城市。① 全球化与世界城市研究网络（Globalization and World Cities，GaWC）将华沙列为阿尔法级世界城市（也被称为“将经济区域与世界经济联系起来的主要全球城市”），与悉尼、伊斯坦布尔、阿姆斯特丹和首尔等城市位列同一等级。

华沙国民收入占据波兰国民收入的 12%，2008 年，达到波兰人均收入的 305.1%（欧盟平均水平的 160%）。② 2010 年，华沙 GDP 达 1917.66 亿波兰兹罗提，人均 111696 波兰兹罗提，占波兰平均水平的 301.1%。2014 年，华沙的人均 GDP 为 131000 兹罗提（约合 30800 欧元或 36000 美元）。③ 华沙在外国投资方面领先东中欧，2006 年，国内生产总值增长达到预期，达到 6.1% 的水平。④ 同时，华沙也是 GDP 增长最快的经济体之一。与此同时，华沙是波兰失业率最低的城市之一，2015 年 2 月约为 4%。⑤

---

① 维基百科（https://en.wikipedia.org/wiki/Warsaw#Economy）。

② https://www.um.warszawa.pl/sites/default/files/budzet/raport/en/AR-2009web.pdf.

③ https://www.ceicdata.com/en/poland/esa-2010-gdp-by-region-per-capita/gdp-per-capita-warsa.

④ http://www.pmrconsulting.com/consulting-poland.

⑤ https://web.archive.org/web/20150906134335/http://warszawa.stat.gov.pl/en/zakladka2/.

（一）总量与增速变化

2010年以来，华沙的GDP逐年稳定增长，2010年，该市的GDP为187565百万兹罗提；2014年，该数值上升至226356百万兹罗提，4年间，年均增幅高达5.2%；2015年GDP增幅为3.2%，较之前四年有明显下降，较之上一年GDP增加7274百万兹罗提。

表 II－3－5　　**华沙主要年份** GDP

1 (218). **PRODUKT KRAJOWY BRUTTO (ceny bieżące)**
GROSS DOMESTIC PRODUCT (current prices) GDP

LATA *YEARS*	W mln zł *In mln zl*	Lokata *Position*	Województwo = 100 *Voivodship = 100*	Polska = 100 *Poland = 100*	Rok poprzedni = 100 *Previous year = 100*
2010	百万兹罗提 187565	1	59,8	13,0	.
2014	226356	1	59,3	13,2	103,7
2015	233630	1	58,6	13,0	103,2

2 (219). **PRODUKT KRAJOWY BRUTTO NA 1 MIESZKAŃCA (ceny bieżące)**
GROSS DOMESTIC PRODUCT PER CAPITA (current prices) 人均GDP

LATA *YEARS*	W zł *In zl* 兹罗提	Lokata *Position*	Województwo = 100 *Voivodship = 100*	Polska = 100 *Poland = 100*	Rok poprzedni = 100 *Previous year = 100*
2010	110555	1	185,3	294,6	.
2014	130908	1	182,7	292,9	103,1
2015	134302	1	179,8	287,0	102,6

资料来源：《华沙统计年鉴》（2017）（https：//warszawa. stat. gov. pl/en/publications/statistical-yearbooks/statistical-yearbook-of-warsaw-2017，3，16. html）。

（二）人均GDP变化

2010—2015年，华沙的人均GDP不断上升，2010—2014年，该值增加了2万兹罗提；2015年，华沙的人均GDP数值较之上年增加3394兹罗提，增速约2.6%，情况与GDP类似，也是涨势不如过去四年显著（表II－3－5下部分）。

进一步将华沙、马佐夫舍省和波兰主要年份的人均GDP进行比较分析，可以发现：历年来，较之波兰平均水平，马佐夫舍省的人均 GDP 要显著高出其 1/3 左右；与此同时，首都华沙的人均 GDP 又要高出马佐夫舍省近一倍的水平。显而易见，华沙作为波兰首都，承担着作为全国经济和金融中心的地位，人均 GDP 逐年稳健增长且远高于马佐夫舍省以及波兰平均水平（见图 II－3－11）。

放眼全国 16 个省份，马佐夫舍省的人均 GDP 遥遥领先，位居第一，且高出排名第二的下西里西亚省逾四成，更是排名最后的卢布斯卡省的一倍有余，显示出其雄厚的经济实力。将波兰按区域划分，可以看出，首都华沙的人均 GDP 较其他区域更加突出，基本上历年来均是其他区域的 2—3 倍；但是，相比十余年前的 2002 年，2015 年波兰各区的人均 GDP 涨幅不太显著（图 II－3－12）。

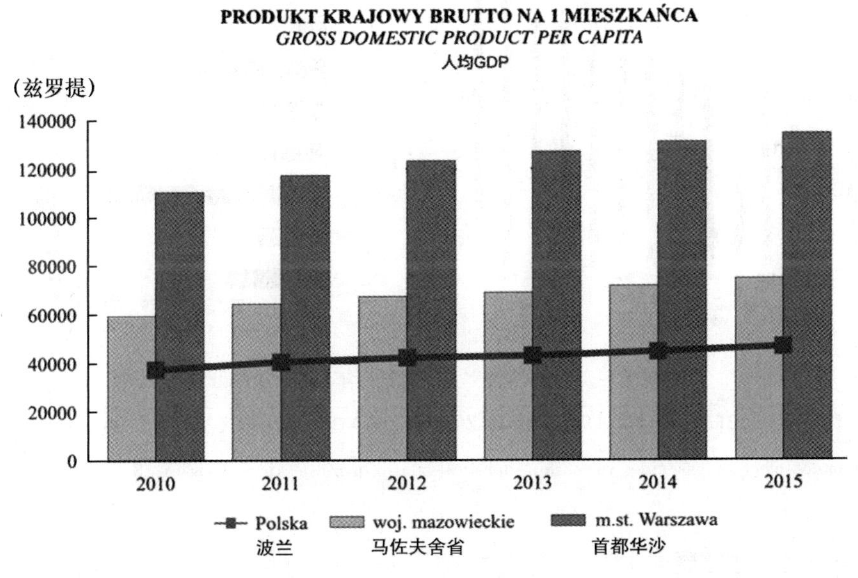

图 II－3－11　华沙、马佐夫舍省和波兰全国主要年份人均 GDP

资料来源：《华沙统计年鉴》（2017）（https：//warszawa. stat. gov. pl/en/publications/statistical-yearbooks/statistical-yearbook-of-warsaw-2017，3，16. html）。

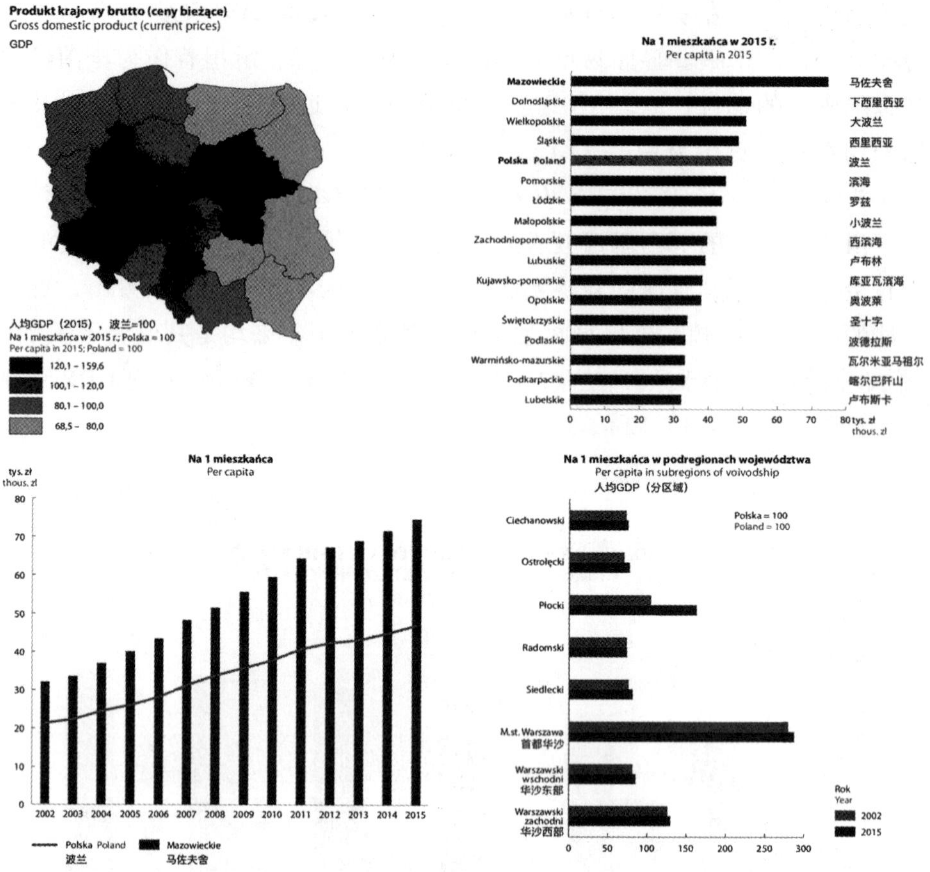

图Ⅱ-3-12　波兰各省主要年份人均GDP

资料来源：STATISTICAL ATLAS OF MAZOWIECKIE VOIVODSHIP（2018）（https：//stat. gov. pl/en/topics/other-studies/cities-voivodship/statistical-atlas-of-mazowieckie-voivodship，8，1. html）。

三　产业发展

（一）产业结构

在第二次世界大战后的重建期间，波兰政府决定将华沙变成一个重要的工业中心。于是在城市内部及周围建造了许多大型工厂。最大的是Huta Warszawa Steel Works、FSO汽车工厂和“Ursus”拖拉机工厂。

随着计划经济的恶化，这些工厂失去了意义，大多数在1989年后破产。如今，安赛乐华沙钢铁厂（原 Huta Warszawa Steel Works）是唯一一个剩下的主要工厂。FSO 汽车厂成立于 1951 年，几十年来，组装了许多车辆，包括 Warszawa、Syrena、菲亚特（Fiat）125p（后更名为 FSO 125p）和 Polonez；1995 年，该工厂被韩国汽车制造商 Daewoo 收购；2005 年，工厂被出售给乌克兰汽车制造商 AvtoZAZ；目前该公司已经不复存在。“Ursus”工厂于 1893 年开业，目前仍在运营；纵观其历史，曾组装生产各种机械装置，包括摩托车、军用车辆、卡车和公共汽车；但自第二次世界大战以来，该工厂仅生产拖拉机。

历年来，华沙的国有企业的数量持续减少，外资运营的公司数量逐渐增加，反映了现代市场经济的持续转变。华沙是波兰电子和高科技产业最集中之地，不断增长的消费市场也完美地促进了食品加工业的发展。

如本书第一篇第五章“产业结构研究”所述，2017 年波兰的第一产业、第二产业和第三产业产值占比分别为 2.36%、34.50% 和 63.14%。据波兰投资贸易局 2017 年 8 月发布数据，筛选出总部位于华沙的 48 家主要公司名单如表 II-3-6 所示，将主要公司按照三次产业结构进行分类，可以发现其与全国水平趋同。

表 II-3-6 **总部位于华沙的公司**

序号	公司		部门	行业
1	雀巢公司	Nestle S. A.	BPO	制造业
2	宝洁国际	Procter & Gamble International	BPO	
3	缔约伊莱克斯	Electrolux Contracting AB	电子	
4	西门子股份公司	Siemens AG	电子	
5	惠而浦欧洲	Whirlpool Europe Srl	电子	
6	苏威	Solvay	化学	
7	欧瑞莲	Oriflame	化妆品	
8	奥的斯电梯公司	Otis Elevator Company	化妆品	
9	雅芳国际	AVON International Operations INC.	化妆品	
10	蒂森克虏伯电梯	ThyssenKrupp Elevator Sp. z o. o	机械	
11	邦迪埃勒	Bonduelle	食品	
12	嘉士伯啤酒厂	Carlsberg Breweries A/S	食品	

续表

序号	公司		部门	行业
13	可口可乐	Coca-Cola	食品	
14	百事可乐	Pepsi. Co.	食品	
15	罗尼莫马丁斯控股	Jeronimo Martins Holding	食品	
16	美敦力集团	Medtronic Group	医疗	
17	罗氏	Grupa Roche	医药	
18	诺华公司	Novartis AG	医药	
19	辉瑞公司	Pfizer Inc	医药	
20	S. A. S 制药	Pharma S. A. S	医药	
21	赛诺菲	Sanofi S. A	医药	
22	谷歌国际	Google International Llc	IT/ICT	信息传输、软件和信息技术服务业
23	华为技术有限公司	Huawei Technologies Co. Ltd.	IT/ICT	
24	自由环球公司	Liberty Global, Inc.	IT/ICT	
25	莱博智	Lionbridge	IT/ICT	
26	微软公司	Microsoft Corporation	IT/ICT	
27	摩托罗拉公司	Motorola Inc.	IT/ICT	
28	甲骨文公司	Oracle Corporation	IT/ICT	
29	三星电子有限公司	Samsung Electronics Co. Ltd.	IT/ICT	
30	赛仕软件	Sas Institute Inc.	IT/ICT	
31	塔塔咨询服务有限公司	Tata Consultancy Services Limited	IT/ICT	
32	安联公司	Allianz AG	BPO	金融业
33	安盛	AXA	BPO	
34	法国巴黎银行	BNP Paribas	BPO	
35	德勤中欧	Deloitte Central Europe Holdings Limited	BPO	
36	瀚纳仕	Hays	BPO	
37	ING 集团	ING Group NV	BPO	
38	Kulczyk 投资	Kulczyk Investment BV	BPO	
39	普华永道	PwC	BPO	
40	奥地利奥合国际银行	Raiffeisen Zentralbank Osterreich AG	BPO	

续表

序号	公司		部门	行业
41	利乐国际	Tetra Pak International S. A.	包装	交通运输、仓储和邮政业
42	空客军机	Airbus Military	航空	
43	庞巴迪公司	Bombardier Inc.	航空	
44	德国邮政公司	Deutsche Post A. G.	后勤	
45	Rhenus 集团	Rhenus Group	后勤	
46	斯堪斯卡卡夫 AB	Skanska Kraft AB	建筑	建筑业
47	SA 永得宁	Onduline S. A.	建筑	
48	乐天	Lotte	食品	批发和零售业

资料来源：波兰投资贸易局，2017 年 8 月（https：//www. paih. gov. pl/files/？ id_ plik = 11992），《中华人民共和国国家标准——国民经济行业分类》（2017 年 10 月 1 日实施）（http：//www. stats. gov. cn/tjsj/tjbz/hyflbz/201710/P020180720514280616704. pdf）。

（二）优势产业

将 2017 年 8 月波兰投资贸易局公布的总部位于华沙的各公司根据《中华人民共和国国家标准——国民经济行业分类》进行分类，可将 48 家企业分属到制造业，信息传输、软件和信息技术服务业，金融业，交通运输、仓储和邮政业，建筑业以及批发和零售业 6 个行业中，各行业拥有公司数量分别为 21 家、10 家、9 家、5 家、2 家和 1 家，占比分别为 44%、21%、19%、10%、4% 和 2%。可以看出，华沙的优势产业为制造业，信息传输、软件和信息技术服务业和金融业（见图 II－3－13 上）。

进一步观察 48 家企业所归属的部门，可以发现，业务流程外包（Business Process Outsourcing，BPO）、信息技术/信息与通信技术（Information Technology/Information Communications Technology，IT/ICT）和食品等部门是华沙重点企业归属的三大类部门。BPO 公司数量达到 11 家，占所有公司比重近两成，印证了前文“国有企业的数量持续减少，外资运营的公司数量逐渐增加，反映了现代市场经济的持续转变”现象。IT/ICT 公司数量与 BPO 公司数量相当，占比也高达 18%，显示出华沙作为波兰电子和高科技产业最集中之地的地位。食品部门包含 6 家公司，占所有公司比重逾一成，反映出极富消费需求的首都食品行业的重要性。与食品部门旗鼓相当的是医药部门，二者的公司数量和占比均相同。随后，电子、航空等高科技部门也纷纷落户首都华沙，为其注入源源不断的活力与生气（图Ⅱ－3－13下）。

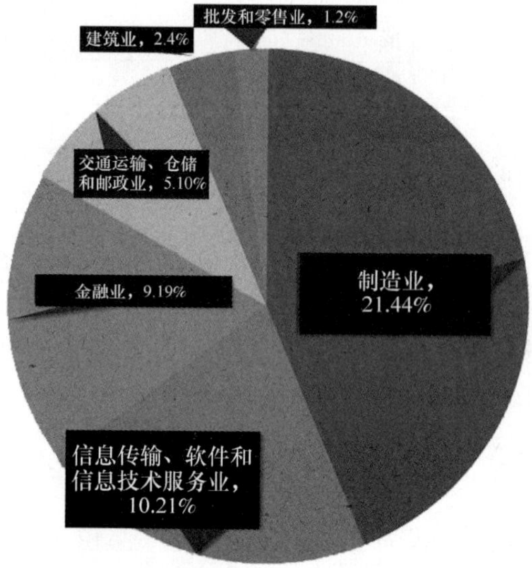

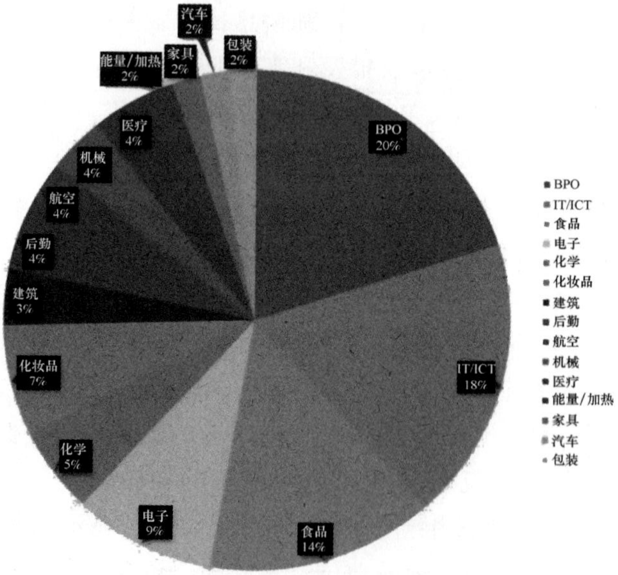

图Ⅱ－3－13　华沙各公司所属行业分布情况及部门分类情况

资料来源：笔者绘制。

第四节　格但斯克的经济特点

一　城市概况

格但斯克是滨海省省会，也是波兰北部沿海地区的最大城市和最重要的海港。自古以来，格但斯克一直是波罗的海沿岸地区重要的航运与贸易中心，其利用自身区位优势，始终保持着波兰重要的航运与工业中心的地位。目前，格但斯克拥有46.4万人口，占地面积约262平方千米，人口密度为1772人/平方千米（2017年）；其与附近的格丁尼亚和索波特联合组成三联市都会区，人口总数逾百万；是波兰第四大都市区的中心。①

格但斯克在欧洲的政治、军事与外交史上，历来属于最受关注的城市之一。600多年来，一直是日耳曼和斯拉夫两大民族之间反复争夺的主要焦点。在18世纪华沙快速发展之前，它被认为是波兰最富有和最大的城市。第二次世界大战后，根据美英苏三强签订的《雅尔塔协定》，欧洲各国版图被重新划分，格但斯克结束了以德意志新教徒为主要居民的局面，几乎完全换了一批新市民，变成一个波兰化城市。

（一）人口变化情况

根据城市人口网站及维基百科的2018数据，比较格但斯克、华沙及全国主要年份的人口数量可以看出，自1980年以来的37年间，格但斯克的城市人口及其占全波兰城市人口的比重变化均不大；与此同时，首都华沙的城市人口不断稳健上升，但其占全国总人口比重历年来有些许波动，但也变化不大，基本稳定在占比4.4%左右的水平上（见表Ⅱ-3-7、图Ⅱ-3-14）。

表Ⅱ-3-7　　格但斯克、华沙及全国主要年份的人口数量

城市＼年份	1980	1992	2002	2011	2017
格但斯克	456700	461680	461334	460276	464254

① 维基百科（https：//en. wikipedia. org/wiki/Tricity，_ Poland），Ruggedised（http：//www. ruggedised. eu/cities/gdansk/）。

续表

城市 \ 年份	1980	1992	2002	2011	2017
华沙	1596100	1644515	1689201	1700612	1764615
波兰	35578000	38365000	38230080	38511824	38433558

资料来源：城市人口网（http：//www. citypopulation. de/php/poland-pomorskie. php? cityid = 2261011），维基百科（2018）。

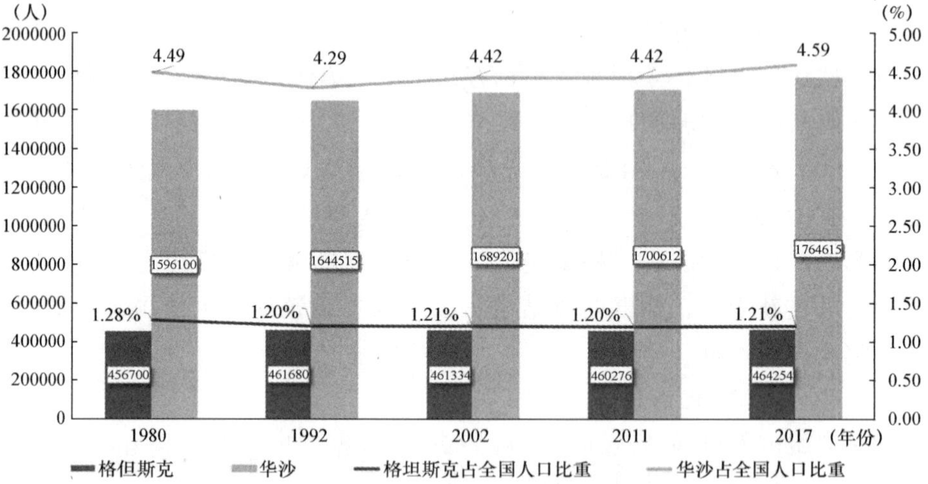

图Ⅱ－3－14 格但斯克、华沙历年人口数量及占比变化情况

资料来源：笔者绘制。

（二）人口性别及年龄结构

观察2017年格但斯克的人口数据（见图Ⅱ－3－15），可以发现，城市中的女性比男性多5.2个百分点，性别结构轻微失衡；劳动年龄人口（15—64岁）占比高达65.5%，老年人口（65岁以上）占比近总人口的两成，但青少年人口（0—14岁）数量较少。总体而言，社会抚养负担较轻，但整座城市的人口老龄化现象严重，活力不足；人口金字塔呈现出缩减态势，预示着将来格但斯克的青少年人口占比还将不断下降。

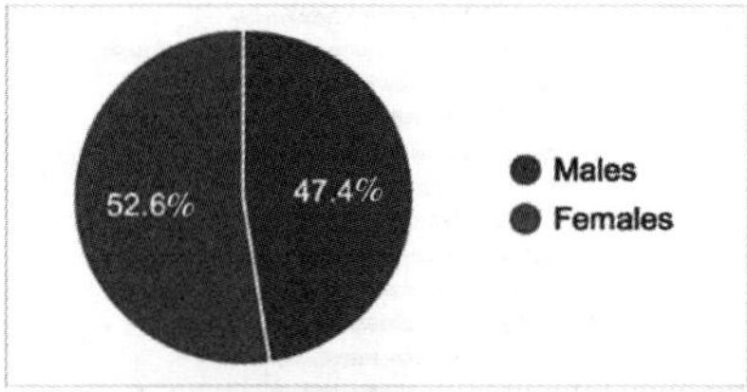

Gender (E 2017)	
Males	220,167
Females	244,087

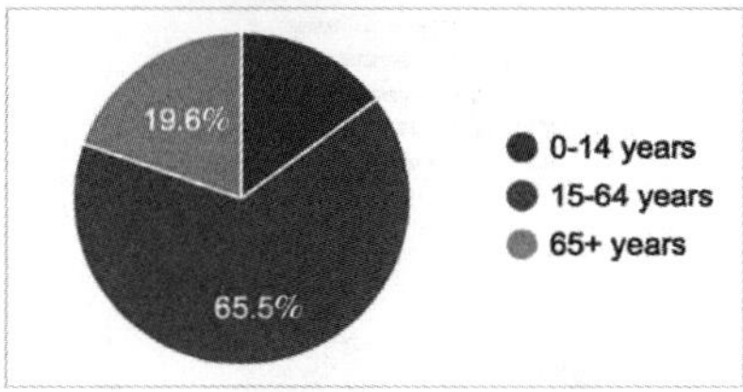

Age Groups (E 2017)	
0-14 years	68,740
15-64 years	304,314
65+ years	91,200

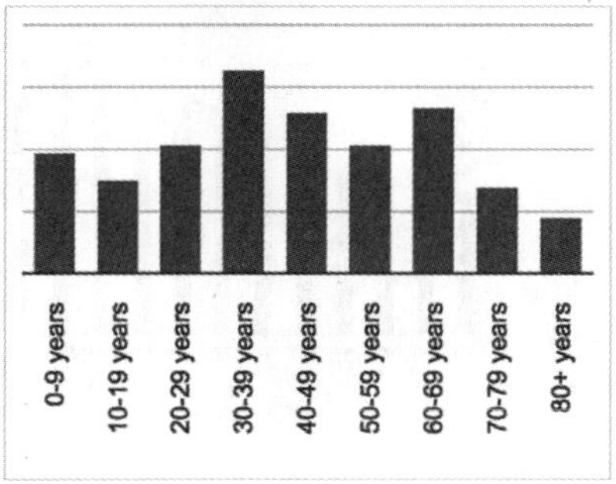

Age Distribution (E 2017)	
0-9 years	48,853
10-19 years	37,770
20-29 years	51,910
30-39 years	82,354
40-49 years	65,496
50-59 years	52,208
60-69 years	66,905
70-79 years	35,280
80+ years	23,478

图 II－3－15　2017 年格但斯克人口数据分析

资料来源：城市人口网（http://www.citypopulation.de/php/poland-pomorskie.php? cityid = 2261011）。

二　经济发展

格但斯克所在的滨海省的 GDP 在全国范围内并不突出，位列中后水平（见图 II－3－16 左上）；其人均 GDP 在全国范围内处于中上水平，与全国平均水平相差不大，但略微低于全国平均水平（见图 II－3－16 右上、右下）。将格但斯克市与滨海省其他城市相比较可以发现，相较于 2002 年，2015 年各城市的人均 GDP 变化不大，但是除格但斯克的人均 GDP 在十余年间有正向增长之外，其他四个城市的人均 GDP 均呈现出一定程度的负增长（见图 II－3－16 左下）。

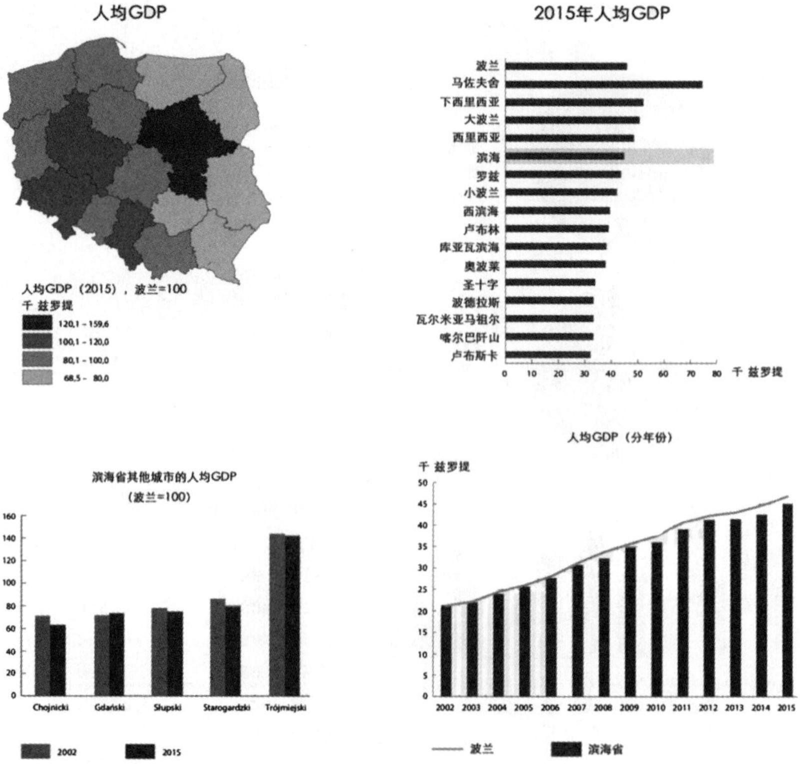

图 II－3－16　滨海省主要年份 GDP、人均 GDP

资料来源：STATISTICAL ATLAS OF POMORSKIE VOIVODSHIP（2018）。

三　产业发展

（一）产业结构

格但斯克的主要工业部门是造船、石化和化学工业、食品加工等。电子、电信、IT 工程、化妆品和药品等高科技行业的份额也在不断上升。琥珀加工也是当地经济的重要组成部分，因为世界上大多数的琥珀矿床位于波罗的海沿岸。包括格但斯克在内的滨海省是夏季旅游的主要目的地，数百万波兰人和其他欧洲游客涌向波罗的海沿岸的海滩。格但斯克的主要公司名单见表 II－3－8：

表 II－3－8　格但斯克的主要公司

序号	公司名称	所属行业	序号	公司名称	所属行业
1	Acxiom	IT	29	Remontowa 造船	造船
2	英特尔	IT	30	马士基航运公司	服务和接送服务
3	IBM	IT	31	嘉能可	原料
4	IVONA	IT	32	MOL 欧洲	运输
5	FINEOS	IT	33	Transcom WorldWide	业务处理外包
6	Kainos	IT	34	雷格斯	业务支持服务
7	汉莎系统	IT	35	Llentabhallen	钢铁
8	Jeppesen	IT	36	Cognor	钢铁
9	Compuware	IT	37	蒂森克虏伯	钢铁
10	Schibsted	IT	38	ElektrociepłownieWybrzeże	能量
11	EPAM 系统	IT	39	Orlen Morena	能量
12	Playsoft	IT	40	Grupa Lotos	能源
13	Comarch	IT	41	Petrobaltic	能源
14	Wirtualna Polska	互联网	42	德尔福	汽车零部件
15	银行 BPH	金融	43	Metsä Group	森林工业
16	Meritum Bank	金融	44	Arla Foods	食品加工
17	Masterlease	金融	45	Oetker 博士	食品加工
18	VB 租赁	金融	46	Flügger	涂料制造
19	TF 银行	金融	47	惠好公司	纤维制造
20	拜耳共享服务中心	金融	48	Staples Advantage	办公产品
21	第一数据	金融	49	Energa Trading	电能和热能
22	德勤	金融	50	能力呼叫中心	呼叫中心
23	毕马威	金融	51	LPP	零售
24	ESO 审计	金融	52	高清重型	零售
25	PwC	金融	53	Esotiq&Henderson	零售
26	克里斯特	造船	54	Jysk	零售
27	GdańskaStoczniaRemontowa	造船	55	Dresser Wayne	零售加油系统
28	格但斯克造船厂	造船	56	凯米拉	化学

续表

序号	公司名称	所属行业	序号	公司名称	所属行业
57	Fosfory Ciech	化学	63	Skanska	建筑
58	拜耳	化学和制药	64	OIE 支持	教育
59	Ziaja	化妆品和美容	65	科尔曼研究	科研
60	Polnord Energobudowa	建筑	66	汤森路透	媒体
61	Hydrobudowa	建筑	67	芒果媒体	媒体
62	Stabilator	建筑	68	BreakThru Films	动画电影制片厂

资料来源：维基百科（2018）（https：//en. wikipedia. org/wiki/Warsaw）。

观察位于格但斯克的主要公司名单，可以发现，金融和 IT 行业的公司占据了公司总数的半壁江山；随后是依托其区位优势发展良好的造船业及其衍生行业如运输、服务和接送服务等。此外，格但斯克的其他制造业相对而言也十分发达，拥有诸多钢铁、能源、化工等行业以及诸多制造公司。

（二）优势产业

较之其他内陆城市不同，格但斯克作为一座海滨城市，其主要产业为港口和港口工业（包括造船业）。

格但斯克港务局的管理区域包括内部港口和外部港口。内港位于 Martwa Wisła 区，港口海峡和 Kaszuby 运河沿岸，除了专业基地和码头（包括滚装车）和通用港口码头外，还有一个基地和客运渡轮码头。Nowy Port 地区的内部港口的一部分具有自由海关区域（WOC）的状态。外港（北港）是一个深水港，码头突出到格但斯克湾水域，那里有现代化的大型货物基地，主要是能源和集装箱。在格但斯克港务局（SA）管理的地区经营的企业进行转运：常规普通货物，化肥，锯材，钢铁产品，液体和颗粒状硫黄，磷酸盐，盐和苏打，液体燃料，液化石油气液体，干散货（谷物，矿石，煤炭），南部水果和集装箱装载。

港口工业主要由造船业、石油天然气和化学工业组成。

格但斯克的第一个造船厂为 Remontowa Shipbuilting SA 造船厂，其属于 Remontowa Holding SA 资本集团旗下的领先公司之一。Grupa Remontowa Holding SA 连续两年（2014 年、2015 年）利润创历史最高，达到 25 亿兹罗提，其控股的年度销售额超过 20 亿兹罗提，雇用超过 8000 名员工。2015 年，格但斯克造船厂集团旗下的 GSG 塔楼生产了 90 个风塔，成为世界上五大风塔制造商之一；截至 2015 年年中，GSG 塔楼雇用了约 1000 名员工。此外，格但斯克的船舶维修行业也蓬勃发展。

格但斯克港口和工业园区还包括：港口行政边界以外的炼油厂和属于 Lotos SA Capital Group 的 Petrobaltic 基地（公司雇用约 5000 人），它是中欧最现代化的石化工厂之一，同时也是滨海省最大的企业、波兰加工贸易的第二大企业。作为 2011 年完成的“10 +”计划的一部分，其现代化引入了许多新的技术先进的装置。在规模和价值方面，它是 2000—2010 年波兰经济中实施的最大规模的承诺。炼油厂运营 Pomorski 石油管道（从 Przyjaźń 管道供应俄罗斯石油）和北部港口的液体燃料转运码头，包括原油交付和产品出口。近年来，在所谓的燃料中心已经完成了大量投资，现在正在实施以下目标：在炼油厂和焦炭塔建造五个储罐，在 Górki Zachodnie 扩建 PERN 处理基地两个新的油罐与 Naftoport 的转运站一起，在 MartwaWisła（Grupa LOTOS SA）实施海运转运码头石油产品。计划将在 Wisłoujście 地区建造新的 PERN 水库。

旅游业也是格但斯克经济的主要分支之一，因为沿海地区拥有丰富的文化遗产和自然及休闲价值。格但斯克作为波兰最古老的城市之一，拥有一千多年的历史，每年都有吸引世界各地游客前往参观的历史性建筑及景点。

丰富的文化活动、商务旅游，以及城市、国家乃至国际级别的诸多周期性活动（会议、体育赛事、音乐会、展览等），促使格但斯克成为一座全年不休的旅游城市。

第五节　华沙和格但斯克的区域影响

一　华沙的区域影响

（一）城市定位

《华沙 2030 战略》（*Strategiawarszawa 2030*）定义了华沙城市发展的三大愿景。第一，居民活跃。华沙作为居民的栖息地，鼓励大家追寻各自的道路、发展各自的兴趣、追求各自的梦想以及职业抱负，进而一同参与城市的建设并拥有对城市的责任感。第二，友好之城。华沙是一个让每个人都宾至如归的自由而安全的城市。华沙拥有丰富的空间——源于传统与现代的巧妙结合，城市与自然环境精细统一；还具备大都市区的优越地理位置，足以确保居民生活的舒适度及其行动的便捷性。第三，开放之都。华沙是一个开放的世界之城，不断带给人新的刺激和挑战；城市的多样性和合作精神，促使其成为创意产生和发展的完美场所；华沙还是欧洲大都市网络的重要节点。[①]

在三大愿景的指导下，《华沙 2030 战略》还制定了城市发展的 4 个战略目标（责任社区、舒适之地、功能空间和创造性环境）及其细分项目下的 13 个实施目标（关心彼此、共同决定城市发展、各式可用公寓、在家的附近愉快度过闲暇时光、在家的附近提供各种服务、经济友好型发展、富有吸引力的公共空间、居住在干净的自然环境、友好的交通运输系统、发展创意潜能、激发创新活力、吸引人才和领导者、激活世界想象等）（见图 II－3－17）。

（二）城市排名及连通状况

2010 年以来，华沙在 GaWC 的排名在稳定中不断上升，2010 年位列阿尔法—列队第 9 位；2012 年，保持该排名不变；在最近的 2016 年数据中，华沙排名飞跃性上升 18 名，排列至阿尔法梯队的第 9 位。在全球城市指数（Global Cities Index）排名中，2014 年以来，华沙的排名在波动中有所上升，从 2014 年的第 60 名，到 2016 年的第 55 名，再到 2018 年的

---

① *Strategia Warszawa 2030*（http：//2030. um. warszawa. pl/wp-content/uploads/2018/06/Strategia-Warszawa2030-final. pdf）

第 54 名。最后，在城市生活质量排名（Quality of Living Rankings）中，华沙历年来名次保持稳定，基本维持在全球 80 名左右。

图Ⅱ-3-17 华沙 2030 战略——4 个战略目标和 13 个实施目标

资料来源：《华沙 2030 战略》（http：//2030. um. warszawa. pl/wp-content/uploads/2018/06/Strategia-Warszawa2030-final. pdf）。

将华沙的数据与同期中国北京和上海的排名相比较，可以发现，在 GaWC 排名上，华沙明显落后于北京和上海，但是近年来与后二者的差距在逐渐缩小；在全球城市指数排名上，华沙远远落后于北京和上海；但是在城市生活质量排名上，华沙明显位列北京和上海之前，不过同欧洲其他国家比较，位列欧洲靠后位置。

表Ⅱ-3-9　　全球视野下的华沙

指标	城市	2010	2011	2012	2013	2014	2015	2016	2017	2018
GaWC	华沙	Alpha-(9)①	—	Alpha-(9)②	—	—	—	Alpha(9)③	—	—
	北京	Alpha(2)	—	Alpha+(6)	—	—	—	Alpha+(4)	—	—
	上海	Alpha+(5)	—	Alpha+(4)	—	—	—	Alpha+(7)	—	—
全球城市指数④	华沙	—	—	—	—	60	61	55	58	54
	北京	—	—	14	—	8	9	9	9	9
	上海	—	—	21	—	18	21	20	19	19
城市生活质量排名⑤	华沙	—	84	84	—	—	79⑥			82
	北京	—	—	—	—	—	118	118	119	119
	上海	—	—	—	—	—	101	101	102	103

资料来源：GaWC、全球城市指数、城市生活质量排名。

华沙是全国的交通中心，也是欧洲公路铁路交通网的枢纽之一，还是波兰主要的航空港。华沙的轨道交通包括公交、有轨电车、地铁、轻轨、城市铁路、区域铁路和自行车共享系统。近年来，在外国投资、经济增长和欧盟资金增加的情况下，华沙的基础设施建设得到了很大改善，新的道路、高架、桥梁等使得整座城市焕然一新。

1. 公路

华沙缺乏完整的环形公路系统，大部分交通都直接通过市中心，导致其拥堵状况位居欧洲第11位，全球第42位。华沙环形公路计划由三条高

① GaWC（http://www.lboro.ac.uk/gawc/world2010t.html）.

② GaWC（http://www.lboro.ac.uk/gawc/world2012t.html）.

③ GaWC（http://www.lboro.ac.uk/gawc/world2016t.html）.

④ 全球城市指数（https://www.atkearney.com/documents/20152/1136372/2018+Global+Cities+Report.pdf/21839da3-223b-8cec-a8d2-408285d4bb7c）。

⑤ 城市生活质量排名（https://mobilityexchange.mercer.com/Insights/quality-of-living-rankings）。

⑥《全球城市生活质量排名，北上广排在100位后》，新浪财经（http://finance.sina.com.cn/china/20150304/161621643825.shtml）。

速公路组成：S2（南），S8（西北）和S17（东）。目前，S8和S2部分开放，S2将于2020年建成。由于从华沙向西延伸的A2高速公路于2012年6月开放，该市现在与罗兹、波兹南以及柏林（德国）有直通高速公路。

2. 空运

华沙有两个国际机场：华沙肖邦机场，距离市中心仅10千米；华沙—莫德林机场，位于北部35千米，于2012年7月开放。华沙肖邦国际机场为一座军民两用机场，也是波兰最繁忙的机场。波兰航空公司有飞机70架，同38个国家、91个城市有定期航班，国际航线131条，总长度为19.6万千米；客运量717万人次，货运量4.1万吨。据统计，2017年，华沙弗雷德里克肖邦机场日均国际国内航班近百次，全年运载乘客量高达1550万人次，是波兰和中东欧最大的机场，被称为“中欧最重要和最大的机场”。

3. 铁路

区域铁路和轻轨由波兰国家铁路公司（PKP）运营。一些郊区公交线路也由私人运营商运营。巴士服务覆盖整座城市，华沙共有约170条路线，约1600辆车，运营里程总长约2603千米。

4. 电车

目前，华沙电车公司在超过240千米的轨道上运行863辆汽车。二十多条线路穿过城市，特殊场合（如万圣节）还开设有额外线路。

5. 地铁

华沙地铁的最早于1995年开放，最初共有11个车站；如今扩建至21个站点，运行距离约为23千米。最初，所有列车都是俄罗斯建造的。1998年，向阿尔斯通订购了108辆新车。东西走向的第二条线路约31千米，中央区长6千米，有7个车站，于2015年3月8日开放。

6. 铁路

华沙的主要火车站是华沙中央火车站，几乎位波兰的每个主要城市提供国内交通服务，并提供国际连接。还有其他五个主要火车站和一些较小的郊区站。[①]

---

① 维基百科（2018）（https：//en. wikipedia. org/wiki/Warsaw）。

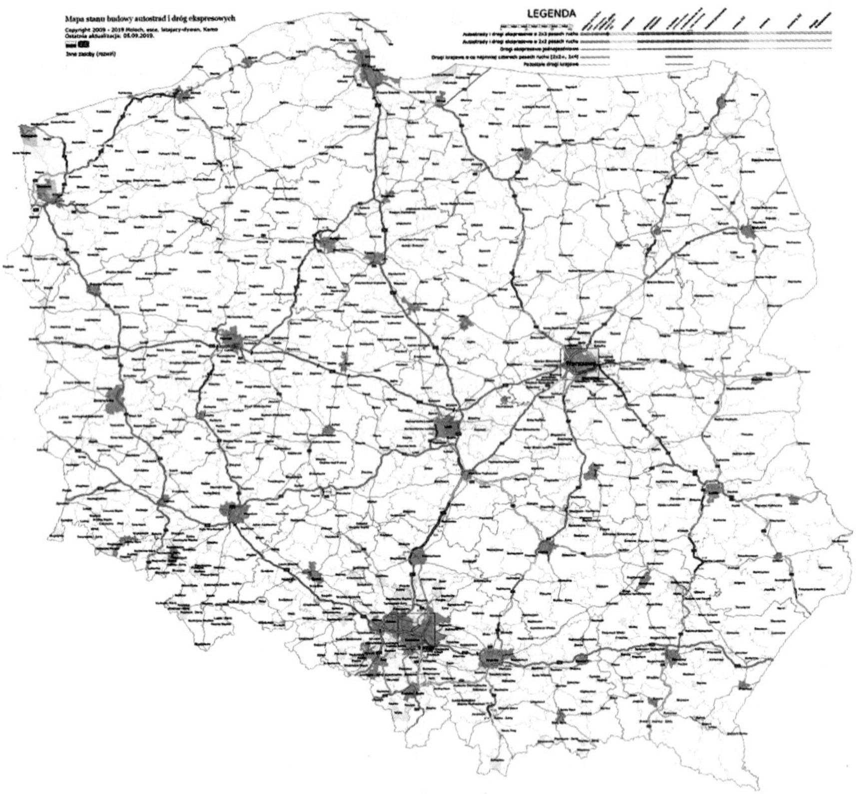

图 II－3－18　高速公路及其建设状况

资料来源：华沙高速公路地图（http：//ssc. siskom. waw. pl/）（最后更新时间：2018 年 8 月 28 日）。

（三）区域总部

华沙是波兰科学院、华沙国家爱乐乐团、华沙大学、华沙理工学院、国家博物馆、国家歌剧院和扎奇塔国家艺术馆的所在地。华沙还是研发、业务流程外包、信息技术外包以及波兰媒体行业的重要中心。华沙证券交易所是中欧和东欧最大和最重要的证券交易所。欧洲联盟负责外部边境安全的欧洲边境和海岸警卫局以及欧洲安全与合作组织的主要机构之一“民主制度和人权办公室”的总部均设在华沙。华沙还与法兰克福、伦敦和巴黎一起，成为欧盟摩天大楼数量最多的城市之一。①

华沙，尤其是其市中心，不仅是许多国家机构和政府机构的所在地，也是许多国际和国内公司的所在地。早在 2006 年，华沙就拥有注册公司 304016 家。历年来，华沙在商业领域的不断发展在全球范围内都受到广泛关注。万事达卡新兴市场指数（Master Card Emerging Market Index）认为，华沙是一座极具经济实力的城市和一大商业中心。华沙还曾被评为第七大新兴市场。2002 年，华沙的外国投资估计超过 6.5 亿欧元。

根据波兰投资贸易局 2017 年 8 月发布数据，整理出位于波兰的 58 家主要公司（见表 II－3－10）。将其根据国家进行分类，可以发现 58 家公司中，欧洲国家是外资的主要来源地，资金占比超过六成；其中，法国为波兰最大的外资来源国；其次为英国、瑞士和德国。欧洲以外，美国是波兰的最大投资国，公司数量达到 13 家，占统计公司总数的 23%。亚洲地区对波兰主要投资国有韩国、印度和中国（见图 II－3－19）。

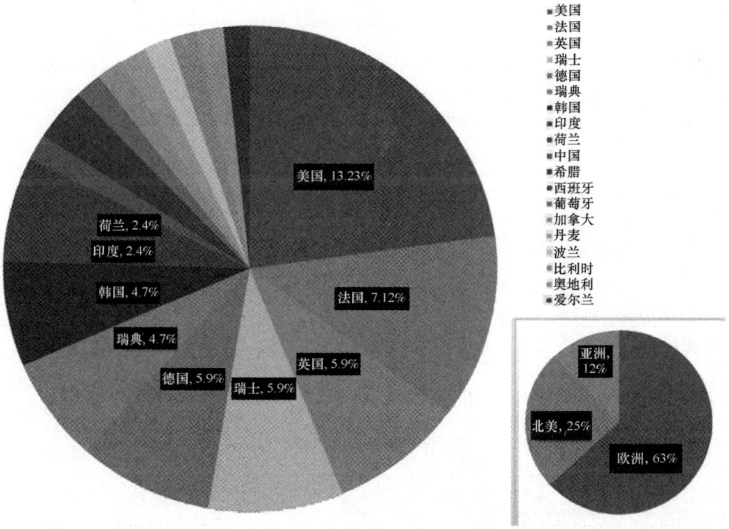

图 II－3－19 波兰的主要公司投资来源地

资料来源：笔者绘制。

① 维基百科（https://en.wikipedia.org/wiki/Warsaw）。

表 II-3-10 **波兰的主要公司**

序号	公司	公司	行业	国别	位置（48）
1	安联公司	Allianz AG	BPO	德国	华沙
2	安盛	AXA	BPO	法国	华沙
3	法国巴黎银行	BNP Paribas	BPO	法国	华沙
4	德勤中欧	DELOITTE CENTRAL EUROPE HOLDINGS LIMITED	BPO	英国	华沙
5	瀚纳仕	Hays	BPO	英国	华沙
6	ING 集团	ING Group NV	BPO	荷兰	华沙
7	Kulczyk 投资	Kulczyk Investment BV	BPO	波兰	华沙
8	雀巢公司	Nestle S. A.	BPO	瑞士	华沙
9	宝洁国际	Procter & Gamble International	BPO	美国	华沙
10	普华永道	PwC	BPO	英国	华沙
11	奥地利奥合国际银行	Raiffeisen Zentralbank Osterreich AG	BPO	奥地利	华沙
12	斯堪斯卡卡夫 AB	Skanska Kraft AB	建筑	瑞典	华沙
13	SA 永得宁	Onduline S. A.	建筑	法国	华沙
14	利洁时	Benckiser	化学	英国	Nowy Dwór Mazowiecki
15	Sarantis 集团	Sarantis Group	化学	希腊	Piaseczno
16	苏威	Solvay	化学	比利时	华沙
17	大宇电子公司	Daewoo Electronics Corporation	电子	韩国	Pruszków
18	缔约伊莱克斯	Electrolux Contracting AB	电子	瑞典	华沙
19	LG 电子	LG Electronics Inc.	电子	韩国	Mława
20	西门子股份公司	Siemens AG	电子	德国	华沙
21	惠而浦欧洲	Whirlpool Europe Srl	电子	美国	华沙
22	丹佛斯	Danfoss A/S	能量/加热	丹麦	Grodzisk Mazowiecki
23	罗氏	Grupa Roche	医药	瑞士	华沙
24	诺华公司	Novartis AG	医药	瑞士	华沙
25	辉瑞公司	Pfizer Inc.	医药	美国	华沙
26	S. A. S 制药	Pharma S. A. S	医药	印度	华沙
27	赛诺菲	Sanofi S. A	医药	法国	华沙
28	谷歌国际	GOOGLE INTERNATIONAL LLC	IT/ICT	美国	华沙
29	华为技术有限公司	Huawei Technologies Co. Ltd.	IT/ICT	中国	华沙
30	自由环球公司	Liberty Global, Inc.	IT/ICT	英国	华沙

续表

序号	公司	公司	行业	国别	位置（48）
31	莱博智	Lionbridge	IT/ICT	美国	华沙
32	微软公司	MICROSOFT CORPORATION	IT/ICT	美国	华沙
33	摩托罗拉公司	Motorola Inc.	IT/ICT	美国	华沙
34	甲骨文公司	Oracle Corporation	IT/ICT	美国	华沙
35	三星电子有限公司	Samsung Electronics Co. Ltd.	IT/ICT	韩国	华沙
36	赛仕软件	SAS INSTITUTE Inc.	IT/ICT	美国	华沙
37	塔塔咨询服务有限公司	Tata Consultancy Services Limited	IT/ICT	印度	华沙
38	雅芳国际	AVON International Operations Inc.	化妆品	美国	Garwolin/华沙
39	欧瑞莲	Oriflame	化妆品	瑞典	华沙
40	德国邮政公司	Deutsche Post A. G.	后勤	德国	华沙
41	Rhenus 集团	Rhenus Group	后勤	德国	华沙
42	空客军机	Airbus Military	航空	西班牙	华沙
43	庞巴迪公司	Bombardier Inc.	航空	加拿大	华沙
44	奥的斯电梯公司	Otis Elevator Company	化妆品	美国	华沙
45	施泰德铁路股份公司	Stadler Rail AG	机械	瑞士	Siedlce
46	蒂森克虏伯电梯	ThyssenKrupp Elevator Sp. z o. o	机械	德国	华沙
47	宜家	IKEA	家具	荷兰	Janki
48	美敦力集团	Medtronic Group	医疗	爱尔兰	华沙
49	席勒	SCHILLER AG	医疗	瑞士	Latchorzew
50	佛吉亚汽车控股	Faurecia Automotive Holdings SAS	汽车	法国	Grójec
51	利乐国际	Tetra Pak International S. A.	包装	瑞典	华沙
52	邦迪埃勒	Bonduelle	食品	法国	华沙
53	嘉士伯啤酒厂	Carlsberg Breweries A/S	食品	丹麦	华沙
54	可口可乐	Coca-Cola	食品	美国	华沙
55	罗尼莫马丁斯控股	Jeronimo Martins Holding	食品	葡萄牙	华沙
56	乐天	Lotte	食品	韩国	华沙
57	百事	Pepsi Co.	食品	美国	Grodzisk Mazowiecki/华沙
58	Rector Lesage	Rector Lesage	食品	法国	Chrzanów

资料来源：https：//www. paih. gov. pl/files/? id_ plik = 11992。

二　格但斯克的区域影响

（一）城市定位

《格但斯克 2030 + 发展战略》（GdzŃsk 2030 Plus Developmentstrategy）确定整座城市的战略发展重点有五——居住、学习、合作、流动和开放，以期在未来将“共同确定国家优先发展事项”作为城市发展的主要价值观。《格但斯克 2030 + 发展战略》的愿景是：聚集和吸引对一座城市最具价值的——为传统而自豪的人们、充满活力的社区、开放、富有创造力、发展和共同塑造未来。到 2030 年，城市的愿景将促使城市提升生活质量，并增加居民数量。最后，战略发展的五大领域为：教育和社会资本、经济和交通运输、公共空间、文化和健康。①

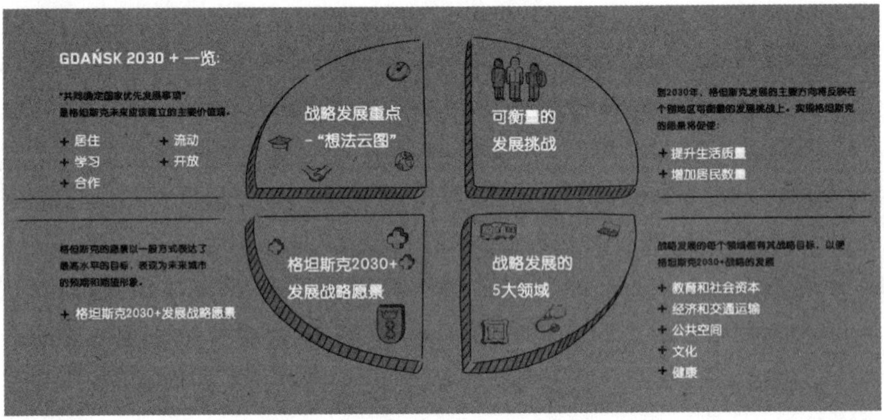

图 II－3－20　《格但斯克 2030 + 发展战略》纲要

资料来源：《格但斯克 2030 + 战略发展》。

（二）连通状况

格但斯克位于 Motława 河的河口，与附近的维斯图拉河（Vistula River）三角洲的分支 Leniwka 相连，维斯图拉河流经波兰 60% 的区域，并将格但斯克与首都华沙相连接。格但斯克与附近的格丁尼亚港一起，构成一个著名的工业中心。

---

① 《格但斯克 2030 + 发展战略》（https：//www. gdansk. pl/download/2016-08/77054. pdf）。

1. 空运

格但斯克莱赫·瓦文萨机场（Gdańsk Lech Wałęsa Airport）是位于格但斯克的国际机场，距离三联市中心不远——距离格但斯克12千米，索波特10千米，格丁尼亚23千米。自2004年以来，该机场以前波兰总统（Lech Wałęsa）的名字命名。2017年，客运量超过460万名乘客，是波兰第三大机场。

2. 铁路

2011—2015年，华沙—格但斯克—格丁尼亚铁路线经历了一次重大升级，耗资30亿美元，部分由欧洲投资银行资助，包括轨道更换，曲线重新调整和轨道段重新定位，速度可达200千米/小时，车站现代化，以及最现代化的ETCS信号系统的安装，于2015年6月完成。2014年12月，新Alstom Pendolino高速列车在格但斯克、华沙和克拉科夫之间投入使用，将格但斯克到华沙的运行时间缩短为2小时58分钟；2015年12月，运行时间进一步减少到2小时39分钟。

格但斯克的主要火车站是Gdańsk Główny火车站，由SKM当地火车和PKP长途列车提供服务。此外，长途列车也在Gdańsk Oliwa火车站，Gdańsk Wrzeszcz火车站，索波特和格丁尼亚停靠。

Szybka Kolej Miejska（SKM）是快速城市铁路，作为三联地区的地铁系统，开设有27个覆盖三联市全域的车站，该铁路运行的是电动多单元列车，发车频率为6—30分钟/班（取决于一天中的时间）；格但斯克和格丁尼亚之间的中央区域站点较多，外围区域站点数量则较少。SKM系统已经延伸到三联市的西北部，到格丁尼亚以西110千米的Wejherowo、Lębork和Słupsk，距格但斯克以南31千米的Tczew。

3. 铁路

格但斯克的长途列车由PKP Intercity运营，与波兰所有主要城市相连接，包括华沙，克拉科夫，罗兹，波兹南，卡托维兹和什切青，以及邻近的Kashubian湖区。

4. 公交

城市公共汽车和有轨电车由ZTM Gdańsk经营。① 截至2018年1月，

① http：//www. ztm. gda. pl/hmvc/.

以下城市公交线路连接机场：210 号线，前往格但斯克中心（Orunia Gócinna），途经 Gdańsk-Morena、Gdańsk 中央火车站（Gdańsk Main Railway Station）和老城区（Old city）。110 号线，开往 Gdańsk-Wrzeszcz 火车站。122 号线，途经 Gdańsk-Wrzeszcz，开往索波特（Sopot-Kamienny Potok 火车站）。晚间巴士线 N3 线，到 Gdańsk-Wrzeszcz 火车站以及格但斯克的其他主要火车站。

5. 公路

A1 高速公路将港口和格但斯克与该国的南部边界相连。截至 2014 年，A1 高速公路仍在建。Obwodnica Trojmiejska 是 S6 高速公路的一部分，绕过格但斯克、索波特和格丁尼亚的城市。格但斯克还是 EuroVelo 9 自行车路线的起点，之后向南穿过波兰，然后进入捷克、奥地利和斯洛文尼亚，最后在克罗地亚普拉的亚得里亚海结束。

（三）区域总部

格但斯克是格但斯克大学、格但斯克科技大学、国家博物馆、格但斯克莎士比亚剧院、第二次世界大战博物馆、波兰波罗的海爱乐乐团和欧洲团结中心的所在地。该市还举办一年一度的圣多米尼克博览会，其历史可以追溯到 1260 年，被认为是欧洲最大的贸易和文化活动之一。

第四章　经济技术园区研究

为了能够引入外资及先进产业，减少严重的失业问题，加快本国经济发展，波兰于1994年通过了“经济特区法案”，决定通过提供工业用地、减免企业税收、提供政府优惠政策等方式在全国范围内建立经济特区。此后，波兰又于1995年起设立工业和技术园以推进产业聚集。近年来，随着波兰国内外经济形势出现新的变化与挑战，法律规定的经济特区到期时间——2026年年底也日趋逼近，波兰以经济特区为核心的投资激励政策也正酝酿着新的调整与变革。

第一节　经济特区

1995年，波兰首个经济特区在喀尔巴阡山省的米尔莱茨诞生，定名为欧洲园米尔莱茨经济特区。经过20多年的发展，经济特区成了波兰经济得以连续多年稳步健康发展的重要动力之一。当前，波兰境内共有14个经济特区。截至2016年年底，在经济特区获得许可运作的企业数为2263家，其中1/5为中小型企业。这些企业的总投资额达到了267亿欧元，共创造了33.2万个就业岗位。

一　基本情况

波兰全国境内共成立了14个经济特区。目前，波兰经济特区的总面积已经超过19836.9公顷，而根据相关法律规定，其总占地面积的最大限额为25000公顷。每个经济特区的面积由中央政府核定批准，各经济特区在总面积数额内可自由调整经济特区的区块，如果一个项目对波兰中央政府或地方政府具有很大的吸引力，该项目所占区域即可被划为经济特区。

进入经济特区的企业需要具备以下条件：首先，最低投资额为 10 万欧元；其次，企业的自有股份至少要达到25%；再者，项目运营时间从投资结束之日起算，必须在 5 年以上（中小企业为 3 年）。新成立的工厂则需要从开始雇佣员工之日起算，连续运营 5 年以上（中小企业为 3 年）。坐落在经济特区外的投资企业在符合条件的前提下也可以申请并入某一经济特区，享受企业所得税减免等相应优惠政策。①

这 14 个经济特区由于地理位置不同、与交通基础设施的联通条件不一，以及受到所在省份的经济基础、教育水平、商业环境等因素的影响，因此在吸引产业类别、创造就业数量、运营与收益情况等方面也存在较大的差异（见表 II－4－1）。

表 II－4－1 **波兰 14 个经济特区基本情况（截至 2016 年年底）**

经济特区名称	地理位置	产业特色	有效商业许可	投资总额（单位：百万兹罗提）	就业岗位（个）
卡米那古拉经济特区 Kamienna Góra SEZ	西南部	汽车、印刷等中小企业	62	2403.9	7347
卡托维兹经济特区 Katowice SEZ	西南部	汽车	280	14101.1	59964
考斯申－斯乌比采经济特区 Kostrzyn-Słubice SEZ	西部	汽车、电子、金属和木材加工	182	6858.4	31927
克拉科夫经济特区 Kraków SEZ	南部	汽车、电子、信息	171	3544.7	25862
莱格尼察经济特区 Legnica SEZ	西南部	汽车	90	7949.0	14367
罗兹特区 Łódź SEZ	中部	建筑材料、化学	220	15577.7	36122
米尔莱茨经济特区 Mielec SEZ	东南部 西北部	航空产业	228	6596.0	24815
滨海经济特区 Pomeranian SEZ	西北部	生物化学、电子、机械	162	11778.8	22921

① Polish Investment and Trade Agency, *Investor's Guide—Poland*, *How to do Business*, 2017, p. 121（https://www.paih.gov.pl/files/? id_ plik = 31659）.

续表

经济特区名称	地理位置	产业特色	有效商业许可	投资总额（单位：百万兹罗提）	就业岗位（个）
斯乌普斯克经济特区 Słupsk SEZ	西北部	汽车、渔业加工、金属	88	1693.0	3941
斯塔拉霍维斯经济特区 Starachowice SEZ	中部、东部	汽车、建筑材料、化工、电子	78	2268.7	7260
苏瓦乌基经济特区 Suwałki SEZ	东北部	建筑材料、制衣、电子	79	1941.7	7258
塔诺波莱戈经济特区 Tarnobrzeg SEZ	东部、西南部	铝业、建筑、电子	205	8635.3	23734
瓦布日赫经济特区 Wałbrzych SEZ	西南部	汽车、电子	313	24364.1	48954
瓦尔米亚—马祖里经济特区 Warmia-Mazury SEZ	东北部	家具与建筑材料中小企业	105	4540.8	17643
总计			2263	112253.2	332114

资料来源：Małgorzata Grzegorczyk，"Overhaul of the special economic zones in Poland"，Financial Oberver. eu（https：//financialobserver. eu/poland/overhaul-of-the-special-economic-zones-in-poland/）。

图 II－4－1 波兰 14 个经济特区地理位置

资料来源：波兰贸易投资局（https：//www. paih. gov. pl/why_ poland/investment_ incentives/sez）。

波兰 14 个经济特区的基本信息如下[①]。

（一）卡米那古拉经济特区（Kamienna Góra SEZ）

该特区主要服务于中小企业，当然也对大企业开放。该经济特区创建于 1997 年，面积达 413 公顷，覆盖波兰西南部的下西里西亚省和大波兰省。这两个省份经济发展相对发达且多元，经济活力主要来自中小企业。从交通上来看，下西里西亚省与德国和捷克接壤，位于东西欧和南北欧交通线路的交叉地区，而大波兰省则位于柏林与莫斯科经华沙贯通的交通线路和连接波罗的海海岸与布拉格之间的线路之上，交通网络四通八达，拥有 A4、S3、S5 等公路和高速线路，以及邻近的弗罗茨瓦夫、布拉格国际机场等交通设施。该经济特区可为有资格获得入驻许可的企业提供最高占投资总额 45% 的公共资助。当前已拥有 43 家投资方入驻，创造了 7347 个就业岗位，总投资额超过了 26 亿兹罗提，投资方主要有德国的造纸和印刷企业，德国、比利时和荷兰的汽车企业等。[②]

（二）卡托维兹经济特区（Katowice SEZ）

该特区建立于 1996 年，位于波兰西南部，地跨波兰的西里西亚省、奥波莱省和小波兰省，目前占地 2614 公顷。该经济特区提供大量办公与工厂设施，以及各类财政资助，例如，对大型企业提供投资成本 25%—35% 的税务减免，对中小型企业提供额外的 10%—20% 的减免，或根据创造就业岗位的数量实施上述优惠。同时，当地拥有 9 万居民，可以提供充足的消费市场和劳动力市场。上述条件使得卡托维兹经济特区长期以来是波兰，甚至整个中东欧地区内经济特区中的领导者。目前入驻企业达到 350 家，创造了近 7 万个就业岗位，入驻的主导产业为汽车工业，占总投资的 61. 2%。主要企业包括欧宝集团波兰工厂（法国，汽车）、NGK Ceramics Polska（日本，汽车）、Kronospan OSB（奥地利、木料加工）、TRW Braking Systems Polska（德国、汽车）、Tenneco Automotive Eastern Europe Sp. z o. o（美国，汽车）等。[③]

（三）考斯申 - 斯乌比采经济特区（Kostrzyn-Słubice SEZ）：

该特区创建于 1997 年，位于波兰的西部，欧洲的中部。其主要优势

---

① 这 14 个经济特区有些数据截至 2017 年。

② 波兰投资贸易局（https：//www. paih. gov. pl/investment_ support/sez/kamienna_ gora#）。

③ 波兰投资贸易局（https：//www. paih. gov. pl/investment_ support/sez/katowice）。

是拥有高素质的劳动力，并靠近德国、捷克市场，拥有便利的跨境交通设施，如公路 E30（A2），E65（A3）和 E28，以及连通巴黎—柏林—华沙—莫斯科的铁路线。同时，该特区还位于奥德河与瓦尔塔河边，因此便于通往什切青等北部海港以及柏林和汉堡的河港。目前该经济特区占地 2201 公顷，已发放了 330 张商业活动许可证，总投资额在 79 亿兹罗提，共创造了 32745 个就业岗位。主要产业为汽车、电子、纸业、金属和木材加工。主要入驻企业包括 ICT Poland（意大利，纸业）、Faurecia Gorzów（西班牙，汽车）、TPV Displays Polska（中国台湾，电子）、Arctic Paper Kostrzyn S. A.（瑞典，造纸）等。[①]

（四）克拉科夫经济特区（Kraków SEZ）

克拉科夫作为波兰第二大城市享誉世界，同时也是小波兰省（Małopolska）的省会城市。被 fDi Intelligence 评为 2017/18 年波兰的未来城市（Polish City of the Future for 2017/18）。克拉科夫也被视为是波兰的科技中心。克拉科夫及周边共同构成了克拉科夫技术园区（Kraków Technology Park，KTP），在过去 20 年的发展中，已经发放了 261 张商业活动许可，获得了 44 亿兹罗提的总投资额，创建了 28000 多个就业岗位。主要入驻企业为：Drukarnia Bauer（德国，印刷）、TBAI POLAND（日本，汽车）、Takata Petri Parts Polska（日本，汽车）、POLCOLORIT（波兰，陶瓷）、Wepa Professional Piechowice（德国，纸业）。[②]

（五）莱格尼察经济特区（Legnica SEZ）

该特区位于波兰的西南部，其所位于的下西里西亚省（Dolnośląski）是近年来整个波兰经济发展最快的地区。下西里西亚省共有 300 万人口，而其中的 180 万都处于就业年龄。除了劳动力优势外，该省靠近德国与捷克边境，因此也处于稠密的公路与铁路交通网络之中，有利于跨境贸易的开展。从莱格尼察经济特区出发，500 千米的半径内覆盖了布拉格、柏林、布拉迪斯拉发、维也纳、布达佩斯和华沙六大首都。近年来，莱格尼察经济特区迅速扩张，目前占地约 1300 公顷，主要吸引的是汽车工业和金属产业为主的企业，其中 75% 的投资来自德国。主要入驻企业包括

---

① 波兰投资贸易局（https：//www. paih. gov. pl/investment_ support/sez/kostrzyn）。

② 该特区波兰投资贸易局（https：//www. paih. gov. pl/investment_ support/sez/krakow）。

Volkswagen Motor Polska（德国，汽车）、Sitech（德国，汽车）、Winkelmann（德国，金属）、Sanden（日本，汽车）、Faurecia（法国，汽车）、Pittsburg Glass Works（美国，汽车）等。截至2017年7月，该特区已经授予了167张商业许可，获得了总值83亿兹罗提的投资额，并创造了15496个就业岗位。①

（六）罗兹经济特区（Łódź SEZ）

罗兹经济特区建立于1997年，位于波兰中部，占地1750公顷，覆盖地区包括罗兹省、马佐夫舍省和大波兰省。这一地区拥有160万劳动力人口和300万人的消费市场，所属罗兹市是重要的学术中心，培养大量的大学和职业技术学生。交通便捷，靠近A1和A2公路。主要产业为：建筑材料、包装、化学、塑料、白色家电。截至2017年7月底的统计，该特区已经授予了313分商业许可，总投资额超过34.3亿欧元，创造就业36000多个。主要入驻企业为：Fujitus（日本，电子）、Dell Products Poland（美国，信息技术），Gillette（美国，家电），Procter & Gamble（美国，消费品），Indesit（意大利，白色家电）等。②

（七）米尔莱茨经济特区（Mielec SEZ）

米尔莱茨经济特区成立于1995年，是波兰的第一个经济特区，在为国内外新投资创立优惠条件方面发挥着引领作用。该经济特区由两个地区组成，一个位于波兰东南部，靠近东欧市场，一个位于波兰的西北部（滨海省），靠近德国市场。因此，该经济区的优势在于，既靠近东欧市场，又靠近德国市场。该经济特区的主导产业是航空与汽车工业。特别是在航空领域，区内诸多企业为世界航空巨头们提供零部件，同时生产直升机、训练机等多种机型。这些企业共同创建了波兰的“航空谷”，形成了优势明显的产业集群。截至2016年年底，该特区发放的有效许可证228张。投资总额近66亿兹罗提，其中主要企业为（根据投资额排列）：Polskie Zakłady Lotnicze（美国，航空）、MTU Aero Engines Polska（德国，航空）、BorgWarner Turbo & Emissions Systems（美国，汽车）、Kirchhoff Polska（德

① 波兰投资贸易局（https：//www. paih. gov. pl/investment_ support/sez/legnica. ）。

② 波兰投资贸易局（https：//www. paih. gov. pl/investment_ support/sez/lodz）。

国，汽车）、Lear Corporation（美国，汽车）等。①

（八）滨海经济特区（Pomeranian SEZ）

滨海经济特区建立于 1997 年，位于波兰西北部，拥有优越的地理位置，靠近德国和波罗的海的多个海港。该区与当地的经济、科学和文化中心合作，为入驻企业提供丰富的、相关的、准确的信息。该区主要产业为：生物化学、建筑材料、电子、高科技电子组装、机械、包装、纸业。截至 2017 年 7 月，特区占地总面积达到 2246 公顷，发放有效许可 180 张，总投资额达到 123.2 亿兹罗提，创造就业 26550 个。主要入驻企业为：Mondi Swiecie（波兰，纸业）、Bridgestone Stargard（日本，汽车）、Flextronics International Poland（新加坡，电子）、International Paper Kwidzyn（美国，纸业）、Jabil Circuit Poland（美国，电子）、Polpharma（波兰，化工）、Sharp Manufacturing Poland（日本，电子、平板电视、液晶面板）。②

（九）斯乌普斯克经济特区（Słupsk SEZ）

斯乌普斯克经济特区建于 1997 年，位于波兰西北部，靠近波罗的海地区，另一优势是靠近德国。根据标准化的投资激励政策，该区在工业园区中设有 18 次区域（subzones），享受最长可达 15 年的部分和全部的所得税减免。该区的建筑和劳动力成本相对较低。主要产业为：汽车、渔业加工、金属、塑料、仓库、木材加工。截至 2016，特区占地面的为 910 公顷，发放许可证 88 张，总投资额近 17 亿兹罗提，主要入驻企业为：Kronospan Polska（塞浦路斯、木制加工）、Albatros Aluminium（波兰、金属）、Nordglass II（波兰、汽车配件）、Paula-Fish（波兰，物流）、Rotho（德国，塑料）、Jeronimo Martins Polska（葡萄牙，物流、仓库）、Ozen Plus（波兰，木炭、生态发热）等。③

（十）斯塔拉霍维斯经济特区（Starachowice SEZ）

斯塔拉霍维斯经济特区位于波兰中部和东部，横跨 5 个省，总面积为 707.98 公顷，曾被《金融时报》的 fDi 杂志出版的“2016 年度全球自由贸易区”报告（Global Free Zones of the Year 2016）评为“基础设施升级

---

① 波兰投资贸易局（https：//www. paih. gov. pl/investment_ support/sez/mielec#）。

② 波兰投资贸易局（https：//www. paih. gov. pl/investment_ support/sez/sopot）。

③ 波兰投资贸易局（https：//www. paih. gov. pl/investment_ support/sez/slupsk#）。

与教育和培训支持”方面的最佳园区。该地区拥有传统工业基地、发达的技术基础设施、较低的劳动力成本等优势。截至 2017 年，特区共派发了 176 份商业活动许可，获得总投资 25.32 亿兹罗提，创造就业 8289 个。主要产业为：汽车、建筑材料、陶瓷、化工、电子、冶金、精密制造、木材加工。主要入驻企业为：Biella Szydlowiec/Biella-Neher（瑞士，办公设备）、Cerrad（波兰，瓷砖）、Cersanit Ⅱ（波兰，卫浴设备）、MAN Truck & Bus（德国，汽车）、Orizzonte Polska（国际，模型/锻压）、RR Donnelley Starachowice（美国，印刷）。①

（十一）苏瓦乌基经济特区（Suwałki SEZ）

该特区位于波兰东北部，其地理位置适合愿意投资于白俄罗斯、俄罗斯和立陶宛市场的企业。拥有低成本、高素质的劳动力、地方政府的投资咨询服务。拥有欧洲最清洁的环境，并靠近三大科学技术园区，该区也提供非常优惠的税收减免。建于 1996 年，主要产业：建筑材料、制衣、电子、食品、金属、塑料、印刷、木材加工。入驻企业 70 家，发放许可证 179 张。总投资额 18 亿兹罗提。主要入驻企业：Pfleiderer（德国，木材和建筑材料）、Rockwool Polska（丹麦，建筑材料）、Porta KMI（波兰，建筑材料）。②

（十二）塔诺波莱戈经济特区（Tarnobrzeg SEZ）

该特区建立于 1997 年，由两大板块组成，主体部分坐落在波兰东部，另有一小块坐落在西部，以便于投资者进入白俄罗斯、俄罗斯、乌克兰以及波兰自己正在快速发展的东部市场。同时另一小块靠近德国和捷克的边境地区。特区总面积为 1877.95 公顷。该区的优惠政策主要是投资额的 70% 部分可以享受税收优惠（这一政策并不与欧盟法规相违背）。同时，该区的成本为波兰最低。已经批准了 379 个商业活动许可。入驻企业的总投资额达到了 83.7 亿兹罗提，创造了 23261 个就业机会。主要产业为：铝业、建筑、电子、金属。主要入驻企业为：LG（韩国，电子）、UPM RaflatacPolska（芬兰，塑料）、Heesung Electronics（韩国，电子）、QUAD-Winkowski Sp.（波兰，印刷）、Pilkington（日本，汽车）、Techmatik S. A.

---

① 波兰投资贸易局（https://www.paih.gov.pl/investment_ support/sez/starachowice）。

② 波兰投资贸易局（https://www.paih.gov.pl/investment_ support/sez/suwalki）。

(波兰，建筑) 等。①

(十三) 瓦布日赫经济特区 (Wałbrzych Special Economic Zone "INVEST-PARK")

该特区建于1997年，覆盖了波兰西南部的四个省份，占地3700公顷。靠近奥地利、德国、捷克、斯洛伐克市场。A4公路以及Wrocław and Poznań (波兹南) 的机场提供的便捷的国内和国际交通。劳动力和投资成本的70%可以享受税收优惠。截至2016年年底，该特区已发放许可证313张，总投资额为243.64亿兹罗提，创造就业机会48954个。主要产业为：汽车、电子、发动机、食品、白色家电。主要入驻企业为：Electrolux Poland (瑞典，白色家电)、Toyota Motor Manufacturing Poland (日本，汽车)、Kraft Foods Polska (美国，食品、塑料产品)、Mando Corporation Poland (韩国，汽车)。②

(十四) 瓦尔米亚—马祖里经济特区 (Warmia-Mazury Special Economic Zone)

该特区建立于1997年，位于波兰东北部，便于进入波罗的海、立陶宛和东欧市场。入住该特区可享受波兰境内最高的公共财政资助，即投资总额70%的税收减免。同时该地区劳动力价格低廉 (为全国收入水平的85%)，劳动力充沛 (失业率是整个国家平均失业率的两倍)，并拥有农业发达、家具制造业发达等特点。主要入驻企业包括米其林和LG这样的大企业，但主要是投资于家具和建筑材料的中小企业。主要产业为：建筑、家具、电子、轮胎。入驻企业为77家，发放许可证为137张，总投资为32亿兹罗提。主要入驻企业为：米其林 (法国，轮胎)、LG (韩国，电子)、宜家 (瑞典，木材家具)、Wydawnictwo Bauer (德国，印刷) 等。③

通过对14个经济特区基本情况的梳理可以看出，波兰的经济特区在经历了20余年的发展后呈现出以下特点。

首先，波兰境内的经济特区总体表现都较为优秀，在投资者心目中评价较高。其中还不乏各方面条件较为突出的经济特区，不仅在波兰境内，

① 波兰投资贸易局 (https://www.paih.gov.pl/investment_support/sez/tarnobrzeg)。
② 波兰投资贸易局 (https://www.paih.gov.pl/investment_support/sez/walbrzych)。
③ 波兰投资贸易局 (https://www.paih.gov.pl/investment_support/sez/olsztyn.)。

也在中东欧地区乃至整个欧洲获得认可。

根据“未来对外直接投资全球自由区2017年报告”（*The FDI Global Free Zones of the Year 2017*），在全球排名靠前的50个经济特区中，波兰多个经济特区榜上有名，卡托维兹特区（Katowice SEZ）获得欧洲最佳称号；滨海经济特区（Pomeranian SEZ）成为欧洲最值得推荐并且最合适造船业投资的经济特区；罗兹特区（Łódź SEZ）被视为全球最佳以及最值得向中小企业推荐的经济特区；斯塔拉霍维斯经济特区（Starachowice SEZ）拥有最佳的产学研结合机制。此外，这份报告还指出，上述几个经济特区在投资启动期支持、设施更新、跨境合作、集群发展、金融配套等方面也都具有很强的优势。[①] 长期关注波兰投资的国际知名咨询公司毕马威也曾在2014年向波兰境内14个经济特区内的众多投资者发起问卷调查，以1—5的不同分值来评估各个经济特区在基础设施、商业环境、合作质量、管理水平等各方面的情况。波兰14个经济特区的平均得分为4.2。没有一个特区的综合评分低于3.5分。而其中，排名靠前的经济特区分别是：塔诺波莱戈经济特区（Tarnobrzeg SEZ）（4.48）、卡托维兹经济特区（Katowice SEZ）（4.46）、考斯申－斯乌比采经济特区（Kostrzyn-Słubice SEZ）（4.41）、斯塔拉霍维斯经济特区（Starachowice SEZ）（4.31）和滨海经济特区（Pomeranian SEZ）（4.24）。[②]

从上述评估可以看出，在波兰诸多经济特区中，罗兹、卡托维兹、斯塔拉霍维斯经济特区等从各个角度来看都是运作较为成熟、配套设施齐全、商业环境突出的引领性经济特区。

其次，经过20多年的发展，逐步形成了汽车、航空、电子和食品加工这四个具有明显优势的产业集群，共同构建起了当前波兰较为合理、稳健的经济发展模式。

由于波兰与德国相邻的地理位置以及两国密切的经济关系，汽车行业成为波兰的主要产业，同样也成为波兰几个重要经济特区的主要支柱产业。据统计，汽车产业较为集中的经济区是位于波兰西南部，与德国接壤

① “fDi Global Free Zones of the Year 2017-the winners”（https://www.fdiintelligence.com/Rankings/fDi-Global-Free-Zones-of-the-Year-2017-the-winners）.

② “fDi Global Free Zones of the Year 2017-the winners”（https://www.fdiintelligence.com/Rankings/fDi-Global-Free-Zones-of-the-Year-2017-the-winners）.

的卡托维兹经济特区（Katowice SEZ）。该区号称经济特区的领导者，总投资额已达到72亿欧元，入驻企业350家。从投资行业来看，汽车工业占整个经济特区投资总额的61.2%。从投资来源国角度看，法国投资占20.65%，意大利17.22%，美国11.32%，德国11.23%，日本9.84%。另一个汽车产业较为集中的经济区为莱格尼察经济特区（Legnica Special Economic Zone），位于波兰的西南部的下西里西亚省（the Lower Silesia），靠近德国。主要产业为汽车，最大的入驻企业为：Volkswagen Motor Polska（德国，汽车），Sitech（德国，汽车）。①

航空产业较为集中在米尔莱茨经济特区（Mielec SEZ），该区以航空产业为主导产业，以几大航空业巨头的投资作为引领，逐步发展出了具有集群效应的“航空谷”。

家电和电子产业较为集中的经济区为滨海经济特区（Pomeranian SEZ），位于波兰西北部，靠近德国和波罗的海几个港口。主要入驻企业包括Flextronics International Poland（新加坡，电子）、Jabil Circuit Poland（美国，电子）、Sharp Manufacturing Poland（日本，电子、平板电视和液晶面板）。另两个以电子产业为重的特区为塔诺波莱戈经济特区（Tarnobrzeg SEZ）和瓦布日赫经济特区（Warmia-Mazury SEZ）。

再次，波兰经济特区的优惠力度和产业发展重点和这些经济特区所处的地理位置、经济基础、社会情况等密切相关。总体来看，位于靠近德国、捷克市场的西部省份本身经济基础较好，教育资源相对丰富，劳动力素质较高，交通基础设施发达，因此更适合发展面向西欧发达市场的精密制造业。这些省份所确定的优惠力度也相对较小。位于东部的省份则面临廉价劳动力相对过剩的情况和交通基础设施不足的问题，因此为了推动波兰境内东西部地区之间的平衡发展，吸引更多企业前往波兰东部进行投资开发，因此无论是国家层面还是地方层面上的优惠政策也显得力度更大。

二 法律依据

波兰经济特区所依据的法律主要包括以下几条。

---

① Warsaw Business Journal Group，“Investing in Poland，2014”，pp. 78 – 79（http：//www.pwc.pl/pl_ PL/pl/publikacje/assets/investing-in-poland-2014.pdf）.

1994 年 10 月 20 日的“经济特区法案”，确立了在波兰境内建立经济特区的规则和管理模式，以及企业在经济特区内开展业务需要遵循的相关规定，例如如何享受个人所得税和企业所得税的减免等。同时，根据波兰入盟谈判结果，波兰经济特区政策可维持到 2015—2017 年。

2008 年 5 月 30 日通过的“经济特区修正案”，将经济特区的存续时间延长至 2020 年底。

2008 年 12 月 10 日部长委员会（Council of Ministers）通过的关于经济特区国家补贴规则，确定了经济特区中投资企业可以享受的各种补贴的幅度、条件等。同时，部长委员会做出规定，纳入经济特区的土地属于该土地的原来所有者，而不属于经济特区管委会、财政部、地方政府或相关社区等管理机构。

2008 年 12 月 15 日部长委员会签署规章，对每个经济特区划清地域范围，明确运作时间，并确定了管理机构。

2009 年 7 月 2 日经济部部长签署规章，允许各个经济特区颁发商业许可证，并对此进行相关管理，同年经济部确定各个经济特区的发展规划。

2013 年 7 月 23 日，部长委员会签署了 14 项规章，对 14 个经济特区的存续时间进一步修改。这些法规于 2013 年 9 月 11 日生效，将经济特区的存续时间延长至 2026 年 12 月 31 日。这一修改有利于汽车工业等收益回报周期较长的项目选择在波兰落地投资。

2014 年 7 月 1 日，为符合欧盟于 2014 年 6 月 17 日生效的有关法规，新的条款生效，修改了有关向经济特区内的企业提供国家资助的规定。这些规定同时与 2014 年 6 月 30 日出台的部长委员会规章确立的 2014—2020 年波兰新的地区资助方案相配合，有效期至 2021 年 1 月 1 日。根据这一新的地区资助方案，2014 年 7 月 1 日之后申请的政府资助将有所缩减：罗兹等六个省份内的特区的税收减免从过去投资总额的 50% 减少到 35%；滨海省和西滨海省从 40% 降低至 35%；大波兰省、西里西亚省和下西里西亚省从 40% 降低至 25%，位于波兰东部的瓦尔米亚—马祖里省等四个省则保持不变。

2014 年 10 月 7 日，部长委员会对 2008 年的“波兰经济特区法案”和其他相关法案进行了修改，并在 2015 年 1 月 6 日生效。新法案对于在波兰经济特区内的企业产生如下的影响：特区内企业为了享受企业所得税减免而必须留存相关文件的时间限制要求有所更改；有关国家资助偿还申请方面的条款变化；关闭无法达到特区要求获得经营许可证的企业的相关规定等。新法案还放宽了对并入经济特区的土地的要求，也放宽了对于增加就业和最低投资额的标准要求，这些变化对于鼓励中小企业进行小规模的投资具有积极的意义。①

三　优惠政策

经济特区的政策优惠主要体现在以下方面。

第一，所得税减免。包括企业所得税和个人所得税，即进入经济特区的企业可以就自己在经济特区内开展的商业活动获得不同额度的企业所得税减免，同时投资者个人也可以享受一定比例的个人所得税减免。根据2014 年 7 月 1 日开始生效的规章，所得税的免除额度取决于投资项目落地的行政区域和企业的规模。从企业规模来看，可以减免的所得税为：符合资质的大型企业投资成本的 15%—50%；中型企业 25%—60%；小型企业为 35%—70%。从投资地区来看，位于首都华沙市内的投资，在2017 年 12 月 31 日前可享受投资成本最高 15% 的所得税减免，此后缩减为 10%；大华沙地区最高 20%；大波兰省、西里西亚省及下西里西亚省最高 25%；其他波兰西部省份为 35%，而东部省份则为 50%。对于中小企业，政府补偿可在此标准之上增加 10%—20%。

第二，房地产税减免。这一减免政策是由地方政府提供的，因此属于地方性补贴，体现了地方对投资的支持力度。减免政策的原则是由 2008年 8 月 5 日部长委员会通过的条例决定的，主要涉及房地产税和运输税的减免。② 房地产减免也是在所谓的“最低补贴”政策的框架下提供的，从企业应缴房地产税收中进行减免。③ 房地产税收减免幅度通常取决于新创建的就业岗位和（或）投资总额。2017 年波兰房地产最高税率为建筑物22. 66 兹罗提/平方米，土地 0. 89 兹罗提/平方米，以及建造总值的 2%。

---

① KPMG in Poland, “20 Years of Special Economic Zones in Poland-A Guide to SEZs” (https: //www. paih. gov. pl/files/? id_ plik = 24349).

② Dz. U. -Official Journal of 2008, No. 146, item 927.

③ KPMG in Poland, “Special Economic Zones—Edition 2012”, p. 13, (http: //www. paiz. gov. pl/files/? id_ plik = 20342).

房地产税率是由地方政府决定，不得超过上述规定的限额。①

第三，对合格投资开支的补偿。这也是波兰从国家层面给予政策支持的一种形式。补偿额度可以根据符合资质的新投资成本或开设新厂区的成本及两年内雇佣劳动力的成本来进行计算。投资者可以选择更有利于自己的方式进行计算，申请补偿。②

企业入驻经济特区并获得优惠政策的程序：其一，投资企业所经营的范围必须符合经济特区的相关产业规定，禁止的行业包括易燃易爆产品的生产、烟酒生产、赌博业、机器修理等业务。其二，在经济特区所提供的范围内，选择设厂地址。其三，投资额至少为 10 万欧元。其四，投资者必须参加由经济特区管委会所组织的竞标会，投资者必须在招投标中获胜，才能获得许可证。其五，获得许可证的投资者要在经济特区中进行投资设厂。其六，投资者正式完成建厂并开始经营，从这天起，开始享受税收减免政策。简单的步骤：选择地址—获得许可—完成投资—享受税收减免。③

第二节　工业技术园区

除了经济特区之外，工业技术园区也是波兰招商引资的一大重要模式。工业技术园区聚集某一产业，或国家所支持的科技领域的企业和研究机构，向它们提供各类便利设施和服务，旨在促使这些企业或科研更快更好的发展，对波兰产生积极的经济以及社会效应。与波兰的经济特区相比，工业技术园区由于没有设立企业最低投资额方面的要求，因此更适合于中小型的境内外企业。同一产业的小企业聚集在工业科技园区中，可以通过分享彼此的技术与理念而形成积极的聚集效应。

波兰的首个工业技术园区成立于 1995 年 5 月，是位于大波兰省的波

---

① Polish Investment and Trade Agency, "Investor's Guide—Poland, How to do Business, 2017", p. 123 (https://www.paih.gov.pl/files/?id_plik=31659).

② KPMG in Poland, "20 Years of Special Economic Zones in Poland-A Guide to SEZs" (https://www.paih.gov.pl/files/?id_plik=24349).

③ KPMG in Poland, "A Guide to Special Economic Zones in Poland", 2009, p. 21 (http://www.paiz.gov.pl/files/?id_plik=10800).

兹南科技园（Poznań Science & Technology Park，PPNT），这也是波兰在冷战结束、体制变革后在市场经济条件下建立的首个园区。从规模数量和分布情况来看，目前波兰全境内共有80个工业及技术园区，分布于16个省份中。[①] 经过20多年的发展，波兰的工业技术园区形成了鲜明的特色。

一　产业发展方向各异

在产业发展方向上，各个工业技术园区根据自身所处省份或地区的经济水平、产业传统和人力资源情况，选择不同的产业作为自身的发展方向。

例如，位于喀尔巴阡山省的喀尔巴阡航天科技园（Podkarpackie Science and Technology Park AEROPOLIS）以吸引航天航空及相关研发为主要目标。该地区的航空工业始于第一次世界大战期间，因此拥有长达近百年的工业传统。长久的工业传统使这一地区拥有这一行业的熟练技术工人达16000人之多，再加上该地区拥有三所以上的高等学府，为高技能人才的输送提供了保障。由于地处景色优美的喀尔巴阡地区，工业科技园区对环境保护的要求相当严苛，只允许非污染性、与航空工业相关的高创新性企业入驻。又例如，位于下西里西亚省的Bukowice Industrial Park（BIP）所处的地理位置远离居民区，设置在离住宅人群较远的安全距离，周围有大片森林作为天然屏障，再加上在生态和排污方面没有任何法律限制，因此定位于发展化工行业。当然，也有部分工业技术园区并没有特别的产业偏好，而是愿意接纳各类行业的投资。

总的来说，80个工业技术园区更愿意接纳创新产业的投资，包括电子信息、航空制造、汽车制造、生物科技、环境保护等。

二　地方主导性较强

地方主导性首先表现在吸引企业入驻的措施和手段上。由于入驻工业科技园区的企业主要是中小型企业，难以享受到国家为了吸引大型投资而制定的税收、地租优惠和政府资助，因此，工业科技园区所属的地方政府

① 波兰投资贸易局（https：//www. paih. gov. pl/why_ poland/investment_ incentives/industrial_ and_ technology_ parks#）。

或园区筹建者往往制定出一系列本地化的优惠措施。例如，提供价格低廉的园区内办公用地和研发设备、提供健全配套的基础设施、在交通运输方面给予优惠，根据地方税收制度提供一定程度的税收减免等。除此以外，管理者也通过提供一系列的咨询服务来推动企业的成功落户和扩大影响，例如为企业提供当地法律法规咨询、协助申请欧盟基金或地区优惠、搭建技术展示和分享平台等。

地方主导性也表现在工业与科技园区的设立、参股和管理模式上。在波兰，不仅地方政府，企业和高校也同样可以是工业与科技园区的设立和参股者，或者管理者。例如，位于波兰中部罗兹省的 Bełchatów Kleszczów 工业和技术园区（ITPBK），其参股法人包括该园区周边的几个市镇、罗兹科技大学以及当地的数家企业。又例如，位于波兰中部的 Bydgoszcz 工业技术园区由 Bydgoszcz 市持股 94%。地方主导性也带动了管理模式的多样性，既有成立地区发展局（Regional Development Agency）进行管理的（例如 Czestochowa 工业技术园区等），也有由所在城市市长亲自管理的（例如 Goleniów 工业园区）；既有成立专门的管理企业进行管理的（例如 Grudziądz 工业园区），也有通过基金会等非政府非企业组织进行管理的（例如波兹南科技园，其管理者为波兹南密茨凯维奇大学基金会，Adam Mickiewicz University Foundation）。这种允许多方介入参股和管理的灵活机制给工业和科技园区的发展带来了一系列活力和优势：地方利益与园区的发展紧密结合在了一起，产官学三方的合作促使各方资源汇聚于园区建设中，科研领域的成果能够迅速进入市场化、产业化的进程之中。

三 发展仍处于迅速成长期

随着经济全球化和知识经济的到来，世界各国都在加快科技园区发展。波兰作为近年来欧盟内经济发展最快的国家以及最大的新兴市场，以及中东欧地区经济实力最强、投资环境最完善成熟的国家，日益受到各方投资者的青睐，为其工业和技术园区发展获得外部助力。

在世界银行公布的《2018 年全球营商环境报告》（*Doing Business 2018*）中，波兰在全球 190 多个经济体中在易于开展商业活动方面排名第 27 位。同时，世界银行发布的《2010—2017 年营商环境报告》也将波兰评为在这些年间营商环境改善最为显著的国家。① 2017年，波兰的境外投资存量达到了2344亿美元。在世界各大经济体对波兰的投资中，来自欧盟成员国的投资居于首位，比例超过87%。在外资中，荷兰的投资比重最大，占37.0%，德国和卢森堡分别占到24.0%和15.0%，法国与奥地利分别为7.3%和7.2%。外资主要进入制造业（28.6%）、科技类（18.8%）、信息通信类（17.7%）和房地产行业（11.4%）。② 同时，波兰也从欧盟获得的各类资金援助用以改善园区发展的软硬环境。·方面，欧盟对波兰的基础设施，特别是公路和高速公路建设的支持，很大程度上弥补了其交通运输能力相对落后的弱势，成为不少波兰工业技术园区招商引资的重要条件之一。另一方面，欧盟基金通过各种项目直接参与园区的设立发展和入驻企业的研发生产。例如，位于波兰东北部波德拉谢省的Bialystok科技园区就是在Bialystok市和欧盟地区发展基金的共同融资之下设立的。这一欧盟基金隶属于欧盟资助的“波兰东部发展”项目框架之下。又例如，位于下西里西亚省的Bielsko航空技术园区也是有当地政府和欧盟共同资助下设立的。欧盟通过名为“通过增强商业环境机制增加企业竞争力和创新力”的项目提供资金。

正是由于上述积极的经济因素，波兰的工业技术园区在过去几年内发展迅猛。目前，80个工业技术园区中，可以按照成熟度分为以下几类：

第一类，成立较早、设施齐全，已经吸引较多企业入驻的成熟型工业技术园区。例如，最早成立的波兹南科技园（Poznań Science & Technology Park，PPNT）被评为波兰最为成功的园区，它在近年来波兰的经济发展和园区发展模式方面起了非常重要的引领示范作用。还有位于西里西亚省的欧元中心科技园区（Euro-Center Science and Technology Park，Silesian Voivodeship）也已经拥有百家以上的企业入驻，涵盖金融、信息等多种行业。这些比较成熟的工业园区往往位于波兰主要城市近郊，依托这些大城市在高等教育、人力资源方面的优势。例如波兹南科技区位于波兰第五大城市波兹南（Poznań）内，依托波兹南科技大学的研发能力；欧元中心科

① Polish Investment and Trade Agency，“Investor's Guide—Poland，How to do Business，2017”，p. 121（https：//www. paih. gov. pl/files/？id_ plik＝31659）.

② https：//en. santandertrade. com/establish-overseas/poland/foreign-investment.

技园区位于波兰第 10 大城市卡托维兹（Katowice），依托周边 450 万人口和 45 所高校。

第二类，于 21 世纪初设立，中型发展规模的科技园区。这些园区往往位于波兰中西部经济水平相对较高的省份，靠近德国、捷克，并拥有比较健全的公路、航运等交通网络，已经吸引到几十家企业的入驻，形成了一定的规模。例如，位于波兰中部库亚维—滨海省的 Bydgoszcz 工业和技术园区，成立于 2004 年，是目前最大的园区之一，已有近 60 家企业入驻。

第三类，近年来刚刚设立，尚处在招商引资阶段的建设中园区。目前在波兰，此类园区数量不少。2014 年时波兰境内的工业技术园区数量在 60 家左右，而当前已经增长到了 80 家，新兴工业技术园区的涌现反映出了波兰对投资的高度重视。

第三节　经济技术园区的优势与前景

从整个中东欧范围来看，波兰经济特区起步较早、体系较强、范围较广、园区较多、优惠力度较大、吸引的投资也最多。对外国投资者而言，波兰拥有的优势条件可以概括为：战略性的地理位置、国内和欧洲市场、优质人力资源、系统性的投资促进政策、稳定的国内政治和经济环境、已经相对成熟的制造业基地等。在上述优势基础上，波兰政府正着手将经济特区制度升级为投资区模式，以适应国内外的经济新形势和新挑战。

一　优势条件

（一）区位优势

借助地处“欧洲十字路口”的地理优势，波兰发展出了在中东欧国家中较为发达的交通运输网络，成为欧洲东西向与南北向交通动脉中的关键环节。由欧盟规划和投资的泛欧运输网络（TEN-T）的 9 条线路中，东西走向横贯欧盟北部大陆的北海—波罗的海走廊和南北向纵贯欧洲中部的波罗的海—亚得里亚海走廊在波兰首都华沙汇合，使得波兰成为在中欧地区联通起四面八方的交通枢纽。

近年来，波兰的公路系统得益于政府的支持和欧盟基金的资助，有了飞速的发展。据统计，2003—2016 年，波兰共修建汽车公路与高速公路总长3488.85千米。截至2016年9月，波兰拥有汽车公路1646.05千米，高速公路1832.8千米。[①] 这些公路设施共同构建起了波兰境内时速可达110千米的公路系统。在空中交通方面，波兰全国拥有14个国际机场和1个国内机场。[②] 利用2012年欧洲杯足球赛在波兰与乌克兰举办的契机，许多机场得到了翻新和重建，进一步提升了运能。位于首都华沙的肖邦国际机场已经成为中东欧地区客流量最大的机场，2017年共接待了1575万客流量。为了应对老机场几近饱和的客流量，波兰政府已决定在华沙与罗兹之间建设中东欧地区规模最大的新机场，计划于2027年完工，使之成为整个中东欧地区的空中交通枢纽。[③]

波兰的另一重要的区位优势是地处波罗的海南岸。波兰在波罗的海沿岸拥有格但斯克、格丁尼亚、希维诺乌伊希切和什切青四个主要港口，同时还拥有几个内陆港口来支持集装箱的再装卸业务。自2001年起，波罗的海沿岸国家的贸易额开始持续稳定上升，在经受国际金融危机的冲击后，也从2010年起逐步复苏，汽车、机械设备等制造业产品及能源是这一地区跨国贸易的主要商品。[④] 因此，对于投资者而言，在波兰进行投资不仅可以收获中欧市场，还可以向北扩展至波罗的海次区域甚至更加遥远的北欧地区。

（二）人力资源优势

波兰拥有数量充沛的劳动力资源。在波兰3843.7万的总人口中，60.3%居住在城市及周边地区。尽管近年来波兰社会的人口增长放缓，但根据2015年欧盟的统计，波兰的劳动力人口在欧洲依然相对年轻，超过2400万的人口处于就业年龄内。波兰的劳动力优势还体现在素质高和相对廉价的特点上。根据欧洲统计局的统计显示，波兰在接受过高等教育的人数方面在整个欧盟内位列第四，仅次于英国、德国和法国。当前约有近150万人就读于高等教育机构，其中58%为女性。在整个波兰共有370多所高等教

---

① Polish Investment and Trade Agency, "Investor's Guide—Poland, How to do Business, 2017", p. 75 (https://www.paih.gov.pl/files/? id_ plik =31659).

② 维基百科（https://en.wikipedia.org/wiki/Transport_ in_ Poland）。

③ "Poland's new airport to become Central European hub" (https://www.thefirstnews.com/article/polands-new-airport-to-become-central-european-hub).

④ "Baltic States and Poland-Trade Logistics Review" (https://openknowledge.worldbank.org/bitstream/handle/10986/22292/558440ESW0P1110ade0Logistics0Review.pdf; sequence =1).

育机构（2017 年数据），其中 30% 为国立机构。根据 2016 年的数据来看，吸引最多学生就读的专业为商业与行政管理。90% 的学生能够使用外语进行交流。同时，波兰在劳动力价格方面的优势也相当明显，明显低于发达西欧国家，也略低于周边的主要中东欧国家（见表 II－4－2）。[①]

表 II－4－2 2015 年波兰与欧盟主要国家劳动力成本 单位：欧元/小时

	商业经济	工业	建筑业	服务业	非商业类行业（如公共行政等）
波兰	8.4	8.6	7.5	8.5	9.2
欧元区 19 国	29.5	32.3	25.8	28.6	29.4
欧盟 28 国	25.0	25.9	22.4	24.9	25.1
比利时	41.1	44.2	34.5	40.6	34.1
德国	32.7	38.0	26.2	29.9	30.8
法国	35.7	37.6	30.5	35.5	33.4
捷克	10.1	10.0	9.3	10.3	9.1
匈牙利	8.1	8.0	6.7	8.3	5.9
斯洛伐克	10.4	10.4	9.1	10.5	9.0
斯洛文尼亚	15.8	15.8	11.8	16.5	15.8
罗马尼亚	5.0	5.0	3.6	5.4	4.9
保加利亚	4.1	3.9	3.4	4.3	4.1

资料来源：欧洲统计局，2016。

此外，波兰灵活的劳动力市场和良好的劳资关系也是其经济成功的重要方面。雇主和雇员在劳动力成本方面能够达成妥协，而不是一味增加失业或提高薪酬。波兰优质的人力资源可谓波兰吸引 FDI 的重要因素。

（三）经济发展优势

相较于其他中东欧国家，波兰的经济结构较为合理，既有较强的出口比例，但又不完全依靠出口，出口依存度不高，经济结构较为稳健而不脆弱，对外部经济环境的变化其适应性和调节能力较强。波兰出口占 GDP

① Polish Investment and Trade Agency, "Investor's Guide—Poland, How to do Business, 2017", pp. 19, 85（https://www.paih.gov.pl/files/?id_plik=31659）.

的45%，而捷克、匈牙利和斯洛伐克都更高，分别为75%、93%和89%。[①] 比较合理的经济结构使得波兰即使在欧洲债务危机持续演变，德国、法国、意大利、西班牙等欧盟主要经济体增速均明显放缓的情况下，仍然能抗衡危机带来的冲击。近根据世界银行公布的预期数字，波兰经济有望在2018年增长4%，在2019年增长3.5%。[②] 对未来经济的乐观预期也成为诸多外资竞相瞄准波兰的一大重要原因。

（四）欧盟政策资助优势

在中东欧国家中，波兰是获得欧盟基金资助最多的国家。根据相关统计，波兰在欧盟2014—2020财政周期内能够从欧盟预算中通过欧盟地区凝聚政策获得825亿欧元，从欧盟农业政策中获得320.9亿欧元的资助。巨额的财政资助主要用于科学研发及商业化、主要道路交通设施的互联互通、数字化建设，以及社会与职业培训等方面，主要通过6个国家层面运作的项目和16个地方层面运作的项目来具体落实。这六个国家运作项目分别是：基础设施与环境项目（IaE OP）、智能发展项目（SG OP），知识、教育与发展项目（KED OP）、东部波兰项目（OP EP）、数字波兰项目（OP DP）和技术援助项目（TA OP）。除此之外，波兰的16个省也有各自特定的地方层面的运作项目。[③]

（五）欧洲和国内市场优势

欧洲单一市场的四大自由流动对于波兰来说颇为重要。随着2011年5月有关波兰劳动力自由流动的限制最终解除，大量劳动力涌入各个欧盟成员国，特别是西欧发达国家。同样，波兰也受益于其他几大领域的自由流通。例如，2003年尚未加入欧盟时，波兰的出口总额为534亿美元，进口总额为689亿美元。而2016年两者的数据达到了1910亿美元和1940亿美元，成为世界上第23大出口国和第21大进口国。在过去五年中，波兰的出口以年均1.3%的速度递增，而进口则以每年平均-1.6%的速度缩减，贸易逆差逐渐缩小。波兰主要的出口对象国是德国、英国、捷克、

---

① Polish Information and Foreign Investment Agency and PwC, "Why Poland?", 2012, pp. 6, 9.

② "World Bank upgrades Poland's 2018 GDP growth forecast", 10.01.2018, Radio Poland (http://www.thenews.pl/1/2/Artykul/343619, World-Bank-upgrades-Polands-2018-GDP-growth-forecast).

③ Polish Investment and Trade Agency, "Investor's Guide—Poland, How to do Business, 2017", pp. 19, 117 (https://www.paih.gov.pl/files/?id_plik=31659).

法国和意大利。而居于前列的进口来源国则是德国、中国、意大利、俄罗斯和法国。可见，其进出口对象主要集中在欧盟内部。[①] 同时，波兰 3843 万人口的国内消费市场也受到投资者的青睐。波兰有着中东欧国家中最大的国内市场，由于连年经济的快速增长和工资收入的不断提升，波兰居民的消费支出比率也持续增长，正逐步成长成为一个由国内市场需求驱动的经济体。因此，波兰的国内大市场也成为吸引外资的重要因素。

（六）传统与新兴产业优势

波兰的产业发展基于两大主要支柱。其一是传统工业，在经历了社会主义时期的发展与转型时期的改制后，已经逐步适应了现代化的生产方式。第二大支柱则是由诸多境外投资者以绿地投资方式引入波兰的新兴产业。两者相辅相成，共同构建起了波兰境内以经济特区为特色的产业群发展模式。

前文述及，汽车产业是波兰的支柱性产业。波兰正在成为德国、法国、意大利等欧洲著名汽车公司的主要国外制造业基地，全球各主要汽车厂商都纷纷将零配件生产和整车装配集中在波兰，例如沃尔沃、丰田、菲亚特、福特、大众和欧培尔等，形成了高度一体化的供应链。以 2015 年为例，波兰的汽车产业创造出的总价值约计 290 亿欧元，提供就业岗位 17.13 万个。[②] 汽车零部件及整车的进出口构成了波兰进出口总额中重要的组成部分。2016 年，波兰的整车与汽车零部件两大类的进口占进口总额的 7.33%，而两大类的出口占波兰出口总额的 9.81%。[③]

除了汽车产业外，波兰另一具有优势地位的制造业是航空业。波兰的航空产业拥有 100 年的历史。近年来，由于结构调整，航空产业增长迅速。该行业目前几乎由外国企业完全控制，波兰成为航空行业跨国公司的投资青睐地。波兰航空产业的特点是高度集中：位于在波兰的航空企业约有 130 家左右，雇用了 2.3 万名员工。其中，几乎 90% 的生产集中在波兰

---

① "Poland, the Observatory of Economic Complexity"（https：//atlas. media. mit. edu/en/profile/country/pol/）.

② 据波兰经济发展部、波兰中央统计局和波兰汽车工业协会 2016 年统计的数据。Polish Investment and Trade Agency，"Investor's Guide—Poland，How to do Business，2017"，pp. 63 – 64（https：//www. paih. gov. pl/files/? id_ plik = 31659）.

③ "Poland, the Observatory of Economic Complexity"（https：//atlas. media. mit. edu/en/profile/country/pol/）.

东南部地区，即“航空谷”（Dolina Lotnicza）。该地不仅集中了飞机制造，也集中了大量研究机构以及教育和培训机构，雇用了大量高素质员工。各类飞机（包括乘客飞机、培训飞机和行政飞机，以及直升机、滑翔机和飞机零配件）都在波兰生产。由于存在大量较为成熟的且并以商业为导向的研发中心，许多国际公司和国内厂商都与当地的研发中心建立了密切的联系。同时，这些厂商也与当地政府和大学、科研院所合作，使教育与劳动力市场的需求相匹配。航空产业的主要公司为：空客集团、Avio，Pratt& Whitney，Sikorsky 等。①

此外，波兰还致力于电子、家电、食品加工等劳动力密集型的制造业发展，并将绿色能源、信息技术等高科技制造业纳入战略性产业中，研发和流程外包等与制造业密切相关的第三产业也成为波兰产业发展的战略重点，致力于成为欧洲的中高端制造业中心。

（七）国内政策优势

波兰政府为促进投资制订了一系列的具体政策和机制。除了建立经济特区外，对企业而言，其他重要的鼓励机制包括：第一，对国家经济重要的项目提供财政支持。2011 年 7 月 5 日，部长委员会（the Council of Ministers）通过决议，即对 2011—2020 年度对波兰经济有重要意义的外国投资项目给予支持。根据该决议，波兰政府制定了投资支持政策，形成了以税收减免为主要形式的财政补贴机制。税收减免主要为公司收入税减免和房地产税减免。② 财政支持政策主要包括波兰国家财政支持政策、地方财政支持政策和欧盟财政支持政策三个层级的支持体系。第二，建立工业技术园区。如前所述，工业技术园区聚集某一产业，或国家所支持的科技领域的企业和研究机构，向它们提供各类便利设施和服，有助于形成积极的聚集效应。

二　经济特区制度的发展前景

近年来，随着波兰国内外经济形势出现新的变化与挑战，法律规定的

---

① Polish Investment and Trade Agency，“Investor's Guide—Poland，How to do Business，2017”，pp. 65 – 66（https：//www. paih. gov. pl/files/？id_ plik = 31659）.

② Polish Investment and Trade Agency，“Investor's Guide—Poland，How to do Business，2017”，p. 171（https：//www. paih. gov. pl/files/？id_ plik = 31659）.

经济特区到期时间——2026年年底也日趋逼近，波兰以经济特区为核心的投资激励机制正酝酿着新的调整与变革。

（一）国际经济环境的新变化和国内经济形势的新挑战

近年来，世界经济形势出现了不确定性和不稳定性加剧的趋势：贸易保护主义在全球范围内抬头并迅猛发展；战后建立的多边贸易与金融体系的作用出现了被边缘化的趋势。同时，由于金融产品的过度开发和全球消费的相对萎缩，实体经济遭受到巨大冲击……这些新情况都使得直接投资在全球范围内大幅缩减。根据联合国贸易和发展会议的报告显示，2017年的全球直接投资额为1.43万亿美元，较2016年全球直接投资额1.87万亿美元下跌了23%。[①] 波兰作为欧洲地区吸纳外资较多的国家也未能幸免。2015年波兰获得外来投资为152.71亿美元，2016年获得139.28亿美元，而2017年更是锐减到64.34亿美元。[②]

从波兰的国内经济来看也出现了一系列新的挑战。

首先，波兰首要的经济任务已经发生了改变，早期创设经济特区的部分原因已不复存在。在波兰开启转型进程之初，解决失业问题一度是国家面临的首要任务。1990年底，波兰的失业率为6.4%，到了1993年底飙升至16.4%。在此背景下，波兰当局于1994年决定设立经济特区，首要目的就是要通过引入外资在波兰设厂开业，来增加就业机会，缓解这一问题。然而，近年来，波兰的失业问题已经得到了很大改善。从统计数据来看，2015年波兰的失业率回落到10%以内（9.7%），2016年为8.2%，而2017年更是降低到了转型以来的最低水平，仅为6.6%。预计2018年的失业率将进一步降低，跌至6%以下。[③] 因此，解决就业已经不再是波兰政府鼓励外资设厂的主要目的。

事实上，当前的波兰正处于“用工荒”的窘境中。当地招聘和人力资源服务商Work Service SA最新公布的数据显示，超过一半的波兰境内公司有职位空缺。有研究机构预计，到2050年，波兰劳动力人口数量将减少至1360万，比2015年劳动力总数减少27%，劳动力严重缺乏。造成劳

---

① UNCTAD（https：//unctad.org/en/PublicationsLibrary/wir2018_ en.pdf）.

② UNCTAD（https：//unctad.org/en/PublicationsLibrary/wir2018_ en.pdf）.

③ 波兰中央统计局（https：//stat.gov.pl/en/topics/labour-market/registered-unemployment/unemployment-rate-1990-2018，3，1.html）。

动力严重短缺的原因来自诸多方面。一方面，从人口结构来看，波兰是欧盟人口出生率较低的国家之一，育龄妇女平均每人仅生育 1.3 个孩子，这导致波兰人口总量呈缓慢下降趋势。同时，2017 年 10 月，波兰政府开始实施降低退休年龄法案，退休年龄由 67 岁降至女性 60 岁和男性 65 岁，导致 2017 年波兰的退休人口从 23 万激增至 55 万，进一步加剧了劳动力短缺的问题。[①] 另一方面，从劳动力成本来看，近年，包括波兰劳动力在内的大批中东欧劳动力借助欧洲单一市场赋予的劳动力流通自由纷纷前往薪资水平更高的西欧国家就业，导致本国政府和企业为了留住劳动力，不断提升员工福利和薪资待遇，使得企业的运营成本不断上升，在波兰投资的劳动力成本优势不断降低。因此，当前波兰政府更重视发展以研发和创新为核心的高新技术产业，鼓励投资企业创造更多薪酬相对较高的专业技术型就业机会，在留住高端人才的同时，也为波兰构建起更具竞争力和可持续发展能力的产业结构。

其次，波兰当局近年来注重扶持本国企业的培育和发展，因此对于外资的优惠力度出现了逐年递减，这也大大影响了境外企业投资波兰的积极性。波兰将不少产业设定为国家战略性产业，限制了这些产业外资参与竞争。例如，执政的法律与正义党对主要有外资控制的银行业和大型零售业收取高额税收，同时，强调要通过收回外资企业来提高波兰对本国事务的掌控力。[②]

此外，近年来波兰国内的政治环境发展，以及与欧盟之间的紧张关系也成为影响外资投资意向的一大不利因素。波兰政府推行的司法改革招致国内外批评和抗议，由其引发的“宪法危机”危机反映到经济层面则表现为标准普尔下调了对波兰国债和波兰货币兹罗提的信用评级。这些情况都导致波兰近年来的投资增长率明显低于预期，和波兰连续多年优于欧盟平均水平的经济增长形成了鲜明对比。

很明显，已经运作 20 年有余的经济特区制度难以应对上述国内外经济与非经济领域的新发展、新变化和新挑战，再加上 2026 年越来越近，

---

① 于洋：《波兰面临“用工荒”窘境》，《人民日报》2018 年 4 月 17 日第 22 版。

② “Foreign companies to lose Polish tax ‘privilege’”, February 8, 2016, *Finacial Times* (https: //www. ft. com/content/ed539b74-cc19-11e5-be0b-b7ece4e953a0) .

出台新的激励政策势在必行。

（二）经济特区 2.0 版——投资区模式

2017 年，波兰发展部宣布，从 2018 年的第一季度开始，将采用波兰投资区（Polish Investment Zone）模式替代已经发展了 20 年有余的经济特区模式。和经济特区模式相比，波兰投资区模式具有以下的不同之处。

首先，波兰投资区取消了边界限制。所得税的减免将在整个波兰境内得到应用，而不仅仅是目前的 14 个经济特区所覆盖的地区。由此，投资者将可以自由选择投资地点，不需要限定在已取得特别经济特区地位的地域内，或为了享受经济特区待遇而大费周折地将申请所在地点并入某一经济特区内。

其次，确立了可享受税收优惠政策的投资企业的资质要求，以及享受税收优惠的标准。从资质角度来看，过去要成为经济特区内投资企业，主要需符合数量上的诸多规定，包括投资总额、创设就业数量、经营时间长短等。而当前，企业要享受波兰投资区优惠，则要经由专门团队依据三项标准进行评估后才可获得。三项标准如下。

一是投资地点。波兰政府鼓励企业选择相对落后的东部地区进行绿地投资，以推动波兰国内更趋平衡的经济发展。根据这一原则，投资企业所能享受的税收优惠根据地点的不同而各异。例如，首都华沙市内的投资企业可享受投资开支 10% 的税收减免；大华沙地区最高 20%；大波兰省、西里西亚省及下西里西亚省最高 25%；其他波兰西部省份为 35%，而东部省份则为 50%。对于中小企业，政府补偿可在此标准之上增加 10%—20%，换句话说中小企业最高可享受投资开支 60%—70% 的税收减免。对于超过 5000 万欧元的大型投资，另有特定条款来决定政府的支持力度。投资开支包含获得土地的价格、收购或建造固定资产的成本，与技术转让相关的可见资产的价值，以及两年内雇佣员工的成本。①

二是投资属性。即行业领域是否有利于波兰经济实现结构性和可持续性发展。以下是波兰政府最为青睐的行业：共享服务中心、航空行业、造船业、生物科技、制药业、电子行业、机械行业、化工行业、家具制造

---

① Tax Poland Commentary（https：//www. garrigues. com/pl/en_GB/new/new-act-come-force-14-june-support-new-investments-creating-polish-investment-zone-under-which）.

业、食品加工业、交通设施制造业、医用设备制造业、信息产业等。而烟草和酒类企业、燃料企业、建筑业、金融与保险业，以及一些与废料处理相关的服务行业则不被列入政府提供免税优惠的行列。

三是投资企业所创造的就业机会的质量。当前，在劳动力短缺的背景下，波兰政府更期待投资企业能够创造出更具专业技术含量的就业机会。具体而言，企业创造的就业机会需要有助于培养专业知识类人才，雇佣高收入就业人员；需要有助于波兰的科技发展，即加强与波兰境内的研发中心、高等院校之间的合作，实现集群式的发展；需要有助于发展波兰的人力资源，使得受雇员工能够不断学习进步，在工作的同时获得额外的收益。上述三个标准与波兰政府近年来推出的《负责任的发展战略》设立的结构性发展、科学发展、可持续性发展以及人力资源发展四大目标保持一致。

从这一制度的时间期限来看，波兰投资区不再设有终止期限。对于投资企业给予免税方面的支持将持续 10—15 年（具体长短根据所在地区做出的相关规定）。等有关经济特区的法案于 2026 年到期后，对于地处经济特区的企业，免税期可延长 5 年。

当前，经济特区制度将和这一新型的波兰投资区模式共同运作。但是，前者仅适用于在新模式启动前获得商业运作许可的企业。换句话说，两套体系将同时运作到 2026 年。在 2026 年前，2018 年前获得许可进入经济特区的企业采用老法获取优惠，而 2018 年起在波兰投资的企业则都可以享受新的投资激励模式确定的优惠。① 波兰发展部预期，到 2027 年，投资激励政策的这些改革与变化将会给波兰创造出 15. 83 万个新的就业机会，吸引 279 亿欧元的投资总额，并且给国家和地方财政带来 8. 8 亿欧元的收益。②

在整个中东欧国家中，虽然各国都有不同程度的吸引外国投资的优惠政策，但是正式设立类似波兰的经济特区的国家并不是很多。拉脱维亚和立陶宛具有与波兰经济特区相似法律地位和框架的特别区，拉脱维亚有 4

① KPMG in Poland, “Special economic zones 2. 0”, September 2017（https：//home. kpmg. com/content/dam/kpmg/xx/pdf/2017/09/tnf-poland-sep19-2017. pdf）.

② Małgorzata Grzegorczyk, “Overhaul of the special economic zones in Poland”, Financial Oberver. eu（https：//financialobserver. eu/poland/overhaul-of-the-special-economic-zones-in-poland/）.

个经济特区，其中两个更类似于自由贸易区。立陶宛有 7 个经济特区。爱沙尼亚和罗马尼亚也拥有与波兰经济特区相类似功能的“自由区”，爱沙尼亚有 4 个，罗马尼亚有 6 个。该地区的其他国家：保加利亚、匈牙利、斯洛伐克和捷克，既没有经济特区，也没有相类似的自由区。当然，这并不意味着这些国家没有系统性的地区投资支持政策。一个例子就是捷克，它拥有一个广泛的投资促进政策，包括地区特别收入税减免。斯洛伐克也有相类似的为投资者提供的公共资助政策。① 与上述中东欧国家相比，波兰获得的外国投资规模最大。外国投资者的数量、投资额、创造新的工作岗位数量都是这些其他国家的数倍。可以获得税收减免的区域面积也是最大并形成了网络，涵盖了波兰的主要地区。可以说，经济特区和工业技术园是波兰维持经济增长的一大增长点。

---

① KPMG in Poland，“Special Economic Zones—Edition 2012”，p. 48 （http：//www. paiz. gov. pl/files/？ id_ plik = 20342）．

第五章　创新能力研究

波兰国家战略与政策是扶持本国创新的重要保障；多个政府及社会机构协调保证创新政策及资金的有效配置；经济形势的向好、社会资源的充裕以及欧盟资金的支持，都是波兰创新不断发展的动力。未来，波兰在创新道路上还有若干挑战需要面对。

第一节　创新能力评价

总体上，中东欧国家的创新能力偏弱，但在加入欧盟后开始向欧盟平均发展水平趋同。目前，多数中东欧国家的创新能力已有所提高，并且部分国家表现出快速追赶欧盟先进成员国的态势，波兰在欧盟的创新能力评价体系中处于中等水平。

一　欧盟的创新能力评价体系

欧盟通过年度“创新记分牌”来展示成员国以及相关国家的创新表现。综合创新指数（SII）是考量各国创新表现的综合指标，其评估体系也逐年完善并改进。在2016年之前，欧盟通过3大类指标（即创新推动、企业活动和创新产出），总共包括8个创新维度下的25个分项指标来进行评价。从2016年起，欧盟采用新的考核指标。新评估框架从4大类指标（即框架条件、投资、创新活动与影响）共10个创新维度下的27个指标衡量各国的创新表现。[①]“框架条件”抓住了创新的主要动力（不包含企

① EU,“European Innovation Scoreboard 2017”, p. 6（http://ec. europa. eu/growth/industry/innovation/facts-figures/scoreboards/）.

业活动)，涵盖三个创新维度：人力资源、有吸引力的研究体系、创新友好型环境。“投资”捕捉住了研究和创新领域的公共与私人投资，包括两个维度，金融和支持、公司（企业）投资。“创新活动”指企业层面的创新努力，归集为三个维度：创新者、联络、智力资产。“影响”涵盖了企业创新活动的效果，有两个维度：就业影响与销售影响（见附录）。

根据综合创新指数的测量，欧盟 28 个成员被划分为四个不同级别的创新组：创新引领者、强力创新者、中等创新者与一般创新者。创新引领者即 SII 指数高于欧盟平均值 20% 以上的成员；强力创新者即 SII 指数在欧盟平均值 90%—120% 的成员国；中等创新者为 SII 指数在欧盟平均值 50%—90% 的成员国；一般创新者即 SII 指数低于欧盟平均值 50% 以上的国家。

在欧盟 28 个成员当中，瑞典、丹麦、芬兰、荷兰、英国以及德国总体都保持着创新引领者的地位。奥地利、卢森堡、爱尔兰、比利时、法国、斯洛文尼亚位居强力创新者组别。捷克、爱沙尼亚、立陶宛、斯洛伐克、匈牙利、拉脱维亚、波兰与克罗地亚位居中等创新者组别。罗马尼亚与保加利亚在最后一组别，属于一般创新者。截至 2016 年，斯洛文尼亚是唯一一个进入第二组别的中东欧成员国。

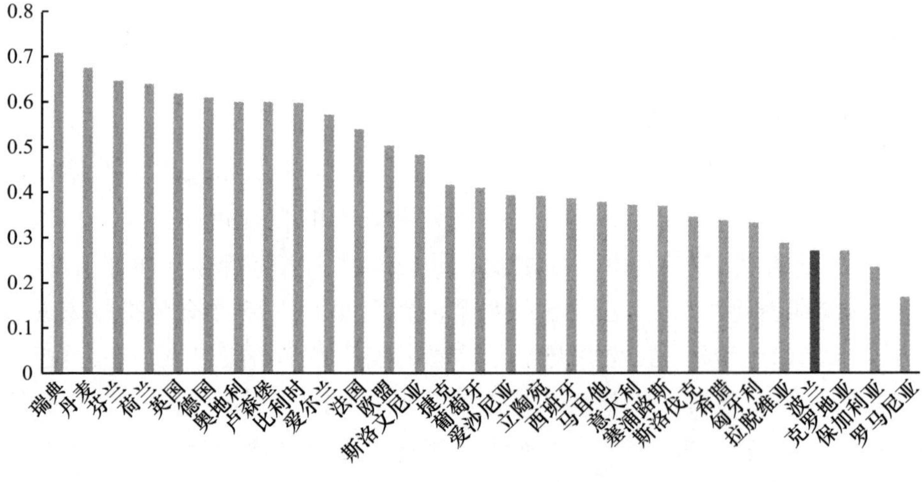

图 II－5－1　欧盟及其成员创新综合指数（2016 年）

资料来源：欧洲创新记分牌 2017。

相比2010年，2016年的欧盟创新有进展但脚步放缓，且成员之间差距仍大。其中有15个成员创新能力有所提高，13个成员创新能力有所下降（见表Ⅱ-5-1和表Ⅱ-5-2）。[①]

表Ⅱ-5-1　　**2016年创新表现增长的欧盟成员（相比2010年）**

国家	增长（%）
立陶宛	21.0
马耳他	12.2
英国	11.7
荷兰	10.4
奥地利	8.9
拉脱维亚	8.5
斯洛伐克	8
爱尔兰	3.5
法国	2.8
瑞典	2.3
波兰	2.0
比利时	1.4
卢森堡	1.4
希腊	0.7
保加利亚	0.1

资料来源：欧洲创新记分牌2017。

表Ⅱ-5-2　　**2016年创新表现下降的欧盟成员（相比2010年）**

国家	增长（%）
斯洛文尼亚	-0.2
意大利	-0.2
克罗地亚	-1.4
西班牙	-1.8
葡萄牙	-2.4
丹麦	-2.8

① EU, "European Innovation Scoreboard 2017", p. 16 (http://ec.europa.eu/growth/industry/innovation/facts-figures/scoreboards/).

续表

国家	增长（%）
匈牙利	-3.5
捷克	-3.5
爱沙尼亚	-3.6
德国	-3.7
芬兰	-5.1
塞浦路斯	-12.7
罗马尼亚	-14.1

资料来源：欧洲创新记分牌 2017。

欧盟对成员创新能力予以评测，并非以分值表现为终极目标，而是在于通过各个指标的动态与静态衡量，让每个成员了解自身创新进展中的优势与弱势，从而明确努力的方向。而欧盟也通过多年的评估，不断完善评价体系以创造一个生态良好的创新环境。目前，欧盟日益关注数字化利用与企业家精神对创新的驱动作用。

二 波兰的创新能力发展态势*

按照综合创新指数衡量，在欧盟内部，波兰属于第三类——中等创新型国家（Moderate Innovators）。如图 II-5-1 所示，2016 年，在欧盟 28 个成员内，波兰的创新位置排名第 25 位。从表 II-5-3 可以看出，波兰的创新能力总体上趋于前进，但相对于欧盟平均水平而言还是比较落后的。

表 II-5-3 **综合创新指数**（Summar B Innovation Index，SII）

年份	2010	2011	2012	2013	2014	2015	2016
波兰	0.261	0.263	0.251	0.254	0.251	0.257	0.270
欧盟 28 国平均值	0.493	0.496	0.489	0.495	0.489	0.497	0.503

资料来源：欧洲创新记分牌 2017。

* 波兰各项创新维度指标分析的相关内容原载《“一带一路”欧亚合作发展报告 2018》，社会科学文献出版社 2018 年版。

除观察波兰综合创新指数在欧盟内的排名外，从欧盟创新记分牌报告的 8 个或 10 个维度也可以了解波兰的创新进展。① 下文分别考察了波兰 2008—2015 年，在人力资源、研究体系、资金与支持、公司投资、联络与创业能力、知识产权、创新者与经济效果这 8 个维度上的分值变化，同时以欧盟同期平均分值做参照。

第一，在人力资源维度上，波兰逐年呈现上升趋势，并接近欧盟平均水平，在某些年度甚至高于欧盟平均水平。这是波兰创新能力的优势所在。

表 II –5 –4　　**人力资源维度**

年份	2008	2009	2010	2011	2012	2013	2014	2015
波兰	0. 497	0. 512	0. 515	0. 488	0. 506	0. 527	0. 547	0. 556
欧盟 28 国平均值	0. 453	0. 463	0. 469	0. 481	0. 497	0. 545	0. 567	0. 575

资料来源：笔者根据历年欧洲创新记分牌整理。

第二，研究体系维度这个指标考量波兰研发机构（人员）的国际合作出版、在全球知名科学出版物发表论文以及培养非欧盟博士研究生状况。表 II –5 –5 数据显示，波兰与欧盟平均水平相差甚远。

表 II –5 –5　　**开放、卓越与有吸引力的研究体系维度**

年份	2008	2009	2010	2011	2012	2013	2014	2015
波兰	0. 101	0. 101	0. 089	0. 097	0. 097	0. 099	0. 102	0. 125
欧盟 28 国平均值	0. 406	0. 412	0. 423	0. 431	0. 443	0. 456	0. 454	0. 466

资料来源：笔者根据历年欧洲创新记分牌整理。

第三，资金与支持维度涵盖公共部门以及风险资本对波兰创新的总体支持力度。2008—2015 年，波兰的公共部门研发支出以及风险资本投资

① 2016 年以前的欧洲创新记分牌报告采用 8 个维度指标，2016 年起采用新指标体系，分为 10 个维度。

创新总体呈现上升趋势，但与欧盟平均水平还是差距不小。政府公共研发支持是波兰创新的主力，2015 年，波兰公共资金支持创新的支出占其 GDP 为 0. 48%；欧盟同期平均值为 0. 72%。风险资本是新商业模式的重要资金来源之一。企业希望开发新的但有风险的技术时，风险投资是最稳妥的资金来源。2015 年，波兰风险投资占其 GDP 为 0. 017%，而同年的欧盟平均水平为 0. 062%。①

表 II –5 –6　　　　资金与支持维度

年份	2008	2009	2010	2011	2012	2013	2014	2015
波兰	0. 214	0. 225	0. 257	0. 312	0. 318	0. 341	0. 276	0. 274
欧盟 28 国平均值	0. 524	0. 547	0. 581	0. 545	0. 514	0. 492	0. 494	0. 489

资料来源：笔者根据历年欧洲创新记分牌整理。

第四，公司投资维度可显示波兰企业在研发方面的支持情况。入盟以后，波兰的商业部门投资创新研发逐年增长，接近欧盟均值。2015 年，商业部门研发支出占同期波兰 GDP 比例为 0. 38%，欧盟平均水平为 1. 29%。波兰商业部门投资研发占比趋近于公共部门。

表 II –5 –7　　　　公司投资维度

年份	2008	2009	2010	2011	2012	2013	2014	2015
波兰	0. 284	0. 288	0. 288	0. 376	0. 384	0. 336	0. 346	0. 361
欧盟 28 国平均值	0. 367	0. 375	0. 381	0. 409	0. 422	0. 389	0. 391	0. 426

资料来源：笔者根据历年欧洲创新记分牌整理。

第五，联络与创业能力维度指标综合表示波兰中小企业内部创新以及联合其他中小企业开展创新占全部中小企业的比重等。从表 II –5 –8 可以看出，波兰与欧盟平均水平相去甚远。

① EIS 2016 Data Base (http: //ec. europa. eu/DocsRoom/documents/17823) .

表Ⅱ-5-8　　联络与创业能力维度

年份	2008	2009	2010	2011	2012	2013	2014	2015
波兰	0.239	0.239	0.238	0.171	0.174	0.099	0.099	0.094
欧盟28国平均值	0.464	0.464	0.469	0.513	0.518	0.486	0.483	0.473

资料来源：笔者根据历年欧洲创新记分牌整理。

第六，知识产权维度涉及专利申请、新商标申请、新商业设计等领域。从表Ⅱ-5-9的数据可以看出波兰的知识产权维度指标逐年在趋同于欧盟平均水平。

表Ⅱ-5-9　　知识产权维度

年份	2008	2009	2010	2011	2012	2013	2014	2015
波兰	0.259	0.277	0.292	0.305	0.321	0.318	0.358	0.391
欧盟28平均值国	0.553	0.559	0.563	0.567	0.575	0.578	0.576	0.556

资料来源：笔者根据历年欧洲创新记分牌整理。

第七，创新者维度综合衡量进行产品生产、营销以及组织创新的中小企业占全部中小企业的比重等。从表Ⅱ-5-10的数据看出，波兰在这个维度上与欧盟平均水平偏离较大。

表Ⅱ-5-10　　创新者维度

年份	2008	2009	2010	2011	2012	2013	2014	2015
波兰	0.347	0.347	0.347	0.249	0.249	0.262	0.262	0.209
欧盟28国平均值	0.579	0.579	0.579	0.542	0.542	0.556	0.547	0.526

资料来源：笔者根据历年欧洲创新记分牌整理。

第八，波兰在创新的经济效果维度上与欧盟平均水平的差距也较大，且呈现下降趋势。

表 II-5-11 **经济效果维度**

年份	2008	2009	2010	2011	2012	2013	2014	2015
波兰	0.332	0.344	0.331	0.330	0.329	0.311	0.315	0.301
欧盟—28 平均值	0.535	0.544	0.556	0.557	0.562	0.565	0.573	0.573

资料来源：作者根据历年欧洲创新记分牌整理。

虽然波兰对研发的支持力度不断加大，但按照欧盟创新记分牌的评价标准，到 2015 年波兰在 8 个创新维度指标上基本低于欧盟平均水平。按照 2016 年欧盟的新指标体系衡量，波兰在 10 个维度指标得分都低于欧盟平均水平，特别是“有吸引力的研究体系”“创新者”“联络”等维度。波兰在创新发展的道路上任务艰巨。

表 II-5-12 **2016 年波兰 10 个创新维度得分**

	人力资源	有吸引力的研究体系	创新友好型环境	资金与支持	公司投资	创新者	联络与创业能力	知识产权	就业影响	销售影响
波兰	0.308	0.133	0.364	0.289	0.356	0.012	0.134	0.383	0.473	0.356
欧盟 28 国平均值	0.481	0.451	0.497	0.473	0.475	0.478	0.479	0.493	0.538	0.664

资料来源：欧洲创新记分牌 2017。

第二节 创新发展的驱动因素*

一 政策保障①

波兰的创新发展得益于政府出台的多项国家战略与配套政策，主要包括：

---

* 本节内容原载《“一带一路”欧亚合作发展报告 2018》，社会科学文献出版社 2018 年版。

① KrzBsztof Klincewicz, KatarzBna Szkuta, *Rio Country Report 2015*: *Poland*, 2016, p. 21.

（一）创新与经济效率战略（the Strategy for Innovativeness and Efficiency of the Economy，SIEG）

2013 年，波兰政府出台“创新与经济效率战略”，为波兰的创新发展锁定了目标。主要目标有：第一，到 2020 年，波兰研发支出占 GDP 比例达到 0.8%；[①] 第二，到 2020 年，高技术与中等技术产品销售占比达到 40%；第三，到 2020 年，高技术产品出口值占波兰总出口比例达到 8%；创新性企业占比达到 25%。

（二）企业发展计划（the Enterprise Development Programme，PRP）

2014 年，波兰政府出台“企业发展计划”。这个计划是“创新与经济效率战略”的实施方案。方案明确了政府进入创新领域的范围、支持措施以及预期的有关法律改革。这个方案关注实施创新战略的商业主体、未来的政策措施与公共管理部门结构与流程的简化等领域。

（三）国家智能专业化（National Smart Specialisations，KIS）

这个文件于 2014 年出台。作为企业发展计划的附件，文件中罗列出最具经济与创新潜力的研发创新战略领域，聚焦科学与工业技术的前瞻性。

（四）国家研究计划（the National Research Programme，KPB）

该计划出台于 2011 年，列出科学研究的关键领域，包括：能源领域的新技术；新药、再生医学研究；先进的信息通信技术；新材料；环境、农业以及林业技术；国防与国家安全等[②]。这项计划近似于“国家智能专业化”政策，其出台先于欧盟关于智能专业化的倡议。当前，国家研究计划已被波兰发展部所属的国家研发中心（National Science Centre for R&D，NCBiR）分解到若干研发战略资助项目中。

（五）波兰研究基础路线图（the Polish Roadmap of Research Infrastructures，PMDIB）

路线图包含了大规模研究创新的建议和对政府支持措施的建议。

（六）智能增长行动计划（the Operational Programme Smart Growth，POIR）

这是波兰政府在 2014—2020 年主要的研发资助计划，与包括国家智

① 公民纲领党政府将这一目标提高为 1.7%。

② 来自笔者与中国驻波大使馆科技处的座谈。

能专业化等其他政策直接关联。

（七）地区行动计划（Regional Operational Programmes，RPOs）

这个计划包括专门的地区资助研发资金，明确了波兰各地区的智能专业化目标。

上述 7 份文件作为波兰的官方创新战略与政策，有着内在逻辑性。"创新与经济效率战略"是波兰国家研发创新战略的纲领性文件，旨在通过提高知识与工作的效率促进创新性，克服波兰研发体系的关键挑战如刺激私人投资研发、国际化以及创新性。企业是创新的重要主体，"企业发展计划"文件则为落实纲领性文件而打造。为响应欧盟倡议，政府关注智能专业化，这也是创新的重要领域，"国家智能专业化"文件应运而生。"国家研究计划"是之前波兰科学委员会制订的，也有机融入"国家智能专业化计划"。"波兰研究基础路线图"为创新所需的研究设施设计路径，企业创新不能缺少大型的基础研究设施，这就需要政府给予大力资助；高校也需要利用上述设施推动基础研究。"智能增长行动计划"是在欧盟 2014—2020 财年框架下的波兰创新研发资金分配计划。波兰希望借助上述计划推进各地区创新，"地区行动计划"则细化了地区智能专业化的行动目标。

二　机制保证①

波兰中央政府保持了多年稳定，政府出台的多年政策计划和预算安排为创新提供了稳定预期，有助于对研发的支持保证。

（一）议会、总统与部长议会（内阁）

议会、总统与部长议会（内阁）是引领波兰创新的最高政治决策层。议会发挥立法作用，部长议会负责执行，总统有权提起立法程序和接受新立法。

（二）相关政府部门及非政府部门之间的协调

在波兰创新发展的官方部门中，发展部、科学与高等教育部、国库部作用突出。这 3 个部彼此协调国家创新政策。作为非政府部门，科学政策委员会（Committee for Science Policy，KPN）以及科学研究机构评估委员

---

① KrzBsztof Klincewicz，KatarzBna Szkuta，*Rio Country Report 2015*：*Poland*，2016，p. 20.

会（Committee for Evaluation of Scientific Research Institutions，KEJN）是科学政策的咨询机构。上述政府部门与非政府咨询部门在研发创新的资助与评估过程中开展协调。

（三）研发创新资金的分配

2015 年 12 月，时任波兰政府进行改组，将经济部、基础设施与发展部合并为发展部。发展部制订、实施创新战略，分派研发创新资金到企业发展署（Polish Agency for Enterprise Development，PARP 和国家研发中心（NCBiR），帮助企业从国家以及欧盟基金获得创新资助。发展部还肩负监督与欧盟资金有关的政策法规，支持创新企业以及研发活动的政策工具、负责协调相关资金机构的行动。科学与高等教育部（MNiSW）管理科学预算并且督管两个重要的资助机构：国家科学中心（the National Science Centre，NCN）和国家研发中心（NCBiR）。国家科学中心资助基础科学研究，国家研发中心资助应用研究与创新发展项目。

此外，国库部通过国有银行（Bank Gospodarstwa Krajowego，BGK）提供公共资金支持创新。国库部所辖的工业发展局（ARP）主要负责大型国企的私有化与重组，但现在也涉足创新，如石墨烯技术研发。国库部还拥有国家资本基金（National Capital Fund，KFK），专门支持风险投资用于创新领域。

波兰科学基金会（The Foundation for Polish Science，FNP）作为非政府机构，其资金分别来自政府科学预算、欧盟结构基金以及其他途径，负责提供研究经费与奖学金。

波兰科学院（PAN）作为负责管理欧盟研究项目的国家联络点（National Contact Point for Research Programmes of the European Union，KPK），承担着推动波兰科学家参与欧盟“地平线 2020”等研发项目的职责。

（四）创新研究主体

波兰的创新主体包括公共与私人机构：公共高等教育机构以及波兰科学院等公共研究机构；私人高等教育机构、商业企业、孵化器与技术园区。

私人商业支持机构包括风险资本基金、企业孵化器、技术园区与企业天使协会（business angels associations）。由于欧盟结构基金资助，近年来这些私人机构数量增加。企业通过行业协会等影响政府相关政策的立法过程。

政府及时评估行动计划，从上一个欧盟7年财政年度以及新的财年资助吸取经验。所有国家与地方层面的新设计的行动计划都要进行事前评估和大范围的利益相关者磋商：部委之间的磋商、在线平台与外部利益相关者磋商（包括公民个人），以确保资助项目的可行性。

三　经济助力

一方面，波兰的创新能力有来自国内产业升级换代的经济需求。前文述及，在2008年的国际金融危机冲击下，波兰经济仍维持了正增长，并且国内市场的需求日益成为促进经济发展的动力。波兰对欧盟发达成员国的追赶与趋同首先表现在居民生活水平提高上，收入提高刺激内需，尤其是私人消费，激励着创新。与此同时，波兰经济主要为制造业与农业主导，但服务业地位在上升。波兰制造业主要依赖低端技术与中端技术，高技术制造业增加值在2012年只占国民经济总增加值的1.3%，相当于欧盟平均水平的一半。① 创新是推进波兰的产业结构向中高端制造业转移的重要途径。

另一方面，波兰的创新发展也得到了欧盟结构基金的巨大支持。2007—2013年，波兰从欧盟获得673亿欧元凝聚基金用于基础设施建设、人力资本发展等。2013年，波兰参与了欧盟科技研发第七框架计划，波兰研发机构得以融入欧洲层面的科技创新。② 波兰在第七框架计划下获得4.41349亿欧元的项目资助。③ 2007—2012年，波兰从欧盟结构资金中获得了49.483亿欧元的资金进行研究与创新，这是欧盟同期给予所有成员国之中最多的一笔研发资助。欧盟还提供资金用于支持波兰的高速宽带网络建设。波兰政府也雄心勃勃力图到2023年时让所有波兰家庭都能够使用高速宽带。欧盟的资金支持也提升了企业对研发的投入比重。2004—2006年，在欧盟预算首次资助波兰期间，企业研发支出占波兰同期全部研发支出的比重由28.68%上升至31.54%。2007—2013年，受金融危机

---

① Eurostat, 2015.

② Ministryof Economy, Poland, *Strategyfor Innovation and Efficiencyof The Economy*: *Dynamic Poland 2020*, 2013, pp. 142 – 143.

③ KrzBsztof Klincewicz, KatarzBna Szkuta, *Rio Country Report 2015*: *Poland*, 2016, p. 40.

影响，波兰企业研发支出比重一度下滑，从2007年的30.36%到2011年的30.13%，但2012年又回升至37.21%。[①]

第三节　创新能力的发展前景

2015年11月，法律与公正党政府上台后，宣布将更多投资用于支持企业发展，提高生产效率、拓展海外市场，对创新研发给予更大扶持，促进研究与市场结合。从2016年起，波兰政府实施《负责任的发展战略》，明确提出将研发支出从2015年占GDP的0.8%提高到2020年的2%作为一大重点目标。在这一战略规划指导下，波兰对若干政府机构和机制进行调整，修订有关法律鼓励企业投资创新，予以极大力度的退税优惠，并通过建立波兰发展基金，对风险资本基金予以支持。

一　法律与公正党政府的创新发展举措

（一）机构改组

如本书第二篇第一章所述，《负责任的发展战略》将再工业化、发展创新、投资、国际合作和社会及地方发展五大支柱，每个支柱中都涉及创新因素。2017年2月，波兰内阁部长理事会议审议通过了由经济发展部提出的《负责任的发展战略》详细规划，全文共316页，涉及项目185项，提出72项评价指标，涉及单位达705家。该战略高度重视波兰创新能力、再工业化、地区平衡发展等问题，计划2020年前斥资1.5万亿兹罗提和6000亿兹罗提分别用于公共部门和私营部门项目。

为实施这一战略，提高政府效率，时任波兰总理希德沃任命莫拉维茨基兼任经济发展部部长与财政部部长，并成立部长联席会经济委员会，由莫拉维茨基担任经济委员会主席。2017年1月1日，国库部被撤销，总理希德沃直接管理监督国有企业，并成立9席咨询委员会，就国企问题向总理提供建议，咨询委员会成员将由总理、经济部部长和能源部长共同任

---

① Aneta Kosztowniak, Anna Sacio-SzBmańska, "The assesment of the effectiveness of selected innovation support instruments used in Poland in 2007 – 2013", *Economics and Management*, Volume 7, Issue 2, 2015, p. 40.

命。2017 年 4 月，波兰投资贸易局（PAIH）成立，取代了原有的波兰信息和外国投资局（PAIiIZ）。新机构旨在促进波兰及其海外经济发展。波兰投资贸易局作为政府实施《负责任发展战略》的一部分，通过促进波兰经济的出口，特别是中小企业的出口，来促进波兰经济的发展，也将促进波兰各行业发展，并支持外国直接投资流入该国。2018 年 1 月，波兰总统正式任命新一届政府内阁，更换了包括外交、财政、国防、内政、卫生和环境部部长在内的部分部级官员，将原有的经济发展部改为投资与发展部，并新设了企业家和技术部。其中，投资与发展部部长由原经济发展部国务秘书耶日·奇森斯基（Jerzy Kwieciński）担任。波兰投资发展部在波兰创新发展方面起着重要作用。投资发展部的主要任务是在政府层面协调全国的发展力度，加速投资等。波兰近几年公共投资占全国总投资的 1/3，弥补了波兰很多年的技术基础设施方面的落后，尤其是交通基础设施建设较好。未来还需要加快地方政府的投资，需要加快私营部门的投资。其中最重要的项目之一就是商业宪法，法律更加稳定对商业和投资来说非常必要。

同时，波兰政府还通过设立和改组专门的创新机构加强政策协调。2016 年 1 月，波兰政府成立创新委员会，负责协调 2020 年之前约 160 亿欧元的创新投入。这个委员会使研发政策在政府议程上占据了突出位置，三位副总理都是委员会成员。由时任波兰副总理兼发展部部长莫拉维茨基任委员会主席，副总理兼文化部部长、副总理兼科技与高教部部长、国库部部长、数字化部长均是委员会成员。莫拉维茨基在成立仪式上表示，真正的创新经济基于科研、商业、政府三方面的合作，政府将在其中扮演很重要的角色。中央政府、欧盟和地方政府将积极支持研发项目和创新企业，并将之视为投资而非简单地使用预算。①

此外，波兰政府通过推动高等教育改革，促进高校对创新发展的智力支持。2018 年 1 月，科学与高等教育部公布高校改革方案，对地方高校进行补贴，博士有权享有哺乳假，男女科研人士退休年龄统一为 65 周岁。改革后，由学校民主选举出的校长将有更大的权力，鼓励广大高校成立校

---

① 《波兰创新委员会正式挂牌成立》，2016 年 1 月 4 日，驻波兰经商参赞处（http：//pl. mofcom. gov. cn/article/jmxw/201601/20160101234513. shtml）。

际联盟。波兰高校将在2018—2019年欧盟资金项下获得25亿兹罗提拨款，预计到2025年科研及高等教育开支将占波兰GDP的1.8%。

（二）筹集资金

2016年4月，波兰发展部成立波兰发展基金，对企业发展局、工业发展局、信息与外国投资局、信用保险公司、国家发展银行等重要经济促进机构进行整合，其中国家经济银行（BGK）在成立新机构过程中将充当领导角色。该基金作为波兰政府推进宏观经济发展的重要工具，将用于投资、基础设施、出口、商业推广、创新和中小企业等关键领域。[①] 波兰发展基金可以对风险资本提供强力支持。该基金意在建立一个资本投资平台，这可能将是中欧最大的类似平台。不仅吸引本地资金还有国外资金，而且基金的投资是长期的，其规模预计能达到6000万到1亿兹罗提。创新者或企业可以依靠波兰发展基金的支持。

与此同时，波兰政府还从不同层面积极筹集资金支持创新。波兰国家研发中心（National Research and Development Centre）实施地区创新发展扶持计划，预算支出总额为4亿兹罗提。过去政府支持重点放在了工业发展潜力大的地方，如华沙、西里西亚省、大波兰省和小波兰省，而这些区域的领先发展并未惠及其他地区，造成区域经济发展及人民生活水平的断层。地区创新发展扶持计划则根据全国每个省确定的重点经济发展方向给予资金支持。4亿兹罗提的扶持资金将有3.72亿用于扶持欠发达地区，2800万兹罗提用于马佐夫舍省。将在全国范围内设立26个研发区域，成立地区科研局（Regional Agencies of Scientific Research，RANB）。[②] 国家研究和发展中心（NCRD）设立的专项基金将为波兰创新项目投入超过4.7亿欧元：包括2.6亿欧元的风险投资基金和2.08亿欧元的企业创投基金，将为创新的中小企业高科技项目提供资金。NCRD由国库和欧盟资金资助。[③] 2018年，波兰正式启动“工业4.0平台”，支持工业数字化和智能

---

① 《波兰发展基金成立》，2016年4月18日，驻波兰经商参赞处（http：//pl.mofcom.gov.cn/article/jmxw/201604/20160401299602.shtml）。

② 《波兰政府将为区域创新发展提供资金扶持》，2016年6月2日，驻波兰经商参赞处（http：//pl.mofcom.gov.cn/article/jmxw/201606/20160601331800.shtml）。

③ 《波兰国家研究和发展中心将为创新项目投入超4.7亿欧元》，2017年4月12日，驻波兰经商参赞处（http：//pl.mofcom.gov.cn/article/jmxw/201704/20170402556463.shtml）。

化发展。这一平台是《负责任的发展战略》中再工业化支柱的重要组成部分，将以公私合作成立专门基金等方式，引导企业引入新技术、新型商业模式和生产程序。

此外，波兰在2014—2020年的欧盟基金中，有150亿欧元用于国家和地方创新项目。欧洲投资基金（EIF）作为欧洲最大的支持中小企业的风险投资基金，向波兰 Innovation Nest 基金投资1500万欧元支持企业创新创业。①

（三）修改法律

波兰经济的创新水平一直较低，过去几十年创新成果大都来自国外，改变这一状况的唯一途径是为企业与研究搭建桥梁。这就需要鼓励和扶持企业及科研组织创新以及研究成果商业化，尤其是对年轻企业家创新给予支持。2017年底，波兰政府出台《创新法案》。这是波兰首部支持创新的法律。法案将企业研发投入税收减免额提高至100%，对研发中心来说减免幅度更高，达到150%，而且所有公司都可以享受税收减免。此外，大学以优惠商业条件向公司提供其先进实验室的程序也更加简便。波兰企业发展局（PARP）和国家研发中心（NCBR）也获得为创新活动提供金融支持的权利。②

2018年1月，波兰议会通过《新商业宪法》。这一法案的立法工作由莫拉维茨基于2016年秋提出，在深入征求企业、社会、政府部门、工会等部门的意见基础上，通过提升企业的地位以简化企业与行政部门的关系。这一法案的实施将是波兰25年来经济法律领域的最大变化，主要有四大法案组成：一是企业家权利法案。这是“商业宪法”中最重要的法案，新法案引入“法无禁止即可为”的观念，包括交易者商业诚信推定、用有利交易者的角度衡量对其的实际怀疑等，引入非注册经营机构和对初创企业家的扶持机制，如初创企业家们在开始的六个月不必缴纳社会保险。二是中小企业代言人法案。中小企业代言人的任务是捍卫中小微企业的权利，确保商业宪法的核心精神在实践中得到执行。三是关于经济活动登记制和信息法以及企业家信息中心法案。四是关于外国企业家和其他外

---

①《欧盟投资基金投资1500万欧元支持波兰企业创新创业》，2017年5月11日，驻波兰经商参赞处（http：//pl.mofcom.gov.cn/article/jmxw/201705/20170502573580.shtml）。

②《波兰总统杜达签署创新法案》，2017年11月28日，驻波兰经商参赞处（http：//pl.mofcom.gov.cn/article/jmxw/201711/20171102677147.shtml）。

国人参与波兰境内经济活动的法案。

2018 年 4 月，波兰总理莫拉维茨基在法律与公正党和右翼联盟大会上发表演讲，宣布了一系列经济、社会改革措施：如，将中小企业的企业所得税从 15% 降至 9%；为 18 岁以下学生每学年提供 300 兹罗提补助等，加大支持企业创新与人才培养。

二　创新前景展望*

创新的高风险性使得国家的支持尤为重要。真正的创新基于科研、商业、政府三方面的合作。自加入欧盟后，波兰的研发与创新在欧洲一体化框架下持续发展。公共财政对研发的支持力度逐年加大，2007 年，波兰的研发强度为 0.6%，到 2015 年上升至 1%，当然这一水平还是低于欧盟平均指标。相比于 2008 年，创新水平稍有提高，2009 年，波兰创新水平相当于欧盟的 59%，2015 年降为 56%。[①] 近几年，波兰的研发投入虽在欧盟基金的支持下有所增长，但距离欧盟标准仍有很大差距。

法律与公正党政府上台后，在推出一系列新举措激励创新的同时，也正视问题与挑战，如好的科研项目没有经费、科研成果与商业应用间存在鸿沟、大企业不愿意在研发领域投资等。政府承诺到 2020 年波兰研发投入将占 GDP 的 1.7%，而目前这一比例仅为 0.94%，这就意味着每年需要额外 20 亿兹罗提的研发投入，才能实现承诺，以目前的财政状况，即使有欧盟资金的支持也是很难实现的。政府要求波兰大型国企的管理层大幅增加研发投入资金，以解决这一矛盾。军工行业是国企增加研发投入最有潜力的领域。

虽然波兰的研发创新体系主要由公共资金支持，但私人资金的作用也在提高。2013 年，在波兰有 2467 家商业企业从事研发，集中于工业与信息技术产业。[②] 尽管当前的创新主要是外资大公司、跨国公司，但中小企业的研发势头也在提升。

波兰的营商环境也在改善，这是鼓励创新的必要土壤。现任的波兰政

---

* 本部分内容原载《“一带一路”欧亚合作发展报告 2018》，社会科学文献出版社 2018 年版。

① 根据表 II－5－1 数据计算。

② Central Statistics Office of Poland, GUS, 2015.

府应努力采取措施简化商业手续，从税收政策角度支持企业加大研发投入。同时，为响应工业智能化的全球趋势，波兰也在加速其基础设施建设以及智能化应用。但关键的设施瓶颈依旧存在，铁路部门设施、技术老化；经济仍旧以煤炭能源驱动，高排放高污染；电站设施老化，火电站居多，电力需求旺盛。这都是当下波兰依靠创新大力改进的领域。

地区重要性在增长是波兰研发体系变化的重要特点。中央政府分配研发基金仍旧占据优势，不过新的法规也会促进地方创新体系的发展。政府包括地方政府在内的管理能力需要进一步提高。此外，加强创新的国际化对波兰也很重要。

附录 综合创新指数（SII）

欧洲创新记分牌（2016 年指标）

1. 创新动力

1.1 人力资源

1.1.1 新博士毕业生

1.1.2 30—34 岁高等学历人口

1.1.3 高中以上学历年轻人口

1.2 开放卓越的研究体系

1.2.1 科研成果国际合作发表

1.2.2 全球引用率前 10% 的文献

1.2.3 非欧盟博士研究生

1.3 资金与支持

1.3.1 公共研发支出

1.3.2 风险投资

2. 企业活动

2.1 企业投资

2.1.1 企业研发支出

2.1.2 非研发创新支出

2.2 联络与创业

2.2.1 中小企业自我创新

2.2.2 中小企业外部合作创新
2.2.3 公私合作
2.3 知识产权
2.3.1 专利申请
2.3.2 社会挑战领域里的专利申请
（环境技术与健康专利申请）
2.3.3 商标申请
2.3.4 设计申请
3. 创新产出
3.1 创新
3.1.1 中小企业产品或流程创新
3.1.2 中小企业营销或组织创新
3.1.3 创新部门中快速成长企业的就业
3.2 经济效果
3.2.1 知识密集型就业
3.2.2 中高技术产品出口
3.2.3 知识密集型服务出口
3.2.4 新上市与新研发产品的销售
3.2.5 海外许可与专利收入

欧洲创新记分牌新指标（2017 年—）
1. 框架条件
1.1 人力资源
1.1.1 新博士毕业生
1.1.2 25—34 岁高等学历人口
1.1.3 终生学习
1.2 有吸引力的研究体系
1.2.1 科研成果国际合作发表
1.2.2 全球引用率前 10% 论文占比
1.2.3 外国博士研究生
1.3 创新友好型环境

1.3.1 宽带普及率

1.3.2 机会驱动型创业

2. 投资

2.1 金融与支持

2.1.1 公共研发支出

2.1.2 风险投资

2.2 企业投资

2.2.1 企业研发支出

2.2.2 非研发创新支出

2.2.3 企业提供培训以发展或提升员工信息通信技术技能

3. 创新活动

3.1 创新者

3.1.1 中小企业产品或流程创新

3.1.2 中小企业营销或组织创新

3.1.3 中小企业自我创新

3.2 联络

3.2.1 中小企业外部合作创新

3.2.2 公私合作

3.2.3 公共研发支出中来自私人出资的部分

3.3 智力资产

3.3.1 专利申请

3.3.2 商标申请

3.3.3 设计申请

4. 影响

4.1 就业影响

4.1.1 知识密集型企业就业

4.1.2 创新部门快速成长企业的就业

4.2 销售影响

4.2.1 中高技术产品出口

4.2.2 知识密集型服务出口

4.2.3 新上市与新研发产品的销售

第六章　民粹主义思潮研究

近年来民粹主义成为一个热门的同时也是模糊的政治概念，它激起了许多学者的研究热情。作为民粹主义研究的重要样本，波兰的民粹主义对于民粹主义的理论建构具有重要意义。从现实政治的角度看，民粹主义正在改变着波兰甚至欧洲的民主政治走向。基于此，波兰的民粹主义研究成为波兰国别研究中不可或缺的一章。

第一节　民粹主义的研究进路及概念

尽管国内外学者和媒体普遍地将波兰的现政府，即法律与公正党（PiS）的政府称作民粹主义政府，将法律与公正党称作民粹主义政党，但“民粹主义”这个概念本身却是充满争议和不确定性的。所以，要更好地理解波兰的民粹主义，就必须首先厘清民粹主义的概念。如何理解民粹主义的概念，取决于以何种进路来研究民粹主义。卡茨·穆德（Cas Mudde）和克里斯托巴尔·罗维拉·考特瓦瑟（Cristóbal Rovira Kaltwasser）在他们的一本小册子《民粹主义：一个简短的介绍》里将已有的五种民粹主义研究进路进行归纳总结，并在此基础上提出了他们自己的研究进路。这六种研究进路为理解民粹主义的概念提供了重要的参考。本章在评述这六种研究进路的基础上，总结出学术界关于民粹主义的分歧与共识，并以此作为研究波兰民粹主义的理论框架。

一　关于民粹主义的六种研究进路

卡茨·穆德和克里斯托巴尔·罗维拉·考特瓦瑟将民粹主义放置在自由民主的背景下讨论，认为：“从理论上说，民粹主义在根本上是与自由民主而不是与民主本身或者其他民主形式相提并论的。从经验上说，最相关的民粹主义行动者都是在自由民主框架下，也就是在要么是，要么想要成为自由民主的体制下展开动员的。”① 在自由与民主的关系中分析民粹主义现象，是目前西方学界分析民粹主义的主要话语，体现为将民粹主义看作非自由的民主形式，认为民粹主义反对的不是民主本身，而是自由主义的民主形式。当然，在这种主流的分析话语背后，学界仍然公认民粹主义概念具有很强的模糊性和可变性。正是基于此，穆德和考特瓦瑟总结了学界研究民粹主义的五种进路，并在此基础上提出了他们自己的研究进路。

一是大众代理的研究进路，这种研究进路将民粹主义看作一种民主的生活方式，它通过大众参与政治的形式而建立起来。民粹主义被看作一种动员普通人民的积极力量，认为其促进了民主交流方式的发展。二是拉克劳②式的研究进路（Laclauan approach），这种研究进路不仅将民粹主义看作政治的本质，而且看作一种解放力量。在这种研究进路中，自由民主是问题，而激进民主是答案。民粹主义可以通过将冲突引入政治，以及激活动员社会上被排斥的人群而取得激进民主，以此改变现状。三是社会经济的研究进路，这种研究进路在 20 世纪 80 年代和 90 年代在对拉丁美洲的研究中占据主导地位。经济学家鲁迪格·多恩布什（Rudiger Dornbusch）和杰弗里·萨克斯（Jeffrey Sachs）将民粹主义主要看作一种不负责任的经济政策，其特征是，第一阶段通过举外债而大规模支出，第二阶段则是恶行通货膨胀和执行严厉的经济调整。“民粹主义的经济学”则被看作不负责任的政治纲领，因为它包含太多的财富再分配和政府支出。穆德和考特瓦瑟指出，这种社会经济的研究进路在其他大多数社会科学中已经不流行了，主要是因为后来的拉丁美洲民粹主义者支持新自由主义经济。四是将民粹主义主要看作一种被特定类型的领导人所采用的政治策略的研究进路，这

---

① Cas Mudde and Cristóbal Rovira Kaltwasser, *Populism: A Very Short Introduction*, New York: Oxford University Press, 2017, pp. 1 – 2.

② 恩斯特·拉克劳（Ernesto Laclau），政治哲学家、后马克思主义代表人物，与查特尔·墨菲（Chantal Mouffe）共同提出了激进民主的理论，参阅［英］恩斯特·拉克劳、［英］查特尔·墨菲《领导权与社会主义的策略：走向激进民主政治》，尹树广、鉴传今译，黑龙江人民出版社 2003 年版。

种研究进路强调领导人通过从其追随者所获得的直接的和无中介的支持来进行管理。这在拉丁美洲和非西方社会的学生中非常流行。这种研究进路强调民粹主义意味着一个强势且富有个人魅力的人物的出现，这个人物通过与群众的直接联系而集中并维持权力。穆德和考特瓦瑟认为，根据这种观点，民粹主义并不能持久，因为领导人早晚是要去世的，而其继承者的冲突则不可避免。五是将民粹主义看作一种民间传说形式的政治的研究进路，这种研究进路在传播研究和媒体中很流行，它认为民粹主义是业余的、不专业的政治行为，旨在最大限度地吸引媒体的注意和大众的支持。[①]

穆德和考特瓦瑟所持的则是观念论的研究进路。观念论的研究进路将民粹主义界定为“一种弱中心的（*thin-centered*）的意识形态，它认为社会最终将被分裂为两个同质且敌对的阵营，‘纯粹的人民’与‘腐败的精英’，认为政治应该是人民的公意（Volonté générale/ *general will*）的表达。”[②] 这种弱中心的民粹主义可以采取不同的形式，而核心概念可以和其他不同的，有时候甚至相矛盾的概念和意识形态相结合，表现出偶然性。穆德和考特瓦瑟将民粹主义的核心概念归纳为“人民、精英和公意”[③]。人民是一个模糊的概念，一个建构性的概念，具有很大的灵活性，主要有三种组合：人民主权、普通百姓和国家。人民主权基于现代民主概念，将人民不仅看作政治权力的最终来源，而且是“统治者”。普通百姓则是一个宽泛的阶级概念，将社会经济状况和特定的文化传统和大众价值观结合在一起。当说普通百姓时，往往指对占统治地位的文化的批判，而占统治地位的文化对普通人的判断、品位和价值观持怀疑态度。所以，与精英主义观不同，普通百姓证明的是由于其社会文化和社会经济地位被排除在权力之外的群体的尊严和知识。作为国家的人民概念，指的是国家共同体，或者在公民的意义上，或者在种族的意义上。谁是精英？精英首先是有权力的。穆德和考特瓦瑟指出，民粹主义者往往认为，精英不仅忽视

---

① Cas Mudde and Cristóbal Rovira Kaltwasser, *Populism: A Very Short Introduction*, New York: Oxford University Press, 2017, pp. 3 – 5.

② Cas Mudde and Cristóbal Rovira Kaltwasser, *Populism: A Very Short Introduction*, New York: Oxford University Press, 2017, p. 6.

③ Cas Mudde and Cristóbal Rovira Kaltwasser, *Populism: A Very Short Introduction*, New York: Oxford University Press, 2017, p. 9.

人民的利益，而且反对国家的利益。在欧盟里面，许多民粹主义政党就指责政治精英将欧盟利益置于国家利益之上。[①] 穆德和考特瓦瑟还指出，当人民和精英的区分是道德的和种族的，民粹主义完全可以和民族主义相契合，精英不仅被指认为外来权力的代理人，而且他们自身就是外来权力。公意概念与卢梭相关，穆德和考特瓦瑟认为，许多民粹主义者也赞同卢梭对代议制政府的批判，但民粹主义的公意概念不是建立在公共领域基础上的合理性程序，而是建立在常识的基础上。并且，公意有可能导致支持极权主义的倾向。“简言之，因为民粹主义认为公意不仅是透明的而且是绝对的，所以它可能使极端主义合法化并对任何（所谓）威胁人民同一性的人进行狭隘的攻击。”[②]

以上六种研究进路为理解民粹主义的概念提供了多元的视角，它们涉及研究民粹主义的具体情境、民粹主义的动员方式、民粹主义的话语方式、对民粹主义的评价等各个方面。在此基础上，下文总结出已有研究关于民粹主义概念的差异与共识，并为波兰民粹主义研究勾勒出一个基本的理论框架和参照系。

二 六种研究进路所体现的差异与共识

通过对穆德和考特瓦瑟所归纳的五种民粹主义研究进路进行分析，我们可以看出其中的分歧与共识，即对民粹主义持肯定、否定和中立三种立场，但这三种立场针对的都是民粹主义所体现的民主形式。

大众代理的研究进路和拉克劳式的研究进路均肯定了民粹主义所体现出的民主维度，对民粹主义给予了比较正面的评价。大众代理的研究进路侧重于大众参与这个层面，认为民粹主义扩大了民主参与；拉克劳式的研究进路更进一步，侧重于民粹主义动员起社会边缘人群，以激进民主的形式克服自由民主的问题。这种典型的批判理论的路径在已有的民粹主义研究中多少显得有些“另类”，但同时也揭示了自由民主所面临的困境。将民粹主义主要看作是一种被特定类型的领导人所采用的政治策略和将民粹

---

① Cas Mudde and Cristóbal Rovira Kaltwasser, *Populism: A Very Short Introduction*, New York: Oxford University Press, 2017, p. 13.

② Cas Mudde and Cristóbal Rovira Kaltwasser, *Populism: A Very Short Introduction*, New York: Oxford University Press, 2017, p. 18.

主义看作一种民间传说形式的政治，这两种研究进路主要是对已有的民粹主义形式所做的比较中性的描述，它们均突出了领导人个人魅力在民粹主义动员中的作用，并对其政治效果和传播方式进行了分析，而对民粹主义对民主政治本身的影响则考虑得相对较少。社会经济的研究进路对民粹主义的民主在经济领域的反映进行了批判，尽管我们不能以此扩大其政治批判的含义，但从政治经济学的角度看，社会经济的研究进路对民粹主义所表现出的民主维度是持批判态度的。

这样一来，已有的研究进路对民粹主义的态度就分为肯定、否定和中立三种了，而这三种态度与对民粹主义不同维度的强调是密切相关的。一个有趣的事实是，尽管存在肯定、否定和中立三种不同的立场，但是这三种不同的立场却针对着一个共同的对象，那就是民粹主义所呈现出来的"民主"形式。大众代理的研究进路和拉克劳式的研究进路肯定的是民粹主义的民主形式，社会经济的研究进路否定的也正是民粹主义的民主形式。对领导人的个人魅力及民间传说形式的强调，突出的是领导人与群众或大众的直接联系，这也正是民粹主义所体现的直接民主的形态。可见，此处的分歧与共识均与对民主的理解有关。

穆德和考特瓦瑟的研究进路是对以上五种研究进路的一种调和。首先，"弱中心的意识形态"解释了为什么民粹主义能够激起三种完全不同的反应，关键之处在于，作为一种"弱中心的意识形态"，民粹主义可以根据具体情境与其他意识形态进行接合。这让我们想到了拉克劳和墨菲的激进民主理论。拉克劳和墨菲在分析由社会边缘人作为主体的新社会运动时，就提到了新社会运动的主体可以根据具体的事务进行接合，形成激进民主的力量，当具体的目标达到之后，新社会运动的主体就会解散。拉克劳和墨菲对边缘人群的强调，源于他们认为传统马克思主义所讲的以经济为基础的无产阶级实体已经消失，代之以可以根据新社会运动被接合和动员起来的边缘人群。事实上，学术界对民粹主义理解的多样性正是由于民粹主义与其他意识形态接合的偶然性普遍存在。其次，观念论的研究进路将民粹主义的民主形态细化为三个核心概念，即人民、精英和公意。其中，人民与精英的对立，是很多研究者都承认的民粹主义核心范畴。穆德和考特瓦瑟将人民概念进一步细分为政治权力的来源和"统治者"、普通百姓和国家，分别对应了大众代理和拉克劳式研究进路对民粹主义的民主形态的肯定，对领导人的个人魅力及民间传说形式的强调，以及社会经济的研究进路对民粹主义所体现的民族保守主义的批判。至于公意，穆德和考特瓦瑟提到两点，第一点是民粹主义对代议制民主的批判，第二点是民粹主义的“公意”并不是卢梭意义上的公意，因为民粹主义的“公意”缺乏公共领域基础上的合理性程序。这两点非常重要，因为它们指出了民粹主义的民主形式是一种直接民主，这涉及对近代以来西方社会所发展出来的代议制民主的挑战，具体而言是对自由民主形式的代议制民主的挑战，这里的关键词有两个：一个是代议制，一个是自由民主，当研究者对民粹主义做出不同的评价时，其实有的针对的是代议制，而有的针对的是自由民主。第二点表达了穆德和考特瓦瑟对民粹主义的批判态度，因为缺乏合理性程序的民粹主义可能带来他们所担心的威权主义倾向，而这一点是所有批判民粹主义的研究者的共识，尤其体现在对波兰和匈牙利等案例的分析上。不过，从波兰和匈牙利的案例来看，代议制民主仍然是其主要形式，被贴上民粹主义政党标签的法律与公正党和匈牙利的青民盟（Fidesz）都是通过选举获胜的。

从民粹主义研究的主要样本来看，20 世纪 80 年代和 90 年代的研究主要集中在拉丁美洲，但是，随着近年来民粹主义现象的扩大化，例如欧洲和美国也出现民粹主义现象，不仅表现为民粹主义言论的蔓延，而且表现为民粹主义政党在大选中获胜，所以民粹主义研究的样本已经扩大。东欧的民粹主义现在成为其中最具代表性的样本之一。

通过对以上六种研究进路的分析，我们认为穆德和考特瓦瑟的民粹主义概念仍然是最具有现实性和实用性的，它至少从四个方面体现了学术界关于民粹主义概念的共识。第一，民粹主义概念具有模糊性和复杂性，这源于民粹主义现象的多样性和不确定性。第二，人民与精英的冲突几乎成为所有民粹主义研究都无法回避的主题。第三，在政治哲学谱系中，民粹主义早在 19 世纪末 20 世纪初便已出现，但是 21 世纪的民粹主义却呈现出新的特征，并且，民粹主义现象正在上演，尽管其主要特征已经逐渐呈现，但是其未来走向，以及对世界政治格局的影响却仍然有待观望，这些都决定了民粹主义的概念也处于建构之中。第四，作为一个建构性概念，民粹主义的含义在与其他概念的接合中被表达，例如与道德批判、民族主义、威权主义等概念的勾连。

第二节　民粹主义的历史与现状

波兰民粹主义问题成为学术界关注的热点，最近的原因是法律与公正党在 2015 年的大选中获胜并成立单独执政的政府。执政后的法律与公正党在行动与话语中均表现出来的民粹主义倾向激起学术界的讨论和反思。在对法律与公正党进行分析之前，有必要对波兰民粹主义的历史进行一番考察，以更好地定位波兰民粹主义的现状。我们并不打算追溯更远的历史，而是立足波兰社会转型的背景，考察过去三十年民粹主义在波兰的演变。在历史考察之后，我们将对照已有的民粹主义研究进路，总结出研究波兰民粹主义的进路，并以此作为进一步分析波兰民粹主义现状的理论基础。

一　民粹主义政党的产生与发展

用波兰学者拉法尔·潘科夫斯基（Rafal Pankowski）的话说，在 20 世纪 90 年代，波兰还被看作没有民粹主义激进右翼运动的国家，被普遍看作一个年轻却稳定的民主国家，但是在 21 世纪的第一个十年的中期，情况就彻底改变了。[①] 为什么会这样？这正是波兰国内外很多学者很困惑并试图找到答案的一个问题。

在波兰当代政治史上，主要有两个民粹主义政党，即波兰家庭联盟（波兰文名称：Liga Polskich Rodzin，LPR；英文名称：League of Polish Families）和波兰共和国自卫党（波兰文名称：Samoobrona Rzeczpospolitej Polskiej，SRP；英文名称：Self-Defence of the Republic of Poland，以下简称自卫党），外加一个近来也被看作民粹主义政党的法律与公正党。

波兰家庭联盟在 2001 年议会选举前几个月才创立，是一个得到玛利亚广播电台支持的极右翼集团联盟。[②] 波兰家庭联盟宣称欧盟威胁着波兰的基督教文化和身份，它强调身份和文化，习惯用一些被玛利亚广播电台的准宗教权威所合法化的反犹主义的和仇视德国的阴谋论话语。其另一个

---

① Rafal Pankowski, *The Populist Radical Right in Poland*: *The Patriots*, London and New York: Routledge, 2010, p. 1.

② Rafal Pankowski, *The Populist Radical Right in Poland*: *The Patriots*, London and New York: Routledge, 2010, p. 111.

重要宣传关键是将“同性恋问题”政治化。[①] 波兰家庭联盟的支持基础主要在波兰的东南部地区，即具有最强的传统认同和社区纽带的保守地区。[②] 自卫党创建于20世纪90年代早期，最早是作为一个地方性的农民问题抗议运动而成立的。[③] 自卫党在2001年的选举中取得了突破性成绩，获得了全国10.2%的选票，在国会中占有53个席位，议会中2个席位。[④] 自卫党的成员主要是未受过教育的活动家，该党并没有一个清晰的意识形态框架，它随着环境的变化而灵活变动。它也缺乏能力去创造一个全面的政党纲领，但是它提出的一些文本却针对意识形态的不同方面，首当其冲的是强调该党的爱国主义特征。[⑤] 同时，自卫党从一开始就有一条主线诉求，即它发出了反对自由主义的社会抗议之声，诉诸资本主义转型结果中经济恶化的人群。拉法尔·潘科夫斯基认为，自卫党除了有力地谴责自由主义制度之外，几乎没有提供正面的愿景。[⑥]

玛利亚广播电台与波兰民粹主义的兴起息息相关。玛利亚广播电台以广大群众为听众，是由神父塔德乌什·雷吉克（Tadeusz Rydzyk）创立的天主教—民族主义广播电台，它于1991年创建于波兰北部城市托伦（Toruń），20世纪90年代中期获得全国范围的证书，其听众达到几百万，成为全国最大的媒体之一。到21世纪早期，4%的波兰人成为其固定的收听者，大多数听众都是拿退休金的老年人，多数居住在农村。[⑦] 从一开始，玛利亚广播电台就在极端民族主义、反犹主义和阴谋论基础上发展其叙事，它不仅是一个传播宗教讯息的平台，而且将其自身打造成一个具有

① Rafal Pankowski, *The Populist Radical Right in Poland: The Patriots*, London and New York: Routledge, 2010, p. 123.

② Rafal Pankowski, *The Populist Radical Right in Poland: The Patriots*, London and New York: Routledge, 2010, p. 126.

③ Rafal Pankowski, *The Populist Radical Right in Poland: The Patriots*, London and New York: Routledge, 2010, p. 132.

④ Rafal Pankowski, *The Populist Radical Right in Poland: The Patriots*, London and New York: Routledge, 2010, p. 134.

⑤ Rafal Pankowski, *The Populist Radical Right in Poland: The Patriots*, London and New York: Routledge, 2010, p. 136.

⑥ Rafal Pankowski, *The Populist Radical Right in Poland: The Patriots*, London and New York: Routledge, 2010, p. 142.

⑦ Rafal Pankowski, *The Populist Radical Right in Poland: The Patriots*, London and New York: Routledge, 2010, p. 95.

明确的排外主义和反犹主义的重要的政治力量。[①] 其政治评论主要强调建立“真正的波兰人”的集体身份。玛利亚广播电台直接支持了各种极端右翼的组织，尤其是在具体活动中，例如关于堕胎、同性恋权利或欧盟问题上。这些直接支持集中体现在 2001 年号召为波兰家庭联盟投票，自 2005 年以来为法律与公正党投票。拉法尔·潘科夫斯基直截了当地说：“玛利亚广播电台授权给波兰民粹主义激进右翼。”[②]

同时，拉法尔·潘科夫斯基也指出，当波兰家庭联盟和自卫党通常被看作民粹主义或激进民族主义政党时，法律与公正党则表现得更加主流。但是，到 21 世纪第一个十年的中期，法律与公正党开始接受激进右翼的民粹主义要素，这些要素主导了它的主要讯息。[③] 法律与公正党号召国家要更加积极参与构建民族国家认同，尤其是通过“历史政策”，也就是通过确认爱国主义叙事并在政治话语中给予其核心位置，以及将重要资源用于提升民族国家价值来参与。[④] 拉法尔·潘科夫斯基认为，法律与公正党的意识形态可以被概括为“民粹主义的非自由主义民主的典型代表”[⑤]。随着法律与公正党的右转，其主要的支持力量也主要集中在保守的东南部地区，其选民更为传统主义、受过较少教育、主要是老年人，通常是玛利亚广播电台的听众。这些人构成了法律与公正党支持者的核心。还有研究表明，法律与公正党的选民具有宗教信仰、贫穷，在劳动力市场上担任不那么显赫的职位。[⑥]

法律与公正党正式成立于 2001 年，2005 年在全国议会选举中获胜，之后与波兰家庭联盟和自卫党组成联合政府，但是在 2007 年的国会临时

---

① Rafal Pankowski, *The Populist Radical Right in Poland*: *The Patriots*, London and New York: Routledge, 2010, p. 96.

② Rafal Pankowski, *The Populist Radical Right in Poland*: *The Patriots*, London and New York: Routledge, 2010, p. 97.

③ Rafal Pankowski, *The Populist Radical Right in Poland*: *The Patriots*, London and New York: Routledge, 2010, p. 152.

④ Rafal Pankowski, *The Populist Radical Right in Poland*: *The Patriots*, London and New York: Routledge, 2010, pp. 161 – 162.

⑤ Rafal Pankowski, *The Populist Radical Right in Poland*: *The Patriots*, London and New York: Routledge, 2010, p. 163.

⑥ Rafal Pankowski, *The Populist Radical Right in Poland*: *The Patriots*, London and New York: Routledge, 2010, p. 166.

选举中败给唐纳德·图斯克（Donald Tusk）的自由主义的公民纲领党。从那时直到2015年，法律与公正党都是波兰的主要反对党，直到2015年法律与公正党在总统选举和议会选举中获胜。[①]

从波兰家庭联盟、自卫党和法律与公正党的历史来看，民粹主义在波兰政治生活中崭露头角主要开始于2001年，但是民粹主义思潮的历史基础则可以追溯到更早，这可以从玛利亚广播电台的历史中窥见一斑。早在20世纪90年代，民粹主义的文化土壤已经在波兰土地上孕育和发展，如果将团结工会看作广义的民粹主义动员的话，那么民粹主义的孕育则更早了，可以追溯到20世纪80年代。概而言之，波兰民粹主义思潮产生的土壤正是社会剧烈转型过程中所产生的政治、经济、社会、文化、心理等问题的综合结果。要理解波兰民粹主义的现状，尤其是以法律与公正党为代表的民粹主义倾向，也只有从这个综合的视角出发才有可能客观和全面。

二　民粹主义的含义及研究进路

对照前述六种民粹主义研究进路，可以发现，波兰的民粹主义既具有已有研究进路所揭示的特质，但又具有其自身的特性。具体而言，我们可以从以下三个方面来看。

首先，波兰的民粹主义主要以边缘人群，或者说以转型的受损者或失败者作为主要基础，例如波兰家庭联盟、自卫党和法律与公正党的选民基础都集中在波兰东南部地区，这是一个相对贫穷并且保守的地区。

其次，人民与精英的对立也被波兰的民粹主义话语所利用，精英被描述为腐败的、不顾人民的。穆德和考特瓦瑟所分析的人民概念的三重含义均被利用，即人民是统治者；人民是普通群众并以此与精英对立；人民代表着国家，即在重塑波兰民族认同的同时，排斥欧盟以及代表欧盟的国内政治力量，将其作为他者。不过，这三重含义被强调的程度是不同的。例如，人民是统治者这一层并没有被过度宣扬，波兰民粹主义所主张的为穷人和底层发声的立场，并不具有革命性，或者说，拉克劳式的民粹主义并

---

① Michał Krzyżanowski, "Discursive Shifts in Ethno-Nationalist Politics: On Politicization and Mediatization of the 'Refugee Crisis' in Poland", *Journal of Immigrant & Refugee Studies*, Vol. 16, 2018, pp. 81 – 82.

没有在波兰发生，并没有拉克劳式的激进民主解决自由民主问题的方案。相反，波兰国内外对波兰民粹主义的批判主要集中在现在的执政党法律与公正党变成了一个保守主义的、威权主义的政党，试图破坏自由民主制度的自由主义精神。关于人民与精英的对抗，在波兰家庭联盟和自卫党那里表现得更为突出，但是法律与公正党本身就是精英的统治。至于人民的国家含义，在波兰家庭联盟、自卫党和法律与公正党那里都是主要的叙事之一，民族精神的重塑和民族国家身份认同是这三个政党都颇为强调的。法律与公正党也正以重塑民族国家认同为中介，持坚定的疑欧立场。

最后，波兰的民粹主义曾经也表现为弱中心的意识形态，尤其体现在自卫党的运动中。但是，弱中心的意识形态正在逐渐被强中心的意识形态所取代，主要体现在法律与公正党的执政理念和行动中。并且，在 2011 年和 2015 年的波兰全国议会选举中也可以看出，在 2005 年选举中获胜，并与法律与公正党联合执政的波兰家庭联盟和自卫党不再在议会中占有席位，而法律与公正党则在 2015 年的选举中大获全胜，并得以单独执政。由此可见，当民粹主义理念与自由民主制度相结合时，民粹主义的影响力将更加强大，这也正是为什么法律与公正党的民粹主义言论和行动在波兰国内外激起强烈反响的重要原因之一。

总结以上三点，我们认为在研究波兰民粹主义时应该注意以下三点。第一，波兰民粹主义产生于波兰向资本主义社会的转型过程中，所以转型的受损者和转型获益者之间的划界应该成为理解波兰民粹主义的一个重要因素。第二，波兰民粹主义受到欧盟东扩的影响，所以立足波兰传统文化的波兰人与亲欧盟者之间的划界也不容忽视。第三，除了政治和经济因素之外，文化因素在波兰民粹主义的历史与现状中起到了非常关键的作用。例如，从波兰国内选民基础来看，民粹主义的支持者主要是有着宗教信仰的、贫穷的老年人，但是有一个现象我们不能够忽视。正如拉法尔·潘科夫斯基所指出的，绝大多数在美国的波兰侨民也支持法律与公正党，这可能与他们往往来自波兰东南部农村，并且经常受到玛利亚广播电台的影响有关。[①] 这些在美国的波兰侨民已经不再贫穷，但是文化传统对他们的影

① Rafal Pankowski, *The Populist Radical Right in Poland: The Patriots*, London and New York: Routledge, 2010, pp. 166 – 167.

响则是根深蒂固的。基于此，我们认为除了经济和政治，文化也应该成为理解波兰民粹主义的关键要素之一。第四，波兰民粹主义正在将代议制民主的形式与激进民族主义的、保守主义的价值观相结合，并逐渐形成一种强中心的意识形态。弱中心意识形态的民粹主义思潮在政治市场上往往走不远，但是具有强中心意识形态，并且能够成功地利用自由民主制度的选举程序的民粹主义政党则可以变得更加壮大。波兰的民粹主义可能为建构性的民粹主义概念提供新的样本。

第三节 法律与公正党及其激起的反应

尽管波兰家庭联盟和自卫党的民粹主义运动引起了波兰国内外的批评和警觉，但是，真正引起波兰国内和国际社会更大担忧的是2015年单独执政的法律与公正党的一系列民粹主义言行。

一 法律与公正党的言行

如同拉法尔·潘科夫斯基所说的，在2001年法律与公正党成立初期，它强调反犯罪和反腐败的话语。但是，和自卫党、波兰家庭联盟不同，法律与公正党没有挑战波兰民主体制的基本要素。相反，法律与公正党将自己的位置放在主流的后团结工会传统之中，使自己远离民族主义—民粹主义的极端主义者。① 但是与此同时，法律与公正党也具有了民粹主义和民族主义的特征，并且具有威权主义的倾向，它将自己定位于反体制的力量，寻求激进变革而不是维持民主稳定。② 到2005年，法律与公正党呼吁取消自由民主体制，呼吁通过“一场道德革命”来建立“一个新国家”，即第四共和国。拉法尔·潘科夫斯基认为，尽管道德革命的理念主要和反腐败运动相联系，但它逐渐地呈现出根据一种特殊的意识形态来重建社会

① Rafal Pankowski, *The Populist Radical Right in Poland: The Patriots*, London and New York: Routledge, 2010, pp. 152 – 153.

② Rafal Pankowski, *The Populist Radical Right in Poland: The Patriots*, London and New York: Routledge, 2010, p. 153.

的更广阔愿景。[①] 法律与公正党号召国家要更加积极参与构建民族国家认同，尤其是通过“历史政策”，也就是通过确认爱国主义叙事并在政治话语中给予其核心位置，以及将重要资源用于提升民族国家价值来参与。[②] 拉法尔·潘科夫斯基认为，法律与公正党的意识形态可以被概括为“民粹主义的非自由民主的典型代表”。[③]

另一位波兰学者米夏尔·克日扎诺夫斯基（Michał Krzyżanowski）也指出，自2015年下半年以来，波兰的政治话语发生了重大转变。从之前缺乏对移民相关问题的讨论转向强烈的歧视性的反移民论调，甚至是公开表示对移民，尤其是抵达欧洲寻求庇护者的仇恨。波兰政治及其更广泛的公众话语的转变成了明显的政治策略。而这一政治策略被波兰的法律与公正党，即目前波兰唯一的执政党所践行。[④] 事实上，自法律与公正党在2007年的国会临时选举中败给公民纲领党之后，直到2015年重返权力舞台，其竞选的主要议题就是难民和“难民危机”。米夏尔·克日扎诺夫斯基接着指出，在转换后的话语体系中，移民被看作是波兰文化、宗教和社区的“威胁”，移民被建构为与“本土”波兰人不同的人。他甚至指出，从文化、宗教不融合的话语出发，最后却可以发展成为对生物劣等性的激进的种族主义叙述。这种话语在2015年上半年及之前在波兰的政治讨论中还是缺乏的，但是现在移民则已经进入了公共讨论并被严重地政治化，主要就是作为右翼民粹主义和政治机会主义的令牌。这个过程被右翼民粹主义的法律与公正党系统地且策略性地推动。[⑤]

除了针对移民的言行之外，法律与公正党对国内法律施加的影响更是

---

① Rafal Pankowski, *The Populist Radical Right in Poland: The Patriots*, London and New York: Routledge, 2010, p. 161.

② Rafal Pankowski, *The Populist Radical Right in Poland: The Patriots*, London and New York: Routledge, 2010, pp. 161 – 162.

③ Rafal Pankowski, *The Populist Radical Right in Poland: The Patriots*, London and New York: Routledge, 2010, p. 163.

④ Michał Krzyżanowski, “Discursive Shifts in Ethno-Nationalist Politics: On Politicization and Mediatization of the ‘Refugee Crisis’ in Poland”, *Journal of Immigrant & Refugee Studies*, Vol. 16, 2018, p. 76.

⑤ Michał Krzyżanowski, “Discursive Shifts in Ethno-Nationalist Politics: On Politicization and Mediatization of the ‘Refugee Crisis’ in Poland” *Journal of Immigrant & Refugee Studies*, Vol. 16, 2018, p. 92.

引起了波兰国内外的严厉指责和批评。其导火索是被称作宪法法院危机的事件。2015 年，根据当时的民意调查显示，公民纲领党可能在 10 月 25 日的选举中失败，于是，该党在 10 月初为宪法法院选举了 5 名新法官。议会任命了三名法官作为九年任期已经届满的法官的继任者，还有两名法官的任期即将结束但还没有完全结束。宪法法院在 12 月初裁定，这违反了宪法，并裁定额外两名法官的选举无效。但是法律与公正党抓住了这一违法行为，选举了五名新法官，并由总统安杰伊·杜达（Andrzej Duda）匆忙宣誓就职。总统拒绝为上届议会选举的三名法官宣誓就职。根据宪法法院的说法，这就意味着有三名合法选出的法官尚未正式宣誓就职。与此同时，政府无视宪法法院的裁决，坚称新法官的选举使旧法官的选举黯然失色，并要求它的法官就座。围绕宪法法院的斗争只是法律与公正党控制国家大部分机构的更广泛努力的一部分。政府正在清理国有企业的高级管理人员、军官和公务员，希望更牢固地控制国家的公共媒体。① 波兰总统安杰伊·杜达不顾国内的普遍反对和国际社会的警告，于 2015 年 12 月 28 日签署了一项具有争议的波兰宪法法院改革方案。数千名波兰民众走上街头抗议保守派执政党法律与公正党的宪法法院改革方案。反对派认为这对波兰的司法独立造成了威胁。②

二　法律与公正党所激起的反应

具体而言，法律与公正党所激起的反应体现为两种相反的态度，一种是以欧盟和知识分子等为代表，对法律与公正党的言行表示极度担忧，担心波兰不再是一个自由民主国家，不再是一个法治国家。这种观点普遍而流行，我们在此列举几个学者的观点作为代表。另一种观点在媒体宣传中并不占据优势，但是却以选票表达了他们的观点，即穷人、社会底层、自我认为是转型失败者或受损者的人对法律与公正党的行为则表示认可。

---

① Jan Cienski, "Poland's constitutional crisis goes international: The country is becoming a growing problem for the European Union", Politico European Edition（https://www.politico.eu/article/poland-constitution-crisis-kaczynski-duda/）.

② 《波兰宪法法院改革被指违宪，反对派欲起诉政府》，2015 年 12 月 30 日，环球网（http://world.huanqiu.com/exclusive/2015-12/8289733.html）。

哈佛大学教授格雷戈里·埃基尔特（Grzegorz Ekiert）将法律与公正党修改宪法和法律的行为称作“立法政变”（legislative coup）、“经典的自我政变”（classic *autogolpe*-self-coup）①，它通过由议会两院多数人支持的行政权力得以实现。他指出，法律与公正党政府引进了一系列立法旨在废除波兰法院，包括最高法院的独立性。三个新的法律赋予执政党权力去违反宪法规定的司法任用条款，替换了最高法院的所有成员和所有其他法院的院长。他们的目的是将国家的司法系统置于司法部的控制之下。② 他认为，这些法律显然违反了波兰宪法，未经协商和讨论。而这些法律被制定的方式也违反了议会程序。民粹主义者最终将宪法法院转变为对政府的“积极支持”。格雷戈里·埃基尔特指出，法律与公正党还削弱了波兰独立的公共服务，通过一项新的立法试图将媒体置于政府的直接控制之下。这些行为引起了街头抗议，也在欧洲引起了侵蚀法治的恐慌。鉴于此，格雷戈里·埃基尔特认为，波兰，还包括匈牙利，不能再被看作自由民主国家。③ 因为在这两个国家，威权主义的制度体系已经建立起来，赋予执政党不受限制的政治权力。尽管它们还不是独裁的，但是威权主义统治的潜力却在所有的立法中发展，扩大了政府的权力。④

欧洲学者博扬·布加里奇（Bojan Bugarič）和阿伦卡·库埃利（Alenka Kuhelj）持相同的观点，认为民粹主义的兴起威胁着法治和自由民主。他们认为，在匈牙利和波兰，民粹主义力量相对容易地就削弱了法治和民主，将政治导向危险的威权主义方向。他们尤其指出，虽然民粹主义的兴起是全球性的现象，但是东欧的民粹主义却区别于其他地方，因为东欧的民粹主义是“威权主义的民粹主义”（authoritarian populism）⑤，所以在欧

---

① Grzegorz Ekiert, “How to deal with Poland and Hungary”, *Social Europe*: *Occasional Paper*, No. 13, August 2017, Minda de Gunzburg, Center for European Studies Harvard, p. 2.

② Grzegorz Ekiert, “How to deal with Poland and Hungary”, *Social Europe*: *Occasional Paper*, , No. 13, August 2017, Minda de Gunzburg, Center for European Studies Harvard, pp. 1 – 2.

③ Grzegorz Ekiert, “How to deal with Poland and Hungary”, *Social Europe*: *Occasional Paper*, , No. 13, August 2017, Minda de Gunzburg, Center for European Studies Harvard, p. 2.

④ Grzegorz Ekiert, “How to deal with Poland and Hungary”, *Social Europe*: *Occasional Paper*, No. 13, August 2017, Minda de Gunzburg, Center for European Studies Harvard, p. 1.

⑤ Bojan Bugaric, Alenka Kuhelj, “Varieties of Populism in Europe: Is the Rule of Law in Danger?” *Hague J. Rule Law*, Vol. 10, 2018, p. 22.

洲，民粹主义的真正威胁来自东方。[①] 而威权主义的民粹主义只存在于匈牙利和波兰这两个民主转型的领先者。[②]

当然，博扬·布加里奇和阿伦卡·库埃利也指出，在经济政策上，法律与公正党强调使生活和工作更加安全，重点放在支持工人和工会上。[③] Politico杂志欧洲版的资深政策编辑扬·钱恩斯基（Jan Cienski）也指出，虽然波兰被许多人看作一个得益于加入北约和欧盟而享受了几十年经济快速增长和不断上升的国家，但是法律与公正党的叙述却是，波兰从1989年以来就是有缺陷的——在团结工会的精英和旧共产主义当权者之间达成了腐败的交易。这意味着这个国家需要一次革命的重组，而不是对其体制的适度调整。这是一个在年轻人和穷人中产生强烈共鸣的纲领，这些人觉得被波兰的快速现代化抛在了后面。[④] 并且，法律与公正党是以多数选票当选，在议会中占据绝对多数并得以单独执政。不过，格雷戈里·埃基尔特也指出，事实上，法律与公正党议会多数只代表了少数选民，因为该政党只获得了37.6%的选票，而投票率只有51%，也就是说，只有20%符合条件的选民支持该党。[⑤]

第四节　如何理解与应对民粹主义

要想客观地理解波兰民粹主义，必须回到民粹主义产生的原因中寻找答案。休克疗法和转型危机已经成为最普遍的解释。除此之外，转型所带来的问题的长期性和新自由主义“共识”的遮蔽性也不容忽视，而左翼

---

① Bojan Bugaric, Alenka Kuhelj, “Varieties of Populism in Europe: Is the Rule of Law in Danger?” *Hague J. Rule Law*, Vol. 10, 2018, p. 23.

② Bojan Bugaric, Alenka Kuhelj, “Varieties of Populism in Europe: Is the Rule of Law in Danger?” *Hague J. Rule Law*, 10, 2018, p. 24.

③ Bojan Bugaric, Alenka Kuhelj, “Varieties of Populism in Europe: Is the Rule of Law in Danger?” *Hague J. Rule Law*, Vol. 10, 2018, p. 26.

④ Jan Cienski, “Poland’s constitutional crisis goes international: The country is becoming a growing problem for the European Union”, Politico European Edition (https://www.politico.eu/article/poland-constitution-crisis-kaczynski-duda/). https://www.politico.eu/article/poland-constitution-crisis-kaczynski-duda/.

⑤ Grzegorz Ekiert, “How to deal with Poland and Hungary”, *Social Europe: Occasional Paper*, No. 13, August 2017, Minda de Gunzburg, Center for European Studies Harvard, p. 5.

的缺失也成为右翼民粹主义政党获胜的原因之一。除了对波兰民粹主义产生原因的分析，我们还将考察民粹主义与自由民主的冲突与交织；波兰转型社会中所出现的安全感的危机、自由民主的危机和身份危机；对波兰民粹主义未来的展望，以及波兰民粹主义案例对民粹主义理论重构的影响。

一　民粹主义产生的原因

波兰民粹主义产生的原因主要可以从社会转型所带来的一系列问题中寻找。具体可以从三个方面看。

一是波兰社会为休克疗法付出的巨大代价在后共产主义转型和欧盟东扩过程中被强化。根据英国学者斯图尔特·谢尔兹（Stuart Shields）的观点，在分析波兰的民粹主义时，有两个因素需要考虑，那就是“后共产主义的国家和全球资本主义体系”[①]。他指出了一个众所周知的常识，即波兰为20世纪80年代末90年代初的休克疗法付出了巨大的社会代价。同时，他也指出，自20世纪90年代中期以来，欧盟便在这一地区占据核心地位，欧盟锁定了新自由主义改革，通过削弱或去除历史积累的社会化形式，而将经济和社会去政治化，现有的非市场调节和国家调节形式都被抛弃了。在锁定新自由主义方式的前提下，波兰社会的反应不仅是解构已有的新自由主义社会控制和政治代表，而且是诉诸文化概念、种族的和历史认同来回应变化的社会经济处境。“新自由主义等同于国际主义，而民族主义等同于社会民主的和其他更具干预性的方案。”[②]

二是转型所带来的问题的长期性和新自由主义“共识”的遮蔽性。根据拉法尔·潘科夫斯基的分析，1989转型之际，波兰精英，不论是左翼、右翼还是中间派，就基本问题是达成了共识的，即议会民主、市场经济和欧洲融合。[③] 在波兰，对民主和经济自由主义的支持要比其他后共产主义国家高，例如，1995年11月的一组数据显示，50%的波兰受访人对

---

① Stuart Shields, “Neoliberalism Redux: Poland's Recombinant Populism and its Alternatives”, *Critical Sociology*, Vol. 41, 2015, p. 662.

② Stuart Shields, “Neoliberalism Redux: Poland's Recombinant Populism and its Alternatives”, *Critical Sociology*, Vol. 41, 2015, p. 663.

③ Rafal Pankowski, *The Populist Radical Right in Poland: The Patriots*, London and New York: Routledge, 2010, p. 67.

波兰的民主发展表示满意，匈牙利只有 30%，斯洛伐克 27%，俄罗斯 6%。在同一份民意调查中，62% 的波兰受访者表示支持市场经济的理念，匈牙利是 38%，斯洛伐克 39%，俄罗斯 19%。在民主共识的背景下，激进的政治团体并未享有广泛的合法性，它们被看作边缘的现象。[①] 在主导波兰的自由主义民主的共识下，主流叙事遮蔽了对社会—经济问题的表达，大量的社会组织逐渐失去了对这种体制的信任，不再参与公民事务，也不再积极投票。例如，2004 年欧洲议会的历史性选举，在波兰历史上，第一次只吸引了 20% 的人参与投票，2005 年的全国议会选举，只有 40% 的人投票。[②] 同时，拉法尔·潘科夫斯基也指出了这样一种社会心理，即转型之初，经济困难被人们看作无法回避的转型代价而被接受，但是，当这种情况持续下去时，广泛的社会支持就开始收缩了。[③]

三是左翼缺失，穷人和社会底层在转型过程中被抛弃而无人代表。尽管波兰的转型肇始于团结工会，但是在转型过程中，后团结工会的精英在快速私有化的过程中抛弃了工人。拉法尔·潘科夫斯基对此做出了分析：团结工会最开始将其希望放在模糊的、由工人自治政府运作的福利国家的社会民主模式上，但是 20 世纪 90 年代引进的新自由主义资本主义体制却与原初的准乌托邦需求相去甚远，即便转型是由后团结工会精英主持的。而具有讽刺意味的是，修正团结工会神话的主要努力来自民族主义—民粹主义右翼，尤其是 2005 年之后。[④] 法律与公正党将重点放在工会和工人身上，正是对这一趋势的印证。

与此同时，波兰最大的左翼政党民主左翼联盟（Sojusz Lewicy Demokratycznej，SLD）自 2005 年议会选举中遭遇惨败之后，就一直处于边缘化的位置。正如波兰著名左翼媒体《政治批判》（*Krytyka Polityczna*）的编辑和记者雅库布·狄麦科（Jakub Dymek）所说，法律与公正党的当选

---

① Rafal Pankowski, *The Populist Radical Right in Poland*: *The Patriots*, London and New York: Routledge, 2010, p. 68.

② Rafal Pankowski, *The Populist Radical Right in Poland*: *The Patriots*, London and New York: Routledge, 2010, p. 74.

③ Rafal Pankowski, *The Populist Radical Right in Poland*: *The Patriots*, London and New York: Routledge, 2010, p. 71.

④ Rafal Pankowski, *The Populist Radical Right in Poland*: *The Patriots*, London and New York: Routledge, 2010, p. 63.

和波兰左翼政党的失败是同时发生的。在他看来，左翼政党失败的原因就是“没有左翼替代”。[①] 他指出，右翼的法律与公正党以波兰传统价值观、罗马天主教会、国家道德和国家主权的捍卫者自居，这对波兰选民有一定的吸引力。对于波兰选民而言，他们并没有左翼的选择，于是他们只不过做出了对他们而言可靠的选择而已。从左翼政党的角度来说，左翼政党在选举政治中的边缘化已经有几年甚至几十年的历史了，实际上左翼政党可以作为的空间有限。2005 年，法律与公正党获胜，主要反对党是亲市场的公民纲领党，而民主左翼联盟则因为腐败丑闻而失败。2007 年公民纲领党获胜，并连续执政两届，八年后法律与公正党又获选。雅库布·狄麦科认为，面临当前的叙利亚难民危机，法律与公正党获得选举的标语很简单，就是“改变，为更好的生活”（a change for the better）。男人和女人、老年人和青年人、城里人和农村人，都为了改变而投票，而改变并不必然是向着民族主义、排他主义、种族主义或隔离主义的。他们只想离现状越远越好，法律与公正党将自己塑造为唯一可能的替代选择。[②]《政治批判》的创始人和负责人斯瓦沃密·斯拉科夫斯基（Sławomir Sierakowski）也持类似的观点。他认为，波兰极右翼变得强大，有三个方面的原因。一个原因是，很长时间以来，主流政党之间的差别消失了，而选民却在寻找差别，因为他们想要做出选择。于是，在主流与非主流之间，他们宁愿选择非主流，这就是为什么许多人投极右翼的票。另一个原因是左翼的长期危机。在欧洲没有成功的左翼政党，即便有，左翼政党也被迫实行右翼的政策。所以人们看到，即便他们投票给左翼，即使左翼政党获胜，他们也不可能有左翼政治。当选民投左翼的票而最终收获的只是失望后，他们就会投票给极右翼或民粹主义者。第三个原因是现在正在发展的难民危机。不论哪里有难民，哪里就会有加倍的右翼。欧洲非常富裕，但是他们并不想与人分享。斯瓦沃密·斯拉科夫斯基引用以色列作家阿摩司·奥兹（A-mos Oz）的话，即人们来到这个世界主要是作为右翼，这是他们的本性。只有通过社会化努力，人们才能变成左翼。除此之外，波兰左翼陷入困

① Jakub Dymek, “Poland's Rightward Turn”, *Dissent*, Spring 2016（https://www.dissentmagazine.org/article/polands-rightward-turn-law-justice-party-elections）.

② Jakub Dymek, “Poland's Rightward Turn”, *Dissent*, Spring 2016（https://www.dissentmagazine.org/article/polands-rightward-turn-law-justice-party-elections）.

境，还因为他们以后共产主义为基础，其形象只是旧事物的化身，尽管它比当时的波兰共产党更民主，更好，但它仍然还不是真正的左翼运动。斯瓦沃密·斯拉科夫斯基认为，在20世纪70年代和80年代加入共产党的波兰人并不是真正的左翼，他们有不同的动机，或者为权力，或者为影响力，但不是为了左翼理想。理性的辩论或情感的诉求无法自动改变人们的观念，只有共同的经历才可以，因此，如果想要拯救左翼政治，就必须和社会原子化作斗争，通过社会化的努力，创造人们之间的纽带。与此同时，不信任和犬儒主义是需要克服的两大障碍。[①] 斯图尔特·谢尔兹也指出，相比较民粹主义和新自由主义的右翼，左翼在议会上相对不作为，但是随着《政治批评》的创立，左翼再次焕发生机也还是有空间的，因为创建于2002年的《政治批评》旨在波兰创建一种新的左翼形式，并在公共生活中引入左翼话语；它有一个独立的出版社，翻译左翼知识分子的著作，为许多过去和现在的波兰作家提供发表空间；《政治批评》的代表们参与主流媒体的政治讨论，这是其他左翼集团所未能取得的成绩。[②]

二 民粹主义与自由民主的冲突与交织

西方学者在考察民粹主义时，往往将自由民主作为其参照系，例如前面我们提到的卡茨·穆德和克里斯托巴尔·罗维拉·考特瓦瑟便明确指出，他们将民粹主义放置在自由民主的背景下讨论。事实上，西方学者对波兰民粹主义的担忧正是基于其可能破坏自由民主进程，甚至会威胁到民主本身。当然，同时也存在着另一种观点，即认为民粹主义是可以与自由民主共存的。

前文提到的格雷戈里·埃基尔特、博扬·布加里奇和阿伦卡·库埃利都认为由于法律与公正党的作为，波兰已经不再是一个自由民主国家了，法治和自由民主正受到民粹主义的威胁。尽管这种观点占据舆论的上风，但是仍然有人持不同的观点。例如，斯图尔特·谢尔兹便指出，波兰的民

---

① Interview: “Kaczyński started a war against liberal democracy”, *Krytyka Polityczna*, January 17, 2016. 参阅赵司空《国外马克思主义研究报告·中东欧国家》，载《国外马克思主义研究报告2017》，人民出版社2018年版，第191—192页。

② Stuart Shields, “Neoliberalism Redux: Poland’s Recombinant Populism and its Alternatives”, *Critical Sociology*, Vol. 41, 2015, p. 669.

粹主义是持反新自由主义立场的右翼民粹主义，但是这种民粹主义转向是拒斥新自由主义还是与当代新自由主义相兼容？他认为，尽管普遍蔓延着对后共产主义转型的不满，开始是休克疗法，后来是欧洲一体化，最近是全球金融危机，但是之前的持异见者已经被接纳为新自由主义的再生产者。在左翼力量缺乏的情况下，波兰的民众通过在民粹主义者那里发现的信息表达了对后共产主义艰难生活的愤怒，而民粹主义社会力量的出现已成为被剥夺权利者了解新自由主义压力的机制之一。① 换言之，民粹主义以极端的形式揭示了转型的问题，凸显和强化了对现有政策的争论。例如农村的抗议和游行，强化了关于农业危机的讨论，说明农业亟须深刻的重组。关于能源的抗议，旨在降低燃油税，取得新自由主义者的支持等。而民粹主义的政策的确旨在推进经济改革。② 基于此，斯图尔特·谢尔兹认为，民粹主义的爆发其实是根据其形式而非内容而定义的。言外之意，民粹主义只是形式上反新自由主义，实质上是可以与新自由主义和平共处的。

从政治动员形式上看，民粹主义与自由民主政治也交织在一起。波兰学者马修·福科夫斯基（Mateusz Falkowski）指出，在欧洲，尤其是近几年的波兰和匈牙利出现了议会政治日益与街头抗议政治交织在一起的现象，这正体现了民粹主义与自由民主冲突与交织的新形式。以波兰为例，1989 年之后的最初十年，波兰社会还积极参与街头抗议和游行，但是之后这种热情便下降了。但在过去几年，波兰又目睹了“抗议的公民社会”的复归。例如反对降低入学年龄、反对斯摩棱斯克总统飞机失事、女性主义的抗议活动等。参与游行不仅是社会与政府之间的一种交流形式，即不仅是对政府政策的一种回应，而且也是政府与其（潜在的或明确的）选民之间的一种沟通方式。近年来，游行变得制度化，越来越多的政治和意识形态组织努力将其支持者的愤怒和支持疏导到这种特殊的行动方式中。议会政治越来越强地和街头抗议政治交织在一起。并不只有反对党通过街头抗议动员支持者，执政党，例如匈牙利的青民盟、波兰的法律与公正党

---

① Stuart Shields, “Neoliberalism Redux: Poland's Recombinant Populism and its Alternatives”, *Critical Sociology*, Vol. 41, 2015, p. 559.

② Stuart Shields, “Neoliberalism Redux: Poland's Recombinant Populism and its Alternatives”, *Critical Sociology*, Vol. 41, 2015, p. 669.

都在寻求同样的战略。在波兰和匈牙利正在上演两种表达民主方式的冲突，一种更加民粹主义，另一种则更加自由主义。与此同时，二者又是相互交织在一起的。[①]

以上两种不同的观点，其差异来自关注点的差异，即前者关注的主要是经济问题，而后者关注的是政治问题。基于不同的关注点，对民粹主义的理解也不同。由此可见，波兰转型之初所形成的市场经济和自由民主政治并行的共识正在被打破，市场经济与威权主义政治的重新组合，正在作为波兰民粹主义的主要特征呈现。

三　安全感危机、自由民主危机和身份危机

从社会心理的角度来看，波兰民粹主义所体现的市场经济与自由民主政治并行的共识被打破、市场经济与威权主义政治结合的趋势，揭示了波兰社会所存在的安全感危机与自由民主危机之间的冲突。

1989 年以来的波兰社会转型将大量的人抛在了转型后面，成为转型的失败者和受损者，这些人的安全感危机自然是很强烈的。问题在于，这种安全感危机不仅存在于所谓的转型失败者身上，社会转型过程中所产生的中产阶级同样也具有不安全感，这种不安全感是资本主义经济危机中不可避免的社会心理，即便在发达国家，经济不景气时期的中产阶级危机感也是难以避免的。例如法国最近由于增加燃油税而导致的社会冲突和抗议，就很能说明问题：在面临环境危机和经济危机的冲突时，脆弱的中产阶级选择捍卫当下的经济利益，而不是未来的环境。对于波兰的中产阶级而言，其危机感不仅来自于国内经济的压力，而且来自作为东欧人所面临的与西欧的隔膜，以及西欧渐趋保守的政策所带来的不安全感。在这种危机感面前，很多波兰选民从心理上期待一个强势的政府和强势的领导人来带领他们走出这种危机。法律与公正党充分地利用了这种心理。

面对安全感的危机，自由民主的危机则被掩盖，只有当法律与公正党

---

① Mateusz Falkowski, “Marching Democracy”, *Eurozine*, 2016 - 04 - 28. 参阅赵司空《国外马克思主义研究报告·中东欧国家》，载《国外马克思主义研究报告 2017》，人民出版社 2018 年版，第 203—204 页。

做出更加激进的行为时，人们才会选择上街抗议。但是，对于贫穷地区的农民和退休人员而言，自由民主的危机与他们的生活则并不具有直接的相关性。

当安全感危机和自由民主危机呈现为冲突关系时，身份危机则将穷人、社会底层和中产阶级结合了起来。在法律与公正党的民族主义和排外主义的话语宣传中，“波兰人”的身份被强调和重新塑造，这尤其体现在关于难民的话语宣传中。与此同时，在关于腐败的精英的话语宣传中，那些不掌握权力的人，不论是农民还是城市中产阶级，都在反对腐败的精英的话语中重塑了自己的“人民”身份。尽管这种“人民”身份远不是同质的。

四　民粹主义的展望与理论建构

面对波兰民粹主义政党的崛起，一方面是持批判立场的知识分子和亲欧盟立场的人，另一方面则是转型“失败者”的选票。这种情况说明了波兰社会在转型过程中已经发生了深刻的分化，当知识分子感受到自由民主危机时，穷人和底层则深切地体会到了安全感危机。身份危机则将知识分子和穷人与底层统一起来了。法律与公正党成功地利用了这一点，并将继续利用这一点。尽管西方社会对法律与公正党的言行表示担忧，但是，只要波兰转型过程中存在的问题，例如精英腐败、社会分化、贫穷、社会福利收缩等问题不解决，只要没有一个成功的左翼政党能够提供更好的替代方案，右翼政党仍将可能获胜。移民危机和西欧的保守化趋势更是为之提供了机遇和助力。如果西方社会的保守化趋势继续加强，那么欧盟和西方社会对法律与公正党的担忧也很难解决。

波兰的法律与公正党为民粹主义研究提供了新的案例，关于这个政党究竟应该如何界定也有着不同的说法。斯图尔特·谢尔兹提出了“重组的民粹主义”（*recombinant* populism）[①] 的概念，即其代理人能够在已有的民粹主义话语的基础上，重新定义和组合已有的和创新的政治与社会资源。拉法尔·潘科夫斯基认为法律与公正党可以贴上民族主义—民粹主义政党

---

① Stuart Shields, “Neoliberalism Redux: Poland’s Recombinant Populism and its Alternatives”, *Critical Sociology*, Vol. 41, 2015, p. 660.

的标签。[①] 博扬·布加里奇和阿伦卡·库埃利称东欧的民粹主义是“威权主义的民粹主义”[②]。由此可见，法律与公正党被看作民粹主义政党，这在研究者中基本达成共识，不过，不同研究者注重民粹主义与不同意识形态的接合，因此有人强调其与民族主义的接合，有的则强调其与威权主义的接合。“重组的民粹主义”概念则呼应了穆德和考特瓦瑟所说的“弱中心的意识形态”，它具有与其他意识形态相接合的灵活性和必要性。

卡茨·穆德和克里斯托巴尔·罗维拉·考特瓦瑟说，所有的民粹主义行动者都将政治争论道德化，[③] 法律与公正党也不例外。作为民粹主义内涵的表征，法律与公正党也以道德主义的修辞强调“人民”与腐败精英的对立。斯图尔特·谢尔兹也指出，2005 年的竞选中，卡钦斯基发誓要终止腐败，并恢复在共产主义时期被抛弃、在转型阶段被忽视的波兰的道德团结；2005 年当选的法律与公正党、波兰共和国自卫党和波兰家庭联盟承诺采取疑欧立场来进行道德革命。[④]

道德主义的话语在批判其对手的时候是强大有力的，但对实际问题的解决才是真正的挑战。这也是考验民粹主义政党能否长久地维持其所建构的“人民”概念，并继续获得“人民”支持的关键。在法律与公正党所建构起来的“人民”概念中，可以看出“人民”并不是同质的。例如，如同斯图尔特·谢尔兹所指出的，近年来波兰社会抗议频发，主要的政治主题有，反对削减福利，支持罢工，反对美国干预中东，反对在中东欧部署美国导弹防御系统，反对歧视妇女和少数人等。而作为转型的“失败者”也不仅包括波兰东南部的农民和老人，那些受过教育的、因为高房价而被挤出了房地产市场，只能依赖于“弹性的”工作模式的年轻一代也未能跟上转型成功者的步伐。[⑤] 其实并没有一个同质的“人民”，只有异

---

① Rafal Pankowski, *The Populist Radical Right in Poland: The Patriots*, London and New York: Routledge, 2010, p. 153.

② Bojan Bugaric, Alenka Kuhelj, "Varieties of Populism in Europe: Is the Rule of Law in Danger?" *Hague J. Rule Law*, Vol. 10, 2018, p. 22.

③ Cas Mudde and Cristóbal Rovira Kaltwasser, *Populism: A Very Short Introduction*, New York: Oxford University Press, 2017, p. 118.

④ Stuart Shields, "Neoliberalism Redux: Poland's Recombinant Populism and its Alternatives", *Critical Sociology*, Vol. 41, 2015, p. 669.

⑤ Stuart Shields, "Neoliberalism Redux: Poland's Recombinant Populism and its Alternatives", *Critical Sociology*, Vol. 41, 2015, p. 669.

质的“人民”，就像拉克劳和墨菲所说的新社会运动的主体，他们可以被同一事件连接在一起，事件结束之后又立即分开。民粹主义从这些异质性中建构起了同一性，并将他们动员起来，成为民粹主义政党的支持者。这种建构主要通过“人民”与精英的对立而展开。但是，这是否如同格雷戈里·埃基尔特所说的，“政治不再是解决国家问题的共同利益和合作，而是关于需要消灭的敌人和需要支持的朋友，而不顾道德或政治代价”[①]了呢？他强调民主制度是独一无二的，它们需要所有政治参与者都具有忠诚和合作精神，在当权者和在野者中间有最低限度的信任；也需要基于共享规范基础上的团结和公众行为；当有人打破这种脆弱的平衡时，民主机制就停止运行了。[②] 当民粹主义的道德主义言论受到批评时，自由民主的捍卫者也以道德主义的诉求来回应民粹主义，则显得太过软弱无力。

波兰的民粹主义不仅为民粹主义的理论建构提供了新的范例，而且也正在挑战和揭示自由民主本身的缺陷和危机。不论其如何发展，都可能改变民主政治的未来走向，至于以什么方式，在什么方向上，以何种程度发生改变，则是不确定的，同时也是值得关注和思考的。

---

① Grzegorz Ekiert, "How to deal with Poland and Hungary", *Social Europe: Occasional Paper*, No. 13, August 2017, Minda de Gunzburg, Center for European Studies Harvard, p. 8.

② Grzegorz Ekiert, "How to deal with Poland and Hungary", *Social Europe: Occasional Paper*, No. 13, August 2017, Minda de Gunzburg, Center for European Studies Harvard, p. 8.

第七章　天主教会与政教关系

在波兰历史上，天主教会一直有着举足轻重的政治地位。直至今日，在大多数欧洲国家走向世俗化、传统基督教会普遍衰落的背景下，波兰的天主教会仍保持着强大的活力，不仅有着崇高的社会声望，更是一股强大的政治力量。从冷战结束至今，波兰的天主教会一直利用自身的社会声望和资源，通过各种渠道，直接或间接地介入波兰的公共政治领域，推广、贯彻自己的政策主张。深入理解波兰的社情民意，必须客观准确地认识天主教在波兰的历史、社会和政治中扮演的复杂而重要的角色。

第一节　民族教会与民族国家

大多数民族国家对国家认同的建构，都离不开某种“建国传奇”的叙事：祖国是如何产生并发展壮大，如何遭逢危难并奋起抵抗，如何经历了沉重的苦难、不屈的斗争和辉煌的胜利等，直至成为今天这个值得被热爱和保卫的国家。这些叙事往往广为流传、脍炙人口，不但能激发爱国主义和民族主义情绪，同时也是国族认同和政权合法性的来源。因此有时候，对国家认同的捍卫者而言，这些“传奇”叙事甚至比真实的历史更加重要。在波兰的“建国传说”中，天主教是一个极其重要的组成部分，正如一句波兰古谚所说——“Polonia semper fidelis”（波兰永远虔诚），即自 966 年梅什科一世皈依天主教以来，波兰就是一个坚定的天主教国家。天主教信仰不但使波兰文化区别于信仰东正教和新教的邻国，而且在波兰历史上多次遭受外国入侵、瓜分的情形下，传承了波兰的语言和文化，维护了波兰民族的延续。这种充满爱国情操的历史叙事，催生了当代波兰占主导地位的“波兰—天主教”（Polak-Katolik）认同。波兰学者埃娃·莫拉夫斯卡（Ewa Morawska）指出，对波兰而言，天主教是一种“在坚韧地不断复兴的本土公民社会与被强加的外来统治者不断斗争的过程中，不断被建构和重构的公民宗教”。[①] 天主教与波兰民族的历史和命运休戚相关，这也使得在今天的波兰，天主教的影子无处不在，政府、学校、医院、企业等公共场所随处可见圣母像或十字架等标识，政党政客们也借宣扬天主教价值观来获取选票。据世界价值观调查（World Value Survey）2010—2014 年的数据显示，波兰约 92.3% 的民众是罗马天主教徒，同时，约半数民众每周参加一次（46%）或多次（4.4%）宗教活动，大多数人认为宗教在自己的生活中“非常重要”（45.7%）或“相当重要”（33.9%）。[②] 正如波兰著名的红衣大主教斯蒂凡·维辛斯基（Stefan Cardinal Wyszynski）所言：“没有任何地方像波兰这样，宗教与民族之间的结合如此强韧。”[③] 但是，这种将波兰民族的天主教特性视作理所当然的叙事，却时常受到来自历史学家和政治学者的质疑。有学者认为，这种叙事过分简化了波兰历史上的多民族、多宗教特征，因此会造成一系列社会和政治问题，尤其是在当前以波兰法律与公正党为代表的右翼政党崛起，由“宪法危机”引发国内外激烈争议的情况下，这种将民族特质单一化和狭隘化的认同，正是导致民粹主义在波兰兴起的根源之一。

本节无意于甄别某种历史叙事中与史实中不符的谬误，而是要厘清一个问题：“波兰—天主教”这一影响深远的认同叙事，究竟是如何形成的？人们通常将 966 年波兰大公梅什科一世皈依天主教视为波兰成为天主教国家的开端，认为从那时起，波兰就脱离了“蛮荒状态”，成为欧洲基督教文化圈的一分子。1656 年，波兰—立陶宛共和国（亦称“波兰第一共和国”）的统治者扬·卡齐米日（Jan Kazimierz）宣告奉波兰南部的琴斯托霍瓦的黑圣母（波兰文：Obraz Matki Boskiej Częstochowskiej，英文：the Black Madonna）为波兰女王及主守护神，圣母崇拜开始流行于波兰，

---

① Ewa Morawska, “Civil Religion vs. State Power in Poland”, *Society*, Vol. 21, No. 4, 1984, p. 29.

② 资料来源：World Values Survey: Round Six—Country-Pooled Datafile Version (2014), (http://www.worldvaluessurvey.org/WVSDocumentationWV6.jsp)。

③ Brian Poter, “The Catholic Nation: Religion, Identity, and the Narratives of Polish History”, *Slavic and East European Journal*, Vol. 45, No. 2, 2001, p. 289.

这也是“波兰永远虔诚”这句古语的由来。然而，纵观整个波兰王国时期，天主教虽然占据主导地位，但王国境内同时还存在着大量的东正教、犹太教、新教甚至伊斯兰教信徒。无论天主教信仰还是“波兰裔血统”都不是构成波兰人身份认同的必要条件——许多贵族终身都不曾皈依天主教，宗教改革时期，新教在王国境内广泛传播，上流社会和富裕阶层纷纷皈依信义宗、加尔文宗和“波兰兄弟教”（Polish brothers）等新教教会。虽然1668年波兰曾通过了禁止从天主教向其他宗教改宗的法律，并对少数教派有一定的政治歧视，但与同时期其他国家相比，波兰很少出现对新教徒的大规模迫害。1792年，波兰的第一部宪法——“五三宪法”宣称：“国家的主导性宗教是神圣的天主教，该宗教享有各种权利，将来也如此……然而，因为我们相同的信仰命令我们爱弟兄，我们应当为从属任何教派的全体人民提供宗教和平与政府保护，而且依据法律我们保证在波兰领土内所有教礼和宗教的自由。”[①] 作为波兰“第一共和国”的最后一部宪法，“五三宪法”实际上承认了波兰宗教和民族的多样性，“波兰—天主教”认同模式在波兰民族国家形成之初，还远未成为民族认同的核心标识。

真正令天主教在波兰的“建国传奇”叙事中获得关键地位的，是1772—1918年，波兰被俄罗斯、奥匈帝国和普鲁士三国瓜分并占领的“大分裂”时期（period of partition）。欧洲大国对波兰的蚕食，导致在1795—1918年，波兰—立陶宛共和国从地图上消失，这一段“亡国时期”对波兰民族认同的形成至关重要：首先，共和国政权的覆灭打断了波兰作为一个“正常”的民族国家形成的过程。通常，西欧民族国家大都是围绕着政权的建立和稳固、国家机构的完善以及公民国家意识的觉醒和普及而形成的，国家之于民族，犹如躯壳之于灵魂。然而，被瓜分的波兰，却是一个“没有国家的民族”，在失去“国家”这一政治认同的核心载体之后，波兰人不得不寻找新的载体，天主教会适时承担了这一职能。其次，“大分裂”使波兰的宗教—民族认同与国家认同相互分离，从而重塑了波兰的政教关系，使宗教认同比国家认同更为重要。波兰亡国期间，天主教

---

① Sabrina P. Ramet, *The Catholic Church in Polish History: From 966 to the Present*, New York: Palgrave Macmillan, 2017, p. 46.

会是“旧时代”遗留下来的民族遗产，但同时，它又被剥离出王国的遗骸，充满活力地存在于城市和乡村之中，不仅通过日常的宗教活动来维持人们对“波兰”的记忆，甚至成为“波兰”的象征。在19世纪盛行的浪漫主义思潮中，波兰所遭受的一切苦难都可以在基督身上找到原型——“它因着世界的罪被钉死在十字架上，然必将为把人类从危险的政治偶像崇拜和撒旦的统治中拯救出来而获得重生”。[①] 许多诗人和作家借用圣经故事比喻波兰的遭遇，歌颂民族英雄和民族解放运动。这也使得天主教会理所应当地被赋予维护民族传统的职责：在“异教”的沙俄和普鲁士统治者对波兰占领区实施愈发严峻的政治压迫和文化压制的背景下，教会通过用波兰语布道、施行传统的波兰宗教仪式等方式，维护了波兰语言和文化的传承。因此，即使深受异族压迫，波兰人的民族意识并未被削弱，反而围绕着各种宗教象征（如圣母像、十字架、圣经故事等）不断被唤醒和强化，尤其是当人们将屈辱的现实与历史记忆相对置时，越发怀念民族独立时代的美好。19世纪后半叶，在异教统治和欧洲工业革命的双重冲击下，波兰的宗教狂热不减反增，尤其是在广大农民中，由天主教引导的波兰民族意识逐渐觉醒：乡村里到处流传着“圣母显灵”之类的异象神迹、越来越多的人前往“圣地”朝拜——从1865年至1899年，前往琴斯托霍瓦光明山修道院朝拜黑圣母像的信徒增长了接近四倍，从46101人增长到200411人。[②] 在漫长的亡国时期，波兰的宗教认同与民族认同逐渐相互融合，推动了“天主教波兰化”与“波兰天主教化”这两个双向演进的过程。到19世纪末20世纪初，波兰逐渐形成了以“宗教—民族”特征为界定的现代波兰认同模式。

当然，也有历史学家对天主教会在19世纪波兰民族独立运动中扮演的角色提出质疑，他们认为教会的作用被大大夸张了。首先，梵蒂冈教廷默认了大国对波兰的瓜分，教皇格里高利十六世曾在1830年波兰反对俄国统治的“十一月起义”后发布敕令，要求波兰天主教徒放下武器，服从包括沙皇在内的世俗统治者。在教廷的影响下，不少高级教士对外来统

① Genevieve Zubrzycki, *The Crosses of Auschwitz: Nationalism and Religion in Post-Communist Poland*, Chicago: University of Chicago Press, 2006, p. 45.

② Sabrina P. Ramet, *The Catholic Church in Polish History: From 966 to the Present*, New York: Palgrave Macmillan, 2017, p. 64.

治者采取了顺从和妥协的态度，如在 1863 年的华沙起义中，只有约 15% 的天主教士承认革命者的合法性，而教会机构则要求起义者停止反抗，服从当权者。[①] 其次，在 19 世纪，在自由主义、启蒙主义以及社会主义思潮的影响下，波兰出现了一批左派政治精英，他们也是民族独立运动的中坚力量。如波兰著名的政治家、被视为民族英雄的约瑟夫·毕苏斯基元帅（Józef Klemens Piłsudski）就曾是一位深受社会主义影响的左派自由主义人士。然而，由于左派的世俗化立场，教会与其关系十分紧张。1907 年，教皇庇护十世曾发布通谕，指责现代主义是“最邪恶的异端”。[②] 教会在政治上的保守主义立场，使其与左派政党不断发生龃龉，对 1918 年以后波兰第二共和国的政治发展产生了深刻影响。

“波兰—天主教”作为民族主义叙事的最终完善，是在波兰第二共和国时期。第一次世界大战后，随着沙俄、德意志帝国和奥匈帝国的覆灭，波兰重新独立。不仅如此，根据波苏战争后的《里加条约》和 1919 年巴黎和会协议，波兰还得到了西乌克兰、白俄罗斯和立陶宛的一部分领土，以及波莫瑞和波兹南地区的大片土地。这使波兰成为一个地域辽阔的多民族国家，除了约占总人口 70% 的波兰裔居民，国内还有大量的乌克兰裔、犹太裔和白俄罗斯裔等少数族裔人口。[③] 如何对待新生的波兰共和国境内的少数民族，是关系到新生国家稳定和认同的重大问题。然而不幸的是，整个第二共和国时期，各党派都在为此争斗。毕苏斯基一度希望将波兰建设成一个多元化的现代民主国家，但他的政敌，右翼国家民主党的创立者罗曼·德莫夫斯基（Roman Dmowski）却更倾向于波兰是单一化的“民族国家”，所有国民都应当讲波兰语，信天主教。在德莫夫斯基看来，天主教和波兰民族认同是一体的，他在所著的《教会、民族和国家》中提出：“天主教不是从某些方面点缀波兰身份的附属品，相反，它是这一身份所固有的内容，在很大程度上构成了波兰的本质。”因此，“波兰必须是一

① Brian Poter, “The Catholic Nation: Religion, Identity, and the Narratives of Polish History”, *Slavic and East European Journal*, Vol. 45, No. 2, 2001, p. 295.

② Sabrina P. Ramet, *The Catholic Church in Polish History: From 966 to the Present*, New York: Palgrave Macmillan, 2017, p. 64.

③ Joseph Rothschild, *East Central Europe between the Two World Wars*, Seattle and London: University of Washington Press, 1983, p. 36.

个天主教国家，与这个国家的绝大多数人口是天主教徒以及天主教徒占多少百分比没有关系。在我们看来，是因为我们的国家是一个民族国家，而我们的民族是天主教民族，所以从这个意义上讲，波兰就是天主教国家”。[①] 德莫夫斯基阐明了“波兰—天主教”基本内涵，即它既不是对波兰境内宗教—民族构成的客观陈述，也不认为每一个波兰人都必须是天主教徒，而是一种建构波兰民族国家的民族主义意识形态，是建立“真正的”波兰民族共同体的政治追求。由于受社会达尔文主义影响，德莫夫斯基将民族视为超乎个人之上的有机共同体，“波兰—天主教”则是这一共同体核心的、不容变更的本质特性，因此，此种认同具有很强的排外主义色彩，认为外来者和少数族裔的思想、文化会腐蚀波兰民族的肌体，导致其“堕落”。在这一思想的推动下，国家民主党鼓吹对少数族裔尤其是犹太人的歧视，反对给予少数民族自治权，甚而主张将犹太人驱逐出波兰。从第一次世界大战后到第二次世界大战，极端民族主义发酵导致了波兰出现反犹、反共浪潮，甚至间接推动了纳粹占领时期的种族屠杀。

德莫夫斯基的观点得到了波兰天主教会的支持，大多数教会人士对毕苏斯基等左派政治家所代表的世俗主义深恶痛绝。许多主教宁愿站在无神论者德莫夫斯基领导的国家民主党一边，也不愿支持作为“温和天主教徒”的毕苏斯基，他们认为后者想把波兰变成一个“社会主义和犹太人”的国家。一名教士在 1937 年写道：“我们的理想是‘波兰—天主教’！我们渴望波兰团结一致，但绝不以‘波兰民族’和‘天主教’为代价！我们尊重其他的民族和宗派，但我们深刻地感受到，波兰越深信自己的‘波兰—天主教’特质时，就会变得越强大。”[②] 教会不遗余力地构建“波兰—天主教”的历史叙事。在 20 世纪二三十年代，波兰涌现出一批关于 19 世纪教会史的著作，如帕维尔·库毕茨基主教（Bishop Pawel Kubicki）的《为教会和祖国而战的神职战士》《波兰教会的社会活动，以及普俄占领时期罗马天主教牧师和虔信者的殉教史》等，这些作品的共同特征是强调“大分裂”时期波兰天主教士对异族统治者的反抗，以及淡化梵蒂冈

---

① Genevieve Zubrzycki, *The Crosses of Auschwitz: Nationalism and Religion in Post-Communist Poland*, Chicago: University of Chicago Press, 2006, p. 57.

② Brian Poter-Szucs, *Faith and Fatherland: Catholicism, Modernity and Poland*, London: Oxford University Press, 2011, p. 334.

和教会高层对波兰独立运动的消极态度。在右翼民族主义和教会的极力鼓吹下，19 世纪天主教会对外来统治者的消极和忠顺态度渐渐被遗忘了，取而代之的是“波兰—天主教”叙事中虔诚而不屈的反抗者和殉道者的形象。教会成为民族主义的鼓手，十字架和圣母像变成整合波兰民族认同的象征，对单一民族认同的强调与对民族教会历史的叙事相结合，导致波兰民族认同的狭隘化，而这种狭隘化的宗教—民族认同不仅使波兰第二共和国政治发展逐步“右倾”，也对当代波兰的民粹民族主义运动产生了深远的影响。

集体记忆的构建往往是当下集体心理的反映，“波兰—天主教”认同的形成，很大程度上反映了波兰第二共和国建国之初，波兰人充满焦虑的民族心理。1918 年波兰赢得独立后，国家建设并非一帆风顺：第一次世界大战和苏波战争给国民经济带来的巨大破坏，苏联和德国对新生共和国的安全威胁，以及整合多民族国家社会经济的困难，无一不令波兰人忧心忡忡。在经历了一百余年的亡国之痛后，波兰民众对统一民族国家的渴望和对再次亡国的恐惧，导致波兰民族主义难以遏制地向极端化和民粹化发展。这一趋势所导致的排犹浪潮等极端化运动，至今仍是波兰民族主义政治的污点。第二次世界大战结束后，波兰极端民族主义思潮逐渐减弱，这不仅是因为波兰在苏联红军的支持下建立了社会主义共和国，更是因为第二次世界大战期间纳粹在波兰境内的种族清洗，以及雅尔塔协议对德波边界的划分，使得波兰有史以来第一次真正成了一个“单一民族国家”——信奉天主教的波兰裔人口占全国人口 90% 以上。“波兰—天主教”所追求的目标终于达成了，构建波兰民族认同的焦虑得到缓解，但讽刺的是，这一“成就”仍是大国划分势力范围的结果——“波兰民族”本身对“外来者”的态度，并没有变得更加宽容。

第二节　转型时期的天主教会

漫长而苦难的历史催生了“波兰—天主教”认同叙事的形成，同时赋予了波兰天主教会特殊的政治地位，尤其是当世俗政权的“本土性”遭到质疑时，教会便往往高举民族主义大旗，成为世俗政权的挑战者和竞争者。这一点，在第二次世界大战后的波兰人民共和国时期得到突出体现。

战后在苏联的支持下，波兰建立了由波兰统一工人党领导的社会主义共和国，但在大多数波兰人看来，这个“共产主义的、无神论的政权”，是苏联人强加给波兰人民的傀儡政府，波兰成为苏联的卫星国，不过是沙俄占领波兰历史的又一次重演。因而在冷战时期，天主教再次成为波兰民族抗争的象征和载体，教会与政治反对派结成“神圣同盟”，对 1989 年波兰统一工人党政权的倒台起到十分重要的作用，教会的政治威望也因此大大提升。但是，随着东欧剧变和苏联解体，“异族统治”的紧迫威胁消失了，波兰进入转型期，波兰人在欢呼“独立”的同时，却又不可避免地陷入对自身身份的反思。正如波兰作家维托尔德·贡布罗维奇（Witold Gombrowicz）指出：“只要我们还全身心投入在反抗外来强权的斗争中，像‘我们是谁?’‘是什么成就了我们?’之类的问题就仍处于蛰伏状态，但是独立却会唤醒我们内心深处的迷茫。”[①] 转型时期的波兰面对多元化和民主化的冲击，不得不开始尝试构建新的、更适应全球化时代需要的国家和民族认同。这一方面给教会争取更大的政治影响带来机遇，但另一方面，也使教会卷入复杂的政治争议，最突出的例子是天主教会干预 1997 年波兰新宪法的制定过程，以及倾力推动反堕胎运动。

自 1989 年东欧剧变以来，为波兰共和国制定一部宪法就被提上议程，然而，在 1989—1997 年，波兰的各方政治力量围绕着宪法的起草和通过，展开了激烈而漫长的角逐。教会关注的核心在于宪法中对政教关系的界定，“教会的职责在于塑造（宗教）与国家之间的关系，以保证这种关系不会违背教会的社会训条和教义原则”。[②] 欧洲现代民主国家大多以政教分离为立宪原则，但教会认为，“政教分离”是 1952 年波兰人民共和国宪法所使用的措辞，令人联想到共产主义政权施行的宗教迫害，因此新宪法不应当保留这种措辞，并进一步要求宪法为教会参与公共事务保留一席之地。教会提出，新的宪法应当符合 1993 年波兰与梵蒂冈教廷签订的宗派协约，该协约不仅保证波兰天主教会完全的“独立与自主”，还赋予了教会督导公立学校宗教教育、举办宗教婚礼及管理其他教会分支机构等

---

① Witold Gombrowicz, *Diary*, Volume Ⅰ, Northwestern University Press, 1988, p. 155.

② Krzysztof Zuba, "The Political Strategies of the Catholic Church in Poland", *Religion, State & Society*, Vol. 38, No. 2, 2010, p. 119.

“一切符合教会法”的“裁判、管辖和管理权”。[①] 教会甚至希望在宪法前言中包含“以全能的神的名义……”这样具有宗教色彩的言辞。借助与右翼政党之间的密切关系，教会得以直接影响宪法草案的拟定，如 1989 年主管宪法草案审议的参议院宪法委员会主席艾莉西亚·格热西科维亚克（Alicja Grześkowiak），1991 年国民大会宪法委员会主席、基督教民族联盟（ZChN）的参议员瓦勒利安·彼得罗夫斯基（Walerian Piotrowski）等都是与教会关系密切的政界要员。但是，教会的诉求也引起左派政党的反对。1993 年，民主左翼联盟（SLD）与波兰人民党在选举中获胜，左翼政党主导的议会推迟了对波梵协约的批准，并且使议会最终选择在宪法前言中使用“我们所有波兰民族的国民，无论那些相信上帝作为源头的真理、正义、善，美，以及那些不分享这种信念，但尊重这些普世价值的人……”这样折中的说法。教会对这一宪法草案十分不满，1997 年 2 月，波兰主教会议（KEP）发布了一则声明，批评新宪法草案体现了“道德虚无主义”，并宣称议会“并未从国民手中获得授权去通过这一宪法”。[②]

然而，教会的反对并没能阻止宪法草案在 1997 年的全民公投中获得通过，反倒使教会的政治声望受到损害。在大多数波兰人看来，随着政治转型的开启，教会的现世使命即使尚未终结，也应当退居幕后，避免过于卷入公共政治。1997 年关于宪法的全民公投已反映了这一态度，不仅如此，之前有民意调查显示，波兰民众对天主教会参与政治事务的支持率从 1989 年的 90% 骤降到 1993 年的 38%。[③] 在 1997 年的波兰议会选举中，亲天主教的右翼政党遭受惨败，从侧面反映了民众对教会干政的不满，面对迅速上升的反教权思潮，天主教会不得不改变策略，克制对政治的直接参与，例如，当 2001 年波兰法律与公正党和波兰家庭联盟向议会提交了一份更符合教会利益的宪法修正草案时，教会就没有对其做出任何支持的举措。

---

① Concordat Between the Holy See and the Republic of Poland, signed 28 July 1993 (http://www.concordatwatch.eu/topic-1331.843)

② Krzysztof Zuba, "The Political Strategies of the Catholic Church in Poland", *Religion, State & Society*, Vol. 38, No. 2, 2010, p. 120.

③ Genevieve Zubrzycki, *The Crosses of Auschwitz: Nationalism and Religion in Post-Communist Poland*, Chicago: University of Chicago Press, 2006, p. 78.

波兰天主教会在转型时期的另一项重要的社会议程是推动制定和实施反堕胎法。自1956年起，波兰人民共和国通过法案，允许妇女出于自由的意愿停止妊娠，此后的40年中，波兰每年平均约有18万到30万例合法堕胎。① 但是，随着1989年政治剧变后，以天主教会为代表的保守主义力量迅速把制定反堕胎法案提上议程。1992年，在教会的支持下，右翼的基督教民主联盟起草了一条法案，要求只允许在继续妊娠危及母亲生命的时候实施堕胎。这一提案自然引起了不少左派议员的反对。但1993年，在天主教会和相关宗教组织的推动下，波兰议会仍然通过了严格的堕胎法案。该法规定，妇女只有在三种情形下被允许实施堕胎，即：继续妊娠危及母亲生命或严重损害其健康、由强奸或乱伦导致的怀孕以及在急救状况下为拯救母亲生命不得已而为之。这项法律使得波兰妇女想要堕胎变得极为困难，许多妇女不得不为了堕胎出国或寻求非法的私人诊所，因而激起了众多妇女权益组织和自由主义党派的反对。围绕着反堕胎议题，以天主教会和右翼基督教民主党派为代表的“亲生命权”派和以妇女权益组织和左翼政党为代表的“亲选择权”派针锋相对，展开了激烈的政治博弈。1996年，由民主左翼联盟和人民党主导的议会通过了对1993年堕胎法案的修正案，增加了四条允许堕胎的前提，包括经济困难或生活困顿。这一修正案立刻激起了教会和保守派势力的强烈反对，教会指责修正案“不仅是反基督的，而且是反波兰的和不人道的”。② 最高主教团一度提议，禁止堕胎修正案的支持者进入教堂或参加宗教仪式。教会与各种“亲生命权”组织结成同盟，共同发起反堕胎的社会抗议活动。有主教甚至把堕胎跟纳粹的种族屠杀相提并论，波兰著名的极右天主教电台，玛利亚广播在布道时劝说听众：“我请求你们……现在还来得及，不要变成刽子手和谋杀犯。希特勒和斯大林式的犯罪已经够多了，对波兰的谋杀已经足够了！”③ 最终，1997年，波兰宪法法院裁定1996年堕胎法案的修正案违

① Sabrina P. Ramet, *The Catholic Church in Polish History: From 966 to the Present*, New York: Palgrave Macmillan, 2017, p. 202.

② Dorota Szelewa, "Killing 'Unborn Children'? The Catholic Church and Abortion Law in Poland Since 1989" *Social&Legal Studies*, Vol. 25, No. 6, 2016, p. 751.

③ Dorota Szelewa, "Killing 'Unborn Children'? The Catholic Church and Abortion Law in Poland Since 1989" *Social&Legal Studies*, Vol. 25, No. 6, 2016, p. 752.

宪。时至今日，波兰的堕胎法仍堪称欧洲最严格的堕胎法案，而教会和保守团体还在继续寻求进一步收紧堕胎条件，乃至禁止一切堕胎行为。

无论是干预立宪过程还是推动“亲生命权”运动，转型时期波兰天主教会对政治事务的积极参与，实际上都源于一个基本诉求——以“波兰—天主教”的价值观塑造新的波兰国家。转型时期的波兰经历了政治、经济和社会结构的剧变，使波兰人的价值观和生活方式受到巨大冲击，教会也面临着世俗化的挑战，其突出反映在1989年后波兰天主教信仰的“私人化”问题上。据统计，从1992年至2002年，波兰每周参加弥撒等宗教活动的天主教信徒的比例从55.7%下降到42.7%。另外也有调查显示，在那些定期去教堂的受访者中，只有一半人声称“我是一个信徒，我遵守教会的教导”。而另有39%的受访者则宣称“以自己的方式信教”，自身信仰并不那么受教会的影响。①

这意味着，尽管绝大部分波兰民众仍信仰天主教，但教会的社会影响力却下降了。为挽回颓势，教会选择更深地介入公共事务，通过不断强调“波兰—天主教”叙事，巩固教会在社会政治领域中的地位。然而，这一策略并不成功，人们对天主教会干涉世俗议题的行为越发反感。一项调查显示，1989—1990年，约90%的波兰民众对教会参与公共事务的评价是积极的，但到1996年，其正面评价的比例骤降到50%左右，到2002年，已有42%的民众反映教会“过多地卷入政治”。② 民众对教会干政的冷漠，反映了冷战后新自由主义的冲击下，波兰社会、文化的多元化和世俗化趋势已不可阻挡。尤其是1998年波兰向欧盟提交入盟申请后，“融入西方”成为热点话题。天主教会对加入欧盟可能给波兰社会带来的道德和文化冲击忧心忡忡，但波兰民众却对入盟热情高涨，他们期盼着加入欧盟所带来的巨大福利和美好前景。据统计，90年代中叶，约80%的波兰民众支持加入欧盟，虽然此后民意调查显示波兰人对欧盟的支持率略有波动，但也

---

① Lyctba Stetkiewicz, “The Role of the Catholic Church and Poland Religiousity”, *The Journal for the Sociological Integration of Religion and Society*, Vol. 3, No. 2, 2013, p. 8.

② Sabrina P. Ramet, “Controversies in the Social and Political Engagement of Catholic Church in Poland since 1989”, in Sabrina P. Ramet, Irena Borowik eds., *Religion, Politics and Values in Poland: Continuity and Change Since* 1989, New York: Palgrave Macmillian, 2017, p. 35.

从未低于50%。[①] 在此背景下，建构在“波兰—天主教”叙事之上的民族主义情绪被淡化了，人们更关心自己的日常生活和福利水平的提高，并不需要天主教会为“捍卫波兰”而冲锋陷阵。但是，这并不意味着天主教从此退出波兰政治舞台，相反，宗教—民族主义的土壤一直存在着，一有机遇，便会以另一种方式重新崛起。

第三节　右翼民族主义与天主教极右翼的兴起

2005年波兰大选中，右翼保守主义政党法律与公正党击败执政党民主左翼同盟成为议会第一大党，并与规模较小的自卫党、波兰家庭联盟联合组成新的政府内阁，后两者分别是以农村选民为基础和以天主教原教旨主义为纲领的“极右”政党。因而，2005年大选，被舆论认为是带有民粹主义色彩的极右翼民族主义在波兰政坛崛起的标志。虽然由于政绩不佳，法律与公正党领导的右翼执政联盟仅仅维持了两年，就在2007年大选中败于自由主义的中右政党公民纲领党而分崩离析，但它所引领的民族主义—保守主义已成为一股不可忽视的政治思潮。此后，法律与公正党长期把持着议会第二大党、第一大反对党的位置，并在2015年选举中大胜，再次走上政治前台。可以说，右翼民族主义的崛起，是近十年来波兰政坛上最为重要的事件。

波兰右翼民族主义一个重要特征，是天主教原教旨主义与极端民族主义的合流。法律与公正党成立于2001年，原本只是一个普通的右翼保守政党。但自2005年起，该党派开始高举民族主义和天主教保守主义的大旗，以“民族利益”的代表自居，攻击“出卖国家利益”的民主左翼联盟和其他自由主义政党。在竞选过程中，法律与公正党成功地将“波兰—天主教”的认同叙事运用到当下的政治动员中，他们宣称，波兰民族正遭受与20世纪外敌入侵类似的威胁——纳粹德国虽已覆灭，但德国和犹太

---

① Izabela Surwillo, Karen Henderson, Gabriella Lazaridis, “Between Euroscepticism and Eurosupport: The Attitudes of Urban and Rrual Populations in Poland 2000 - 2008”, *Europe Asia Studies*, Vol. 62, No. 9, 2010, p. 1504.

资本主义正借助外国资本的注入危害波兰的家庭和宗教传统；苏联虽已解体，但“共产主义”仍借由前共产党改组而来的左派政党，威胁着波兰的自由和民主。更令人愤怒的是，那些“前共产党”官僚们与外国资本相勾结，利用转型改革大肆贪墨，大发其财，窃取了1989年的“革命果实”，令人民受苦受难——2000年后，执政党政绩不佳又频频爆出贪腐丑闻，正验证了以上观点。2005年大选中，法律与公正党抛出“强势总统，公正波兰”（Strong President，Fair Poland）的口号，宣称要“终结腐败，并致力于恢复共产主义时期被抛弃、转型时期被忽略的波兰的正直风貌”，[①] 而恢复的方法，就是在恢复波兰的天主教传统和社团主义理念。在这一思想的指导下，法律与公正党的两位创立者和领导人——雅罗斯瓦夫·卡钦斯基和莱赫·卡钦斯基兄弟在选举中表现出激进的保守主义和民族主义倾向，包括要求清洗政府中的“前共产党官僚”、反对堕胎、支持教会干预公共政治事务、提高对贫困群体的补助、宣扬反自由主义和欧盟怀疑论等。这些立场赢得了在转型改革中遭受“阵痛”的普通民众尤其是农民的支持。有学者认为，2005年大选标志着法律与公正党“从一个虽有一定的民族主义和民粹主义倾向，但倾向并不强烈的比较典型的保守主义政党，转变为一个极端民族主义、并带有明显民粹主义—社会主义色彩的政党”。[②]

虽然2005年上台的右翼联合政府仅维持了两年多便告倒台，但其对波兰政治风向的影响却是深远的。自此之后，民族主义话语成为波兰政党政治的“参照系”，传统的、以社会经济政策指标来界定的左、右派政党格局，逐渐被以社会经济和社会文化取向差异区分的新自由主义/民族民粹主义政党格局所取代。2007年后，公民纲领党和法律与公正党成为波兰政坛上两大主要政党，在经济政策上，两党虽有着微妙不同，但实质上都支持自由市场经济，两党的真正差异，集中在对待政教关系、家庭伦理、移民种族和多元文化等意识形态问题的态度上。法国政治学家尚塔尔·墨菲（Chantal Mouffe）将这种现象称为政党的“道德登记”（moral

---

① Stuart Shields, “From Socialist Solidarity to Neo-populist Neoliberalisation? The Paradoxes of Poland's Post-communist Transition” *Captical & Class*, Vol. 31, No. 3, 2007, p. 168.

② Radoslaw Markowski, “The Polish Elections of 2005: Pure Chaos or a Restructuring of the Party System?”, *West European Politics*, Vol. 29, No. 4, 2006, p. 820.

register），即政治“仍然取决于对‘我们/他们’的区分，但这种‘我们/他们’的区分不再是从政治类别，而是从道德范畴上界定的”[①]。换言之，这是一种借助价值观来进行政治动员的策略，它使得政党政治不再只是“左与右”的竞争，更是“对与错”的斗争。这种以宗教—民族主义话语为特征的“价值观动员”之所以在波兰成为一种普遍的风气，主要原因有三：第一，“波兰—天主教”认同在波兰有着深厚的社会根基，尽管冷战后，天主教会也受到世俗化的挑战，但对大部分波兰民众而言，宗教认同仍十分重要，天主教仍是民族传统的重要内容，教会不仅是“道德权威”的象征，更是民族主义的象征。第二，虽然自2004年加入欧盟以来，波兰的经济发展十分迅速，但新自由主义主导的市场经济变革持续推进，以及外国资本的大量涌入，仍不可避免地带来诸如失业、贫困、腐败、贫富差距扩大等种种问题，再加上2011年的欧债危机的警示和2015年中东北非难民问题凸显，波兰人对欧盟的新自由主义技术官僚的怀疑和不满越来越深，许多市场经济中的“失败者”开始转向“疑欧论”，为民族主义和宗教保守主义的兴起提供了温床。第三，自2005年以来，波兰的左翼力量一蹶不振，1989年以来波兰的自由主义精英们成功地将一切“共产主义”和“社会主义”话语边缘化，其结果就是大批对新自由主义“霸权”不满的民众只能转入民族主义麾下，从而开启了以“宗教—民族”认同为驱动的民粹主义政治的大门。欧洲学者彼得·维米尔什（Peter Vermeersch）指出，民族主义是一种“灵活的后政治化的话语”，由于“国家利益是一种足够模糊的，以至于几乎适用于所有议题的主旋律”，[②]所以政党可以一面以民族主义话语动员民众，另一方面为自己实际的社会经济政策留下足够的政治斡旋的空间。法律与公正党的领导人正采取了这样一种政治策略，它一方面借宗教—民族主义话语，将大众错综复杂的利益诉求简化为“波兰民族”与“波兰的敌人”之间的意识形态斗争，鼓吹“共产主义”“纳粹德国”甚至“犹太资本”对当代波兰的威胁，煽动普通民众的集体记忆和爱国热忱。另一方面，其实际政策纲领又混合了不

---

① Chantal Mouffe, *On the Political*, London: Routledge, 2005, p. 5.

② Peter Vermeersch, "Nationalism and political competition in Central Europe: The case of Poland", *Nationalities Papers*, Vol. 41, No. 3, 2013, p. 137.

同派别立场——即在涉及意识形态和社会文化的政策上属于极右，但在经济政策上却偏左。在宗教—民族主义的旗帜下，法律与公正党整合了大量诉求迥异、但都对执政的新自由主义“主流”精英不满的群体，使其成为自身坚实的选民基础。

右翼民族主义选择了以天主教为矛，教会自然也开始以这些民族主义政党为盾。虽然自90年代的挫折后，教会就开始克制对公共政治事务的直接参与，但是仍通过各种间接渠道影响着波兰政治。2005年以来，不少神职人员将法律与公正党视为基督教价值观的捍卫者，并支持其政治立场。其典型的例子，是2015年总统选举中，虽然天主教会的官方机构——波兰最高主教会议并没有对任何党派表示支持或反对，但多家天主教媒体却不同程度地表达了对法律与公正党候选人的支持，其中包括波兰发行量最大的天主教周刊《主日来客》（*Gość Niedzielny*）和《礼拜日》（*Niedziela*），更不用说玛利亚广播之类的极右媒体。作为回报，法律与公正党当选后，也宣布支持在公立学校推行宗教教育，并维持严格的堕胎法案，这些举措被认为是教会与右翼民粹政党“联手”的体现。教会对右翼民粹主义政党的支持，很大程度上是受到其内部保守主义势力崛起的影响。自90年代以来，波兰天主教会内部就隐隐出现派系之分：一方面，受教皇约翰·保罗二世的影响，一些较为开明的高阶神职人员和宗教知识分子构成了倾向自由主义的“中右”派，认为教会应遵循第二次梵蒂冈大公会议的开放精神，逐步退出公共政治领域，把相关事务交给基督教民主党，并以较为开明的态度去看待一些政治议题，如加入欧盟等。然而，另一方面，自2005年以来，教会中“极右翼”的力量也越发强大，这一派系秉持天主教保守主义信条，强调波兰的天主教民族主义传统，反对堕胎、同性恋等违背天主教传统理念的行为，并希望以天主教教义为基础，建立波兰社会的道德准则和行为规范。虽然除以上两者之外，教会中还有大量中立人士，波兰最高主教团在大多数政治议题上也尽量保持“中立”的立场，但自2004年偏自由主义的枢机主教约瑟夫·格兰普（Józef Glemp）卸任主教团主席一职后，后继两任主席都被认为是保守派人士，在其影响下，“极右翼”逐渐占据上风。2014年教皇方济各就任后，波兰天主教会常常因在同性恋、避孕和接受难民等议题上与教皇意见迥异，而与梵蒂冈教廷发生冲突。更值得注意的是，在教会机构的管辖范畴之外，一批天主教极右团体以政党、非政府组织或“媒体”的形式迅速崛起，进一步推动了天主教极右翼与极端民族主义力量的合流。

波兰天主教极右团体的构成十分复杂，它们与教会有着千丝万缕的关系，在教会中拥有大量支持者，但又在一定程度上独立于教会，更加积极地活跃于政治舞台之上。其最具代表性的组织，当属塔德乌什·雷吉克（Tadeusz Rydzyk）神父创立的天主教电台玛利亚广播及其传媒集团，此外还有诸如“全国激进阵营”（National Radical Camp）“全波兰青年”（All-Polish Youth）等规模较小但十分活跃的天主教极右团体。天主教极右团体与主流教会之间的差异主要体现在以下几点：第一，在意识形态上，以波兰主教会议为代表的教会官方机构一般会克制对公共政治议题的直接参与，至少表面上维持“价值中立”的超然形象。而天主教极右翼团体则积极地卷入政治活动，他们不仅在选举中支持民族主义政党，还常常公开宣扬疑欧主义、排犹主义、排外主义甚至带有新纳粹色彩的政治观点。如玛利亚广播就曾先后支持波兰家庭联盟和法律与公正党，并在广播节目中大肆宣扬反犹主义。第二，在组织结构上，天主教极右翼有着更为明显的“草根”特征，大多数天主教极右团体的领导者并非高阶教会人士，如创立玛利亚广播的雷吉克神父原本只是一名普通的天主教神父，而“全波兰青年”和“全国激进阵营”的组织者和成员大多只是平民信徒，在教会中，极右翼的支持者也多为较低阶的神职人员。他们大多并不具有很高的神学和文化素养，但却在普通民众尤其是农村的中低收入阶层中有着广泛的支持者。第三，在组织和动员方式上，天主教极右翼团体更多采用新媒体等“时兴”的动员渠道。如玛利亚广播是90年代最早使用电台—听众互动模式来构建稳定的受众群体的宗教媒体。2000年以后，越来越多的天主教极右团体采用“扁平化”“网络化”的组织架构模式，使其能在短时间内募集大量支持。虽然这些团体并不像教会官方机构那样有着严密的层级结构，但却通常有一批忠诚的追随者，并能有效地调配社会资源，在选举中形成强大的动员力。这些特性促使近年来波兰天主教极右势力声势日盛，成为推动波兰政治民族主义转向的一股强大动力。

20世纪二三十年代，波兰天主教会与右翼民族主义政党结成同盟，以对抗左翼自由派、共产主义和犹太人对波兰的“威胁”。而今，波兰的右翼民族主义再次与天主教极右翼力量“合流”，仿佛是百年前历史的重演。许多天主教极右党派和团体都对德莫夫斯基推崇备至，如“全波兰青年”的前身——2005年一度参与组阁的天主教极右政党波兰家庭联盟，就曾公开宣称自己是德莫夫斯基时代的国家民主党的继承者。但也应当注意到，今日波兰的政治环境和社会形态，与一百年前有着翻天覆地的差别，今天的波兰并没有面临严重的地缘安全或民族种族问题挑战，宗教极右势力在当代波兰的兴起，及其与右翼民族主义的合流，与其说是源于人们对“外敌入侵”的恐惧，不如说是过去二十年来，波兰剧烈的社会转型的结果。自2004年波兰加入欧盟以来，欧洲一体化和新自由主义市场经济的冲击，给波兰社会、经济带来了巨大变化：一方面，入盟在刺激波兰经济增长的同时，也带来了腐败、贫困、贫富差距扩大等问题，使许多波兰民众产生了强烈的“被剥夺感”，导致波兰民族主义、疑欧论和宗教保守主义的兴起。另一方面，自由主义市场经济所催生的消费主义、个人主义和多元化浪潮，也大大推进了波兰社会的世俗化转变，使波兰人的精神需求更加复杂化。人们希望从宗教中寻求新的慰藉，然而，在这个剧烈变革的时代，天主教会依然扮演着“至高无上的道德权威”的刻板角色，维持着传统的运作模式，越来越“脱离群众”，成为一个“仪式化”的“官僚机构”。因此，虽然波兰的天主教信徒仍保持着极高的人口比例，但许多波兰人，尤其是年轻人对教会充满了疏远和不满。“波兰的年轻人觉得他们只是受到（教会的）训诫，而非理解。”[①] 而相较之下，天主教极右团体以其平民化、草根化的特征，对这些被传统教会所“疏远”的群体产生强大的吸引力，因而得以在波兰的“宗教市场”中迅速崛起。从这一视角看，波兰天主教极右翼和民族主义政党的兴起，都带有明显的“草根 vs. 精英”的色彩。近年来，在欧洲民粹主义风潮兴起的背景下，波兰天主教极右翼与右翼民族主义政党也借此东风，共同推动了波兰政治的转向，其典型反映是玛利亚广播和法律和公正党的联盟。下文将以玛利亚广播为例，具体分析天主教极右翼对波兰当代民族主义政党政治的影响。

---

① Lucyna Stetkiewicz, “The Role of the Catholic Church and Polish Religiousity”, *The Journal for the Sociological Integration of Religion and Society*, Vol. 3, No. 2, 2013, p. 12.

第四节　天主教极右团体与右翼民族主义政党的联盟

玛利亚广播成立于1991年，其创立者塔德乌什·雷吉克是天主教至圣救主会的一名神父。20世纪80年代，雷吉克曾在联邦德国的一家宗教电台工作，1991年东欧剧变后，他回到国内，创建了自己的天主教广播电台——玛利亚广播。1994年，玛利亚广播获得全国广播许可证，并在随后几年里，迅速发展成波兰最具影响力的宗教媒体之一，据统计，2000年玛利亚广播已拥有500万听众，是波兰第五大广播电台。[①] 在其成功的基础上，1998年，雷吉克又创立了一份报纸——《我们的日报》（*Nasz Dziennik*），2003年创办了天主教卫星电视台TRWAM，它们同玛利亚广播一起，构建起雷吉克的宗教传媒网络。如今，玛利亚广播不仅覆盖波兰，还远及美国和加拿大，拥有广泛的社会和政治影响。以玛利亚广播为核心，雷吉克建立起一个多样化的宗教传媒集团，该集团由雷吉克创建的"真理之光"（Lux Veritatis）等基金会管理运作，囊括了包括宗教电视台、报纸、广播、学校、出版社在内的各种分支机构，俨然一个"传媒帝国"。

然而，雷吉克的目的并不仅仅在于建立一个"传媒帝国"，而在于利用这一传媒集团实现其政治抱负。自成立伊始，玛利亚广播的节目单上就包含相当分量的社会政治节目，且往往带有强烈的天主教极右主义色彩。首先，玛利亚广播认为，天主教是波兰民族的内在属性，其价值观是波兰社会的道德基石，任何违背天主教价值观或试图将天主教剥离出波兰社会的行为，都是对波兰民族本身的损害。因此，玛利亚广播激烈抨击堕胎权和同性恋平权运动，认为这是在毁坏波兰的宗教传统和家庭伦理。其次，玛利亚广播一直有反犹主义和排外主义倾向，其节目经常包含对犹太人群体的丑化、阴谋论等，例如，玛利亚广播曾宣称犹太人试图利用历史上的大屠杀事件，向波兰政府索要高额赔偿。2008年，美国国务院的国际反

---

① Juraj Buzalka, *Nation and Religion: The Politics of Commemorations in South-East Poland*, Berlin: Lit-Verlag, 2007, p. 43.

犹主义报告称，玛利亚广播是“欧洲最公然宣扬反犹主义的媒体”。[①] 2011年“阿拉伯之春”爆发后，欧洲难民潮愈演愈烈。对此，玛利亚广播又开始宣扬反穆斯林的排外主义，尤其反对欧盟对波兰接受中东北非难民的要求。第三，在极端民族主义的影响下，玛利亚广播持有强烈的欧盟怀疑论，在节目中一度将欧盟斥为“共济会的阴谋”，认为波兰正面临两大历史“宿敌”——犹太人和德国人的威胁，这两者正试图通过外来投资和欧洲一体化进程“重返”波兰，借新自由主义市场经济传播“反基督教的消费主义文明”，操控波兰的政治经济，更危害波兰的社会文化和宗教传统。总而言之，玛利亚广播作为天主教极右翼媒体的代表，其意识形态在很大程度上与20世纪二三十年代的国家民主党的宗教—民族主义一脉相承，玛利亚广播在其最受欢迎的社会政治节目“未完成的对话”（Unfinished Conversation）中，也多次表达对德莫夫斯基的赞扬——作为波兰现代民族主义意识形态的主要奠基者之一，德莫夫斯基对玛利亚广播所代表的极右“政治天主教”（Political Catholicism）有着深刻的影响，后者所宣扬的极端宗教民族主义观点，包括反犹、排外、反世俗化和反自由主义，几乎都可以在德莫夫斯基的政治思想中追根溯源。

玛利亚广播的极右立场在社会上引起了激烈争议，甚至教皇本笃十六世都曾含蓄地对其发出过警告。前任枢机主教约瑟夫·格兰普曾一度试图约束玛利亚广播的言行。2002年，教会成立了一个“玛利亚电台牧师关怀主教委员会”（Bishops' Committee for the Pastoral Care of RM），以保证“电台播放的内容与教会教义以及当前波兰主教会议的牧道项目相符”[②]。然而这并没有什么效果，玛利亚广播依旧自行其是，这一方面是由于玛利亚广播并非教会直属机构，其名义上归属天主教至圣救主会，财政上主要依靠社会募资和听众捐款，因此具有相当的独立性；另一方面，教会内部其实有许多主教站在玛利亚广播一边，致使最高主教会议无法就约束或处

① Anna Sommer Schneider, "The Catholic Church, Radio Maryja, and the Question of Antisemitism in Poland", in Alwin H. Rosenfeld ed., *Resurgent Anti-Semitism: Global Perspectives*, Bloomington: Indiana University Press, 2013, p. 258.

② Ireneusz Krzemiński, "Radio Maryja and Fr. Rydzyk as a Creator of the National-Catholic Ideology", in Sabrina P. Ramet, Irena Borowik eds., *Religion, Politics and Values in Poland: Continuity and Change Since 1989*, New York: Palgrave Macmillian, 2017, p. 93.

罚雷吉克及玛利亚广播的决议达成一致。波兰天主教杂志《象征》(*Znak*)的前主编、后一度担任波兰司法部部长的雅罗斯瓦夫·科维(Jarosław Adam Gowin)在2007年评论玛利亚广播和波兰天主教会之间的关系时指出:"我想总共有1/4的主教支持雷吉克神父。一些主教的庇护,电台自身的财务独立,及其依靠忠诚支持者的能力,巩固了它的自主地位。"①

玛利亚广播自行其是的底气来源于其强大的组织动员能力。与普通的广播电台不同,玛利亚广播并不满足于仅仅通过电台宣传天主教民族主义理念,更致力于建构可动员的社会基础。雷吉克本人曾用四个词描述玛利亚广播的运作模式,即:信息—构造—组织—行动。②"信息",指由广播节目提供交流平台,使听众通过信息交流形成更为紧密的社交网络。早在20世纪90年代,玛利亚广播就开辟了当时还是新鲜事物的听众电话互动节目,如政论节目"未完成的对话"和互助节目"我能,我愿帮忙"(I can, I want to help)等。借助电话交流,玛利亚广播将自身打造成一个类似于今天互联网社区的信息平台,使素不相识的听众成为这一"自治社区群体"的成员。"构造",则指的是玛利亚广播有意识地吸引有相似价值观和政治倾向的听众,构建起一个忠诚、稳定的支持者群体。玛利亚广播虽然提供了听众交流的平台,但并不鼓励真正开放、自由的政见交流。相反,其预设理念是,无论在宗教、社会还是政治问题上,听众应当遵循"更明智者"——如玛利亚广播的节目主持和嘉宾们——的教导,这种"教导"往往宣扬特定价值观和意识形态,从而吸引特定的听众群体。玛利亚广播的主要听众,是生活在农村,教育程度和经济收入水平都不高的中老年妇女,在她们的生活中,宗教本就占有十分重要的地位。玛利亚广播借无线电波,将这些听众"聚集"到一起,并通过有意识的"训导",赋予这一群体共同的身份认同——虔诚、保守而具有民族主义特性的"玛利亚广播听众"。"组织"指的是玛利亚广播的基层社会组织。基于以上两点,玛利亚广播在听众中建立了自己的基层组织——玛利亚广播之家

---

① Bartosz Napieralski, *Political Catholicism and Euroscepticism: The Deviant Case of Poland in Comparative Perspective*, New York: Routledge, 2018, p. 82.

② Bartosz Napieralski, *Political Catholicism and Euroscepticism: The Deviant Case of Poland in Comparative Perspective*, New York: Routledge, 2018, p. 81.

(Radio Maryja Family)，它是玛利亚广播的听众在各个教区建立的、俱乐部性质的草根志愿组织，通常与玛利亚广播并无正式关联，但却拥有强大的动员潜力。例如每年，玛利亚广播之家能够组织上万信徒参加光明山修道院的朝圣活动，许多右翼的政界显要，包括法律与公正党党魁雅罗斯瓦夫·卡钦斯基、波兰总理马泰乌什·莫拉维茨基等都参加过玛利亚广播的朝圣集会。强大的草根动员能力使玛利亚广播得以贯彻最后一个、也是最重要的运作环节——“行动”，即动员可用的社会力量参与政治活动，推进政治议题，甚至直接影响政党选举。

按人口比例来看，玛利亚广播的听众群体并非社会主流，但却有着突出的政治影响力，这取决于其支持者较高的忠诚度和组织性。首先，玛利亚广播的听众群体是一群潜在的“活跃选民”。据波兰民意调查中心（CBOS）统计，玛利亚广播的听众中，有17%的人表示他们对政治很感兴趣，47%的人对政治的兴趣处于一般水平，相较之下，其他民众对政治议题特别感兴趣的只有12%，45%的人处于一般水平，43%不感兴趣，低于玛利亚广播听众。另一方面，在投票参与率上，71%的玛利亚广播听众表示他们参加了2010年总统大选的第二轮投票，而非听众的第二轮投票参与率只有66%，在2011年的议会选举中，72%的玛利亚广播听众参与了投票，非听众的投票率仅有58%。[①] 这意味着在选举时，玛利亚广播的听众比普通选民有着更大的政治能量。其次，玛利亚广播能够影响其听众的政治偏好。这一方面体现在玛利亚广播的听众更倾向支持右翼民粹主义政党，另一方面表现在听众的投票选择会受到玛利亚广播的意见影响，且这种影响还在逐年上升。在2001年选举中，42%的玛利亚广播听众投票给广播所支持的波兰家庭联盟，14%投给同为右翼的自卫党，还有8%投给法律与公正党。到2007年议会选举中，有62%的听众投票给玛利亚广播所支持的法律与公正党，仅有20%投票给公民纲领党。[②] 这都意味着玛利亚广播已成为一股独立的政治力量，在某些情况下甚至能够左右波兰的政党格局，这也促使一些右翼政党选

① Bartosz Napieralski, *Political Catholicism and Euroscepticism: The Deviant Case of Poland in Comparative Perspective*, New York: Routledge, 2018, p. 82.

② Bartosz Napieralski, *Political Catholicism and Euroscepticism: The Deviant Case of Poland in Comparative Perspective*, New York: Routledge, 2018, p. 84.

择与玛利亚广播合作来争取选票。雅罗斯瓦夫·卡钦斯基在谈及法律与公正党与玛利亚广播的关系时表示："没有玛利亚广播，你赢不了选举。我曾经尝试过不同的方法……但是失败了。"① 可以说，以玛利亚广播为代表的天主教极右翼团体，为波兰右翼民族主义政党的崛起提供了重要的社会资源。

玛利亚广播并不掩盖自己的政治野心，自成立起，它就积极介入选举过程，并不遗余力地支持右翼保守主义党派。例如，在1995年总统选举中，玛利亚广播呼吁听众投票支持瓦文萨，反对民主左翼联盟的候选人亚历山大·科瓦希涅夫斯基。在1997年议会选举中，为了支持团结选举行动（AWS）中的基督教党派候选人，玛利亚广播动员听众向波兰国家广播电视委员会发出60万封请愿函，要求获得一个频段分配，以便使右翼保守派的重要票仓——西里西亚地区也能收到玛利亚广播。② 2001年大选中，玛利亚广播支持新成立的天主教极右翼党派——波兰家庭联盟，当时才刚刚建立几个月，是个几乎没有任何政治基础的"空壳政党"，但在玛利亚广播的倾力支持下，它在议会选举中获得了7.9%的选票，超过单个政党最低门槛的5%，得以在下议院获得38个席位。但随着2005年以后玛利亚广播转向支持法律与公正党，波兰家庭联盟便逐渐走向衰落，2007年该党仅获得1.3%的选票，无缘进入议会。法律与公正党则取代了波兰家庭联盟，从一个普通的右翼保守主义政党，转变成带有天主教极右色彩的民族主义党派。2005年，法律与公正党发布了一本名为《基督教欧洲的天主教波兰》的宣传手册，雅罗斯瓦夫·卡钦斯基在其中宣称："基督教是我国存在的基本事实……对我们绝大多数人，包括法律与公正党的政治家、活动家和普通成员而言，天主教信仰无非就是真理，它指引着我们的生活和行动。它是我们必须尊重和捍卫的价值。"③ 2005年莱赫·卡钦斯基在当选波兰总统的演说中，

① Bartosz Napieralski, *Political Catholicism and Euroscepticism: The Deviant Case of Poland in Comparative Perspective*, New York: Routledge, 2018, p. 83.

② Frances Millard, "Democratization and the Media in Poland: 1989 - 1997", in Vicky Randall ed., *Democratization and the Media*, London: Frank Cass, 1998, p. 98.

③ Rafal Pankowski, *The Populist Radical Right in Poland: The Patriots*, London: Routledge, 2010, p. 53.

专门感谢了雷吉克神父的支持。此后，该党的精英政要们越来越多地出席玛利亚广播的社会政论节目，或参加与玛利亚广播有关的重大宗教活动。2007 年大选中，玛利亚广播明确支持法律与公正党，虽然后者仍然在选举中败给公民纲领党，但双方的合作关系并未停止。相反，此后，作为第一大反对党，法律与公正党越来越喜欢使用“宗教”“传统”“伦理道德”等民族主义的措辞来煽动民众情绪，批评执政党的各项政策。有学者统计，在 2002—2009 年，法律与公正党发表类似言论的高峰集中 2008—2009 年，即失去执政地位后的两年。[①]

法律与公正党和玛利亚广播的合作，是建立在两个基础之上的：一是意识形态的契合，法律与公正党的右翼保守主义立场，与玛利亚广播的极端民族主义不谋而合。2005 年后法律与公正党转向激进民族主义和宗教保守主义，进一步巩固了双方的意识形态同盟。二是政治上的互惠互利，玛利亚广播的支持，对法律与公正党争取波兰中下层农村选民的选票十分重要，这些选民往往虔诚、保守、对欧盟和自由市场经济心怀不满，同时也是玛利亚广播的忠实听众。作为回报，法律与公正党也多次为玛利亚广播节目和重大活动“站台”，以帮助其扩大影响。

2015 年法律与公正党在大选中获胜后，玛利亚广播集团的身价也随之“水涨船高”，不仅得到了不少采访、会见政府高官的机会，还获得了切实的经济利益：据报道，自 2015 年以来，雷吉克麾下的传媒集团共获得约 1850 万欧元的收益和捐赠，其中相当一部分来自政府的资助，[②] 如 2016 年，波兰政府就计划拨款 490 万欧元资助雷吉克神父创办的私立大学——位于玛利亚广播总部所在地多伦市的社会与文化传媒学院。[③] 同时，法律与公正党政府还施行了一系列“亲天主教”的社会政策，包括加强公立学校的宗教教育、增加对教会的财政补贴、推动议会通过更严厉的反堕胎法案甚至通过一项阻止使用紧急避孕措施的议会决

① Arkadiusz Modrzejewski, “Catholic and Nationalist Populism in the Current Poland”, *Perspectives in Politics*, Vol. 17, 2017, p. 25.

② Ada Petriczko, “Meet Poland’s Most Powerful Priest” （https：//newsmavens. com/news/aha-moments/1584/meet-poland-s-mostpowerful-priest-）.

③ “Poland to fund Private College Run by Controversial Priest” （https：//www. businessinsider. com/ap-poland-to-fund-private-college-run-by-controversial-priest-2016-1）.

议等。这一系列举措，进一步吸引了天主教保守主义派系对法律与公正党的支持。

然而，并不是所有的教会人士都支持右翼民族主义政党。在因法律与公正党的司法改革引发的“宪法危机”中，波兰天主教会表现出耐人寻味的沉默。2016 年 7 月 17 日，波兰天主教主教会议发言人帕威尔（Pawel Rytel-Andrianik）表示，教会不会对宪法改革做出评价。三天后，在巨大的抗议声浪中，教会牧首、格涅兹诺大主教沃依切赫·波兰克（Wojciech Polak）才含糊地呼吁“维护民主宪法国家的基本原则”。[①] 而面对欧盟对波兰的批评，墨林主教（Wieslaw Mering）则直接表示支持波兰政府：“我比你们（舒尔茨）更知道我的国家，我在这儿住了 70 年了。我可以保证，总统和新政府的改革并不是缺乏民主的证据。选举表明我们的普通市民希望改变。问题在于失去权力的人不满意选举的结果，想利用欧洲议会来维护他们的利益。”[②] 对熟悉波兰政治的观察者来说，教会的沉默也许并不奇怪，许多人认为天主教会与法律与公正党政府就是“一伙的”。如波兰最高法院首席法官玛格泽塔·格尔斯多夫（Malgorzata Gersdorf）直言：“在波兰，唯一能做些什么的机构就是天主教会，然而我不指望他们能做什么，它与执政党密切地关联在一起。这就是为什么教会现在和将来都不会多说什么。”[③] 格尔斯多夫的指责并非空穴来风，舆论将天主教会视为右翼民族主义政党的主要支持者，并一度担心天主教极右翼与极端民族主义的合流，将导致波兰政治的“纳粹化”。这一担忧并非杞人忧天，在 2017 年 11 月在华沙举行的独立日游行中，一些天主教极右团体打出了“白人的欧洲”“杀死祖国的敌人”“净化血统”等激进的种族主义旗号，引起国内外巨大争议。

在此背景下，一些教会人士也开始指责执政党和天主教极右翼的联盟。2018 年初，81 岁的多明我会神父路德维克·维希涅夫斯基（Fr.

---

① “How the Catholic Church ties in the Poland’s Judicial reform”（http：//www. dw. com/en/how-the-catholic-church-ties-in-to-polands-judicial-reform/a-39809383）.

② 刘作奎、［波］卡塔里娜·高里克：《2015 年波兰宪法危机根源、前景及对中波关系影响分析》，《欧洲研究》2016 年第 2 期。

③ 刘作奎、［波］卡塔里娜·高里克：《2015 年波兰宪法危机根源、前景及对中波关系影响分析》，《欧洲研究》2016 年第 2 期。

Ludwik Wisniewski）在天主教周刊《普世周刊》（*Tygodnik Powszechny*）上撰文，痛批波兰天主教会与右翼政府之间的合作。这篇以“我控诉”为题的评论文章，不仅抨击法律与公正党政府表面上宣称遵循天主教价值观，实际上却拒绝接纳难民等违反天主教教义的行为，还指责以玛利亚广播为代表的天主教极右翼“多年来一直煽动仇恨和分裂”。维希涅夫斯基认为，天主教极右翼实际上扭曲了真正的天主教教义，损害教会声望，而教会高层却对此视而不见，他宣称：“我们正眼睁睁地看着天主教在波兰死去，而我们的主教却鸦雀无声。”① 也正因为如此，波兰民众逐渐“抛弃”了天主教会，近年来波兰民众的宗教活动参与率持续下降，就是人民对教会失望的反映。维希涅夫斯基的文章引发了不小的反响，许多开明的宗教人士和自由主义政党团体支持其观点，但也有人认为，波兰宗教活动参与率的持续下降跟教会的政治立场并无直接关系，而更多是波兰社会世俗化和多元化的体现。事实上，这篇批评所引发的激烈争论反映了波兰教会内部的分裂，维希涅夫斯基代表了相当一部分“中右”自由派教会人士的态度，他们遵循梵蒂冈的“普世价值”的理念，反对波兰教会日益严重的宗教民族主义倾向，主张欧洲一体化、支持社会的多元和自由。但与此同时，保守主义势力仍在教会中拥有强大影响，尤其是在农村教区和中下层神职人员中，保守、排外、疑欧主义的宗教—民族主义“极右”派思想往往更获支持。波兰天主教会摇摆于“普世价值观”和天主教民族主义之间，使得最高主教会议在许多重大政治议题上越来越难以团结一致。

民族主义浪潮的兴起同样加剧了波兰城乡之间的撕裂。2018 年 10 月，波兰地方选举结果出炉，虽然法律与公正党赢得了 32.3% 的选票，位列第一，但却在华沙、波兹南、罗兹等重要城市的选举中败给了公民纲领党。因此，尽管后者只获得 24.7% 的支持率，但却仍然对执政党构成了不小的压力。波兰地方选举的结果反映出波兰民众政治态度的两极分化：一方面，法律与公正党仍然得到农村和小城镇选民的支持，而另一方面，波兰的大多数中心城市传统上仍秉持亲欧盟、亲自由主义的立场，因

---

① Jonathan Luxmoore, “Poland Catholic Church Takes on its Critics”（https://www.ncronline.org/news/world/polands-catholic-church-takes-its-critics）.

此在这些地区，公民纲领党更受青睐。在此背景下，法律与公正党若想要争取明年大选的胜利，则不得不面临两大问题：首先，必须维系和巩固农村和小城镇这一保守主义的“基本盘”。为此，法律与公正党仍然需要天主教会和玛利亚广播的支持，这意味着右翼民族主义执政党和天主教极右翼之间的同盟，仍可能继续维持下去。同时，要保证明年选举胜利，则法律与公正党也必须获得城市选区的支持，这意味着它不得不重新审视自己的路线纲领，避免因过于激进的政策，将城市选民越推越远。总的来说，地方选举的结果预示着对法律与公正党来说，2019 年的大选将是一次困难的考验，这次考验，也将在很大程度上决定右翼民族主义和天主教极右翼之间的同盟关系能否继续持续下去。

第八章　工会和劳动关系

波兰是欧洲工人运动兴起较早的国家。无产阶级革命导师马克思、恩格斯、列宁，对19世纪70年代至20世纪20年代波兰工人阶级的革命热情和斗争精神都有过高度评价。波兰也是工会运动闻名世界的国家。20世纪80年代末波兰的工会组织——团结工会，不仅颠覆了国家的原有体制，建立起世界上绝无仅有的“工会政府”，还引发了原苏东国家的政治经济剧变。在政治和经济体制剧变之后的民主体制之下，波兰的工会和劳动关系进入了新时期。本章将从工会与劳动关系总体状况、工人及其工会的基本权利和义务、劳动关系的运行及冲突调节等三个方面，描述和分析民主体制下的波兰工会与劳动关系状况。

第一节　工会与劳动关系总体状况

在西方国家，工会是民主的关键力量，工会代表和维护工人利益可以推进劳动关系的公平正义。民主体制下的波兰工会和劳动关系，同样塑造着现代波兰社会的品质。

一　工会运动总体状况

波兰的工人阶级产生于19世纪下半叶，工人运动萌发于19世纪70年代初。一批流亡国外的波兰爱国者，于1864年在英国伦敦与马克思、恩格斯创建了国际工人协会（又称第一国际），于1871年在法国参加了建立和保卫巴黎公社的斗争。1882年波兰工人阶级第一个革命政党——“无产阶级党”（又称“第一无产阶级党”）诞生。1893年波兰社会党成立。1917—1922年，在俄国十月革命之后，波兰社会党率10万波兰人参加苏俄红军和创建苏维埃工作。

1918 年波兰共产主义工人党建立。1925 年波兰共产主义工人党更名为波兰共产党，与波兰社会党一起，在 20 世纪 20—30 年代尤其是 1929—1933 年的世界经济危机时期，为改善工人阶级的物质条件和民主权利曾多次举行罢工和示威游行。

第二次世界大战期间，波兰共产党和社会党领导反法西斯组织开展抵抗运动。1942 年波兰工人阶级的革命政党——波兰工人党成立，该党继承了波兰工人运动特别是波兰共产党的革命传统，号召一切爱国力量组成反法西斯战线，并建立了自己的武装——人民近卫军，在全国各地开展游击战争。

社会主义革命和建设时期，波兰工会运动先抑后扬。1944 年 7 月，苏军和波军解放了波兰东部地区，波兰民族解放委员会（即人民政府）成立。民族解放委员会于 1944 年 9 月颁布“土地改革法”，1946 年 1 月颁布主要经济部门（工厂、矿山、交通、运输、银行、保险、商业）国有化法。1947 年，波兰举行议会选举，波兰工人党领导人贝鲁特当选为总统，社会党领导人西伦凯维兹任政府总理，波兰走上了社会主义的发展道路。1948 年 12 月，波兰工人党与波兰社会党合并为波兰统一工人党，结束了波兰工人运动长达半个多世纪的分裂状态。波兰的社会主义制度，除了模仿苏联的政治经济体制之外，还模仿了苏联的工会运动模式。在此模式之下，工会作为政治体制的一个组成部分而存在，工会运动由唯一的总机关——波兰工会中央理事会（缩写为 CRZZ）集中统一领导，工会与职工群众的关系较为疏远。由于企业主要为国营，政府就是企业主，这一时期波兰劳动关系的主体实际上是工人与政府。1956 年 6 月，波兰的波兹南市爆发工人反对政府提高劳动定额的“波兹南事件”，在同军警冲突中 74 人死亡。1970 年 12 月，波兰北部港口城市格但斯克沿海工人抗议政府提高食品价格而发生流血事件，44 人死亡。1980 年 8 月，波兰恶化的经济再度引发工潮，起源于格但斯克沿海的“独立自治工会—团结”（中国简译为“团结工会”）影响迅速扩大，基层工会纷纷加盟。到 1981 年 10 月，在 3 千多万人口的波兰，团结工会即拥有了 1000 万会员，占波兰工人总数的绝大部分，官办的波兰工会中央理事会因失去群众基础而于年底被解散。1982 年波兰开始“经济改革”，以期调动企业和职工积极性、提高经济效益和社会总供给。与此同时，波兰工会也进行改革，工会与党、工会与政府、工会与群众的关系有所改善。但是，由于改革不彻底，波兰经济恶化的势头无法扭转，政府连续提高物价再次引发 1988 年团结工会领导的全国罢工浪潮，最终导致“团结工会政府”上台，执政的波兰统一工人党下野，原有的国家政权解体。

1997 年的波兰宪法确定了政治上的民主体制和经济上的市场自由贸易体制，波兰走上了资本主义道路。工会运动也发生了根本性的变革。

（一）工会组织多元

现行工会法律规定，工会组织章程和决议可以自由界定工会的组织结构，财产义务可由工会的法定机构单独承担。[①] 上述规定，确保了工会组织的多元选择。波兰工会多元选择，体现在以下两个层面。

一是全国性工会组织多元化。在波兰原来的社会主义体制里，全国性工会只有波兰工会中央理事会一家。在社会主义体制改革时期的工潮中，波兰《工会法》（1982 年）承认工会自治但不承认工会多元化，然而随着团结工会的兴起，波兰工会中央理事会因会员大量流失而解体。剧变之后，波兰真正实现了工会多元化。波兰 1991 年颁布的《工会法》第十一条第一款和第二款分别规定，“工会有权建立全国工会协会（联合会）”“全国工会和工会联合会可以在全国范围内建立工会间组织（联合会）”。目前波兰全国性工会组织有三家，分别为“独立自治工会—团结”（波兰语：Solidarność；全名独立自治工会“团结工联”——Niezależny Samorządny Związek Zawodowy “Solidarność”，常译为“团结工联”，中国简译为“团结工会”）“全波兰工会总协会”（Ogolnopolskie Porozumienie Zwiazkow Zawodowych，缩写为 OPZZ，简称全波工协）“工会论坛”（缩写为 FZZ）。关于三大工会的会员数，政府部门估计的数据为：团结工会 76 万会员、全波工协约 60 万会员、工会论坛 3.4 万会员，而三大工会各自宣称的数据为：团结工会 90 万会员、全波工协 70 万会员、工

① Albright Michael, “Poland's 1991 Labor Statutes: a Refinement of Earlier Legislation rather than a Liberalization of Union Rights and Powers”, *Case Western Reserve Journal of International Law*, Vol. 25, Issue 3 (Summer 1993), pp. 571 – 618.

会论坛 40 万会员。[①]

二是基层工会多元化。在原来的社会主义体制里，波兰企业工会也是一元化。在社会主义体制改革时期的工潮中，由于团结工会的出现，基层工会面临多元化选择。全波工协领导人曾在圆桌会议上提出基层工会一元化改革，即在一个工厂里只保留一个工会，以工人投票的方式决定哪一个工会存在，选择权交给工人。但此建议没有被通过。剧变之后，现行法律规定每 10 个雇员有意愿就能组织起工会。因此，企业工会也实现了多元化，一个工厂里多个工会同时存在。

（二）工会联合自由

现行法律规定，工会可以独立和合法地确定其章程以及与工会活动有关的其他内部规则和条例，[②] 赋予了工会组织自由联合的权利。波兰工会的联合自由，体现在以下两个层面。

一是工会的国内联合自由。波兰登记注册的工会有 1.9 万个，会员总计 240 万。[③] 其中，加入全国性工会组织的会员有 139.4 万，[④] 占比 58.08%。这说明，大多数企业内小工会，以及相当一部分工会会员，没有加入全国性工会，也就是没有进行国内联合。进行国内联合的企业工会，主要是参加三大全国性工会组织。其中，参加团结工会的最多，其次为全波工协，再次为工会论坛。

二是工会的国际联合自由。1991 年的《工会法》第十一条第三款规定，"包括联合会和联合会在内的工会组织有权建立和加入国际雇员组织"。团结工会、全波工协、工会论坛都加入了欧洲工会联合会，与工会区域性组织实现了联合。同时团结工会、全波工协，与工会国际性组织也进行了联合。全波工协参加了反对资本主义野蛮行为的国际工会组织——世界工会联合会，团结工会参加了西方自由主义的国际工会组织——国际自由工会

---

① 金雁、秦晖：《波兰 25 年系列之二・巨变后的波兰工会》，《东方早报・上海书评》2015 年 1 月 18 日。

② Albright Michael, "Poland's 1991 Labor Statutes: a Refinement of Earlier Legislation rather than a Liberalization of Union Rights and Powers", *Case Western Reserve Journal of International Law*, Vol. 25, Issue 3 (Summer 1993), pp. 571 – 618.

③ 金雁、秦晖：《波兰 25 年系列之二・巨变后的波兰工会》，《东方早报・上海书评》2015 年 1 月 18 日。

④ 根据上述波兰政府部门估计的波兰三大全国性工会的会员数汇总所得。

联合会，以及基督教工人的国际工会组织——世界劳工联合会。2006 年自由工联与世界劳联合并为国际工会联盟之后，团结工会也作为成员并入国际工会联盟。[①] 与中国工会建立正式关系的波兰工会，只有全波工协。

（三）工会与党政的关系民主

在原来的社会主义体制里，波兰工会与工人政党及其政府的关系较为集中，工会全面接受执政的波兰统一工人党的领导，工会也成为社会主义国家的重要支柱。剧变之后，工会与政党及其政府的隶属关系也随之解体。例如团结工会，该工会成立于 1980 年，是社会主义体制的反抗者，会员一度发展到一千多万，最终通过投票赢得“团结工会政府”而颠覆了社会主义制度。但是，在剧变之后的“团结工会政府”两次当政时期，尤其是第一次执政期间采用“休克疗法”进行经济转轨，导致物价飞涨、工人失业，团结工会的基层组织就经常对自己的政府进行严厉抨击。再如全波工协，该工会成立于 1984 年，原来被视为社会主义体制下的“官办工会”。剧变之后，全波工协失去了统治权力支持和经费供给，但它坚持在私有化过程中保护会员和劳动者利益而得以生存。全波工协与民主左翼联盟（由剧变前执政的波兰统一工人党改组而来的后继党）已无从属关系。全波工协可以在选举时支持民主左翼联盟，但在民主左翼联盟两次执政时期，它同样也会从“工人立场”批评民主左翼联盟政府的一些政策。[②]

（四）工会成为独立自治组织

在民主体制下，波兰不再有“官办工会”，法定的工会组织实质上都是“独立自治工会”。各派工会要生存都必须取信于工人，工会真正拥有了作为工人组织的独立性。只要涉及工人的利益保护，各派工会与所有的党派都可以合作也可以斗争。尤其是波兰第三大全国性工会组织——工会论坛，它是由剧变之初从团结工会分裂出去的“团结 80”等一批劳工组

---

① 世界工会联合会简称世界工联，1945 年成立，总部设在捷克斯洛伐克的布拉格。国际自由工会联合会简称自由工联，1949 年成立，总部设在比利时的布鲁塞尔。世界劳工简称世界劳联，1920 年成立，1968 年改用此名，总部设在比利时的布鲁塞尔。国际工会联盟于 2006 年成立，总部设在奥地利的维也纳。

② 金雁、秦晖：《波兰 25 年系列之二 · 巨变后的波兰工会》，《东方早报 · 上海书评》2015 年 1 月 18 日。

织联合组成。“团结80”，其意为坚持团结工会1980年兴起时的反对派传统、不满团结工会在圆桌会议上与当局达成妥协。同时，“团结80”又因为有教会支持的背景和反世俗化的倾向，被称为天主教工会。此工会延续了剧变之前对当局进行福利问责的强硬态度，在民主体制下依然为工人维权、抵制被认为损害工人利益的私有化计划方面，比其他两大工会更为激进。

在维护工人利益的大旗之下，各大工会互相攻击和排斥的局面也大为改观。一旦面临同样的工人问题，各派工会经常会进行合作或采取联合行动。2008年波兰曾发生三大全国性工会第一次联合行动。2013年10月，三大全国性工会联合在华沙举行游行，反对劳动法改革和延长退休年龄。[①] 2014年8月，三大全国性工会再次联合行动，其代表共同会见了图斯克总理，递交了一份由三大全国性工会主席联署的声明，表示拒绝接受欧洲工会联合会对2020—2030年欧洲气候一揽子计划的承认。三大全国性工会不仅在欧洲工联投票反对，还要求波兰政府在欧盟中坚持类似立场。

为了维护工人利益，企业内的工会联合行动经常发生。基层工会人士对工会上层的历史恩怨并不在乎，基层工会之间的合作事例在20世纪90年代就已出现。在西里西亚的有些矿区，各派基层工会甚至还有联合成为一个组织的，它们与国家层面的各个工会都保持联系，竞选时则让其成员自由投票，组织本身不表态。事实上，工会在基层单位的合作，更频繁、更普遍、更能够从实际出发而不受历史传统束缚。[②]

二 劳动关系总体状况

（一）劳动关系主体

波兰劳动关系主体在政治经济体制剧变前后大相径庭。在剧变之前的社会主义体制下，企业主要为国营，政府就是企业主，劳动关系主体实际上是工人与政府，工人与企业的矛盾等于是工人与政府的矛盾。当工人的

---

① 张慧：《波兰工人抗议延迟退休》，《青年参考》2013年9月18日第11版。

② 金雁、秦晖：《波兰25年系列之二·巨变后的波兰工会》，《东方早报·上海书评》2015年1月18日。

组织——工会从属于政党和政府时，政党和政府便于统治。一旦工会不接受依附而成长为独立力量时，工会就成为直接面对政党和政府的压力集团。在剧变之后的民主体制下，企业私有化，工会也不再承担政党和政府赋予的使命而成为真正的工人组织，工人和工会直接面对的是资方，劳动关系的实际主体是劳资双方，政府成为超脱于劳资双方之上的调停者，即劳动关系的间接主体。

1. 劳动关系中的劳方主体

波兰劳动关系中的劳方主体是广大雇员群众。在经济私有化过程中，国外资本大举进入，波兰原有的制造业大多瓦解，新兴行业基本上集中在服务行业。企业性质和产业结构的转型，使得波兰劳方主体的组织率大幅下降。1991—2008 年，波兰 1500 万劳动人口中参加工会的比例从 28% 下降到 16% 。一方面劳方组织率下降，另一方面工会总数又多达万余家，劳方力量较为分散。在全国劳动年龄人口参加工会的 16% 的比例中，5% 属于团结工会，4% 属于全波工协，2% 属于工会论坛，而其他 1 万多家小工会总共只占 5% 。[①] 也有研究显示，波兰三大全国性工会形成的工会密度仅为 14% 。[②] 实际上，大部分小企业，以及新兴的服务业没有建立工会。[③] 当然，工会会员减少，并没有改变工会在波兰社会政策方面的影响力。

2. 劳动关系中的资方主体

波兰劳动关系中的资方主体主要是工商业企业。波兰政府从 1990 年起开始对国有企业实行私有化，并于 1990 年 7 月 13 日颁布了首部私有化法律——《国有企业私有化法》，使波兰私有化从一开始就有法可依。随着私有化的深入，波兰政府对该法进行了修订，于 1996 年 8 月 30 日颁布了《商业化和私有化法》，成为波兰私有化现行适用法律；并于 1996 年成立了波兰国库部，专门负责私有化和国有资产监管等事务。[④] 据波兰国

---

① 金雁、秦晖：《波兰 25 年系列之二 · 巨变后的波兰工会》，《东方早报 · 上海书评》2015 年 1 月 18 日。

② ［德］赫里伯特 · 科尔：《加入欧盟后中东欧国家工会的现状》，张文成译，《当代世界与社会主义》2010 年第 2 期。

③ Leszek Mitrus, "European Trade Unions in Age of Flexicurity and Segmented Labor Markets: The Case of Poland", *Comp. Labor Law and Pol'y Journal*, Vol. 38, 2016.

④ 《波兰私有化概况及部分经验教训》，2006 年 1 月 13 日，驻波兰使馆经商参赞处（pl. mofcom. gov. cn/）。

库部统计，波兰在私有化前共有国有企业 8453 家，1990—2005 年有 5690 家企业参与了私有化。截至 2005 年 9 月 30 日，已私有化的企业 4854 家，所剩国有企业 778 家，新成立的国有控股企业 1448 家。① 在波兰经济私有化过程中，企业也实行了自由联合，全国性的雇主组织也实现了多元化。相关研究显示，波兰全国性的雇主组织有 4 个，由此形成的雇主协会密度即资方组织率为 20%，超过了劳方的组织率。② 在全国性的雇主组织中，著名的有波兰总商会。该商会成立于 1990 年，其前身是 1989 年的波兰对外贸易协会。波兰总商会现有会员 150 家，由各地方分会和各行业商会组成，共有 50 万家成员企业。波兰总商会从成立之初起就把支持创新和提升波兰企业的竞争力作为首要任务，它也是欧洲商会和国际商会的会员。

（二）劳动关系总体平稳

在私有化之初，人们对工厂被卖掉或者破产而工人利益没有同步保障，以及经济和政治转型导致大多数波兰人的实际工资和生活水平下降的状况非常不满，同时工人们试图将罢工作为提高生活水平的手段。在 1990—1992 年，国内罢工、抗议活动不断，仅 1992 年 7 月全国就有较大规模罢工 38 次、抗议活动 49 次。罢工目的是抗议涨价、要求提薪，参加者有各行业的工人和农民。同年 8 月，工潮进一步扩大，罢工组织者"团结 80"、全波工协等 6 家工会和农会成立了全国谈判—罢工委员会，并要求与政府谈判。③ 在 20 世纪末 21 世纪初，还发生西里西亚 30 万工人罢工、华沙公交系统工人罢工等，重化工业、夕阳产业地区的经济都受到打击，老工业区处在一种不知向何处去的艰难状况。④

但是，波兰后来的劳动关系由紧张逐渐趋于相对平稳，在此基础上波兰经济也获得了稳步增长。尤其是 2004 年加入欧盟之后，波兰经济年均增长率达到 4%，是欧洲大陆经济增长最快的国家，不仅"安然度过了全

---

① 《波兰私有化概况及部分经验教训》，2006 年 1 月 13 日，驻波兰使馆经商参赞处（pl. mof com. gov. cn/）。

② ［德］赫里伯特·科尔：《加入欧盟后中东欧国家工会的现状》，张文成译，《当代世界与社会主义》2010 年第 2 期。

③ 宋景华：《波兰的工潮为何逐年扩大》，《理论前沿》1992 年第 23 期。

④ 金雁、秦晖：《波兰 25 年系列之二·巨变后的波兰工会》，《东方早报·上海书评》2015 年 1 月 18 日。

球金融危机”，人均 GDP 也于 2013 年超过了 1 万美元。[①] 波兰的劳动关系能够迈过私有化之初的“那个困难时期”,[②] 主要基于以下两个方面的原因。

一是劳动立法对私有化过程中的劳动者权益做出保障。为了在国有经济私有化过程中保障工人利益，波兰 1991 年公布《工会法》《雇主组织法》和《集体劳动争议处理法》，1994 年的《劳动法》对集体劳动协议做出了重大改变。众所周知，劳动法律的基本原则是“单保护”而不是“双保护”，即保护劳动者合法权益而不是保护劳动者和用人单位双方的合法权益。这样，通过上述法律法规的颁布和实施，资本的剥削受到限制，工人的权益得到保障，劳动关系紧张局势逐渐趋于缓和。此外，为了满足加入欧盟的要求，2004 年波兰根据欧盟的“基本权利宪章”对 2002 年版的《劳动法》进行了调整，制定了三方社会对话，引入员工委员会以及灵活性与员工权利平衡等一般准则,[③] 员工参与企业管理的规定也逐步得到确立。[④]

二是工会强势介入使私有化过程中劳动者合法权益得以实现。在波兰私有化过程中，企业员工利益主要靠工会来体现。工会的社会参与有利于缓解私有化对社会劳动市场的冲击，工会依法维护工人合法权益也促进了劳动关系正义和劳动关系环境优化。正如全波工协领导人古兹所说：“我们的工作范围十分广泛，涉及企业发展战略、行业内平等、社会保障是否健全，以及法律、税务、劳保、医疗、福利等方面，只要与雇员利益有关都在我们的关注之内。”[⑤] 全波工协另一位领导人奥斯特洛夫斯基也说：“我们的策略是不但考虑会员的具体利益，而且关心劳动者的环境、整体经济运行状况、新法案的出台……也就是说，表面上看，我们不一定在一

---

① 《过去 25 年令人叹为观止的经济奇迹：波兰》，2014 年 8 月 15 日，中金网（www.cngold.com.cn/zjsd）。

② 金雁、秦晖：《波兰 25 年系列之二 · 巨变后的波兰工会》，《东方早报 · 上海书评》2015 年 1 月 18 日。

③ Rudra Sil, “The battle over flexibilization in post-communist transitions: Labor politics in Poland and the Czech Republic, 1989 – 2010”, *Journal of Industrial Relations*, Vol. 59, 2017, pp. 420 – 443.

④ Leszek Mitrus, “European Trade Unions in Age of Flexicurity and Segmented Labor Markets: The Case of Poland”, *Comp. Labor Law and Pol'y Journal*, Vol. 38, 2016.

⑤ 金雁、秦晖：《波兰 25 年系列之二 · 巨变后的波兰工会》，《东方早报 · 上海书评》2015 年 1 月 18 日。

些具体利益上做出什么承诺，而是很注意大环境的改善，甚至有时我们的着眼点会超越一些狭隘的利益，通过这种方式取得社会的信任。如果要说这就是特点或者竞争力的话，注重长期和社会环境的优化可以算是我们全波工协一个特点。”①

第二节　工人及其工会的基本权利和义务

波兰是世界上为数不多有着劳动法典立法传统的国家。有关劳动者权利和义务的法律规定，主要是《劳动法》。波兰《劳动法》一直在不断地发展和完善，现行的是2013年的修订版。该法对劳动关系产生及其内容、劳资双方的权利与义务、福利报酬、就业及保护、妇女和未成年人的雇用、劳资纠纷的解决等，做出了全面规定。此外，《工会法》《集体劳动争议处理法》《雇主组织法》及其相关实施细则，以及雇主与工会达成的集体协议等，也对工人集体或工会的权利与义务做出了保障。因此，根据波兰《劳动法》《工会法》《集体劳动争议处理法》等劳动法律，其劳动法律体系由个别劳动关系规定和集体劳动关系规定构成。个别劳动关系规定包括个人的权利和雇主雇员的义务，集体劳动关系规定包括集体权利和雇员雇主的利益。

一　工人的个别劳权与义务

（一）权利②

1. 依法签订劳动合同的权利

根据波兰《劳动法》规定，劳动关系运行以个别劳动关系为主导，即建立劳动关系必须依法签订劳动合同。劳动合同基本类型，有试用期合同、固定期限合同、无限期合同、某项特定工作持续期间的合同等5种。

法律规定劳动合同应以书面形式订立，并列明双方当事人、合同类

---

① 金雁、秦晖：《波兰25年系列之二·巨变后的波兰工会》，《东方早报·上海书评》2015年1月18日。

② 下述相关资料，改编自：《波兰劳动法及其主要内容》，2016年1月28日，驻波兰使馆经商参赞处（pl. mofcom. gov. cn/）；《波兰投资环境专题介绍（三）》，2003年5月24日，驻波兰使馆经商参赞处（pl. mofcom. gov. cn/）。

型、执行日期和工作条件及报酬，特别须包括：工种；工作地点；与工作类型相适应的工资报酬，说明薪酬组成部分；工作时间；开工日期。如果合同未以书面形式签订，用人单位应当在不迟于员工开始工作的日期，与该雇员书面确认合同类型及其条款。

2. 享有工作时间保护和休息休假的权利

（1）标准工作时间保护。法律规定的波兰标准工作时间制，为每日工作时间 8 小时、每周工作时间平均 40 小时，每周平均 5 个工作日。雇主须以上述标准为基础制定本单位的工作时数和天数。

（2）休息休假时间保护。具体内容如下：①雇员每天最少享有连续 11 小时休息时间。但以下情况不受此限：雇员代表雇主工作；为保护人民生命或健康，保护财产或环境及消除障碍所必需的救援行动。②雇员每周至少 35 小时不间断休息时间，包括至少 11 小时日休息时间。以下情况，周休息时间可减少至 24 小时：雇员代表雇主工作；为保护人民生命或健康，保护财产或环境及消除障碍所必需的救援行动；由一个工时制过渡到另一个工时制。③休息日应为周日，即该天早上 6 时起连接 24 小时。但若采用周日须工作的工时制，则休息日可安排在周日之外的其他日期。④工作一年后，根据工龄和职位不同，雇员享有 18—26 个工作日的带薪年休假。

（3）待命时间的规范。雇主可以要求雇员待命，即根据雇用合同，要求雇员在正常工作时间以外，在工作场所或指定的其他地方准备执行工作任务。如果雇员实际执行了工作任务，则待命时间算作工作时间；反之，则不算。但待命时间不得影响雇员每日和每周休息时间。工作时间和待命时间总和每日不超过 13 小时，并须保证雇员每周享有至少 35 小时不间断休息时间。但上述规定不适用于雇员代表雇主工作的情况。

（4）加班时间的限制。在标准工作时间制中，加班指日工作时间超过 8 小时或周工作时间超过 40 小时。以下情况允许加班：为保护人民生命或健康，保护财产或环境及消除障碍所必需的救援行动；雇主有特定的需要。禁止孕妇和少年加班。如雇员须照顾不满四岁的孩子，要求其加班，须征得其同意。因须保证雇员每日至少 11 小时休息，工作时间和加班时间总和每日不能超过 13 小时，每周不得超过 48 小时。一个日历年内的加班时间不得超过 150 小时。

3. 取得劳动薪酬的权利

薪金的计算形式有：计时制、计件制、时间 + 奖金制和混合制，降薪必须改变原工作条件，提薪无须员工同意。

除第一年的薪酬外，雇员的月薪不得低于官方公布的最低月薪。第一年的月薪不得低于最低月薪的 80%。

晚上、周日及节假日加班，须另支付 100% 的薪酬；特定工作日加班，须另支付 50% 的薪酬。可采用休假补偿的方式代替加班费。

4. 参加社会保险的权利

雇主有责任以雇员和自己的名义向社会保险公司交纳下列保险费：退休保险（工资额的 19.52%），雇主和雇员各承担一半；残疾补贴保险（工资额的 13%），雇主和雇员各承担一半；事故保险（工资额的 1.62%），雇主全部承担；病假工资（工资额的 2.45%），雇员全部承担。雇主还须承担劳动基金（工资额的 2.45%）和职工福利保障基金（工资额的 0.08%）。

外国人在波兰工作必须交纳健康保险，交纳的基数为基本工资减去已缴纳的社会保险的金额，交费额 = 基数 × 8%。

5. 获得劳动监察保障权利

对劳动法的执行监督机构是国家劳动监察局、社会劳动监察机构和国家卫生检验局。国家劳动监察局（缩写为 PIP）由总劳动监察局、16 个省劳动监察部门组成。根据《劳动法》规定，劳动监察机构有权对雇用劳动者的任何单位或组织进行检查，并且可在未经事先通知的情况下，在白天或晚间的任何时间开展检查。国家劳动监察局可提供有关劳动法、健康和卫生规则的免费咨询。

6. 提请劳动争议处理权利

劳动争议由专门的劳动法庭负责审理，但《劳动法》规定，雇主与雇员应尽量争取和解。比如，可以先将争议提交调解委员会进行处理，调解不成再向法院提起诉讼。

（1）向调解委员会提请劳动争议处理。雇员向法院提起诉讼之前可以先将争议提交调解委员会。调解委员会成员由雇主和工会组织共同指定。专家小组审理，只能应雇员的要求启动，并可能最终达成和解。如和解未能达成，则应雇员要求，调解委员会须在 14 天内将争议提交劳动法庭。雇员也可不经调解程序直接向劳动法庭提起诉讼。

(2) 向劳动法庭提请劳动争议处理。劳动争议一审在地区法院，由劳动庭或劳动与社会保险庭负责审理。二审在地方法院，由劳动庭或社会工作和社会保障庭负责审理。

(二) 义务

同时，波兰《劳动法》也规定了雇员完成工作任务、遵守劳动纪律等劳动义务。尤其是对劳动者在生产作业中的损害赔偿责任进行了专门规定。一般而言，解决这一争议的方式为：依员工主观过错的程度来界定劳动者的损害赔偿责任，即劳动者若在主观方面存在故意，则须全额赔偿雇主因此所遭受的损失。在非故意造成损坏的情形下，波兰劳动法规定，其赔偿数额的确定应结合员工的家庭收入以及员工收入情况，以实现对劳动者过错责任的合理归责。如果该员工为家庭唯一收入来源，为保证其家庭的稳定与持续，损害赔偿数额不得影响该家庭的基本生活水平。

二 工会的集体劳权与义务

波兰工会的集体劳动法的形式，是由20世纪90年代初制定的法规决定的，是立法机关在政治和经济转型之初做出的决定。在波兰，《劳动法》是主要的法定法律，而集体劳动协议则是次要的。因此，立法机构在塑造工会能力及其在当代波兰劳资关系中的作用方面占主导地位。事实上，法令也确定了工会活动的空间。①

波兰《工会法》第一条第一款将工会定义为："雇员的自愿和自治组织，其成立是为了代表和维护其权利以及职业和社会利益。"根据该法二十六条规定，企业工会活动的范围包括：①在劳动法规定的范围内对个人员工事务采取立场；②在雇员集体权益方面对雇主和工人自治采取立场；③监督工作场所遵守劳动法规定的情况，特别是遵守劳动卫生和安全规定和原则；④指导社会劳动监察机构活动，并与国家劳动监察机构合作；⑤照顾养老金领取者和残疾养恤金领取者的生活条件。

结社自由是社会民主的重要组成部分，集体谈判是市场经济最基本的

---

① Leszek Mitrus, "European Trade Unions in Age of Flexicurity and Segmented Labor Markets: The Case of Poland", *Comp. Labor Law and Pol'y Journal*, Vol. 38, 2016.

原则之一，罢工是工人和工会真正持有集体谈判权的筹码。波兰的《工会法》《集体劳动争议处理法》，除了规定工会采取罢工之前应遵循谈判和调解的前置程序的义务之外，对集体劳权，即自由结社权、集体谈判权和罢工权进行了全面规定。这三项集体劳权，在国际社会称为“劳动三权”。

（一）自由结社权

根据波兰《工会法》，工人的结社是自由的，组建工会不需要事先获得国家授权，只要“至少有 10 人即有权成立工会，通过决议”[①] 即可；工人结成的工会也是独立的，“工会的法定活动独立于雇主，中央和地方政府以及其他组织”。[②] 关于工人的结社权，按照法律规定可以分为充分结社权和非充分结社权两种。

1. 充分结社权

所谓充分结社权，是指劳动者可以自由组建工会或加入工会。波兰《工会法》第二条规定了工人结社权的范围以及工会自由的范围，详细说明了允许组建工会并加入工会的工人类别。按照法律规定，充分的结社自由权归属于以下几类工人：一是所有雇员，不论是以雇佣关系为基础的，还是农业生产合作社成员，以及代理合同工作人员（如果不是雇主），法律规定均应给予他们组建和参加工会的权利。二是离职从军的个人，法律规定暂离工作单位以履行军事职责的个人也有权在这些工作单位建立和参加工会。三是警察部队成员，以及边防警卫和监狱管理局官员以及国家消防队消防员和最高控制室雇员，可以建立或加入工会。

2. 非充分结社权

所谓非充分结社权，是指此类人员有权加入现有的工会，但没有可能建立自己的工会组织。根据波兰《工会法》第二条的相关规定，有非充分结社权的主要是下列几类人员：一是从事家务工作的个人，有权参加与其签订相关合同的工作场所的工会。二是退休或残疾退休不得剥夺其个人会员资格或参加工会的权利。三是失业人员保留工会会员资格，如果他们不是工会成员，他们有权根据工会章程规定的情况和条件参加工会。因

---

① 波兰《工会法》第十二条第一款。

② 波兰《工会法》第一条第二款。

此，根据波兰《工会法》，工会组织的权利并非归属于所有从事有偿付酬活动的工人，而是归属于雇佣关系下的雇员（以及一些其他类别）。[①]

此外，波兰《工会法》还规定：①不属于工会的雇员可以提名工会代表他进行申诉或纪律听证，但在工会代表非工会员工处理个人申诉或纪律问题之前，他必须要求，并且工会必须同意这种代理；[②] ②专业军事人员，现役军人和在民防基础上服兵役的被征募者不得建立或加入工会。[③]

（二）集体谈判权

波兰的集体谈判制度，最初是在政治剧变之后通过法令引入的。当时关于建立集体谈判制度，发生了激烈的辩论，雇主们都希望大幅限制其范围。根据波兰劳动监察局统计，2008 年 1200 万工人中只有不到 200 万人被集体协议覆盖，集体协议大约有 15% 的覆盖率。[④]

波兰《工会法》规定，在市场经济体系、企业私有化的背景下，允许经济力量的自由相互作用，促进自治雇主和工会之间真正的集体谈判。因此，国家作为雇主代理人干预集体谈判的需要将减少。这有助于政府活动达到最低限度的劳动关系参与水平，进一步促进市场力量的自由相互作用。这是真正的谈判和协议的试金石。[⑤]

根据法律规定，集体谈判内容主要有：确定薪酬；授予奖励和奖金的规则；确定工作规则；确定工作时间和休息休假；确定使用福利和住房基金的准则以及这些福利的分配。同时，法定的集体谈判层级限定在基层单位。集体合同主要在工厂一级完成，并考虑在特定工作的具体情况下

---

① Leszek Mitrus, "European Trade Unions in Age of Flexicurity and Segmented Labor Markets: The Case of Poland", *Comp. Labor Law and Pol'y Journal*, Vol. 38, 2016.

② Albright Michael, "Poland's 1991 Labor Statutes: a Refinement of Earlier Legislation rather than a Liberalization of Union Rights and Powers", *Case Western Reserve Journal of International Law*, Vol. 25, Issue 3 (Summer 1993), pp. 571 – 618.

③ Albright Michael "Poland's 1991 Labor Statutes: a Refinement of Earlier Legislation rather than a Liberalization of Union Rights and Powers", *Case Western Reserve Journal of International Law*, Vol. 25, Issue 3 (Summer 1993), pp. 571 – 618.

④ RudraSil, "The battle over flexibilization in post-communist transitions: Labor politics in Poland and the Czech Republic, 1989 – 2010", *Journal of Industrial Relations*, Vol. 59, 2017, pp. 420 – 443.

⑤ Albright Michael, "Poland's 1991 Labor Statutes: a Refinement of Earlier Legislation rather than a Liberalization of Union Rights and Powers", *Case Western Reserve Journal of International Law*, Vol. 25, Issue 3 (Summer 1993), pp. 571 – 618.

建立。

工会有合法权利进行集体谈判。法律赋予工会集体谈判的权利，确立了工会在市场经济中与雇主对应的主体地位，使工会主要职能为参与集体谈判并与资方缔结相关协议。这样，可以弱化工会对政府问题和决定的直接或公开的表达，也可以遏制小型地方工会或工厂工会的政治角色。因此，工会有了集体谈判的合法权利，雇主必须就工资和工作条件与其进行谈判并订立集体合同。[①]

但是，波兰《工会法》也表明，工会与企业薪酬制度形成有关的权利是由单独的条例界定的。因此，政府仍然在调节工资以及工作条件方面发挥积极作用，因为大多数波兰雇主仍然是国家控制的。因此，在经济力量在劳动力市场上的自由相互作用仍然受到限制的背景下，真正意义上的集体谈判还是存在一定难度的。[②]

（三）罢工权

有关罢工权的规定，主要体现在波兰《集体劳动争议处理法》之中。该法对罢工的定义和性质、罢工的前置规则、罢工限制性规定、罢工合法性的取得、罢工权的保留和替代、罢工以外的抗议形式、罢工工人的保护等做出了一系列规定。

1. 罢工的定义和性质

根据法律，罢工是雇员为解决与雇主或雇主组织之间“涉及工作条件、工资或社会福利，以及工会权利和雇员以及其他有权建立工会人群的结社自由权利”的集体争议而在工作中集体停工。[③]“罢工是最终手段”，[④]即法定的罢工必须是已经用尽了所有解决争议的规则而使用的最后手段。

---

① Albright Michae, “Poland's 1991 Labor Statutes: a Refinement of Earlier Legislation rather than a Liberalization of Union Rights and Powers”, *Case Western Reserve Journal of International Law*, Vol. 25, Issue 3 (Summer 1993), pp. 571 – 618.

② Albright Michael, “Poland's 1991 Labor Statutes: a Refinement of Earlier Legislation rather than a Liberalization of Union Rights and Powers”, *Case Western Reserve Journal of International Law*, Vol. 25, Issue 3 (Summer 1993), pp. 571 – 618.

③ 波兰《集体劳动争议处理法》第一条：“集体劳动争议是指雇员与雇主或雇主组织之间的集体纠纷，可能涉及工作条件、工资或社会福利，以及工会权利和雇员以及其他有权建立工会人群的结社自由权利。”第十七条第一款：“罢工是雇员为解决本法第一条中提到的利益的争议。”

④ 波兰《集体劳动争议处理法》第十七条第二款。

2. 罢工的前置规则

《集体劳动争议处理法》的第七条至第十四条，规定了罢工应遵循的一系列前置规则，即对于集体劳动争议，工会必须试图通过谈判和调解这两大规则以解决争端，以完善合法的罢工权利。最终，如果出现以下情况，工会有权罢工：①代表雇员利益的一方就法定的集体劳动争议事项向雇主提出谈判要求的通知，如果要求不被接受，在通知后的 14 天期限届满之后，有权宣布罢工；②代表雇员利益的一方就法定的集体劳动争议事项向雇主提出谈判要求的通知，如果要求被雇主接受，则争议解决进入劳资双方谈判程序。如果谈判没有达成协议，则争议解决应进一步由公正的人——调解员的协助下进入调解程序。调解程序没有达成解决集体劳动争议的协议，有权开始罢工。当然，法律也规定，当雇主以非法行为阻止谈判或调解，或者当雇主终止与负责领导争议的工会代表的雇佣合同时，可以宣布罢工而不遵守这些规则。

3. 罢工的限制性规定

《集体劳动争议处理法》第十九条规定了禁止罢工的情形和部门，具体内容如下：①由于罢工而影响位置、设备和任何停工工作会中断对人类生命或健康或国家安全构成危害的设施，应予以禁止。②内部安全局、情报局、警察部队、波兰共和国武装部队、监狱服务部、边防警卫队、海关服务以及消防队的单位禁止罢工。③在国家当局、政府和自治政府中工作的人员，法院和检察官办公系统无权罢工。

4. 罢工合法性的取得

《集体劳动争议处理法》第十八条规定了“参加罢工应当是自愿的”，确定了参加罢工的自愿原则。第二十条规定了罢工应取得法定票决和遵循法定程序，具体为：①企业的罢工应由工会组织宣布经多数投票员工同意后，条件至少为 50% 在企业工作的员工参加了投票；②多企业罢工应由工会主体宣布，罢工令经过大多数有表决权的员工同意后，在每个企业罢工至少要有 50% 的员工参与投票；③罢工通知应至少提前五天发出。第二十一条对罢工规定了一系列行为制约，具体为：①在罢工期间，企业的管理人员在履行职责和行使与未参加罢工的雇员有关的权利不得受到妨碍，并在必要的范围内保护企业的财产以及结构、设备和装置，保护其中断可能对人类生命或健康构成威胁的正常活动或恢复该企业的正常活动；

②罢工领导人应与企业管理人员合作，以确保企业财产和前款所述的结构、设备和装置的继续运行。第二十四条对罢工资金做出了规定：“工会应当决定罢工资金的形成和使用。这些资金不应挪作他用。”

5. 罢工权的保留和替代

《集体劳动争议处理法》第十六条规定，如果工会不行使其罢工权，它可以试图通过将争议提交给社会仲裁委员会解决。具体规定为：①集体劳动争议代表雇员利益的一方，可以尝试通过将争议提交给社会仲裁委员会解决，而不是行使本法第十五条中提供的罢工权利；②影响一个企业的争议应提交到由劳动和社会保险法院组成的省级法院的社会仲裁委员会，影响一个以上企业的争议应提交最高法院社会仲裁委员会；③委员会由一个主审法官和六名成员组成，主审法官由法院审判长从法官中任命，六名成员中三名成员应由各方任命。各方应努力任命不受直接影响的人来解决争端；④法院主审法官应及时指定会议日期，并将此日期通知争议各方或其代表；⑤如果争议的解决需要特殊知识，委员会可以寻求专家的意见；⑥委员会的决定应以多数票通过。该决定具有约束力，除非任何一方在向委员会提交争议之前另有决定。当然，法律也规定了获得罢工权利不需要这种保留，如果谈判和调解程序未能解决集体劳动争议，仲裁是宣布罢工的替代而非先决条件。工会可能会放弃罢工权并提交社会仲裁，并声明它不受仲裁协议的约束。

6. 罢工以外的抗议形式

《集体劳动争议处理法》第二十五条第一款规定，为了维护法定的集体争议中的雇员利益，在法律规定的谈判程序用尽之后，“除了罢工以外的抗议形式，只要不危害人的生命或健康，也不涉及工作停工，且遵守法律秩序的，应当被授权”。同时，第二十五条还规定“没有罢工权的雇员应当有权享有上述权利”“农民有权以农民工会确定的形式抗议行动”。

7. 罢工工人的保护

《解决集体谈判争议法》第二十三条第一款规定，“雇员参加按照法律规定组织的罢工并不构成对雇员义务的违反”。第二十三条第二款规定：“在按照本法规定组织的罢工期间，员工应保留其享受社会福利的权利，以及因就业而产生的其他权利关系，但报酬权除外。停工时间长短应根据企业的就业时间计算。”

第三节 劳动关系的运行及冲突调节

劳动关系，是指劳动者与劳动力的使用者（用人单位）以及相关社会组织为实现劳动过程中而形成的社会经济关系。劳动关系运行的本质，是通过设置相应的权利义务关系促进劳资合作而实现劳动过程。劳动关系冲突调节的本质，是运用相应的组织或机制解决劳动关系运行过程中的矛盾以及不和谐，进一步促进劳资合作而实现劳动过程。

一 劳动关系的运行规范

劳动关系的运行，是指劳动关系建立、履行、变更、解除或终止的过程。一般情况下，劳动关系运行有个别劳动关系运行和集体劳动关系运行两个层面。个别劳动关系运行由劳动法/专门劳动合同法律法规进行规范，集体劳动关系由劳动法/专门集体合同法律法规进行规范。由于集体谈判/集体合同制度覆盖率不高，波兰劳动关系运行以个别劳动关系为主导。下文主要从个别劳动关系层面，即从个别劳动关系的建立及其消灭两个环节，展示波兰劳动关系的运行规范。

（一）依法建立劳动关系

波兰“宪法”第二十条规定，“社会市场经济应该建立在自由的经济活动、私人所有制，以及不同团体之间的对话与合作、社会合作伙伴基础上，并且符合波兰共和国的经济体制”。这一规定明确了劳动自由、市场经济主导的理念。具体到波兰劳动法律，这种社会合作伙伴关系更多地体现在个别劳动合同订立过程之中。根据波兰“劳动法”，依法建立劳动关系应当遵从劳动合同订立规范。

1. 劳动合同订立的时限和形式

雇主与雇员签订劳动合同的时限为工作之日起的一周内。劳动合同订立的形式必须是书面形式，其内容必须包括当事方、合同类型、合同执行地点、生效日期、工作性质和条件、报酬的具体构成、工作时间等合同要素，以明确劳资双方权利和义务。

2. 劳动合同订立的种类

劳动合同主要分为5种，即试用合同、固定期限合同、无期限合同、为完成特定工作而签订的合同以及在其他雇员脱岗期间签订的替代合同。其中，试用合同最长限期为3个月。用人单位与同一试用人员再次签订试用合同，其从事的业务必须与上一份试用合同所涉及的业务相区别。在第二份试用合同所从事的业务仍未变化的情况下，两份合同的期间必须要在3年以上。

3. 固定期限劳动合同的规定

在波兰，劳动合同订立种类以固定期限为主。相关的法律规定主要有以下内容：①固定期限劳动合同的年限，由劳动者与用人单位协商确定。②固定期限劳动合同的次数，如果劳动者和用人单位连续签订两份固定期限劳动合同，无论这两份固定期限劳动合同具体工作时间为多久，订立的第三份固定期限劳动合同的法律效力相当于无期限劳动合同。此外，用人单位与劳动者签订固定期限劳动合同数量上限为3个，且劳动关系存续期间不得超过33个月，一旦劳动者在同一用人单位工作时间超过最长存续期限，则该劳动者将被视为与用人单位签订了无期限劳动合同。③不适用固定期限劳动合同的情形，主要为替代性工作、临时或者季节性工作、任职期间的兼职工作等。[①]

（二）依法消灭劳动关系

根据波兰“劳动法”，依法消灭劳动关系应当遵从劳动合同解除或终止规范。

1. 关于劳动合同解除的情形

个人劳动合同的解除分为到期解除和提前解除两种情形。劳动合同到期解除，即劳动合同到期终止；劳动合同提前解除，即劳动合同尚未到期而提前消灭劳动关系。

2. 关于提前解除劳动合同

提前解除劳动合同分为双方协商同意解除和单方要求解除两种情形。双方协商同意解除，需要双方签订书面共同声明。单方要求解除，则需要提出方提前通知另一方，但发生法定解除的情形时可以无须提前通知。

---

① 陈成：《论波兰劳动法的历史沿革与发展》，《河北法学》2017年第3期。

3. 关于单方要求解除劳动合同

提出方必须提前通知另一方。不同类型劳动合同的提前通知时限也有差别。①无固定期限劳动合同，该合同已履行时间短于6个月的，提出解除方则应提前2周通知对方；已履行时间超过6个月但不到3年的，提出解除方则应提前1个月通知对方；已履行时间超过3年的，提出解除方则应提前3个月通知对方。②固定期限劳动合同，只要该合同约定工作时间超过6个月，提出解除方则应提前2周通知对方。③在其他雇员脱岗期间签订的替代合同，提出解除方则应提前3个工作日通知对方。④试用合同，试用限期不超过2周的，提出解除方则应提前3个工作日通知对方；试用限期超过2周但不到3个月的，提出解除方则应提前1周通知对方；试用期限（多次续签）为3个月以上，提出解除的一方应提前2周通知对方。

4. 用人单位无须提前通知的单方解除劳动合同

只要能够阐明下述具体理由：劳动者严重违背其基本职责、在受雇期间违反法律、失去工作所需相关资质或由于疾病而无法胜任工作，用人单位均可在不提前通知的情况下提出解除劳动合同。这样，说明提前解除的原因成为单方解除劳动合同的前置性程序，否则就无法启动单方解除。同时，劳动法律也规定了劳动者无须提前通知即可解除劳动合同的具体情形。

5. 对用人单位单方解除劳动合同的限制

相关规定如下：①如果用人单位以不合法或不合理的方式解除劳动合同，雇员可以向劳动法庭申请恢复雇佣关系或赔偿。②用人单位单方解除劳动合同的理由必须是真实的、严重的，波兰法院将通过司法审查，明确解除情形是否符合法定的要求以及在具体案件中的合理性。

二　劳动关系的冲突调节

劳动关系运行过程中出现的矛盾以及不和谐，需要相应的组织和机制予以调节。在波兰，法律规定的调节劳动关系冲突的方式，有个别劳动关系冲突的调节、集体劳动关系冲突的调节。

（一）个别劳动关系冲突的调节

1. “先行通知工会”机制

对于常规的个别劳动关系，其运行过程中的矛盾会出现在个人劳动合同解除过程中。波兰法律规定了个人劳动合同解除过程中，雇主负有先行通知工会的义务，以及涉及一大批劳动者个人劳动合同解除的集体裁员中工会介入的权利。

根据波兰《劳动法》，雇主就解雇决定和相关原因负有先行通知工会的义务。在先行通知制度下，工会可以根据员工的意愿进行干预，与雇主进行交涉与谈判，对于不公正的辞退可以迫使雇主撤回，避免造成严重后果。先行通知制度也为员工提起诉讼提供了宝贵的时间，由于解雇决定将在正式通知前送达工会，这段时间内，在与被解雇员工确认其采取直接诉讼的形式后，工会将有充足的时间来准备收集劳动诉讼中所需要的证据材料。[①]

2. 强制性劳动标准执行机制

对于非常规的个人劳动关系，主要是指临时工的劳动关系，其运行过程中的矛盾调节方式，主要是依据强制性的劳动标准。波兰劳动法将一些新型的劳动合同如临时工劳动合同纳入调整范围，特别是对涉及劳动者就业健康、工作安全等事项采取了强制性的执行标准。[②]

3. 劳动合同争议处理机制

目前，波兰劳动合同争议的处理主要由调解委员会调解和司法救济两大机制构成。

（1）劳动合同争议的调解委员会解决机制。如前所述，调解委员会成员由雇主和工会组织共同指定。如果调解不成，则应雇员要求，调解委员会须在 14 天内将纠纷提交劳动法庭。雇员也可不经调解程序直接向劳动法庭提起诉讼。在通常情况下，劳动者更倾向于在被解雇后直接通过司法救济的形式，解决原劳动合同中存在的争议，以寻求自己主张的权利。

（2）劳动合同争议的司法救济机制。如前所述，劳动合同争议一审由地区法院的劳动庭或劳动与社会保险庭负责审理，二审由地方法院的劳动庭或社会工作和社会保障庭负责审理。根据劳动法律规定，劳动者和用人单位有权提请法院审理由劳动合同产生的，包括基于劳动关系派生出的任何争议。

① 陈成：《论波兰劳动法的历史沿革与发展》，《河北法学》2017 年第 3 期。
② 陈成：《论波兰劳动法的历史沿革与发展》，《河北法学》2017 年第 3 期。

（二）集体劳动关系冲突的调节

在波兰，集体劳动关系冲突调节的法律依据主要是《集体劳动争议处理法》以及《工会法》。上述法律把集体劳动关系运行过程中的冲突，定义为集体劳动争议。通过对集体劳动争议范围的限定和处理机制的供给，对集体劳动关系冲突进行调节。

1. 集体劳动争议范围的限定

根据波兰《集体劳动争议处理法》，集体争议范围有以下限定。

（1）“集体劳动争议”的内容限定。《集体劳动争议处理法》第一条规定，“集体劳动争议是指雇员与雇主或雇主组织之间的集体纠纷，可能涉及工作条件、工资或社会福利，以及工会权利和雇员以及其他有权建立工会人群的结社自由权利。”

（2）“集体劳动争议”的主体限定。《集体劳动争议处理法》第二条第一款规定，集体劳动争议中“雇员的权利和集体利益应该由工会代表”。第二条第二款规定，集体劳动争议中“雇主的权益可以用一个适当的雇主组织代表”。第三条第一款规定，“在有多个工会运作的企业中，每个工会可以代表各自集体争议主体的利益”。第三条第二款、第三款规定，“如果在企业中运作的工会决定，可以通过联合工会代表在集体争议中共同行事（行动）”，并“适用于涉及一个以上企业的争议中集体利益的代表”。第三条第四款规定，“没有工会运作的企业的雇员一方，可以向工会征求代表他们的集体利益以解决集体争议”。

（3）“集体劳动争议”的时限。根据《集体劳动争议处理法》规定：①发起更改合同或协议的争议可以在终止日期之前发生，通常需要提前3个月通知；②代表雇员利益的一方就法定的集体争议事项向雇主提出谈判要求的通知，“如果要求不被接受，则将宣布罢工。罢工不能在通知后的14天期限届满之前开始”。①

2. 集体劳动争议的处理机制

（1）谈判处理机制。在工会宣布集体劳动争议后，雇主有义务立即开始谈判。《集体劳动争议处理法》第八条规定，“雇主应立即开始谈判，以解决协议的纠纷，同时通知主管区域劳动监察员集体劳动争议已经发

---

① 波兰《集体劳动争议处理法》第七条第二款。

生”。第九条规定，“谈判应在双方签署协议后结束。如果争议没有达成协议时，应制定表明各方立场的分歧记录”。

（2）调解处理机制。如果谈判没有达成协议，则争议解决应进一步在公正的人——调解员的协助下进入调解程序。

（3）仲裁处理机制。如果调解没有达成解决集体争议的协议，而工会不行使其罢工权，可以将争议提交给社会仲裁委员会解决。

（4）发动罢工促进争议解决。如果已经用尽了所有解决争议的规则，依然没有达成解决集体争议的协议，工会有权使用最后手段——罢工。或者当雇主以非法行为阻止谈判或调解，或者当雇主终止与负责领导争议的工会代表的雇佣合同时，工会可以宣布罢工而不遵守这些规则。通过罢工促进争议的解决。

第三篇

双边关系研究

第一章　中波关系的历史与前景

波兰是最早与中华人民共和国建立正式外交关系的欧洲国家之一，但在两极体系的桎梏下，中波双边关系历经波折。冷战结束以来，中波关系超越了意识形态的束缚并逐步提升为全面战略伙伴关系。“16 + 1”合作和“一带一路”倡议成为推进和深化中波全面战略伙伴关系的重要动力，但也不可忽视双边关系中因政治和经济不对称以及价值观差异带来的分歧，以及国际局势和第三方大国因素带来的复杂影响。

第一节　中波关系的发展历程

2019 年是中华人民共和国成立 70 周年，也是中波两国正式建交 70 周年。回顾中波关系在 70 年间经历的风风雨雨，其中最为深刻的变化是双边关系从以意识形态划线转向以相互尊重、平等相待为原则的全面战略伙伴关系。

一　冷战时期的曲折发展

波兰于 1949 年 10 月 5 日宣布承认中华人民共和国，并于 10 月 7 日与中华人民共和国建立大使级外交关系，是最早承认中华人民共和国的社会主义国家之一。中波建交初期，由于两国都实行社会主义制度，在共同的意识形态和政治制度的基础上建立起了友好关系，并在 20 世纪 50 年代得到了全面发展。在政治上，两国相互支持、高层互访频繁。中国领导人周恩来、朱德、彭德怀、贺龙等先后访问波兰，波兰领导人贝鲁特、奥哈布、西伦凯维奇等先后访华。波兰支持中国抗美援朝、争取国家统一以及恢复联合国合法席位的外交努力，中国支持波兰的中欧无核区倡议。在经贸上，中波两国在 1950 年签订了贸易及付款条约，并在 1951 年签订了海运协议。尤为值得一提的是，波兰在中华人民共和国成立初期为中国的经济社会发展特别是在采矿、制糖、航运等领域提供了大量支持和帮助。当时的中国面临西方的经济封锁和海上禁运，各种必需的生产建设物资无法从海上运抵国内。波兰在此时向中国伸出了友谊之手，两国政府于 1951 年 6 月签署协议，在上海共同组建中波轮船公司（CHIPOLBROK），成为中华人民共和国的第一家中外合资企业。[①] 在文化领域，两国在 1951 年 4 月签订的文化合作协定是中国与东欧国家签订的第一个文化协定。此后，两国又于 1954 年签订了科技合作协议。

然而，在冷战背景下，中波关系难以摆脱国际格局变化的冲击，中苏、波苏以及中美关系的互动使冷战期间的中波关系跌宕起伏、一波三折。1956 年爆发的波匈事件在苏联领导的社会主义阵营里引起震动。面对东欧国家在波匈事件中流露出来的对苏联大国主义和大党作风的强烈不满，中国坚持在社会主义国家关系中实行独立平等的原则，同时强调维护社会主义阵营的团结和稳定，调和苏联和东欧关系。[②] 中国的这一立场得到了波兰领导人的赞赏，双方的合作更为紧密。甚至在中美双方并无正式外交关系的情况下，华沙成为中美之间官方秘密会谈的地点。但此后，随着 50 年代末 60 年代初中苏矛盾的日益激烈，波兰对苏联的依赖使得中波关系倒退。[③] 尽管这一时期中波关系日渐疏远，高层往来逐步中断，但是波兰仍然坚持“一个中国”原则，支持中华人民共和国在联合国拥有合法席位，而中国也支持波兰反对修改奥德—尼斯河边界的立场。

70 年代初，中波关系出现恢复的迹象。1971 年波兰隆重庆祝中波轮船公司成立 20 周年，以此为契机波兰航运部部长和中国交通部部长互访，较早地恢复了两国部长级的往来。1981 年以来，中国先后 3 次以长期无息贷款的方式向波兰提供猪肉，并以低息贷款方式提供商品。从 1983 年起，中

---

① 刘彦顺：《两国友谊历经风雨而不衰，中国与波兰交往的三次“第一个”》，《世界博览》2016 年第 17 期。

② 中国在波匈事件的作用详见沈志华《一九五六年十月危机：中国的角色和影响——“波匈事件与中国”研究之一》，《历史研究》2005 年第 2 期。

③ ［波］施乐文：《19—20 世纪波兰与中国的关系》，《第二届近代中国与世界学术讨论会论文集》（第二卷），2000 年 9 月，第 252—253 页。

波关系开始走向正常化，高层互访恢复，各领域友好合作显著发展。①

二　冷战结束后的调整转型

1989 年东欧剧变极大程度上影响了之后十多年中波关系的走向。随着苏联解体、社会主义阵营瓦解，社会主义运动在全球范围内遭遇了史无前例的困难。波兰在经历了“去共产主义化”的国内变革之后，国家的意识形态和政治制度发生了根本性改变，整个国家政治、经济、社会、文化等领域发生了一系列重大变革，对外政策方面尤其注重摆脱过去苏联的影响，转而“向西看”，以融入欧洲、融入西方世界为目标。由此，奠定过去 40 年中波友好关系的政治基础已经消失。同时，1989 年政治风波的发生严重影响了刚经历过民主化浪潮的波兰知识精英阶层的对华印象和认知，以至于在日后很长时间，该群体对中国的刻板印象仍停留在 1989 年，忽视了中国日新月异的变化发展。

冷战结束以来，转型中的波兰仍然寻求与包括中国在内的各国维持友好关系，已经改革开放十多年的中国也寻求超越意识形态差异，开展全方位外交。因此，尽管两国关系受到 1989 年政治风波的冲击，但很快恢复了外长会谈。1991 年两国外长钱其琛和斯库比舍夫斯基互访。钱其琛外长建议撇开意识形态问题发展中波关系，为双方增进相互了解、推动两国关系走向正常发展扫除了政治障碍。1993 年两国副总理邹家华和戈雷舍夫斯基互访，签署新的中波经贸关系协定。1994 年 9 月波兰总理瓦尔德玛·帕夫拉克（Waldemar Pawlak）访华，签署 9 项合作协议和意向书。同时，中波之间贸易往来也从 1990 年起由记账贸易变为现汇贸易，标志着双边经济关系回归国际惯例。1997 年 11 月，时任波兰总统亚历山大·克瓦希涅夫斯基（Aleksander Kwaśniewski）访华，两国发表联合公报，指出“双方将在相互尊重独立、主权和领土完整，平等互利和互不干涉内政及其他公认的国际法准则的基础上发展长期、稳定的友好合作关系”。

尽管这一时期波兰的对外政策以融入西方为中心，中国不是其发展对外关系的优先重点，但双方通过维持高层互访、签订新经贸协定找到了重

① 《中国同波兰的关系》，2018 年 5 月，中国外交部（https://www.fmprc.gov.cn/web/gjhdq_676201/gj_676203/oz_678770/1206_679012/sbgx_679016/）。

新确立友好合作的基点，为日后双边关系的进一步发展奠定了新的基础。

三　波兰入盟后的新起点

进入21世纪，2001年中国加入WTO和2004年波兰加入欧盟，是中波关系发展的重要转折点。成为欧盟成员国之后，波兰不仅在各项国内政策方面向欧盟标准趋同，对外政策也被纳入欧盟整体对外政策框架。自此，中波双边关系嵌入了双层结构，中国与欧盟的关系很大程度上带动了中波关系的发展。随着2003年中欧建立全面战略合作伙伴关系，中国与欧盟国家各领域合作蓬勃发展，尤其是在经贸领域扩大合作是中欧双方的首要目标。在此影响下，从2005年起波兰已经连续14年成为中国在中东欧地区第一大贸易伙伴，中国也成为波兰继德国、俄罗斯之后第三大进口来源地。

2004年，中波建交55周年之际，两国元首同意将双边关系提升为“友好合作伙伴”，并就进一步发展两国关系达成共识：一是密切政治关系，开展多种形式的高层交往和接触，加强政府和党派间的对话，拓宽各级别、各层次的磋商与协调；第二，充分挖掘经贸潜力，切实促进相互投资，积极探索经贸合作的新形势和新途径；第三，拓展人文、科技及其他领域的交流；第四，面对复杂多变的国际形势，加强双方在国际事务中的协调和配合，维护共同利益。[①] 2008年，时任波兰总理唐纳德·图斯克访华被视为波兰开始加强对华政策的转折点。在图斯克领导公民纲领党执政期间，波兰对中国的政策一直寻求通过加强政治对话推动经济合作，其主要目标是：扩大波兰对中国的出口，吸引中国对波兰的投资，同时提高波兰对中国的投资。[②] 2011年，波兰总统科莫罗夫斯基访华期间，两国元首宣布将中波关系提升为战略伙伴关系。双方还建立了副外长级战略对话机制，以便“就双边关系及共同关心的重大国际和地区问题深入交换看法，协调立场”。[③] 自此，虽然经贸合作仍然是中波关系最重要的合作领域，

---

① 高德平、高空编著：《列国志·波兰》，社会科学文献出版社2017年版，第335页。

② Justyna Szczudlik, “Poland’s modest approach to a values-based China policy”, in Tim Nicholas Rühlig ed., *Political Values in Europe-China Relations*, ETNC Report, December 2018, p. 68.

③ 《中波关于建立战略伙伴关系的联合声明（全文）》，2011年12月20日，中国外交部（https://www.fmprc.gov.cn/web/gjhdq_676201/gj_676203/oz_678770/1206_679012/1207_679024/t889004.shtml）。

但中波关系的内涵在不断深化、合作领域不断拓展。2012 年，中国总理温家宝访问波兰，是 25 年来中国总理首次正式访问波兰。正是在这一次访问期间，中国与中东欧国家领导人在华沙举行正式会晤，标志着“中国—中东欧国家合作”（下文简称“16 +1”合作）的正式形成。

中波两国在彼此对外关系中的战略重要性显著增强、中波关系的迅速升温，源于 2008 年全球金融危机后两国的区域、全球影响力增强。波兰作为金融危机期间唯一保持经济增长的欧盟成员，在欧盟内部的影响力和话语权大大提升，相对强劲的经济表现进一步强化了其成为具有一定政治经济影响力的地区大国的战略雄心。同时，波兰也认识到了中国高速增长的政治经济影响力背后的战略潜力，认为加强同中国的关系有助于实现其战略目标。

然而，虽然 21 世纪以来中波关系发展势头良好，但意识形态立场和价值观方面的差异，有时仍会对双边关系造成伤害。例如，十四世达赖喇嘛先后多次前往波兰，并得到波兰国家领导人及地方领导人的接见。2008 年 12 月，时任总统卡钦斯基不顾中方强烈反对，坚持接见达赖喇嘛，触碰了侵犯中国核心利益的红线；波兰部分右翼媒体和非政府组织在支持“藏独”势力方面非常活跃，经常对中国人权问题横加指责。[①] 同一时期，波兰还允许萨科齐以法国总统和欧盟轮值主席国元首的双重身份在波兰会见达赖喇嘛。次年，达赖喇嘛获得了两国首都城市的“荣誉市民”称号。中波之间的认知差异和刻板印象干扰了双边关系的正常健康发展，但这些杂音没有影响双边关系大局，总体而言当前两国关系日益成熟，已经形成了稳中有进的发展态势。

第二节　中波战略伙伴关系的全面发展

自 2011 年中国和波兰宣布建立战略伙伴关系以来，中波关系出现了全方位发展且迅速升温的态势。2012 年在波兰举行了首次“16 +1”合作领导人会晤。2015 年 11 月，波兰总统安杰伊·杜达在访华期间出席第四

---

① 崔宏伟：《中波战略伙伴关系：基础、问题及前景》，《俄罗斯东欧中亚研究》2013 年第 4 期。

次“16+1”合作领导人会晤，并签署共同推进“一带一路”建设的谅解备忘录。2016年6月，中国国家主席习近平对波兰进行国事访问期间，双方最高领导人一致同意将双边关系提升至“全面战略伙伴关系”。可以说，“16+1”合作和“一带一路”倡议已成为助推中波关系迈向新阶段的重要动力。

一 “16+1”合作与“一带一路”倡议搭建的合作平台

2011年，中国与波兰建立战略伙伴关系之后，紧接着中国发起了“16+1”合作倡议，与中东欧16国建立了全方位合作框架。自2012年起，中波关系被纳入“16+1”合作框架，各领域的双边合作加速推进，近年来更是成为“一带一路”倡议在中东欧地区落地的重要区域平台，极大地促进了中波两国关系的发展。

近年来，中国与中东欧国家之间合作的制度化进程显著加快。继2011年中国—中东欧合作论坛在匈牙利举办之后，2012年中国与16个中东欧国家领导人在波兰华沙举行正式会晤。中国首次提出促进双方合作的十二点建议，包括机制建设、贸易与投资促进、基础设施互联互通以及人文交流等方面。中国外交部下设中国与中东欧国家合作秘书处，负责沟通协调合作事宜，筹备领导人会晤和经贸论坛并落实有关成果。中东欧16国根据自愿原则指定本国对口部门及1名协调员参与秘书处协调工作。[①]“16+1”合作框架正式形成以来，至今已经举行了8次中国—中东欧国家合作领导人会晤，出台了6份行动纲要。2015年，在“16+1”合作于苏州举行的领导人峰会上出台的《中国—中东欧国家合作中期规划》（下文简称“苏州纲要”），正式提出在“一带一路”框架下推动中国和中东欧国家之间的“16+1”合作，鼓励中东欧国家与中国签订关于共建“一带一路”的谅解备忘录。[②]“苏州纲要”为中国与中东欧国家的合作增添了新的维度。

“16+1”合作框架与“一带一路”倡议相辅相成。“一带一路”倡议

---

① 《中国关于促进中东欧国家友好合作的十二项举措》，2012年4月26日，中国外交部（http://www.fmprc.gov.cn/web/ziliao_674904/1179_674909/t926854.shtml）。

② 《中国—中东欧国家合作苏州纲要》，2015年11月24日，中国外交部（https://www.fmprc.gov.cn/web/ziliao_674904/1179_674909/t1317977.shtml）。

是中国提出的具有开放性、包容性的区域经济合作倡议，以“促进政策沟通、设施联通、贸易畅通、资金融通、民心相通”为主要内容，旨在“促进经济要素有序自由流动、资源高效配置和市场深度融合，推动沿线各国实现经济政策协调，开展更大范围、更高水平、更深层次的区域合作，共同打造开放、包容、均衡、普惠的区域经济合作架构”。从“一带一路”倡议覆盖的地域来看，“丝绸之路经济带”重点畅通中国经中亚、俄罗斯至欧洲（波罗的海）；中国经中亚、西亚至波斯湾、地中海；中国至东南亚、南亚、印度洋。21 世纪海上丝绸之路重点方向是从中国沿海港口过南海到印度洋，延伸至欧洲；从中国沿海港口过南海到南太平洋。[①]“16 +1”合作所覆盖的中东欧国家，北起波罗的海、南至地中海，东临俄罗斯、西邻德国等西欧国家，是连接欧亚大陆的必经之路，既是“一带一路”的汇合点，也是进入欧洲的门户。“16 +1”合作作为中国与中东欧国家之间的次区域合作框架，通过每年举行的高级别领导会议和常态化制度安排，极大地促进了双方在贸易、投资、互联互通以及人文交流等领域的全方位合作，其核心合作议程与“一带一路”倡议高度重合。因此，“16 +1”合作是支撑“一带一路”倡议在中东欧地区落地的重要平台，为推进中东欧国家参与“一带一路”倡议提供了因地制宜、量体裁衣的对话渠道和合作保障。自 2015 年以来，参与“16 +1”合作的中东欧国家均已和中国签署推进“一带一路”建设的谅解备忘录，中东欧国家成为参与“一带一路”倡议的先行者。

对于波兰而言，其处在“欧洲十字路口”的区位优势和地区大国的实力，更是可以通过在“16 +1”合作推动“一带一路”建设上发挥一定程度的枢纽作用。正如习近平主席在 2017 年 5 月与来华参加第一届“一带一路”国际合作高峰论坛的波兰总理贝娅塔·希德沃会见时所言：“中方主张将‘16 +1’合作打造成‘一带一路’倡议融入欧洲经济圈的重要‘接口’、中欧四大伙伴关系落地的优先区域和中欧合作新增长极。”希德沃则表示：“一带一路”合作有助于促进中波互联互通和贸易增长，波兰

---

① 《推动共建丝绸之路经济带和 21 世纪海上丝绸之路的愿景与行动》，2015 年 3 月 30 日，中华人民共和国商务部网站（http：//zhs. mofcom. gov. cn/article/xxfb/201503/20150300926644. shtml）。

愿意积极参与‘一带一路’框架下各领域合作。”①

二　波兰参与“16+1”合作和“一带一路”的动因

波兰加强对华关系、积极响应中国的倡议是结合其对国际格局的战略判断和自身战略定位后的务实选择。在《波兰对外政策白皮书(2012—2016)》中可以清晰地看到波兰作为地区大国的全球视野和战略抱负。一方面，波兰清醒地意识到2008年国际金融危机对西方发展模式的巨大冲击。在文件的开头便直言不讳地判断“21世纪的第二个十年将有大量的新的经济、政治和社会趋势。随着西方的首要地位越来越受到质疑，必须大大调整其角色、形象和手段，以应对这些挑战。特别是欧洲面临着一个严峻的两难困境：必须在欧盟的深度一体化或在国际舞台上被轻视而降级之间做出抉择。”波兰认为，欧盟及其成员国面临着内部市场、能源安全、欧盟扩大、人口、移民压力、公共安全等一系列挑战。其中，首要的问题就是金融危机产生的经济影响，西方世界需要回到持久和可持续的发展道路，恢复欧盟贸易往来的动力，也就是回到2009年前欧盟贸易往来的水平，确保欧盟在全球范围的竞争力。另一方面，波兰也敏锐地注意到了新兴经济体快速增长尤其是中国经济崛起对国际秩序的影响。波兰认为：“2010年，中国成为世界第二大经济体，也是世界上最大的出口国。此外，它在拉美和非洲的投资也在逐渐追赶欧美国家。中国、印度和亚洲许多国家成功地以其高技能工人用低廉的劳动力成本生产的产品和服务进行竞争。在创新排名上，中国看起来在迅速追赶欧盟，而欧盟又远远落后于日本和美国。西方世界与新兴经济大国之间的发展差距将继续缩小。”波兰认为，当前处于一个美国的主导地位受到质疑而新兴经济体崛起的多极世界，而现存的全球秩序存在体制性弱点，国际机构的代表性受到削弱并且没有更好地反映当前的全球形势。此外，波兰的国力变化也是其外交战略定位的重要依据。波兰认为其连年的经济增长加强了它在欧洲和跨大西洋关系中的作用。根据

---

① 《习近平会见波兰总理希德沃》，2017年5月12日，中国外交部（ttps：//www.fmprc.gov.cn/web/gjhdq_676201/gj_676203/oz_678770/1206_679012/xgxw_679018/t1460951.shtml）。

某些统计数据显示，波兰已成为世界第20大经济体，但同时其在创新、就业、互联网基础设施以及社会资本等领域仍面临挑战。[①]

基于上述判断，波兰的对外政策将实现国家现代化作为最优先实现的政策目标。波兰认为，接近乃至达到欧洲发达国家发展水平有助于增强其国际地位，能够使其在欧盟内部扮演更重要的角色。波兰不仅将自己视为能够对欧盟的战略决策施加影响的重要成员国，而且认为自己具有全球层面的竞争力和影响力。因此，波兰提出了“强大欧盟中的强大波兰”（Strong Poland in a Strong Union）口号，积极推动与非欧盟国家的合作。在波兰看来，与中国建立良好的双边关系有助于塑造其“重要欧盟成员国”的形象，继而有利于增加其对欧盟亚洲政策的影响力。同时，与中国等亚洲经济伙伴发展从基础设施、金融部门到旅游业和创意产业等不同部门的贸易和经济联系也很重要。[②]

可以说，欧盟对波兰的吸引力相对下降而中国市场的吸引力相对上升是促使波兰参与“16+1”合作和“一带一路”倡议的重要原因。加入欧盟是包括波兰在内的所有中东欧国家的政治经济转型目标，使国家经济发展和人民生活水平达到欧盟标准，是中东欧国家入盟的关键动力。然而，2009年年底爆发的欧债危机成为这些中东欧新入盟国家与欧盟经济关系的转折点。

自2004加入欧盟以来，中东欧新入盟国家从统一大市场、欧盟地区政策和各类趋同政策中获益良多，最显著的益处就是极大地促进了经济增长。波兰加入欧盟至今，其GDP增长率一直保持在欧盟平均水平之上，并且在欧债危机爆发后，成为整个欧盟内唯一保持经济增长的成员国。同时，加入欧盟极大地促进了中东欧国家在经济发展水平方面与老成员国的趋同。入盟以来，波兰人均GDP占老成员国比重显著增长，从2003年的43%上涨到了2013年的63%。[③] 这在很大程度上应归功于旨在缩小

① Foreign Ministry of Poland, “Polish Foreign Policy Priorities 2012 - 2016”, March 2012 (http://www.msz.gov.pl/resource/d31571cf-d24f-4479-af09-c9a46cc85cf6: JCR.)

② Foreign Ministry of Poland, “Polish Foreign Policy Priorities 2012 - 2016”, March 2012 (http://www.msz.gov.pl/resource/d31571cf-d24f-4479-af09-c9a46cc85cf6: JCR.)

③ 孔田平：《维谢格拉德集团的地位与中欧的未来》，《俄罗斯东欧中亚研究》2015年第4期。

区域内新老成员国发展差距的欧盟凝聚政策（European Cohesion Policy）发挥的重大作用。该政策令中东欧新入盟成员国直接受益，波兰是最大受益国。占欧盟预算1/3的凝聚基金（Cohesion Fund，CF）由欧盟直接提供给人均GDP不到欧盟平均水平90%的成员国，[①] 2007—2013财年，10个新入盟国家共获得该笔资金1780亿欧元，波兰所获金额占比67.8%。[②] 如图Ⅲ-1-1所示，波兰入盟以来，凝聚基金对其GDP贡献率从2004年的0.1%上升到了2007年的0.7%；2008年全球金融危机之后的4年中，凝聚基金更是以每年接近1%的拉动效应支持着波兰经济的强劲增长。

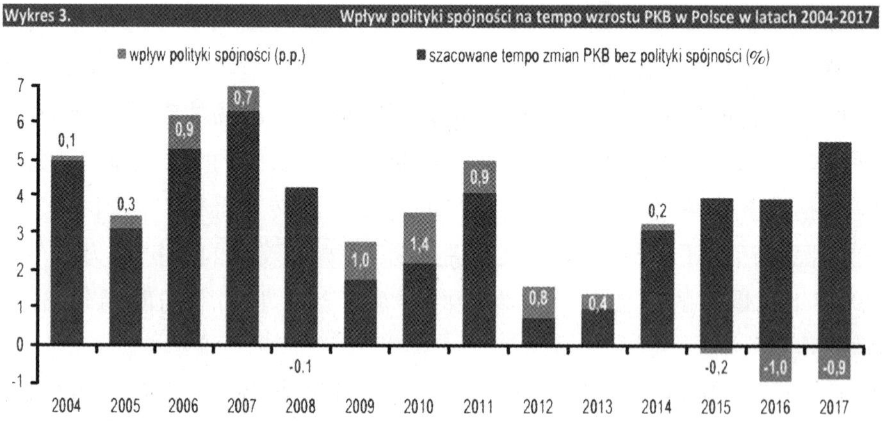

图Ⅲ-1-1　2004—2017年凝聚基金对波兰GDP增长率的影响

说明：该图显示的是2004—2017年凝聚基金对波兰GDP增长率的影响（Wpływ polityki spójności na tempo wzrostu PKB w Polsce w latach 2004-2017），其中浅色部分为凝聚基金的影响[wpływ polityki spójności（p. p.）]；深色部分假设无凝聚基金波兰GDP变动比率[szacowane tempo zmian PKB bez polityki spójności（%）]。

资料来源：波兰发展部：《2004—2017年凝聚基金对波兰社会经济发展的影响》，2018年，（https://archiwum.miir.gov.pl/media/69301/broszura_Modele_2018_POL.pdf）。

---

① European Union Regional Policy: Cohesion Policy 2007-2013 Guide, January 2007（http://ec.europa.eu/regional_policy/sources/docoffic/official/regulation/pdf/2007/publications/guide2007_en.pdf）.

② 孔田平：《试论欧盟扩大对中东欧新成员国的影响》，《欧洲研究》2014年第4期。

2014—2020 财年，凝聚基金被并入了欧盟结构和投资基金（EU Structural and Investment Fund，ESIF），[①] 波兰将从欧盟获得 ESIF 基金 861.1 亿欧元，其中最主要部分为区域发展基金（ERDF）和凝聚基金（CF），分别占比 46.7% 和 27%（图 III－1－2）。

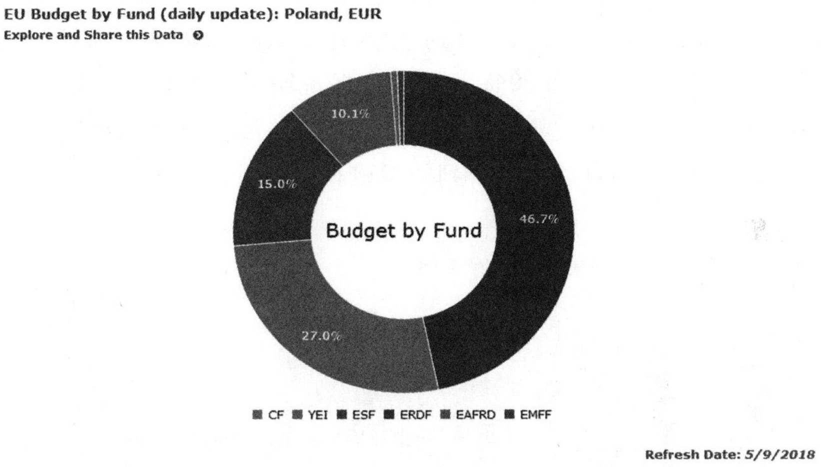

图 III－1－2　2014—2020 财年波兰所获欧盟结构和投资基金资金（ESIF）分配情况

说明：该图显示的是 2014－2020 财年波兰所获欧盟结构和投资基金资金（ESIF）分配情况，包括凝聚基金（Cohesion Fund，CF），青年就业计划（Youth Employment Initiative，YEI），欧洲社会基金（European Social Fund，ESF），欧洲区域发展基金（European Regional Development Fund，ERDF），欧洲农业农村发展基金（European Agricultural Fund for Rural Development，EAFRD），欧洲海洋渔业基金（European Maritime & Fisheries Fund，EMFF）。

资料来源：欧盟委员会：《欧盟结构与投资基金国别数据库》，2018 年 9 月 6 日（https：//cohesiondata. ec. europa. eu/countries/PL）。

然而，由图 III－1－1 可知，2012 年之后凝聚基金对波兰经济增长的

① 注：欧盟结构与投资基金（European Structural & Investment Fund）包括：欧盟地区发展基金（ERDF），欧盟社会基金（ESF），凝聚基金（CF），欧盟农业与农村发展基金（EAFRD）和欧盟海洋与渔业基金（EMFF）详见欧盟委员会网站（https：//ec. europa. eu/info/funding-tenders/european-structural-and-investment-funds_ en）。

促进作用明显减弱，尤其是 2015 年以来，拉动效应为负。此外，追踪上述资金实际发放、使用情况可以发现，2015 年以来，欧盟实际兑现的基金支付额度远小于计划。

由图 III－1－3 可知，2017 年，决定支出的 ESIF 总额只占计划支出的 57%，而最终实际真正支出的额度只占计划的 13%。而如图 III－1－4 所示，波兰所获 ESIF 基金中的最主要组成部分，区域发展基金（ERDF）和凝聚基金（CF），决定支出所占比重均为计划支出的 60%，而最终实际支出只分别占计划的 10% 和 20%。上述数据说明，尽管按照计划方案波兰将从欧盟凝聚政策中获益颇丰，但受欧债危机、欧盟整体预算锐减等因素影响，波兰实际所获收益与其得到的承诺相比严重缩水。

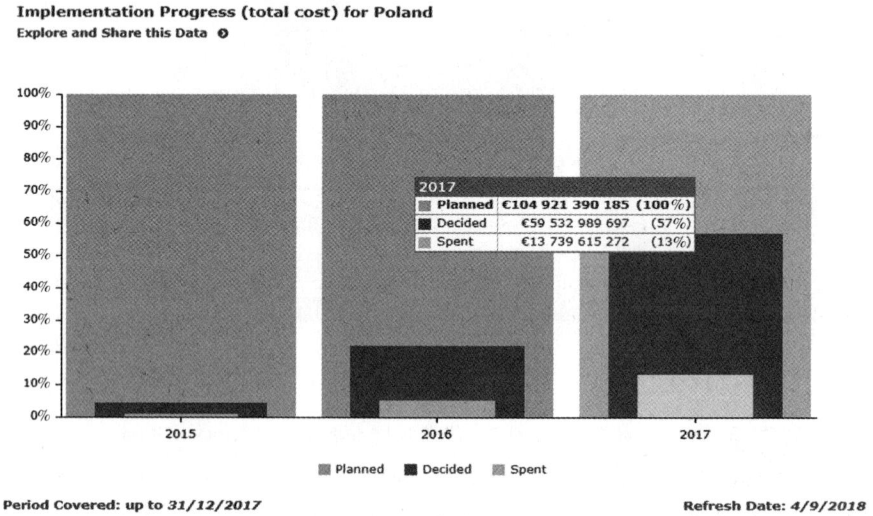

图 III－1－3　波兰所获欧盟结构和投资基金（ESIF）实际使用情况（按年份）

说明：该图显示的是波兰所获欧盟结构和投资基金资金（ESIF）按年份的实际使用情况，分别为计划分配（Planned）、决定划拨（Decided）和实际使用（Spent）三大部分。

资料来源：欧盟委员会。

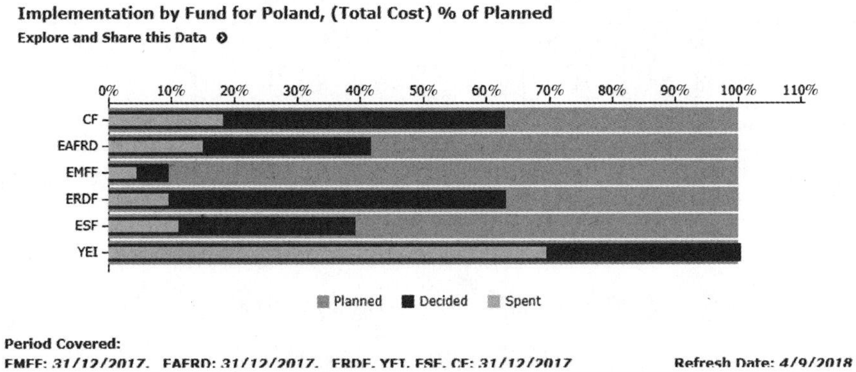

图 III-1-4　波兰所获欧盟结构和投资基金资金（ESIF）实际使用情况（按类别）

说明：该图显示的是波兰所获欧盟结构和投资基金资金（ESIF）按类别的实际使用情况，即凝聚基金（Cohesion Fund，CF），青年就业计划（Youth Employment Initiative，YEI），欧洲社会基金（European Social Fund，ESF），欧洲区域发展基金（European Regional Development Fund，ERDF），欧洲农业农村发展基金（European Agricultural Fund for Rural Development，EAFRD），欧洲海洋渔业基金（European Maritime & Fisheries Fund，EMFF）的计划分配（Planned）、决定划拨（Decided）和实际使用（Spent）的占比情况。

资料来源：欧盟委员会。

除经济增长、发展水平趋同之外，加入欧盟统一大市场还极大地促进了中东欧国家对外贸易增长。然而，中东欧国家对欧盟市场的高度依赖导致其在欧债危机中付出了惨重代价。整体而言，危机后新入盟成员国与欧盟贸易量回升速度明显减慢，市场结构的改变也显示了新入盟成员国将自身对外贸易市场多样化的意图。例如，自从维谢格拉德集团四国（V4）入盟以来，德国一直是其最大的贸易伙伴，占与之贸易总额的约 1/3。然而欧债危机后，四国与德国贸易总额占四国外贸比重显著下降。如表 III-1-1 所示，2009 年受欧债危机影响，波兰对欧盟其他成员国的进出口贸易遭遇断崖式下跌，尽管接下来的两年得到较快恢复，但 2012 年进出口再次遭遇负增长。直到 2016 年，波兰在欧盟统一大市场内部的进出口贸易增长始终未恢复到危机前水平，2015 年遭遇第三波负增长。2017 年，波兰对欧盟进出口均恢复双位数增长，情况比前几年有所好转。

表Ⅲ－1－1　　2007—2017 年波兰与欧盟贸易增长率　　单位：%

年份	2007	2008	2009	2010	2011	2012	2013	2014	2015	2016	2017
进口	27.7	20.1	－29.7	12.1	14.4	－10.6	4.3	6.0	－12.3	2.4	15.5
出口	24.9	18.1	－19.8	12.5	15.3	－5.5	6.8	8.6	－7.8	2	14.2

资料来源：中国商务部：《贸易国别报告》，2017 年 3 月 1 日，（http：//countryreport.mofcom.gov.cn/record/index110209.asp）。

在欧盟对波兰提供的经济好处趋于减少的同时，其对波兰的政治影响力也有所减弱。以“首要性（Primacy）”为核心特征的欧盟法（EU Law）是欧盟规范性权力的根基。然而，欧债危机发生以来，欧洲接二连三地发生欧元危机、难民危机、恐袭频发、英国脱欧等一系列问题，民族主义、民粹主义、保守主义和疑欧主义思潮甚嚣尘上，并且向越来越多欧洲国家蔓延。2015 年，被视为民族主义和疑欧主义立场的法律与公正党重新上台，波兰的对外政策出现了重大调整，其在对外政策上的独立性和疑欧主义特征显著增强。如本书第一篇第八章“对外关系研究”中所述，法律与公正党政府上后，围绕着波兰国内改革、解决中东难民问题以及“多速欧洲”等问题上与欧盟以及法德两国的分歧和矛盾日趋激烈和显著。

与此相对照的是，波兰的对华政策自 2011 年以来保持了较高程度的一致性和连贯性。尽管公民纲领党和法律与公正党在内政外交上有诸多分歧，但在重视中国上有较大的共识。2015 年 5 月，法律与公正党的总统候选人安杰伊·杜达（Andrzej Duda）当选波兰总统，10 月法律与公正党赢得议会大选上台执政，11 月杜达总统就对中国进行了国事访问，与习近平主席和李克强总理分别举行了会见，显示出了法律与公正党政府对中国的高度重视。这在《波兰对外政策战略（2017—2021）》中也有充分体现。在这份文件中，法律与公正党政府延续了“全球经济的轨迹正向亚洲和太平洋转移”“亚洲将越来越多地成为全球增长的引擎”的战略判断，并将继续推进波兰的经济增长作为其对外政策的三大优先任务之一。为此，波兰寻求在全球市场上扩大经济伙伴和出口结构的范围，协助波兰企业拓展新的国际市场，特别是发展与亚洲、非洲、中东和拉美国家的合作。在推动波兰经济“走出去”的同时，波兰也欢迎外国投资，特别是

"涉及基础设施的项目，涉及向波兰转让现代技术的项目以及促进国内创新的项目"。波兰寻求凭借其在中欧、波罗的海和喀尔巴阡山地区的独特地理位置，在促进能源、交通基础设施的区域合作上发挥关键作用。因此，波兰政府特别强调"值得注意的是，在'一带一路'倡议框架内与中国的合作可以在2017—2020年内促进这些和类似的项目""寻求与非欧洲伙伴，特别是中华人民共和国在实施区域基础设施项目方面的合作机会"是波兰在海外推进经济扩展的任务之一。[①]

波兰积极加强与中国的关系，正是看中了中国的"16+1"合作和"一带一路"倡议与其自身发展战略的优先重点有诸多不谋而合之处。2016年2月波兰出台的《负责任的发展战略》确立了再工业化、创新、提高投资效率、增强国际影响、可持续的社会和地区发展的五大支柱。根据该战略，波兰政府将于2040年之前投资共计1万亿兹罗提，以加强波兰企业创新能力及在国际市场上的竞争力。波兰政府表示，投资将用于20个大型基础设施和工业项目，着重扶持创新产业发展，帮助波兰更积极地参与全球当前"数字革命"。[②] 波兰将"16+1"合作视为能够使"一带一路"倡议落实到具体行动的机制化途径，认为通过加强基础设施互联互通能够扩大对华出口，通过建立经济特区、工业园等能进一步吸引中国投资，进而促进波兰国内乃至中东欧区域内公路、高铁、国际港口等交通基础设施建设。[③]

与此同时，波兰寻求加强中波关系不仅有现实的经济利益诉求，而且希望在增强其在重要的国际机制中的地位上借助中国的影响力。波兰不仅希望跻身于G20这一全球经济治理机制，而且寻求担任2018—2019年联合国安理会非常任理事国成员。正如波兰学者所指出的："中国是发展速

---

① Foreign Ministry of Poland, "Polish Foreign Policy Strategy 2017 - 2021", Sep. 2017 (https://www.msz.gov.pl/resource/0c98c3b2-9c5d-4c42-8761-f7827134ee76: JCR).

② Jo Harper, "Polish Government Unveils 5-pillar Economic Roadmap to 2040", Central European Financial Observor, Feb. 19, 2016 (https://financialobserver.eu/poland/polish-government-unveils-5-pillar-economic-roadmap-to-2040/).

③ Justyna Szczudlik-Tatar, "Poland on the Silk Road in Central Europe: to Become A Hub of Hubs?", in Mikko Huotari et al., Mapping Europe-China Relations: A Bottom-Up Approach, ETNC Report, October 2015, p. 47. (https://www.clingendael.org/publication/mapping-europe-china-relations-bottom-approach#.)

度最快的国家，拥有非常有效的经济政策，在国际舞台上扮演着越来越重要的角色，在国际社会中发挥了重要作用。中国不仅是很好的经济合作伙伴，而且也是国际安全领域的重要力量。因此，中国国家主席习近平2016年对华沙的访问将对波兰提升在欧洲之外的国际影响力及地位具有极其重要的意义。”①

三 中波战略伙伴关系的进展

在“16+1”合作和“一带一路”倡议的推动下，中波两国在政策沟通、设施联通、贸易畅通、资金融通和民心相通等领域的合作都取得了切实的进展。

（一）政策沟通：推进机制化

中波两国领导人都有较强的政治意愿和共识，在“16+1”合作和“一带一路”倡议的多边框架下推进两国各自发展规划的对接，并且从顶层设计、机制合作到地方合作逐层推进。

波兰是最早积极响应“一带一路”倡议的中东欧国家之一。2015年11月中波两国签署共同推进“一带一路”建设的谅解备忘录，双方明确表示寻求“将政治关系、经济互补、人文交流的优势转化为务实合作、持续增长的优势，使两国政治关系更加友好、经济纽带更加牢固、人文联系更加紧密，造福两国人民”。② 时隔半年多，双方又在2016年6月中国国家习近平主席对波兰进行国事访问期间宣布建立中波全面战略伙伴关系，并发表了联合声明和签署了40多项合作协议和谅解备忘录。在建立全面战略伙伴关系的联合声明中，双方明确表示，中波视彼此为长期稳定的战略伙伴，视彼此发展为互利共赢的重要机遇。两国间建立了政治互信，定期在高级别层面坦诚交流意见。为进一步深化全面战略伙伴关系，双方同意，加强两国高层交往，扩大两国中央和地方政府、立法机构及政党间各级别的交流与合作。双方将以共同推进“一带一路”建设的谅解备忘录

---

① Marek Polonski, “Piec wyzwan polskiej polityki zagranicznej na 2016 rok”. 转引自茅银辉《波兰对外关系的变化及中波关系的机遇与挑战》，《现代国际关系》2016年第6期。

② 《中华人民共和国政府与波兰共和国政府关于共同推进“一带一路”建设的谅解备忘录》，中国“一带一路”网（https://www.yidaiyilu.gov.cn/wcm.files/upload/CMSydylgw/201901/201901031052033.pdf）。

为基础，加强“一带一路”与《负责任的发展战略》对接，共同组织编制中波合作规划纲要，开展和深化互利合作，实现和平、可持续发展和共同繁荣。①

中波在双边和多边层次搭建的政策沟通机制为实现两国发展规划的对接提供了制度保障。在双边层面，自2012年起，中波两国已先后建立了副外长级定期战略对话机制、两年一次总理定期会晤机制和中波政府间合作委员会，并设立了中波产业合作指导委员会、经济合作委员会、基础设施事务指导委员会等双边对话机制支持务实合作。同时，波兰在国内设立了多个机制化安排用于对接与中国的合作。例如，波兰信息与投资局（PAlilZ）发起了“走向中国”项目，并牵头成立了波中经济合作中心。波兰驻中国大使馆新增了农业与农村发展部代表岗位。波兰政府专门建立了协调波中战略伙伴关系发展的跨部门委员会，波兰基础设施与发展部建立了波中地方合作工作组等。② 在多边层面，中波两国领导人利用“16+1”合作实现了年度会晤，为保持高层之间的密切沟通提供了机制化保障。2014年，波兰成立了两个多边商业促进机构推进“16+1”合作，一个是波兰企业发展署建立的中国—中东欧国家联合商会协调机构，另一个是波兰信息和外国投资局牵头的中国—中东欧国家投资促进机构联系机制。2015年4月，中国—中东欧国家联合商会首次会议在波兰卡托维茨举行。根据2016年通过的“16+1”合作的《里加纲要》，波兰设立中国—中东欧国家海事秘书处，推动中国与波罗的海、亚得里亚海、黑海地区的中东欧国家开展“三海港区合作”。③ 此外，从2013年起，中波两国以召开双边地方合作论坛的形式推进两国省市之间的交流与务实合作。

---

① 《中华人民共和国和波兰共和国关于建立全面战略伙伴关系的声明》，2016年6月20日，新华社（http://www.xinhuanet.com/world/2016-06/20/c_1119079041.htm）。

② Jakub Jakóbowski, “China's Foreign Direct Investments within the ‘16+1’ Cooperation Formula: Strategy, Institutions, Results”, Ośrodek Studiów Wschodnich [Center for Eastern Studies], Commentary No. 191, Nov. 27, 2015 (https://www.osw.waw.pl/en/publikacje/osw-commentary/2015-12-03/chinas-foreign-direct-investments-within-161-cooperation).

③ 《中国—中东欧国家合作里加纲要》，2016年11月6日，中国外交部（https://www.fmprc.gov.cn/web/ziliao_674904/1179_674909/t1413179.shtml）。

（二）设施联通："16+1"合作对接"一带一路"

加强交通基础设施的互联互通建设，是2012年最初提出的十二项加强中国中东欧合作的重要举措之一。2017年设施联通作为"16+1"合作对接"一带一路"的重要领域，被正式写入了《中国—中东欧合作布达佩斯纲要》。针对波兰处于"欧洲十字路口"的优势地位，中波两国在共建"一带一路"谅解备忘录中特别提到将"探讨在双方感兴趣的铁路、民航、港口、通信等基础设施领域合作的可能性，推进重大项目建设，推动在波设立交通物流中心；加强信息共享，加强交通运输与物流领域合作，构建安全畅通的交通运输网络，保障跨境运输安全；开展航天技术及应用领域的合作"。[①] 中波在该领域合作的典型案例是中欧班列。自2013年4月"罗兹—成都线"建成通车后，该线路中国境内的终点延伸至厦门自贸试验区，波兰境内终点也从罗兹向罗兹经济特区以及库特诺延伸，连接欧陆最重要的物流港之一。由于地理位置占优，从罗兹和库特诺将货物转运至欧洲各国首都最多只需3天。作为物流分销中心，罗兹引进了众多外国投资，并促进了整个地区物流产业升级。[②] 为促进中欧班列顺畅运行，在2017年的第一届"一带一路"国际合作高峰论坛上，中国和波兰等六个国家签署了关于深化中欧班列的合作协议，在2019年的第二届"一带一路"国际合作高峰论坛上又签署了《中欧班列运输联合工作组议事规则》。同时，中国还和波兰等国海关部门签署了海关合作文件，深化沿线海关"信息互换、监管互认、执法互助"合作。[③]

（三）贸易畅通：缓解逆差和促进投资多元化

近年来，波兰与中国之间的贸易量增长非常迅速。"16+1"合作和"一带一路"极大地促进了波兰从中国的进口，但对其对华出口的促进作用并不显著。2011—2017年，波兰从中国的进口份额从5.03%上涨

---

① 《中华人民共和国政府与波兰共和国政府关于共同推进"一带一路"建设的谅解备忘录》，中国"一带一路"网（https://www.yidaiyilu.gov.cn/wcm.files/upload/CMSydylgw/201901/201901031052033.pdf）。

② 《蓉欧快铁：不仅仅是一趟货运班列》，2016年9月8日，凤凰资讯（http://www.scswl.cn/index.php/cms/item-special3-sid-13-id-125595）。

③ 《"一带一路"国际合作高峰论坛成果清单》，2017年5月16日，中国外交部（https://www.fmprc.gov.cn/web/zyxw/t1461873.shtml）。《第二届"一带一路"国际合作高峰论坛成果清单》，2019年4月28日，（http://www.xinhuanet.com/world/2019-04/28/c_1124425293.htm）。

到 8%，而对华出口额则一直维持在 1% 左右。深入分析近年来的中波贸易数据可以发现，中国与波兰之间贸易逆差过大正在成为双方经贸关系中的严峻问题：波兰作为中国在中东欧地区最大的贸易伙伴，其对华贸易逆差从 2011 年的 87.6 亿美元扩大到了 2017 年的 161.3 亿美元（见图 III－1－5）。

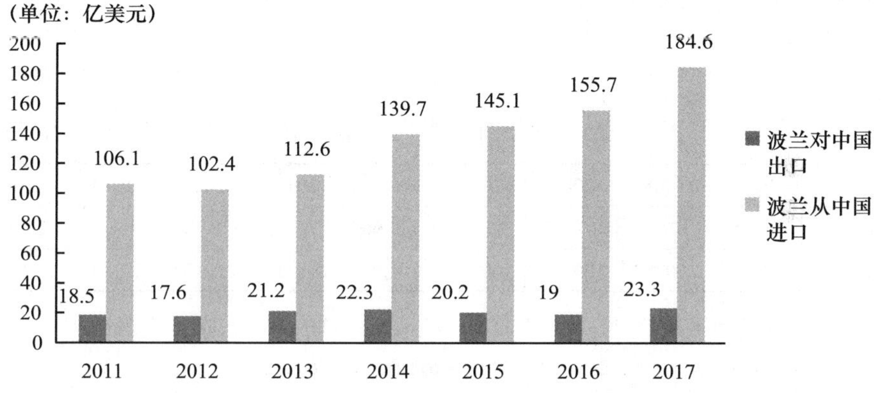

图 III－1－5　2011—2017 年波兰对中国进出口总额

资料来源：中国商务部：《进出口贸易国别报告》（https：//countryreport. mofcom. gov. cn/record/index110209. asp）。

针对双边贸易失衡问题，中波两国在政治互信的基础上，采取了切实措施以缓解这一问题，尤其是在推进中波的食品、农产品贸易合作上有所进展。众所周知，由于严格的法律法规和出于公共卫生考虑实施的禁售，对其他国家来说，获取中国食品、农产品市场准入非常不易。由此，波兰对“16＋1”合作怀有很高期待，希望能够通过推动相关领域合作拓展对华食品出口，利用其产业优势缩小对华贸易逆差。2015 年，中波两国签署了有关动物及动物源性产品输华检疫议定书，[1] 中国还在 2016 年 10 月发布了《进口波兰苹果植物检验检疫要求》，[2] 为波兰肉制品和苹果进入中国市场打开了大门。两国农业部还建立了机制化的合作关系，定期举行

① 《中国—中东欧国家合作苏州纲要》，2015 年 11 月 24 日，中国外交部（https：//www. fmprc. gov. cn/web/ziliao_ 674904/1179_ 674909/t1317977. shtml）。

② 《中国开放进口波兰苹果》，2016 年 10 月 11 日，中国日报网（http：//cnews. chinadaily. com. cn/2016-10/11/content_ 27027227. htm）。

工作组级别的会议。经过多轮谈判，目前，已经有来自 71 家波兰公司的奶制品、14 家公司的渔业产品、17 家公司的肉制品和 1 家公司的奶基婴幼儿食品获得了中国市场准入。①

促进双边投资也是中波经贸合作的重要内容。尽管与西欧国家、美国、日本、韩国等国相比，中国对波兰投资在其吸收的 FDI 总量占比仍然较低，但近十年来其增长速度非常快，波兰排在中国对中东欧地区投资目标国的第三位。

表 III－1－2　　2007—2015 年中国对波兰 FDI 净流量及存量　　单位：百万美元

年份	2007	2008	2009	2010	2011	2012	2013	2014	2015
净流量	11.75	10.70	10.37	16.74	48.66	7.50	18.34	44.17	25.10
存量	98.93	109.93	120.30	140.31	201.26	208.11	257.04	329.35	352.11

资料来源：中国国家统计局：《2015 年度中国对外直接投资统计公报》，2016 年 11 月 28 日（http：//www.stats.gov.cn/tjsj/tjcbw/201611/t20161128_ 1434603.html）。

从表 III－1－2 可见，早在“16＋1”合作建立前，中国对波兰投资就已经开始大幅增加，增幅最大的是 2011 年。“16＋1”合作和“一带一路”倡议并未迅速拉动中国对波兰的投资，但在投资领域上从传统的采矿业、制造业转向新兴产业，对推进投资领域多元化有积极影响。以中国在波兰新能源和环保领域的投资为例。2014 年 9 月中国—中东欧投资合作基金向波兰两个新能源项目投资：一是投资 2.4 亿兹罗提购买波兰能源伙伴有限公司（PEP）16% 股份；二是投资 1.8 亿—2.3 亿兹罗提，同波兰“光线”可再生能源公司组成合资公司，共同投资收购波兰两个优质风场共 50.1% 的股权。② 2016 年 8 月，中国光大国际有限公司以 1.23 亿欧元收购波兰最大的固废处理公司 NOVAGO，其中包括 1.18 亿欧元的股权价

① Jakub Jakóbowski, “A Partial Success of Trade Cooperation within the ‘16＋1’ Formula: the Case of Food Exports to China”, Ośrodek Studiów Wschodnich [Center for Eastern Studies], Commentary No. 189, Oct. 29, 2015 (https://www.osw.waw.pl/en/publikacje/osw-commentary/2015-10-29/a-partial-success-trade-cooperation-within-161-formula-case).

② 《波兰新获中国投资 1.5 亿美元》，2014 年 9 月 3 日，《人民日报》（http：//world.people.com.cn/n/2014/0903/c1002-25591364.html）。

值和 500 万欧元的土地储备资源。波兰发展部副部长多马戛尔斯基出席收购交割仪式时表达了波兰政府对此类环保、创新产业投资的坚定支持。①

同时，中国也积极推动吸引波兰企业来华投资。2016 年习近平主席访问波兰期间，中国商务部和波兰经济发展部门共同签署了《关于工业园区合作的谅解备忘录》，深入挖掘双方多领域合作潜力。鉴于长沙经开区丰富的园区管理经验和成熟的产业布局，由湖南省商务厅牵头，长沙经开区与波兰沃斯集团共同牵头推进中国波兰（湖南）园区建设工作。中波工业园是湖南省适应经济全球化发展趋势、开展国际产能合作、积极参与“一带一路”建设的重要工作项目，金荣集团作为园区的重要投资和运营方，与湖南省商务厅、长沙高新区、省建工集团、波兰沃斯集团等做了大量而富有成效的工作。中波工业园项目聚焦于装备制造、生物医药、路桥房建、能源开发、钢铁有色、农业合作、跨境服务贸易等中国优势、富余产能产业领域。按照一区多园模式，打造“1 + N”的组合园区，即一个产业聚合园区和多个科技创新孵化园区。

（四）资金融通：加强金融合作

波兰与中国在金融领域的合作主要集中在以下几方面：第一，波兰欢迎中国商业银行在其国内开设分支机构，中国银行、中国工商银行相继在华沙开设了分行。第二，最大限度利用“16 + 1”合作提供的融资机会。中国—中东欧投资合作基金由中国进出口银行以及波兰和匈牙利的投资机构合作运营，基金总额 5 亿美元。目前，该基金已经投资了波兰风电场、通信行业等多个项目。2014 年 12 月中国进出口银行提出为该基金追加 10 亿美元注资。② 此外，波兰力求以创始会员国身份加入亚洲基础设施投资银行（AIIB），显示了其战略眼光。波兰财政部部长（Paweł Szałamacha）在 2016 年 5 月金立群行长访问波兰时表示，波兰希望建立亚投行中东欧地区代表机构，并强调亚投行成员国身份以及与中国的更紧密合作关系对

---

① 《中国在波兰最大投资：光大国际 1.23 亿欧元收购 NOVAGO》，2016 年 9 月 2 日，《21 世纪经济报道》（http：//epaper.21jingji.com/html/2016-09/02/content_ 46055.htm）。

② Jakub Jakóbowski, “China's Foreign Direct Investment within the ‘16 + 1’ Cooperation Formula: Strategy, Institutions, Results”, Ośrodek Studiów Wschodnich [Center for Eastern Studies], Commentary No. 189, Oct. 29, 2015 (https://www.osw.waw.pl/en/publikacje/osw-commentary/2015-10-29/a-partial-success-trade-cooperation-within-161-formula-case).

波兰实现自身经济战略非常重要。[①] 第三，加强金融法律法规方面合作。2015 年“苏州纲要”提出，中国银监会将与波兰金融监管局重新签署银行监管合作谅解备忘录。[②] 第四，推动人民币国际化。中国银行为波兰政府成功发行 30 亿元人民币熊猫债。第五，中国对波兰开放金融市场。波兰国家银行以境外央行名义进入中国银行间债券市场。[③] 第六，中国出口信用保险公司同波兰的同业机构签署合作协议。[④]

（五）民心相通：推动人文交流

在“16 + 1”合作和“一带一路”建设推动下，中波两国的人文交流也日益活跃，通过丰富多元的渠道增进两国人民的相互了解。本书将在第三篇第六章专门介绍中波人文交流近况，在此仅简单介绍 2012 年以来中波旅游合作的迅猛发展。2012 年波兰旅游局发起了面向亚洲旅游市场的“我爱波兰”的推广活动，以提升对中国游客的吸引力。为了便于中国游客前往波兰，2015 年中波两国的旅游局签署了合作谅解备忘录。2016 年波兰旅游局在中国设立了办事处，为中国旅行团制定单独游览波兰的旅行线路，同时中国国际航空公司开通了北京到华沙的直飞航线。2017 年，中波两国签署了政府间旅游合作协议。在两国的共同努力下，到波兰旅游的中国游客出现了井喷式增长，从 2004 年的 7700 人次增长到 2017 年的 11.5 万多人次，而且中国游客在波兰是消费较高的群体，平均超过 7800 兹罗提。为了进一步简便中国游客赴波兰的签证程序，2018 年，波兰在北京、上海、广州和成都已设立 4 个签证中心之外，又在杭州、南京、西安、昆明等地增加了 10 个签证申请中心。[⑤]

总体而言，自 2011 年以来，中波战略伙伴关系的全方位发展是双方

---

① Justyna Szczudlik-Tatar, “Poland on the Silk Road in Central Europe: to Become A Hub of Hubs?”, from Frans Paul van der Putten et al., *Europe and China's New Silk Roads*, ETNC Report, 2016, p. 48（https://www.ifri.org/en/publications/ouvrages-de-lifri/europe-and-chinas-new-silk-roads.）.

② 《中国—中东欧国家合作苏州纲要》，2015 年 11 月 24 日，中国外交部（https://www.fmprc.gov.cn/web/ziliao_674904/1179_674909/t1317977.shtml）。

③ 《中国—中东欧国家合作五年成果清单》，2017 年 11 月 28 日，中国外交部（https://www.fmprc.gov.cn/web/ziliao_674904/1179_674909/t1514537.shtml）。

④ 《“一带一路”国际合作高峰论坛成果清单》，2017 年 5 月 16 日，中国外交部（https://www.fmprc.gov.cn/web/zyxw/t1461873.shtml）。

⑤ 《波兰在中国 10 个城市新增签证中心，总数已达 14 个》，2018 年 1 月 10 日，环球网（http://oversea.huanqiu.com/article/2018-01/11512125.html?agt=15425）。

“重新发现”彼此的战略价值，在共同利益的推动下相互接近的结果。对波兰而言，中国经济的持续高速增长、综合国力的显著提升使其认识到了中国不仅是一个可观的海外市场，更是具有战略意义的重要合作伙伴。对中国而言，波兰在欧债危机中的亮眼表现，令中国重视其国家实力并认可其发展成就，视其为欧洲政治和经济的“新星”。[①] 中国提出的“16+1”合作、“一带一路”倡议与波兰自身发展规划有相通互补之处，波兰对通过深化与中国的合作分享发展红利、实现其发展目标怀有很高期待。

第三节　中波关系面临的挑战与前景

尽管波兰是较早与中国建立战略伙伴关系的中东欧国家，中波关系的发展也在“16+1”合作和“一带一路”建设的助推下驶入了快车道，但在双边关系中仍然存在着诸多亟待克服的困难，而且面临着外部区域和国际环境变化带来的复杂影响。

一　双边合作的内在制约

中波两国在经济规模和政治制度上的不对称性是制约双边合作的主要问题。如前所述，波兰将中国视为重要的经济机遇，改善中波贸易不平衡、吸引更多的中国投资是其参与“16+1”合作和“一带一路”建设的主要动力。虽然近年来中波双边经贸和投资关系有所发展，但是波兰对华贸易逆差仍然在持续扩大，中波相互投资规模相当有限，导致波兰方面的失望情绪抬头。

在贸易方面，中波两国经济体量差距过大是造成波兰对华贸易逆差不断扩大的重要原因。中国 GDP 总量约为 16 个中东欧国家总和的 8 倍，约为波兰的 22 倍。经济总量上的差距不一定影响友好关系的建立，但却制约着双方开展经贸合作的规模和程度，而且中国与波兰等中东欧国家经济互补性较弱，互不为主要贸易伙伴。波兰前五大出口对象国中并没有中国；中国在其前五大进口对象国中名列第二。中国进出口贸易十大伙伴

---

① 刘作奎：《波兰的外交政策走向与中波关系》，《当代世界》2016 年第 7 期。

国，均无中东欧国家位列其中；而中国在欧洲的贸易伙伴中，波兰是第九大出口国，出口额约为德国的1/5；进口伙伴中波兰更是排在十名之外，进口额仅为德国的1/32。[①] 波兰方面普遍认为，中国与波兰的关系太不对称，波兰的企业以及来自中东欧的大多数企业都是中小企业，使之难以在中国市场上具有竞争力。尽管过去几年中，波兰政府和支持企业的机构做出了诸多促进波兰对中国出口的努力，但弥合贸易平衡差距似乎是不可能的。因此，波兰舆论不乏抱怨"这一特殊现象被许多方面视为进一步发展关系的障碍，因为与欧亚大陆合作新项目的最大受益者似乎是北京"。甚至认为"自'一带一路'倡议宣布以来，没有任何波兰产品进入中国市场的障碍得到有效解除"。[②]

在投资方面，虽然受欧债危机影响，但经济危机对波兰与欧盟投资关系的冲击远不及对贸易关系的影响，危机之后欧盟 FDI 稳步回升，所占比重甚至超过了危机前的水平。与此同时，虽然凝聚基金对波兰经济增长的拉动作用近年来逐渐减弱，但其对波兰投资的促进作用却显著增强。具体情况如图 III-1-6 所示：

由于波兰连年经济增长的良好表现，其资本较为充裕，吸引中国投资的目的主要是获取先进技术以推动本国再工业化进程。因此，波兰将中国视为潜在的资本来源，更希望中国进行绿地投资而非收购并购，尤其注意避免过度依赖中国资本。近年来，在"16+1"合作和"一带一路"建设的带动下，中企在波兰基建领域投资显著增加。然而，中匈塞铁路项目在欧盟层面遭遇的波折让波兰在与中国进行相关投资合作时更加谨慎。

同时，波兰方面认为，中波两国由于政治制度差异，导致了双方政府能力的不对称。"与波兰政府相比，中国政府拥有更多的能力。对于波兰而言，可能很难就长期战略达成一致意见，因为政府严重依赖选举，而选举会导致不同观点的政党上台。这种不对称性与时间上的不对称性直接相关。在中国，行动计划至少展望十年，而在波兰的计划通常考虑到下一次

---

① 孔寒冰、韦冲霄：《中国与中东欧国家"16+1"合作机制的若干问题探讨》，《社会科学》2017年11期。

② Patrycja Pendrakowska, "Poland's perspective on the Belt and Road Initiative", *Journal of Contemporary East Asia Studies*, Vol. 7, No. 2, 2018, pp. 190-206.

选举——各党派的主要活动集中在维持权力上。”由此导致中波双方存在预期上的不对称，波兰的决策者倾向于专注短期目标，而中国的政治制度则有更多的时间来取得更大的成功。①

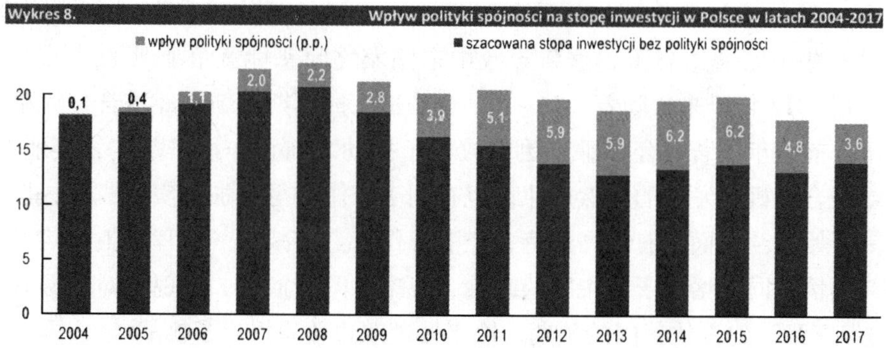

图 III－1－6　2004—2017 年凝聚政策对波兰投资率的影响

说明：该图显示的是：2004—2017 年凝聚政策对波兰投资率的影响（Wpływ polityki spójności na stopę inwestycji w Polsce w latach 2004－2017），浅色为凝聚政策影响［wpływ polityki spójności (p. p.)］，深色为假设无凝聚政策的投资率（szacowana stopa inwestycji bez polityki spójności）。

资料来源：波兰发展部：《2004－2017 年凝聚基金对波兰社会经济发展的影响》，2018 年，(https://archiwum.miir.gov.pl/media/69301/broszura_Modele_2018_POL.pdf)。

此外，尽管波兰认为其地理位置增强了其在“一带一路”中的地位，但是也担心与其他国家存有竞争。“有更多的国家认为作为连接欧洲和亚洲的重要桥梁，自己是不可替代的而且是‘一带一路’倡议中最为必要的部分。……中国政府在哪个层面上努力发展与伙伴国家的关系并不总是透明的：双边、区域或多边。没有明确划分的首要原因是‘一带一路’是一个动态且有争议的项目。”② 因此，波兰担心中东欧国家在参与“16＋1”合作和“一带一路”建设上，为了与中国发展贸易、吸引投资而会发生打破底价的恶性竞争，进而影响波兰的地区影响力和领导力，例

① Patrycja Pendrakowska, “Poland's perspective on the Belt and Road Initiative”, *Journal of Contemporary East Asia Studies*, Vol. 7, No. 2, 2018, pp. 190－206.

② Patrycja Pendrakowska, “Poland's perspective on the Belt and Road Initiative”, *Journal of Contemporary East Asia Studies*, Vol. 7, No. 2, 2018, pp. 190－206.

如，在2016年4月习近平主席访问捷克之后，波兰媒体普遍担忧中国与捷克达成的协议会对波兰在“16+1”合作框架中的角色和地位产生消极影响。[①] 与此同时，其他中东欧国家对波兰、匈牙利、捷克等国在与中国合作方面已经取得的优势也有不满情绪。拉脱维亚学者 Anna Burjanadze 表示，“16+1”合作面临的重要困难之一，就是部分国家享有合作优势，而另一些国家被遗忘了，这将导致中东国家之间恶性竞争。[②]

自2017年以来，随着“16+1”合作进入成熟期，新增经济合作成果数量不及前些年显著，合作重点更多放在了推动之前合作承诺落实、接地上。这本是合作机制发展的自然规律，也有利于合作变得更加务实、成熟，但由于一开始波兰方面抱有过高期待，经济合作亮点的减少一定程度上影响了其参与热情，同时增加了对中国的政治、战略意图的猜疑。该现象对中国管理“一带一路”建设伙伴国的预期，恰当处理双边关系提出了挑战。

二 外部大国因素的影响

波兰作为中东欧的地区大国，在维护自身安全、追求国家利益最大化的前提下平衡与各大国之间的关系一直是其对外政策的主线。因此，中波双边合作也无法摆脱因大国关系变动而带来的外部影响。

（一）欧盟

波兰作为欧盟成员国，其对华政策无法跳脱欧盟对华政策的大框架，中波关系的发展也难以偏离中欧关系的主流趋势。有研究显示，欧盟对“16+1”合作与“一带一路”建设心存疑虑。[③] 欧盟担心中东欧成员国与中国达成的贸易和投资协议违反欧盟相关法律法规，更担心与中国的亲密关系将削弱欧盟对中东欧国家的影响力，破坏欧盟团结，使之难以形成统一的对华政策立场。但与此同时，欧盟也认识到“一带一路”倡议带来的巨大经济机遇及其在沿线国家引起的积极反响，因此在2015年第十七

---

① 茅银辉：《波兰对外关系的变化及中波关系的机遇与挑战》。

② Anna Burjanadze, “China and the EU within the Framework of ‘16 + 1’: Obstacles and Prospects”, Latvijas Ārpolitikas Institūts, Aug. 7, 2017, （http://www.lai.lv/viedokli/china-and-the-eu-within-the-framework-of-161-obstacles-and-prospects-631）.

③ 张骥、陈志敏：《“一带一路”的中欧对接：双层欧盟的视角》，《世界经济与政治》2015年第11期；金玲：《中东欧国家对外经济合作中的欧盟因素分析》，《欧洲研究》2015年第2期；Mikko Huotari et al., *Mapping Europe-China Relations: A Bottom-Up Approach*。

次中欧领导人峰会期间决定支持“一带一路”倡议与欧盟自身的容克投资计划进行对接。此后，欧盟又在2018年9月出台了题为《联通欧洲与亚洲》的战略文件，并寻求与中国的“一带一路”倡议形成有意义的协同效应。[①] 欧盟在看待中国及其合作倡议上既担心竞争又希望分享红利的矛盾心态充分体现在了欧盟委员会于2019年3月12日发表的《欧盟—中国：一份战略展望》之中，直言不讳地指出中国“是一个欧盟与之紧密协调目标的合作伙伴，是一个欧盟需要与之寻求利益平衡的谈判伙伴，是一个在追求技术领导力上的经济竞争者，也是一个促进另类治理模式的体制性竞争者”。[②]

欧洲著名智库欧洲对外关系委员会（European Council on Foreign Relations，ECFR）在近几年发布的年度报告也清楚地显示了欧盟对中国与波兰等中东欧国家在“16+1”合作和“一带一路”中日益接近的防备心理。[③] 在2011年和2012年的报告中，因为参加了“16+1”合作领导人会晤，中东欧国家在“促进中欧战略对话”一项中被标记为“逃避者”（Slacker）；2013年，中东欧国家承诺在“16+1”合作会议期间与中国谈判合作协议前都会征询欧盟意见，因此在当年报告中ECFR态度略微向积极方向转变；然而，2014年和2015年ECFR报告态度重新转向怀疑，对中东欧国家与中国之间日益加强的经济、政治关系表现出严重忧虑。

欧洲对外关系委员会的一项研究对比了2008年金融危机前后欧盟成员国对中国的态度。

在危机前，波兰被归类为“坚定的实业家”（assertive industrialists），在政治和经济上都“敢于抵抗中国的压力”。然而，危机过后，欧盟被新

---

① European Commission, *Connecting Europe and Asia—Building blocks for an EU Strategy*, Brussels, 19. 9. 2018.

② European Commission, *EU-China—A strategic outlook*, Strasbourg, 12. 3. 2019.

③ European Council on Foreign Relations：European Foreign Policy Scorecard 2012, January 2012, http：//www. ecfr. eu/page/-/ECFR_ SCORECARD_ 2012_ WEB. pdf; European Council on Foreign Relations：EuropeanForeign Policy Scorecard 2013, January 2013, http：//www. ecfr. eu/page/-/ECFR73_ SCORECARD_ 2013_ AW. pdf; European Council on Foreign Relations：European Foreign Policy Scorecard 2014, January 2014, http：//www. ecfr. eu/page/-/ECFR94_ SCORECARD_ 2014. pdf; European Council on Foreign Relations：European Foreign Policy Scorecard 2015, January 2015, http：//www. ecfr. eu/page/-/ECFR125_ SCORECARD_ 2015. pdf.

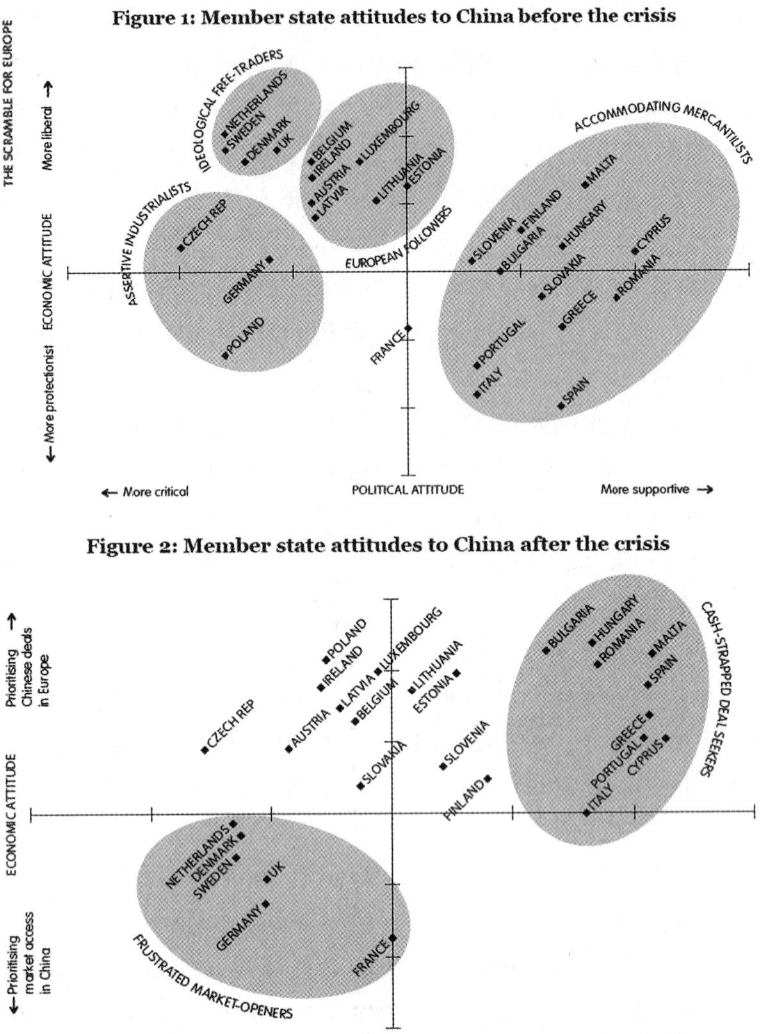

图 III-1-7　2008 年金融危机前后欧盟成员国对中国的态度变化

说明：两图的横坐标显示的是欧盟成员国对中国的政治态度，向左表明成员国的批评性逐渐增加，向右支持性逐渐增加。纵坐标显示的欧盟成员国对中国的经济态度。上图向上表明成员国的自由主义特征增加，向下保护主义特征增加；下图向上表示成员国优先考虑与中国达成经贸协议的程度增加，向下优先考虑要求中国进一步开放市场。

资料来源：François Godement et al.，“The Scramble for Europe”，European Council on Foreign Affairs Policy Brief，Jul. 2011（http：//www. ecfr. eu/page/-/ECFR37_Scramble_For_Europe_AW_v4. pdf.）。

出现的断层线分成了“失意的市场开放者”（frustrated market-openers）和“缺乏资金的交易寻求者”（cash-strapped deal-seekers），波兰处于两类之间。[①] 对比危机前后的波兰的立场可以发现，波兰在经济方面对中国的态度在正向移动，且幅度非常大，说明波兰希望与中国达成更多交易，而非在市场经济地位等议题上与中国对抗。政治议题方面，波兰对中国态度明显转变为更加积极。这项对比研究流露了欧盟的焦虑心态，认为“处于欧盟边缘地位的成员国以往总担心中国将其低成本产品倾销到欧洲市场；但现在，他们将中国视为欧盟或 IMF 资金的补充者甚至替代者，某些国家甚至更愿意寻求与中国的经济合作”。[②]

近年来，随着“16 +1”合作和“一带一路”建设不断推进，中国在某些中东欧国家的投资被欧盟认为具有显著的政治化倾向，更加深了其对中国分化欧盟的担忧。2016 年 5 月，早于欧盟达成统一意见之前，匈牙利就率先宣布承认中国的市场经济地位；2016 年 7 月中欧峰会期间，由于匈牙利、克罗地亚和希腊的反对，欧盟未能就南海仲裁案形成统一对华政策立场。匈牙利在这两件事情上的表现，被欧盟解读为是中国在匈牙利的大量投资产生的政治影响。[③] 此外，当前“16 +1”合作框架中还包含了塞尔维亚、波黑、黑山、马其顿和阿尔巴尼亚等 5 个非欧盟国家，且这五国都是欧盟候选成员国。由此导致欧盟倾向于“强调 16 +1 平台通过规则和分裂策略破坏欧盟的统一，主要是将欧盟和非欧盟国家合并为一个集团”。[④] 此外，2016 年，中国邀请白俄罗斯总理参加“16 +1”合作的里加峰会，此举不仅遭到欧盟反对，中东欧国家也并不赞同。在欧盟眼中，

---

① François Godement et al. , “The Scramble for Europe”, European Council on Foreign Affairs Policy Brief, Jul. 2011 (http://www.ecfr.eu/page/-/ECFR37_Scramble_For_Europe_AW_v4.pdf.).

② François Godement et al. “The Scramble for Europe”, European Council on Foreign Affairs Policy Brief, Jul. 2011 (http://www.ecfr.eu/page/-/ECFR37_Scramble_For_Europe_AW_v4.pdf).

③ Bartosz Kowalski, “China's Foreign Policy towards Central and Eastern Europe: The ‘16 +1’ Format in the South-South Cooperation Perspective. Cases of the Czech Republic and Hungary”, *Cambridge Journal of Eurasian Studies*, 2017.

④ Patrycja Pendrakowska, “Poland's perspective on the Belt and Road Initiative”, *Journal of Contemporary East Asia Studies*, Vol. 7, No. 2, 2018, pp. 190 –206.

白俄罗斯是一个深受中国和俄罗斯影响的独裁国家，[①] 中国执意邀请该国总理出席“16+1”峰会加深了欧盟对中国战略意图的猜疑。

与此同时，目前“16+1”合作和“一带一路”建设在实际运作过程中采用的“多边搭台、双边唱戏”合作方式也引发了欧盟的批评和质疑。部分欧洲学者认为，“16+1”合作并非真正的多边合作框架，而是方便成员国各自开展同中国双边关系的平台，这种模式使得成员国与中国双边关系的友好程度（尤其是政治关系）很大程度上决定了合作水平。[②]“16+1”合作框架作为区域主义治理的特殊案例，处理的是一个主权国家（中国）与区域内一组国家（中东欧国家）之间的关系，且该组国家并非统一的整体，缺乏对国家政策和利益进行协调的能力。目前欧盟仅以观察员身份列席“16+1”合作领导人会晤而非直接参与方，并且16个中东欧国家中有11个欧盟成员国和5个欧盟成员候选国，国情非常多元化，其参与“16+1”合作的动机、各自国家在该机制下的政策目标与预期均无法在欧盟层面得以充分协调，因此中东欧国家自身很难形成统一立场处理与中国的合作关系。

不仅如此，“一带一路”倡议和欧盟的容克投资计划之间对接进展缓慢也削弱了波兰等中东欧的欧盟成员国的积极性。例如，在提供基础设施建设基金方面，中欧仍然缺乏沟通与合作，使得资金使用方面没有达到预期的优势互补的效果。不少中东欧国家反映，与中国提供的贷款相比，欧盟结构基金限制更少、对中东欧国家更有利。中国的基金是以国有政策银行提供贷款的方式提供的，一般以项目中的相当比例交由中国企业承建，并接受中国供应商提供建材、设备等作为隐性条件，当运营项目的当地企业由于各种原因无法偿还贷款时，由成员国政府为其提供主权担保。因此，当前中东欧16国中两个阵营越发明显，5个非欧盟成员更愿意使用中国的基金，而11个欧盟成员更倾向于选择欧盟基金。中东欧欧盟成员

---

① François Godement & Abigaël Vasselier, “China at the Gates: A New Power Audit of EU-China Relations”, ECFR, December 2017 (https://www.ecfr.eu/publications/summary/china_eu_power_audit7242).

② François Godement & Abigaël Vasselier, “China at the Gates: A New Power Audit of EU-China Relations”, ECFR, December 2017 (https://www.ecfr.eu/publications/summary/china_eu_power_audit7242).

国不愿使用中国的基金，一方面出于法律考虑：不经公开招标而将项目交给中国企业承建以及政府为项目提供主权担保的做法违背了欧盟法；另一方面出于经济考虑：中国基金在贷款利率、使用条件等方面与欧盟基金相比没有竞争优势。[①] 相反，容克投资计划能使欧盟成员国得到更优惠、更透明的资金，而且欧盟结构基金中的 TEN-T 项目专门致力于成员国交通基础设施建设。2015—2017 年，容克投资计划资助的项目金额已经达到了 48 亿欧元。[②]

最后值得注意的是，欧盟核心成员国德国对来自中国地缘政治经济竞争的担忧以及与波兰法律与公正党政府的矛盾也将给中波关系的发展带来不确定性。由于历史原因和地缘政治因素，长期以来德国与波兰的关系错综复杂。但是自 2004 年波兰加入欧盟之后，德波关系纳入欧盟整体合作框架，双边关系迅速发展。波兰在经济上对德国依赖性很强，近十年来德国都是波兰最大的贸易伙伴、出口目的国和进口来源国，且波兰向德国出口和从德国进口均超过了其总额的 1/4；反之，德国的主要贸易伙伴为传统经济强国和新兴市场国家，对波贸易地位相对次要。[③] 因此，德国与波兰经贸关系紧密但不对等，波兰对德国依赖的敏感性和脆弱性远强于对方。正因如此，金融危机后波兰着力于拓展与中国等非欧盟大国的合作，试图减轻对德国以及欧盟大市场的依赖。

然而，虽然波兰并非德国的主要经贸伙伴，但其对德国的重要性却非同寻常。德国与包括波兰在内的 V4 国家之间早已形成了固定模式的产业链，德国企业对 V4 国家投资集中于制造业，致力于将其打造为产品制造和组装基地，服务本国出口。波兰等国相对低廉的物价和劳动力成本，显著提升了德国出口产品竞争力，与 V4 国家的经贸产业合作直接关系到德

---

① Jakub Jakóbowski, Marcin Kaczmarski, "Beijing's Mistaken Offer: the '16 + 1' and China's Policytowards the European Union", Ośrodek Studiów Wschodnich [Center for Eastern Studies], Commentary No. 250, Sep. 15, 2017 (https://www.osw.waw.pl/en/publikacje/osw-commentary/2017-09-15/beijings-mistaken-offer-161-and-chinas-policy-towards-european).

② European Investment Bank: EFSI Project List, Jul. 17, 2018 (http://www.eib.org/en/efsi/efsi-projects/index.htm? c = PL&se =).

③ 顾强：《德国与波兰的双边关系：历史恩怨、地缘政治与欧洲化》，载杨烨、高歌主编《冷战后德国与中东欧的关系》，社会科学文献出版社 2017 年版，第 132 页。

国巩固自身在经贸领域优势地位。[①] 因此，德国对中国与波兰等中东欧国家通过“16 +1”合作机制开展经贸等各领域合作十分敏感，认为中国投资大量进入中东欧，尤其是大量收购并购中东欧本土企业的行为威胁到了德国企业的传统优势地位。

除经济利益存在潜在竞争外，德国对中国推动与中东欧国家合作背后所谓的“战略企图”更为担忧。2015 年法律与公正党政府上台后与德国的矛盾日益加深，进一步激化了德国对波兰接近中国的担心。德国学者认为，德国对“一带一路”倡议的态度在 2013—2015 年表现为谨慎与迟疑，在 2015 年以后则形成了一种合作与冲突并存的模式。德国对中国与中东欧国家在“16 +1”合作框架下开展的双边和多边合作疑虑重重。德国认为中国基础设施贷款为欧盟及其邻国政治行为体规避欧盟标准或按入盟要求改变治理模式提供了可能性，并与欧盟项目形成竞争。同时，德国还认为欧盟内的利益分配矛盾与中国投资有关，那些为巩固经济而大量使用中国投资的成员国在欧盟内的主张较为符合中国利益，导致欧盟在某些重大问题上无法对中国形成一致立场。因此，2017 年德国外长西格玛·加布里尔（Sigmar Gabrial）公开指责中国分裂欧盟，要求中国遵守“一个欧洲”原则。[②] 鉴于德国在欧盟的领导地位，其对“16 +1”合作以及“一带一路”中国态度的变化无疑会影响欧盟整体的对华关系，进而掣肘中波关系。

（二）俄罗斯

波兰与俄罗斯之间的恩怨情仇、矛盾纠葛长期羁绊着俄波关系发展，波兰对俄罗斯的不信任深入骨髓、很难改变。因此，在当前欧亚大陆地缘政治、经济格局下，俄罗斯的一举一动都会对波兰的战略判断及政策选择产生深重影响，而俄罗斯与中国关系的战略意义以及日益增加的紧密程度，一定程度上也影响着中波关系的发展。

2014 年，“16 +1”合作峰会在塞尔维亚的贝尔格莱德举行。峰会前不久刚刚爆发了“克里米亚危机”，波兰总理埃娃·科帕奇（Eva Kopacz）

---

① 马骏驰：《德国与维谢格拉德国家的经贸、投资关系探究：对中国与中东欧合作的启示》，《欧亚经济》2015 年第 6 期。

② ［德］塞巴斯蒂安·哈尼施：《德国与中国“一带一路”倡议：初期评估》，黄萌萌译，赵柯校，《欧洲研究》2018 年第 3 期。

缺席了本次峰会，由副总理兼国防部部长托马什·谢莫尼亚克（Tomasz Siemoniak）代为出席。科帕奇总理虽未亲临峰会，但在塞尔维亚当地媒体发表相关署名文章，强调了欧亚大陆的和平稳定对于包括波兰在内的中东欧国家的重要意义；谢莫尼亚克部长更是在峰会发言中直接公开指责俄罗斯违反国际法，提出"16+1"合作应该成为欧亚和平、稳定、发展对话机制的有机组成部分。[①] 波兰虽未公开对中国的乌克兰问题立场表达不满，但乌克兰的局势变化，直接威胁着波兰东部边境的稳定，再加上长久以来波兰与俄罗斯的战略互疑，政治因素对中波经济合作的影响开始显现。随着中俄关系不断升温，作为一个有着战略雄心的地区大国，波兰随时都在评估自身在欧亚地缘环境中的战略地位，在欧盟、俄罗斯与中国之间寻找平衡。

另外，俄罗斯对曾属于苏联阵营中东欧国家的微妙态度，也对中波合作构成潜在影响。对今天的俄罗斯而言，波兰虽不位于其势力范围的核心，但仍处于其影响力可以波及的范围，对其具有特殊的地缘战略意义。2016年，波兰与克罗地亚共同发起了"三海倡议"（Three Seas Initiative），由中东欧地区12个成员国组成，旨在加强亚得里亚海—黑海—波罗的海区域国家间贸易、基础设施、能源和政治合作。俄罗斯对这一倡议态度犹疑，尤其是反对其能源合作计划，认为中东欧国家加强能源基础设施互联互通，特别是完成建造接收液化天然气的终端设施后，会将俄罗斯排除出地区能源市场，极大地损害俄战略利益。[②] 在此背景下，"16+1"合作"一带一路"与"三海倡议"的对接可能受到俄罗斯因素的干扰和阻碍。

（三）美国

除欧、俄之外，美国也是影响中波关系的重要因素。首先，波兰在军事上严重依赖美国，始终将美国和北约视为可靠的安全保障。2014年乌克兰事件发生后，欧俄、美俄关系急转直下，为防止俄罗斯进一步向东扩

---

① Rafał TuszyŃski, "Polish Perspectives on CEE-China "16+1" Cooperation: The Unexpected Ukraine Factor", *Euro Polity*, Vol. 9, No. 1, 2015.

② Zsofia Bajnai, "Three Seas Leaders Must Overcome External Influence and Internal Disunity to Achieve Prosperity", Sep. 14, 2018, (http://www.atlanticcouncil.org/blogs/new-atlanticist/three-seas-leaders-must-overcome-external-influence-and-internal-disunity-to-achieve-prosperity).

张，波兰在安全、能源政策方面更加向美国靠拢。2018 年 9 月波兰总统杜达访问美国期间，邀请美国在波兰永久性驻军，并承诺愿意出资 20 亿美元修建永久性军事基地。①

然而，在涉及中美之间敏感的军事、安全问题上，波兰的表态是谨慎而克制的。2016 年 4 月波兰外长瓦什奇科夫斯基访华与王毅外长会谈时表示，波方支持中方通过对话协商和平解决有关南沙岛礁争议的政策；“南海仲裁案”之后，波兰也没有选边站。波兰学者认为中方在南海的行为并没有威胁航行自由，但也并没有遵守国际法，从现实角度看，美国及其盟友缺乏回击中国的坚定信念、内部团结以及有效手段。②

当前，由于中美经贸领域冲突不断升级，且存在向投资、金融、安全等领域扩散蔓延的风险，两国战略互信水平急剧下降，特朗普政府将中国视为战略竞争对手，两国关系遭遇重大考验。波兰也较为关注中美贸易摩擦的进展，认为关税战不会直接影响波兰或欧盟，但会产生间接影响，有可能为波兰及欧洲企业带来更多机遇，但欧洲也会面临在中美之间选边站的压力。③ 2018 年 G20 峰会后，波兰对中美关系前景并不乐观，认为双方都没有妥协的余地，中国目前的策略是拖延战术。部分波兰学者认为，随着中美关系继续恶化，中国会加强与其他贸易伙伴的关系，同时也会强化与俄罗斯的关系以寻求抗衡美国。④ 2019 年 1 月发生“华为员工在波兰被捕”事件后，波兰内务和行政部部长表示，欧盟和北约应寻求制定对于华为问题的共同立场。同时，他又强调中国是个巨大的市场，希望与其保持良好、紧密且相互具有吸引力的关系。⑤ 波兰专家则认为，华为是当前中美关系诸多问题的象征。美国试图说服其欧洲伙伴终止与华为在 5G 开放

---

① Edyta Zemla and Kamil Turecki, “Poland Offers US up to ＄2B for Permanent Military Base”, Politico, May 27, 2018 (https: //www. politico. eu/article/nato-poland-offers-us-up-to-2-billion-for-permanent-american-military-base/).

② Paweł Behrendt, “P. Behrendt: USA wchodzą do gry (P. Behrendt: USA Enter the Game)”, Oct. 29, 2015 (http: //www. polska-azja. pl/p-behrendt-usa-wchodza-do-gry/).

③ Marek Wąsiński & Damian Wnukowski, “PISM Spotligt: Escalation of the U. S. -China Trade War”, Sep. 18, 2018 (http: //www. pism. pl/publications/spotlight/no-63-2018 2/3).

④ Marcin Przychodniak, “PISM Spotlight: Xi-Trump G20 Meeting: A Trade War Truce”, Dec. 3, 2018 (http: //www. pism. pl/publications/spotlight/no-83-2018 2/3).

⑤ 南博一：《波兰高官：欧盟北约应就华为问题统一立场，称中国是巨大市场》，2019 年 1 月 13 日，澎湃新闻（https: //www. thepaper. cn/newsDetail_ forward_ 2849135）。

方面的合作，而大多数欧盟成员国则对美国将华为排除在市场上的压力感到矛盾。一方面，华为提供的技术和报价对欧洲运营商有利，冻结华为将导致5G基础设施建设成本和网络部署延迟，如波兰的5G部署将推迟2—3年，且经济成本将达到100亿美元。另一方面，欧盟国家也担心与华为合作的风险，宣布了降低技术风险和政治挑战的法规，并且增加了欧盟委员会在网络安全评估上的影响力。欧盟及大多数成员国与华为在5G合作上的做法是务实的，让中国意识到其在面对美国压力时表现出的独立性。制定务实的欧盟立场符合波兰的利益，将华为从5G发展中排除出去所带来的成本和时间延迟使之不可行，但又要与美国保持密切合作。① 由此可见，在中美关系出现紧张的情况下，波兰作为美国的忠实盟友及其对美国的安全依赖决定其在中波双边合作的某些敏感议题上不得不顾忌美国的立场，而与中国保持一定的距离。

三　中波关系的发展前景

自2004年波兰加入欧盟至今，中波关系整体上纳入了中欧战略伙伴关系的大框架，双方在新基础上发展互利共赢的友好合作关系。2011年战略伙伴关系以及2016年全面战略伙伴关系的确立，更是令中波双边关系站上了新台阶。2012年“16+1”合作框架的建立以及随后“一带一路”倡议的提出，为中波合作注入了新动力。纵观近年来中波关系进展情况，可以发现，欧盟影响力的下降以及中国吸引力的提升促进了两国关系迅速升温。但是，中波关系内部存在的不对称性和外部大国牵制的作用也决定了两国在相当长一段时间内，必然在双边、次区域、区域以及全球多层次相互嵌套的复杂结构中面临挑战与机遇并存的格局，需要双方在平等互信的基础上共同审慎化解由认知和利益分歧带来的挑战，同时携手努力将机遇转化为实实在在的共同利益。

在双边关系层面，近年来波兰政府对华政策并未受到政党轮替的影响而维持了总体稳定，希望进一步推动两国各领域务实合作取得更多成果。波兰学界、智库界对中国发展趋势一直保持着较高程度的关注，寻求分享

① Marcin Przychodniak, The China-US Dispute on Huawei: A Challenge for the European Union, Bulletin PISM, No. 48, April 2019 (http://www.pism.pl/publications/bulletin/no-48-1294).

中国的经济机遇。2017 年中国召开十九大之后，波兰学者对新时代中国外交政策的新特点和新动向进行了全面解读，总体上认为中国未来会采取更加奋发有为的对外政策，甚至有可能塑造新的国际秩序。在此背景下，中国与美国的竞争关系会加剧，波兰应该保持开放，与多方搞好关系，避免陷入选边站的两难境地。① 基于这种认识，中波两国都希望双边关系朝着务实高效的方向稳步发展。2018 年 11 月，中国举办全球首个进口博览会，波兰 81 家企业参展的同时，总理第一助手、农业部部长、企业与科技部副部长、投资促进局局长等政府高官也随团来到上海，② 充分体现了其对利用进博会加强与中国经贸合作的期待。

在次区域合作层面，当前波兰对“16 +1”合作流露出了一定程度的失望情绪。2018 年中国—中东欧合作索菲亚峰会，波兰总理马特乌什·莫拉维茨基（Mateusz Morawiecki）未出席，由副总理雅罗斯瓦夫·格文（Jarosław Gowin）代表波兰政府参加。波兰也未派部长级以上代表出席 2019 年4 月第二次“一带一路”国际合作高峰论坛。如前所述，“16 +1”合作启动至今，中波之间贸易逆差持续扩大，中国在波兰投资规模依旧非常有限，波兰方面“预期—现实”差距被放大，由此导致了其对“16 +1”合作的质疑。虽然波兰官方一直表达对“16 +1”合作的支持，但波兰学界越来越多的声音开始讨论，积极参与中国倡导的多边经济合作，究竟会收益更多还是损失更大。③

与此同时也应看到，虽然近年来中波经济合作成果没有完全满足波兰的预期，但波兰仍然将“16 +1”合作视为非常重要的多边外交舞台，认为“16 +1”合作在实现其战略、政治乃至安全目标方面，依旧发挥着重要作用。④ 首先，“16 +1”合作是保持与中国良好政治关系的重要政策工

---

① Justyna Szczudlik, “Towards a ‘New Era’ in China’s Great Power Diplomacy”, PISM Policy Paper, March 2018（https：//www. pism. pl/files/？ id_ plik =24225）.

② “Polish Firms to Take Part in China International Import Expo”, *The First News*, Nov. 2, 2018（https：//www. thefirstnews. com/article/polish-firms-to-take-part-in-china-international-import-expo-3024）.

③ Adam Kaliński, “2017 was a year without breakthroughs in Polish-Chinese relations”, Central European Financial Observer, Feb. 26, 2018（https：//financialobserver. eu/poland/2017-was-a-year-without-breakthroughs-in-polish-chinese-relations/）.

④ Justyna Szczudlik, “Prospects for CEE-China Relations after the Sofia Summit”, PISM Bulletin No. 91, Jul. 17, 2018（https：//www. pism. pl/publications/bulletin/no-91-1162）.

具，而政治互信是战略伙伴关系的基石。其次，波兰认为“16 + 1”合作有利于中东欧地区的一体化进程，能与“三海倡议”一同发挥重要作用。作为具备较强经济实力和政治影响力且怀有战略雄心的地区大国，波兰一贯在中东欧次区域合作中表现活跃，“16 + 1”合作一定程度上能够帮助其加强地区影响力。再次，波兰始终对中美俄三角关系的变化高度敏感，认为通过“16 + 1”合作可以向中国传递波方对中俄关系的关切，并让中国理解波美关系、波欧关系对波兰的重要性。有鉴于此，波兰总理莫拉维茨基出席了2019年在克罗地亚举行的第八次中国—中东欧国家领导人会晤，并在会见中国总理李克强时表示，“波中关系快速发展，合作领域广泛。波方一向秉持公平、非歧视的原则对待各国企业，欢迎中国企业来波投资兴业，希望两国企业开展更加深入的合作，掀开波中经贸合作新篇章。期待同中方在农产品、家具、化妆品、基础设施建设、海上以及文化等各领域的合作取得更多进展。波方愿在‘16 + 1’框架下同中方开展第三方市场合作，共同促进‘16 + 1’合作向前发展”。①

在欧盟层面，波兰与欧盟在政治关系方面的矛盾涉及波兰的根本利益，短期内难以缓解。在接收难民问题上，波兰与匈牙利、捷克等其他中东欧国家立场非常鲜明，坚决反对欧盟强制分摊难民配额的做法。2017年6月，欧盟委员会针对波兰、匈牙利和捷克拒不履行接收配额内难民的义务，启动“违规程序”（Infringement Procedure），但三国都未因欧盟施压改变立场。在国内改革问题上，波兰认为欧盟无权干预其国内改革，其强行插手是侵犯主权的行为。2017年11月，欧洲议会通过决议，要求针对波兰破坏法治的行为启动《欧盟条约》第七条规定的程序，判定波兰存在“严重和持续违反尊重人类尊严、自由、民主、平等、法治，以及尊重人权的价值观”的行为。但由于这一判定能否通过取决于欧洲理事会能否达成全体一致，而匈牙利在此问题上与波兰相互支持，导致该决议最后无果而终。② 除政治因素外，新财年欧盟整体预算的减少也对波兰经济利益产生了消极影响。受英国脱欧、欧盟基金净贡献国与净收益国博弈等因

---

① 《李克强会见波兰总理莫拉维茨基》，2019年4月12日，新华网（http：//www.xinhuanet.com/politics/2019-04/12/c_ 1124360803.htm）。

② 高歌：《离心与向心——2017年中东欧国家与欧盟的关系》，《当代世界》2018年第1期。

素影响，根据欧盟委员会草案，2021—2027 财年欧盟基金将从 3700 亿欧元下降到 3300 亿欧元，其中聚合基金从 750 亿欧元减少为 410 亿欧元。[①] 作为凝聚基金最大的受益国，之前超过一半的基金流向了波兰，未来欧盟基金的缩减意味着波兰从欧盟所能获得的发展支持资金数额将大大减少。因此，波兰加强与中国经贸合作，尤其是进一步吸引中国投资的客观需求仍然强烈。波兰对中欧班列合作前景较为乐观，蓉欧快线已经成了中欧班列中的“知名品牌”，希望进一步提升班列效率，吸引中国电商平台在波兰建立物流中心。目前，波兰贸易投资局已在上海和成都两地设立代表处以促进中波地方合作。同时，在基础设施建设方面，中波合作潜力可观。波兰计划于 2020 年建设中东欧最大的空港枢纽，格但斯克港也正在进行扩建中央码头、拓宽巷道的基础建设，后续配套设施建设也需要投资伙伴。2018 年 11 月，该港在上海设立代表处，寻求加强双边合作的协调。

但在全球层面，大国关系的不确定性对中波关系的负面影响有所上升。在全球经济治理议题上，随着中美贸易摩擦加剧，欧盟在贸易问题上对中国的指责与美国趋同，也开始在国企补贴、市场开放等方面向中国施压。波兰方面也越来越多地发出类似声音，希望能更好地利用欧盟成员国的身份，促成欧盟形成对华统一的政策立场，在经贸合作问题上向中国施加压力，要求中国减少贸易顺差、进一步开放市场。[②] 在地缘政治和安全议题上，俄罗斯与美欧的裂痕不断加深，短期内难以看到关系转圜的余地。波兰自身对俄罗斯根深蒂固的防范心理以及波美特殊关系使之对中俄关系走向高度敏感。当前，中美、中俄关系与波美、波俄关系恰好处于相反的战略方向上，这种情况是对中波两国处理双边关系的重大考验。波兰非常明确自身实力和影响力有限，因此注重利用欧盟和北约提供的制度优势和安全保障，将自身的政治、战略诉求上升为两大多边组织的立场，从而制衡中国。

有鉴于此，未来中国需要以更大的战略定力和外交智慧在复杂国际环境下寻求中波双边关系、“16＋1”合作和中欧战略伙伴关系三个层面之

---

① Marta Makowska, “Cohesion Policy after 2020: A Cautious Attempt at Reform”, *PISM Bulletin*, No. 107, Aug. 9, 2018 (http://www.pism.pl/publications/bulletin/no-107-1178).

② Łukasz Sarek, “Poland and the EU: Seeking a Two-way Street with China”, *The Warsaw Institute Review*, Mar. 30, 2018 (https://warsawinstitute.org/poland-eu-seeking-two-way-street-china/).

间的平衡和互补。在双边层面，中国需要充分利用现有的政策沟通机制，认真考虑波方关切，采取有针对性的贸易便利措施推动波兰对华贸易逆差减小，争取在基础设施建设等方面取得更多成果。在“16 +1”合作层面，中国既需要充分重视波兰事实上在中东欧地区的领导力和影响力，也要照顾其他国家的感受，用更为成熟和规范的制度安排来加强各方的政策协调。当前，中国与中东欧国家已经探索出了一种非正式的“协调国”机制，即中东欧国家根据自身优势和兴趣，承担在某一领域内的协调任务，例如波兰在建立联合商会和投资促进机制方面就扮演了“协调国”角色。未来，还需要进一步发挥“协调国”的作用，增强合作有效性和透明度。① 在中欧关系层面，中国需要提高中波关系、“16 +1”合作与中欧关系的整合度，让中国与欧盟成员国的双边关系和次区域合作的良好进展成为促进中欧战略伙伴关系的有力补充。中国需要充分意识到欧盟对成员国的规制性约束力，通过推进“一带一路”建设与欧盟的联通欧亚战略之间的对接，加强中方的倡议和项目的吸引力、透明度和可操作性，为增进中欧之间的战略互信提供切实可见的成果。

---

① 金玲：《中东欧国家对外经济合作中的欧盟因素分析》，《欧洲研究》2015 年第 4 期。

第二章　波兰的中国观和“一带一路”舆情

18 世纪，欧洲大陆掀起了一阵“中国热”。当时波兰也追随了这一风尚，在装饰、绘画主题和文学体裁的运用上都带有中国元素，甚至王国改革支持者和反对者的文章中也会提及关于中国社会的理想化观点，但远非了解一个真实的中国。随着中波关系的发展，波兰对中国的认知有所加深。然而，与全球大部分地区相比，波兰决策者和公众仍认为中国是一个遥远的、抽象的概念。① 其对中国的态度和对“一带一路”倡议的认识也深受刻板成见的影响。

第一节　波兰的中国观

中波关系的发展带动了波兰整体认识和了解中国的巨大需求，但受制于有限的研究基础和交流渠道，在波兰的政治精英、媒体和民众中出现了一个多元的、复杂的中国观。

一　波兰政治精英的中国观

对波兰政治精英涉华舆论的观察将从政治人物言论和智库涉华报告两方面展开，分析 2011 年中波建立战略伙伴关系以来舆论关注点与态度倾向的变迁。所涉及智库包括波兰国际事务研究所（PISM）、东方研究所

① ［波］耶得热伊·切泽普：《罗茨—成都班列对波兰认知“16 + 1”合作的影响》，载陈新主编《中东欧国家看“一带一路”和中国—中东欧国家合作》，中国社会科学出版社 2019 年版，第 98 页。

（OSW）和波兰亚洲研究中心（CSPA）。

（一）波兰政界领袖涉华舆情

自2011年中国与波兰建立战略伙伴关系以来，在公民纲领党执政、法律与公正党执政两个阶段，波兰政界领袖都对中波关系做出了积极的评价。2012年4月中国国务院总理温家宝访问波兰期间，波兰总理图斯克在会谈中表示，波中关系处于历史最高水平，波方愿同中方加强政治对话；2015年11月，波兰总统杜达访华期间表示，中波关系从来没有像今天这么好。①

1. 中国在波兰外交布局中地位的变迁

2011年以来，从西科尔斯基、谢蒂纳、瓦什奇科夫斯基三位波兰外长历年的外交政策讲话来看，中国在波兰亚洲政策乃至整体外交布局中的地位日渐提高，波兰政界精英对中国的定位由亚洲地区重要商业伙伴逐步提升为长期稳定的全球战略合作伙伴。

公民纲领党执政时期，外长西科尔斯基在2011年外交政策讲话中表示，中国是波兰在亚洲最大的商业伙伴，中波战略合作伙伴关系将为欧盟的全球参与服务。② 2012年，他指出在波兰发展与亚洲关系方面，中国具有重要的意义。2013年，他表示波兰正在增加亚洲外交存在，包括与中国建立战略伙伴关系；中国不再仅仅是地区大国，应该更积极地参与解决全球问题。③ 2014年，波外长西科尔斯基指出，中国积极深化与中东欧国家的政治关系并非偶然，而是因为中国认识到包括波兰在内的中东欧地区是欧洲经济的重要增长点，这种合作目前已初现成果。④ 2015年，波外长谢蒂纳在年度外交政策讲话时提出，波兰在欧洲以外地区外交成功的关键是发展与亚洲国家的关系，特别是波兰与中国、日本、韩国和东盟国家的

---

① PAP, “We hope for more Chinese enterprise” （http：//www. president. pl/en/news/art, 68, we-hope-for-more-chinese-enterprise. html）.

② Radosław Sikorski, “Minister of Foreign Affairs on Polish foreign policy” （https：//www. premier. gov. pl/en/news/news/minister-of-foreign-affairs-on-polish-foreign-policy. html）.

③ Radosław Sikorski, “Informacja Ministra Spraw Zagranicznych o zadaniach polskiej polityki zagranicznej w 2013 roku” （https：//www. msz. gov. pl/pl/p/msz_ pl/aktualnosci/wiadomosci/informacja_ ministra_ spraw_ zagranicznych_ o_ zadaniach_ polskiej_ polityki_ zagranicznej_ w_ 2013_ roku）.

④ Radosław Sikorsk, “Informacja Ministra Spraw Zagranicznych o zadaniach polskiej polityki zagranicznej w 2014 roku” （https：//www. msz. gov. pl/pl/p/msz_ pl/aktualnosci/wiadomosci/informacja_ ministra_ spraw_ zagranicznych_ o_ zadaniach_ polskiej_ polityki_ zagranicznej_ w_ 2014_ roku）.

关系；波兰将继续致力于发展“16＋1”合作框架下的地区合作以及中波两国在中央、地方两个层面的关系。[①]

法律与公正党上台后，提出经济因素对国际关系的影响正在增强，强调中国所带来的经济机遇，迅速提高了对华关系在波兰外交布局中的地位。外长瓦什奇科夫斯基在2016年外交政策讲话中指出，“现任政府正着力促使波兰企业向亚洲扩张，发展与日本、韩国的战略伙伴关系尤为重要；波兰已与中国建立了战略伙伴关系，同时在‘16＋1’合作框架下开展合作，波兰将基于亚投行及‘一带一路’倡议继续深化中波合作”。[②]同年，他访华时称，“波兰正在寻找伙伴来促进本国发展，而中国是波兰在亚洲的‘天然伙伴’”。[③] 瓦什奇科夫斯基在总结2016年波兰外交时谈道，波兰正在向远东国家开放，中波关系极具发展潜力。[④] 2017年，他在年度外交政策讲话中指出，与中国的战略伙伴关系将成为波兰外交政策的永久要素，期望能够进一步推进“16＋1”合作。[⑤] 2018年，瓦什奇科夫斯基明确提出中国是波兰在亚洲的首要合作伙伴。与公民纲领党政府相比，法律与公正党政府采取了更积极的对华政策，提升了中波战略伙伴关系的定位，并且减弱了意识形态因素的影响。

2. 中波战略伙伴关系的内涵

公民纲领党执政时期，波兰政治精英对如何解读中波战略伙伴关系内

---

① Grzegorz Schetyna, “Informacja Ministra Spraw Zagranicznych o zadaniach polskiej polityki zagranicznej w 2015 roku” (https: //www. msz. gov. pl/pl/p/msz_ pl/ministerstwo/historia/ministrowie_ sz_ 1918_ 2018/wystapienia_ grzegorza_ schetyny/informacja_ ministra_ spraw_ zagranicznych_ o_ zadaniach_ polskiej_ polityki_ zagranicznej_ w_ 2015_ roku).

② Witolda Waszczykowskiego, “Minister Witold Waszczykowski o priorytetach polskiej dyplomacji” (https: //mfa. gov. pl/pl/aktualnosci/wiadomosci/minister_ witold_ waszczykowski_ o_ priorytetach_ polskiej_ dyplomacji).

③ PAP, “Minister Witold Waszczykowski: we have an opportunity to change our trade deficit with China” (https: //www. msz. gov. pl/en/p/msz_ en/news/waszczykowski_ _ we_ have_ an_ opportunity_ to_ change_ our_ trade_ deficit_ with_ china).

④ MFA Press Office, “Good Year at MFA: Minister Waszczykowski sums up past year in Polish foreign policy” (https: //www. msz. gov. pl/en/p/msz_ en/news/0_ goodyear_ at_ mfa_ _ minister_ waszczykowski_ sums_ up_ past_ year_ in_ polish_ foreign_ policy).

⑤ Witold Waszczykowski, “Minister Witold Waszczykowski o priorytetach polskiej dyplomacji w 2017 roku” (http: //www. msz. gov. pl/pl/aktualnosci/wiadomosci/minister_ witold_ waszczykowski_ o_ priorytetach_ polskiej_ dyplomacji_ w_ 2017_ roku).

涵有明确倾向。一方面，认为战略伙伴关系框架包含了中波在各层面上政治对话的加强。波兰外交领域的精英提出在中国与欧盟、中国与中东欧（“16+1”合作）、双边以及两国地方政府四个层面深化中波关系。另一方面，波兰政治精英更倾向于将中波关系的“战略性”解读为经济机遇。在2012年举办的第二届中国—中东欧国家经贸论坛上，波兰总理图斯克表示波兰是中国在中东欧地区最大的经济伙伴，中波战略伙伴关系的确立是重要的一步，这将为中波经济合作提供更多机会。[①] 波兰副外长卡茨佩尔契克表示，经济合作是中波双边战略伙伴关系的重要议题，提出希望中国对波兰食品开放市场。[②] 在中国提出“一带一路”倡议后，波兰精英敏锐地捕捉到了本国的发展机遇，并积极回应。波兰外长谢蒂纳表示，波兰地处欧洲中心，从欧洲到中国的路线自然要经过波兰，希望能够利用这一优势。[③]

2015年法律与公正党再度执政后，将中国视为亚洲地区重要的政治和经济伙伴，波兰政界精英希望继续发展两国的战略伙伴关系，扩大国际事务合作。安杰伊·杜达总统在上任100天内就对中国进行了正式的国事访问，他表示“非常希望波兰与中国在2011年建立的战略伙伴关系能够继续下去”。杜达总统在接受《中国日报》访问时表示“我们的关系不应仅仅是经济性质的”。[④] 2016年，两国一致决定将中波关系提升为全面战略伙伴关系，重申两国将对方视为长期稳定的战略伙伴。对此，杜达总统认为“波兰与中国在外交和经济层面的关系明显加强”。[⑤] 2016年4月，波外长瓦什奇科夫斯基访华时称赞双边关系在过去几年的健康发展，他表示波兰在全球外交布局中特别重视亚洲地区，尤以中国为重，愿与中国扩大合作，加强互利共赢的经济关系；同时，他指出合作不应囿于经济领

---

① “Poland—Central Europe—China Economic Forum opened” (https://www.premier.gov.pl/en/news/news/poland-central-europe-china-economic-forum-opened.html).

② MFA Press Office, “Poland-China Strategic Dialogue” (https://www.msz.gov.pl/en/p/msz_en/news/poland_china_strategic_dialogue).

③ MFA Press Office, “3rd Poland-China Regional Forum in Lodz” (https://www.msz.gov.pl/en/p/msz_en/news/3rd_poland_china_regional_forum_in_lodz).

④ “President for ‘China Daily’: We are developing fast, so is China” (http://www.president.pl/en/news/art, 192, president-for-china-daily-we-are-developing-fast-so-is-china.html).

⑤ “President Duda hopes Poland will become China’s gateway to Europe” (http://www.president.pl/en/news/art, 191, president-duda-hopes-poland-will-become-chinas-gateway-to-europe.html).

域，波兰和中国的关系应植根于政治对话和相互理解。[①] 与公民纲领党执政时期相比，这个阶段波兰政界精英开始强调希望扩大中波两国的国际事务合作。2017 年，波兰副外长马加罗夫斯基强调，中波合作不应仅限于双边问题，波兰愿同中国在国际社会重大挑战方面进行合作，包括乌克兰、阿富汗和朝鲜半岛等地区问题。[②]

与此同时，波兰政界精英对中波战略伙伴关系提出了更明确的经济诉求，寻求在此基础上深化双边关系。杜达总统将他上任后的首次访华描述为经济方面的重要机会。[③] 此后，在苏州"16+1"合作峰会上，他表示希望波兰成为中国重要合作伙伴和通往欧洲的门户。2016 年，波兰外长瓦什奇科夫斯基在会见中国代表团时强调中波经济合作的重要性，表示"希望我们良好的政治关系将转化为高质量的经济合作"。[④] 2016 年 4 月，波外长瓦什奇科夫斯基访华期间表示"波兰与中国合作的可能性是无限的"，特别是在公路、高铁、机场以及港口现代化建设方面。[⑤] 在建立战略伙伴关系之初，波兰对华经济政策目标是分散的，尚未明确界定；在中国提出"一带一路"倡议后，波兰对华经济关系战略逐渐成形。法律与公正党执政以后，波兰精英对中波经济合作的构想与期望更加清晰，多次明确表达参与"一带一路"倡议的意愿和构想，希望能够借此成为中欧物流中心。波兰总理贝塔·斯齐德沃表示波兰是中国与欧盟开展合作的门户，是中国的主要经济伙伴。[⑥]

综上，中波两国建立战略伙伴关系之初，波兰政界精英期望扩大对华

---

① Xinhuanet, "Poland eyes enhanced ties, cooperation with China: FM" (http://www.xinhuanet.com//english/2016-04/22/c_135304096.htm).

② MFA Press Office, "Deputy Minister Marek Magierowski visits China" (https://www.msz.gov.pl/en/p/msz_en/news/deputy_minister_marek_magierowski_visits_china).

③ "President hopes for continued partnership with China" (http://www.president.pl/en/news/art,70,president-hopes-for-continued-partnership-with-china.html).

④ MFA Press Office, "China's deputy foreign minister visits Warsaw" (https://www.msz.gov.pl/en/p/msz_en/news/china_s_deputy_foreign_minister_visits_warsaw).

⑤ PAP, "MFA chief: cooperation possibilities with China are unlimited" (https://www.msz.gov.pl/en/p/msz_en/news/press_office/mfa_chief__cooperation_possibilities_with_china_are_unlimited_).

⑥ "Polska i Chiny prowadzą współpracę strategiczną" (http://pis.org.pl/aktualnosci/polska-i-chiny-prowadza-wspolprace-strategiczna).

出口和吸引中国投资，他们认为建立积极的政治氛围对实现经济目标是必要的，此时欧盟对华政策基本符合波兰的利益，中欧合作为两国关系发展提供了氛围。这是公民纲领党执政时期波兰政界精英提倡积极深化与中国战略伙伴关系的原因。法律与公正党上台后高度重视中波关系，波兰政界精英期望继续深化中波战略伙伴关系，从而确认波兰作为中国在欧洲地区重要合作伙伴的地位。他们多次明确表达对亚投行、“一带一路”倡议的参与意愿和构想，强调发展互利共赢的经济合作。然而，他们又期望将经济合作与政治立场分开。在涉及中国重大利益的外交议题时，波兰往往选择与欧盟、美国协调立场，例如，近年来波兰政界精英在南海争端上选择回避表态，甚至否认支持中国。① 由此可见，波兰政界精英重视发展中波战略伙伴关系主要受经济利益驱动，倾向于将紧密的政治往来视为经济合作的动力和保障。

3. 重点合作机制与形式：“16 + 1” 合作框架、地方政府合作

第一，波兰政界精英将中国与中东欧“16 + 1”合作框架视为深化中波关系的重要渠道，但法律与公正党上台后对该机制的怀疑也在逐渐上升。公民纲领党执政时期，政界精英强调波兰作为中东欧国家的身份，重视“16 + 1”合作多边框架。② 波兰总理认为，中国的国际政治地位与世界经济影响力在提高，中东欧国家在欧盟的重要性增长，中东欧国家是中国的天然合作伙伴。③ 波兰外长谢蒂纳也指出中国—中东欧国家合作是中欧关系中最具前景的部分之一。在这个阶段，波兰参与“16 + 1”合作是其全球层面外交政策的表现，波兰政界精英希望借助中波战略伙伴关系提升本国在该多边机制中的地位和作用。法律与公正党执政初期，波兰政界精英延续了上届政府对“16 + 1”合作的重视，将此视为中波关系的重要内容。2015 年苏州“16 + 1”合作峰会前，杜达总统在会见中国国务院总

---

① Justyna Szczudlik, “Polska w polityce zagranicznej Chin—nie tylko gospodarka” (http: //www. pism. pl/publikacje/biuletyn/nr-39-1389) .

② MFA Press Office, “Minister Grzegorz Schetyna attending ceremony to mark 65th anniversary of Polish-Chinese diplomatic relations” (https: //www. msz. gov. pl/en/p/msz_ en/news/minister_ grzegorz_ schetyna_ attending_ ceremony_ to_ mark_ 65th_ anniversary_ of_ polish_ chinese_ diplomatic_ relations_) .

③ “Summary of the Chinese PM's visit” (https: //www. premier. gov. pl/en/news/news/summary-of-the-chinese-pms-visit. html) .

理李克强时强调了该合作框架的重要性。[①] 2016 年，波外长会见中国大使时明确表示，波兰希望在双边和“16 +1”合作下加强中波关系。[②] 2017 年，波兰副外长马加罗夫斯基表示“16 +1”合作是中欧联系的重要平台，波兰愿意继续支持该平台的合作与对话，并提出了提高行动效率的建议。然而，波兰等国近年来对“16 +1”合作的态度逐渐发生了变化。2018 年“16 +1”合作索菲亚峰会，波兰和立陶宛并未派出总理，而是分别派出了副总理和财长参会。波兰政界精英疑虑主要在两方面：其一是认为该机制未能给参与国带来令人满意的经济效果；[③] 其二是批评索菲亚峰会成为了中国的政策工具，认为中国希望能借此改善在中美贸易争端中的处境。

第二，波兰外交精英将中波地方政府合作视为夯实战略伙伴关系的切实路径。2013 年首届中波地方合作论坛举行，波兰总统科莫罗夫斯基表示这是拓展两国战略合作的契机，地方合作论坛这一良好形式将充实中波战略伙伴关系内涵；波兰副外长波米亚诺夫斯基在会上强调，波兰和中国的地方合作完全符合中波战略伙伴关系框架，将成为两国关系的新特征。[④] 法律与公正党上台后，地方合作仍然在战略伙伴关系发展中占据重要地位，波兰政治精英将之视为中波关系的一大支柱，指出在所有非欧洲国家中，中国是波兰地方政府最常选择的活动中心之一，由此体现波兰对中波关系的重视。[⑤] 波兰政界精英将地方政府合作视为充实战略伙伴关系的重要政策工具，这既是由于他们认为两国政治体制、社会文化差异明显，束缚着国家层面合作的切实推进；也是因为中欧商品铁路的连接使他们看到波兰与中国地方政府开展合作的前景，特别是在中国西部地区。

---

① “President meets China's PM and attends CEE-China economic summit”（http：//www. president. pl/en/news/art，69，president-meets-chinas-pm-and-attends-cee-china-economic-summit. html）.

② MFA Press Office，“Polish foreign minister meets Chinese ambassador”（https：//www. msz. gov. pl/en/p/msz_ en/news/polish_ foreign_ minister_ meets_ chinese_ ambassador）.

③ Justyna Szczudlik，“Perspektywy formatu Europa Środkowa—Chiny po szczycie w Sofii”（http：//www. pism. pl/publikacje/biuletyn/nr-91-1664）.

④ MFA Press Office，“Poland-China forum is occasion to tighten strategic cooperation”（https：//www. msz. gov. pl/en/p/msz_ en/news/poland_ china_ forum_ is_ occasion_ to_ tighten_ strategic_ cooperation）.

⑤ MFA Press Office，“4th Poland-China Regional Forum”（https：//www. msz. gov. pl/en/p/msz_ en/news/4th_ poland_ china_ regional_ forum）.

（二）波兰智库涉华报告

波兰国际事务研究所成立于1996年，每五年由波兰总理与外长磋商后任命其所长，由外交部监督该研究所并任命其顾问委员会。该研究所作为波兰官方的国际事务研究智库，为波兰发展对外关系资政谋策，并与波兰国内外的政治组织和学术研究机构建立了广泛联系。东方研究所成立于1990年，由波兰中央政府提供预算，其主要任务是对波兰周边国际环境中的重大事件及政治、社会、经济进程进行情报汇编并为波兰国家机构提供分析及前瞻性研究，也是波兰对外政策决策中的重要智库之一。波兰亚洲研究中心成立于2008年，是该国充实亚洲研究的主要智库，参与波兰媒体有关波兰与亚洲国家关系公开辩论，并向众多企业和政府提供咨询建议。因此，这三所智库的涉华研究不仅直接介入波兰对外政策的决策，而且具有影响公共舆论的能力。

表 III－2－1　　**波兰智库 2011—2018 年涉华报告数量**

年份	2011	2012	2013	2014	2015	2016	2017	2018
波兰国际事务研究所	6	13	8	10	9	11	18	24
波兰亚洲研究中心	26	26	48	30	59	28	22	13
东方研究所	12	7	7	7	11	9	6	12

资料来源：笔者整理。

2011年之前，波兰国际事务研究所并没有专门的涉华报告，关于中国的研讨会也寥寥无几；自2011年中波两国建立战略伙伴关系以后，该研究所对中国的关注提升，涉华报告及研讨会数量显著上升，反映了波兰智库希望迅速扩展与深化对中国的认识和理解。纵观这三所智库自2011年以来的涉华研究成果，波兰智库对中国政治的关注主要包括以下三方面：第一，高度重视分析中国对外政治关系和外交政策调整，主要为中国与世界主要大国和周边国家的关系，尤其是中波战略伙伴关系、“16＋1”合作、中美贸易争端、中俄合作与竞争以及中国和周边国家之间领土争端；在外交政策方面，关注“一带一路”倡议、“讲好中国故事”等外交举措的提出与实施。第二，波兰智库对中国的军事发展动向颇为敏感，包括中国军队建设、航母建造、基地设立以及军事演习。第三，密切关注中国内政动向，包括十九大、十九届四中全会等重要政治会议的召开及其影响，香港局势，国内反腐运动，等等。在中国经济方面，波兰智库积极了解国内经济发展方向，尤其是“十三五”规划等国家经济政策，分析中国经济改革前景与挑战，注重掌握能源行业动态。同时，又高度重视分析中国对外经济关系，广涉中国对外贸易政策与协定、人民币国际化、海外投资等议题，特别关注“一带一路”倡议下的中波经济合作，中国与俄罗斯之间的能源合作，以及中国在中亚、中东欧等地区的投资，从中探寻中波合作领域及波兰经济发展机会。

表 III-2-2　　**波兰国际事务研究所涉华报告关注点**（2011—2018）

<table>
<tr><th>涉华报告主题</th><th colspan="2">关注点</th><th>数量</th></tr>
<tr><td rowspan="7">中国对外政治</td><td>外交政策</td><td>大国外交政策、“一带一路”倡议、“讲好中国故事”“熊猫外交”</td><td>16</td></tr>
<tr><td rowspan="6">对外关系</td><td>美国（亚太地缘政治竞争）</td><td>5</td></tr>
<tr><td>欧盟（中欧峰会）</td><td>6</td></tr>
<tr><td>亚洲国家（南海争端、上合组织、周边政策、日本、印度）</td><td>11</td></tr>
<tr><td>中东欧国家（“16+1”合作、波兰、匈牙利）</td><td>12</td></tr>
<tr><td>其他国家与组织</td><td>6</td></tr>
<tr><td>国际热点（阿富汗问题、朝核问题、叙利亚危机、乌克兰事件）</td><td>6</td></tr>
<tr><td>中国对外经济</td><td></td><td>亚投行、人民币国际化、自贸区政策、中波经济合作、中欧双边投资协定、中国市场经济地位、中美贸易战</td><td>12</td></tr>
<tr><td rowspan="3">中国国内经济、政治与军事</td><td>经济</td><td>“十三五”规划、经济新常态、“走出去”战略、经济改革、能源行业</td><td>9</td></tr>
<tr><td>政治</td><td>十九大、十三届四中全会、香港、两岸关系</td><td>15</td></tr>
<tr><td>军事</td><td>军队改革</td><td>1</td></tr>
</table>

资料来源：波兰国际事务研究所（PISM）（http：//www. pism. pl/）。

表 III－2－3　　**波兰亚洲研究中心涉华报告关注点**（2011—2018）

涉华报告主题	关注点		数量
中国对外政治	外交政策	“一带一路”倡议、北极白皮书、应对国际地位变化	23
	对外关系	波兰（双边关系不对称性、“16＋1”）	19
		美国（亚太地缘政治竞争、元首互访）	13
		俄罗斯（乌克兰事件、中日俄关系、元首互访）	13
		亚洲国家（南海争端、日本、印度、朝鲜、东盟）	29
		其他国家与组织（欧盟、中东欧国家、英国、法国、金砖国家）	26
中国对外经济		海外投资与收购、人民币国际化、亚投行、中波贸易、能源政策、上海自贸区、中欧双边投资协定	51
中国国内经济、政治与军事	经济	“十三五”规划、经济增速放缓、劳动力成本上升、金融市场稳定性	36
	政治与社会	十八届三中全会、十九大、香港、社会政策	25
	军事	军队改革、国防预算、战斗机、航母、太空计划、军事基地	17

资料来源：波兰亚洲研究中心（CSPA）（http：//www. polska-azja. pl/tag/poland-asia-research-center/）。

表 III－2－4　　**波兰东方研究所涉华报告关注点**（2011—2018）

涉华报告主题	关注点		数量
中国对外政治	外交政策	“一带一路”倡议	5
	对外关系	俄罗斯（战略伙伴关系、地缘竞争）	10
		德国（政治合作关系）	5
		中东欧国家（“16＋1”合作）	6
		中亚国家（上合组织、土库曼斯坦）	11
		其他国家及组织	4
中国对外经济	海外投资	在俄罗斯、德国以及东欧地区的投资	12
	对外贸易	与中东欧国家贸易	5
	能源合作	与俄罗斯、中亚地区的能源合作	8
中国国内经济、军事	经济	中国经济改革、金融市场	4
	军事	中国军事战略	1

资料来源：波兰东方研究所（OSW）（https：//www. osw. waw. pl/）。

总体上，在政治与经济这两方面，波兰国际事务研究所和波兰亚洲中心都更加侧重观察中国政治，东方研究所则无偏重。因此，下文将聚焦政治方面，就“中国和中波关系”“中国主要对外关系”以及“重要政治议题”来阐述波兰智库涉华舆论的主要观点与立场。

1. 关于中国及中波关系的主要观点

在部分波兰智库涉华报告中，中国被描述为一个雄心勃勃的大国。[①] 可见，波兰智库总体上将中国视为一个试图改变全球秩序的崛起大国，从这一认知出发去理解、解释中国的对外政治、经济行为。在此基础上，部分智库学者提出了“中国威胁论”的观点，例如将中国对外投资描述为“扩张”；[②] 指责中国人涉足欧洲经济的敏感行业。[③]

在中波政治关系方面，波兰智库对中波“战略伙伴关系”既重视又存疑。一方面，认为战略伙伴关系的建立是双边关系发展顺利的重要认证；[④] 并且，开展高级别政治对话能够为经济合作提供支持。[⑤] 在战略伙伴关系建立之初，波兰智库认为应该加强与中国的合作，鉴于中国的经济活力以及对中东欧事务的积极参与，波兰有潜力成为中国在该地区活动的主要受益者之一。[⑥] 另一方面，部分智库报告认为“战略伙伴关系”是中国的政策工具。有报告指出，尽管 2011 年以来中波双边关系重新焕发活力，但同时也面临着重大挑战，两国对“战略伙伴关系”的不同理解会破坏真正的战略合作；目前，这种伙伴关系仍然只是一个象征，波兰一直

---

① “Debata PISM, Międzynarodowe Ambicje Wschodzaących Mocarstw” (http://www.pism.pl/wydarzenia/konfrencje/debata-PISM-Miedzynarodowe-ambicje-wschodzacych-mocarstw); Justyna Szczudlik: “Tell China's Stories Well: Implications for the Western Narrative” (http://www.pism.pl/Publikacje/PISM-Policy-Paper-no-169).

② M. Kamiński, “Zmagania Smoka Ze Słoniem—Inwestycyjna Rywalizacja Między Chinami I Indiami” (http://www.polska-azja.pl/m-kaminski-zmagania-smoka-ze-sloniem-inwestycyjna-rywalizacja-miedzy-chinami-i-indiami-czesc-5).

③ Konrad Popławski, “The Chinese in Germany's energy networks?” (https://www.osw.waw.pl/en/publikacje/analyses/2018-02-21/chinese-germanys-energy-networks).

④ “Seminarium Eksperckie, Wizyta Prezydenta Komorowskiego w Chinach” (http://www.pism.pl/wydarzenia/konferencje/seminarium-eksperckie-wizyta-Prezydenta-Komorowskiego-w-Chinach).

⑤ Justyna Szczudlik-Tatar, “Polityka Chin wobec Europy Środkowej i Wschodniej” (http://www.pism.pl/index/? id = ff82db7535530637af7f8a96284b3459).

⑥ Dariusz Kałan, “Chiny w polityce zagranicznej Weęgier” (http://www.pism.pl/files/? id_plik = 11022).

在等待这种“战略性”合作的切实成果。[①]

在中波合作机制方面，波兰智库认为近年两国在双边、次区域层面以及欧盟层面的合作制度化程度都在提高。在次区域层面，智库提出应继续深化“16+1”合作，参与这一合作框架有利于增强波兰对中国政策的理解，也能提高波兰在中国外交布局中的地位，将该框架视为加强中波合作的有效渠道。但部分专家对“16+1”合作的怀疑也在上升。在2017年布达佩斯峰会后，波兰专家还指出缺乏共同愿景是“16+1”合作所面临的最重要挑战之一。[②] 在双边层面，波兰智库认为仅依赖国家层面是不够的，两国地方政府建立联系才是深化合作最有效的途径，有利于摸准两国合作的潜力领域，波兰尤其应注重与中国西部地方政府的联系。[③]

2. 中国的主要对外关系

在中欧关系上，波兰智库学者注重分析中国和欧盟以及成员国两个层面的政治、经济关系，关注中国对欧投资以及中欧在规范领域的差异与冲突。波兰智库认为，中欧关系已变得越发重要和复杂，欧盟成员与中国经济相互依存加深，政治关系也已深入、成熟；在与中国打交道时，欧洲是分裂的、相互竞争的，缺乏对华政策的协调，同时中国与各国投资、贸易关系差异巨大，这使欧洲对中国在诸如给予市场经济地位以及贸易、投资谈判等问题上协调立场愈加复杂。在波兰智库看来，更好的中欧关系将为中波合作提供便利，例如减少欧盟对“16+1”合作的不信任，减少欧盟对“一带一路”倡议的疑虑，将有利于中波双边投资的开展。[④] 同时，智库学者指出许多欧洲国家在对华政策上面临着政治理念与经济利益之间的艰难选择，例如，他们认为中国与欧盟在外交政策、政治价值取向方面存在差异，中国在一些国际事务上的政策与欧盟价值观相冲突，欧盟及成员

---

① Justyna Szczudlik, “Zakończenie procesu zmiany władzy w Chinach” (http://www.pism.pl/files/?id_plik=13190).

② Antoni Jakubowski, “Refleksje o szczycie 16+1 w Budapeszcie” (http://www.polska-azja.pl/p-pendrakowska-refleksje-o-szczycie-161-w-budapeszcie/).

③ Adriana Skorupska, Justyna Szczudlik-Tatar, “Współpraca regionalna kluczem do strategicznego partnerstwa Polski i Chin” (http://www.pism.pl/files/?id_plik=18740).

④ Edited by Mikko Huotari, Miguel Otero-Iglesias, John Seaman and Alice Ekman, “Mapping Europe-China Relations A Bottom-Up Approach” (http://www.pism.pl).

应继续向中国施压以获取更大的承诺。[①]

在中美关系上，波兰智库精英密切关注亚太地区安全局势以及中美贸易，并分析对欧洲的影响。波兰智库学者指出，美国总统特朗普上台以后，中美出现紧张局势，中国在亚太地区安全、中美贸易以及两岸关系上都面临严峻挑战，地区冲突风险增加，中美长期对抗可能会给欧洲国家带来经济损失。[②] 同时，也将促使中国更多地向欧洲寻求支持，以共同维护多边主义和自由贸易。[③] 在中俄关系上，波兰智库学者认为俄罗斯与西方关系的冷却有利于加强其与中国的战略伙伴关系，两国的军事合作的重要性也显著提高。他们指出中俄战略伙伴关系对中国的经济和政治利益均具重要意义，天然气、石油供应合作使俄罗斯成了中国主要的能源供应国；同时，中国能够利用俄罗斯来平衡美国的影响力。在"克里米亚事件"中，他们认为中国采取了中立态度，并希望与俄罗斯和西方都保持良好的关系。[④]

3. 重要议题

在2016年，中波全面战略伙伴关系声明中，波兰重申坚持一个中国的政策。波兰智库长期追踪、热衷分析台湾岛内政治生态，提出利用ECFA等机制增加波兰的经济利益。[⑤] 在南海争端方面，波兰智库在南海仲裁案、南海作业等问题上对中国存有负面看法。在中国市场经济地位方面，波兰智库认为，承认中国市场经济地位会对欧盟的劳动力市场产生负面影响，波兰会遭受直接或间接的损失，而拒绝授予则会加剧中欧之间的政经关系矛盾。因此，他们提出波兰应该象征性地承认中国的经济地位，以此支持中国继续开展经济市场改革，同时根据欧盟委员会的建议，努力加强

---

① Marcin Przychodniak, "Recalibration of China's Policy towards WANA: Greater Political and Security Cooperation?" (http: //www. pism. pl/Publikacje/PISM-Policy-Paper-no-168).

② Artur Gradziuki, "Chińskie interesy we współpracy z Rosją" (http: //www. pism. pl/files/? id_plik = 17473).

③ Justyna Szczudlik, Damian Wnukowski, "Chiny wobec polityki handlowej USA" (http: //www. pism. pl/publikacje/biuletyn/nr-142-1715).

④ Justyna Szczudlik, "China's Ambivalence: The PRC's Position on the Events in Ukraine" (http: //www. pism. pl/publications/bulletin/no-32-627).

⑤ Justyna Szczudlik-Tatar, "The Unexploited Potential of Poland's Cooperation with Taiwan" (http: //www. pism. pl/files/? id_ plik = 14455).

其他保护欧盟市场的工具。[①]

二　波兰媒体的中国观

20 世纪 90 年代，波兰媒体基本上一边倒地对中国的政治制度和社会生活进行片面和歪曲的介绍和宣传。当时在波兰工作或生活的中国人很少，波兰社会对旅波华人也充满了偏见。随着中国综合国力的增长以及国际地位与影响力的提升，近年来，在波兰的主流媒体上时常可以看到关于中国的报道，包括中波文化交流、中国经济发展等方面的信息，反映出波兰社会各界对快速发展的中国抱有极大的兴趣。[②] 然而，直至2013 年，波兰智库学者仍然认为很多波兰人对中国不是很了解，信息主要来源于媒体，而有些报道是不真实和片面的。下文将主要围绕波兰通信社（PAP）、《共和国报》（*Rzeczpospolita*）《选举报》（*Gazeta Wyborcza*）以及 TVN24 的涉华报道，勾勒与分析波兰媒体报道中的中国形象。

（一）波兰媒体涉华报道量

根据新闻报道的接近原则，中国并非处于波兰媒体报道兴趣的前沿。在接近原则下，大众媒体首先会报道他们区域中的国家。因此，在波兰的国际新闻中，首先报道的是欧洲地区其他国家，然后是作为超级大国的美国和国际热点；在通常情况下，其他国家对波兰媒体的吸引力较低。因此，波兰媒体对中国各方面的报道从数量和重视程度上来看都略显不足。《共和国报》和《选举报》均为波兰发行量名列前茅的报纸，以 2018 年 9 月到 12 月为观察时间段，在这两份报纸网站搜索选出标题中含有“中国”（包括 Chiny、Chin 以及 Chińscy）的报道，发现《共和国报》有 76 篇，《选举报》有 57 篇，数量实为有限。[③] 当然，这一报道结构会被特别具有新闻价值的事件以及对双边关系有重大影响的事件所打破。例如，

---

① Damian Wnukowski，“Granting Market Economy Status to China：Implications for the EU and Poland”（http：//www. pism. pl/publications/bulletin/no-52-902）.

② 郭凯：《中国与波兰的文化外交》，载张利华主编《中欧文化外交及影响》，知识产权出版社 2014 年版，第 154 页。

③ 参见《共和国报》网站（https：//www. rp. pl），《选举报》网站（https：//www. gazetawyborcza. pl）。

2016 年 6 月习近平主席对波兰进行国事访问，引起了波兰媒体的极大关注，进行全面报道。在访问前夕，波兰媒体已开始预热报道。习近平主席 19 日开始访问，作为波兰主要报纸之一的《共和国报》17 日准备 20 个版面的加页进行报道。访问期间，该报每天进行跟踪报道，访问后还组织专家访谈，对访问成果进行分析评述。

（二）2011 年以来波兰涉华报道关注点及主导倾向

纵观 2011 年以来波兰媒体涉华新闻，中波领导人互访、中波贸易与投资、“16 + 1”合作峰会以及“一带一路”倡议是关注重点，关于西藏问题、南海争端以及两岸关系的报道也贯穿始终，历年关注重点随着中波关系发展而变迁。

2011 年底中波建立战略伙伴关系，波兰媒体该年涉华报道的关注点在经贸方面，尤为强调中波贸易逆差，迫切希望扩大对华出口。同时，也有报道评论，波兰与中国发展新的务实的关系意味着在人权等政治问题的妥协。2012 年经贸合作仍然是报道重点。该年，温家宝总理访问波兰并出席首次中国—中东欧国家领导人会晤和第二届经贸论坛。对此，波兰媒体积极看待这些中波关系发展所带来的经济机遇，主要关注增加对华出口与吸引中国投资；但也有负面声音。2013 年开始，“一带一路”倡议成为涉华报道的持续关注点。该年中国第一列火车抵达罗兹，波兰媒体看好该项目所带来的经济机遇；同时，波兰媒体还集中报道了中欧光伏争端、中国与欧盟竞争格林兰稀土金属，在这些问题上对中国评价负面；除此以外，中国国内反腐运动也引发了关注。2014 年，“一带一路”倡议仍然是波兰涉华报道的重点，媒体密切关注中波两国在此项目下的动态；该年，波兰媒体还注意到了波兰猪肉对中国的出口增长了 4 倍，波兰一直在寻求扩大对华肉类及农产品出口。

2015 年，法律与公正党上台后，波兰政府采取了更积极的对华政策，双边关系继续深化，涉华报道也逐步扩大、多样化。2015 年，波兰媒体围绕杜达总统访问中国并参加苏州“16 + 1”合作峰会展开了一系列报道，积极评价中波关系发展及“16 + 1”合作框架。相关报道的关注点主要在经济方面，例如波兰媒体将“16 + 1”合作峰会描述为经济论坛，将该合作框架报道为经贸团体，高度期待此次访问及论坛带来实际经济成效，包括吸引中国投资、扩大波兰对华农产品出口等。该年，在巴黎气候峰会的背景下，波兰媒体注重报道中国的气候政策以及国内空气污染状况，批评中国追求经济发展造成了严重的城市空气污染。

2016 年，习近平主席访问波兰，签署了 40 项贸易协定和双边协议；同时，第三届丝路国际论坛在华沙举办，引发波兰媒体高度重视，积极评价中国为波兰带来的发展机遇。同年，波兰媒体关注中国“十三五”规划的发布，相关报道中出现了质疑和唱衰的声音，而实际上在 2015 年波兰媒体关于中国经济增长放缓的讨论和批评就已明显增多，批评中国官方夸大数据，指责一旦出现问题将会影响世界其他地区的经济稳定。南海争端也是 2016 年波兰媒体的关注点，部分报道采取了反对中国的立场，将中国的诉求描述为无理要求。

2017 年，波兰总理访华，与中国签署了两份合作文件，媒体反响积极；该年，波兰媒体关注中美领导人会晤，评析两国在朝鲜问题和南海争端上的分歧，肯定中国在朝鲜核问题上支持谈判的立场，但认为一系列会晤缺乏实质的进展与成果。同时，波兰媒体愈加注意中国在欧洲的投资行为，部分报道指出让中国资金涉足欧洲国家敏感领域存在风险，同时批评中国有“扩张”之嫌。另外，波兰媒体持续关注中国气候政策，针对特朗普决定退出“巴黎气候协定”，相关报道一方面积极评价中国的表态，另一方面指出中国获得了树立负责任大国形象的良机。

2018 年，波兰媒体涉华报道基调负面。中美贸易争端是追踪报道的重点，从开始到贸易争端的缓和，陈述双方诉求、具体事态以及欧洲的态度，包括欧盟希望中国在世贸组织改革谈判中做出让步等。同时，相关报道指出中美紧张局势使世界面临着新冷战的威胁，认为这场战争没有赢家，担心该事件会对欧洲和波兰造成不利影响。同时，持续关注中国新疆职业技能培训中心，对中国治理现状做出了错误报道和极为负面的评价。针对华为事件，波兰媒体对中国持怀疑立场，报道称除了美国以外，还有不少国家担心华为的电信网络设备可能被用于间谍活动。在南海争端上，波兰媒体报道了英国军舰擅自进入西沙群岛领海以及韩国军舰未经许可擅自驶入中国西沙群岛周围 12 海里领海的事件，有些报道歪曲了事实。不过，波兰媒体对 2018 年的中国国际进口博览会（CIIE）进行了积极的报道，正面评价中国在开放市场方面的态度以及中波企业签订的近40亿美元的长期合同。

（三）波兰媒体中国观评述

就波兰涉华报道历年关注点及主导倾向来看，波兰媒体高度关注中波关系发展、“16+1”合作以及“一带一路”倡议，希望借助这些合作机制扩大波兰对华出口、吸引中国投资、获得地区交通枢纽位置，从而扩大波兰的经济利益；同时，也存在一些怀疑和批评的声音，诸如担心“16+1”合作对欧洲不利等。值得注意的是，在中国外交重大议题上，包括南海争端、西藏问题以及两岸关系，波兰媒体往往对中国持负面态度。

为了对波兰媒体涉华报道开展更细致的观察，下文选取《共和国报》和《选举报》2018年9月到12月的133篇涉华报道，开展进一步分析。通过梳理报道主题和评价倾向发现，波兰媒体侧重报道中国对外政治、经济关系，对国内情况关注相对较少，负面新闻占大多数，呈现出以下3个特征。

表Ⅲ-2-5　　2018年9—12月《共和国报》和《选举报》涉华报道议题与评价倾向

评价倾向	中国对外关系		中国国内情况				
	对外政治关系	对外经济关系	政治	经济	社会	科技	环境
积极（含中性）	8	24	3	3	5	4	0
消极	31	18	21	2	9	1	4

资料来源：笔者整理。

第一，在国际政治的大国视域下，塑造令人警惕的中国形象。在上述分析样本中，国际政治新闻占据了近三成，关注点包括中国外交动向及其影响、中美俄大国关系以及中国与邻国的领土纠纷。这些报道将中国描述为一个实力迅速上升的大国，但常常对中国的对外政治行为及其国际影响评价负面，具体表现为：首先，忌惮中国实力上升。波兰媒体关注中国军事实力发展，如对中国空军新型战斗机进行报道；同时，警惕中国影响力的增强，相关报道认为中国在亚太、非洲等地区的存在及影响在上升，在内容与措辞上防范中国的意味浓厚。其次，怀疑中国的政治意图。不少报道对中国的战略意图做出了负面揣测。例如，将中国宣布在南极建机场解读为中国意图重建并主导国际秩序的表现；在报道2018年10月中俄联合军演时将标题设定为“我们是否应该害怕俄罗斯更接近中国?”，凸显警惕心理。最后，消极看待中国的国际影响。波兰报纸将2018年底中美关系的紧张形势与“新冷战”一词联系起来，指责中美竞争对国际局势造成了不利影响；在其他国际事件的报道中也牵扯“中国威胁论”，例如将2018年底斯里兰卡的政治风波归咎于中国。总体上，对中国时下的国际影响持负面看法，尚未认同中国的积极作为与国际贡献。

第二，肯定中国的国际经济大国地位，关注波兰经济利益。在对外经济关系方面，对中国的评价以积极为主。一方面，港珠澳大桥正式开通等经济发展成就得到了正面报道，中国在各行业中的领先地位也被屡屡提及，例如中国在电动汽车领域影响日益扩大，比肩欧洲；另一方面，波媒认可中国在开放市场、促进多边合作方面的态度，例如关于2018中国国际进口博览会的多篇报道提及了习近平主席表示将加快教育、电信和文化领域的对外开放。尽管如此，波兰主流报纸对中国的对外贸易仍存在一些负面看法，这些观点大多是基于波兰及欧洲的经济利益而提出的，例如关于中国市场限制从波兰进口猪肉的报道。中美贸易争端是2018年波兰媒体涉华报道的追踪重点，相关报道称中美紧张局势使世界面临着新贸易冷战的威胁，将这场贸易战描述为“大象之间的战斗”，其主要担忧的是波兰和欧洲的经济利益会因贸易战而受损。

第三，对中国的国内事务具有较深的误判与偏见。波兰主流报纸对中国国内情况的报道是多维度的，涉及政治、经济、社会等多方面，将政治作为关注重点。相对于国际关系方面的报道，波兰媒体对中国国内情况缺乏稳定的、一以贯之的理解，对中国的社情描述具有碎片化特征，常常选择在中国媒体上也饱受争议的事件进行报道，消极评价居多。

纵观2011年以来波媒涉华新闻，以中波政治往来、贸易与投资，“16+1”合作峰会以及“一带一路”倡议为关注重点，关于南海争端的报道贯穿始终。随着中波双边关系的发展，波兰媒体涉华报道的框架日益多元化、内容逐渐丰富，在科技、体育、文化、经济等领域以事实陈述为主的中性基调报道有所增多。尽管如此，波兰媒体对中国外交、对外贸易以及社会现象的报道常常只转引西方媒体的言论，对中国的描述时常具有不实、片面的特征。就 2018 年的分析样本来看，波兰媒体高度关注中国的对外政经关系和国内政治，怀疑与批评的声音不断，诸如质疑中国外交的政治意图、担忧中国实力上升等，尤其是在南海争端、两岸关系等政治重大议题上往往持负面态度；同时，由于缺乏对中国社会的理解，波媒的涉华报道时常是分裂的、矛盾的，表现为在报道国际政经关系时塑造了一个现代化的中国形象，而在描述中国社会时，仍然具有看待跨文化社会的猎奇倾向，抱有较深的社情误判和价值观偏见。

三　波兰公众对中国的认知和评价

随着中国逐渐成为全球性的力量，应对外国公众舆论在对外交往中的分量也日渐加重。当前，影响外国公众对中国的认知和评价，塑造受欢迎的国家形象，已经成了中国外交所面临的重大挑战之一。深入分析波兰公众对华态度，探寻哪些因素影响他们对中国认知和评价，有助于分析中波两国在“一带一路”倡议下的合作前景。

（一）对中国整体认知的趋势分析

对中国的好感度在一定程度上决定着人们对华态度的基调，此部分将基于波兰公众对中国的好感情况来考察他们对中国的整体认知。下文将根据皮尤研究中心关于欧洲国家公众对中国好感的数据，分析近年来波兰公众对华认知的基本趋势。①

① 2002—2018 年，皮尤研究中心就“你对中国的态度是很有好感、比较有好感、比较负面还是非常负面?”这个问题进行了调查。2002 年的首次调查中并未涉及欧洲国家，2003 年、2004 年调查暂时中止，2005 年开始对包含英、法、德在内的欧洲国家进行调查。跨大西洋趋势从 2003 年开始在欧洲国家中进行对中国的好感度调查。2003 年到 2008 年的调查中，受访者被要求用数字 0—100 来表示他们对中国的感受，100 表示非常有好感，0 表示感受非常负面；随着数字的减小，所表示的好感度逐渐下降。2009 年、2010 年调查暂时中止。2011 年重新开始调查，采用了与皮尤研究中心相似的提问方式和衡量指标，目前公布的数据截至 2013 年。参见皮尤研究中心（http：//www. pewglobal. org/database/indicator/24/）。

表 III-2-6　　欧洲五国公众对中国的好感情况（2005—2018）　　（单位:%）

国家＼年份	2005	2006	2007	2008	2009	2010	2011	2012	2013	2014	2015	2016	2017	2018
英国	65	65	49	47	52	46	59	49	48	47	50	33	45	49
波兰	37	—	39	33	43	46	51	50	43	32	40	37	42	36
法国	58	60	47	28	41	41	51	40	42	47	50	33	44	41
西班牙	57	45	39	31	40	47	55	49	48	39	41	28	43	42
德国	46	56	34	26	29	30	34	29	28	28	34	28	34	39

注：表中数据为对中国具有好感群体的占比，包括“很有好感”“较有好感”。

资料来源：皮尤研究中心全球态度项目。

据这组数据显示，德国、英国、法国、西班牙、波兰在 2005—2018 年对中国的好感度呈现出以下特征：第一，各国对中国的好感度不高；大多数国家对华好感总体呈现出下降趋势。英国（2005 年、2006 年）、法国（2006 年）对中国具有好感的人曾达到 60% 及以上；但各国在大多数年份中的数据都低于 50%；各国 2018 年对中国具有好感的人所占的比重都低于 2005 年。

第二，各国对中国具有好感的群体占比保持稳定的排序。具体而言，五国中对中国具有好感的人占比最高的是英国，最低的是德国，波兰的情况与法国、西班牙相近，这种格局在十三年间保持了基本的稳定。

第三，各国对于中国的好感度随着国际形势的发展、国际事件的发生表现出了较强的敏感性和相似的反应。2005—2017 年，西班牙、英国、波兰、法国、德国对中国具有好感的群体占比呈现出基本一致的变化趋势，在重大国际事件发生时出现相似的重要变化。根据好感增减趋势，可以区分出几个阶段，这一区分与中欧关系形势变化部分吻合。具体情况如下：（1）2006—2008 年，各国公众对中国好感度都呈现出显著的、持续的下降，2008 年是这三年的最低点。2003 年，欧盟对中国看法出现微妙的变化，其发表的对华政策文件“走向成熟的伙伴关系——欧中关系共同利益和挑战”认为中国已经到了应该发挥建设性作用的阶段，经贸关系不再是中欧关系的唯一重点；2005 年以后，欧盟开始越发频繁指责中国的外交活动；2006 年对华政策文件质疑中欧人权对话，反思接触政策；2008 年，中欧关系出现严重波折。在这个阶段，波兰稍显特殊，但仍可以看到 2006—2008 年好感下降的趋势。（2）2009—2011 年，各国对华好感稳步上升。此时，中国在国际金融危机中积极参与国际合作，沉着有力应对危机，展现出对全球金融稳定的重要意义。（3）2011—2012 年，各国对中国好感再次呈现下降趋势，这与中欧在贸易和投资、气候变化、对非援助等议题上的摩擦相吻合。（4）2013—2015 年，五国公众对华态度呈现出更多差异性，英国对中国具有好感的公众占比持续下降；波兰和德国 2012—2014 年保持了稳定低水平，2015 年有所提升。值得注意的是，波兰公众对华的好感在 2014 年下降到了比 2008 年更低的水平。（5）2016—2018 年，中国与周边国家领土争端引发关注的背景下，2016 年五国公众的好感度再次下降；随后在 2017 年回升，这一年特朗普正式成为美国第 45 任总统；2018 年，随着中美贸易战的展开，五国公众对华态势呈现出复杂的变化态势。

综上所述，波兰、英国、德国、法国、西班牙公众对华态度既有稳定性又有变动性，反映了长期因素和短期因素的交错作用。稳定性在于五国中对中国好感度总体不高，这种稳定性反映出了经贸关系摩擦、人权问题等认知差异、各国政治特征等影响欧洲国家对华认知长期因素的作用。变动性在于各国对中国的好感度随着国际形势的变化所产生的变动，整体呈现下降趋势，变动性的背后既有长期因素的塑造作用，又有公众对国际事件等短期刺激的回应。

（二）对中国实力的评价：经济、安全领域

波兰在经济上将中国视为发展机遇，在政治上对中国进行批评，安全上对中国的军事实力感到忧虑，介于对抗和合作之间。以波兰和捷克为代表的中东欧国家与中国政治关系基础相对薄弱，因意识形态和政治制度的差别，有意与中国拉开距离。波兰上述发展对华关系的倾向在公众态度上也有所体现。

1. 经济领域

2017 年中国—东欧研究院发布的《中东欧国家如何看待中国的发展——基于中东欧居民的问卷调查报告》，涉及波兰民众对中国经济与

经贸关系发展的看法。[①] 对于近两年中国经济发展的评价，波兰民众认为中国的经济发展是比较快的（+38），但略低于中东欧国家的平均水平（+41）。[②]这一评价在16个中东欧受访国家中排名第九。[③] 在波兰国内，生活在大城市的人比其他城镇和乡村地区的居民更倾向于肯定中国经济发展速度，受教育水平较高的群体比其他群体更能清晰地认识到中国经济的快速发展。

表III-2-7　**中国是世界经济领导力量**（2005—2017）　（单位：%）

国家＼年份	2008	2009	2010	2011	2012	2013	2014	2015	2017
英国	28	34	44	47	58	53	49	43	46
波兰	15	18	27	30	35	39	26	25	37
法国	31	35	47	47	57	53	51	49	47
德国	30	28	51	48	62	59	49	39	41

资料来源：皮尤研究中心全球态度项目（Global Attitudes Project）。

在世界经济影响力方面，2008—2012年，波兰、英国、法国和德国认为“中国是世界经济领导力量”的公众占比总体呈现上升趋势，反映出四国公众对中国在全球经济复苏中重要作用的认识；此后，在各国逐渐走出经济困局后，2013年前后又逐渐下降。值得注意的是，波兰对中国的信心明显低于其他三国，认为中、美之间经济影响力存在差距。

① 中国—中东欧研究院在2017年9—10月通过与匈牙利经济研究院（GKI）合作，委托欧洲知名民调机构对中东欧地区16个国家的家庭进行了调查，其中包括了波兰，每个国家样本为1000份，询问了以下5个问题：1. 你如何评价中国近两年的经济发展？2. 中国近5年在世界上的重要性有没有发生变化？3. 你认为中国与你的国家之间关系如何？4. 你听说过中国与中东欧国家合作（“16+1”）吗？5. 你对旨在加强中国与你的国家之间贸易和经济关系的“一带一路”倡议在未来5年所产生的影响如何看待？5个问题的调查结果将逐一涉及，参见中国—中东欧研究院（https：//china-cee. eu）。

② 在-100（非常慢）到+100（非常快）这个区间中做出评价。

③ 这一调查所涉及的16个中东欧国家，分别为：波兰、匈牙利、保加利亚、克罗地亚、塞尔维亚、阿尔巴尼亚、马其顿、黑山、波黑、斯洛伐克、罗马尼亚、捷克、斯洛文尼亚、立陶宛、爱沙尼亚和拉脱维亚。

2. 安全领域

欧洲过去对亚太地区的安全事务并不关心，其亚洲政策以经济利益为关注点。但是，随着近年来中国综合国力的大幅提升，中日钓鱼岛争端和南海问题的升温，以德国为代表，欧盟主要成员国的亚太战略正在转向“新接触主义”，转变为积极寻求在亚太政治安全事务中发挥作用，避免中国的崛起造成亚太安全结构失衡，进而引发冲突，从亚太安全视角重新审视和主动塑造中国的对外行为。尽管如此，对于地处中东欧的波兰而言，安全事务的关注重点仍然在本地区，这在公众态度上也有所体现。与英国、法国、德国三国公众相比，波兰公众对俄罗斯与邻国的关系紧张程度关注度较高，而对中国与邻国的领土纠纷的重视程度相对较低。

表Ⅲ-2-8　　**欧洲四国公众所关注的国际事务（2015）**　　单位：%

		非常关注	比较关注	不太关注	不关注
俄罗斯与邻国关系紧张程度	英国	41	39	12	5
	法国	41	38	10	11
	波兰	45	40	11	2
	德国	40	41	13	5
中国与邻国的领土纷争	英国	16	41	25	9
	法国	16	41	23	20
	波兰	11	38	31	12
	德国	17	35	30	9

资料来源：2015年皮尤研究中心全球态度项目（Global Attitudes Project）。

（三）关于中国国际影响的观点

1. 中国的国际地位

2017年中国—中东欧研究院的调查显示，波兰公众认为中国近5年在世界上的重要性有所提升（+34），但是低于受调查的中东欧国家平均水平（+43）；[1] 当被问及是否听说过中国与中东欧国家合作（“16+1”

① 在-100（有所下降）到+100（大幅提升）这个区间中做出评价。

合作）时，大多数波兰受访者（71%）表示听说过，并且其中大部分人或多或少知道细节。[①] 对于中、美两国国际地位的比较，波兰认为中国会取代美国成为超级大国的公众占比低于英国、法国和德国。在某种意义上，波兰对中国综合国力、国际地位及影响力的评价低于不少欧洲国家，并且不“看好”中国未来的潜力。

表 III－2－9　**中国是否会取代美国成为领导世界的超级大国**（2014—2015）

单位：%

国家	2014				2015			
	未来取代	已经取代	不会取代	不知道	未来取代	已经取代	不会取代	不知道
法国	46.2	17.1	36.1	0.3	48.3	18.9	32.4	0.5
波兰	25.6	21.3	30.0	22.1	29.1	17.7	34.3	18.6
德国	52.4	12.4	30.8	3.7	51.4	10.7	34.5	2.5
英国	52.7	8.4	30.5	7.9	48.4	10.9	34.0	6.2

资料来源：皮尤研究中心全球态度项目（Global Attitudes Project）。

2. 中国是否构成威胁

皮尤研究中心、跨大西洋趋势、哈里斯民意测验都围绕“中国是否构成威胁”这一主题进行了调查，涉及军事、经济两方面。在军事方面，皮尤研究中心在 2007 年、2008 年、2010 年、2011 年、2013 年调查发现，在波兰、英国、法国、德国、西班牙等欧洲国家中，只有一成左右公众认为中国军事实力的增长对本国而言是好事。[②] 不过，这并不等同于大多数人将中国视为“军事威胁”。跨大西洋趋势在 2007 年、2012 年、2013 年调查发现，欧洲十二国中将中国视为军事威胁的人占比都在 45% 以下；在这些国家中，波兰公众对中国的看法相对负面。[③]

① 参见：https：//china-cee. eu。

② 原题为“Overall, do you think that China's growing military power is a good thing or a bad thing for our country?”。

③ 参见：http：//trends. gmfus. org/archives/transatlantic-trends/。

表 III－2－10 中国在经济、军事方面更多地代表威胁还是机会？ （单位：%）

	2007		2011		2012		2013	
	经济	军事	经济	军事	经济	军事	经济	军事
保加利亚	30	13	27	—	27	14	—	—
法国	57	37	56	—	65	44	65	40
德国	51	36	36	—	40	40	43	41
意大利	55	32	47	—	47	35	50	31
荷兰	30	23	22	—	23	27	27	30
波兰	54	44	48	—	43	38	47	41
葡萄牙	55	29	54	—	54	41	56	40
罗马尼亚	22	19	23	—	25	22	29	20
瑞典	—	—	24	—	27	42	27	38
斯洛伐克	40	30	37	—	43	28	48	34
西班牙	59	31	47	—	51	41	56	37
英国	40	36	34	—	36	44	33	39

注：1. 表中统计的是“代表威胁”的百分比；2. 2011 年未就“中国在军事方面更多地代表威胁还是机会”进行调查，2007 年未调查瑞典，2013 年未调查保加利亚。

资料来源：跨大西洋趋势（2007、2011、2012、2013）。

经济方面，欧洲各国对中国更多地代表机会还是威胁看法各异。2007 年，受调查国家中六国超过一半的公众认为中国在经济上代表着威胁，其中波兰有 54% 公众持此种观点。2011 年仅两国有过半的人这么看，波兰占比下降到 48%。2012 年，三国有半数以上的公众对中国经济持此种负面观点，而波兰公众对中国经济的看法继续改善。2013 年，有四国选择“更多地代表威胁”占据一半以上。由此而言，2011—2013 年对中国持负面看法的欧洲国家数量逐渐增加，但仍少于 2007 年；其中，波兰持负面态度的人有所减少。

从皮尤研究中心的调查数据来看，对波兰公众而言，在谈及中国所构成的威胁时，他们在经济方面的担忧比军事更突出。2006 年跨大西洋趋势揭示了不同的现象，比较经济和军事两方面，大多数欧洲国家更多的人对中国不断增长的经济感到担心；然而，当时波兰认为中国是“军事威胁”的公众占比高于“经济威胁”和“不是威胁”群体。综上所述，在中国的经济实力和军事实力是否构成威胁这个问题上，欧洲各国情况各异，持负面看法的所占比重从30%左右到60%左右不等；将经济与军事相比较，中国更多地被认为是经济威胁。然而，与其他欧洲国家相比，波兰有较多的公众同样担心中国在军事方面的威胁。可见，伴随着中国经济、军事实力的发展，如何淡化国家形象的威胁性，是中国对波兰公共外交所需要解决的重要问题。

表 III－2－11 **中国是经济威胁还是军事威胁**（2006） 单位：%

国家＼答案	经济威胁	军事威胁	不是威胁	两者都有	无回答
保加利亚	23	19	32	10	15
法国	53	16	27	2	1
德国	38	28	25	7	2
意大利	51	11	22	14	1
荷兰	25	22	45	4	4
波兰	28	32	19	12	10
葡萄牙	52	16	19	7	6
罗马尼亚	16	20	40	6	18
斯洛伐克	15	26	28	20	10
西班牙	39	22	30	7	3
英国	28	27	34	4	7

注：1. 表中统计的是“代表威胁”的百分比；2. 2011 年未就“中国在军事方面更多地代表威胁还是机会”进行调查，2007 年未调查瑞典，2013 年未调查保加利亚。

资料来源：跨大西洋趋势（2007、2011、2012、2013）。

（四）态度影响因素分析

如前所述，波兰公众对中国的好感不高，并随着中欧关系变迁而发生波动。经济方面，波兰公众认可中国近年的经济发展水平，但认可度在中东欧国家中并不高；同时，相对于其他欧洲国家，波兰公众对中国在世界经济中的重要性的评价并不高，他们更倾向于将美国视为世界经济的领导力量。在国际地位方面，波兰公众认为中国近年在世界上有所提升，但与其他欧洲国家相比，波兰公众并不“看好”中国，认为中国与美国存在差距，当下与未来都无法取代美国成为超级大国。另外，波兰公众对中国的经济、军事实力增长都存在担忧，对中国在对外政治、经济关系上的信任度不高，中国的外交表现与国际贡献认可度较低。

这些态度的成因是多层次、多维度的，既有政治经济方面的，又有历史文化方面的；既有波兰国内政治因素，也有国际环境因素，是波兰所面对的国际事务与自身境遇综合作用的结果。第一，波兰特殊的历史经历，以及与中国政治体制、意识形态方面存在差异，限制波兰公众对华积极态度的增加；第二，当前在外交政策上将加强同美国合作、扮演稳定的跨大西洋秩序中可靠盟友作为优先方向之一，使得波兰公众倾向于认为中国在世界政治、经济中的重要性低于美国。第三，中波双方的文化合作基本停留在官方合作的层面，大部分的文化活动都是由政府主导的，双方的民间交流活动和项目寥寥无几，波兰公众了解中国的渠道有限。2007 年国际在线（CRI）俄东地区广播中心调查发现，几乎所有（97%）波兰被调查对象都表示出对中国的兴趣和了解中国的愿望，并且对中国相关的音乐、体育和文化类节目表现出很大兴趣；但他们了解中国的渠道受限，61% 的受访者表示通过波兰媒体了解中国，11% 通过中国媒体，28% 通过其他外国媒体，不难看出，仅少数波兰受众通过中国媒体了解中国，因此很难真正准确、及时地了解到中国的发展以及同中国有关的事件。①

第二节　波兰的“一带一路”舆情

2013 年“一带一路”倡议提出以后，波兰积极响应，并希望凭借地理优势发挥战略作用。2015 年波兰总统杜达访华期间，中波两国就“一带一路”倡议下的全面合作进行了深入会谈，两国签署了关于共同推进“一带一路”倡议的谅解备忘录。当前，波兰已成为“一带一路”倡议的支点国家，但该倡议能否在波兰深入落实仍然受制于其国内各群体的态

① 殷相峰等：《“国际在线”波兰文网站和对波无线广播定位与发展策略》，载林少文主编《新媒体时代对俄罗斯东欧传播研究》，辽宁人民出版社 2008 年版，第 132—134 页。

度。因此，本节将就波兰政界精英、智库学者、媒体以及公众对“一带一路”倡议的认知与评价展开分析。

一　波兰政界精英对“一带一路”倡议的态度

近年来，“一带一路”倡议受到了波兰政界精英的极大重视，波兰总统杜达也曾明确谈到，“一带一路”倡议涉及中欧交通走廊的建设，波兰可借地理位置优势发挥重要作用，这是一个巨大的机遇；而波兰申请加入亚洲基础设施投资银行（AIIB）正是迈向“一带一路”倡议的决定性举措。① 2015 年他在参加“16 +1”合作苏州峰会时还表示，“一带一路”倡议将为中国和中东欧国家带来诸多益处。2016 年，习近平主席对波兰进行国事访问期间，波兰总统助理克里斯托弗表示，在“一带一路”倡议上波兰希望能够成为中国在中欧的关键合作伙伴。② 波兰政界精英期望波兰积极响应“一带一路”倡议主要受到经济利益、外交诉求两重动力推动。

第一，波兰政界精英认为“一带一路”倡议会促进基础设施建设，推动地区互联互通，这既有利于缩小波兰国内地区发展差距，也能给国际经济的发展带来机遇。波兰希望成为中国投资欧洲的桥梁，发挥好它联结德国和俄罗斯的中间带作用；波兰也希望通过“一带一路”建设向中国出口农产品，通过成都—罗兹和华沙—苏州之间的联通加强与中国的对接。2015 年，波外长谢蒂纳在北京参加中波政府间合作委员会会议期间，他指出中欧和东欧国家通过参与中国的“一带一路”倡议将获得潜在的利益。③ 2016 年波外长谈及中波两国合作的区域和全球性举措，如“一带一路”和亚投行，可以为波兰带来可衡量的利益。④ 同年，他还指出促进

① PAP, “We hope for more Chinese enterprise”（http://www.president.pl/en/news/art, 68, we-hope-for-more-chinese-enterprise.html）.

② “Chinese leader pays official visit to Poland”（http://www.president.pl/en/news/art, 189, chinese-leader-pays-official-visit-to-poland.html）.

③ MFA Press Office, “6th meeting of national coordinators of Central and Eastern Europe-China in 16 +1 format”（https://www.msz.gov.pl/en/p/msz_ en/news/6th_ meeting_ of_ national_ coordinators_ of_ central_ and_ eastern_ europe_ china_ in_ 16_ 1_ format）.

④ Witolda Waszczykowskiego, “Minister Witold Waszczykowski o priorytetach polskiej dyplomacji”（https://mfa.gov.pl/pl/aktualnosci/wiadomosci/minister_ witold_ waszczykowski_ o_ priorytetach_ polskiej_ dyplomacji）.

两国之间的人员和货物流动是“一带一路”倡议的题中之义。① 2017 年，波兰副外长马加罗夫斯基表示，互联互通是“一带一路”倡议最具吸引力的内容之一，主张建立更好的运输通道，促进中波贸易，提出波兰应成为中欧之间商品和服务流动的主要中心。②

第二，波兰政界精英认为参与“一带一路”倡议，能够充实中波战略伙伴关系，为此注入强劲动力、增添实质内容；由此，波兰非常希望借助中国的影响力，提高在中东欧乃至国际事务上的话语权。2014 年，波兰副外长卡茨佩尔契克表示，中波关系已经上升到战略伙伴高度，“一带一路”倡议下欧亚交通的发展可帮助实现这一伙伴关系；罗兹可成为中国—中东区域合作的枢纽与中心，发挥重要作用。③ 波兰外交部亚太司司长科沃杰伊斯基也表示，中波在“一带一路”倡议下合作可以使两国从全球视角看问题。

在积极响应中国“一带一路”相关项目的基础上，波兰政界精英还就“一带一路”倡议提出了自己的愿景和构想，期望能够加强中欧联通，深化中波经济合作。波兰外长瓦什奇科夫斯基在 2016 年访华时，提出了“陆海丝绸之路”（Land and Sea Silk Road）新构想，希望建立一个将中国与欧盟国家连接起来的运输走廊网络，包括建设或升级铁路和公路运输基础设施，包括高速铁路、公路、内河港口、海港和机场，以及发展油气管道和电信基础设施。④ 同时，波兰政界精英还提出，在参与“一带一路”倡议时应注重与整个欧盟的协调合作，波兰总理和外长都曾强调此观点。

---

① MFA Press Office，“Chief of Polish diplomacy meets with Chinese parliamentary delegation”（https：//www. msz. gov. pl/en/p/msz_ en/news/chief_ of_ polish_ diplomacy_ meets_ with_ chinese_ parliamentary_ delegation）.

② MFA Press Office，“Deputy Minister Marek Magierowski opens international conference devoted to Belt and Road，and cooperation with China”（https：//www. msz. gov. pl/en/p/msz_ en/news/deputy_ minister_ marek_ magierowski_ opens_ international_ conference_ devoted_ to_ belt_ and_ road_ _ and_ cooperation_ with_ china）.

③ MFA Press Office，“Lodz hosts talks on economic cooperation with China”（https：//www. msz. gov. pl/en/p/msz_ en/news/lodz_ hosts_ talks_ on_ economic_ cooperation_ with_ china）.

④ PAP，“Minister Witold Waszczykowski in Beijing：President Xi Jinping to visit Poland，Prime Minister Szydło invited to China”（https：//www. msz. gov. pl/en/p/msz_ en/news/minister_ witold_ waszczykowski_ in_ beijing_ _ president_ xi_ jinping_ to_ visit_ poland_ _ prime_ minister_ szydlo_ invited_ to_ china）.

值得注意的是，波兰政界精英内部对“一带一路”倡议的态度并不一致，除了积极响应，也存在质疑和批评。在法律与公正党政府中，这种态度分歧明显存在于总统、外交部与国防部之间。杜达总统希望能够为中波两国在“一带一路”倡议下的经贸合作创造更多的有利条件，包括公路、海路连接等，外交部致力于推动两国密切的政治关系转化为经济合作；而据波兰媒体报道，隶属于国防部的机构搁置了成都和罗兹合作建立集散中心的招标，国防部部长安东尼·马切莱维奇在议会辩论中否认有意阻挠波兰参与“一带一路”合作，但他在接受加拿大媒体采访时却表示，罗兹转运中心只是报道故事，没有实际意义。① 还有波兰媒体指出，此前马切莱维奇以安全考虑为由否决了欧洲空客公司在罗兹建立大型直升机生产基地的项目，意在和时任波兰副总理兼发展部部长莫拉维茨基唱反调，因为该项目由发展部的补偿部门负责，但在商谈这个项目过程中，这一部门被划归到了国防部。② 由此可见，波兰政界精英本身之间的纷争影响了对“一带一路”倡议的立场。

二 波兰智库对“一带一路”的认知与评价

自中国提出“一带一路”倡议以后，受到波兰智库高度关注，涉华报告多次分析与评论，对“一带一路”倡议的看法主要由以下三方面构成。

（一）“一带一路”倡议与波兰的利益

在“一带一路”倡议与波兰利益方面，波兰智库学者之间存在分歧。大多数专家对中国“一带一路”倡议寄予厚望，积极寻求在“一带一路”基础设施项目上发挥积极作用，加强与中国西部地区合作，希望能够以此带动波兰经济。他们认为“一带一路”倡议的提出是中欧铁路运输市场发展的转折点，波兰在竞争中欧铁路贸易物流中心方面极具优势。③ 同

① Marcin Kaczmarczyk, “Nowy Jedwabny Szlak. Macierewicz widzi w chińskim projekcie spisek” (https: //www. newsweek. pl/polska/duda-sciska-sie-z-xi-i-wspiera-nowy-jedwabny-szlak-macierewicz-widzi-spisek/pygt498) .

② 刘作奎：《欧洲与“一带一路”倡议：回应与风险（2017）》，中国社会科学出版社 2017 年版，第 94—97 页。

③ Jakub Jakóbowski, Konrad Popławski, Marcin Kaczmarski, “The Silk Railroad. The EU-China rail connections: background, actors, interests” (https: //www. osw. waw. pl/sites/default/files/studies_ 72_ silk-railroad_ net. pdf) .

时，在“一带一路”倡议下，中国对中东欧地区外交投入增加，这对波兰是一个机遇，中波关系重新焕发活力，升级为“战略伙伴关系”，为加强经济合作提供了保障；货运铁路连接推动了中波经济合作，波兰需要更重视与中国某些地区和省份的合作，甘肃省兰州新区可以成为波兰在中国西部的经济桥头堡，甚至是波兰“走向中国”的战略跳板。① 波兰智库进一步指出，中国西部省份是新丝绸之路的开端，该地区的西欧公司渗透率较低，经济增长前景良好，波兰地方政府应加大与该地区的合作。

然而，波兰部分智库学者强调，“一带一路”倡议是中国基于本国利益而提出的，对其互惠性提出了质疑。有波兰智库学者认为，中国开展“一带一路”建设具有明显的经济意图，主要在于中国自身市场饱和后需要寻找海外盈余途径，同时需要新技术使其生产和服务达到更高水平。② 中国的倡议和行动纯粹基于本国考量，并未顾及波兰的利益，面对波兰实际经济获益程度有限的问题，例如罗茨—成都和华沙—苏州铁路货运路线主要用于从中国进口产品，中方没有提出对波兰有利的具体解决方案。③

(二)“一带一路”倡议与中国外交

波兰智库对“一带一路”倡议的政治意义进行了不少解读，认为其兼具内政和外交双重政策工具的作用。尤其是在外交方面，波兰智库认为“一带一路”倡议的提出表明中国正在加强欧亚大陆的外交存在，这体现了中国全球影响力优势，也是对美国向亚太地区转移的回应。

一方面，波兰智库的涉华报告认为“一带一路”倡议为中国提供了积极参与地缘政治竞争的方式。“一带一路”倡议对很多国家富有吸引力，中国以此取代了过去构建的“和平力量”形象；通过实施该倡议，中国能够获取一定的地缘政治优势，有效地加强全球地位。④

---

① Justyna Szczudlik-Tatar, “China's New Silk Road Diplomacy” (http://www.pism.pl/files/?id_plik=15818).

② Justyna Szczudlik, “Relacje Chiny—Unia Europejska: perspektywy po szczycie” (http://www.pism.pl/files/?id_plik=22142).

③ “Mapping Europe-China Relations. A Bottom-Up Approach” (http://www.pism.pl/Wiecej-o-naszej-dzialalnosci/Mapping-Europe-China-Relations-A-Bottom-Up-Approach).

④ Paweł Behrendt, “Morski Jedwabny Szlak The Maritime Silk Road” (http://www.polska-azja.pl/analiza-cspa-13-morski-jedwabny-szlak/)。

另一方面，波兰智库认为“一带一路”倡议将成为中国逐步改变全球秩序的外交政策工具，中国试图通过“一带一路”倡议将自身塑造成为一个“温和的”超级大国，从长远来看，这一愿景将成为中国改变全球秩序的基础，构成美国主导国际秩序以外的一个选择。① 波兰智库进而提出波兰的战略选择，指出中国以恢复超级大国地位为战略目标，试图通过“一带一路”倡议等包容性概念在全世界传播中国叙事。对此，包括波兰在内的欧洲国家应该保持开放的态度，参与到与中国的合作中，做出最有利的选择。②

（三）“一带一路”倡议与欧洲

欧洲是“一带一路”倡议两条主要经济走廊的最终目的地。波兰智库认为，中国在与欧洲开展合作时，最初是为了免受欧盟规则的束缚，而试图在成员国层面达到预期效果，因此明确区分了成员国和欧盟机构在“一带一路”倡议中的作用；欧盟对此感到担忧，批评中国对欧盟采取工具化态度；此后，欧盟主动寻求参与“一带一路”倡议，主要出于以下考虑：中国提出该倡议旨在推动其国内经济改革，这是一个包罗万象的项目，欧盟期望能够监管相关举措的政治和战略意图；欧盟希望能够推动相关合作在公平透明的基础上开展。③ 波兰智库学者还指出，从2017年的“一带一路”国际合作高峰论坛来看，欧洲国家对“一带一路”的怀疑在上升，欧盟委员会宣布对与项目相关的投资流程透明度存在疑问，但其深层原因在于许多发达国家的内部危机。④

三 波兰媒体及公众关于“一带一路”倡议的主要观点

2013年“一带一路”倡议提出后，就成了波兰媒体涉华报道的长期关注点。随着中波关系深化发展以及相关合作开展，波兰媒体对

① 茅银辉：《波兰对外关系的变化及中波关系的机遇与挑战》，《现代国际关系》2016年第6期。

② Justyna Szczudlik, “Towards a ‘New Era’ in China’s Great Power Diplomacy” (http://www.pism.pl/Publikacje/PISM-Policy-Paper-no-161).

③ Michal Makocki, “The EU Level: ‘Belt and Road’ Initiative Slowly Coming to Terms with the EU Rules-based Approach”, *Europe and China's New Silk Roads*, 2016.

④ A. Bachulska, “Forum Pasa i Szlaku w kontekście międzynarodowym” (http://www.polska-azja.pl/analiza-cspa-12-forum-pasa-i-szlaku-w-kontekscie-miedzynarodowym/).

“一带一路”的关注度在逐步增加，并往往在报道中使用“新丝绸之路”来指代“一带一路”，反映出其认识程度的局限性。相对于政界精英和智库，波兰媒体对“一带一路”倡议的怀疑与批评倾向明显多于正面态度。

（一）正面观点

波兰媒体对“一带一路”的积极态度主要表现为相关报道中指出该倡议下的合作项目能够为波兰带来经济机遇，包括扩大中波贸易、吸引中国投资以及促进地区互联互通。相关报道指出，“一带一路”概念源于传统的丝绸之路，该项目吸收了数十亿美元投资，不仅代表着公路、铁路以及港口建设的推进，也意味着波兰的货物能更容易进入消费迅速增长的中国市场，波兰有机会在其中受益。“一带一路”建设是21世纪最大的地缘政治项目之一，其实施将改变全球贸易路线，包括海上贸易路线，目标在于构建中国和欧盟之间的新联系。在此建设中，波兰有自己的位置和机遇，在中国的规划中波兰是互联互通基础设施建设的组成部分，包括罗兹和成都之间的铁路连接等，波兰将成为中国与欧盟的重要枢纽，波兰的运输和物流公司也可从中受益。① 在明确了波兰在“一带一路”倡议中的地位和潜在机遇的基础上，相关报道也提出了波兰应做好充分的准备，包括强化“16＋1”合作，协调中国与中东欧国家之间的合作关系。

（二）负面观点

波兰媒体对“一带一路”倡议的质疑等负面评价主要表现在以下三方面。第一，波兰媒体认为“一带一路”倡议实为中国的外交政策工具，目的在于扩大中国的全球影响力。相关报道指出新的丝绸之路与连接中国与欧洲和中东的历史道路不同，并不仅仅是贸易通道，而是中国经济和政治角色的全球化。中国的主要手段是投资、接管外国公司和建设基础设施，从而压制俄罗斯和美国在欧亚地区的影响。有报道认为，当欧洲国家困于内部危机时，中国已通过这些举措在事实上瓦解了西方主导的全球秩序，在中东欧地区构建了新的金融和商业结构。在中国开始建设吉布提军

① “Gigantyczna inwestycja Chin, na której może skorzystać Polska”（https：//tvn24bis. pl/ze-swiata，75/pekin-tworzy-nowy-jedwabny-szlak-czy-polska-zyska，739865. html）.

事基地后，波兰媒体将“一带一路”倡议与军事扩张相联系。

第二，在波兰媒体看来，西方国家对“一带一路”倡议的怀疑正在上升。例如，波兰媒体关于索菲亚“16 + 1 合作”峰会的报道称，一些西欧政客担心中国寻求回避欧盟的规则，并试图通过投资欧盟以外的一些国家来分裂欧盟。更突出的是，相关报道称在中国积极推动“一带一路”项目的情况下，西方国家由于担忧中国的贸易霸权，正在寻找其他选择，对该计划的抵制正在上升；在德国，人们发现“一带一路”并非德国人想象中对历史的追忆，而是中国试图建立一个庞大的体系；法国总理爱德华·菲利普也在慕尼黑安全会议上警告说，欧洲不能把这个巨大的项目完全放在中国手中。①

第三，波兰媒体认为“一带一路”倡议的实施存在问题，突出表现为缺乏具体规划和互惠性不足。相关报道称，“一带一路”是一个伟大的概念，一个刚起步的巨大项目，但中国并没有制定明确的战略计划和细节规划。这就意味着，没有地图显示“一带一路”应该如何准确走位以及进行基础设施的连接，这将限制该计划未来的影响力。同时，波兰媒体提出了“一带一路”参与国的实际经济获益十分有限的观点。关于 2017 年英国货运列车通达义乌的报道称，由于中国与欧洲经济体之间缺乏贸易平衡，可能会形成“单向丝绸之路”；洲际铁路连接早已存在，“一带一路”只是雄心勃勃的中国项目创造者的噱头；洲际铁路看似实用，但有很多隐藏成本，能否带来经济收益仍然未知。②

在波兰公众方面，从目前有限的资料来看，人们对“一带一路”倡议抱有积极预期。当被问及如何看待“一带一路”倡议在未来 5 年所产生的影响时，人们对此抱有积极的预期（+18），高于受调查的中东欧国家平均水平（+13），在 16 个受调查的中东欧国家中排名第七。③ 但与其他国家相比，波兰人对中国的认同、好感与信任仍然比较低。

---

① “Nowy Szlak Jedwabny. Zachód przymierza się do alternatywy”（https：//www. rp. pl/Biznes/302209964-Nowy-Szlak-Jedwabny-Zachod-przymierza-sie-do-alternatywy. html）.

② “Chińscy inwestorzy omijają Polskę. Nowy Jedwabny Szlak to zmieni?”（https：//www. polskieradio. pl/42/5725/Artykul/1753907，Chinscy-inwestorzy-omijaja-Polske-Nowy-Jedwabny-Szlak-to-zmieni）.

③ 在 -100（没有一点影响）到 +100（有重大影响）这个区间中做出评价，参见中国—中东欧研究院（https：//china-cee. eu）。

第三节　波兰涉华舆情引导策略

波兰政界精英、媒体以及民众在中国及中波关系相关议题上存在分歧。2011 年以来，政界精英对中国在波兰外交布局中的定位逐步提高，高度重视中波战略伙伴关系，积极响应和参与“一带一路”倡议，并提出明确的经济诉求；但是，他们又期望将经济问题与政治立场相区分。波兰智库将中国视为崛起的大国，对中波“战略伙伴关系”既重视又存疑；他们肯定“一带一路”倡议为波兰带来的机遇，热衷于解读其政治意义，关注该倡议的实施对欧盟所造成的影响。波兰媒体高度关注中波关系发展、“16 + 1”合作以及“一带一路”倡议，希望借助这些合作扩大波兰的经济利益；然而，波兰媒体在一系列涉华重大议题上，包括“一带一路”建设、南海争端、西藏问题以及两岸关系，倾向于对中国做出负面评价。波兰公众对中国的好感度不高，常年低于英国、法国等欧洲国家，对中国发展模式、国际地位以及外交贡献的认可度较低。在此背景下，既要明确不同群体涉华态度之间的相互影响与策动，也需针对各群体采取差异化的舆情引导策略，有的放矢地塑造良好的中国形象。

一　政治精英舆论引导策略

当前，应对波兰政界精英对中国的负面评价和争议，需要加强精英层影响机制建设。继续通过“16 + 1”合作峰会、中波地方政府论坛等平台，以政府间论坛、政学研讨会、外事磋商等形式，实现精英阶层精准对接，为波兰政界精英提供深入了解中国的机会。在此过程中，需要把握波兰政界精英涉华态度的分歧点，例如关于中波合作机制的争议，对波兰参与“一带一路”倡议的不同意见，等等，开展有针对性的交流。

在波兰智库方面，需要充分掌握其涉华报告关注议题及主导倾向，在此基础上从三方面入手加以引导。第一，抓住波兰智库涉华研究的关注点和需求，提供更多准确、真实的信息。2011 年中波战略伙伴关系建立以来，波兰智库迫切希望更多地了解中国社会、市场等信息。因此，在智库交流中，需要与之加强信息共享，帮助他们了解中国社会实际情况和中方立场。第二，梳理相关议题及观点，区分对待正面舆情和负面评价。紧抓涉华研究中的正面观点和话题，通过智库对话等合作方式，扩大这些积极评价的社会影响力；对于错误认知和评价，做出有理有据的反驳，并加强智库交流，以促进了解、扩大共识。第三，加强中国学者在波兰涉华议题讨论中的话语权。推动中国的高校与科研机构与波兰智库建立联系，为波兰学者提供来华访问、交流的机会，进而在波兰发展中国学研究网络。同时，鼓励中国学者与波兰学者开展对话，参与相关问题讨论、引导话题设置。

二　媒体涉华舆论引导路径

多年来，中国在波兰媒体上的国家形象负面多于正面。究其原因，主要有以下三点：首先，波兰社会中关于中国的负面刻板印象普遍存在。从波媒对中国的描述来看，其对中国的政治体制和社会文化存有误解，对中国外交、对外经济行为缺乏信任和理解。这既与波兰特殊的历史经历有关，也与中波两国在政治制度、价值体系、文化观念等方面的巨大差异不无关系。这些差异使波兰对中国充满了偏见。甚至有学者认为在波兰社会的认知中很难找到第二个国家像中国一样多负面刻板印象。[①] 这影响着波媒涉华报道的关注点与评价倾向。

其次，波美接近的背景下，“崛起大国”成为波媒涉华报道的主导叙事。近年来，波兰积极加强与美国的政治合作，致力于扮演可靠的跨大西洋盟友。而对中国，波兰倾向于将之视为一个雄心勃勃的国家，对中波战略伙伴关系既重视又存疑。在此背景下，波媒常常将中国视为一个试图改变全球秩序的崛起大国，从该认知出发去报道中国的对外政治、经济行为，时有“中国威胁”的观点产生。

再次，波兰涉华舆论的负面倾向也与报道的信息来源不无关系。目前，波兰媒体对中国的报道量有限，主要通过西方主流媒体获取关于中国的信息及观点，对中国媒体报道的关注度与信任度较低，甚少将之作为新闻内容来源。例如，波兰媒体对南海争端的报道，常常仅转引了西方媒体

① Adriana Skorupska, Justyna Szczudlik-Tatar, “Współpraca regionalna kluczem do strategicznego partnerstwa Polski i Chin” (http://www.pism.pl/files/? id_ plik = 18740).

的不实信息和负面评价。这样单一的信息来源取向使得波媒对中国的描述时常具有不实、片面的特征。该情况主要有以下三点成因。其一，受波兰社会中负面中国刻板印象影响，该国媒体对中国媒体的关注度和信任度较低。其二，波兰 1990 年开始了媒体和刊物的私有化，现在纸媒市场基本被外国资本垄断，例如全国发行量名列前茅的日报《事实报》隶属于德国传媒巨头斯普林格集团，这也影响着波兰媒体涉华报道的信息来源取向。其三，两国媒体渗透率仍较低。尽管中国各大主流媒体在波兰有常驻记者和机构，例如人民日报社波兰分社、新华社波兰记者站、光明日报华沙记者站等；但是波兰媒体的驻华记者数量却非常有限。除了波兰的国家通信社在波兰驻华使馆有记者站以外，《共和国报》是目前唯一一家在华有常驻记者的波兰媒体。[①] 在上述因素的作用下，波兰媒体涉华报道往往依赖于西方媒体的新闻素材与观点。

由此可见，中国对外传播在波兰尚有可发力之处：一方面，有计划地加强中国媒体与波兰媒体的对话，包括举办中波媒体论坛、邀请资深记者来华考察等；另一方面，提高对波传播精准化，在故事讲述、话语体系上贴合波兰文化，在重大外交议题上“寓理于事，动之以情”，在社情民意方面“寓理于趣，寓庄于谐”，强化中国媒体对波兰媒体的舆情传导能力。

三　公众对华态度引导方式

波兰公众对中国政治、社会的负面评价反映出两国之间尚存在巨大认知分歧，加强人文交流有助于弥合差异，增进理解，夯实中波两国在“一带一路”倡议下深化合作的社会基础。目前来看，改善波兰公众对华态度，塑造受欢迎的中国形象，在媒体舆情、人文交流和地方合作领域仍大有可为。

第一，改善媒体涉华舆情，舆情影响民情。媒体舆情与公众态度之间存在密切联系。人们所获得公共事务信息大多来自媒体，媒体对信息的筛选和呈现在很大程度上塑造了公众对政治议题的认知和态度。媒体不仅通

---

① 刘昶、甘露：《欧洲传媒概览：产业 · 规划 · 教育》，中国传媒大学出版社 2015 年版，第 142 页。

过报道量影响公众对某个对象的关注度，还塑造了报道对象的属性。[①] 推动波兰媒体涉华报道情势的改善，将有利于在波兰公众中塑造正面的中国形象，引导他们构建积极的对华态度。

第二，加强民间往来、推动人文交流。应对波兰公众对中国社会的误解和偏见，需要增加民间友好往来、促进民心相通，包括鼓励两国民间团体开展交流，扩大教育合作等；同时，建立多渠道的信息平台，尤其是通过新媒体讲述小而美的中国故事、传播真实可靠信息，借用波兰社交平台直接影响波兰公众。[②] 另外，中波之间有着深厚的文化交流传统，中华人民共和国成立之初，波兰共和国在东欧国家中率先与中国签订了文化合作协定。近来，中国与波兰签署有互设文化中心的谅解备忘录，两国每年文艺演出、文艺团体互访不断。当前，波兰公众对中国文化充满了兴趣，仍然有较强的需求未被满足。对此，需加强中波人文交流机制化建设，继续推动两国间文艺演出、展览等交流活动，推介中国影视作品等文化产品，为波兰公众提供更多接触中国文化的便利渠道。

第三，切合波方对华交流现状，强化对波城市外交。当前，波兰政府将地方合作视为重要的外交政策工具；在发展与中国的战略伙伴关系时，波兰也强调地方政府层面具有不可替代的实际意义，2013 年中国和波兰举办了第一届地方合作论坛，便是由波兰总统科莫罗夫斯基所倡议发起。“一带一路”倡议的规划与设计，需要做到“五通”，其中民心相通主要依赖城市间的文化交流；只有通过城市，才能最大限度地推进民众相互理解。[③] 在此背景下，对接波兰对华政策的地方合作模式，中国对波城市外交大有可为。成都等对波交流的“领头羊”城市，可充分调动独特的地域文化资源，大力开展对波方友城的公共外交，展现中国城市古韵与现代相结合的魅力，扩大自身在友城公众中的知晓度和吸引力，推动民众相互了解，促进民心相通。

---

① McCombs, M. E., *Setting the Agenda. The Mass Media and Public Opinion*, Cambridge: Polity Press, 2004, p. 2.

② 邓建国：《讲述小而美的中国故事——Sixth Tone 的融合对外传播》，《对外传播》2017 年第 5 期。

③ 汤伟：《“一带一路”与城市外交》，《国际关系研究》2015 年第 4 期。

第三章　中波双边贸易投资关系与“一带一路”*

自波兰进行经济和政治转型后，中国于1992年开始与波兰进行正常的双边货物贸易。2011年两国友好合作伙伴关系升级为战略伙伴关系，此后两国各领域合作进一步提升。中波两国的贸易往来持续快速发展，2013年中国已成为波兰第四大进口来源国，而波兰则连续八年成为中国在中东欧地区最大的贸易伙伴，中波双边投资也呈增加态势。本章将根据数据可得性，从贸易增长与边际、贸易商品结构与平衡、贸易竞争与互补以及产业内贸易与分工4个维度，对2007—2017年的中波货物贸易关系进行系统梳理，分析中波双边贸易的成果与存在的问题。同时，本章还将分析中波双边投资的现状及其在“一带一路”建设中的合作潜力。

第一节　双边贸易规模

2017年中国对波兰的进出口贸易总额已经达到了212.27亿美元。2007—2017年中国对波兰的货物贸易迅速增长，贸易总额年均增速高达10.7%，既远高于这一期间波兰年均3.8%的对外贸易总额增速，也大幅超过了中国同期年均6.6%的对外贸易增速。[①] 这主要得益于双方均快于全球平均水平的宏观经济增长。其中，中国对波兰出口增长10.6%，主要出口商品为电机、电气设备及其零件，机器、机械器具及其零件，精密

---

* 本章第1—3节原载张琳、邱强《中国与“一带一路”沿线国家双边贸易研究（2007—2016）·中东欧卷》，中国经济出版社2019年版。

① 根据联合国商品贸易统计数据库（UN Comtrade）计算而得。

仪器及设备，家具，服装及衣服附件，玩具、运动用品，车辆及其零件、附件，塑料及其制品等。波兰对中国出口增长 8.9%，主要出口商品为铜及其制品，电机、电气设备及其零件，机器、机械器具及其零件，家具、寝具、灯具，橡胶及其制品，车辆及其零件、附件，塑料及其制品等。从上述中波两国贸易总额排名前十的产品可以发现，包括电气机械及器材，电视机、录像机产品，光学、照相、电影、医疗或外科用仪器及设备，锅炉、机械器具，家具、寝具、褥垫等在内的六大类产品是相同的。这说明，中波两国之间的贸易以产业内贸易为主，在以上产品领域呈现出较弱的互补性。

目前，中波双边货物贸易中存在贸易极不平衡、贸易品种单一和贸易分工关系松散等突出问题。不解决好以上问题，势必会局限中波贸易的进一步发展，也势必会对中波正在构建的以经贸合作为核心的战略合作伙伴关系构成障碍。为简化研究同时突出当前的贸易关系，大部分研究把 2007—2017 年分为 2007—2013 年、2013—2017 年两个子期间，时间从 2007 年开始是考察 2007 年世界经济危机以来 10 年的情况，截至 2017 年是因数据的可得性。

一　双边贸易增长与市场份额

从表 III－3－1 大致可以看出 2007—2017 年中国与波兰货物贸易发展状况。[①] 具体地说，中国与波兰双边货物贸易呈现高速增长的特点。2007—2017 年，中国对波兰的出口保持了平均 10.55% 的高速度增长，尤其是 2007—2013 年平均增速为 11.47%，但 2013—2017 年平均增速则下降至 9.19%，可能是因为投资对贸易的替代效应。数据显示，“一带一路”倡议提出后，2014 年中国对波兰新增投资 4417 万美元，[②] 较 2013 年增长 140.8%。尽管近年来中国对波兰出口增速有所放缓，但中国产品在波兰的市场份额逐年增加，2017 年占比达到 12.2%。与此相对，2007—2013 年波兰对中国出口的平均增长率曾达到 13.6%，甚至高于同期中国

① 2013 年为中国首次提出“一带一路”倡议的年份，考虑到该倡议对中国与“一带一路”沿线国家贸易、投资的影响较大，故以此为分界点。

② 商务部、国家统计局、国家外汇管理局：《2016 年度中国对外直接投资统计公报》，中国统计出版社 2017 年版。

对波兰出口的平均增速2.13个百分点，随后，波兰对中国出口规模逐年下降，出现负增长，波兰产品占中国市场份额微不足道。因此，中波双边贸易增长放缓，同时伴随严重的贸易失衡，这将成为未来中波经贸合作的主要障碍之一。

表Ⅲ-3-1 **2007—2017年中波双边货物贸易年均增长率与市场份额** 单位:%

年份	中国出口波兰		波兰出口中国	
	年均增长率	市场份额	年均增长率	市场份额
2007—2017	10.55	12.15（2017）	8.86	0.18（2017）
2007—2013	11.47	7.16（2007）	13.60	0.12（2007）
2013—2017	9.19	9.39（2013）	2.12	0.11（2013）

说明：市场份额用进口数据表示，即中国出口产品在波兰的市场份额为：波兰进口中国产品总额与同期波兰进口世界总额之比。

对贸易规模及市场份额变化趋势的进一步分析可以发现，中国出口波兰新品种增长乏力，但2017年这一变化趋势得到扭转。按照HS 2002 6位编码统计，2007年中国出口波兰新增产品388类，总金额达6107万美元，但2016年仅有241类新产品出口，2017年新产品出口增至383类，总金额达26.4亿美元，使得中国出口波兰的新品种增长率提高到17.46%，与此同时，波兰出口中国的新品种增长率也提高到7.62%（如表Ⅲ-3-2所示），双边贸易中来自新品种的部分都呈现出上升趋势，这表明双边贸易潜力还有进一步挖掘空间。

表Ⅲ-3-2 **2007—2017年中波双边货物贸易新品种增长率** 单位:%

年份	中国出口波兰	波兰出口中国
2007	1.52	4.73
2013	0.18	3.74
2017	17.46	7.62

二 双边贸易增长的二元边际

根据企业异质性贸易模型，学者们将贸易增长细分为广度边际（extensive margin）和深度边际（intensive margin），但在实证研究中，根据研究角度的不同赋予广度和深度不同的内涵。从产品的角度看，广度边际代表贸易商品的种类，深度则代表商品的价值量，广度增加代表出口了更多种类的商品，深度增加代表原来出口的商品出口了更多的价值量。从国家的角度看，广度代表参与贸易的国家的数目，深度代表国家的贸易量，广度增加意味着更多的国家参与了国际贸易，深度增加意味着原有的国家发生了更多的贸易量。从世界整体看，广度增加意味着双边贸易关系的增加，深度增加意味着原有的双边贸易伙伴贸易量的增加。① 如果一国出口增长主要来源于深度边际，那将极易遭受外部冲击从而导致增长大幅波动并进一步引发较高的收入不稳定，同时还可能因为出口数量扩张而导致该国贸易条件恶化从而出现贫困化增长现象；但如果一国出口增长主要源于广度边际，那么将会增加贸易品的范围而不只是贸易量，不仅有利于出口国提升多元化的生产结构，也使逆向贸易条件效应不太可能发生。② 本节采用产品广度指标，如式（1）所示：

$$EM_{jm} = \frac{\sum_{i \in I_{jm}} M_{rmi}}{\sum_{i \in I_{rm}} M_{rmi}} \tag{1}$$

考虑中国与世界平均水平相比，I_{rm}、I_{jm} 分别表示世界和中国向进口国 m（波兰）出口商品的集合，因此参考整个世界，广度边际表示 j 国（中国）与世界出口到 m 国（波兰）重叠商品贸易量占世界（r）总贸易量的比重，这一指标越大，说明重合程度越高，从而说明 j 国（中国）在更多的商品上实现了出口，从而产品广度越大。

产品的深度边际，如式（2）所示：

$$IM_{jm} = \frac{\sum_{i \in I_{jm}} M_{jmi}}{\sum_{i \in I_{jm}} M_{rmi}} \tag{2}$$

分子表示 j 国（中国）的贸易出口量，分母表示世界与 j 国（中国）重合商品的出口量，产品深度表示在重合商品出口量中，j 国（中国）出

① 施炳展：《中国出口增长的三元边际》，《经济学（季刊）》2010 年第 4 期。

② 钱学锋、熊平：《中国出口增长的二元边际及其因素决定》，《经济研究》2010 年第 1 期。

口占世界总出口的比重，这一指标越大，说明在相同的商品上 j 国（中国）实现了更多的出口，从而产品深度越大。

本节采用 HS 2002 版 6 位码分类标准，依据公式（1）、（2）计算可得 2007—2017 年中波双边货物贸易的增长情况及贸易增长模式，计算结果如表 III－3－3 所示。中国对波兰出口广度呈现先下降后上升的特点，从 2007 年的 0.5916 到 2013 年的 0.5774，再到 2017 年的 0.6712，总体增加了 13.5％；中国对波兰出口的深度呈上升趋势，从 2007 年的 0.121 增加到 2013 年 0.1626，再到 2017 年的 0.1809，总体增加了 49.5%，可见中国贸易增长主要是深度增长的贡献。与此相对，波兰对中国出口广度和深度的变化表现出明显的不同，前者呈现稳步增长的特征，与 2007 年相比，2017 年广度边际增长 27.2%，而深度边际则下降明显，可见，波兰对中国出口增长主要来自广度的迅猛增加。

表 III－3－3　2007—2017 年中波双边货物贸易的二元边际

年份	中国出口波兰			波兰出口中国		
	广度边际	深度边际	品种数	广度边际	深度边际	品种数
2007	0.5916	0.1210	2528	0.4719	0.0144	1132
2013	0.5774	0.1626	2578	0.5604	0.0194	1552
2017	0.6712	0.1809	2850	0.6003	0.0030	1957

三　双边贸易与“16＋1”合作

2012—2017 年，中国—中东欧国家经贸合作稳中求进，期间虽有波折，但是克服了欧洲市场的紧缩政策和中国经济下行的压力，贸易保持平稳增长，2010—2017 年中国—中东欧国家贸易额增长了 55%。2017 年中国与中东欧国家的贸易额情况相对较好，中国在中东欧地区的贸易伙伴，黑山、保加利亚、立陶宛、塞尔维亚、斯洛文尼亚、波兰、匈牙利、克罗地亚等国的贸易额增长率明显。虽然也有一些中东欧国家，如阿尔巴尼亚、斯洛伐克和马其顿从中方进口方面出现了下降，但是这些中东欧国家对华出口却呈现快速上涨趋势。中东欧 16 国对华贸易整体上保持增长（见表 III－3－4）。

表 III-3-4　　2017 年中国与中东欧十六国贸易额统计　　单位：亿美元

国家（地区）	出口额	进口额	进出口总额	累计比上年同期（+/-）%		
				出口	进口	进出口
阿尔巴尼亚	4.54	1.96	6.50	-10.4	52.6	2.4
波斯尼亚和黑塞哥维那	0.79	0.57	1.36	23.1	31.5	26.5
保加利亚	11.69	9.69	21.38	10.8	64.2	29.9
克罗地亚	11.60	1.83	13.43	14.1	13.4	14.0
捷克共和国	87.93	36.96	124.89	9.1	25.2	13.4
爱沙尼亚	10.06	2.60	12.67	4.4	22.9	7.8
匈牙利	60.49	40.77	101.27	11.6	17.7	13.9
拉脱维亚	11.48	1.77	13.25	8.1	34.1	11.0
立陶宛	16.00	2.55	18.55	24.0	55.6	27.5
黑山	1.32	0.66	1.99	22.3	103.8	41.1
波兰	178.73	33.54	212.27	18.4	32.1	20.4
罗马尼亚	37.78	18.24	56.02	9.6	25.4	14.3
塞尔维亚	5.46	2.12	7.57	26.4	30.0	27.4
斯洛伐克共和国	27.29	25.85	53.14	-4.6	7.3	0.8
斯洛文尼亚	28.87	4.95	33.82	27.2	13.4	25.0
马其顿共和国	0.78	0.87	1.65	-13.3	85.6	20.5

注：以上数据作者依据 UN Comtrade 数据库数据整理计算，其中，中国为数据报告方。

2017 年中国与中东欧 16 国进出口贸易总额达 679.8 亿美元，较上年增长 15.9%，相比“16+1”合作框架建立前的 2012 年，贸易额增长超过 30%。中国与中东欧 16 国双边贸易全部保持了较好增长势头，双方贸易结构不断优化，贸易领域不断拓展。波兰是中国在中东欧国家中最大的贸易伙伴，2017 年中波贸易额达到 212.27 亿美元，增长 20.4%。中波出口占中国—中东欧国家出口比重持续上升，由 2009 年的 28.7% 上升至 2017 年的 36.1%，同期中国从波兰进口占比则有所下降，2017 年中国进口波兰产品仅占从中东欧 16 国进口产品的 18.1%，与 2009 年相比，下降超过 6 个百分点，尽管如此，中波贸易总额受出口拉动效应的影响，占比稳步上升至 31.2%（参见图 III-3-1）。

总体而言，2017 年中东欧国家的欧盟成员国对华贸易情况好于欧盟老成员国，但有两个方面的问题值得关注：一是中东欧国家之间对华贸易差别较大。其中，波兰、捷克、匈牙利、斯洛伐克和罗马尼亚与中国的贸易额占总贸易额的80%，该地区的匈牙利、波兰、保加利亚、捷克和斯洛伐克则吸引了中国大多数直接投资。二是中东欧国家存在较大的对华贸易逆差，如波兰2017年对华贸易逆差达到145.19亿美元，占中波贸易额的68%。这种状况与双边贸易结构以及中欧贸易结构的性质有关。随着中国与中东欧贸易的良好发展，贸易逆差状况有望得到改善。

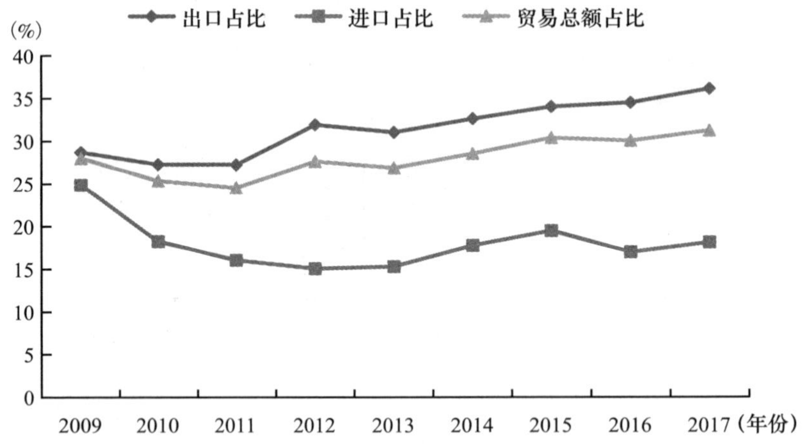

图Ⅲ-3-1 中波贸易在"16+1"贸易合作中的地位

四 双边贸易与"一带一路"倡议

中东欧地区是"一带一路"通往欧洲的必经之路，是亚欧大陆桥的关键部分，中国—中东欧国家合作机制于2012年建立以来，中东欧16国先后与中国围绕"一带一路"建设展开合作，有力促进了双方经贸、金融合作与"一带一路"建设。2017年11月，中国同中东欧16国共同发表《中国—中东欧国家合作布达佩斯纲要》，强调愿以"16+1"合作为依托，继续共商、共建、共享"一带一路"，推动"一带一路"倡议与欧洲投资计划等重大倡议和各国国家发展规划相对接，至此，中国与中东欧16国全面签署"一带一路"合作协议。2017年，中国与"一带一路"沿线国家的进出口总额达到14403.2亿美元，同比增长13.4%，高于中国整体外贸增速5.9个百分点，占中国进出口贸易总额的36.2%。从区域贸易额增速看，2017 年，中国对中亚地区贸易额增速最快，较 2016 年增长 19.8%，其次是东欧（17.8%）。进出口总额增长最快的贸易伙伴为卡塔尔、黑山、蒙古国和哈萨克斯坦，其增速均在 35% 以上。[①] 波兰是中国在中东欧地区最大的贸易伙伴，但中波贸易仅占中国与“一带一路”沿线国家的 1.47%，而波兰在矿产资源、采矿机械和农产品上具有较大的比较优势，中波贸易潜力巨大。

波兰借助“一带一路”交通运输的蓬勃发展带动其铁路运输和物流业的发展，使波兰日益成为欧洲交通枢纽。2017 年波兰 GDP 达到 5245.1 亿美元，居“一带一路”沿线国家第 7 位，若按照人均 GDP 统计，则为 13812 美元，略低于同为中东欧国家的斯洛文尼亚、捷克、斯洛伐克、匈牙利、爱沙尼亚和立陶宛等国。波兰营商环境便利度全球排名第 27 位，其中，跨境贸易便利程度全球第一。[②] 自 2017 年 12 月以来，波兰和欧盟之间的紧张关系并未有改善迹象。欧盟认为波兰的司法改革和对媒体施加压力的措施有悖于欧盟的民主法治与自由价值，波兰则声称欧盟不应过多干涉成员国的内政，双方多次互相指责。作为“新欧洲”的一员，波兰与西欧国家具有不同的历史文化与政治传统，经济基础较薄弱，增长相对较快，在欧盟内部位于产业链下游地位，经济上受制于“双速欧洲”，加之欧盟在最近的预算分配中计划进一步削减给波兰的农业补贴，使波兰农产品出口行业将面临成本上升，利润减少的困境，造成波欧冲突更加复杂化。另一方面，欧盟未能在波兰对俄关系问题上提供强大的安全保障，促使波兰开始寻求欧洲之外的政治和经济合作伙伴，亚洲国家尤其中国的重要性凸显。波兰牵头组建了“16+1”合作联合商会、投资促进机构联系机制、海事合作秘书处三个领域合作平台，目前，以上合作机制运转良好，中波双方均希望加大“一带一路”倡议同波兰“再工业化”发展战略的对接力度，寻找更多利益契合点，扩大双方在基础设施、产业园区、科技等领域的合作。

---

① 国家信息中心“一带一路”大数据中心、大连瀚闻咨询有限公司：《“一带一路”贸易合作大数据报告 2018》，2018 年 5 月。

② Wind“一带一路”专题数据库。

第二节　双边贸易结构与失衡

一　双边贸易结构——基于要素、技术和经济大类的分析

按照不同的划分标准，我们将从三个方面考察中波货物贸易的商品结构，2007—2016 年中国与波兰货物贸易的商品结构及其变化如表 III - 3 - 5 所示。

第一，按照《国际贸易标准分类》第 3 次修订版（SITC. Rev3）将商品分为 10 类。① 其中，第 0—4 类属于初级产品，可视为资源密集型产品；第 5—9 类属于工业制品（第 6、第 8 类大多为劳动密集型产品，第 5、第 7、第 9 类大多为资本和技术密集型产品）。② 2007—2017 年，中国出口以劳动和资本密集型产品为主，二者占比超过 98%。与 2007 年相比，2017 年中国出口波兰的资本密集型产品所占比重小幅上升，而资源密集型产品则下降近两个百分点。与此同时，波兰出口以劳动和资本密集型产品为主，但资本密集型产品占比下降超过 10%，同期，资源密集型产品所占比重也出现小幅下降。

第二，参考牛津大学教授桑贾雅·劳尔（Sanjaya Lall）的分类方法，在国际贸易标准分类（SITC）三位代码分类的基础上把出口产品分为低科技含量、中等科技含量和高科技含量三大类。③ 其中，低科技含量产品指技术成熟，生产过程中多使用低技能劳动力，规模报酬不明显，行业进入壁

① 第 0 类为食品和活动物，第 1 类为饮料及烟草，第 2 类为非食用原料（不包括燃料），第 3 类为矿物燃料、润滑油及有关原料，第 4 类为动植物油、脂和蜡，第 5 类为未另列明的化学品和有关产品，第 6 类为主要按原料分类的制成品，第 7 类为机械及运输设备，第 8 类为杂项制品，第 9 类为 SITC 未分类的其他商品。

② 杜莉、谢皓：《中美货物贸易互补性强弱及性质的动态变化研究》，《世界经济研究》2011 年第 4 期。

③ 各类产品对应的 SITC 三级代码（本书均采用 SITC 3 的分类标准）分别为：低科技含量产品（除中等、高等科技含量之外的产品）；中等科技含量产品（266，267，512，513，533，553，554，562，572，582 - 585，591，598，653，671，672，678，711，713，714，721 - 728，736，737，741 - 745，749，762，763，772，773，775，781 - 786，791，793，812，872，873，882，884，885，951）；高科技含量产品（524，541，712，716，718，751，752，759，761，764，771，774，776，778，792，871，874，881）。

垒较低，主要进行价格竞争的产品，包括纺织、服装、鞋帽等；[①] 中等科技含量产品指技术较为复杂，规模报酬明显，需要一定研发投入和高技能劳动力的产品，包括化学品、工程机械、汽车、钢铁等产品；高科技含量产品技术更新快，研发投入强度高，更强调产品的设计和具备高精尖技术的人才，以及产学研合作进行技术创新，包括医药、航空、电子、电器设备、精密仪器等。2007—2017 年中国对波兰出口的低科技含量、中等科技含量和高科技含量产品的贸易额比例约为38∶25∶37，而波兰出口比例约为57∶29∶14，即波兰出口以低技术含量产品为主，但高技术含量产品占比增长较快，2007—2017 年年均增长 17.9%，所占比重较 2007 年翻了一番。

第三，按照广泛经济类别分类，第四次修订版（BEC. Rev4）将全部贸易商品分为 7 大类：食品和饮料、工业供应品、染料和润滑油、资本货物（运输设备除外）及其零附件、运输设备及其零附件、其他消费品、未列明货品。[②] 7 大类商品又细分为 19 个基本类，按照最终用途汇总为资本品、中间产品和消费品以及广泛用途类产品 4 个门类。[③] 2007—2017 年中国对波兰出口的消费品、中间产品和资本品所占比重较为平衡，比例接近 3∶4∶3，且变化不大。同期，波兰对中国出口则集中在中间产品，其占比超过 70%，尽管消费品所占比重不高，但年均增长率达 21.8%，同时，资本品出口出现小幅下降。

表 III－3－5 **2007—2017 年中波双边货物贸易结构** 单位：%

年份			2007	2013	2017
中国出口波兰	要素结构	资源密集型产品	3.81	2.73	1.99
		劳动密集型产品	50.56	50.29	49.71
		资本密集型产品	45.63	46.97	48.29

① 为简便分析，将 Lall 中的初级产品（Primary Products）和资源型（Resource Based）产品均划入低科技含量产品类别。参见 Lall，S.，“The Technological Structure and Performance of Developing Country Manufactured Exports，1985－1998”，QEH Working Paper Series，No. 442000。

② United Nations：Classification by Broad Economic Categories，Statistical Paper Series M. No. 53，Rev. 4，2002.

③ 各类产品对应的 BEC 代码（此处采用 BEC 4 的分类标准）分别为：消费品（112，122，522，61，62，63）；中间产品（111，121，21，22，31，322，42，53）；资本品（41，521）；广泛用途类产品（321，51，7）。

续表

年份			2007	2013	2017
	技术结构	LT	43. 50	41. 52	38. 14
		MT	23. 04	23. 57	24. 58
		HT	33. 34	34. 75	37. 11
	经济用途结构	消费品	28. 32	30. 35	26. 51
		中间产品	41. 21	40. 93	40. 92
		资本品	29. 58	28. 66	32. 39
		广泛用途类产品	0. 89	0. 07	0. 18
波兰出口中国	要素结构	资源密集型产品	10. 13	17. 45	8. 55
		劳动密集型产品	40. 57	49. 66	52. 60
		资本密集型产品	49. 30	32. 90	38. 85
	技术结构	LT	67. 99	67. 54	56. 45
		MT	25. 51	22. 55	29. 28
		HT	6. 37	9. 78	14. 14
	经济用途结构	消费品	4. 66	15. 90	14. 28
		中间产品	79. 38	88. 71	71. 46
		资本品	15. 28	9. 58	13. 79
		广泛用途类产品	0. 68	-14. 19	0. 47

注：每种分类均有一小部分未作说明的产品，故每种分类中的各类产品占比之和并不等于1。

总体来看，无论是按照要素结构还是按照技术结构或经济用途划分，中国与波兰的双边货物贸易呈现出较为明显的资源禀赋特征，中国对波兰出口的商品以劳动力和资本密集型商品为主，各类别较为平衡，而波兰对中国的出口则以低技术含量产品和中间产品为主。

二　贸易失衡度与失衡来源

除2009年金融危机期间外，2007—2016年中波贸易顺差持续扩大，2007年中国对波兰货物出口总额65.5亿美元，同时，从波兰进口11.1亿美元，实现出口顺差54.4亿美元。2017年，中波双边贸易顺差进一步扩大到145.2亿美元，尽管顺差的绝对值不断上升，但是从贸易顺差变化率来看，顺差增长已大幅放缓，特别是“一带一路”倡议提出以来，

2013 年至今的顺差增长率在两位数以下，2015 年中国对波兰贸易顺差较 2014 年仅提高 2.5%（见图 III－3－2）。可见，随着"一带一路"倡议下"16＋1"合作的不断深入，中波贸易失衡问题有望得到进一步改善。

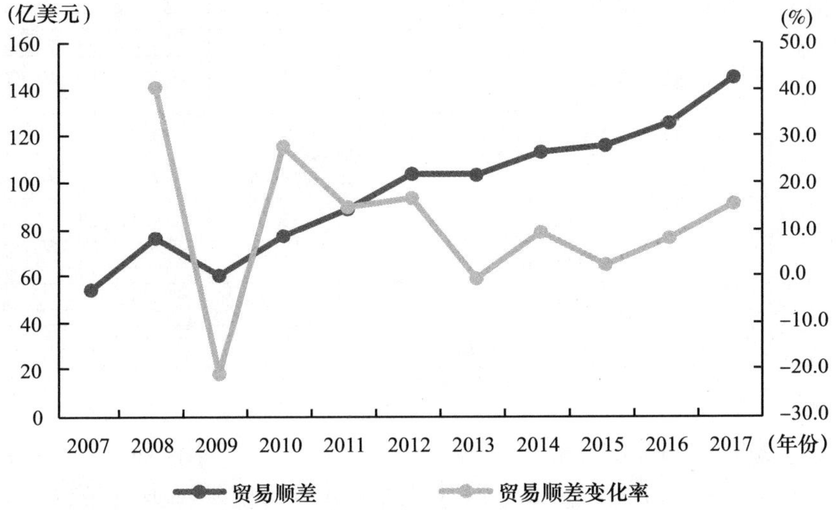

图 III－3－2　中波贸易顺差变化趋势

具体而言，按照要素结构划分，顺差几乎全部来自劳动密集型产品和资本密集型产品，二者占比之和超过顺差总额的 99%；按照技术结构划分，低技术含量产品所占比重呈现下降趋势，而高技术含量产品则逐年增加，2017 年超过 40% 的顺差来自高技术含量产品；按照经济用途划分，贸易顺差中消费品、中间产品和资本品占比趋同，但变化趋势则相反，消费品所占比例由 2007 年的 33% 下降到 2017 年不足 30%，资本品所占比例则由 2007 年的 33.3% 上升到 2017 年的 36.8%，同期，中间品占比变化不大。综合来看，中波顺差的主要构成是具有较高附加值的劳动与资本密集型的中间产品，以及具有较高技术含量的资本品（机械设备等）。中国对波兰贸易顺差绝对值的不断扩大，已构成中波进一步加强经贸合作的主要障碍之一。

表 III-3-6　　2007—2017 年中国对波兰货物贸易失衡的构成　　单位:%

年份			2007	2013	2017
贸易失衡度（出口额—进口额）（亿美元）			54.4	103.43	145.20
贸易顺差的构成	要素结构	资源密集型产品	2.71	-0.30	0.87
		劳动密集型产品	51.06	50.96	50.71
		资本密集型产品	46.22	49.34	48.42
	技术结构	LT	37.68	36.86	36.31
		MT	23.58	23.24	27.71
		HT	38.60	39.76	42.30
	经济用途结构	消费品	33.02	33.47	29.85
		中间产品	32.58	34.13	33.23
		资本品	33.33	32.39	36.83
		广泛用途类产品	1.07	0.01	0.10

三　主要贸易品的分布

事实上，根据 HS 2 位编码分类下的中波双边贸易详细目录，以 2017 年为例可以发现，中国向波兰出口的 93 种产品中前十大类产品主要是电气机械及器材，电视机、录像机及相关设备，无线电广播接收机或声音或视频录制或重放设备，核反应堆、锅炉、机器、机械器具及其零件，光学、照相、电影、计量、检验、医疗或外科用仪器及设备、精密仪器及设备，家具、寝具、褥垫、弹簧床垫、软坐垫及类似的填充制品，发光标志、发光铭牌及类似品，活动房屋，玩具、游戏及运动用品，纺织面料、服装，车辆及其零件、附件（铁道及电车道车辆除外），鞋靴、护腿和类似品及其零件，塑料及其制品。而中国从波兰进口的 95 种产品中前十大类产品主要是铜及其制品，核反应堆、锅炉、机器、机械器具及其零件，电机、电气设备及其零件，录音机及放声机、电视图像、声音的录制和重放设备，家具、寝具、褥垫、弹簧床垫、软坐垫及类似的填充制品，发光标志、发光铭牌及类似品、活动房屋，橡胶及其制品，车辆及其零件、附件（铁道及电车道车辆除外），塑料及其制品，光学、照相、电影、计量、检验、医疗或外科用仪器及设备、精密仪器及设备，乳品、蛋品、天然蜂蜜和其他食用动物产品以及钢铁制品。

显然，从上述中波两国进出口总额排名前十的产品贸易可以发现，包括电气机械及器材，电视机、录像机产品，光学、照相、电影、医疗或外科用仪器及设备，锅炉、机械器具，家具、寝具、褥垫等在内的六大类产品是相同的。这说明，中波两国之间的贸易以产业内贸易为主，在以上产品领域呈现出较弱的互补性。当然，具体的产业内贸易程度及互补性分析将在本章后续部分进行详细分析。

表 III－3－7　　2007 年、2013 年和 2017 年中波双边货物贸易前 10 位产品构成

单位：亿美元

年份	中国出口波兰			波兰出口中国		
	前十位			前十位		
2007	H2	85	14.65	H2	74	3.12
	H2	84	10.57	H2	29	1.95
	H2	90	5.87	H2	84	1.71
	H2	62	2.83	H2	85	0.85
	H2	72	2.81	H2	26	0.36
	H2	94	2.69	H2	94	0.27
	H2	87	2.57	H2	87	0.20
	H2	73	2.42	H2	39	0.19
	H2	64	2.06	H2	48	0.13
	H2	61	1.89	H2	5	0.13
2013	H2	84	25.17	H2	74	7.35
	H2	85	24.64	H2	84	2.25
	H2	90	11.42	H2	85	2.13
	H2	94	8.27	H2	2	1.41
	H2	61	5.35	H2	94	1.02
	H2	62	5.02	H2	40	0.98
	H2	87	4.52	H2	29	0.70
	H2	64	3.60	H2	87	0.68
	H2	39	3.37	H2	39	0.53
	H2	73	2.98	H2	88	0.45

续表

年份	中国出口波兰			波兰出口中国		
	前十位			前十位		
2017	H2	85	38.95	H2	74	6.17
	H2	84	30.63	H2	84	3.35
	H2	90	20.25	H2	85	2.77
	H2	94	9.68	H2	94	1.61
	H2	95	7.88	H2	40	1.09
	H2	62	6.69	H2	87	1.08
	H2	61	5.87	H2	39	1.01
	H2	87	5.55	H2	90	0.73
	H2	64	4.36	H2	4	0.54
	H2	39	4.21	H2	73	0.41

第三节 双边贸易互补性与依存度

一 双边贸易互补性指标构建与数据说明

各种贸易互补性指数并无一致性，本节参考西方学者的出口相似度指数，构建进出口匹配指数（Exports Matching Index，EMI）来测算中国与波兰进出口结构的匹配度，借此评判中国与波兰的贸易互补性。① 该指数可用来衡量任意两国或两组国家在第三市场或世界市场进出口产品的匹配程度，匹配程度越大，表明两国互补关系越强，计算方法如下：

$$EMI_{ij} = \sum_{k} \min\{x_i^k, m_j^k\}$$

其中，i 和 j 表示国家，k 表示产品，该指标值介于 0 和 1 之间，其中 0 表示完全竞争，没有任何互补关系；1 表示完全互补关系，没有任何竞争关系。指数越大，表明两国互补关系越强，竞争关系越弱。具体而言，x_i^k 为中国产品 k 出口世界所占比重，m_j^k 为波兰产品 k 进口世界所占比重，因

① Finger, J. M. and Kreinin, M. E. , "Measure of Export Similarity and Its Possible Uses", *Economic Journal*, 1979, Vol. 89, pp. 905 - 912.

此，上式可反映中国出口对波兰进口的互补性。反之，利用中国产品 k 进口世界所占比重和波兰产品 k 出口世界所占比重，则可考察波兰出口对中国进口的互补性。

实证分析中用到的贸易数据均来自联合国商品贸易统计数据库（UN-Comtrade），分类标准采用的是国际贸易标准分类的第三版（SITC-3），并细分到 3 位代码，这主要是考虑到双边贸易互补的实质是其产业之间的互补，而目前产业内贸易的计算多细分到 3 位代码。

二　双边贸易互补性分析

随着经济全球化进程的加快，产业在全球范围内进行重新布局，产业转移使得产业链在全球范围内得以重新分工。从表 III－3－8 可见，中国与波兰间的进出口互补指数近十年呈明显上升趋势，这意味着中波两国的专业化分工程度逐年提高，两国的贸易互补关系增强。2017 年中国出口对波兰进口的互补性达到 0.5883，远高于波兰出口对中国进口的互补性，后者该指标值仅为 0.3937，尽管如此，波兰出口与中国进口商品的互补性稳步增长，年均增速 1.1%。结合两国贸易的商品结构可知，中国和波兰都向对方既出口又同时进口机电产品以及家具、寝具及灯具等，两国的进出口商品结构具有一定的相似性，中国与波兰可能同时处于同一产品全球价值链分工的不同环节。可见，中国与波兰贸易既存在竞争，同时又有互补优势，且贸易互补大于贸易竞争，中波存在进一步拓展经贸合作的巨大空间。

表 III－3－8　　2007 年、2013 年和 2017 年中波贸易互补性

年份	中国出口对波兰进口的互补性	波兰出口对中国进口的互补性
2007	0.5264	0.3544
2013	0.5225	0.3907
2017	0.5883	0.3937

三　贸易依存度与产业内贸易

产业内贸易是与传统的产业间贸易相区分的概念。产业间贸易反映的是两国互补余缺式的贸易关系，这种贸易关系一般反映了两国要素禀赋的

比较优势特征。产业内贸易，即两国同一组产品存在同时进出口的活动，反映了两国产业的分工合作关系，两国的产业内贸易本质上是两国产业在国际产业链上分工的结果。伴随着产业间分工、产业内分工和产业链分工等多种分工模式并存的网络化生产新格局的产生，发展中国家逐渐利用自身比较优势切入全球生产分工体系，使得全球范围内的产业内贸易发展迅速，已成为国际贸易的重要组成部分，对每个经济开放国家的宏观经济增长都具有重要的作用。产业内贸易通过相同行业异质性产品的相互贸易，在扩大市场规模、获取规模经济的同时，也为企业创新活动提供了强大的推动力，进而为经济增长提供新的引擎。基于产业内贸易的重要性，学者们对其进行了广泛而深入的研究，研究成果构成了新国际贸易理论的一个重要组成部分。

产业内贸易研究的基础是产业内贸易指数的度量，即把一国（产业）的贸易活动按性质划分为产业间贸易与产业内贸易两类，产业内贸易指数度量是指产业内贸易占贸易总规模的百分比。然而，在目前的国际贸易研究中，度量产业内贸易程度的指标有很多，这些指标各有优劣，并无公认的一致倾向。本章选择的方法是当前国内学者最常用的G-L产业内贸易指数（具体的计算公式参见本章末附件1），并利用联合国商品贸易统计数据库（UN Comtrade）中《国际贸易标准分类》第三版（SITC. Rev3）标准中的3级代码，计算出波兰2007年、2013年和2017年各大类商品的产业内贸易指数，如表III－3－9所示。

表III－3－9　　2007年、2013年和2017年中波双边产业内贸易水平

分类 \ 年份	产业内贸易水平									
	0	1	2	3	4	5	6	7	8	9
2007	0.092	0.004	0.100	0.003	0.068	0.244	0.065	0.146	0.081	0.000
2013	0.053	0.092	0.139	0.316	0.085	0.330	0.095	0.199	0.101	0.000
2017	0.207	0.183	0.083	0.317	0.020	0.310	0.147	0.309	0.129	0.328

从表III－3－9中可以看出：（1）初级产品中，中波在石油及其相关产品上产业内贸易水平较高产业内贸易指数为0.317，其次肉制品、乳制品、蔬菜、水果、谷物及谷物制品等食品农产品方面中波契合度较

高，这与近年来中国与中东欧国家通过设立农业合作示范区、物流中心等措施加强农业领域的合作密不可分，相对而言，动植物油、脂和蜡的产业内贸易水平极低；（2）劳动密集型产品中，包括皮革制品、橡胶制品、软木及有色金属在内的制成品产业内贸易水平逐年上升，但其绝对值并不高，其产业内贸易水平仅略高于杂项制品，而同期服装、鞋类、家具、床上用品和照明设备等杂项制品的产业内贸易水平较低，仅为0.129，纵观整个样本期间，该类产品的产业内贸易水平增长较为缓慢，年均增长率仅有4.8%；（3）资本和技术密集型产品中，化学品、染色原料、医药品、香精油及香料、塑料等制成品及未分类的其他商品产业内贸易水平较高，分别为0.310和0.328，其中，后者的产业内贸易仅在过去几年才刚刚出现，此前，多为产业间贸易。同期，机械及运输设备类产品则表现出相反的变化趋势，产业内贸易指数由2007年的0.146提高到2017年的0.309。

第四节　双边投资规模与潜力

自2011年中波建立战略伙伴关系和2012年“16+1”合作框架诞生以来，鼓励中国企业投资波兰，充分利用波兰招商引资的优惠政策，一直是中国加强与波兰经济合作的重点领域之一。近年来，随着“16+1”合作框架不断发展成熟，以及中波关系在2016年6月中国国家主席习近平访问波兰后跃升成为“全面战略伙伴”关系，中波之间在投资领域的合作日益密切。

一　双边投资增长与市场份额

多年以来，中国对波兰的对外投资较少。直至2007年，中国投资者才开始注意到强劲发展的波兰经济。2007年，中国企业对波兰新增投资约为1175万美元，截至2008年底，中国对波兰投资存量首次突破1亿美元，达到1.1亿美元，较2007年增长10%。截至2011年12月31日，中国对波兰的直接投资持续飙升，累计约2.01亿美元，增长率超过30%。自2011年以来，中国公司对于波兰的兴趣与日俱增，伴随波兰政府广泛私有化项目的推出，中国企业通过资产并购或绿地投资方式加大了对波兰的投资，截至 2015 年底，中国对波兰投资存量累计 3.52 亿美元，增长有所放缓，2016 年对波兰投资进一步下降（参见图 III－3－3）。但这种情况现已发生改变，波兰高层已然认识到“一带一路”对中波双方的战略意义，2017 年波兰总理出席“一带一路”高峰论坛，与中方签署了水资源领域合作、旅游合作、环保合作、海关合作等文件或备忘录。2017 年，中国对波兰投资流量为 3261 万美元，截至 2017 年底，中国对波兰累计投资约 4.06 亿美元。①

2018 年以来，湖南工业园区项目稳步推进，两家锂电池电解液企业在波兰投资设厂，国投中鲁收购了波兰最大的浓缩苹果汁企业之一，华沙已成为中资金融机构在中东欧地区的聚集地。

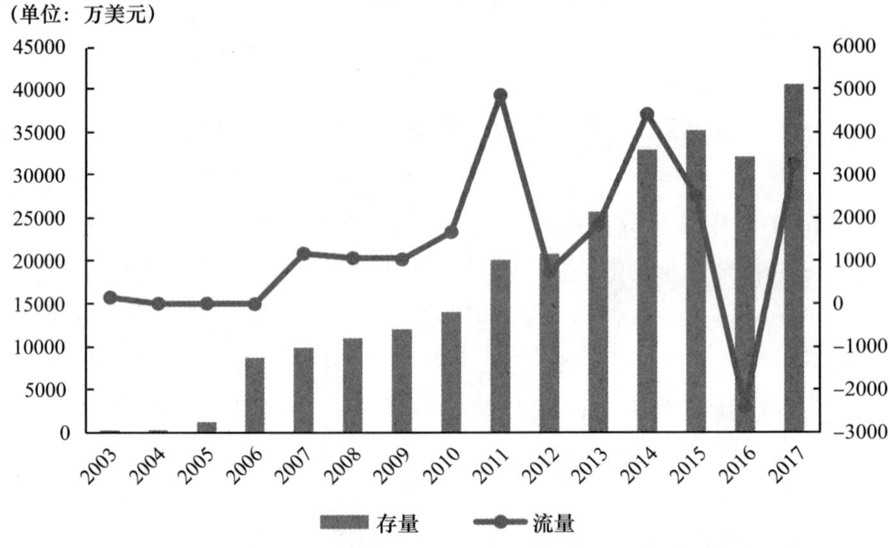

图 III－3－3　2003—2017 年中国对波兰投资流量与存量

资料来源：中华人民共和国商务部、国家统计局、国家外汇管理局：各年度中国对外直接投资统计公报。

① 据《2017 年中国对外直接投资统计年鉴》显示，中国对波兰直接投资存量为 4.06 亿美元，此统计数字未包括中国香港、中国台湾地区的数据。据波兰中央银行统计，截至 2017 年底，中国对波兰直接投资存量为 22.31 亿美元，同期波兰对中国直接投资存量仅有 0.83 亿美元。中波统计方法差异显著。

受数据可得性限制，波兰对中国直接投资的存量分析仅限于2010—2016年，其中，由于2013年波兰中央银行对海外直接投资统计方法发生变化，使得2013年前后的统计数据不具有可比性，因此，将2010—2016分为两个子时期，即2010—2012年与2013—2016年进行分析。2010—2012年，波兰对中国的直接投资呈现快速增长趋势，由2010年的0.86亿欧元增至2012年底的1.31亿欧元，增幅达到53%，年均增长率高达23.7%，同期，对中国投资存量占波兰在亚洲投资总存量的比重由9.46%提高到13.87%，中国对波兰企业的投资吸引力逐年上升。2013—2016年，波兰对中国的直接投资开始放缓，波兰企业在中国的净资产存量由2013年底的0.64亿欧元增至2016年底的0.81亿欧元，年均增长率仅为8.2%，较前一时期下降超过15个百分点。与此同时，在中国的净资产存量占亚洲地区比重则由期初的8.85%逐年小幅下降至期末的8.31%，表明波兰企业的投资出现区域转移。这一方面原因可能在于，"16+1"合作的深入降低了中波两国的贸易成本，贸易规模的扩大一定程度替代了投资需求。

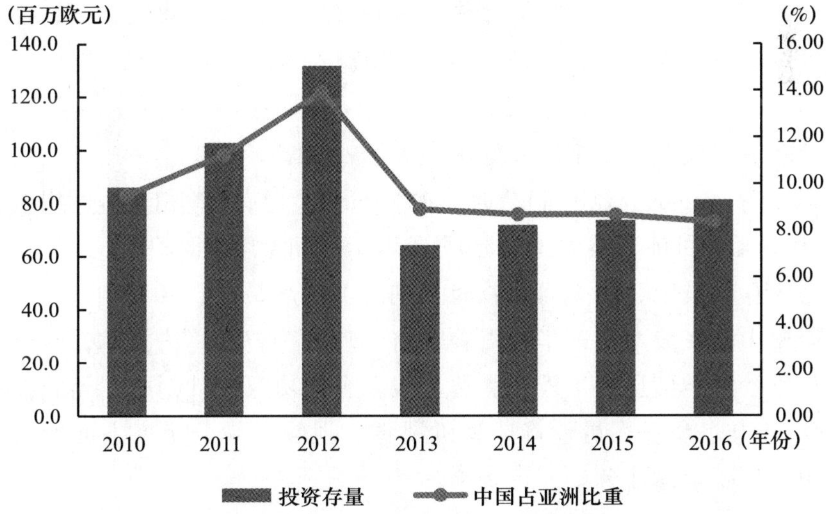

图Ⅲ-3-4　2010—2016年波兰对中国投资存量及占比

资料来源：波兰中央银行（http：//www.nbp.pl/）。

二　双边投资领域渐趋多样化

2009 年末，在波兰的中国公司仅 392 家，其中 348 家是微型公司（员工为 9 人或 9 人以下）。2012—2017 年，中国对波兰非金融类投资存量从 2.08 亿美元增至 4.06 亿美元，增长 95.2%，投资涉及机械制造、家电、清洁能源、生物医药、信息通信、商贸服务、新能源等诸多领域。目前，已经登陆波兰市场的中资企业主要有如下几个。

华为科技波兰有限公司：2004 年正式进入波兰，2008 年将集团的东北欧总部设在波兰，业务范围包括传统电信业务、企业业务和消费者业务三部分，目前华为在波兰的雇员有近 500 人，其中 60% 以上是本地员工；2016 年 2 月，华为与波兰波兹南超算中心（PSNC）成立 PSNC-Huawei 联合创新中心，双方计划在高性能计算（HPC）、云存储、大数据等领域进行联合研究。

柳工机械波兰有限公司：2012 年 2 月，收购波兰 HSW 公司工程机械业务单元：2013 年 10 月，柳工波兰公司又将该地区核心零部件供方 ZZN 公司纳入旗下。2017 年 5 月，公司与当地规模最大的高校——热舒夫工业大学签订了科研、技术、人才培养的合作协议，并将欧洲区域总部和欧洲研发中心设在波兰；欧洲配件中心投资近 800 万欧元，2017 年 9 月正式启用；柳工锐斯塔机械有限公司现有当地员工约 1000 人，是中国机械制造类企业在波兰乃至中东欧地区最大的投资者。①

TCL Operations（LCD 制造商，在 Zyrardów 建有部件工厂）：投资额约 6000 万美元，目前，波兰工厂已成为 TCL 欧洲物流配发中心，波兰工厂淡季有 350 名员工，旺季雇用临时工则有 700 名员工；2018 年 9 月，TCL 欧洲研发中心在波兰首都华沙揭牌，将主攻人工智能算法技术，欧洲研发中心与华沙大学信息与工程系签署了战略合作协议，计划两三年内在本地招 100—150 名研发人员，将计算机视觉、视频超级分辨率方面的研究成果应用于集团全球业务。

大连达伦特波兰有限公司（简称 DTP）：2009 年在波兰南部城市扎布

---

① 《柳工欧洲配件中心及新生产线在波兰正式启用》，2017 年 9 月 9 日，人民网（http://world.people.com.cn/n1/2017/0929/c1002-29568114.html）。

诺（Zabno）全资投资成立，当地雇员超过 300 人，年销售额近千万美元。海外工厂不仅缩短了公司的产品供应链，也有效规避了国际贸易壁垒，使达伦特能够从容应对国际金融危机蔓延和欧盟对中国实施蜡烛反倾销制裁的双重打击。公司启动了波兰克拉克夫工厂二期规划建设。

鸿博清洁能源欧洲有限公司：2016 年 11 月，福建鸿博光电科技有限公司以新建企业的绿地投资方式成立鸿博清洁能源（欧洲）有限公司，落地波兰奥波莱瓦布日赫经济特区。2017 年 2 月一期建设项目破土动工，当年 9 月开始小规模生产，2018 年开始大规模投产。项目总投资约 1 亿美元，主营 LED 产品研发、生产、销售，以波兰为中转中心，把 LED 产品推向欧洲市场。鸿博欧洲一期产能为 400 万个灯具，将为当地提供 100 多个就业岗位。[①] 作为第一家在波兰进行绿地投资的中国企业，鸿博欧洲不仅填补了波兰 LED 产业的空白，还带动了上下游配套产业共同发展，公司为宜家家居供货的一款 LED 灯具，共需要 58 个零部件，其中一半来自中国，一半来自欧洲国家，而其中大部分欧洲的零配件都由波兰生产。

胜利精密科技（波兰）有限公司：2007 年在波兰罗兹设厂，初期投资 980 万美元，雇员约 200 人，生产最高峰时人数一度达到 470 人，2012 年，由于公司在波兰业务市场的变化及客户的转移，公司转而在卢布斯卡省科什奇尼科—斯乌比策经济特区戈茹夫市成立了胜利精密科技有限公司，投资总额为 600 万美元，自营和代理相关商品的进出口业务。

中国五矿：自 1997 年起，五矿就与 KGHM 展开了合作，KGHM 是其第二大铜矿供应商。

同方威视波兰公司：2017 年 9 月，同方威视华沙公司新增二期投资，新工厂建成之后，该公司的产品生产、研发和测试能力将进一步提高，在波兰本地生产的产品和集成解决方案，服务于欧洲地区民航、海关、铁路、公路、码头、城市轨道交通、政府关键部门、公安司法、大型活动赛事等众多领域，同方威视华沙有限公司已成为欧洲最大的专业安检设备生产基地。[②]

---

① 《中企在波兰设厂带动当地产业发展》，《人民日报》2018 年 8 月 26 日第 3 版（http：//paper. people. com. cn/rmrb/html/2018-08/26/nw. D110000renmrb_ 20180826_ 1-03. htm）。

② 《中国安检巨头树立“波兰制造、服务欧盟”典范》，2018 年 10 月 7 日，中国新闻网（http：//news. sina. com. cn/o/2018-10-07/doc-ihkvrhps8586986. shtml）。

此外，投资波兰的中国企业还有中国远洋运输（集团）公司、湖北三环集团有限公司、中国银行波兰分行、中国工商银行华沙分行、北京同仁堂等。中国在波兰的企业为当地提供了近1.5万个就业岗位，波兰本地员工比例超过80%。广西柳工、湖北三环分别成功并购波兰HSW公司工程机械业务单元、KFLT轴承公司，让原有波兰国有企业重新焕发活力，跻身全球行业领先地位。为波海关提供各类集装箱及货物检测设备并投资建厂，在打击和威慑走私及违法活动中发挥了重要作用。①

同时，近年来中国对波兰的金融服务领域投资增速明显。中国进出口银行牵头成立的中国—中东欧投资合作基金一期在波投资近2亿美元，并聘请专业团队帮助中国企业了解和开拓中东欧市场，实现了良好的政治和经济收益。该基金在波兰投资的4个电厂项目，可为波兰减少166万吨二氧化碳排放。2017年5月，中国建设银行华沙分行开业，至此，国内四大行中的三家中国银行——中国工商银行和中国建设银行均在华沙设立分支机构，此外，还有海通银行波兰分行，以上四家中资银行在"一带一路"框架下，共同为中资企业提供信贷融资等金融服务，在电力、资源、交通、基建、制造业等领域促进中波之间产能合作。

总体来看，中国在波投资额呈上升趋势，但企业数量依然偏少，投资总额较小。受欧洲经济复苏乏力影响，部分在波投资的中国企业经营业绩下滑，但企业采取降低成本、开发新客户等多种方式积极应对，总体发展较为顺利。随着近年来双边政治、经贸关系不断升温以及对波兰市场认识不断加深，中国企业在波兰市场具有较大的发展潜力。

以承包工程为例，近年来中国承包工程企业开拓波兰市场进程比较缓慢。截至2016年初，中国企业完成4个私营房建项目，现有4个在建公共项目，新中标未开工3个公共项目。项目规模总体较小，涉及金额不大，且集中在输变电领域。中国企业在波兰推进缓慢主要原因在于内外两方面因素：就外部因素来说，一是波兰承包工程市场长期被当地和欧盟成员国企业占据，中资企业初来乍到，要争得一席之地尚需时日；二是波兰建筑市场复杂，有时操作方式与国际惯例不同；三是中国企业在波兰曾有

① 《"16+1"合作推动中国与中东欧国家全面合作》，2018年7月3日，新华网（http://www.xinhuanet.com/world/2018-07/03/c_1123074417.htm）。

失败案例，其负面影响仍未彻底消除；就内部因素来说，中国企业对波兰工程市场不够熟悉，对欧盟国家在招投标、环保、劳工等方面的标准不适应。但随着中国企业对波兰工程环境的熟悉，以上各因素的制约将逐渐减小。截至 2018 年 7 月，中国企业在波兰工程承包已完成及正在实施项目的合同额累计 5.5 亿美元。在弗罗茨瓦夫防洪项目圆满完工的带动下，中国企业已在波兰承包工程市场站稳脚跟，中标项目不断增多，工程领域有所扩展。

三　双边投资与“16 + 1”合作

2003—2015 年，中国对中东欧地区投资规模呈加速扩张趋势，投资总量由 2003 年的 0.42 亿美元增长至 2015 年末的 19.8 亿美元，年均增长率达到 37.8%。其中，近 90% 流入匈牙利、罗马尼亚、波兰、保加利亚和捷克，2015 年末以上五国投资存量分别为 5.71 亿美元、3.65 亿美元、3.52 亿美元、2.36 亿美元和 2.24 亿美元。2010 年前，波兰为中东欧地区吸引中国投资规模最大的国家，2006 年波兰吸引中国投资占中东欧十六国比重高达 36.3%。此后，波兰占比逐年下降，最大降幅出现在 2010 年，中国对波兰投资仅占中东欧地区的 16.5%。这主要是因为同年匈牙利吸引的中方投资骤然提高到 4.7 亿美元，接近当年流入中东欧地区投资额的 55%。此外，近年来随着匈塞铁路、罗维纳里燃煤发电站等大型基建项目的建设，以及中欧陆海快线务实合作的推进，波兰吸引中国投资增速放缓，使得匈牙利取代波兰成为该地区引资规模最大的国家。2011—2016 年，波兰吸引的中方投资占中东欧十六国比重基本稳定在 20%。截至 2015 年年底，中国对波投资存量仅占波兰吸收外资总额的 0.2%。以 2016 年为例，波兰方面统计的中国对波投资额为 4.62 亿欧元，而对国土面积仅为波兰 1/3 的匈牙利投资高达 21 亿欧元，对罗马尼亚投资额为 77.41 亿欧元。① 由此可见，中国对波兰的投资尚未充分利用波兰经济在中东欧地区的领头羊地位，与其经济总量占整个中东欧地区 1/3 的规模不匹配。

不过，这一现象正在发生积极的变化。越来越多的中国企业发现了波

---

① 《为何中国的投资跳过了波兰?》，2017 年 4 月 21 日，俄通社（http://sputniknews.cn/economics/201704211022430707/）。

兰巨大的投资空间。2017 年 9 月，中国安检设备生产商同方威视在波兰中部城市科贝乌卡举行新工厂奠基仪式，这是中国高科技企业在波兰的首个绿地投资项目。新工厂建筑面积近 6000 平方米，建设完工后，将具备生产大型集装箱和车辆检查系统等安检设备的能力。该项目将为当地创造很多工作岗位，同时将进一步提高企业在产品生产、研发和测试等方面的能力，实现互利共赢。此外，2018 年 4 月，波兰下议院批准了波兰铁路投资计划，自 2015 年以来进行的铁路现代化计划是波兰历史上最大规模，投资额达 670 亿兹罗提，涉及超过 9000 千米的轨道现代化和新建工作。① 对于铁路现代化升级改造、维护、车站及车辆投资计划的参与，有助于增加中国企业对波兰的投资规模。

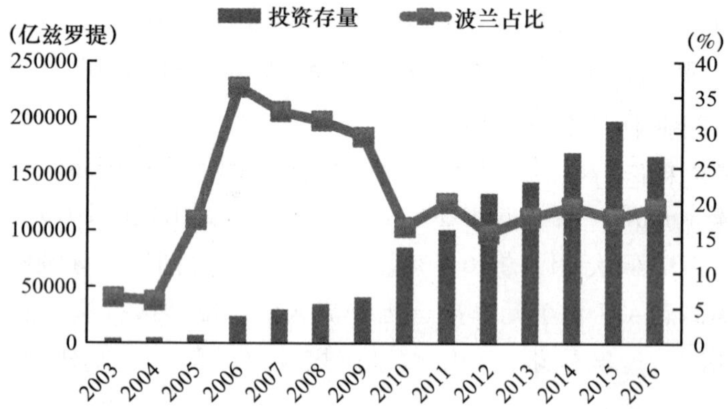

图 III－3－5　2003—2016 年波兰吸引中国投资存量及其占中东欧地区比重

资料来源：中华人民共和国商务部、国家统计局、国家外汇管理局：各年度中国对外直接投资统计公报。

四　双边投资合作潜力

2017 年，中国企业共对“一带一路”沿线的 59 个国家非金融类直接投资 143.6 亿美元，同比下降 1.2%，占同期总额的 12%，较 2016 年提

---

① 商务部驻波兰经商参赞处（http：//www. mofcom. gov. cn/article/i/jyjl/m/201804/20180402732771. shtml）。

升了3.5个百分点，主要投向新加坡、马来西亚、老挝、印度尼西亚、巴基斯坦、越南、俄罗斯、阿联酋和柬埔寨等国家。对“一带一路”沿线国家实施并购62起，投资额88亿美元，同比增长32.5%，中石油集团和中国华信投资28亿美元联合收购阿联酋阿布扎比石油公司12%股权为其中最大项目。对外承包工程方面，中国企业在“一带一路”沿线的61个国家新签对外承包工程项目合同7217份，新签合同额1443.2亿美元，占同期中国对外承包工程新签合同额的54.4%，同比增长14.5%；完成营业额855.3亿美元，占同期总额的50.7%，同比增长12.6%。[①] 同年，中国企业对波兰新增投资3261万美元，仅占“一带一路”沿线国家的0.23%，远低于波兰人口及GDP在“一带一路”沿线国家的比重，后者占比分别为0.84%和2.05%。波兰政府热切期盼中国企业能够增加对波兰的投资，特别是希望中国企业能到波兰落户，增加对带动就业和经济发展效果明显的绿地投资。考虑到波兰的地理位置、投资环境以及产业优势等因素，中国企业对波兰投资存在巨大潜力。

一是区位和运力优势。波兰特殊的地理优势使它成为欧洲关键的十字路口，连接着西欧、东欧、北欧和南欧。波兰是欧洲一个重要的交通枢纽，货物运抵可以快捷、迅速地转运至整个欧洲的不同目的地。近年来，波兰在基础建设和物流方面大规模投资，进一步强化原本已具竞争优势的交通运输产业。波兰是欧洲运输产业大国，波兰公路运输企业在欧洲市场上独占鳌头，远胜于其他国家的竞争对手，主要铁路运输企业波兰国铁货运股份公司的总货运量在欧盟位居第二。以总货运量计，波兰北部海岸城市格但斯克港口在整个波罗的海地区位居第二，是波罗的海最大、最重要的集装箱码头，也是全波罗的海唯一能让最大的远洋集装箱船舶直接靠泊的集装箱码头。此外，作为欧盟结构基金2020年前的最大受益者，波兰将投入几百亿欧元基金用于科研、公路铁路建设、公共交通、企业发展、宽带基础设施和帮助失业人群再就业，从而提升波兰的国际竞争力。

中国与波兰及其他欧洲国家之间已存在一些铁路线，如：波兰（HATRANS物流）HATRANS Logistics公司自2013年运营的中国成都至波兰罗

---

① 商务部：《服务“一带一路”统计数据》（http：//fec. mofcom. gov. cn/article/fwydyl/tjsj/201801/20180102699450. shtml）。

兹的定期货列；波兰国铁货运物流（PKP Cargo Logistics）公司于同年运营中国苏州至波兰华沙的定期货列，等等。以上班列不仅为波兰本地企业提供运输服务，还服务于德国、法国、意大利等欧洲国家的企业。此外，自武汉开往捷克帕尔杜比采（Pardubice）、自重庆开往德国杜伊斯堡（Duisburg）、自郑州开往德国汉堡、自呼和浩特开往德国法兰克福等多次货列都途经波兰领土，波兰作为连接中国与欧洲的关键物流枢纽地位得到巩固。

二是政策鼓励优势。波兰拥有14个经济特区和80多个工业及技术园区。在“两区”内，企业不仅可以享受免营业所得税、投资项目办公场所租赁和投资项目手续支持等投资优惠政策，而且可以获得各种投资服务，如一站式审批以及其他投资服务。波兰政府对经济重点行业投资采取激励政策，鼓励的制造业行业包括：汽车、工业电子、家电业、航空业、生物科技、食品加工和其他大型投资等；现代服务业中鼓励的行业包括：通信技术、商业服务中心、商业服务外包和研发（如软件开发）等。

中波双方政府高度重视鼓励企业之间的投资合作，尤其是园区合作。2012年“16+1”合作正式启动时，中方就在“十二项举措”中提出：“根据中东欧国家的实际情况和需求，推动中国企业在未来5年同各国合建1个经济技术园区，也愿继续鼓励和支持更多中国企业参与各国已有的经济技术园区建设。”① 2015年召开的“16+1”合作苏州峰会发布的《中国—中东欧国家合作中期规划》中也明确提出，中方“鼓励和支持中国和中东欧国家加强产业园区和自由经济区合作，深化产业链合作”；“鼓励中国和中东欧国家开展联合研究项目，促进双方科技园区企业合作”。② 同时，2012年中国商务部和波兰经济部签署了《关于促进中小企业交流与合作的谅解备忘录》。2016年习近平主席访波期间，两国签署了《关于共同编制中波合作规划纲要的谅解备忘录》。这些政策文件都为中国企业投资波兰营造了良好的政治氛围。在此基础上，中波双方已建立了一系列的平台促进投资，比如举办投资合作洽谈会、中国—中东欧国家经

---

① 《中国关于促进与中东欧国家友好合作的十二项举措》，2012年4月26日，外交部（https：//www. fmprc. gov. cn/web/ziliao_ 674904/1179_ 674909/t926854. shtml）。

② 《中国—中东欧国家合作中期规划》（https：//www. fmprc. gov. cn/web/ziliao_ 674904/1179_ 674909/t1317976. shtml）。

贸促进部长级会议等，并通过网络等新媒体不断提升信息透明化和全面化。例如，中国驻波兰共和国大使馆经商参赞处的网站公布有相当具体的波兰各工业技术园的招商信息。[①] 由中国—中东欧国家合作秘书处创办的“中国—中东欧国家合作”官网用中、英文双语，通过下设的 9 个频道，30 余个栏目以独家图、文、音视频资讯报道中国和中东欧 16 国政治、经济、人文等各领域交流与合作情况。[②] 波兰方面则设有以促进外国直接投资为主要职责的波兰投资与贸易局，近年来雇用资深专业的中国员工，向中国投资者推介波兰经济发展情况和投资环境。其官方网站提供了详尽的各个工业技术园区的基本介绍、联系方式等各类实用信息。[③]

波兰的企业、民间团体、工业园区也都相当重视中国投资者，努力打造出一个服务健全、沟通顺畅、咨询透明的投资环境。例如，波兰绝大多数的工业技术园区设有自己的官方网站，并提供英语页面。甚至还有一些专门设有中文网页，如下西里西亚省的 Bukowice Industrial Park（BIP）。很多咨询企业也紧随中国与中东欧合作的势头，纷纷组成研究团队，向中方投资者提供波兰市场分析报告，例如毕马威波兰办事处（KPMG Poland）以中文撰写的《打造波兰市场进入战略》。[④] 波兰中国商会（在波兰境内的一家从事波兰和中国贸易关系的商会）、中国波兰商会（在香港设办事处）等开通了“到波兰投资”等网站，[⑤] 提供了各类在波投资的相关服务，包括提供信息和法律政策的咨询服务，协助投资者选择合适的投资地点和合作伙伴；协助投资者与波兰政府部门的联系和沟通等。

三是产业集群辐射效应。目前汽车配件、家用电器、电子产品、航空航天、商务服务业和研发等行业的知名企业已入驻波兰，尤其是在波兰的经济特区和工业技术园区形成了相对集中的集群作用，使波兰成为名副其实的欧盟制造/服务行业基地。波兰信息技术产业的发展领先中东欧地区其他国家。在综合考察奥地利、捷克、斯洛伐克等七国 IT 企业预算支出、

---

① http：//pl. mofcom. gov. cn/.

② http：//www. china-ceec. org/chi/.

③ https：//www. paih. gov. pl/en.

④ https：//www. kpmg. com/cn/zh/IssuesAndInsights/ArticlesPublications/Documents/Developing-market-entry-strategy-for-Poland-o-201104-c. pdf.

⑤ http：//poland-invest. com/pchig. html；http：//poland. org. hk/zh/% E6% B3% A2% E5% 85% B0.

云计算、技术服务外包、网络安全等因素基础上，Kapsch BusinessCom 通过构建 IT 市场发展指数，指出尽管目前波兰 IT 产业发展排名第二，但丰富的人力资本、未来云计算的广泛应用将促使波兰 IT 产业在中东欧地区排名第一。[①] 目前，德国的大众和奔驰、博世、西门子、荷兰的飞利浦、意大利的 INDESIT、菲亚特、美国的通用、法国的米其林、日本的夏普、韩国的大宇和三星等著名跨国公司在波兰各个园区投资设厂，以其为中心带动园区配置各种资源，将附属企业、配套企业和中小型企业汇集在其周围，为之提供各种配套服务，从而形成了较为完整的供求链。各种企业都能在园区内获得人力资源、供应和需求链、并获得仓储、营销、研发、金融、咨询等一系列配套服务。中国企业在波兰的“两区”投资，可以直接连接跨国公司，与之建立较为密切的长期合作关系，便于获得其认可和供应链的授权，获得国际市场对中国品牌的认可，同时也有助于中国企业学习跨国公司的先进技术和管理理念，这对中国企业的成长和发展都是非常有利的。

四是原产地优势。对于中国企业而言，在波兰投资有一个非常重要的优势，就是原产地优势。中国企业可以将国内生产的零配件出口到波兰，然后在波兰组装后，利用波兰的欧盟原产地资格，直接进入欧盟市场，同时也有助于进入世界其他市场，因为产品的原产地是欧盟，避开欧盟和其他国家对中国产品的歧视性关税或进口政策。韩国企业就是通过这种途径实现与波兰的贸易平衡。

五是劳动力优势。波兰素质较高、成本较低的劳动力相对充裕，波兰有 3850 万人口，相当于中东欧人口的 38%，其中，年轻人口（年龄小于 49 岁）约 2400 万，占比高达 64%，社会流动性较强，且每年劳动生产率仍以 2%—3% 的速度增长。此外，波兰劳动人口的素质较高，全国拥有 438 个高等教育机构，占欧盟大学生近 10% 的 150 万大学生。每年毕业生人数 42. 5 万，其中 90% 以上学生懂外语。

波兰所具有的上述一系列优势对参与“一带一路”建设的中资企业有相当的吸引力，但也要看到中波投资合作中仍面临不少风险。以中国海

---

① Kapsch Study, “ICT market development in Poland ranks best in the CEE region”, http: //www. kapsch. net/pl/kbc/Press/pr_ 20140225, last accessed on March 14, 2015.

外工程有限责任公司（下文简称“中海外”）承建波兰 A2 高速公路失败为例，对波兰的市场规则缺乏了解仍然是中国企业在波投资的主要障碍。2009 年中海外成功中标 A2 高速公路项目，该项目是波兰为举办 2012 年“欧洲杯”足球赛而修建的直接连接华沙和柏林的交通干线。尽管这一工程得到了波兰政府的支持，但是由于 2009 年国际金融危机的爆发、天气原因等不可控因素，以及不了解欧盟相关法规要求修建高速公路必须建设保护野生动物专用通道、承包工程要雇佣当地劳动力等制度约束，再加上企业自身的融资、采购、技术管理等经营问题，最终导致这项工程在 2011 年 6 月以波兰政府和中海外解除合同而告终。①

近年来，随着中波两国政府出台的一系列鼓励投资合作的举措，中海外承建 A2 高速公路项目失利在波兰造成的负面影响逐渐消退，波兰对中企投资的评价已有所改观。欧盟的一份分析报告指出，来自中方的投资对波兰具有一定的积极影响，或者至少是中性的影响。② 中方投资为波兰改善基础设施、加速工业化进程、创造就业和升级运输网络等提供了机遇，如中欧互联互通平台框架下可实施的 Silesian Channel 等四项水道升级和建设项目。目前，中资企业并未在波兰进行过恶意收购，因此并未引发波兰企业界和学术界对中方投资的安全或技术风险进行讨论，但对中方以信贷和贷款方式对投资项目实施绝对控制权，并加剧东道国债务负担的问题已引起波兰注意。为避免波兰对中方资本的过度依赖，政府代表明确提出“资本是有国籍的，基础设施建设项目应以波兰资本为主导，在此前提下，寻求中方的合作”。③ 此外，波兰还出台相关法规和制度约束外国资本并保护本国战略部门，如中资银行需要获得波兰金融监管部门的许可才能设立分支机构，提交波兰语财务报表，并需在波兰法庭解决争端。波兰竞争与消费者保护办公室会对规模较大（如被收购企业营业收入超过 5000 万欧元）的收购项目进行审查。2015 年波兰出台新的投资控制法案

---

① 《中海外建设 A2 高速公路失败》，详见刘作奎《欧洲与“一带一路”倡议：回应与风险（2017）》，中国社会科学出版社 2017 年版，第 101—104 页。

② John Seaman，Mikko Huotari，Miguel Otero-Iglesias：Chinese Investment in Europe：A Country-Level Approach，December 2017.

③ “Henryk Kowalczyk o współpracy z Chinami. Co ze zwiększeniem eksportu i inwestycjami w Polsce?” [Henryk Kowalczyk about cooperation with China. What about expanding exports and investments in Poland]，（www. money. pl）.

以应对恶意收购，对能源、石油生产加工和分销、电信、爆炸品、武器弹药的制造和贸易等重要领域限制外商投资额度。

当前，波兰仍然欢迎中方投资，但波兰更愿意中方企业以合作伙伴的身份提供具有竞争力的技术和诀窍，而非仅仅是资金。同时，波兰希望中方企业与其他外商投资企业在同等条件下参与政府采购项目的投标。目前，制造业、运输设备、电信和小型基础设施项目为中国企业主要投资领域。随着2019年4月《欧盟外商投资审查框架》的正式生效，欧盟对涉及关键基础设施、关键技术、数据安全等领域的投资并购项目加强审查。如何应对欧盟更为严格的投资监管措施将是中国企业推进在波兰等欧盟成员国投资合作面临的新问题。

综上所述，中波双边贸易投资特征及存在的问题可以归纳为以下几个方面。

第一，总体而言，中波双边贸易增长迅速，2007—2017年双边货物贸易平均增速高达10.7%。但同期中波贸易存在严重的失衡问题，即波兰对中国的贸易逆差不断增长，已在波兰引起广泛关注。自“一带一路”倡议提出以来，逆差增长率已降至两位数以下，2015年波兰对中国贸易逆差较上年仅提高2.5%。对中波贸易增长进行的二元边际分析显示，中国贸易增长主要是深度增长的贡献，而波兰对中国出口呈现广度稳步增长的特征，与2007年相比，2017年广度边际增长27.2%，相信随着“16+1”合作的不断深入，中波贸易失衡问题有望进一步改善。

第二，在商品结构方面，中国与波兰的双边货物贸易呈现出较为明显的资源禀赋特征，中国对波兰出口的商品以劳动力和资本密集型商品为主，分别占出口总额的49.7%和48.3%，而波兰对中国出口的资源密集型商品占比达到8.6%，远超中国资源型产品的出口，这与波兰有相对丰富的煤、硫黄、铜、锌、铅、银、铝等矿产资源相一致。考虑到出口商品的技术含量和经济用途，则波兰出口以低技术含量产品和中间产品为主，两类产品出口额分别占各自类别总出口额的56.5%和71.5%，但高技术含量产品占比增长较快，2007—2017年年均增长8.3%，这与波兰在机械及运输设备产品上比较优势的提升密不可分。

第三，在产业内贸易方面，中波在化学品、染色原料、石油及其制品、汽车、电信等机械运输设备及未分类的其他商品上产业内贸易水平较高，在饮料及烟草和蔬菜、水果及谷物制品等食品农产品方面产业内贸易处于中等水平，特别是机械及运输设备类产品产业内贸易水平提升明显，2007—2017 年年均涨幅达 7.8%，说明中波双方已逐渐融入该类产品的产业链中，相互依赖增强。相对而言，非食用原料、动植物油、脂和蜡等资源密集型产品则以产业间贸易为主，这与两国在以上产品中需求结构的较大差异有关。

第四，中波双边投资规模增速放缓，但投资领域渐趋多样化，覆盖机械制造、家电、清洁能源、生物医药、信息通信等。中国对波兰投资存量占中东欧地区比重呈下降趋势，表明中国对中东欧地区的投资逐渐转向匈牙利、罗马尼亚等国家。与此同时，波兰在亚洲的投资重心也有所变化，在中国的投资存量占比小幅下降。但波兰在地理位置、政策、产业链与劳动力等方面的优势，将再次提升波兰成为中方企业投资目的国的吸引力。

基于此，中波两国可通过战略对接，进一步挖掘贸易潜力，改善贸易失衡状况，推进贸易关系全面升级。波兰实施的“走向中国”计划旨在促进中波两国企业尤其是中小企业在矿产品、环境保护、化工产品、信息通信等领域的合作。同时，寻找波兰的《负责任的发展战略》与“一带一路”倡议的契合点，加强两国在基础设施、物流货运、农业、清洁能源、技术创新等领域合作。此外，以中波两国产业的互补性为基础，推进两国在优质农产品、机械设备、电子产品、医药化工类产品领域的贸易与投资，不断提升双边贸易的广度和深度，有助于实现中国与波兰的双边贸易平衡，推动经济增长及就业的增加。

附件 1　G-L 产业内贸易指数的计算公式

Grubel 和 Lloyd（简称 G-L）产业内贸易指数的计算分为两个层次：（1）某一产业（i）的产业内贸易指数（记为 B_i）；（2）某一国家（j）的产业内贸易指数（记为 B_j），国家的产业内贸易指数 B_j 是其所有产业（设为 n 个）的产业内贸易指数 B_i 的加权平均数。

产业层面产业内贸易指数计算公式如下：

$$B_i = 1 - \frac{\sum_{k=1}^{m} |X_k - M_k|}{X_i + M_i} \tag{1.1}$$

式（1.1）中，X_k（M_k）表示产业 i 中的第 k 类产品（假设产业 i 中的对外贸易产品有 m 类）上中国对波兰的出口（进口）额，X_i（M_i）表示产业 i 的出口（进口）总额。$\sum_{k=1}^{m}|X_k - M_k|$ 表示产业 i 的产业间贸易部分，$X_i + M_i$ 表示产业 i 的总贸易，这样，$\frac{\sum_{k=1}^{m}|X_k - M_k|}{X_i + M_i}$ 就表示产业间贸易的比重，剩下的部分：$1 - \frac{\sum_{k=1}^{m}|X_k - M_k|}{X_i + M_i}$ 就表示产业内贸易的比重，即产业内贸易指数。

国家层面的产业内贸易指数计算公式为：

$$B_j = \frac{\sum_{i=1}^{n} B_i(X_i + M_i)}{\sum_{i=1}^{n}(X_i + M_i)} = 1 - \frac{\sum_{k}|X_k - M_k|}{X + M} \tag{1.2}$$

式（1.2）中，X 表示 j 国的出口总额，M 表示进口总额。

不难看出，不同的产业划分标准得出的产业内贸易指数也不同。一般来讲，一国的产业划分得越细，国家层面的产业内贸易指数就越小。目前，中国国内学者在利用国际贸易标准分类（SITC）计算产业内贸易指数时，多采用的是 SITC 的三级分类作为划分产业的标准，本章沿用了这一方法。

第四章 中波物流合作

有“欧洲的心脏”之称的波兰位于“丝绸之路”与“琥珀之路”的交汇之地，古老的“丝绸之路”横穿欧亚大陆，联通欧洲与中国两大市场，而由琥珀贸易形成的从欧洲北部波罗的海到南部地中海的水陆商道“琥珀之路”纵贯欧洲。优越的地理位置赋予了波兰在欧洲发挥交通枢纽作用、发展物流产业的独特优势。因此，互联互通和物流合作成为中国与波兰在“一带一路”建设中的重点合作方向之一。近年来，中波两国的物流合作不断深化，中欧班列成为双边物流合作的亮点，波兰作为“一带一路”沿线物流中心的地位日益显著。

第一节 波兰物流业发展概况

物流作为一种产业，其发展经历了从“物资调运”（Physical Distribution）到“物流”（Logistics）的变迁。最初物流的概念起源于第二次世界大战时期的美国军方用语 Physical Distribution，此时的物流单纯是指军事上的物资配给与保障。随着时代的不断发展，物流的概念又被引入了库存控制、订单管理、市场预测等更多的内容。1998 年美国物流管理协会的定义提出，“物流是供应链流程的一部分，是为了满足客户需求而对商品、服务及相关信息从原产地到消费地的高效率、高效益的正向和反向流动及储存进行的计划、实施与控制过程”。中国当前关于物流的概念来自于日本，2001 年 4 月国家质量监督局发布的《中华人民共和国国家标准——物流术语》中明确对物流进行了定义，认为“物流是物品从产生地向最终接受地的实体流动过程，并根据实际需要，将运输、储存、装卸、搬运、包装、流通加工、配送、回收、信息处理等各个基本功能实施的有机结合”。[①] 物流的概念也从原来的 Physical Distribution 发展成为 Logistics，物流产业在很多国家与地区也不再是辅助性配套产业，而成为当地经济发展的支柱型产业。

波兰自 20 世纪 80 年代末实行经济转轨以来，经济一直持续增长，尤其是在金融危机后，波兰成为 2009 年欧盟唯一实现经济增长的国家，当年欧盟经济整体萎缩 4.1%，中东欧国家更是深陷泥潭，而波兰的经济发展仍表现得十分出色，为波兰的物流产业发展奠定了牢固的经济基础。

一 波兰物流业的经济地位及其特点

（一）物流业在波兰国民经济中的地位

从 1990 年开始，波兰实行了巴尔采罗维奇计划即“休克疗法”，摒弃中央计划经济，建立市场经济，波兰成了“内向的自由主义者”。无论是大环境下的金融危机还是欧债危机，波兰都没有受到冲击，平稳而柔和地向前发展，但是欧洲危机海洋中经济稳定的绿洲掩盖了更加令人不安的现实，波兰经济深受严重的不平衡和深刻的仍未解决的结构问题之害，国内储蓄和投资的缺乏对经济发展构成威胁。2015 年 11 月 16 日，法律与公正党政府宣誓就职，开始公开否定巴尔采罗维奇计划，并制定了《负责任的发展战略》，即莫拉维茨基计划。在保持社会市场经济模式的同时，增加国家在经济、社会和区域领域的责任，国家机构积极地、有选择地为经济发展创造条件、充分利用比较优势，在自身发展资源和新的经济活动的条件下建立持续发展的基础；激励企业家发展新的经济部门或新的领域，促进市场机制的利用，鼓励现代技术解决方案的涌现和应用。[②]

波兰为符合特定标准的外商投资项目给予大力支持。其中一项就是基于“支持对波兰 2011—2023 年经济发展具有重大意义的方案”的重大补贴，这一方案在 2011 年 7 月 5 日获得部长会议的通过。在经济部长与投资人签订协议后，政府会以补贴的方式提供支持，并在协议中规定了支付补助金的条件，它与投资者兑现承诺的程度成正比。如果公司计划在服务

---

① 国家质量监督局：《中华人民共和国国家标准物流术语》（GB/T18354－2001），2001 年。

② 孔田平：《从巴尔采罗维奇计划到莫拉维茨基计划——试析波兰经济转型范式和发展模式的变化》，《欧亚经济》2018 年第 4 期。

业、汽车行业、电子及家用电器行业、航空等领域进行投资也会得到政府支持，补贴的金额取决于新提供就业的人数、员工中拥有高学历的比例、所处位置、投资金额、投资领域、国际市场对其产品的吸引力等要素，而符合申请补贴的最小投资额是1.6亿兹罗提（相当于4400万美元）。波兰的物流业属于第三产业，拥有欧洲最庞大、价格最低的卡车物流中心，受到了波兰政府的大力支持。

同时，波兰劳动力资源相对充足，劳动力成本较低。美国中央情报局的数据显示，2016年波兰15—55岁人口为2631万人，总就业人数为1778万。劳动力分布最广的行业分别为：工业（就业人数295.5万人）、农业（就业人数为238.4万人）、贸易与维修业（就业人数217.6万人）、教育（就业人数112.4万人）。而2015年私企平均月工资为4000兹罗提，公共部门为3480兹罗提，2017年最低工资标准为2000兹罗提。波兰劳动力资源和相对便宜的工资对于开设物流中心非常有利。

2018年3月19日波通社报道，根据商业不动产服务商世邦魏理仕（CBRE）和工业地产开发企业Panattoni发布的“2017波兰物流信心指数”报告，波兰比其他欧洲国家对物流企业更具有吸引力。通过调查发现，75%的受访者认为波兰的经营成本低于其他欧洲国家，64%的受访者认为波兰对投资具有吸引力，45%的受访者看重波兰劳动力的专业素质，93%的物流公司和生产企业计划在未来几个月内引入创新解决方案，包括自动化、机器人技术、大数据以及分析工具。这些数据说明波兰物流业发展迅猛，朝着多样化、专业化、规范化前进。

美国亚马逊公司将在波兰开设第五个物流中心。在2017年，亚马逊在波兰西部的三个中心，已经提供了7000多个长期工作岗位和1.2万个短期工作机会，使得波兰的失业率创下了8%的历史新低。而自2014年以来，亚马逊在波兰投资超过30亿兹罗提（7.37亿美元）。①

波兰最大的物流企业MAG也为波兰提供了大量的就业机会，有利于波兰城市整体规划的实施、带动周边地区的发展、整合物流资源促进区域市场的形成、引发新的产业形态促进产业链的发展。

---

① 商务部国际贸易经济合作研究院、中国驻波兰大使馆经商参赞处、商务部对外投资和经济合作司：《对外投资合作国别（地区）指南——波兰2018版》。

随着经济的快速发展，全球经济一体化的形成，必然会导致全球生产一体化的形成，促使物流业在波兰社会生产和社会消费中的地位将越来越重要。物流业作为国民经济的支柱产业，正在体现着它的价值；同时物流业作为国民经济发展的动脉和基础产业，其发展程度成为衡量国家现代化程度和综合国力的重要指标之一。但是与老的欧盟成员国相比，波兰在物流层面的基础设施建设仍相对落后，这也制约了波兰整体物流业的进一步提升。

（二）海空物流相对平稳，铁路物流基础薄弱

近年来波兰开始更加注重物流基础设施的建设与发展，并就基础设施建设制定了详细的发展规划，以推动波兰物流产业运输方式的转变和物流绩效的提升。但是，正如本书第一篇第四章“基础设施研究”所述，由于受到既有基础设施的限制，波兰的物流整体发展在前些年相对缓慢，尤其是2007—2016年的铁路货运量一直呈现下滑趋势（如图Ⅲ-4-1所示）。

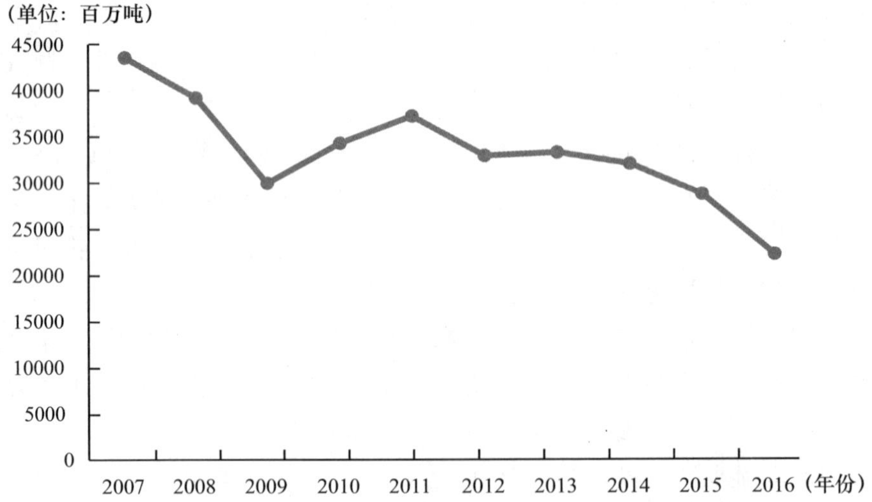

图Ⅲ-4-1　2007—2016年波兰铁路货运量

资料来源：“一带一路”大数据综合服务门户网（http：//www. bigdataobor. com/）。

对比铁路，波兰对空港基础设施和航空地面设施，特别是导航设施，近十年来进行了扩建和现代化改造（如表Ⅲ-4-1所示）。

表 III－4－1　　2007—2016 **年波兰物流货运量**

年份	航空货运量（百万吨）	货柜码头吞吐量（20 英尺当量单位）
2007	83	767567
2008	79	859341
2009	55	671552
2010	77	1045232
2011	39	1361165
2012	92	1669403
2013	98	1976475
2014	121	2051718
2015	115	1860800
2016	156	2028577

资料来源："一带一路"大数据综合服务门户网（http：//www. bigdataobor. com/）。

波兰的航空货运量从 2011 年开始连续五年呈现出稳定的上涨趋势，货柜码头吞吐量也自 2009 年起连续提升，五年间货柜码头吞吐量翻了近三番。金融危机后有关铁路、航空、航运的这三组数据清晰显示了波兰在物流层面的发展潜力。在欧盟尤其是大多数中东欧国家经济疲软时期，波兰的航空及码头物流数据仍能维持平稳提升，这一方面是波兰独特区位优势所带来的物流红利，另一方面也是国际社会对波兰经济潜力的肯定。同时，波兰铁路物流基础的薄弱在这三组数据中也表现得异常突出，成为制约波兰物流发展的一个重要瓶颈，但在另一个侧面表明，中国"一带一路"倡议下的中欧班列为波兰提升铁路物流能力提供了难得的发展机遇。

（三）物流绩效指数（LPI）连年提升

物流绩效指数是由世界银行发布的基于对跨国货运代理商和快递承运商的绩效调研得出的一系列数据指标，该数据综合反映了清关程序的效率、贸易和运输质量相关基础设施的质量、安排价格具有竞争力的货运难易度、物流服务的质量、追踪查询货物的能力以及货物在预定时间内到达收货地址的频率所建立的对一个国家的物流认知。

根据世界银行 2018 年公布的物流绩效指数数据，波兰的 LPI 综合得分为 3. 54，世界排名提升至第 28 名。如表 III－4－2 所示，波兰整体物流水平从2007年的全球第40名提升至2018年的第28名，物流绩效指数也从原有的3.04提升至2018年的3.54，可见波兰整体物流基础得到了较大改善。

表Ⅲ－4－2　　波兰物流绩效指数（2007—2018年）

年份	LPI得分	LPI排名
2007	3.04	40
2010	3.44	30
2012	3.43	30
2014	3.49	31
2016	3.43	33
2018	3.54	28

资料来源：世界银行物流绩效指数报告。

与2016年世界银行公布的物流绩效指数相比，2018年波兰在世界银行各个指标测量中的排名均有较大的提升（如表Ⅲ－4－3所示）。尤其是在国际货运能力方面，波兰的排名从2016年的全球第33名，提升至全球第12名，综合评分也提升至3.68分，与2018年物流综合绩效指标排名世界第一的德国在这一方面的得分仅差0.2分。结合表Ⅲ－4－1中的铁、海、空三种货运量数据不难看出，波兰当前国际货运能力的提升更多的仍是依赖其航空和海运，铁路货运能力仍有待提升，这一点在物流基础设施指标中体现得尤为明显。

表Ⅲ－4－3　　波兰物流绩效指数（2016年）

LPI（1＝很低……5＝很高）	2016年		2018年	
	数值	世界排名	数值	世界排名
综合分数	3.43	32	3.54	28
清关过程的复杂性（customs）	3.27	33	3.25	33
贸易运输相关基础设施质量（infrastructure）	3.17	45	3.21	35
具有竞争力的货运的难易度（international shipments）	3.44	33	3.68	12

续表

LPI （1 = 很低……5 = 很高）	2016 年		2018 年	
	数值	世界排名	数值	世界排名
物流服务的能力与质量（logistics competence）	3. 39	31	3. 58	29
物流服务的时效性（timeliness）	3. 8	37	3. 95	23
追踪查询货物的能力（tracking & tracing）	3. 46	37	3. 51	31

资料来源：世界银行物流绩效指数报告。

正如表 III －4 －4 中所示，波兰与贸易运输相关的基础设施质量指标起点较低，2007—2016 年波兰贸易和运输相关基础设施质量的数值一直维持在 3 左右，在全球中的排名也常年在第 40 名以后，这与波兰在物流其他方面的全球第 30 名左右的世界排名严重不符。值得欣喜的是，2018 年波兰物流基础设施排名有了较大的提升，从 2016 年的全球第 45 名提升至 2018 年的第 35 名。这是波兰迄今为止物流基础设施质量最高排名，体现了波兰近年来在物流方面的重点关注，尤其是随着“一带一路”倡议及中欧班列的不断深化。

表 III －4 －4　**波兰物流绩效指数：贸易和运输相关基础设施的质量**

年份	数值	排名
2007	2. 69	51
2010	2. 98	43
2012	3. 10	42
2014	3. 08	46
2016	3. 17	45
2018	3. 21	35

资料来源：世界银行物流绩效指数报告。

随着相关基础设施的不断完善，波兰的整体物流能力也相应提升。如表 III －4 －5 所示，波兰整体物流能力从 2007 年的世界排名第 38 名，提升至 2018 年的第 29 名，物流的追踪能力和时效性也同时得到了较大提升。尤其是在物流时效性上，在 2010 年波兰的物流时效性一度跃居全球第二名，当然这也与当时波兰主要发展近距离物流有关。从综合水平上来看，波兰2018年物流时效性为全球的第23名，历年得分均在3.5以上，具有中等偏上，且多数时候为较为优越的水平。

表III－4－5 波兰物流绩效指数：相关物流能力排名

年份	物流能力排名	物流追踪能力排名	物流时效性排名
2007	38	40	40
2010	36	33	2
2012	32	37	19
2014	33	27	15
2016	31	37	37
2018	29	31	23

资料来源：世界银行物流绩效指数报告。

波兰在物流基础设施建设方面的发展，为“一带一路”助力，积极促成中波物流合作，推动双边关系更加深入发展，这将对中欧关系的未来产生重要影响。下文将就波兰既有物流相关基础设施的发展情况进行简述，进而再探讨中波物流合作中的机遇与挑战。

二 波兰的物流基础设施及项目发展概况

（一）物流基础设施[①]

欧盟泛欧交通网络运输（Trans-European Transport Network，TEN-T）建设内容包括交通基础设施、运输管理体系以及定位与导航系统。其中，基础设施部分可分为公路、铁路、航运港口以及机场或相关运输方式连接枢纽等。该项目由欧盟各国共同制定，是涉及欧盟区域的交通设施建设计划。TEN-T提供欧盟援助，并选定30个优先发展的交通运输项目提供资金支持，以构建欧洲利益共同体。波兰作为欧盟成员国，为泛欧交通网出谋划策，也在其中获得了欧盟强有力的支持，有效解决了国内的交通发展

① 商务部国际贸易经济合作研究院、中国驻波兰大使馆经商参赞处、商务部对外投资和经济合作司：《对外投资合作国别（地区）指南——波兰2018版》。

瓶颈、加强了客货运输的通达性和流动性。

交通基础设施是物流产业发展的基础。如表 III - 4 - 6 中世界银行公布的数据显示，与老欧盟成员相比，波兰的基础设施建设相对落后。在 1995—2016 年，波兰交通运输里程数最长的是公路，高速公路和快速公路较少，优质公路所占的比例较低；其次是铁路里程数；而内河运输、原油和石油产品管线运输线路里程数所占比例有限。但是就世界银行公布的物流数据来看，波兰近年来铁路里程虽然增长，但是其承载量与港口、码头相比却稍显逊色。

表 III - 4 - 6　　1995—2016 年波兰交通运输基础设施基本情况

年份 / 运输方式	1995	2000	2003	2004	2012	2014	2016
高速公路（千米）	246	358	405	552		1556	1646.05
快速公路（千米）					1053	1244	1832.8
硬面公路（万千米）	23.7	25.0	24.9	25.2	28	28.8	29.4
经改造的公路（万千米）	19.6	20.6	22.0	22.4			
铁路运营线路（千米）	23986	22560	20665	20250	20094	19240	19132
单线线路（千米）	13693	12814	11425	11114			10505
电气化线路（千米）	11627	11905	12160	12017	11920	11830	11865
原油和石油产品管线（千米）	2278	2278	2293	2278	2444		2483
内河运输（千米）	3980	3813	3643	3638	3659		3655
航空运输线路（万千米）	10.8	9.0	9.3	9.2			

资料来源：《对外投资合作国别（地区）指南——波兰 2018 版》。

1. 公路运输

截至 2016 年，波兰共有硬面公路 29.4 万千米，国道 1.94 万千米。而截至 2016 年 9 月，波兰已经有超过 1646.05 千米的高速公路和超过 1832.8 千米的快速公路，它们一起构成的高速公路网络，总长达 3478.85 千米，允许车辆以超过 110 千米/小时的速度行驶。作为连接东西欧的枢纽，波兰政府正在加紧建设南北走向的 A1 高速公路，以打通连接波罗的海国家和中欧国家的走廊。同时，横贯欧洲大陆的 A2 高速公路也是波兰高速公路主干网的重要组成部分。

欧盟 2007—2013 年度用于基础设施和环境项目的资金达到 376.9 亿欧元，其中 257.8 亿欧元用于交通运输开发投资。波兰有 75% 计划资金直接来自欧盟预算，可以加快交通基础设施建设。2014—2020 年，波兰将从欧盟预算中获得 825 亿欧元的凝聚基金，这些基金也将投入欧盟预算的关键道路，加强 TEN-T 建设。

2. 铁路运输

截至 2016 年，波兰拥有铁路网线 1.91 万千米，其中单线铁路 10505 千米，双线及多线铁路 8726 千米，希隆斯克省域内长度为 1970 千米，居各省首位。铁路密度为 6.2 千米/百平方千米，高于欧盟平均水平。波兰电气化铁路 11865 千米，其中国有铁路网 1.15 万千米。铁路总体电气化率为 61.7%，国有铁路网电气化率达 99%。

波兰是全长 5400 千米的跨欧洲铁路运输网络（TEN-T）的重要组成部分，现有 4 条国际铁路运输走廊途经波兰。其中，2 条位于欧盟境内，一条是从波兰格但斯克港向南延伸至地中海，另一条从荷兰经德国、波兰至波罗的海三国。另 2 条分别经白俄罗斯、乌克兰，再通过俄罗斯连接亚洲各国。在客运方面，波兰连接西方主要使用的线路是由奥德河畔法兰克福经波兹南至华沙，其中运营有柏林—华沙的欧洲城际列车，每天对开 4 班。在华沙—布列斯特—明斯克—莫斯科的线路上有两条分支可分别通往拉脱维亚首都里加、立陶宛首都维尔纽斯及乌克兰首都基辅。再往南，由西至东的过境路线从科特布斯（过境福斯特）经扎甘、弗罗茨瓦夫、卡托维兹和克拉科夫通往乌克兰边境普热梅希尔，这条线路运行有汉堡—克拉科夫的欧洲城际列车。由德累斯顿经格尔利茨/兹戈热莱茨至弗罗茨瓦夫并有支线通往文格利涅茨的线路主要担当德国与波兰间的铁路货运任务，并提供德累斯顿—弗罗茨瓦夫快车。

但波兰的国内铁路和国际铁路比较陈旧，特别是位于跨欧运输过道的铁路需要现代化改造和适应欧洲标准。因此，最近几年波兰在对已有的基础设施进行改造。如表 III－4－7 的数据可以看出，波兰运营铁路里程数从 2011 年的 19725 千米开始呈现持续下降态势，至 2016 年铁路里程数为 18429 千米。

表 III-4-7　　2007—2016 年波兰运营铁路总里程

年份	铁路总里程（千米）
2007	19419
2008	19627
2009	19764
2010	19702
2011	19725
2012	19617
2013	18959
2014	18942
2015	18510
2016	18429

资料来源："一带一路"大数据综合服务门户网站（http：//www. bigdataobor. com/）。

3. 内河运输

2012 年，波兰有内河航道里程共 3655 千米，奥德河及其支流是内河航运的主航道，而奥德河水道位于 TEN-T 跨欧洲交通网上，主要为什切青和希维诺乌伊希切两个港口提供航运服务。总体而言，波兰各港口的基础设施质量不高。如表 III-4-8 所示，2012 年以前，波兰的港口基础设施质量处于中等偏下水平，2012 年以后波兰的港口基础设施陆续进行升级改造，欧盟基金出资 5 亿兹罗提（约 1. 19 亿欧元）进行支持，使其港口基础设施质量得到不断的提升，至 2014 年突破了 4 分门槛。

由于内河航运环保性强，近年在波兰运输中的作用日益提高。截至 2015 年底，波兰主要港口包括格但斯克、格丁尼亚、什切青、希维诺乌伊希切、波利采、科沃布热格等，全年到港船只达到 18169 艘。同时各港提供服务有所侧重：格丁尼亚为北波罗的海最大集装箱港口，格但斯克海港是波罗的海最大的石油中转码头之一，什切青和希维诺乌伊希切海港组为波兰最大轮渡码头，其他地区级港口如科罗布塞格、达尔沃夫、埃尔布隆格主要发挥旅游和渔港的作用，都为波兰的内河航运提供重要支撑。

表 III－4－8　　2007 年—2016 年波兰港口基础设施质量

年份	波兰港口基础设施质量（7 分为十分发达高效）
2007	3. 199
2008	2. 621
2009	2. 816
2010	3. 258
2011	3. 400
2012	3. 500
2013	3. 700
2014	4. 000
2015	4. 021
2016	4. 000

资料来源："一带一路"大数据综合服务门户网站（http：//www. bigdataobor. com/）。

4. 航空运输

航空运输是波兰综合交通体系的重点之一。波兰现有 13 个国际机场，其中 12 个为地区级空港，重要空港位于华沙、克拉科夫、格但斯克、波兹南、弗罗茨瓦夫和卡托维茨。近年来，波兰对空港基础设施和航空地面设施，特别对导航设施进行了扩建和现代化改造。2008 年华沙机场新航站楼启用，其他 7 个 TEN-T 跨欧洲交通网上的机场，包括波兹南、什切青、弗罗茨瓦夫、格但斯克、热舒夫、克拉科夫、卡托维兹的机场也正在进行扩建和现代化改造，计划将新建 5 座航站楼。

2013 年，波兰发展部提出在华沙以西的马佐维亚建设吞吐量为 4500 万人次的中央机场，投资额约 31 亿欧元，有效发展支线机场，特别是东部和西北部地区，以此提高空运在联合运输中的份额；通过执行"单一欧洲天空计划"增加空域容量；同时波兰政府正在为波兰航空公司 LOT 寻求投资者，波方有意与中国在开发远东和欧洲航空市场方面开展更紧密的合作。波兰将通过建设货运基础设施并确保航空运输与公路和铁路的连接来实现这些目标。

5. 通信互联网

波兰电信发展非常重视改善固定线路和移动数据传输服务，包括宽带和第四代移动电话服务，通信业入网服务增长最快。2015 年，92.7% 的公司连接了互联网，其中 91.9% 使用宽带，61.5% 的企业使用移动宽带，65.4% 的企业拥有自己的网站。77.9% 的家庭至少拥有一部电脑，75.8% 的家庭使用互联网。由于安装成本和上网价格大幅降低，上网人数不断增加。旅游景点、酒店、办公楼、饭店、咖啡厅等开通无线上网接入点的数量也在逐渐增加。

波兰互联网市场的价值为 50.7 亿兹罗提。市场份额最大的是“ORANGE”公司，该公司为波兰 30% 的互联网用户提供服务。波兰的互联网用户在 2015 年达到 1400 万，48% 是通过 2G/3G 调制解调器接入方式，xDSL 线路方式占 20%。

（二）物流基础设施项目建设

现今，物流运输基础设施建设是衡量一个国家和社会经济发展的重要评判标准。波兰为了完善国内物流运输基础设施，积极启动基础设施项目建设。2017 年波兰先后启动了海运经济及内河航运项目、什切青格拉博斯基半岛项目和希维诺乌伊希切集装箱码头项目。波兰将发展港口和海滨基础设施，发展集装箱码头项目，加强港口的经济作用，提高海上运输的重要性。开辟公路、铁路及内陆航运在内的与海运港口连接的内陆运输走廊。

海运经济及内河航运项目：该项目旨在修建西里西亚运河，以便将克拉科夫附近维斯瓦河上游航道的运河段与肯杰任—科兹莱附近的奥德航道连通，并将其接入欧洲航道系统。该项目的实施能够开启将克拉科夫和西里西亚工业区的大批货物运往弗罗茨瓦夫，以及进一步运往西欧和捷克共和国境内（通过科兹莱与俄斯特拉发之间的水路连接）的新通道。预估投资成本为 110 亿兹罗提（约合 29 亿美元）。

什切青格拉博斯基半岛项目：格拉博斯基半岛位于港口中心，该位置允许建立一个新的港口基础设施（包括新码头）并开设港口相关行业。根据计划，将在格拉博斯基半岛西侧设立三个码头以供处理普通货物——集装箱、常规货物和超重货物。在东侧，将开设三个新的散装货物码头。将利用格拉博斯基半岛中部大约 25 公顷土地作为普通货物码头以及利用在散装货物码头卸载的原材料的港口相关行业的物流腹地进行投资。港口管理局准备为投资者提供具有完善基础设施的开发区，并准备正式投资物流活动、装卸设施和存储设施或港口相关行业。

希维诺乌伊希切集装箱码头项目：什切青和希维诺乌伊希切海港管理局计划在希维诺乌伊希切的外港口以东开设新的集装箱码头。这两个港口均可通往对维护德国市场尤为重要的西欧内河航道系统。过境运输驳船可直接到达柏林和勃兰登堡的重要经济活动中心。码头将位于希维诺乌伊希切的外港口以东，枢纽码头为远洋轮船提供服务，目标年生产能力为150万标准集装箱。该项目在投资阶段目标为50万标准集装箱，运营阶段将提升至100万标准集装箱，达到目标流通量后将拥有高达150万标准集装箱的运力。与此同时，港口管理局准备为投资者提供具有完善基础设施的开发区并准备合法和正式投资物流活动、装卸设施和存储设施或港口相关行业。

同时根据波兰基础设施与发展部公布的《2020交通发展战略及2030年展望》报告，波兰将投资203亿欧元用于新建和改造相关道路。其中，波兰东部公路建设地位突出，尤其是改善比亚斯托克和卢布林两大城市与华沙之间的公路状况，优先考虑高速公路和快速公路的建设，并广泛采用政府与社会资本合作的模式来建设新的高速公路，计划2020前实现加入欧盟时的承诺，建成7200千米的高速公路和快速公路网，其中高速公路2000千米。

未来几年，波兰计划将货运火车提速到120千米/小时，并完成华沙中央站、格丁尼亚、弗诺茨瓦夫、克拉科夫火车站的现代化改造以及华沙西站、华沙东站、波兹南中央站、卡托维兹站、罗兹站等火车站的建设。欧洲投资银行为波兰铁路公司PKP PLK贷款2.5亿欧元，以用于华沙至卢布林171千米铁路的现代化改造和卢克夫至卢布林51千米货运支线的重建。预计2030年波兰将完成大部分铁路系统的现代化改造，连接泛欧交通网的车辆最低时速将达到100千米。

波兰最新提出建设格但斯克外港深水集装箱码头以及格但斯克港和格丁尼亚港仓储物流园区。波兰海洋经济及内河航道部门也在研究内河航运业发展战略，推进在维斯瓦河沙嘴建设运河的项目，该项目的目标是通过修建9座拦河坝，使从华沙到格但斯克的维斯瓦河航道达到国际航道等级；除运输功能外还提供防洪保护，拦截维斯瓦河下游的水流；还将有助于确保内陆水道与格但斯克和格丁尼亚海港之间的通航顺畅，并增加河流航运运输能力。此外，该项目将为水力发电厂的电力生产带来巨大的便利，并将影响位于华沙至格但斯克一带维斯瓦河沿岸地区的经济活动。此工程预计投资成本为315亿兹罗提（约84亿美元），计划2022年完工。

在波兰的国家发展战略中，将公路、铁路、航运、空运等领域列为重点投资方向，制定了大力兴建基础设施的战略计划，为其成为“一带一路”物流中心奠定基石。

第二节　中波物流合作的基础及进展

“丝绸之路经济带”作为世界上最长、最具有发展潜力的经济大走廊，连接着活跃的东南亚市场经济体和发达的欧洲市场经济体，涵盖中亚、南亚、西亚、东南亚和中东欧等国家地区，“一带一路”沿线惠及人口超过了全球人口的70%。波兰作为“一带一路”沿线进入欧洲的重要节点国家，参与“一带一路”建设契合其努力打造中东欧地区经济纵贯线的发展目标，为中国与波兰开展物流方面的合作提供了动力。

一　中波物流合作的区位基础

作为“欧洲的心脏”，波兰地理位置优越，且地势平坦，海拔200米以下的平原约占全国面积的72%，全境地势广阔、河湖密布。其中华沙是波兰的第一大城市，位于国内中部平原上，横跨维斯瓦河，是全国最大的交通运输枢纽、中欧国家贸易的通商要道，自古以来就是繁华之地；罗兹是波兰第三大城市，位于波兰中部维斯瓦河与瓦尔塔河的分水岭上，很多公司都在罗兹设立他们的物流中心；滨海省首府格但斯克市位于波罗的海沿岸维斯瓦河的入海口，是波兰北部最大的城市，与索波特和格丁尼亚两市形成庞大的港口城市联合体——三联城，是全波罗的海唯一能让最大的远洋集装箱船舶直接靠泊的集装箱码头，货运总量位居第二。天然的地理优势使波兰非常适合发展交通运输业，而交通运输等基础设施的建设优势为物流业的发展提供了必要的物质基础。

波兰是欧洲“大陆级”骨干运输线必不可少的组成部分。长久以来，波兰政府也一直致力于将波兰打造成为连接东西欧的交通运输中心，并借此发展成为国际货物进出欧洲市场的集散地。波兰是中欧陆路运输路线上中国货物进入欧洲的首个欧盟成员国，也是欧洲经济区成员国的第 1 站。波兰和欧洲的产品与中国产品之间的往来运输借助于中欧铁路货运通道，有助于平衡双边贸易结构，实现互利共赢。因此，波兰在参与“一带一路”建设过程中，积极发挥其先天的地理优势，致力于成为“一带一路”沿线互联互通的物流中心。

在“一带一路”倡议推行前，波兰已经拥有多条国际公路通向欧洲各处，而随着“一带一路”倡议的不断推进，包括“蓉欧”“渝新欧”“义新欧”“苏满欧”等在内的 20 余条中欧班列纷纷通向波兰，进而辐射整个欧洲大陆。目前，中国和波兰之间只存在两个海关口岸：一进入哈萨克斯坦，货物就进入欧亚经济联盟；而为了进入欧盟以及欧洲经济区，货物只需要在白俄罗斯和波兰的边界进行再一次清关。中国与哈萨克斯坦、白俄罗斯与波兰这两个海关口岸，同时也是波兰和中国标准轨距铁路系统以及欧亚经济联盟宽轨铁路系统的边界。随着中欧班列的成功开通运营，货物的运输距离和时间大大缩短，运输成本下降，不仅吸引了波兰的进口商，中欧班列也成了周边国家越来越多商家的选择。

二　中波物流合作进展

作为中东欧 16 国之首，波兰是中东欧地区最有发展潜力的国家。“16 + 1”合作和“一带一路”倡议推动中波双边经贸合作不断增强，而随着中波贸易规模、投资活动和人员往来的日益扩大，对双方的物流合作提出了更高要求。

2015 年 11 月，中波签署共同推进“一带一路”建设的谅解备忘录，双方将在基础设施建设、工业园区和运输物流等重点领域开展合作。2016 年 6 月习近平主席访问波兰期间，与波兰总统杜达举行会谈，两国元首一致决定将中波关系提升至全面战略伙伴关系，并且双方达成共识加强“一带一路”倡议和《负责任的发展战略》对接，共同组织编制中波合作规划纲要。同时，中波两国还签署了包括《关于加强物流基础设施投资合作的谅解备忘录》在内的多项合作协议。这些举措为中波深化物流合作提供了难得的历史机遇。

2016 年 8 月，中国商务部欧洲司商务参赞吴景春在“中国—中东欧国家物流基础设施投资合作推介活动”的致辞中表示，物流基础设施建设是“一带一路”各领域建设的重要基石，也是“一带一路”倡议中架接设施联通和贸易畅通的桥梁。2017 年 7 月，全国人大常委会委员长张德江访问波兰并与波兰众议院议长库赫钦斯基、波兰副总理兼经济发展部和财政部部长莫拉维茨基共同出席在波兰首都华沙举行的“中国—波兰‘一带一路’合作暨物流基础设施投资论坛”。张德江委员长在论坛发表的主旨演讲中表示，波兰是中国在欧盟和中东欧地区的重要合作伙伴，双方发展战略高度契合，经济互补优势更加凸显，在现有机制框架内深化互利合作的潜力巨大、前景广阔。随着中波贸易规模、投资活动和人员往来日益扩大，对物流、交通、港口等基础设施的承载力提出了更高要求，中方愿鼓励实力强、信誉好的企业参与波兰公路、铁路、港口、机场、仓储和园区等物流基础设施项目建设。波兰投资与贸易局执行副局长森格尔，以及来自中国铁总、中国铁建、中国路桥、中航技、大龙网的中国企业高管，波兰中央交通港、波兰铁路总公司、波兰海洋经济与内河航运部的代表，亚洲基础设施投资银行、中国—中东欧金融公司、波兰发展基金等金融机构的代表参会，促进了双方政府部门和企业界在物流合作领域的交流。①

2017 年罗兹物流和运转园区项目正式启动。该项目以成都至波兰华沙的“蓉欧快铁”中欧班列为基础，由波兰 Hatrans 物流公司与中国民营企业“新丝绸之路有限公司”成立的合资公司共同负责运营，中波合资公司的持股占比分别为波方持股 51%，中方持股 49%。Hatrans 物流管理代表噶尔斯特卡（Jakub Garstka）称这样的股份结构是为了享受波兰政府的政策优惠，实际上，公司所有决策和投资都是由双方共同决定的。此次中波合作主要依托蓉欧快铁的优势，充分利用波兰“十字路口”的地理优势及罗兹发达的铁路交通网络，在罗兹经济特区管理委员会指定适合的投资区域建立物流和运转中心。罗兹物流和运转园区将借助罗兹国际机场、蓉欧快铁、A1 和 A2 高速公路的交通条件，建造一个 21 世纪新型物流中心，集仓库、冷藏室、分拣中心、包装区、重装部于一体，打造一个综合物流中心。

---

① 《张德江委员长出席“中国—波兰‘一带一路’合作暨物流基础设施投资论坛”并发表主旨演讲》（http：//www. china-ceec. org/chn/sbhz/t1478902. htm）。

同时在中欧班列的吸引下，PKP 货运集团作为波兰第一大、欧盟第二大铁路货运公司，也在寻找中国合作伙伴。当前 PKP 货运集团与中国的合作方式主要有三个方式：第一，跟河南省政府合作，为郑州—汉堡班列提供定期的货运服务；第二，为货物运输公司提供列车，提供几百千米的运输；第三，为同中方合作的中欧物流公司提供货运服务，相当于第三方服务商。鉴于波兰“十字路口”的区位优势，东西通道是中国提出的“一带一路”，南北通道是欧盟提出的波罗的海—亚得里亚海走廊，这两个通道给铁路货运带来了前所未有的机遇，该公司还有望在罗兹市增加物流投入。为了迎接这样的机遇，PKP 货运在 2015 年 9 月购买了 15 个新的多系统火车头。这些火车头可以适应欧盟不同国家的电压，从而畅通无阻地从波兰经过德国到达荷兰。目前，PKP 货运主要在位于波兰和白俄罗斯边境的马瓦谢维切联运枢纽收货，然后再将货物集散到其他地区。通过收购 AWT，PKP 货运还把位于波兰和捷克边境的 Ostrava-Paskov 联运枢纽收入囊中。

除此之外，国内的物流集团积极拓展在波兰的物流业务。对于物流企业而言，选择波兰作为欧洲物流区域中心，可以进一步向德国、比利时和荷兰进行辐射。2015 年中国最大的民营物流集团环世物流集团与波兰 ATC 货运公司在中国成立了合资物流公司——波中国际物流（中国）有限公司。环世物流集团收购 ATC 公司 7.54% 的股份后，成为该公司第五大股东，并于 2018 年 3 月 23 日在波兰的格但斯克成立其欧洲区域公司总部，打造欧洲区域物流中心。

第三节　中欧班列与物流合作的前景

中欧班列是指中国开往欧洲的快速货物班列，适合装运集装箱的货运编组列车。中欧班列运输协调委员会第二次全体会议公布的数据显示，中欧班列自 2011 年首次开行至 2018 年 8 月以来，累计开行量已达 10000 列，其中 2018 年上半年开行量已达 2490 列；运行线路 61 条，国内开行城市 38 个，连接欧洲 13 个国家的 36 个城市。

目前已开通的中欧班列大多途经波兰或以波兰为终点站，有条件成为“一带一路”通往欧洲的“门户”，波兰把中欧班列视为波兰与全球经济深度融合的新契机。

一　以波兰为终点的中欧班列

（一）蓉欧快线①

2013 年至 2015 年蓉欧快铁线路的运营商是波兰物流公司哈特兰斯（Hatrans）。1989 年该公司在罗兹市成立，但是过高的空运成本和海运成本需要公司寻找新的运输备选。幸好，2010 年白俄罗斯、俄罗斯与哈萨克斯坦签署的《欧亚关税同盟条约》让货运火车的时间从 21 天先缩短到 16 天，再缩短到 15 天。后来，由于成都市政府的大力支持，成都作为火车始发站具有更大的潜力。2013 年 4 月 26 日正式开通的蓉欧货运快铁是链接波兰罗兹省罗兹市和中国四川成都市的一座桥梁。

目前蓉欧快铁从成都青白江出发直达波兰罗兹站，全程运行 12 天，1—3 天内货物可分送至欧洲任何地方，是目前国内运行时间最短，最早实现冬季不停运的中欧班列。蓉欧快铁在波兰的物流中心除了罗兹以外，还新增了库特诺。库特诺市也位于罗兹省。之所以选择库特诺，是因为和罗兹市相比较，该地拥有的国际联运铁路港站是欧洲大陆最重要的物流枢纽之一，大量来自亚欧的集装箱货物通过铁路和公路在此中转，更有利于货物的及时转运。

蓉欧快铁分为三线：北线，中线和南线。蓉欧快铁最核心的线路是中线，指成都至罗兹的线路，总长度为 9826 千米。通过线路优化，蓉欧快铁 11—12 天就能从成都抵达罗兹、库特诺或者波兹南。列车需要经过五个国家——中国、哈萨克斯坦、俄罗斯、白俄罗斯及波兰，而经过的大站、集结点及分拨点有中国成都、阿拉山口，哈萨克斯坦拉干达与首都阿斯塔纳，白俄罗斯首都斯明斯克和布列斯特，波兰马拉舍维奇、库特诺和罗兹。其中北线是指成都—俄罗斯线路。蓉欧快铁还有两条南线班列为成都—土耳其及中东与成都—阿拉木图（哈萨克斯坦）。

蓉欧快铁通过提高和优化运输时效和流程，为西南和全国生产和贸易企业提供高效、优质、安全的亚欧物流服务，为长江经济带和新丝绸之路

---

① PAWEL ADAM STRZEWICZEK：《蓉欧快铁的发展及其对波兰—中国贸易的影响》，硕士学位论文，电子科技大学，2018 年 6 月，第三章。

经济带的融合发挥了有力的推动作用。中国通过蓉欧快铁运往波兰的是各种产品的零件，不仅有小型电子元件、各种电器、设备零件，也包括空客飞机这种大型产品的零件，还有服装、鞋类、广告用品、室内装饰品及园林用品。主要出口货物为彩色液晶显示板、灯具、台式电脑主机、汽车、连接器、路由器。出口商品中以掌上电脑、笔记本电脑、台式电脑、硬盘驱动器、汽车零配件等电子信息高附加值产品为主。在返程列车上则会有波兰的食品、苹果、肉、牛奶与奶制品、甜品甜点、酒类、果汁、矿泉水。此外，运往成都的班列也会搭载工业原料、冶金、机械和电子产品、瑞典与德国的钢材、电子元件等方方面面的货物。

随着蓉欧快铁的建成与发展，打通了连接欧洲陆路的大通道，促进了四川省与罗兹省的合作。2014 年在成都成立的罗兹省与罗兹市办事处，负责宣传和促进两国经贸。2015 年为了推动四川省和波兰的关系，罗兹市和成都市建立了友好城市关系。此外，成都在罗兹成立了成都总商会驻波兰罗兹代表处。同年波兰与四川的进出口总额达 1.23 亿美元，其中，四川从波兰进口 3400 万美元，同比增长 36%。2016 年 6 月，中国诚通集团旗下的中国物流有限公司签约入驻成都国际铁路港，拟投资 20 亿元建设中欧非国际贸易和物流枢纽中心青白江项目。成都中欧速运通国际货运代理、波兰新达中国商品批发城等 5 家国际货运代理服务、电子商务、综合贸易类企业也集中签约入驻国际铁路港。2017 年 5 月，中国—欧洲中心揭牌，包括中国—波兰创新中心，致力于推动波兰公司与四川当地的合作沟通。蓉欧快铁成为中波物流合作的亮点。

（二）苏满欧铁路①

2012 年以来，上海铁路局、苏州高新区综保区、俄罗斯铁道部三方积极筹划打通苏州西向国际物流通路。同年 11 月 12 日，苏州—波兰华沙的铁路货运专线开通，以苏州铁路货运西站为起点，北上经满洲里出境，途经俄罗斯，最后到达波兰华沙，全程 1.12 万千米，纵贯华东、华北、东北，横跨俄罗斯全境。相较其他地区的中欧线路，“苏满欧”铁路运输专线途经国家少，关务过境环节便捷，单据要求简单，出境环境稳定，运

---

① 陈相芬：《“苏满欧”班列对国际商贸流通的影响研究》，《商业经济研究》2016 年第 13 期。

输速度快，填补了中国东部沿海地区一直没有直达欧洲的长途铁路货运通道的空白。

2013 年 9 月 29 日，苏满欧首列“定点、定时、定线、定车次、定价格”的五定班列开行。2014 年 7 月 1 日，苏满欧被明确为全国中欧班列中的东线，纳入全国铁路运营图。2014 年 12 月 10 日，苏满欧升级为行包快速货物班列；14 日，由全欧洲收货、波兰马拉舍维奇始发的苏满欧首列进口班列抵达苏州，全程用时 15 天。2015 年 7 月，苏满欧进口班列实现常态化运行。目前，苏满欧进口班列全程最短 14 天，出口最短 12 天。

长三角地区是中国经济发达地区，进出口贸易逾全国的 1/3，而苏州是中国“长三角”经济带的核心地区，以电子产品闻名于世，占据江苏省的 1/4。苏州及周边地区是中国制造业最发达的区域之一，产品大量出口到德国、波兰、俄罗斯、法国等，主要包括服装、厨房用具、小家电、电子设备、建材等，由于贸易量的不断增加，现江苏省货源只占 38.60%，而 60% 来自省外，浙江省货源占比 23.50%，上海市货源占比 13.38%，剩余的则来自广东、福建、山东等地。其次苏满欧进口班列的货物也主要来自德国、俄罗斯、法国等，产品以金属材料、电子器件等为主。

随着“一带一路”建设的不断推进，这条被誉为“铁轨上的新丝路”，实现了真正意义上的“全球购”。2017 年 4 月，苏满欧班列已开出 300 列，稳居中欧班列货运量第一方阵，列华东地区第一位，不仅仅是发出量在增加，通过苏满欧集装箱回程的列车也达到了 7 列。苏满欧国际货运班列，能够让中国的产品特别是高科技含量集中的电子产品打开欧盟国家市场，为“中国制造”走向欧洲乃至世界搭建平台，将对“一带一路”计划的实施起到巨大的推动作用。

（三）厦蓉欧班列

厦蓉欧班列 2015 年初开始筹备，于 2015 年 8 月 16 日开出第一列班车，起点位于厦门自贸试验区，连接蓉欧快铁，经成都至新疆阿拉山口出境，途经哈萨克斯坦、俄罗斯等国直达波兰罗兹，全程 12043 千米，其中国内段 5324 千米、国外段 6719 千米，全程运行时间 14 天。目前厦蓉欧班列运行平稳，每周两列，周四、周日由厦门海沧发车。班列运行站点继波兰罗兹外，还陆续开通了德国纽伦堡、荷兰蒂尔堡专线。班列主要运载产品包含机械、电子、五金、服装轻工、石材、建材、进口食品等类别。

2016 年 4 月 24 日，来自中国台湾的一批电脑配件，搭乘首列“台厦欧”班列从厦门海沧保税港区出发，前往波兰罗兹市，“厦欧”国际货运班列起点正式延伸至台湾，形成一条跨海运、横贯亚欧大陆的“台厦欧”班列，让大陆、台湾地区和东南亚以及欧洲紧密串联在一起，“一带一路”辐射面不断扩大。厦蓉欧为货物往来中波及欧洲各国开辟了物流新通道，搭建对接亚欧大陆，加快引进来和走出去的新平台，在参与国际产能合作中发挥了重要的桥梁纽带作用，厦门成为唯一实现“一带”与“一路”无缝对接的海陆枢纽城市，厦门自贸片区的优越性也得到进一步凸显，即基于以厦门为中心的海西、东盟地区与欧洲地区产业互补性需求，着力构建“一中心（全球贸易采购分销中心）二基地（国际产能合作基地、过境货物中转基地）三平台（综合物流服务平台、跨境电商服务平台、供应链金融服务平台）”，有效促进国际产能合作，并为亚欧国际贸易提供完善的配套服务。

（四）营口至华沙、陕新欧、钦州至马拉舍维奇

2015 年 6 月 12 日，营口港直达华沙的中欧班列开行，这是营口港第二个经满洲里口岸过境直达欧洲的国际集装箱班列，是中国华东地区、华南地区、福建地区、环渤海地区以及辽宁省产品走向国际的又一辆“直通车”，途经后贝加尔、赤塔、伊尔库斯克、新西伯利亚、叶卡捷琳堡、莫斯科、布利斯特、马瓦谢维切直至华沙，全程 10500 千米，每周两班，全程运行 14 天左右。

营口是中蒙俄经济走廊的重要节点，是丝绸之路经济带东线的重要交通枢纽，开行中欧班列具有得天独厚的区位优势。中欧班列的开通是贯彻落实国家“一带一路”倡议，推进与丝绸之路沿线国家道路联通、贸易互通的重要举措，也是辽宁推进东北老工业基地振兴、发展外向型经济的重要途径。辽宁省是“一带一路”规划中 18 个重要省区之一，此次中欧班列的开行将成为辽宁主动融入国家“一带一路”倡议，发展“辽满欧”综合运输大通道建设的重要支撑。

2016 年 8 月 18 日，陕新欧班列由西安港出发，一路向西奔向波兰华沙。这趟班列由新疆阿拉山口出境，途经哈萨克斯坦、俄罗斯、白俄罗

斯、波兰等4个国家，全程9048千米，运行时间为12天，实现了中国内陆货物由西安通过铁路直达欧洲，成为陕西和欧洲经贸往来合作的新桥梁。主要产品有机械设备和配件、家居、灯饰、饮水机、制冰机、铝型材、服装、电子设备等。其中外地货源占80%；本地货源占20%，本地货源主要包括机械设备、铝型材、工艺品等。陕新欧标志着西安至华沙的中欧班列正式开行，为推进陕西向西开放，助力丝绸之路经济带建设构建了全新的国际物流大通道。

2018年1月17日，从钦州港东站始发，从阿拉山口出境，最终抵达波兰马拉舍维奇的班列，全程11000多千米，运行时间18—20天，相对海运节省12天以上，具有明显的时效性和稳定性优势。开通钦州至马拉舍维奇班列，开辟了一条从东盟国家经广西，连接中国西南中南地区，直至中亚、欧洲的国际陆海贸易新通道，推动形成陆海内外联动、东西双向互济的全面开放新格局的重要举措，对于充分发挥广西对东盟陆海相连的独特优势，实现“一带”与“一路”有机衔接，增进中国与东盟、中亚、东欧等地区交流，实现“五通”具有重要意义。

二　途径波兰的中欧班列

中欧班列成了“一带一路”倡议在波兰的具体呈现，成为波兰了解这一倡议的最好窗口。

（一）渝新欧班列（重庆—杜伊斯堡）

2011年3月19日，渝新欧国际铁路首次开通，满载着在重庆制造的笔记本电脑等相关产品，从重庆团结村站始发，由阿拉山口出境，途经哈萨克斯坦、俄罗斯、白俄罗斯、波兰至德国杜伊斯堡站，全程约1.1万千米，运行时间约15天。

由此，渝新欧（重庆）物流有限公司于2012年成立，提供集装箱公共班列服务、国际铁路运输服务、定制化多样式联运物流服务、拼箱集运服务、中欧国际拖车服务。其中集装箱公共班列从渝新欧物流2012年成立以来就一直是它的优势，与传统的货运相比，渝新欧的国际班列平均运行时间为13—15天。

2016年渝新欧还新增了途经霍尔果斯、二连浩特口岸的两条出境线路，以及德国黑尔纳、汉堡和立陶宛舍什托凯等分拨点。目前渝新欧已在德国、荷兰比利时等12个国家建立集结分拨点，可辐射沿线40多个城市，并成立了欧洲办事处以加强对欧洲市场的货源开发能力。

（二）汉新欧班列（武汉—汉堡/杜伊斯堡）

2012年10月24日，武汉市政府成功开通了汉新欧国际铁路货运大通道，成为武汉市积极融入“一带一路”和长江经济带建设、建设亚欧经济廊道的具体体现。这条连接中国中部与中亚、俄罗斯和欧洲的国际铁路货运大通道从武汉吴家山站始发，由经满洲里/阿拉山口出境，途经哈萨克斯坦、俄罗斯、白俄罗斯、波兰、捷克到德国的汉堡/杜伊斯堡，全程10324千米左右，运行时间约15天，比江海联运（经长江水运至上海出海至欧洲）节约了30天左右，辐射方圆1200千米。货源主要是武汉生产的笔记本电脑等消费电子产品，以及周边地区的其他货物。

汉新欧加快了实现通道化、枢纽化物流网络的建设，搭建了与沿途国家经济联系的桥梁，是湖北省向西开放、融入新丝绸之路经济带的开路先锋，是建设中亚欧经济带廊道综合性物流枢纽的中心。对于武汉市发展世界性产业集群，成为中国中部国际物流中心、国际航运中心和国际贸易中心奠定了坚实的基础。

（三）郑欧班列（郑州—汉堡）

首列郑欧班列于2013年7月18日开行，从郑州圃田站始发，由阿拉山口出境，途经哈萨克斯坦、俄罗斯、白俄罗斯、波兰至德国汉堡站，全程10245千米，运行时间约15天。货源主要来自河南、山东、浙江、福建等中东部省市。货品种类包括轮胎、高档服装、文体用品、工艺品等。2014年，郑欧班列的班次号经“80601次”调整为“80001次”后，可享受中国境内行驶全程“绿灯”待遇。该班列从郑州铁路集装箱中心站发车后，不停靠、不让车，一站直达新疆阿拉山口岸，运行时间由原先的89小时缩短至63小时，给客户节省了26小时的物流时间，全程运行时间缩短了1天。

2017年，郑新欧班列增开至慕尼黑的班列，实现每周“八去八回”常态化均衡开行，境外覆盖24个国家、121个城市。2017全年累计开行500班，累计货值27.36亿美元，货重26.20万吨，与境内外1700余家一线物流企业建立了长期合作关系，形成了境内外“双枢纽”的物流集疏体系。2018年10月24日，比利时列日至郑州中欧班列正式开通，这是中国与比利时的第三条中欧班列。

（四）义新欧班列（义乌—马德里）

2014 年 7 月 1 日，义新欧正式纳入中国铁路总公司的中欧班列的序列，目的地暂时为中亚 5 国。2014 年 11 月 18 日上午 11 点多首发，从义乌铁路西站到西班牙马德里，通过新疆阿拉山口口岸出境，途经哈萨克斯坦、俄罗斯、白俄罗斯、波兰、德国、法国、西班牙，全程 13000 千米，运行时间约 21 天。首趟中欧班列（义乌—马德里）有 41 节车厢，运载 82 个标准集装箱出口，全长 550 多米。是目前中国史上行程最长、途经城市和国家最多、境外铁路换轨次数最多的火车专列。义新欧沿着“丝绸之路”直奔新疆阿拉山口边境口岸，连接亚洲与欧洲，已经成为义乌“走出去”“引进来”的重要通道。

（五）湘欧班列（长沙—杜伊斯堡）

2014 年 10 月 30 日，湘新欧国际铁路集装箱货运班列（又称湘欧快铁）在长沙霞凝货场始发，具体实行“一主两辅”运行路线。“一主”为长沙至德国杜伊斯堡，通过新疆阿拉山口出境，途经哈萨克斯坦、俄罗斯、白俄罗斯、波兰、德国，全程 11808 千米，运行时间 18 天。“两辅”一条是经新疆霍尔果斯出境，最终抵达乌兹别克斯坦的塔什干，全程 6146 千米，运行时间 11 天；“两辅”另一条经二连浩特（或满洲里）出境后，到达俄罗斯莫斯科，全程 8047 千米（或 10090 千米），运行时间 13 天（或 15 天）。2015 年 1 月平台公司成立，同年 9 月 29 日实现常态化运营，12 月开始回程班列并冷藏箱试运行。湘新欧出口货物主要有电子产品、陶瓷、服饰、灯具、机械配件、化工、纺织品、食品、钢材等，进口的主要是矿产品、化工品、成套设备、食品、奶品及制品、饮品、水果、肉类及制品、消费品、婴幼儿用品、零配件、整车等。货源有 80% 是外地货源，主要来自华东和华南，20% 是本地货源；货源中 60% 是电子产品、汽车配件、设备等工业品，40% 是消费品。

目前“湘新欧”班列稳定运行，欧洲班列每周 1—2 趟，中亚班列每周 1 趟。湘新欧班列是湖南融入“一带一路”倡议的重要抓手，它将有力地推动湖南产业转型升级和对外开放，改善湖南生产和贸易布局，提升湖南“开放型”经济水平，有利于湖南与“一带一路”沿线国家的经贸合作。

（六）哈欧班列（哈尔滨—汉堡）

2015年6月13日，哈欧国际物流有限公司开通的哈欧班列东起哈尔滨，经满洲里、俄罗斯后贝加尔到赤塔，转入俄西伯利亚大铁路，经俄罗斯的叶卡捷琳堡和莫斯科到波兰的马拉舍维奇至终点德国汉堡，全程9820千米，并迅速成为国内多条亚欧铁路运营线路中最具商业价值的线路。

此后，哈欧国际物流公司相继开通多条跨境运输班列。2016年2月开通哈俄国际货运班列，截至2017年年底，累计发运超过1万标准集装箱，货值近2亿美元。哈欧班列这列“东方快车”，正快速穿行于欧亚大陆之间，构建起两地物流运输大通道。

（七）沈满欧班列（沈阳—汉堡）

2015年10月30日，从沈阳东站始发，途经满洲里、俄罗斯、白俄罗斯、波兰、终到德国的汉堡，全程达11000千米，运行时间12—14天，比传统的门到门的海运缩短了近2/3的时间，大大满足了货物经济价值高、运输要求高、交付时间短的出口企业对物流运输的要求；沈满欧班列的运行，也标志着沈阳依托海关特殊监管区的铁路国际物流中心建设进入了一个新的阶段。

沈满欧班列是贯彻落实习近平主席提出的“一带一路”倡议，推进与“一带一路”沿线国家道路联通、贸易畅通的重要举措，也是沈阳市扩大向西开放、发展外向型经济的重要途径，是未来沈阳打通和扩大国际贸易大通道，实现“二加二”发展战略，即实现沈阳国家一类进出口空港口岸、国家一类进出口铁路口岸的目标，打造沈阳对外开放的新高地。

（八）合新欧班列（合肥—汉堡）

2014年6月26日，合新欧中亚班列开通，是合肥乃至安徽国际铁路货运首班车，满载“合肥造”的家电产品，沿着宁西—陇海—兰新铁路线一路向西，经过西安、乌鲁木齐，从新疆阿拉山口出境，行程4900多千米，历时8天到达哈萨克斯坦的阿拉木图。2015年6月26日，合肥第一列开往欧洲的国际铁路货运专列，从新疆阿拉山口出境，途经哈萨克斯坦、俄罗斯、白俄罗斯、波兰，行程1万多千米，历时15天到达德国汉堡。

现今，合新欧班列每月开行四列，为几十家国内知名货代企业和重点外贸企业提供国际货运服务，货源半径辐射到上海、江苏、浙江、广东等地，出口货物有太阳能光伏、液晶面板、笔记本电脑、机械、轻纺产品等，合肥生产的合力叉车享誉欧洲。目前，合新欧国际货运班列的出货量和进货量在中国同类班列中排名第八位，稳居“一带一路”建设的重要节点，上海铁路局已将合肥、义乌、苏州列为“十三五”中欧国际班列的核心区域。

（九）中欧班列（东莞—杜伊斯堡）

2016 年 4 月 14 日，该班列从东莞石龙北上，经满洲里口岸出境，穿越广袤的西伯利亚地区，途经俄罗斯、波兰等国家，最终到达 1.3 万多千米外的德国杜伊斯堡。列车全部采用时速 120 千米的快速车底，实行定时发车、限时到达，大大压缩路途运输时间，预计全程仅需 19 天，较目前海上运输方式节约 15 天以上，主要运载广东省内生产的电子产品等货物前往欧洲，同时将欧洲的机械、仪器、食品及日用快销品等运往广东。

该班列 2016 年 4 月 11 日试运开行（后因故停开），2017 年 4 月 11 日恢复开行，并实现双向运货，每周定期开行 1 列，打通了广东省外贸进出口中欧陆路快速运输通道，为深圳特区沿线城市发展增添新的引擎。

（十）中欧班列（西宁—安特卫普）

2016 年 9 月 9 日，首趟班列在西宁出发，经甘肃、新疆，从阿拉山口口岸出境，途经哈萨克斯坦、俄罗斯、白俄罗斯、波兰、德国，最终抵达比利时第二大城市安特卫普，跨越 6 个国家，全程 9838 千米。其中，中国国内段 2644 千米，国外段 7194 千米，历时约 12 天，相比传统海运近 2 个月运输时间，这趟班列缩短了 40 天。

中国西宁至比利时安特卫普的中欧班列是青藏高原的首列中欧班列，它的成功开行结束了青藏高原无中欧班列的历史。同时，这趟中欧班列是全国单一商品集中度最高的中欧班列。青海与中亚、西亚、欧洲的贸易区位优势将进一步凸现，由原来的对外贸易内陆腹地变成了前沿阵地，实现了历史性的角色转换。

（十一）中欧班列（长春—汉堡）

2017 年 10 月 13 日，长春—汉堡班列由中铁集装箱运输有限责任公司运营，首发途经俄罗斯、白俄罗斯、波兰、比利时、德国等欧洲国家的多个城市，最高时速 120 千米，全程约 12—15 天。主要运输中国吉林省和华北地区的汽车零部件、机械、服装等货物，班列常态化运营后预计每周出5列，进2列。而长春—汉堡的成功运行，也标志着长春国际港正式开通。这是东北最大的一级铁路综合物流基地，将把更多的“中国制造”带到欧洲、运向世界，吸引更多的产业、资金、技术向长春集聚，加快推动东北老工业基地全面振兴。

三　中欧班列给物流合作的机遇与挑战

波兰是最早开通中欧班列的中东欧国家。经过数年的运行和实践，中欧班列以其运距短、安全性高、便捷、高效、绿色、环保的国际运输优势，渐渐成长为国际物流中陆路运输的骨干方式，并成为沿线国家全面对外开放的一张网络。其一，快速成长的中欧班列开辟了中波经贸往来的新网络，给波兰的经济复兴带来了巨大商机，受到了波兰政府与民众的共同关注。对接“一带一路”宏大倡议、聚焦中国市场、分享中国经济发展成果，正在成为波兰越来越强烈的共识。其二，中欧班列将欧亚大陆的传统内陆区域推到了对外开放的前沿，一大批外向型新兴产业集群基地在沿线区域迅速崛起与成长，正成为拉动当地经济发展的新增长点。其三，中欧班列还承载了吸纳人力资源、凝聚技术资源、优化资本资源的重要使命，不断催生出“丝绸之路经济带”新的物流和商业中心，促进了新型园区与城市的发展。

中欧班列的发展推动中国和波兰双边贸易合作踏上了新的台阶。数据显示,[①]“中国—欧洲联盟—中国”线路用铁路运输运送的集装箱数量增长很快。2014年只有4.4万集装箱，2015年数量已达8.1万集装箱，2016年上升到15.3万集装箱，2017年集装箱数量又翻了一番，大概有30万。根据波兰中央统计局数据显示，2014年中国成为波兰第三大进口来源国，2016年中欧班列运送的货值达229亿美元，占中国和欧盟贸易总量的4%。随着中欧班列的发展，2020年这个数字会达到765亿美元。

中欧班列目前对改善中波贸易平衡的效果可能不是很显著，但是随着中欧班列返程列车班次数量的增加和越来越高的装载率，对波兰而言会起

---

① 《“一带一路”中欧班列运营现状与发展分析》，重磅数据网（www.zhongbangshuju.com）。

到更大的作用，有望进一步缩小贸易赤字。

但是，中欧班列在波兰发展中也遭受着巨大的挑战。中欧货运班列运行还未完全常态化。开始的时候会出现返程列车空车现象，目前部分返程班列仍然装载率过低。很多时候去程列车到达波兰，由于货源不足的问题，没有客户愿意装车，结果只能把集装箱装在货船上送回中国。去程列车的装载率不低于 80%。根据波兰外事部说法返程列车的装载率平常不低于 50%，但中国媒体报道才 17% 左右。波兰方必须确保返程列车装载率尽量提高。

同时，中欧货运班列运输的性价比有待提升。通常而言，如果对比 3 个主要运输渠道，铁路运输和空中运输虽然快，但运输数量少，且成本高。例如，蓉欧班列的运输时间仅为海洋运输的 1/3。蓉欧快铁在途时间仅为 11 天，罗兹往成都每集装箱单价为 2000 美元左右，去程要贵些——3500 美元左右。为了维持蓉欧快铁运输成本的竞争力，成都政府为每个集装箱发放 3000—3500 美元的地方补贴。因此，对于中国西部或者中部城市，中欧班列比铁海联运要便宜些，而且铁海联运时间会达到 35—45 天。但是如果没有地方政府补贴，那么性价比方面是蓉欧快铁的劣势。

然而海洋运输和空中运输对比铁路运输也有很明显的优势，即它们只需要经过两次出口进口通关手续。货运列车不但中途需要经过通关，而且到目的地后可能要等 1—2 天才能办完所有的手续，客户才能拿货。从这个角度体现了铁路运输的弱点：不敏捷性。此外，如果通关单填错了还会耽误拿货时间甚至导致退货。铁路运输的不可靠性是亚欧铁路运输发展的壁垒。

不仅如此，中国的地方政府对中欧班列的干预很强。因为昂贵，客户不会选择最便捷、最省时间的线路，而会因为政府补贴选择始发站偏远但是更省钱的线路。中欧班列线路重复问题也很严重。国内城市开往欧洲同一个目的地会导致返程空车的现象，它会浪费资源和造成无序竞争。这些因素会提高物流成本，严重影响到运价，同时威胁中国物流业的健康发展。中国国内地方政府从自身的经济定位和贸易格局出发，投入了大量资金，靠自己的力量开发和开通了中欧班列线路。所有的地方政府都单独与沿线国家谈判协商运价，并组织专业的公司和团队来组织运作，这造成了行政资源的浪费。

另外一个问题在于，由于波兰基础设施的落后，实现信息化和分拨程序或者多式联运会有很多麻烦。波兰国内货运列车的平均速度是25千米/小时，比平均欧洲联盟速度慢一倍，且地区转运和仓储效率都过低。但随着罗兹转运中心的建成和投入运营，这一情况将有所改善。

此外，由于乌克兰危机，美欧对俄罗斯的制裁招致俄罗斯采取禁运政策进行报复，对搭载货物返程的中欧列车造成了负面影响。自2014年8月7日起，俄罗斯对欧洲联盟成员国家、美国、澳大利亚和加拿大禁运肉类和肉制品、鱼类与海鲜、乳制品、水果、蔬菜及坚果。禁运令也涉及转运货物。禁运令原本应在2016年失效，但由于美欧与俄罗斯的紧张关系陷入僵局，这一禁令一再延长。这使得波兰厂家非常担忧。只有禁运解除了，返程列车才能加快进度。目前，波兰和欧盟成员国都无法说服俄罗斯解除禁运命令。同时，因为乌克兰危机，中欧班列也不敢路过乌克兰。这导致了波兰的马拉舍维奇转运中心和附近协助的白俄罗斯转运中心超负荷运转，严重影响到运输通畅度。因为马拉舍维奇转运中心是欧盟东部最后的站点，所以工作量特别大。因其有限的运作空间使中国开往欧洲的列车有时候需要等好几天才能转运，从而出现了“马拉舍维奇转运中心瓶颈现象”。如果没有改善的话就会限制亚欧铁路运输，并威胁波兰作为中东欧转运与物流中心的地位，很多列车将会绕过波兰。

尽管面临上述挑战，但是围绕着中欧班列展开的中波物流合作仍然有巨大的发展空间。随着“一带一路”建设不断推进，中国与欧洲及沿线国家之间日趋频繁的经贸必然带动旺盛的物流需求，而贸易通道和贸易方式不断丰富和完善将促使中欧班列进一步优化升级，在政府推动与市场驱动之间形成平衡。

第五章　中波地方合作

地方合作是当前中波全面战略伙伴关系的重要组成部分。随着近年来中波关系的不断深化，双方的地方合作蓬勃发展，涌现出一批典型。其中，中国四川省与波兰罗兹省积极参与“16+1”合作和“一带一路”建设，在互联互通、物流贸易、人文教育等领域开展一系列合作并取得了可喜的成绩。这些合作不仅促进了四川和罗兹各自的发展，而且对两国更多的地区也产生了影响。四川—罗兹的合作有力地配合和补充了中波在国家层面的合作，显示了在良好的国内外背景下，地方主体可以发挥主观能动性，积极创造条件开展地方合作，充实中波全面战略伙伴关系。

第一节　地方合作与中波关系

中国国家主席习近平指出，地方外事工作是党和国家对外工作的重要组成部分，对推动对外交往合作、促进地方改革发展具有重要意义。① 2014年，习近平在一次重要讲话中，指出要推进城市外交，大力开展国际友好城市工作，促进中外地方交流，推动实现资源共享、优势互补、合作共赢。② 在中波关系发展中推进地方合作也是两国的共识。1997年以来，中波双方发表的四份联合公报或联合声明中，都明确提出加强双方地方交往与合作。2016年的中波联合声明指出“为进一步深化全面战略伙伴关系，双方同意，加强两国高层交往，扩大两国中央和地方政府、立法

---

① 新华社：《习近平主持召开中央外事工作委员会第一次会议》，2018年5月15日，新华网（http://www.xinhuanet.com/politics/leaders/2018-05/15/c_1122836914.htm）。

② 习近平：《在中国国际友好大会暨中国人民对外友好协会成立60周年纪念活动上的讲话》，《人民日报》2014年5月16日。

机构及政党间各级别的交流与合作”。[①] “16 + 1” 合作中也明确提出加强地方合作。早在 2013 年的《布加勒斯特纲要》就提出，“为鼓励和支持地方合作，将地方合作作为中国—中东欧国家合作的重要支撑之一”。[②]

一　地方合作的概念

当代国际关系中既有国家也有非国家行为体。传统上，人们往往聚焦国家中央政府在外交中的作用，被称为国家中心论（State-Centric Theories）的视角。同时，非国家行为体在外交中的作用，包括国内行为体和超国家层面的行为体如欧盟等也日益受到学界关注。[③] 其中，一个研究方向是从国际谈判的角度揭示国内国际之间的互动。有学者关注国家层面，视代表国家的谈判者为国内政治和外交的连接者，同时面对国内国际的机遇和挑战，指出了国际合作存在两层游戏的逻辑，提出了批准理论（A Theory of Ratification）。[④] 例如，欧洲研究领域中的自由政府间主义理论（Liberal Intergovernmentalism）就是从这个角度来解释欧洲一体化的。[⑤] 另一个研究方向是聚焦国内的行为体直接参与国际活动，研究对象从国家层面（即中央政府）转移到地方层面（省市政府等主体）。地方政府、城市等地方行为体参与国际合作的作用和影响因素值得深入探讨。

讨论一个国家的地方或者区域参与国际关系会涉及次国家外交、地方外交、城市外交等概念。[⑥] 尽管学界对这些概念的内涵认识不同，但都强

---

① 新华社：《中国和波兰关于建立全面战略伙伴关系联合声明》，2016 年 6 月 20 日。

② 新华社：《中国—中东欧国家合作布加勒斯特纲要》，2013 年 11 月 26 日。

③ Michael Bruter, "Diplomacy Without A State: the External Delegations of the European Commission", *Journal of European Public Policy*, Vol. 6, No. 2, 1999, pp. 183 - 205.

④ Robert D. Putnam, "Diplomacy and Domestic Politics: the Logic of Two-Level Games", *International Organization*, Vol. 42, No. 3, 1988, pp. 427 - 460.

⑤ Andrew Moravcsik, "Preferences and Power in the European Community: A Liberal Intergovernmentalist Approach", *Journal of Common Market Studies*, Vol. 31, No. 4, 1993, pp. 473 - 524; Andrew Moravcsik, "Taking Preferences Seriously: A Liberal Theory of International Politics", *International Organization*, Vol. 51, No. 4, 1997, pp. 513 - 553; Andrew Moravcsik, *The Choice for Europe: Social Purpose and State Power from Messina to Maastricht*, Routledge, 2013.

⑥ Peter J. Kastor, "Motives of Peculiar Urgency: Local Diplomacy in Louisiana, 1803 - 1821", *The William and Mary Quarterly*, Vol. 58, No. 4, 2001, pp. 819 - 848; Arne Musch and Alexandra Sizoo, *City diplomacy: the Role of Local Governments in Conflict Prevention, Peace-Building, Post-Conflict Reconstruction*, The Hague: VNG International, 2008; Robert M. Doherty, "Local Diplomacy and the U2 Incident... I Am Just A Coalminer's··· Lawyer in", *Proteus*, Vol. 13, No. 1, 1996.

调非国家行为体如地方政府、城市、重要团体和个人等在对外关系中的作用不可忽视，例如边界谈判、防止冲突与和平重建等。地方层面的行为体参与的外交也被称为平行外交（Paradiplomacy）。[①] 近年来，中东欧的地方外交引起了学术界关注。例如，学者发现以波兰地方政府为单位（Local Government Units，LGU）日益增多的对外活动，特别是欧洲范围的地区合作活动，增强了波兰在欧洲有关国际论坛中的地位。[②] 当然，也有研究指出，在平行外交中，地方行为体面临国内法律和国际法的权限制约的问题。[③]

二　中国的地方外交

改革开放以来，中国对外交往日益广泛深入，各类地方主体参与到对外开放中，地方合作蓬勃发展。地方对外交往是中国对外关系的重要组成部分，地方对外交往的发展是党中央正确领导的结果。正如十九大报告中所说，"中国积极发展全球伙伴关系，扩大同各国的利益交汇点。加强同各国政党和政治组织的交流合作，推进人大、政协、军队、地方、人民团体等的对外交往"。

关于中国的外交，有西方学者发现21世纪以来呈现了机制化和分权化等特点。[④] 关于地方行为体的自主性，有中国学者指出，中国不存在地方政府完全自主的对外交往，即平行外交。地方政府要么作为国家的代理

---

① Francisco Aldecoa and Michael Keating, *Paradiplomacy in Action: the Foreign Relations of Subnational Governments*, Routledge, 2013; André Lecours, "Paradiplomacy: Reflections on the Foreign Policy and International Relations of Regions", *International Negotiation*, Vol. 7, No. 1, 2002, pp. 91 – 114; Alexander S. Kuznetsov, *Theory and Practice of Paradiplomacy: Subnational Governments in International Affairs*, Routledge, 2014.

② Tomasz Studzieniecki, "Local Government Diplomacy in Poland—Economic and Social Aspects", in Wyzwania polityki regionalnej w aspekcie rozwoju społeczno-gospodarczego obszarów transgranicznych. Publisher: Państwowa Szkoła Wyższa im. Papieża Jana Pawła II w Białej Podlaskiej, Editors: Mariusz Pyra Redaktor, Katarzyna Świerczewska-Pietras Redaktor, 2015, pp. 342 – 364.

③ Joana Setzer, "Testing the Boundaries of Subnational Diplomacy: the International Climate Action of Local and Regional Governments", *Transnational Environmental Law*, Vol. 4, No. 2, 2015, pp. 319 – 337.

④ Evan S. Medeiros and M. Taylor Fravel, "China's New Diplomacy", *Foreign Affairs*, Vol. 82, 2003, p. 22.

人从事受委托的某些活动，要么在国家的领导下开展一些对外合作。[①] 近年来边境地区地方外交在中国周边外交中发挥着积极作用，例如云南广西等省区加强与周边国家合作形成了“西南的经验”。[②] 当前的“一带一路”建设为中国的地方外交发展提供了契机，国家放权支持地方对外发展经济关系成为地方外交的内在动力，国家合作需求成为外在动力。[③] 中国的部分省市（如浙江等）与中东欧国家经贸合作的实践得到学界关注。[④] 然而，当前文献对四川省等中西部地区参与“16＋1”合作（特别是中波合作）的关注还不充分。

此外，随着城市这一主体在国际关系中日益活跃，城市外交作为地方外交的一种形式受到更多关注。[⑤] 现有文献已经对中国的北京、上海、广州等大城市的对外交往做了讨论。[⑥] 为了理解城市外交，有的学者提出了嵌入式外交理论，即“在现有制度体系中置入一个专门的嵌入式城市外交系统，以处理复杂的政治经济文化关系”，并以上海为例进行了演示。[⑦] 有学者还关注了西安、银川等内陆城市的外交，试图揭示这些城市外交的一些特点和模式。[⑧] 这些是研究中国城市外交的有益尝试。然而，这种沿海与内陆的划分仍然属于传统的静态划分，对新形势下城市自身定位转换的影响认识还不足，特别是“一带一路”建设对西部城市从传统内陆城市向开放前沿身份转换的深刻影响。值得一提的是，关于中国城市参与

---

① 陈志敏：《中国的地方外交》，《国际观察》2010 年第 1 期。

② 陈志敏：《中国的地方外交》，《国际观察》2010 年第 1 期。

③ 陈翔、韦红：《“一带一路”建设视野下的中国地方外交》，《国际观察》2016 年第 6 期。

④ 郑亚莉、张海燕：《一带一路框架下浙江与捷克经贸合作发展报告（2018）》，浙江人民出版社 2018 年版。

⑤ Rogier Van der Pluijm and Jan Melissen, *City Diplomacy: the Expanding Role of Cities in International Politics*, Netherlands Institute of International Relations “Clingendael”, 2007; Michele Acuto, “World Politics by Other Means? London, City Diplomacy and the Olympics”, *The Hague Journal of Diplomacy*, Vol. 8, No. 3 – 4, 2013, pp. 287 – 311; Michele Acuto, Mika Morissette, and Agis Tsouros, “City Diplomacy: Towards More Strategic Networking? Learning with WHO Healthy Cities”, *Global Policy*, Vol. 8, No. 1, 2017, pp. 14 – 22.

⑥ 龚铁鹰：《国际关系视野中的城市——地位、功能及政治走向》，《世界经济与政治》2004 年第 8 期。

⑦ 赵可金：《嵌入式外交：对中国城市外交的一种理论解释》，《世界经济与政治》2014 年第 11 期。

⑧ 陈维、赵可金：《城市外交的内陆模式——以“一带一路”中的中国内陆城市为例》，《国际观察》2017 年第 1 期。

“16+1”合作，最近有研究聚焦相关国际友好城市的合作实践，指出在取得成绩的同时，仍存在“人员文化性交流少、实质性合作少、协同合作少、交流模式单一等问题”。① 当前，学术界对成都市等国家中心城市对外交往的研究还不多，特别是成都市参与“16+1”合作以及中波合作的具体实践和特点还没有被充分认识。

事实上，正如下文所详述，四川省等中西部地区参与中国对外合作，特别是向西开放，是大有可为的。一般认为，地理区位和经济社会发展水平等是影响地方外交的重要因素。诚然，改革开放以来，东南沿海地区在国家面向海洋、向东开放的过程中先发展起来了。但是，这些客观条件并不是决定性因素，更不是根本性因素。相反，人的主观能动性才是更为根本的因素。目前，四川等中西部地区正在积极迎接国家向西开放的新形势，解放思想，转变定位，挖掘自身优势，积极参与到“一带一路”建设和“16+1”合作的前沿，和东部沿海省市展开合作与竞争。实际上，在地理空间上，西部省份具有向西开放的优势。四川等西部地区比沿海地区距离欧洲更近，更适合发展陆上交通和物流，加强与欧洲的陆上互联互通。同时，面对中国巨大的经济规模和发展不平衡状况，波兰等中东欧国家更重视与其经济规模和发展水平相当的中国中西部省份开展合作。相比欧美发达国家，波兰更重视在中国中西部地区的开发中寻找机会，特别是为波兰大量的中小企业寻求合作机会。这些方面赋予四川等西部地区在对波兰关系中得天独厚的优势。近年来四川也认识到这些情况，正在积极利用向西开放的优势。

三 中国波兰关系中的地方合作

20世纪90年代后期以来，中国波兰关系不断发展。随着中国经济社会不断发展，特别是2008年国际经济危机之后欧美面临挑战日益增多的情况下，越来越多的中东欧国家希望抓住中国发展的机遇。同时，在欧债危机的大背景下，波兰作为自2009年金融危机后欧盟内唯一实现经济较高增长的国家，引起了中国的关注。

---

① 吴素梅、李明超：《国际友好城市参与中国—中东欧合作研究》，《上海对外经贸大学学报》2018年第2期。

中波两国鼓励地方交往，认为地方合作是双边关系不可或缺的组成部分。在双边文件中，地方合作的主体、方式、领域逐步明确，内涵不断扩大和深化（见表 III－5－1）。从 1997 年提出加强“地方政府代表之间的互利合作”，2004 年“鼓励两国地方和民间机构开展直接交往”，到 2011 年明确提出“地方交往的发展”，要“为两国地方省市合作的进一步发展创造机会，以加深两国社会间的理解，促进地方经济、文化和教育交流”，再到 2016 年指出“加强两国高层交往，扩大两国中央和地方政府、立法机构及政党间各级别的交流与合作”。目前，两国对地方合作目标的定位是“为进一步深化全面战略伙伴关系”。

表 III－5－1　　1997 **年以来中国波兰双边文件涉及地方交往的内容**

双边文件	相关条款内容
《中华人民共和国和波兰共和国联合公报》（1997 年 11 月）	2. 双方认为，发展两国在各领域的合作是两国人民的共同愿望，符合两国的根本利益，也有利于亚洲和欧洲的和平与发展。双方将在相互尊重独立、主权和领土完整，平等互利和互不干涉内政及其他公认的国际法准则的基础上发展长期、稳定的友好合作关系。双方愿加强政治对话，其中包括高层对话，支持两国政府、议会间交往，加强民间组织和机构以及地方政府代表之间的互利合作
《中华人民共和国和波兰共和国联合声明》（2004 年 6 月 8 日）	十二、双方将支持扩大人员交往，这有助于促进双边在文化、教育、卫生、科技、旅游、体育等领域的合作发展。双方还将鼓励两国地方和民间机构开展直接交往
《中国和波兰关于建立战略伙伴关系的联合声明》（2011 年 12 月 20 日）	七、双方对地方交往的发展感到满意，将积极为两国地方省市合作的进一步发展创造机会，以加深两国社会间的理解，促进地方经济、文化和教育交流
《中国和波兰关于建立全面战略伙伴关系联合声明》（2016 年 6 月 20 日）	二、为进一步深化全面战略伙伴关系，双方同意，加强两国高层交往，扩大两国中央和地方政府、立法机构及政党间各级别的交流与合作

从以上正式文件的表述中可以看出，地方合作被认为是中波双边关系的基础。地方合作是两国关系从国家层面向地方层面，从政治领域向经贸人文交流等领域不断深入发展的具体体现，涉及夯实双边关系的一系列具体的地方主体之间的日常交往。中波地方合作走上快速发展轨道，成为

“促进两国关系特别是务实合作的重要推动力量”。[①]

近年来，波兰与中国的合作从中国东部沿海地区逐步向西部内陆省份延伸。早在1985年，上海市与格但斯克市所在的滨海省正式结为友好省市，这也是中波两国之间的第一对友好省市。此后，中波之间的友好省份和城市逐步增多，包括广东省和西滨海省、山东省与马佐夫舍省、安徽省和下西里西亚省、深圳市和波兹南市、天津市和罗兹市等。2013年，中波已有22对省市结为友好省市关系，许多省市开展了双边合作交流，地方和民间交往日益活跃。为了进一步促进地方交往，中波采取了一系列措施。其中，“中国—波兰地方合作论坛”由波兰总统科莫罗夫斯基于2011年访华时倡议发起，2012年4月由中波两国政府共同推动确立举办，被认为是推进中波两国间进一步合作的创新之举。该论坛开启了两国在“16+1”合作框架下重要的双边地方合作机制。2013年4月22日，首届中波地方合作论坛在波兰北部海滨城市格但斯克市举行，由波兰滨海省和中国人民对外友好协会共同主办，是当时中国与波兰地区间举办的规模最大、中东欧影响力最大的区域交流活动之一。双方都很重视，时任波兰总统科莫罗夫斯基派特别代表参加了论坛，并且为大会发来了录像致辞。他说：“我希望并且衷心祝愿，地方合作论坛这一良好的形式能为波中两国间的战略伙伴关系添加具体的内容。”中国全国人大常委会副委员长乌云其木格为论坛的召开发来贺信，表示论坛“必将有力推动中波双方在地方政府交往层面的务实合作。我们相信，地方政府这个交流平台的能量和潜力是巨大的”。[②] 双方地方代表强调了双方加强交流与合作、互相学习经验的重要性，本着务实的精神提出了许多具体合作建议。在2013年首届中波地方合作论坛上，上海市与滨海省及其他三对城市一起被评为中波两国最佳地区合作案例。据悉，上海市与滨海省在文化和教育领域的合作比较突出。截至2018年底，中波地方合作论坛已经举办四届（见表III-5-2），同时已经或有意结为友好城市的中波城市超过50对。

---

① 钟雷：《愿中波友谊之树常青——中国驻波兰特命全权大使徐坚谈中波关系》，2016年6月15日，《国际在线报道》（http://news.cri.cn/20160615/32e9bdd5-d22f-66ea-544c-5dbc20f7a5df.html）。

② 杨磊：《首届中波地方合作论坛举行，政府和企业盼加强地方合作》，2013年4月23日，《国际在线专稿》（http://news.cri.cn/gb/42071/2013/04/23/6611s4093323.htm）。

表 III－5－2　　中波地方合作论坛

会议	时间	地点	参加省份
第一届	2013 年 4 月	波兰格但斯克	北京、上海、广东深圳、浙江、福建、河北、山东、山西等20多个省市约150位代表。波方代表则来自滨海省、小波兰省、瓦尔米亚—马祖里省和西波美拉尼亚省等
第二届	2014 年 6 月	中国广州	辽宁、四川、广东、浙江等地的嘉宾出席
第三届	2015 年 6 月	波兰罗兹	四川、重庆、河北、河南、上海、辽宁、吉林、广东和广西等地的政府官员、学者和企业家以及波兰地方政府代表近450多人出席了论坛。就中波地方政府职能机制、中东欧国家和地区如何从丝绸之路经济带项目中受益、智能化城市和地区以及城市化战略对话、地区商务、旅游和教育的交流和推广等议题进行交流讨论
第四届	2016 年 6 月	波兰华沙	陕西、湖北、四川、贵州、河南、宁波省市领导人以及波兰部分省市的行政长官等150人出席。以“加强物流枢纽建设、推动地方务实合作”为主题，围绕基础设施与交通、老工业基地的振兴与发展、培育地方创新与增长等议题进行了讨论

四　四川省与波兰和中东欧合作

四川—罗兹合作是中波地方合作框架下的一个具体合作案例。作为西部地区重要省份，四川省对外交往是中国向西开放中的重要一环。四川省与中东欧国家相关区域和省市等地方政府的交往历史悠久。早在 1981 年，成都市就与斯洛文尼亚的卢布尔雅那市建立了友好城市关系。但是，从地理上看，四川省被认为是内陆省份，与沿海省市相比，在过去对外开放中没有地理优势。这是长期制约四川省对外开放观念和步伐的客观条件。长期以来，四川等中西部省市对外开放中在发达国家市场没有多少优势。

近年来，四川省顺应形势，积极转变自身定位，努力站在开放前沿。在“一带一路”建设和“16＋1”合作不断发展的大好形势下，四川省抢抓机遇，努力从传统上的内陆省份转变为国家向西开放的前沿地带。四川转变定位为西南、西北、海上丝绸之路的交会点和支撑“一带一路”建设的战略纽带与核心腹地，认为可以发挥自身联东启西的优势。相应地，成都定位为西部国际门户枢纽城市和内陆开放型经济高地，连接长江经济带的重要纽带。成都市委提出主动服务国家对外开放战略，以对外通道建设为“先手棋”，以建设内陆自贸区和推进“蓉欧＋”为抓手，大力发展开放型经济，深度融入“一带一路”建设。通过转变定位，四川变区位劣势为优势，站在开放前沿，大力推动开放型经济。近年来，四川省积极发掘自身优势，积极开展与中东欧国家相关区域的地方合作。在国家和四川省的支持下，成都市顺应形势，拓展了城市间友好合作关系。2013 年从成都开往波兰罗兹的蓉欧班列开通。2014 年，成都与匈牙利佩奇市建立友好合作关系。2016 年，成都市与波兰罗兹市结为国际友好合作关系城市。四川省又分别与捷克的中捷克州和波兰的罗兹省在 2015 年和 2016 年建立友好省际关系。

四川省积极贯彻中央精神。2018 年初，习近平总书记到四川视察，对新时代四川省发展做出了重要指示，就中欧班列（成都）专题，明确提出了“要强化网络和拓展网络，利用蓉欧快铁这张名片，打造蓉欧枢纽”的要求。为全面贯彻习近平总书记对外开放战略思想，坚决落实习近平总书记来川视察关于对外开放的要求，2018 年四川省委对新时代推动治川兴蜀再上新台阶做出了新的战略谋划和部署，提出围绕全方位提升开放型经济水平，对内形成“一干多支、五区协同”区域协调发展新格局，对外形成“四向拓展、全域开放”立体全面开放新态势。2018 年 7 月，成都市委提出推动形成“四向拓展、全域开放”立体全面开放新格局。构建“空中丝绸之路”和“国际陆海联运”双走廊，加快建设国际性综合交通通信枢纽。成都市发布两份文件提出全面服务“一带一路”建设，高水平建设国际门户枢纽和内陆开放经济高地，构建立体全面开放新格局。[①] 成都市青白江区提出以高水平规划建设“一带一路”产业合作园为支撑，全面建设“内陆亚欧门户国际化青白江”，进一步提升成都国际铁路港对外开放大通道、大平台、大枢纽、大贸易引领辐射示范作用，加快融入全球经济大循环。以构建天府国际空港新城和青白江铁路枢纽港为重点，构建“空中丝绸之路”和“国际陆海联运”双走廊，建设高能级开放平台，依托成都国际铁路港建设“蓉欧 +”战略示范区，全面增强自贸试验区功能。其中“西向，在中欧班列蓉欧快铁稳定运行基础上，加快成都至西宁铁路、川藏铁路等建设，争取成都铁路纳入国

---

① 《关于加快构建国际门户枢纽全面服务“一带一路”建设的意见》及《建设西部对外交往中心行动计划（2017—2022 年）》是成都市建设的两份纲领性文件。

家计划，开辟经霍尔果斯出境的第二条西向国际物流通道，形成经阿拉山口至蒂尔堡、经霍尔果斯至伊斯坦布尔的泛欧铁路大通道，打通进出印度洋阿拉伯海最近的铁海联运通道”。[①]

第二节 典型案例：四川—罗兹合作

一 四川—罗兹合作的典型性

四川—罗兹合作不是一个简单的、一般的中波地方外交案例。该案例具有特殊性和典型性。首先，四川和罗兹都是各自国家重要的地区，在双边关系中占据重要地位。四川省是中国西部重要省份，成都市是副省级城市，是国家中心城市，在西部具有重要的影响力。在实践中，成都市的对外活动是四川省对外关系的重要组成部分，二者往往交织在一起，密不可分。罗兹省是波兰的交通和物流中心，拥有重要的教育和科研机构，拥有波兰最大的内陆集装箱中心站，在整个中欧地区具有明显的区位优势。同样，罗兹市和罗兹省的对外交往也常常联系在一起。其次，双方都有通过对外合作加速发展的需求。尽管四川与罗兹在规模上有巨大差异，但在经济社会发展水平上接近，合作潜力巨大（见表 III－5－3）。波兰是四川在中东欧地区最大的贸易伙伴。目前四川发展迅速，对外合作势头良好，罗兹也逐步走向振兴，双方对合作非常重视，有较高期望，都在大力推动。再次，该案例不仅涉及中国和波兰的地方和国家层面的双边关系，还涉及“16＋1”合作和“一带一路”建设等层面。最后，如下文所示，四川—罗兹合作已经成为中波地方合作中的一个典型，对于中国地方主体积极发掘后发优势、在对外开放中努力实现赶超具有重要的示范意义。

本章研究框架包括四川—罗兹合作的定位、主体、目标、领域、方式、成效、影响因素等内容。在本章中，四川—罗兹地方合作的主体不仅包括两省的党政机构、企事业单位和个人，还包括常驻两省的各类机构和个人。

---

① 白桂斌：《青白江融入全球经济大循环》，《华西都市报》2018 年 7 月 27 日第 3 版。

表 III－5－3　　**波兰罗兹省罗兹市与四川省成都市基本情况**

	罗兹省	罗兹市	四川省	成都市
面积（平方千米）	18219	293.25	486000	14312
人口（万人）	约 248（2016）	约 70（2016）	8302（2017 年）	1604（2016 年）
地区生产总值	258 亿欧元（2016 年）	—	36980.2 亿元人民币（2017 年）	13889.39 亿元人民币（2017 年）
人均生产总值	18600 欧元（2016 年）	—	44651.00 元人民币（2017 年）	76960 元人民币（2016 年）

资料来源：波兰方面数据来自波兰统计，中方数据来自中方统计。罗兹市的地区生产总值和人均生产总值数据暂缺。

该案例具有三大特点。特点之一是四川省作为地方政府勇于改革、大力推动。近年来，四川在加强与世界联系、探索差异化开放之路、打造内陆开放型经济高地、国际通道建设、合作机制创新等方面做出了有益尝试。首先，加强互联互通建设，重视开放通道在对外开放中的作用。四川成都是国家“西进南下”开发开放格局的战略支点和经济高地。正如成都自贸试验区负责人所说，“通道畅、贸易兴”。成都自贸试验区提出“西进南拓东联”，即以成都国际铁路港为起点，推动实现“一带”与“一路”有机衔接，促成中国西北与西南地区、欧洲、中亚与东南亚地区的全方位、多层次合作。[①] 其中，深化西向就是要深化释放中欧班列通道能力，发挥西部国际航空门户枢纽优势，推进对欧高端合作，着力打造丝绸之路经济带的重要支点。根据已经发布的《成都国际铁路港（临港经济示范区）建设五年（2017—2021 年）行动计划》，到 2021 年，成都国际铁路港将建成中国功能设施最完善、通达能力最突出、通关服务最便捷、经济腹地最广阔的“国际铁路第一港”。

其次，强调体制机制创新、政府职能转变，优化服务激发市场活力。

① 邹悦：《四向拓展，成都是起点》，《成都商报》2018 年 7 月 27 日第 2 版。

四川不断深化“放管服”改革，出台提高对外开放效率和保障质量的配套措施，包括互联互通设施建设、口岸竞争力提升、简化通关手续、创新联运方式、开展优质服务等。例如，2015 年，成都铁路口岸经国务院正式批准为汽车整车进口口岸，这是四川首个、西部内陆第二个汽车整车进口口岸。2017 年 5 月，四川首个自贸区平行进口车交易展示中心投入试运营，该中心集平行进口车展示、销售、金融服务、保险、汽车零配件及仓储于一体，为平行进口汽车产业链条下游端提供完善的配套服务。

再次，政府支持企事业单位等主体因地制宜，挖掘本地特色，积极参与对波交流合作，形成多主体共同参与的良好格局。例如，成都市文化广电新闻出版局、四川交响乐团等单位先后赴波兰交流演出。支持成都电子科技大学、四川艺术职业学院等高校于 2016 年分别赴波兰和保加利亚等地举行艺术交流活动。四川省和成都市支持四川大学开办波兰语专业，支持成都的大学与波兰等欧洲高校开展人文教育交流合作。成都市通过科技局软科学项目等支持四川大学开展波兰与中东欧研究。四川省积极欢迎波方企业来成都参加各种展会。

特点之二是波兰方面积极推动。波兰政府积极性很高，国家和地方高层都大力推动合作。一些关键人物包括波兰政府高官如外长、驻华大使、驻成都总领事，地方上有罗兹省、罗兹市政府官员等。2016 年 4 月，波兰外长瓦什奇科夫斯基和罗兹省省长斯特皮恩在成都青白江铁路集装箱中心迎接返程列车。上任刚刚 4 个月的瓦什奇科夫斯基外长，将出访亚洲的首站放在了中国成都，专程赶赴青白江，见证来自家乡的货物运达终点。瓦什奇科夫斯基说：“国际贸易自由化、便利化是我们的追求。”波兰已派驻海关工作人员常驻波兰驻华大使馆，主要工作就是协调帮助波兰产品的通关，让波兰产品更迅速更顺利地进入中国市场。①

波兰前驻华大使、现任波兰外交部巡回大使霍米茨基因在任期内大力推动与成都合作而获“成都市荣誉市民”称号。一是力促波兰在成都设立总领事馆。霍米茨基大使在任期内对成都十分友好，总是密切关注和支持成都发展。2011—2015 年，他每年均来成都访问考察，拜会省、

① 钟茜妮：《成都人喝上波兰人气果酒，波兰外长：“欢迎你们去罗兹！”》，《成都商报》2016 年 4 月 25 日。

市领导，致力于推动四川与波兰建立密切合作关系。尤其是 2014 年 10 月，他亲率波兰考察团赴蓉，最终促成波兰在蓉设立总领事馆。二是助推四川与波兰经贸合作多元化。目前，成都市有 370 余家企业与波兰有直接经贸往来。2012 年，他率 50 余名波兰企业家来蓉出席第 7 届“欧洽会”，成为当年出席“欧洽会”规模最大、签约项目最多的欧洲国家代表团。2014 年，波兰驻华大使馆在成都举办“中国波兰经济合作推介会”，达成多项投资合作意向。他热心宣传推介“蓉欧快铁”，大力支持在成都和罗兹两地建设货物转运中心，助推罗兹省、市在华第一家经贸代表处于 2014 年 4 月落户成都；2015 年 6 月，成都波兰总商会暨蓉欧快铁项目促进办公室揭牌。三是支持中国成都市与波兰罗兹市发展友好关系。积极支持中波两国地方政府间开展友好交往。促成波兰驻华大使馆与中国人民对外友好协会合作举办中波地方政府合作论坛。在霍米茨基先生及两国使馆的支持下，两市在物流、经贸、教育和文化等领域开展了广泛务实的合作。

现任波兰驻华大使赛熙军也很重视四川。他表示：“我们要进入中国、在中国站稳脚跟，需要一个门户，成都对我们而言就是一个非常重要的门户。”① 波兰驻成都首任总领事卡夏女士来自波兰罗兹省，她积极开展各种活动，支持四川与罗兹发展合作。过去几年中，卡夏女士多次接受笔者采访，可以看出她对四川的印象非常好，对四川—罗兹合作充满信心。此外，罗兹省政府官员也积极支持与四川发展友好合作，多次率企业代表来访。2017 年 11 月，波兰罗兹省政府官员率来自 IT、生物医药、新材料等领域的近 20 名企业代表出席第十二届“欧洽会”，提升了双方经贸产业领域的合作档次。累计 30 余家波兰企业来蓉参加了“第八届中国—欧盟投资贸易洽谈会”“第十四届中国西部国际博览会”“2014 全国春季糖酒会”等展会活动，加强了招商引资和行业对接。

特点之三是四川—罗兹的地方合作围绕“一带一路”建设展开，成效显著，有目共睹。近年来，四川与波兰地方政府加强了在经贸、农业、教育、基础设施建设等领域交流合作。2014 年以来，四川省代表团参加了中波地方合作论坛历次会议。2014 年，在第二届中波地方政府合作论坛

---

① 胡清：《罗强日前会见波兰驻华大使赛熙军一行》，《成都日报》2018 年 4 月 20 日。

闭幕式的颁奖仪式上，中国成都市和波兰罗兹市凭借对“新丝绸之路”的积极贡献，获得了“中波友好合作奖”。2015年，第三届中波地方政府合作论坛期间，成都市作为中波两国地方政府合作的典范，再次被授予“中波友好合作奖”。当年，两市在第三届中波地方政府合作论坛上签署正式友城协议。在2016年的第四届论坛上，四川省代表团表示，“四川愿同波兰各省一道，抓住‘一带一路’建设历史机遇，不断巩固和加强双方经贸人文领域的务实合作”。①

二　合作的主要方面

四川—罗兹地方合作始于互联互通，逐步扩展到物流、贸易、投资、人文、教育等领域。合作从互访商洽、举办会展到设立机构平台、业务对接等不断巩固升级，进展迅速。

（一）互联互通快速发展

蓉欧国际快速铁路被称为中国第三座欧亚大陆桥，是四川向西开放的重要平台，是成都构建“两港三网”、② 带动贸易发展、服务业提升、产业聚集和国际产能合作的窗口。2013年4月，成都始发直达波兰罗兹的国际铁路货运班列（即蓉欧快铁）开通，运输时间约12天，货物到达罗兹后3天内分拨至欧洲各区域。蓉欧快铁货运直达班列从成都青白江集装箱中心站出发，国内路段经宝鸡、兰州至新疆阿拉山口，长3511千米，国际路段从阿拉山口途经哈萨克斯坦、俄罗斯、白俄罗斯等国直达波兰罗兹站，段长6315千米，全长9826千米。2015年9月，蓉欧快铁首趟载货返程班列抵达成都，标志着中欧班列蓉欧快铁正式实现双向运行。目前，蓉欧快铁成为“国内开行量最大、速度最快、线路最多、覆盖范围最广、开行频率最稳定的亚欧经贸物流国际通道网络，形成南北中三线并进格局”。③

---

① 《尹力出席第四届中国波兰地方合作论坛》，《四川日报》2016年6月22日（http://www.sc.gov.cn/10462/10464/10797/2016/6/22/10385105.shtml）。

② 即打造成都国际空港和国际铁路港，拓展国际国内陆上物流网、空中物流网和空中人流网。

③ 王小玲、陈碧红：《中欧班列（成都）再“升级”提升开行数量》，《四川日报》2018年9月1日。

在“一带一路”物流建设中，蓉欧快铁的优势逐步显现。中欧贸易网络，传统的运输方式依赖于海运和航空运输。这二者各有优劣，海运运输费用低但时间长，空运时间短但费用高昂。快速铁路运输具有比海运时间短、比空运费用低的优点。蓉欧快铁运输时间是海运的1/3，成本仅为空运的1/6，因而成为综合性价比较高的运输方式。

相对于中国国内开通的渝新欧、汉新欧、郑新欧等其他亚欧国际铁路货运线路，蓉欧快铁也具有优势。一是，运行稳定。2016年1月，成都至罗兹的国际铁路集装箱直达班列线路正式开通。2016年5月，成都至罗兹的中欧班列特需货物列车开通。之后，蓉欧快铁从每周三趟增加至每天发车，成为运行最稳定、运行时间最短、最具竞争力的中欧班列。二是，全程运营时间不断缩短，蓉欧快铁由最初的14天逐步缩至13天、12天，未来还将继续缩短，而国内其他亚欧铁路货运班列一般在16—17天。2016年6月20日，统一品牌后的首趟中欧班列（蓉欧快铁）第一个抵达终点，仅花了不到11天就到达波兰罗兹市，充分展示了“成都速度”。三是，固定发班，辐射面广。蓉欧快铁不仅落户成都，而且辐射了四川周边的华东、华南、华北等地区。国内其他班列必须等到货物集满列后才发班，蓉欧快铁固定发班吸引了其他城市和地区的企业到成都发货。这种竞争优势的背后，是蓉欧快铁先进的管理水平、国际化共赢合作模式以及成都中西部交通枢纽地位等多种因素的必然结果。成都已成为承接华南华中、连接西南西北、沟通西欧、中亚和东南亚的交汇点。①

自2013年开通运营以来，蓉欧快铁开行班列数逐年增长。从2013年全年开行31列起步，到2016年的460列，蓉欧快铁创造了“占全国中欧班列开行总数1702列的27%，开行数量跃居国内中欧班列首位”的纪录。2016年、2017年开行班列数连续两年位列中国中欧班列第一。其中2017年开行国际班列1012列，占全国35个城市开行班列的1/4。② 据罗兹省长斯特皮恩介绍，罗兹发出的蓉欧快铁回程已实现“每发出5趟去

① 谢逸飞：《蓉欧快铁——夯实成都丝绸之路经济带战略地位》，2015年7月7日，人民网（http：//sc. people. com. cn/n/2015/0707/c345167-25493733. html）。

② 陈军德：《成都青白江：借助中欧班列，建设蓉欧枢纽》，2018年3月14日，新华网（http：//www. sc. xinhuanet. com/content/2018-03/14/c_ 1122536514. htm）。

程，都能实现3趟回程满载”，且货运平衡有望尽快实现。[①] 2017年搭载货值268.2亿元，增长2.3倍；货运量32万吨，增加3.2倍。[②] 目前，蓉欧快铁开行在中国率先突破2000列，综合重载率提高5.3个百分点。蓉欧快铁是中欧班列的成功范例，是中波“一带一路”合作的标志性项目，“成为中波地方合作最具标志性的成果之一”。[③]

蓉欧快铁的成功，促使四川—罗兹合作走向深入和扩大。目前，成都与罗兹国家经开区签订战略合作协议，双方在共建国际物流大通道方面深度合作。[④] 同时，蓉欧快铁的线路网络也不断拓展。目前，除阿拉山口外，蓉欧快铁的出境口岸又开通了霍尔果斯、二连浩特等共三条国内运输线路。这样有助于缓解新疆境内大风天气等气候环境和阿拉山口口岸拥堵及通往哈萨克斯坦、俄罗斯铁路运输成本上涨等因素的制约。同时，开通至深圳、宁波、厦门等国内城市的快运班列，蓉欧快铁揽货范围扩展至日韩、中国港澳台地区和东盟各国；欧洲端延伸至德国纽伦堡和荷兰蒂尔堡。

蓉欧快铁向南向北延伸。向北，成都直达俄罗斯，覆盖独联体及其他东欧国家。2017年3月，第一列蓉欧快铁北线——成都至白俄罗斯定制班列正式发车。向南，通过阿拉木图覆盖中亚地区，远期通过伊斯坦布尔覆盖西亚及南欧，并通过巴基斯坦延伸至南亚。2016年9月6日，中欧班列蓉欧快铁正式开通成都—伊斯坦布尔班列。至此，蓉欧快铁构建起中线至罗兹、北线直达莫斯科、南线至伊斯坦布尔的三条国际干线，打通东向、西向和南向3个通道，织密欧陆、泛亚物流“两张网”。[⑤]

按照2018年的开行计划，蓉欧快铁全年不低于2017年开行数，继续

---

① 杨弃非：《波兰罗兹省长：每开出5趟能装满回程3趟，蓉欧快铁运量平衡在望》，2017年11月4日，每日经济新闻（http：//news.10jqka.com.cn/20171104/c601417381.shtml）。

② 曾小清、罗之飏：《年度增幅创“入世”以来新高2017年外贸进出口值突破4600亿元》，《四川日报》2018年1月20日。

③ 崔宏伟：《“一带一路”框架下的中波合作——全面战略伙伴关系与“16+1”的双轮驱动》，载高歌主编《从“16+1”到“一带一路”合作发展共赢》，中国社会科学出版社2017年版，第79页。

④ 邹悦：《成都要打造“国际铁路第一港”》，2018年7月27日，成都商报电子版（http：//e.chengdu.cn/html/2018-07/27/content_629869.htm）。

⑤ 刘裕国、王明峰：《四川成都借力“蓉欧+”融入“一带一路”》，《人民日报》2016年9月28日。

保持中欧班列中国第一的水平。2018 年“蓉欧 +”国内线路拓展至 12 条，开行“蓉欧 +”国内班列 1500 列。其中，中线深入欧洲腹地，计划 700 列，来回对称开行，原则按去 350 列、回 350 列组织，提升“天天蓉欧”的品质内涵，除既有的波兰罗兹、德国纽伦堡、荷兰蒂尔堡三个直达站点外，2018 年到站将增加米兰、鹿特丹、根特、汉堡、杜伊斯堡、波兹南等欧洲主要货源集散地。①

（二）合作平台不断拓展

以成都—罗兹线路为中心的蓉欧快铁顺利运营和快速发展，产生了更多加强四川省与波兰罗兹以及中国和波兰关系的需求。这样的形势发展要求推动合作机制化，在单边、双边和多边等不同层面推进合作平台建设。

在单边层面上，要求四川省与成都市提升原有的对外关系机制和平台，同时建立新的机制和平台。四川省和成都市积极通过互访机制，加强与波兰和中东欧国家和地区交流。例如 2017 年 9 月，成都市委书记范锐平率团出访捷克、波兰、西班牙三国，安排市商务委带领成都对外经贸促进会于 9 月 17—23 日组织企业在捷克、波兰开展了通用航空和文创等领域的经贸促进活动，相关企业进行了深入洽谈和实地考察。此外，成都还利用中国西部博览会等西部地区对外开放合作的重要窗口平台开展对波兰和中东欧国家合作。据悉，波兰以食品行业的优势，在 2016 年第一次参加西博会就取得了喜人的成果。波兰领事馆希望西博会能够搭建好平台，促进波兰产品提升在中国西部地区的知名度。②

加强成都国际铁路口岸和自贸区建设，打造对外开放窗口。成都青白江区是中欧班列（蓉欧快铁）始发地和成都国际铁路港所在地。2013 年以来随着蓉欧快铁的顺利运营，成都国际铁路港不断得到提升。③ 2014 年以来，成都铁路口岸先后获批设立国家对外开放口岸、进境肉类指定口岸、汽车整车进口口岸、多式联运海关监管中心、成都铁路保税物流中心（B 型）。四川省已经在成都设立物流分流中心，将欧洲通过“蓉欧快铁”

---

① 吴静：《蓉欧快铁 2018 年开行计划发布》，2018 年 1 月 5 日，成都市青白江区人民政府（http：//www.qbj.gov.cn/qbj/443723/1714823/1835071/index.html）。

② 《波兰积极推进与中国西部贸易合作》，2018 年 7 月 25 日，中国西部国际博览会（http：//xbh.wcif.cn/13249/13251/13258/2018/07/25/10260666.shtml）。

③ 2008 年，成都国际铁路港破土动工，2012 年成都铁路口岸建成运营。

运至成都的商品分流至中国其他地区，以便于欧洲商品进入中国市场。[①] 2017 年 4 月，四川内陆自贸区青白江铁路港片区成功获批，成为中国唯一依托铁路港而设立的自贸区片区。[②]

在双边层面上，连接成都与波兰罗兹市的蓉欧快铁是成都拓展与波兰乃至欧洲关系的重要纽带。自蓉欧快铁开通以来，成都市与罗兹市、四川省与罗兹省的关系开始加速升温。2015 年 6 月 29 日，在波兰罗兹市举办的第三届中国波兰地方合作论坛上，成都市与罗兹市正式签署友城协议。根据协议，双方将根据平等互利原则，在相关领域开展合作。两市将建立重大活动信息相互通报机制，承诺积极参加对方举办的国际性交流活动，深化互利合作；加强两市高层互访，鼓励和推进政府间交流合作；促进两市在经贸领域的合作，鼓励开展有利于两市经济发展的活动，促进企业间交流；深化两市教育交流，通过合作办学、师生交流等形式鼓励两市院校发展校际合作关系。2014 年，罗兹省、罗兹市设立驻成都经贸代表处，落户成都市欧盟项目创新中心。2015 年 9 月 9 日至 10 日，应波兰罗兹市市长邀请，成都市代表团参加了在波兰罗兹市举办的“第三届友好城市合作论坛”，并拜会了罗兹市市长和罗兹省政府代表，就在罗兹建设欧洲转运中心、跨境电商海外仓、促进蓉欧快铁回程班列稳定运行等事宜进行了工作交流。[③]

蓉欧快铁促进了四川与波兰关系的深化。波兰方面非常重视与四川省和成都市的合作。2015 年 6 月 18 日，波兰驻成都总领事馆正式开馆，这是波兰在中国设立的第三家总领事馆，领区范围包括四川省、贵州省、云南省和重庆市。成都领馆的数量位居中国国内第三位。据报道，波兰副外长卡塔日娜·卡茨帕尔赤克专程来到成都，为新领馆揭幕。她表示，随着蓉欧快铁的开通，四川已成为中国与波兰关系发展最快的地区。她认为，四川是“一带一路”的核心地区，蓉欧快铁打通了四川与欧洲的交通大

---

① 刘虹好：《中国四川与中东欧国家经贸合作驶入快车道》，2014 年 8 月 8 日，国际在线专稿（http：//news. cri. cn/gb/42071/2014/08/08/5931s4646707. htm）。

② 陈军德：《成都青白江：借助中欧班列 建设蓉欧枢纽》，2018 年 3 月 14 日，新华网（http：//www. sc. xinhuanet. com/content/2018-03/14/c_ 1122536514. htm）。

③ 鲁琴：《成都波兰金秋文化节，一位来自波兰的省长在春熙路“卖苹果”!》，2017 年 11 月 3 日，《四川画报》（http：//www. sohu. com/a/202207647_ 252084）。

动脉，想在“一带一路”中谋求更多的发展，波兰很愿意和四川加强地方性合作，构建稳定的合作框架。据悉，开馆当天，四川与波兰签订了友好合作备忘录。另外，卡茨帕尔赤克副外长特别推介波兰的环保行业、农产品和食品行业。她认为，波兰在环保技术产业方面很有优势。同时，波兰是农产品出口大国，农业占 GDP 总量 3.5%，四川与波兰在农业方面的合作潜力巨大。①

波兰在中国第三个领事馆选址成都不是偶然的。卡茨帕尔赤克副外长说，随着蓉欧快铁的开通，作为蓉欧快铁两端的成都和波兰交往非常密切，四川成为中国与波兰关系发展最快的地区。新的领馆会促进波兰与中国——尤其是和四川——的经贸合作。时任波兰驻华大使霍米茨基说，中国西部发展迅速，往西部走是近来波兰对华合作的主要方向。波兰驻成都首任总领事卡夏女士表示，正是因为有了蓉欧快铁，波兰才将领事馆选址成都。这些机构的接连建立正是由于大量双边互访的需求。现在，这些互访将得到进一步升级，由此将会举办更多的关于相互投资的会议。② 现任波兰驻华大使赛熙军说，波兰驻成都总领事馆的设立标志着双边关系取得了新突破，也彰显了我们对于与成都开展更多合作的强烈希望和期盼。③

2018 年 11 月 22 日，波兰驻成都经贸代表处在位于成都高新区的中国—欧洲中心揭牌成立。这是继上海后，波兰在中国设立的第二个经贸代表处。据悉，代表处将极大地促进双方投资往来，为两地在航空、超市、铁路以及集装箱等领域的合作提供平台。波兰企业与技术部副国务秘书科希钦斯基在揭牌仪式上致辞说，波兰驻成都经贸代表处的成立，将为双方企业拓展商业带来巨大机遇，希望以此为契机，进一步加深波兰与四川在高新产业等领域的合作。④

---

① 《波兰驻成都总领事馆正式开馆》，2015 年 6 月 19 日，网易新闻（http://news.163.com/15/0619/06/ASF173G300014AED.html）。

② 杨弃非：《波兰驻成都总领事馆总领事卡夏：开行近 4 年，蓉欧快铁为波兰带来了什么?》，2017 年 3 月 13 日，《每日经济新闻》（http://finance.sina.com.cn/roll/2017-03-13/doc-ifychihc6308383.shtml）。

③ 胡清：《波兰驻华大使赛熙军：近期波兰投资贸易局成都代表处将落地》，2018 年 4 月 20 日，成都全搜索新闻网（http://news.chengdu.cn/2018/0420/1966711.shtml）。

④ 邓翔沣、袁婧：《波兰驻成都经贸代表处揭牌》，《四川日报》2018 年 11 月 23 日。

四川与罗兹也积极通过两国间更广阔的平台加强交流与合作。两地都参加中波地方合作论坛。2014 年 6 月 9 日至 10 日，第二届中国—波兰地方合作论坛在广州市举行。成都市和波兰罗兹市作为中波两国 23 对友好城市交流合作的典范，被大会授予“中波友好合作奖”，以嘉奖两市以蓉欧快铁为纽带，开展务实合作及对新丝绸之路建设的积极参与和贡献。成都市代表团在全体大会上以“蓉欧快铁搭建中波交流合作新平台”为题进行主旨发言，还在主会场外搭建形似快铁的巨幅展板展示城市对波交流合作及蓉欧快铁物流大通道。2015 年 6 月 29 日，在波兰罗兹举办的第三届中国波兰地方合作论坛上，成都市与罗兹市正式签署友城协议，四川省和成都市双双荣获“中波友好合作奖”。论坛举办期间，成都驻罗兹经贸代表处正式揭牌。①

在多边层面，四川地方主体积极利用“16 +1”合作和中欧关系框架平台，推进与包括罗兹在内的波兰和其他中东欧国家的地区合作。从 2013 年起，在川企业等随四川省代表团参加了历次中国—中东欧地方领导人会议，参加经济洽谈活动。四川和罗兹的企事业单位和个人等也积极参与了“16 +1”合作框架下的其他多边活动。

（三）物流和贸易投资机会增多

蓉欧快铁为四川省加强对欧物流建设提供了有效平台。波兰苹果出口中国是 2016 年 6 月中国国家主席习近平出访波兰时中波高层磋商会谈达成的重要成果之一。在国家质检总局的大力支持下，四川检验检疫局同其他政府部门密切配合，积极筹建成都空港进境水果指定口岸，建成了设施设备，配备了相应的技术检测力量。2016 年 11 月，该口岸获得国家质检总局批复，成都的一家企业获得了中国首份进口波兰苹果的许可证。在四川省、成都市政府及相关部门、企业的共同努力下，首批波兰苹果从成都进口到中国。②

---

① 由市外事侨务办、市工商联联合牵头，成都总商会驻波兰罗兹代表处暨蓉欧快铁项目促进办公室在波兰罗兹成立。这是成都总商会设立的首个境外机构。详见侯雯雯《成都总商会首个境外机构在波兰罗兹成立》，《成都日报》2015 年 7 月 13 日。

② 中国日报四川记者站：《成都空港进境水果指定口岸开通，波兰苹果首飞中国来成都》，2016 年 11 月 24 日，中国日报网（https：//cnews. chinadaily. com. cn/2016-11/24/content_ 27478405. htm）。

双方已经展开了一系列活动促进物流通畅。在 2017 年成都的波兰金秋文化节上，其中一个重要环节是由波兰罗兹省政府主办的波兰罗兹省食品文化节。罗兹省省长斯特皮恩等中波双方领导出席了开幕活动。斯特皮恩省长在活动现场向成都人民热情“推销”由波兰农业、食品企业带来的罗兹省的特色食品、水果。① 波方计划出口更多的食品及农产品到四川。

波兰成为四川省在中东欧地位最大的贸易伙伴。截至 2017 年底，蓉欧快铁拉动四川进出口贸易总额累计近 40 亿美元。② 2017 年川波进出口总额突破 2. 3 亿美元，同比增长 74% 。③ 四川与波兰之间的贸易仍有很大的增长空间。据波兰驻成都总领事馆提供的数据，2016 年波兰对中国出口总额为 25 亿多美元，而对四川出口商品总额为 3500 万美元，占 1. 38% 。出口到四川的产品共计 36 种，主要包括汽车及其零配件、发电机、电气设备及其零部件、机械设备及零部件、橡胶及相关产品、贵金属、钢铁制品等。同时，波兰对中国进口总额为 150 亿美元，其中对四川进口总额约为 1. 3 亿美元，占总额的 0. 87% 。从四川进口的商品包括有机化学品、电子产品和机械设备、家具、床上用品、药品等共 51 种产品。中国的电子产品因其物美价廉在波兰很受欢迎，比如手机、电脑等。④

随着四川和波兰互联互通和贸易畅通的发展，两地企业也积极寻觅合作机会。在 2015 年，波兰驻成都总领事馆开馆时，还举办了“波兰—四川商务论坛”。波兰副外长卡茨帕尔赤克随行了庞大的政府代表团和近百家波兰企业前来寻商机求合作，其中包括金融公司、机械和自动化行业公司、建筑和加工行业公司、家具公司、农产品公司、运输和物流公司、环保行业公司、矿业公司、地产公司、医药公司等。另外，就连“高精尖”科研机构——国家核研究中心、实验生物学研究院等也来到了中国。随团

---

① 鲁琴：《成都波兰金秋文化节，一位来自波兰的省长在春熙路“卖苹果”!》，2017 年 11 月 3 日，《四川画报》（http：//www. sohu. com/a/202207647_ 252084）。

② 陈军德：《成都青白江：借助中欧班列，建设蓉欧枢纽》，2018 年 3 月 14 日，新华网（http：//www. sc. xinhuanet. com/content/2018-03/14/c_ 1122536514. htm）。

③ 冯俊华：《波兰驻成都总领事馆举行波兰共和国国庆招待会》，2018 年 5 月 3 日，凤凰网四川综合（http：//sc. ifeng. com/a/20180503/6548118_ 0. shtml）。

④ 李卉嫔：《“更多波兰企业有兴趣进驻成都”——专访波兰驻成都总领事卡夏》，波兰驻成都总领事馆（https：//chengdu. msz. gov. pl/zh/consular_ info/usefullinks/）。

来川的一名官员称，他们的目标非常明确，“带来的是波兰最有潜力、最具优势的企业”。这些企业想在“一带一路”中寻找商机，有非常强烈的意愿参与到中国西部的开发和建设中。[①]

两地市场联系也引起相互投资的兴趣。据悉，以前波兰很多企业选择在北上广投资，但是随着蓉欧快铁的开通，更多波兰人知道了成都这个城市，也有越来越多的波兰企业有兴趣进驻成都。2016 年 6 月，作为蓉欧快铁的见证者与参与者——哈特兰斯（Hatrans）物流公司在成都设立全资子公司成都波商商务咨询有限公司，并搭建波兰精品馆这一波兰商品销售平台，为更好地将波兰商品推广到中国打开了窗口。据波兰驻成都总领事卡夏介绍，这是第 1 个落户成都的波兰企业。[②] 据悉有 4 家波兰企业在成都有自己的办事处，还有另外两家表示有兴趣在成都投资。卡夏总领事表示“希望有更多波兰的创新技术被引入四川，看到更多波兰的时尚商品、家具、珠宝、化妆品、家用化学品等进入四川市场”。[③] 同时，四川一些中小企业也开始在波兰开店投资。目前有约 20 家中国企业在波兰有投资。卡夏表示，希望更多中国投资者能参与到波兰的基础设施建设中去，在波兰中部建立多式联运枢纽，促进更高效的物流运输。中国企业在波兰可投资电子产品、基础设施建设、生产制造业等。[④]

（四）人文、教育领域交流增加

近年来，两地之间的人文交流日益增多，涉及文化、时尚、教育等领域。四川省通过友城机制，举办各类人文交流活动。先后开展了“波兰成都日”“匈牙利布达佩斯文化之秋”系列主题活动，实现了各自旅游资源的推介和旅游品牌的展示。2017 年 7 月 24 日，首届国际友城青少年“看四川”夏令营开营，以“感悟中国传统文化，体验四川自然和人文景观，见证四川经济社会发展成就，培养未来友好使者”为主题，在四川省内开

---

① 《波兰驻成都总领事馆正式开馆》，2015 年 6 月 19 日，网易新闻（http：//news. 163. com/15/0619/06/ASF173G300014AED. html）。

② 杨奔非：《蓉城首家波兰企业正式营业：打造在成都的“波兰名片”》，2017 年 1 月 17 日，每日经济新闻（http：//www. nbd. com. cn/articles/2017-01-17/1070930. html）。

③ 李卉嫔：《“更多波兰企业有兴趣进驻成都”——专访波兰驻成都总领事卡夏》，波兰驻成都总领事馆（https：//chengdu. msz. gov. pl/zh/consular_ info/usefullinks/）。

④ 李卉嫔：《“更多波兰企业有兴趣进驻成都”——专访波兰驻成都总领事卡夏》，波兰驻成都总领事馆（https：//chengdu. msz. gov. pl/zh/consular_ info/usefullinks/）。

展系列参观、观摩和交流活动。来自国际友城德国北威州、捷克中捷克州、波兰罗兹省以及英国莱斯特郡的100余名青少年齐聚蓉城。这次波兰来了10多名青少年，大部分是大学生。来自波兰罗兹省的马文豪学中文已有8年，他是这些人里面唯一会说中文的大学生。①

四川省积极承办中国—中东欧文化交流活动。2018年2月，“中华川菜、世界品位”走进波兰活动在波兰罗兹省举办。这是四川省首次组织文艺展演团队来到罗兹举办的大型系列文化活动，包括“锦绣四川”图片展、四川非遗文化展示、特色文艺演出以及川菜美食品鉴等，受到了波兰罗兹省地方领导人和媒体的高度评价。② 2018年6月11日，第2届中国—中东欧国家艺术论坛在成都举行，由中华人民共和国文化和旅游部、四川省政府主办，成都市政府和四川省文化厅共同承办。这是中国对外文化交流的一场重要活动。“中国—中东欧国家青年艺术人才培训和实践中心”和“中国—中东欧国家文创产业交流合作中心”成立，这是此次论坛的重要成果。四川的媒体认为，这标志着以成都为代表的中国西部地区与中东欧国家在文化交流与艺术合作领域进入了新阶段。③

双方在教育方面的交流合作不断增加。波兰罗兹大学、罗兹理工大学、罗兹音乐学院与四川大学、成都大学、四川音乐学院建立了友好校际关系。四川大学和四川外国语大学成都学院已将开设波兰语专业提上日程。在基础教育层面，罗兹省的幼儿园、中小学也和四川相应机构建立了合作关系。

四川大学与波兰华沙大学、罗兹大学等著名高校开展了卓有成效的交流与合作，已经成为四川省、成都市与波兰方面合作的重要民间渠道。早在2013年5月，四川大学就与波兰华沙大学签订了合作谅解备忘录，开始两校学生的交流互派。2016年10月，波兰副总理兼教育部长雅罗斯瓦夫·戈温专程造访四川大学，亲自为四川大学与波兰华沙大学共建的波兰

---

① 刘秋凤：《首届国际友城青少年“看四川”夏令营开营 波兰小伙是个“中医迷”想在成都淘医书》，2017年7月24日，网易新闻（http：//news.163.com/17/0724/14/CQ4AI1CB000187VI.html）。

② 袁婧：《川菜空降波兰 罗兹省省长再次为四川打call》，2018年2月28日，四川在线消息（https：//baijiahao.baidu.com/s？id=1593609958725615014&wfr=spider&for=pc）。

③ 李洋、王晓英：《第二届中国—中东欧国家艺术论坛在成都举行 共谱“16+1”人文交流新篇章》，《四川经济日报》2018年6月12日。

与中欧问题研究中心、国际关系研究中心揭牌，极大地鼓舞了四川大学与波兰高校间合作的深化和扩大。近年来，罗兹大学等高校代表团多次来四川访问，与四川大学等高校开展交流活动。成都市对四川大学的相关工作给予大力支持。成都市科技局软科学项目支持“蓉欧+”战略研究立项，为四川省和成都市加强与波兰和中东欧关系提供决策咨询服务。2017 年四川大学波兰语专业开始招生，积极参与在成都举办的波兰文化节等。目前，四川大学与华沙大学、罗兹大学等高校已经展开了多个学科的交流与合作，并在本科生课程国际远程教学等方面探索深入合作。四川省相关部门和波兰驻成都总领事馆都积极支持这些学术和人文交流活动。

人文交流促进双方互相了解。在四川，越来越多的人开始了解波兰，“波兰”元素也逐步进入学校。波兰驻成都总领事卡夏表示，罗兹对于举办教育文化交流活动十分踊跃，非常欢迎这样的活动能够不断在成都举办。在成都申请签证的材料中，其行程单上总能找到罗兹的名字。她认为，这些交流“加深了成都人民对于罗兹的了解”，“这正是由于罗兹好的形象深入到人们的心中，使他们产生了对罗兹的信任感”。①

三　合作的积极影响

四川—罗兹地方合作取得的卓越成绩对四川省和罗兹省各自的发展以及更广泛地区的发展都产生了积极而重要影响。

（一）促动四川、罗兹各自的发展

对成都来说，与波兰的合作对于促进地方经济社会发展意义重大。第一，在政府层面，蓉欧快铁的快速发展带动了青白江国家铁路港的建设，有利于提升成都铁路口岸的竞争力，为四川内陆自贸区青白江铁路港片区的建设提供了契机。连接成都—罗兹的蓉欧快铁是青白江区和成都市向西开放的一张名片。近年来，成都市在波兰的知名度迅速上升，从默默无闻到著名城市，产品在波兰市场也受到欢迎。②

---

① 杨弃非：《波兰驻成都总领事馆总领事卡夏：开行近 4 年，蓉欧快铁为波兰带来了什么?》，2017 年 3 月 13 日，《每日经济新闻》（http：//finance. sina. com. cn/roll/2017-03-13/doc-ifychihc6308383. shtml）。

② Zhangzhao，“Transport lines bring overseas business，delights to China”，10 May 2017，*China Daily*（http：//www. chinadaily. com. cn/interface/zaker/1143608/2017-05-10/cd_ 29285601. html）.

第二，在企业层面，蓉欧快铁正在改变成都、四川乃至更广阔区域的物流状况和产业布局。据报道，随着青白江铁路口岸成为平行车进口口岸，四川汽车产业集聚效应进一步凸显。2017 年全年四川进出口汽车 6.8 万辆，同比增加 55.4%；进出口值 55.8 亿元，同比增长 60.9%。① 另外，对企业来说，正如 TCL 集团成都工厂供应链负责人所说，“一条铁路，正在改变我们在国际上的产业布局”。② 2004 年 TCL 在成都建厂，2016 年 3 月 TCL 尝试把一批液晶电视机从惠州到成都走中欧班列（成都）再到波兰。据悉，相比海运，新路线节约半个多月时间，资金的周转率提高三成。2016 年通过铁路的运量是 1200 柜，2017 年达到 1600 柜，2018 年计划 2000 柜。中欧班列改变了 TCL 集团的战略定位，该公司对欧洲市场的业务重心向成都转移。

第三，四川与波兰物流、经贸关系的加强，也促使四川本地企业积极进入中东欧市场并深耕欧洲市场。四川本地企业与欧洲各商会合作加深，拓展在欧洲的经贸网络与资源。据悉，成都近日已经与中东欧商会签订委托招商协议，还同意大利佩鲁贾、法国布列塔尼等在农产品国际标准认证、专业人才培养等领域加强合作。③

第四，为四川的创新创业提供了新机遇，加快了新业态发展。据报道，蓉欧快铁返程节约七成运输成本，2015 年已经有成都青年发现了蓉欧快铁这一优势，积极与欧洲创业联系，搭建跨境电商平台，开展新业态，投入到创业大潮中。④

第五，促进了中国地方特色的文化旅游产业进入波兰和中东欧地区。例如，在四川的文化企业推动下，2017 年 4 月，由中商会国际旅游促进会携手波兰旅游局、华沙市政府等联合主办的东辰国际大庙会启动，首站在波兰华沙开幕，致力于把具有中国特色的传统文化艺术推向更多外籍游

---

① 周子铭：《2017 年四川外贸进出口值突破 4600 亿元》，2018 年 1 月 19 日，四川新闻网（http：//scnews. newssc. org/system/20180119/000850323. html）。

② 白桂斌：《青白江融入全球经济大循环》，《华西都市报》2018 年 7 月 27 日。

③ 邹悦：《“四向拓展”，成都是起点》，《成都商报》2018 年 7 月 27 日。

④ 雷倢、张路延：《搭“蓉欧快铁”卖欧洲奶粉，成都小伙德国创业》，2015 年 10 月 5 日，网易新闻（http：//news. 163. com/15/1005/03/B54Q7MD500014AED. html）。

客，吸引更多国际投资者到中国进行旅游投资。[①]

对于波兰罗兹来说，与四川合作的深化也为自身发展带来了复兴机遇。首先，蓉欧快铁的扩大运行，促进了罗兹市火车站及相关设施提升建设的要求，现在罗兹有公路、楼宇等很多建设项目开工。其次，由于与四川的互联互通和物流贸易的扩大，也提升了罗兹作为物流枢纽的地位。罗兹正在致力于打造成为中国面向波兰乃至欧洲的窗口，发展成为交通枢纽和物流枢纽，促进中国与波兰、欧洲的经贸合作。据现任波兰驻华大使塞熙军说，波兰罗兹在蓉欧快铁开通后的几年里兴建了许多物流中心，这说明市场对蓉欧快铁寄予了很高期望。[②] 罗兹火车站的重建、首条绕城公路的落成、大批物流企业的涌现让罗兹朝着打造多式联运枢纽的目标更进一步。再次，蓉欧快铁的发展对罗兹正在实施大规模“城市振兴”规划有促进作用。罗兹的经济发展获得了机遇，增强了城市竞争力，激发了这个曾经的欧洲纺织工业重镇对重新振兴的渴望，这有助于罗兹申办 2022 年世博会的主办权。

罗兹市的官员认为，连接成都与罗兹的蓉欧快铁是罗兹与成都以及更多城市合作的“出发点”。[③] 的确，成都市与罗兹市的良好合作，不仅对促进中波贸易发挥了积极作用，也成为推动四川省和罗兹省合作的桥梁。继 2015 年成都市和罗兹市正式建立友城关系，2016 年 4 月，时任四川省委书记的王东明率团前往波兰罗兹省考察访问，与罗兹省省长斯特皮恩共同签署两省建立友好关系协议书。根据协议，四川省与罗兹省将在经济、贸易、科技、文化、教育、体育、卫生、人才等方面开展多种形式的交流与合作，促进共同繁荣发展。

（二）充实中波关系和中欧关系

波兰驻华大使赛熙军表示，从外商入驻数、外国驻蓉总领事馆数等一些重要数据中，都能看到成都在中国版图中的重要地位。成都的确是一座

---

① 郭香玉：《东辰国际大庙会在京启动》，2017 年 2 月 27 日，新华网（http：//www. xinhuanet. com/travel/2017-02/27/c_ 1120538394. htm）。

② 《为什么一定会再来？波兰新任大使对成都这样说》，2018 年 4 月 18 日，蓉城政事（http：//3g. 163. com/dy/article/DFN4OPKP0514EA16. html）。

③ 魏群：《波兰：响应中国“一带一路”倡议的中欧“门户”》，2015 年 6 月 19 日，中国新闻网（http：//www. xinhuanet. com/world/2015-06/19/c_ 127933905. htm）。

值得来的城市，是值得信赖的合作伙伴。[①] 波兰共和国驻华大使馆代办高磊认为，中欧班列为波兰发展带来重大机遇。[②]

四川—罗兹的地方合作促进中国企业在波兰发展并为波兰当地经济社会做出贡献。例如，TCL 是较早进入波兰的中国企业之一。该公司通过蓉欧快铁将国内生产的零部件运到波兰，从之前的深圳海运到波兰格但斯克的 38 天大大缩短为从成都至罗兹的十余天。位于波兰日拉尔杜夫的 TCL 波兰工厂在发展取得效益的同时，也为当地提供超过 300 人的就业岗位，这对提高当地人的收入和职业发展具有重要意义。[③]

2016 年 6 月，习近平主席对波兰进行国事访问期间，波兰总统杜达请习近平主席到特色农产品展架前并当起了“推销员”，希望将波兰苹果销往中国。同年 11 月 23 日，杜达总统和波兰果农的愿望成真，首批出口到中国的波兰苹果运抵成都。此后，波兰苹果陆续登陆重庆、上海、广东等地，进入中国市场，受到中国消费者的青睐。[④] 可见，四川—罗兹的良好合作为落实两国政府的共识提供了重要渠道。

同时，这一典型案例在中国和中东欧合作中也具有示范意义，给中欧经贸关系深入发展带来更多机遇。例如，在互联互通方面，蓉欧班列已经有成都—罗兹往返、成都—纽伦堡往返、成都—蒂尔堡往返、成都—霍尔果斯—中亚各国等多条线路。成都国际铁路港首个中东欧办事处在捷克首都成立，首列直达维也纳快铁从青白江启程。建立“蓉欧 + 东盟国际班列”内江基地，共建多式联运物流网。[⑤] 班列的快速发展吸引了一些大企业的参与，助力拓展欧洲市场。例如，长虹集团于 2016 年成为蓉欧班列的订舱客户，两年来不仅将自身的产品通过班列运达欧洲，还充分整合了社会揽货等物流服务能力。据悉长虹集团拟在捷克建立分支机构，并通过

---

① 胡清：《波兰驻华大使赛熙军：近期波兰投资贸易局成都代表处将落地》，2018 年 4 月 20 日，成都全搜索新闻网（http：//news. chengdu. cn/2018/0420/1966711. shtml）。

② 李如意、杨志烨、张博：《中欧班列为波兰发展带来重大机遇》，2017 年 5 月 8 日，《北京日报》（http：//news. 163. com/17/0508/02/CJSNUB66000187VI. html）。

③ 韩梅、陈序、石中玉：《芝麻开花节节高——波兰青年帕乌卡的中企成长记》，2017 年 5 月 10 日，新华网（http：//www. xinhuanet. com/world/2017-05/09/c_ 1120943483. htm）。

④ 李增伟：《波兰果农喜迎丰收季（一带一路 · 互利互惠）》，2017 年 6 月 6 日，《人民日报》（http：//paper. people. com. cn/rmrb/html/2017-06/06/nw. D110000renmrb_ 20170606_ 2-03. htm）。

⑤ 白桂斌：《青白江融入全球经济大循环》，《华西都市报》2018 年 7 月 27 日。

欧洲长虹，整合当地资源，拓展国际市场。①

第三节　四川—罗兹合作的经验与启示

四川—罗兹合作的实践可圈可点，同时也反映出了当前地方合作存在的体制机制、合作模式创新和可持续发展等一系列问题，总结其成功经验和不足对推进未来中波两国地方合作的优化和升级富有启示意义。

一　地方合作的经验

近年来，四川—罗兹合作逐步形成了自己的特色。与上海市与滨海省在文化和教育领域合作比较突出相比，四川省—罗兹省、成都—罗兹市合作的特色在于在“一带一路”的大背景下，在向西开放中充分发挥区位优势，从互联互通起步，逐渐外溢到建设合作平台、打通物流贸易、增进人文教育交流等多个领域，形式多样、成效显著、影响广泛。在地方外交上，四川省市不仅与周边国家合作，还积极创造条件与欧洲开展远程合作。四川—罗兹的各方面合作，有力地配合了中波国家层面加强合作的规划，是促进中波全面战略伙伴关系在地方层面落地生根的典范。

四川—罗兹合作的巨大成就是多方面因素促成的。积极因素主要有五个方面。一是中国“一带一路”建设、推动向西开放的大背景。二是四川顺应形势，积极转变自身定位，努力站在开放前沿。三是四川贯彻新时代新要求。四是四川各级地方政府推动形成合力。五是波兰方面积极推动合作。

四川—罗兹地方交往已经成为中国中西部地区积极参与中波合作的一个典型案例。它充分显示了在良好的国内外背景下，地方完全可以发挥主观能动性，勇于解放思想、适应形势，积极转换自身定位，善于突破身份中的地域等因素，突破身份的静态划分（例如沿海、内陆等传统划分），积极开展对外合作。这对于中国其他省份尤其是中西部的地方主体积极创造条件发掘后发优势，构建开放型经济，在对外开放特别是向西开放中努

---

① 王沥慷：《中欧班列（成都）发挥重要纽带功能 吸引长虹等大企业参与》，2018 年 6 月 15 日，中国“一带一路”网（https：//www. yidaiyilu. gov. cn/xwzx/dfdt/58086. htm）。

力实现赶超具有重要的示范意义。

从这一合作典型来看，在国家的支持下，中国的中西部地区完全可以发挥更大的积极性和创造性，在地方层面的对外合作中扮演积极角色。中西部地区的努力作为有利于更新人们对中西部地区的习惯性认识，有利于中西部地区在向西开放中发挥应有的作用，有利于中国整体开放格局朝着更加平衡、更加完善的方向发展。

当前，在与波兰的地方合作中，中国中西部地区与沿海地区正逐步形成各自的特色，对推进中波关系有积极意义。一是在中国地区发展不平衡的状况下，有利于不同地区挖掘地方特色，释放各地参与合作的潜能。二是在中国层面，有助于形成差异化的合作格局，各地形成合作与竞争的态势，有利于调动地方的积极性。三是有利于充分挖掘中波地方合作的潜力，展示双边合作的包容性，让不同区位、资源条件的地方都参与进来，扩大合作机遇。

二 地方合作的未来

中波关系要落地生根离不开地方层面的合作。地方合作是双方全面战略合作伙伴关系的重要一环，是互联互通和人文相通的基石，也是贸易、金融、投资等领域纽带的落脚点。地方合作的未来关系到中波关系的长远发展。如何加强中波地方合作值得深入探索。

第一，统筹中波地方合作，创新体制机制，充分发挥地方主体积极性是一篇大文章。习近平指出，要在中央外事工作委员会集中统一领导下，统筹做好地方外事工作，从全局高度集中调度、合理配置各地资源，有目标、有步骤推进相关工作。[①] 在实践中，国家层面与地方层面如何形成合力，充分发挥地方积极性，地方省市之间形成良性的竞争与合作关系，都值得深入探索。例如，在当前的“16 + 1”合作中，四川的作用在国家层面还有释放的空间。在 2012—2018 年历次“16 + 1”合作峰会文件里，地方合作的部分鲜有提及四川或连接成都—罗兹的蓉欧快铁。在中东欧国家领导人到访中国部分，只提到四川一次。在开通航班直航部分，只提到

① 新华社：《习近平主持召开中央外事工作委员会第一次会议》，2018 年 5 月 15 日，新华网（http：//www. xinhuanet. com/politics/leaders/2018-05/15/c_ 1122836914. htm）。

成都一次。相比之下，在地方合作的部分，河北被提及很多次。提升四川等中西部地区在国家视野中的重要性，实现各地区平衡发展是完善地方布局的一个方向。又如中波之间的两条快铁，分别是成都至罗兹和苏州至华沙，二者之间如何形成良性竞争又合作的关系是值得思考的问题。此外，中欧之间不仅有中欧班列，还有中欧陆海快线，如何更好地将两种联通方式结合起来，产生一加一大于二的效果，也需要在实践中不断完善。

第二，加强对波兰国情的调查研究是当务之急。地方合作中因资源和条件等因素限制，各地对波兰和中东欧地区的信息掌握不一定全面、深入、细致。深入研究波兰国情是必要的。例如，波兰国家和地方层面属于不同的党派执政，当前波兰执政党是法律与公正党，而罗兹市市长属于公民纲领党。执政党与反对党在国家和地方层面有不同影响力，国家层面的决策如何在地方层面落实可能会是一个问题，政策的连续性也可能出现问题。在党派政治现实下，如何巩固良好的合作势头，如何规划长远合作，如何规避所在国的政治社会等风险，值得思考。

第三，创新合作模式、加强实质性合作和可持续发展等问题也值得关注。如何推动务实合作，不断创新合作方式，推动合作落地生根、开花结果，是又一篇大文章。中波地方在产业合作、相互投资方面，还比较少，亟待加强。如何将地方政府间的官员频繁互访、友城关系机制、举办展会等官方努力转化为经贸、产业、人文等方面合作的实际成果，还需要进一步探索。例如，如何运用“互联网 +”的思维，推动线上线下合作值得探索。相关政府部门、企事业单位和项目运用互联网进行在线探讨交流与合作机会的实践还需加强。

第四，遵循市场规律，发挥市场主体的推动作用。据悉中欧班列的发展还面临一些问题，如“综合运输成本偏高、无序竞争时有发生、供需对接不充分、通关便利化有待提升，以及沿线交通基础设施和配套服务支撑能力不足等问题，迫切需要加以规范和发展完善”。[①] 从企业的角度看，只有投资回报和长期盈利得到保障，企业才会有合作的积极性。中欧班列各线路的运行尚存在不同程度的政府补贴。互联互通的可持续发展要求逐

① 岳菲菲：《李克强揭牌中国—中东欧金融控股公司》，2016 年 11 月 7 日，中国政府网（http：//www. gov. cn/xinwen/2016—11/07/content_ 5129612. htm）。

步减少、最终取消补贴，实现完全市场化运营。

第五，如何继续深入挖掘合作潜力，值得继续思考。例如，四川有丰富的特色文化遗产和资源，包括少数民族的文化。这些文化资源，在国际上会受欢迎。如何把文化更好地带出去，促进人文相通，是一个值得思考的问题。如何继续深入挖掘文化资源这个宝库，把特色文化的历史积淀和丰富资源转化为中外在文化事业、文化产业、旅游、生态环保、可持续发展等其他相关产业发展等方面的国际合作机遇，值得深入思考。需要在举办文化活动的基础上，继续探索如何让政府、高校、艺术团体、博物馆、展览馆、旅游景区、文化产业、媒体等更加紧密的联系起来，实现互联网线上线下融合，把观众和游客引进来，把文化更好地传播出去。

第六，在改革中实现发展，涉及观念和机制等层面。如何从地方参与公共外交、地方外交（包括城市外交）主动作为的高度，强化中波地方合作，需要进一步探索。这需要政绩观和评价方式的创新，例如，从重视友城的数量转变为重视提升友城务实合作的质量。此外，一些地方外事系统机构改革还在进行中，需要进一步理顺部门体制，加强机构和人员专业化程度，完善部门之间、地方城市之间、政府与企事业单位之间信息沟通和协调机制，形成合力。

附　录

四川—罗兹合作重要事件

互联互通	2013 年 4 月，从成都出发开往波兰罗兹的首班中欧班列“蓉欧快铁”发车。这标志着从根本上打破西部地区发展外向型经济必须依赖港口的历史，改变了四川的经济地理区位，使这个不沿边、不靠海的内陆省份，一跃成为国家向西向南的开放高地
	2018 年 9 月 15 日，中欧班列（成都）2018 年度第 1000 列班列从位于成都市青白江区的成都集装箱中心站开出，发往波兰罗兹。本趟列车搭载液晶显示屏、电视机主板、发动机等货物，总货值约 527 万美元。截至 2018 年 10 月，中欧班列（成都）累计开行量达 2497 列，约占全国中欧班列开行总量的 1/4。中欧班列（成都）开行量已连续两年位居全国首位，继续领跑全国

续表

友好关系	2015 年 6 月 29 日，在波兰罗兹举办的第三届中国波兰地方合作论坛上，成都市与罗兹市正式签署友城协议
	2016 年 4 月 30 日，中共中央委员、四川省省委书记王东明率中国共产党代表团前往波兰罗兹省考察访问，与罗兹省省长斯特皮恩进行会谈并共同签署两省建立友好关系协议书
机构与平台	2014 年 4 月，罗兹省、市在华第一家经贸代表处落户成都
	2015 年 6 月，成都驻罗兹经贸代表处正式揭牌
	2015 年 6 月 18 日，波兰驻成都总领事馆正式开馆
	2018 年 11 月 22 日，波兰驻成都经贸代表处在位于成都高新区的中国—欧洲中心揭牌成立。这是继上海后，波兰在中国设立的第二个经贸代表处
互访与活动	2016 年 4 月，波兰外长瓦什奇科夫斯基第一次访问四川
	2016 年 6 月，波兰罗兹省省长斯特皮恩访问四川
	2016 年 10 月 13 日，波兰副总理兼科学和高等教育部长雅罗斯瓦夫·戈温率代表团一行访问四川，并为四川大学与波兰华沙大学共建的波兰与中欧问题研究中心、国际关系研究中心揭牌
	2017 年 11 月 3 日，由波兰罗兹省政府主办，波兰驻成都总领事馆协办的“2017 波兰罗兹省食品文化节成都站”开幕。罗兹省省长斯特皮恩、四川省人民政府官员出席
	2018 年 2 月 25 日，以四川省副省长杨兴平为首的代表团一行 9 人访问了波兰。2 月 26 日晚，“中华川菜世界品味”走进波兰活动在波兰罗兹省举办。此次活动由四川省人民政府和波兰罗兹省政府联合主办。罗兹省省长斯特皮恩、省议会议长马泽尔、罗兹市副市长帕特沃斯基以及来自当地教育、文化、商业各界代表近百人出席活动
	2018 年 9 月，波兰罗兹省省长斯特皮恩率团出席第十七届西博会，并访问四川

第六章　中波人文交流

2012年以来，人文交流在中国外交中的地位日益上升，与政治安全合作、经济贸易合作并立为新时代中国对外关系的三大支柱。简而言之，人文交流是以人员往来和思想文化交流为主的跨国交流现象。人文交流作为“人与人之间沟通情感和心灵的桥梁，是国与国加深理解与信任的纽带”，具有基础性、先导性、广泛性和持久性。① 国之交在于民相亲。人文交流旨在促进不同文明和文化之间的相互包容与借鉴，从而为国家之间发展关系、开展合作提供坚实的民意基础。中波两国的人文交流源远流长，并在“16+1”合作和“一带一路”建设的推动下，正成为促进中波两国民心相通的主渠道。

第一节　中波人文交流的历史渊源

地处亚洲大陆东端的中国和位于欧洲中部的波兰不仅在地理空间上相隔万里，而且有着迥异的历史和文化传统。但正如波兰学者所言，两国仍然存在着一些相似的因素：“近代时期为国家独立的抗争、社会和经济现代化所面临的挑战，以及在世界各地数量庞大的海外侨民的存在。”② 正是出于这些相似因素，中波两国人民能够超越民族、语言、宗教等各方面

① 人文交流概念在中国外交中的缘起和流变详见邢丽菊《何以人文：新时代中国外交思想的传统文化内涵》；武心波、宗立宁《“缘”：中国“周边人文交流”新视角——以中日韩为例》，载张骥、邢丽菊主编《人文化成：中国与周边国家人文交流》，世界知识出版社2018年版，第23—36、65—86页。

② ［波］耶日·卢克瓦斯基、赫伯特·扎瓦德斯基：《波兰史》，常程译，东方出版中心2011年版，中文版序言。

的显著差异，从古代的初步接触，到近代后逐步加深相互了解，并在反抗外来入侵、寻求民族独立的过程中建立起了彼此同情、相互支持的深厚友谊，为中华人民共和国成立后中波两国在相互尊重的前提下开展平等交流奠定了基础。

一　古代的初步接触

波兰和中国之间的往来可以追溯到 13 世纪。据波兰汉学家施乐文的考证，波兰与远东的第一次接触是 1241 年，入侵欧洲的蒙古军队攻占当时的波兰古都克拉科夫。另据波兰学者爱德华·卡伊丹斯基的研究，1245 年，天主教教皇英诺森四世在法国里昂召集全欧洲主教会议，决定派遣以意大利方济各会修士普兰诺·加宾尼为首的教皇使团出使中国，会见蒙古大汗。加宾尼一行二人于 1245 年 4 月 16 日复活节当天从法国里昂出发，经捷克到波兰弗拉提斯拉维亚（今弗罗茨瓦夫）时，邀请了当地的方济各会修士波兰人本尼迪克特（Benedict），继续前往中国。在进入俄罗斯途中，一人折返，加宾尼和本尼迪克特二人则继续前行经过现在中国新疆北部翻越阿尔泰山，于 1247 年 7 月 22 日到达元朝第一个首都哈拉和林（今蒙古国境内）。二人在当地参加了元定宗举行的登基大典，并在觐见元定宗时呈上了教皇玺书，奉劝蒙古人罢兵息战，优遇教徒等。同年 11 月 13 日，二人携元定宗复信启程返回欧洲，于 1247 年抵达里昂。本尼迪克特在返回欧洲途中，将元朝之行口授了一份 3000 字左右的报告——《波兰人教友本尼迪克特叙述》。本尼迪克特还口授了一本《鞑靼史》，讲述有关蒙古人征服亚洲和欧洲的情况，蒙古人的生活方式、住宅服饰、风俗习惯，以及波兰与蒙古交战的情况等。本尼迪克特来华比意大利人马可·波罗还早 30 年，其留下的著述为波兰人了解遥远的中国留下了珍贵资料。今天，他的故乡弗罗茨瓦夫还有以其名字命名的一条街道作为纪念。①

二　近代的患难真情

尽管波兰和中国的第一次接触是因为战争，但是两国因遥远的地理距

---

①　文有仁、单樨：《比马可·波罗更早来华的波兰人本尼迪克特》，《知识就是力量》2007 年第 3 期。

离，并未有利害冲突。17 世纪以降，欧洲出现的“中国热”激发了波兰对中国的文化和艺术的兴趣。到 19 世纪，波兰和中国都面临着列强扩张带来的救亡图存压力，患难之情成为双方加深了解、相互支持的动力。

17 世纪，从法国辗转传入波兰的中国艺术文物在该国掀起了一股“中国热”，波兰骑士也从土耳其军队手中夺取了东方风格的文物，至今仍保留在波兰古城克拉科夫的瓦维尔城堡里。此时，波兰贵族开始建造中国式庭院，宫廷中搜集中国的绘画、纺织品及雕刻。[①] 但是这一时期真正与中国建立直接接触、深入了解中国的是来华传教的波兰天主教教士。在 17—18 世纪，先后有 4 名波兰耶稣会传教士在中国开展传教工作。第一位是庐盘石（Andrius Rudomina，1595—1632 年），他在传教期间致力于研究中国语言及畜牧工作。第二位是穆尼阁（Jan Mikolaj Smogulecki，1610—1656 年），他与薛凤祚（1599—1680 年）合作，发表了天文学著作《天步真原》，描述天体运动的过程，向中国学者介绍了对数的计算。第三位是著名的米海尔·鲍姆（Michal Piotr Boym）传教士，1643 年以传教士的身份来到中国，并取中文名卜弥格。卜弥格广泛研究中国社会、历史、医学、地理等学科，并发表大量著作，是首位向西方介绍中国古代科学文化成果的欧洲人，被誉为“波兰的马可·波罗”。[②] 第四位是波兰传教士白维翰（Jan Chrzciciel Bakowski，1672—1732 年），他于 17 世纪末 18 世纪上半叶在中国工作，直到 1730 年离开中国。此后没有更多的波兰传教士来中国。

卜弥格被称为波兰的首位汉学家。他出身医学世家，是波兰天主教耶稣会传教士，在明末清初年间经由澳门来华。同马可·波罗相比，长期以来卜弥格在中国民众中的知名度并不高，直到中国国家主席习近平访波前夕在波兰《共和国报》撰文，才让中波两国人民了解到他为中西文化交流做出过杰出贡献。其中最为突出的是他为编撰欧洲的第一本汉语字典奠定了基础，并将中医成就系统介绍到西方。卜弥格曾把西安的一块碑石上的碑文译成欧洲文字，碑文的内容是用汉文和古叙利亚两种文字记叙有关

---

① ［波］施乐文：《十九—二十世纪波兰与中国的关系》，近代中国与世界研讨会论文集（第二卷），2000 年 9 月，第 250 页。

② 习近平：《推动中波友谊航船全速前进》，《人民日报》（海外版）2016 年 6 月 18 日第 2 版。

景教在中国流传的情况。在这篇题为《西安府碑文》的译作中，卜弥格不仅提供了碑文原文和拉丁文译文，还独创了注音符号和评注。在他的译文基础上，该碑文在1670年被欧洲学者转译为法文，并按字母次序排列后，成为欧洲第一部正规的汉语字典。卜弥格绘制的《中国地图册》在当时的欧洲也具有很高的学术价值。该地图册将每个地名的拉丁文对应相应的汉文，精确度远高于《马可·波罗游记》中提供的地名和地理位置。此外，卜弥格有不少有关中国的译作和著述，如《中华植物志》《孔夫子论述》《中国舆地》等，但最为系统的著作都与中国传统医学相关。①

> 卜弥格是向西方全面介绍《黄帝内经》、阴阳五行学说、中医脉诊、中医方剂、中医望诊、针灸穴位图解、中草药的第一人，也是全面系统研究中医理论并发表严肃中医学术著作的西方第一人。从中医研究专著《耶稣会士在中国的传教士卜弥格认识中国脉诊理论的一把医学的钥匙》（简称《医学的钥匙》）的内容来看，卜弥格已经不是单纯的翻译家，俨然就是一位博学的中医学家。全书是他根据对《黄帝内经·素问》《难经本义》《脉经》《易经》《伤寒论》《金匮要略》《针灸甲乙经》和《神农本草经》等中医学典籍深入研究后，通过自己的理解、消化、吸收和梳理，进而创作出的一部百科全书式的中医研究专著，在西方人士对中医文化研究形成著述方面，卜弥格堪称"前无古人"。②

北京外国语大学海外汉学研究中心专门从事卜弥格研究的张西平教授认为，卜弥格是"传教士汉学和专业汉学的连接点。法国专业汉学家雷慕沙，就是读卜弥格的书，学会了中文。从卜弥格到雷慕沙，欧洲早期汉学完成了它从传教士汉学到专业汉学的转变"。③ 由此可见，中波"民心相通"的人文交流具有悠久的历史渊源，尤其天主教传教士在明清时期对中

---

① 谢基：《波兰传教士米海尔·鲍姆对汉学西传的贡献》，《社会科学》1986年第4期。

② 王银泉：《卜弥格：中医文化西传的拓荒者》，2016年7月19日，中国社会科学网（http：//www. cssn. cn/zx/201607/t20160719_ 3125760_ 1. shtml）。

③ 靳松：《波兰汉学家卜弥格：中西文化交流的使者》，2014年12月30日，国际在线（http：//news. cri. cn/gb/42071/2014/12/30/7551s4823764. htm）。

西文化交流的巨大贡献，是两国进一步推进相互理解、增信释疑的重要人文资源，值得进一步挖掘。

到 19 世纪，波兰已经历三次瓜分而亡国，长期闭关锁国的中国也在 1840 年后处于被列强瓜分的威胁之下。正是在这一特殊的历史背景下，中波人民之间的往来有了更进一步的发展，甚至在中国的哈尔滨出现了规模可观的波兰侨民社区。这一时期来到中国的波兰人士有语言学家约瑟夫·斯杰潘·科瓦勒斯基（Jozef Szczepan Kowalewski，1801—1878 年），波兰军官布罗尼斯勒瓦·格拉布切斯基（Bronislaw Grabczewski，1855—1926 年），研究西藏的黄金和玉石矿产工程师卡洛·波赫达诺维奇（Karol Bohdanowicz，1867—1947 年）等，但更多的波兰人则是在俄国统治之下来到中国东北修建中东铁路。1896 年，中国清政府与俄国签订《中俄密约》，同意蓄谋已久的俄国在中国东北修建铁路，且在铁路两侧的附属地段可以拥有行政、警察、护路队、学校等机构和设施。据波兰学者研究，由俄国任命的中东铁路公司总工程师 A. И. 尤戈维奇出生于波兰家庭。俄方派遣到松花江沿岸考察队的队长，工程师亚当·施德洛夫斯基也是波兰人，队员中也有几名波兰裔成员。考察队最终选择松花江和阿什河交汇口的三角地带作为预定铁路的跨线地。这个最初被称为松花江铁路村的地方于 1898 年 5 月 16 日被命名为哈尔滨。1903 年中东铁路建成交工时，哈尔滨已有 7000 名参与铁路建设的波兰侨民。波兰裔占工程技术人员的1/3 和铁路建设工人的 3/4。由于波兰侨民受过良好的教育且相互扶持，很快在哈尔滨的铁路总局、市政厅、银行和法院等部门占据了重要岗位，并为哈尔滨的城市建设和发展做出了重要贡献。1905 年俄国在日俄战争失败后，沙皇对哈尔滨波兰侨民的统治有所放松，促使他们乘机建立了自己的天主教社区、社会组织、教育机构、报刊并与其祖国维持联系。[①]

与此同时，同样面临亡国命运的中国有识之士也开始关注波兰。1896 年梁启超撰写的《波兰灭亡记》，着力描述波兰沦为亡国奴后的惨状，该文是晚清学界第一篇研究波兰亡国史的著作。1898 年康有为撰《波兰分灭记》，力劝光绪皇帝“持之以坚”，将新法推行下去。康有为试图在此

① ［波］彼特拉夏克·玛尔戈让塔：《哈尔滨的波兰侨民》，刘涧南译，《黑河学院学报》2015 年第 2 期。

书中建立一种“晚清—波兰”的对应关系，将矛头直指俄国这个两国共同的外部威胁。1901年梁启超又撰写《灭国新法论》，将波兰亡国史作为“灭国新法”中的一大典型。此时，文学艺术界也出于同样的目的，开始创作有关波兰亡国题材的小说和戏剧，并开始翻译大量波兰作品。1901年《杭州白话报》刊载了由改写梁启超的《波兰灭亡记》而来的小说《波兰国的故事》，借此传播教育救国的思想。当时还出现了日本人涩江保所著的《波兰衰亡战史》三种中译本。1904年在上海上演了描写波兰亡国历史的戏剧《瓜种兰因》。[①] 1906年吴梼翻译了波兰第一个诺贝尔文学奖获得者显克微支（Henryk Sienkiewicz）的短篇小说《灯台卒》；鲁迅在《摩罗诗力说》里大力褒扬密茨凯维奇（A. Mickiewicz）、斯沃瓦茨基（J. Slowacki）和克拉辛斯基（S. Krasinski）三位波兰浪漫主义诗人；1909年周氏兄弟合译《域外小说集》，收录《乐人杨珂》《灯台卒》和《天使》三篇波兰小说。而1921年《小说月报》第10号推出“被损害民族文学专号”，译有显克微支、莱蒙特、普鲁斯等波兰作家的七篇小说，成为弱小国家争取民族独立的启蒙著作。[②]

同病相怜之情促使中波两国的民族独立运动者开始寻求政治上的相互支持。1913年波兰社会党创始人毕苏斯基致信孙中山，向他介绍了波兰反抗沙皇俄国、争取民族独立运动的情形。孙中山在回信中不仅表达了对波兰民族独立运动的赞赏，而且表达了在俄罗斯西伯利亚边境共同反对沙俄的建议。[③] 第一次世界大战末期，哈尔滨的波兰侨民成立了第一个政治性组织哈尔滨波兰政治协商委员会，其政治口号是波兰的完全解放和主权。波兰复国后，于1920年在哈尔滨设立领事馆，外交代表塔尔哥夫斯基（Joezf Tgrowski）帮助逃到哈尔滨躲避俄国内战的波兰西伯利亚第五军团1500名军人返回波兰。1928年南京国民政府正式承认了波兰政府，并签订了贸易及海运条约。但在1931年“九一八”事变爆发后，波兰政府在日本侵略中国一事上表态暧昧引起中国的强烈不满。波兰试图将日本视

---

① 胡闽苏：《救亡的“寓言”：晚清小说中的波兰亡国书写》，《中国现代文学研究丛刊》2017年第2期。

② 陈立峰：《中国现当代文学在波兰的译介与传播》，《中国比较文学》2018年第2期。

③ ［波］施乐文：《十九—二十世纪波兰与中国的关系》，近代中国与世界研讨会论文集（第二卷），2000年9月，第250页。

为苏联的对手，并且错误地估计日本可以在波兰与德国的冲突中发挥中间人的作用，幻想日本可以阻止德国不侵略波兰，并且以承认“满洲国”的代价来换取对哈尔滨领事馆的保护。波兰政府的错误立场导致南京国民政府宣布与其断绝正式外交关系。但波兰仍在 1932 年在上海成立了中波友好协会，1934 年成立波兰商会。①

随着 1937 年中国抗日战争全面爆发和 1939 年纳粹德国入侵波兰后，波兰和中国又面临相似的命运。正如习近平主席在《推动中波友谊航船全速前进》一文中所言：“第二次世界大战期间，两国人民彼此同情、相互支持，结下深厚友谊。傅拉都、戎格曼等波兰友人不远万里来华，为中国抗日战争提供医疗支援，乌尔班诺维奇、什曼凯维奇等波兰军人参加盟国军队援华。波兰人民为最终战胜法西斯、赢得世界和平付出了巨大牺牲，做出了重大贡献。”② 其中被称为“波兰的白求恩”的傅拉都原名斯坦尼斯瓦夫·傅拉托，1910 年出生于华沙的一个犹太家庭。1936 年西班牙内战爆发后，傅拉都参加了由各国共产党员和左翼人士组成的反法西斯国际纵队，前往西班牙援助共和民主力量。1939 年，傅拉都作为负责人组建了一支有九名国际纵队医护人员组成的医疗纵队前往中国，支援中国抗战。1939—1945 年，陆续有四批国际援华医疗队来华，除了傅拉都和戎格曼之外，还有四名波兰人。傅拉都是中国红十字会救护总队顾问，担任卫生勤务指导员，后又受聘为 691 医疗队队长，率队转战贵州、湖南、湖北战场，积极救护伤病员。在湖南湘阴，傅拉都还举办了军医训练班，培养了诸多中国学员。傅拉都在华期间与重庆八路军办事处建立了紧密联系。中华人民共和国成立后，傅拉都于 1957—1964 年担任波兰驻中国大使馆公使衔参赞，1964 年回到波兰后出任波外交部主管中国事务的副司长，是中波友谊的亲历者、见证者和维护者。③

此外，来自波兰的自由记者苏伊丝于 1936 年来华后也为中国抗战做

① ［波］施乐文：《波兰与中华民国的关系》，《中华民国史研究三十年（1972—2002）》（中卷），社会科学文献出版社 2008 年版，第 763—764 页。

② 习近平：《推动中波友谊航船全速前进》，《人民日报》（海外版）2016 年 6 月 18 日第 2 版。

③ 潘光：《波兰白求恩：国际主义战士傅拉都》，《世界知识》2017 年第 3 期；潘光：《1939，国际援华医疗队与中国》，《档案春秋》2017 年第 3 期。

出了积极贡献。1937年抗日民族统一战线形成后，一直关注中国建设的苏伊丝决定为中国政府工作支持抗战，被宋美龄聘为对外宣传事务顾问。此后，苏伊丝相继结识了史沫特莱、斯特朗、周恩来、彭德怀等人，开始倾向中国共产党，并在辞去外宣顾问一职后加入了史沫特莱组织的西北游击队后援会，还到达延安采访了中共领导人毛泽东。1938年，苏伊丝离开中国后，继续向世界各国宣传中国抗战事迹，并且在1941—1951年在美国居住期间参加远东民主政策委员会，推动美军在第二次世界大战后撤出中国并减少对国民政府的援助。①

值得一提的是，第二次世界大战期间，还有不少逃避德国纳粹迫害的波兰犹太难民辗转来到上海避难。他们在日本驻立陶宛大使帮助下先前往日本，1941年夏被日本政府驱逐后到上海避难。1941年12月太平洋战争爆发后，世界反法西斯同盟正式成立。在伦敦的波兰流亡政府停止了过去的亲日政策，于1942年1月关闭了哈尔滨领事馆。波兰驻日本大使罗麦尔（Tadusz Romer）在大使馆关闭后来到上海，代表伦敦的波兰流亡政府保护波兰犹太人。②

三　1949年后人文交流的展开与恢复

第二次世界大战结束后，为争取民族独立不懈斗争的波兰和中国相继选择走上社会主义道路。1949年中华人民共和国成立后，在两国政府的共同推动下，双方自上而下有计划、有组织地开展平等友好的人文交流。

1950年3月，中波两国签署新闻交换合同。1951年4月，两国签订文化合作协定，波兰是第一个与中华人民共和国签订文化合作协定的东欧国家。根据这一协定，双方轮流在北京和华沙举行联合委员会年会，商定文化合作协定的年度执行计划，均由各自文化部门高级官员率团参加。如1952年，波兰对外文化合作委员会主席温德率波兰政府文化代表团访华；1953年，中国文化部长沈雁冰（茅盾，著名作家）率中国代表团访波；1954年，波兰高教部副部长波科拉率团访华；1955年，中国对外文化联

① 黄格林：《被国民党批评的“3S”之一：波兰记者苏伊丝与中国》，《新闻春秋》2019年第1期。

② ［波］施乐文：《波兰与中华民国的关系》，《中华民国史研究三十年（1972—2002）》（中卷），社会科学文献出版社2008年版，第764页。

络事务局局长洪深率政府文化代表团访波。文化合作协定及其执行计划的内容有：双方应促进并协助各种学术研究机构、文化与教育组织间的合作；双方相互举行有关文化学术问题的讲演；互派教授进行访问讲学并交换留学生，交换教育及文化生活方面的资料；提倡相互研究对方的语文；交换科研资料及报告；鼓励翻译对方的著名的文学艺术及科学出版物，交换图书、报刊等出版物；相互举办文化展览会；上演对方的戏剧、音乐作品和电影；加强两国电影企业间的合作并交换广播节目；相互为对方通信社及记者的活动提供方便等。从 1959 年起，两国文化合作执行计划改为两年签订一次，此后又陆续签订了有关科学、宗教、广播、电影、卫生等合作协定及议定书等。

以双边政府间协议为基础，中波两国在整个 50 年代的人文交流与合作发展良好，规模逐步扩大，双方互派文化代表团、文教考察团、艺术表演团等到对方国家访问演出，相互举办对方国家的电影周、文化艺术展览和名人纪念活动等，每年均达近 200 人次，双方还互派留学生，交换图书、报刊、影片等。如中国方面派出了中国杂技团（1951 年）、中国青年文工团（1951 年）、中国青年艺术团（1953 年）、中国人民解放军歌舞团（1954 年）等多个表演团队赴波进行友好访问演出。波兰方面则派出了著名的马佐夫舍歌舞团于 1953 年 4 月首次访华演出，成为首个来华访问的东欧国家民间歌舞团。随着双方在文化艺术领域的交流日趋频繁，1955—1960 年每年都有 15—20 个来往项目。1957 年和 1958 年，波中友好协会和中波友好协会先后成立，两个友好组织之间建立了密切的联系。在这一时期，中方派赴波兰的艺术表演团组主要有：中国青年艺术团（1955 年）、中国杂技团（1955 年）、中国上海杂技团（1956 年）、中国木偶皮影艺术团（1956 年）、中国杂技团（1956 年）、中国戏曲歌舞团（1958 年）、中国川剧团（1959 年）等。同期，波兰访华的表演艺术团组主要有：波兰军队歌舞团（1955 年）、波兰钢琴家斯捷潘斯卡（1957 年）、波兰华沙杂技团（1957 年）、波兰钢琴家日穆津斯基（1958 年）、波兰马佐夫舍歌舞团（1960 年）、波兰钢琴家贝莱仁斯基（1960 年）等。1955 年和 1960 年中国两次派遣钢琴家赴波兰参加第 5、6 届肖邦国际钢琴比赛，中国著名小提琴家马思聪应邀担任第 5 届比赛的评委。著名钢琴家傅聪在第 5 届肖邦国际钢琴比赛会上获三等奖及“马祖卡”优秀奖。李名强在第 6 届肖邦国际钢琴比赛会上获第四名。

同一时间，中波两国的文学译介工作也顺利推进。1949—1957 年里，中国翻译、出版了波兰的政治、经济、文学、科技书籍共 70 多种，印行 50 多万册，波兰翻译、出版中国的书籍 50 多种，印行了 100 多万册。波兰文学家密茨凯维奇最著名的长诗《塔杜施先生》于 1955 年由人民文学出版社出版。稍后又出版了《密茨凯维奇诗集》，包括长诗《格拉席娜》《康拉德华伦洛德》等诗作。中国古代哲学家庄周的《南华真经》《庄子》的全部著作和屈原的《楚辞》都被译成波兰文出版。鲁迅、郭沫若、老舍、茅盾等中国当代著名作家的作品也被翻译成波兰文在波兰出版发行。波兰的汉学家雅沃尔斯基和雅布翁斯基教授以及赫米列夫斯基、沃伊塔谢维奇教授等人做出了极为突出的贡献。①

此后，由于中波关系受到中苏关系恶化的影响而日渐疏远，人文交流一度停止，直到 20 世纪 80 年代随着双方关系正常化后开始恢复。1989 年波兰转型后，中波两国逐渐超越政治制度和意识形态的差异，稳步推动人文交流的发展，其主要措施如下。

第一，双方主管文化、科学部门的高级官员进行互访并签署新的合作协定。如 1997 年，中国国家教委主任朱开轩访问波兰，中波签署两国文化和科学合作协定 1998—2000 年执行计划。2002 年，波兰文化部部长采林斯基访华，中国文化部副部长陈晓光访波，并签署了《两国文化部副部长会谈纪要》。

第二，两国领导人将人文交流作为双边关系的重要内容写入高层互访的联合声明中，并推进签署一系列的合作协议。1997 年 11 月，波兰总统科瓦希涅夫斯基正式访问中国，是中波建交以来波兰国家元首第一次正式访华，双方签署的联合公报中明确表示支持两国在金融、科技、文化、教育、新闻、旅行等方面的相互交流与合作。2004 年 6 月，中国国家主席胡锦涛对波兰进行国事访问，是中波建交以来中国国家主席首次访问波兰。访问期间，中波两国领导人发表联合声明宣布建立中波友好合作伙伴关系，并表示："尊重对方根据本国国情选择的发展道路和奉行的内外政策，尊重并

---

① 《波中历史关系》，波兰共和国驻华大使馆（https：//pekin. msz. gov. pl/zh/bilateral_ cooperation/political_ cooperation/historia_ stosunkow_ polskochinskich/）。

支持对方为维护主权和领土完整所做的努力。双方注意到两国在政治、经济、社会、价值观念和人权方面观点的差异。双方认为，这些差异不应影响双边关系的发展，愿就此进行建设性对话与交流。”“双方将支持扩大人员交往，这有助于促进双边在文化、教育、卫生、科技、旅游、体育等领域的合作发展。双方还将鼓励两国地方和民间机构开展直接交往。”① 同时，两国签署了文化合作备忘录和教育合作协议备忘录。2011 年波兰总统科莫罗夫斯基访问中国期间，中波两国元首签署了建立战略伙伴关系的联合声明。中波双边关系的升级是对双方重要性与合作成就的充分认可，并为未来关系的发展指明了方向。声明中有三项内容涉及人文交流，包括：第五项提到欢迎签署两国高等教育合作协议，尽早签署两国文化部 2012—2015 年文化合作议定书，继续互办文化节及其他艺术交流活动，互设文化中心；第六项提及双方致力于深化在财政、科技、农业、交通、矿业、旅游和高等教育领域的合作，鼓励两国青年、学生和民间团体扩大往来；第七项提到加强地方层面的经济、文化和教育交流。②

第三，在双方政府的推动下，文化艺术团体和教育机构之间的交流与合作趋于活跃。例如，双方互相举办文化节展。2004 年中国在波兰举办“中国音乐周”“波兰电影周”。2005 年和 2006 年中波两国先后举办了“波兰文化日”“中国文化日”。2011 年两国分别举办“中国文化节”“波兰文化节”。这些专题文化活动增进了两国人民对彼此文化、历史的认识和了解。此外，2006 年起，在中国国家汉办的组织下，北京外国语大学与波兰雅盖隆大学签署协议，在克拉科夫市联合开办波兰第 1 家孔子学院。与此同时，双方的文学译介也再度活跃，中国现当代著名作家张贤亮、古华、苏童、莫言、北岛等人的文学作品在波兰出版。中国也重新引进了《火与剑》《洪流》和《十字军骑士》等波兰的文学经典。

从上述漫长的历史演变可以看出，中波两国的人文交流，从古代和近

---

① 《中华人民共和国和波兰共和国联合声明》，2004 年 6 月 8 日，外交部（https://www.fmprc.gov.cn/web/gjhdq_676201/gj_676203/oz_678770/1206_679012/1207_679024/t128854.shtml）。

② 《中华人民共和国和波兰共和国关于建立战略伙伴关系的联合声明》，2011 年 12 月 20 日，外交部（https://www.fmprc.gov.cn/web/gjhdq_676201/gj_676203/oz_678770/1206_679012/1207_679024/t889004.shtml）。

代时期主要局限在少数精英之间的偶然交往，已逐步扩展到现当代两国普通民众之间的相互往来；从最初以波兰人来中国传教、生活、援助、避难为主的单向流动，走向中波之间平等对话、相互借鉴的双向往来；从以反抗外部压迫和意识形态相似性为基础的相互同情和支持，上升为超越政治制度和意识形态差异的相互尊重和理解。两国人民经受历史考验而逐步稳定成熟起来的交往，为中波双方在“16＋1”合作和“一带一路”框架下推进人文交流的发展奠定了良好的基础。

第二节　中波人文交流的发展现状

2011年中波战略伙伴关系建立后，波兰积极回应中国提出的“16＋1”合作和“一带一路”倡议，两国充分利用多边平台助推双边关系的发展。人文交流作为“16＋1”合作和“一带一路”倡议的重要内容，正成为与政治对话、经贸合作之外支撑中波战略伙伴关系的第3大支柱。

一　多边平台建设

2012年，中国国务院总理温家宝访问波兰期间与中东欧国家领导人举行会晤，推出了促进中国和中东欧国家友好合作的十二项举措并成立了常设的秘书处负责协调落实，“16＋1”合作正式启动。在会晤后发表的联合公报中，与会各国领导人明确表示“人文交流对增进相互了解、巩固传统友谊具有不可替代的重要作用。各国政府将支持举办文化节，互派高水平文艺团体，相互派遣留学生，相互支持语言教学，加强研究机构学术交流，搭建青年交流平台，鼓励和支持友好省市关系，在旅游领域开展实质性合作”。[①] 同时，在中方提出的十二项举措中有五项与人文交流有关，具体而言：在文化合作方面，举办“中国—中东欧文化合作论坛”并定期举行文化高层官员和专家会晤，互办文化节、专题活动；在教育合作方面，向中东欧国家提供奖学金及支持开办孔子学院和孔子课堂，加强高校

① 《中国与中东欧国家领导人会晤新闻公报》，2012年4月26日，中国—中东欧国家合作（http：//www. china-ceec. org/chn/ldrhw/2012hs/tpxw/t1411304. htm）。

校级交流与联合学术研究，举办“中国—中东欧国家教育政策对话”；在旅游合作方面，倡议成立“中国—中东欧国家旅游促进联盟”，加强相互推介和联合开发旅游线路，开通中国与中东欧国家更多直航，举办“中国—中东欧国家专项旅游产品推介会”；在智库交流方面，设立“中国与中东欧国家关系研究基金”支持双方研究机构和学者的交流；在青年交流方面，举办“中国与中东欧青年政治家论坛”以推动双方的青年代表增进相互了解。[①] 在此基础上，每年一度的“16＋1”合作领导人会晤上发布的合作纲要均将人文交流列为一大重点领域，通过顶层设计推动人文交流平台建设的常态化和制度化。

一方面，人文交流作为“16＋1”合作的一项固定内容，合作范畴日趋广泛。在最初确立的文化、教育、旅游、智库和青年五大交流合作领域的基础上，2013 年的《布加勒斯特纲要》新增记者团互访；2014 年的《贝尔格莱德》纲要增加了文化遗产保护合作、文学作品互译出版合作、电影合作等内容；2015 年的《苏州纲要》增加了艺术合作论坛、文化产业论坛和汉学家研讨会等新交流平台；2016 年的《里加纲要》增加媒体合作和体育合作；2017 年的《布达佩斯纲要》新增政党对话；2018 年的《索菲亚纲要》将女性创业纳入人文交流范畴；2019 年的《杜布罗夫尼克纲要》新增社会凝聚力、政策法律咨询、广播电视合作、知识产权合作等新议题。

另一方面，“16＋1”合作在人文交流领域建立了多个定期对话平台和常设的政策协调机构。迄今为止，在文化艺术合作方面，自 2013 年以来每两年举办一次文化合作部长论坛并通过相应的合作计划。2017 年在杭州举办的第三届“16＋1”文化合作部长论坛上，与会各方就在马其顿共和国设立“16＋1”文化合作协调中心签署了谅解备忘录，支持“16＋1”框架下的舞蹈文化艺术联盟、音乐院校联盟和艺术创作中心。[②] 在“16＋1”文化艺术合作旗下的常态化交流平台还包括：2 届艺术合作论坛、3 届文化创意产业论坛、2 届非物质文化遗产保护专家级

---

① 《中国关于促进与中东欧国家友好合作的十二项举措》，2012 年 4 月 26 日，中国—中东欧国家合作（http：//www. china-ceec. org/chn/ldrhw/2012hs/hdxw/t1409870. htm）。

② 《中国与中东欧 16 国共同发表文化合作“杭州宣言”》，2017 年 9 月 22 日（http：//www. xinhuanet. com//politics/2017-09/22/c_ 1121709768. htm）。

论坛、2 届文化遗产论坛、2 届文学论坛、1 届图书馆联盟馆长论坛、4 届舞蹈夏令营、2 届舞蹈冬令营、1 届音乐夏令营等。此外，2019 年的“16 +1”合作杜布罗夫尼克峰会上还在讨论在黑山设立“16 +1”创意中心作为艺术交流平台的可能性。在教育领域，2012 年至今已举办 7 届教育政策对话和 6 次高校联合会会议，并在 2019 年正式启动“中国—中东欧国家教育能力建设项目”和“中国—中东欧国家高校联合教育项目”。在旅游合作方面，2014 年以来已举行 4 次旅游合作高级别会议，并在匈牙利设立了旅游促进机构及企业联合会，还设立了“马可·波罗旅游奖”，支持和欢迎中国和中东欧国家在旅游合作和相关设施投资方面签署更多谅解备忘录。在智库合作方面，至今已举行 6 届中国—中东欧高级别智库研讨会。在出版和新闻媒体合作方面，2018 年成立“16 +1”出版联盟，为中国和中东国家出版机构实现互学互鉴、互利共赢搭建了可持续性沟通机制和合作平台。在新闻媒体合作方面，除了邀请中东欧国家记者代表团访华外，还举办了 2 届新闻发言人对话会，中国国家各部委新闻发言人和中东欧国家的政府、议会和外交部新闻发言人进行对话，就新闻发言人在国家治理中的作用与危机沟通、新媒体环境下的新闻与传播、中国与中东欧国家合作等议题进行交流。在青年交流方面，则从每两年举办一次的青年政治家论坛拓展到举办“未来之桥”中国—中东欧青年研修交流营活动、“16 +1”大学生冰雪嘉年华、冬季运动会、青年知识竞赛、艺术摄影大赛等形式多样的活动，并探讨在中东欧国家建立中国—中东欧青年发展中心的可能性。

与此同时，民心相通作为“一带一路”倡议的五大合作重点之一，包括了开展文化交流、学术往来、人才交流合作、媒体合作、青年和妇女交往、志愿者服务等，以及旅游合作、医疗卫生合作、科技合作和民间组织交流合作等广泛内容。在此基础上，2016 年中国文化部颁布《“一带一路”文化发展行动计划（2016—2020 年）》，提出将围绕演艺、电影、电视、广播、音乐、动漫、游戏、游艺、数字文化、创意设计、文化科技装备、艺术品及授权产品等领域，开拓完善国际合作渠道，推动“一带一路”相关国家共同建立五大联盟，即“丝绸之路国际艺术节联盟”“丝绸之路国际剧院联盟”“丝绸之路国际图书馆联盟”“丝绸之路国际博物馆联盟”“丝绸之路国际美术馆联盟”，为推动“一带一路”文化交流与合作机制化奠定了坚实基础。[①]“16+1”合作作为在中东欧地区推进“一带一路”倡议的多边平台，在其搭建的各类平台上开展的人文交流活动为推进“一带一路”建设中的民心相通提供了有力的支撑。

二　双边互动

利用“16+1”合作和“一带一路”倡议搭建的多边平台促进中波双边人文交流已成为中波两国的共识。2016年习近平主席访问波兰期间，双方签署了建立全面战略伙伴关系的声明，其中明确指出“双方同意扩大在文化、教育、体育等领域的合作，深化在旅游、卫生、智库等领域的交往，推动两国青年的友好交流”，并为便利两国人员往来不断改进签证程序。同时双方认为，“中国—中东欧国家合作有效促进务实合作与人文交流，已成为中国与中东欧国家深化友好互利合作的重要平台”。[②]在这一共识指导下，中波之间在文化、教育和智库、科技以及旅游等领域展开了形式多样、内容丰富的互动，合作水平由浅入深、交流成果日渐充实。

（一）文化交流与合作

文化领域的交流与合作是中波双边人文交流的传统项目，也是促进双方民众相互了解最为直观的形式。自2011年中波建立战略伙伴关系以来，双方在文化领域的往来已从互办文化艺术节展、互派文化艺术团体的交流升级到共同创作文化艺术作品的合作。

自2012年起，波兰方面每年在中国举办一次波兰文化节，作为向中国推广波兰文化的大型交流平台。波兰文化节安排在11月，作为波兰国家独立日（11月11日）庆祝活动的一部分。第一届波兰文化节于2012年11月在北京举行，由波兰共和国外交部、文化与国家遗产部等联合筹办，内容包括古典音乐会、艺术展览、各种研讨会和波兰美食展等板块。目前，波兰文化节已在北京举办了7届，并陆续走向了中国其他省市，如

---

① 韩业庭：《“整体性保护”，让文化遗产“活起来”——文化生态保护实验区建设破解非遗保护难题》，《中外文化交流》2017年第3期。

② 《中华人民共和国和波兰共和国关于建立全面战略伙伴关系的联合声明》，2016年6月20日，新华网（http://www.xinhuanet.com/world/2016-06/20/c_1119079041.htm）。

杭州（2012年）、成都（2016年、2017年）、昆明（2017年）、重庆（2018年），还在宁波举办了波兰文化周、波兰文化季等。同时，波兰政府还推动该国的文化机构和艺术家积极参与“相约北京”、乌镇戏剧节以及“2017中国—中东欧国家文化季”等由中国主办的各类国际文化艺术节展。2017年，波方先后派出10支艺术团组来华参加“中国—中东欧国家文化季”。借助这些在中国举办的双边和多边的文化艺术活动，不仅肖邦这一传统波兰文化名片在中国广为人知，而且有“当代贝多芬”之称的波兰知名音乐家克日什托夫·潘德列斯基（Krzysztof Penderecki）、“波兰电影之父”安杰伊·瓦依达（Andrzej Wajda）、著名戏剧大师克里斯蒂安·陆帕（Krystian Lupa）等诸多当代波兰艺术家也进入了普通中国民众的视野。在这一过程中，成立于2000年的波兰密茨凯维奇学院是帮助波兰文化进入中国的重要推手。该学院隶属于波兰文化与国家遗产部，其宗旨是向海外推广波兰文化。该学院旗下的文化品牌 Culture. pl 与波兰驻华大使馆文化处共同将“来自肖邦故乡的珍宝：15—20世纪的波兰艺术”展览（2015年）、“生活状态：全球环境中的波兰当代艺术”（2015年）、“爵色波兰”等诸多展示波兰过去和现代的艺术和国情的文化项目推介到中国，其中“爵色波兰”作为展示年轻波兰爵士乐音乐家的音乐品牌，自2014年以来已连续6年来华巡演，为中国观众带来了15支不同的爵士乐队，组织活动逾200场。① 此外，2010年成立的波兰艺术圈基金会也在推动波兰艺术走向中国上发挥了重要作用。2016年，波兰艺术圈基金会和北大青鸟音乐集团联合举办了“第一届波兰艺术圈中国行”艺术节，波兰方面派遣波兰议会波中问题小组副主席苏斯基出席活动，并宣读了波兰副总理、波兰文化与国家遗产部部长的贺信。该艺术节以演出、讲座、展览、电影放映、工作坊等多种形式向中国民众介绍波兰在音乐、美术、电影、游戏等领域的当代艺术家及其作品。目前这一艺术节已连续举办3届，在北京、上海、天津、深圳、杭州、济南、南京、武汉、长沙等多个城市展开巡演，成为在中国境内规模最大、影响最深的波兰文化活动。②

---

① 爵色波兰（https：//jazzpopolsku. pl/cn/）。

② 《第三届“波兰艺术圈中国行”艺术节在北京开幕》，2018年10月25日，人民网（http：//world. people. com. cn/n1/2018/1025/c1002 - 30361030. html）。

中国方面则将举办“欢乐春节·波兰行”和各类富有中国特色的文化节展打造为波兰民众了解中国的窗口。自2011年由中国文化部首次派团在华沙成功举办“欢乐春节·波兰行”以来，这一以中国传统节日春节为特色、以官民并举半商演为形式的文化活动已在波兰连续成功举办9次，并从2012年起走出华沙到奥波莱、克拉科夫、斯塔洛瓦沃拉等波兰多个省市进行巡演，向波兰各界人士展示了中国的文化艺术作品。2012年中国国务院总理温家宝访波期间，两国政府签署了2012—2015年的文化合作议定书。根据这一议定书，中方首次在波兰举办了长达5个月的“中国文化季”。中方不仅通过派遣高规格的政府文化代表团与波方文化部高层进行直接接触，提升文化季活动的规格，而且精心组织了2个表演艺术团赴波演出，并在华沙、卡托维茨、沃姆扎、托伦等城市举办以地方民俗为特色的多个主题展览和举办“西藏文化周”等10项文化活动，从传统到现代，从表演艺术到传统手工艺再到少数民族文化，从各个不同角度向波兰人民展示了中华文化独特魅力，吸引了10996名波兰民众参与其中。① 自2012年以来，每年一度在华沙的皇家园林瓦津基公园举行的“中国彩灯文化节”也成为深受华沙市民和游客喜爱的中国文化品牌。在2014年中波建交65周年之际，瓦津基公园举行了“中国园”开园仪式。“中国园”所在的“中国大道”曾由波兰最后一任国王出于对中国艺术的喜爱所建。2011年波兰总统访华后，作为中波两国文化交流项目之一，由中波经济文化交流基金会与华沙瓦津基博物馆共同开发、中国五矿集团和波兰铜业集团出资复建“中国大道”，于2012完成复建项目，并在此基础上修建了“中国园”。② 除了中国的传统文化、民族文化受到波兰民众的欢迎外，介绍中国改革开放40年来的成就也是中波文化交流的新亮点。2018年10月，首次“中国周”文化活动在波兰北部城市格但斯克举行。“中国周”由“春华秋实40年——中国上海改革开放成就图片展”开幕，参展的约80幅摄影作品集中展示了改革开放40

① 《中华人民共和国与波兰共和国2012年文化交流简况（十五）》，2013年2月1日，驻波兰使馆文化处（http：//www. chinaembassy. org. pl/chn/ywzn/jlwh/t1014565. htm）。

② 《中国彩灯文化节波兰开幕，闪耀华沙“中国园”》，2015年8月4日，国际在线（http：//www. chinaqw. com/zhwh/2015/08-04/59392. shtml）。

年来上海在经济社会、城市建设、生态环保等方面的变迁。①

在上述丰富多彩、形式多样的文化交流活动的基础上，中波两国的文化机构和艺术家还开始尝试通过创作以对方的历史和文化为主要素材的作品，向两国民众介绍对彼此文化艺术的认识和理解，从简单的文化接触走向深层次的文化合作。如 2017 年，波兰著名戏剧导演克里斯蒂安·陆帕与中国演员合作，将中国当代著名作家史铁生的戏剧剧本《关于一部以电影作舞台背景的戏剧之设想》改编为戏剧《酗酒者莫非》并在天津、哈尔滨进行演出。2018 年，波兰当红戏剧导演格热戈日·亚日那首次与中国演员合作，将鲁迅的同名小说《铸剑》搬上了戏剧舞台，并在上海、哈尔滨等地上演，引发了很多讨论。同时，2018 年 2 月，波兰北部城市托伦举办了以中国茶文化为主题的中国电影展，向托伦雅盖隆学院孔子课堂师生、托伦市民及当地华侨华人放映了由波兰著名导演雅库博夫斯基执导的纪录片《中国——茶之源》《茶树之王》和《哈尼族及其邻居》，从波兰人的视角观察和介绍中国茶文化、自然风光和民俗风情。

表 III-6-1　　2011 年以来中波主要文化交流活动

年份	中方在波活动	波方在华活动
2011	首次举办“欢乐春节·波兰行”。在华沙和克拉科夫举办“中国文化节” 举办中国文化节及“中国窗花展”等各类展览、武术表演、安徽电视周、中国电影展、中国文化课、中国文化知识讲座、中国日、龙舟赛活动等 28 起文化外宣活动 “中国广播艺术团”“中国紫禁城室内乐团”、天津音乐学院民乐团等艺术团体赴波演出	波兰电影家协会主席波罗姆斯基率团访华，出席波兰电影《梦幻飞琴》首映式。 波兰文学家协会主席马莱克·瓦夫日凯维奇参加青海湖诗歌节 波兰华沙大学民族歌舞团参加第十一届“相约北京”联欢活动；波兰瑞德管弦乐团参加中国西安世园花车巡游表演；波兰现代音乐小组访华参加第十四届北京国际音乐节；波兰四重奏乐团参加席曼诺夫斯基四重奏音乐会和研讨会；波兰空军军乐团参加第四届中国南昌军乐节；波兰西里西亚舞蹈团、波兰爱乐交响乐乐团访华演出

① 《“中国周”文化活动在波兰北部城市举行》，2018 年 10 月 13 日，新华网（http：//www. xinhuanet. com/world/2018-10/13/c_ 1123554039. htm）。

续表

年份	中方在波活动	波方在华活动
2012	举办“首届中国文化季”“西藏文化周”活动 举办“邀明月”波兰文版新书出版仪式、武术表演、华沙—成都文化旅游日等各类文化外宣活动27起，参与人数达16840次 “北京现代室内乐团”“北京雷动天下现代舞团”、深圳歌舞团等艺术团体赴波演出 在波兰国家电视台播放5部中国故事片	在北京、杭州举办“波兰文化节” 波兰特雷布尼民族乐队参加第十二届“相约北京”联欢活动；波兰卢布林民族歌舞团参加国家大剧院演出活动；波兰舞蹈团参加首届国际舞蹈院校舞蹈展演；波兰少儿艺术团参加“2012年欢聚天津中外儿童文化交流活动” POLO电视台摄制小组赴华拍片并制作完成三集电视纪录片在该台黄金时段多次播放
2013	中国国家新闻出版广电总局、中国国家博物馆、中国文化部产业司、中国国家文物局、中国作协等赴波访问，积极推动两国出版业、博物馆馆际交流、动漫产业合作及举办“华夏文物展” 湖北省与波兰肖邦学会签署会谈纪要在钢琴艺术领域开展合作与交流。安徽省出版集团与波兰马尔沙维克集团合作，成立“时代—马尔沙维克出版集团” 举办“中国艺术品展”“中国文化日”等各类文化活动达28起，不完全统计有11235人次参与 “文化中国——四海同春”在波进行慰侨演出；广东舞蹈团参加华沙旋转舞蹈节；四川南充文化艺术演艺有限公司参加波第十六届库舍拉国际民间艺术节；贵州艺术学校参加第28届卢布林国际民间艺术节；中国诗人毛秀璞出席“第42届华沙之秋诗歌节” 波中友好协会、华沙国家电视台合作举办“中国电影展映月”，播放17部中国电影	华沙民俗博物馆馆长切热夫斯基出席由中国文化部举办的“中国—欧亚地区博物馆馆长论坛” 波兰马佐夫舍国家歌舞团参加第九届国际民间艺术节；波兰克拉科维亚宫廷芭蕾舞团、波兰民族摇滚乐团、波兰奥利瓦童声合唱团参加第十三届“相约北京”联欢活动；波兰奥斯维辛国家博物馆在华举办奥斯维辛展览；波兰专家参加“2013恭王府论坛”；波兰施特劳斯圆舞曲交响乐团参加“中国哈尔滨新年音乐会演出”；波兰电影家代表团参加“上海旅游节”开幕式演出；波兰波兹南工业大学民间舞蹈团参加“第八届上海宝山国际民间艺术节”；波兰舞蹈团参加“第十届广东现代舞周”活动；波兰著名作曲家潘德列茨基参加“第十六届北京国际音乐节”
2014	举办“中国民族文化周”“河北文化周” “中国园”落户瓦津基公园，并举办了“第三届中国彩灯节” 举办“中波建交65周年图片展”举办丰富多彩的展览以及“中国文化日”“中国文化之夜”“中国中秋节文化日”“南京青奥会文化宣传日”等活动，向波兰武术家联合会赠送训练服和刀剑，并支持举办第十八届中国波兰太极拳锦标赛 安徽省委宣传部与“时代—马尔沙维克出版集团”合作签约；山东省参加“尼山书屋”揭牌仪式。出版波文版中国文化图书《100个汉字认识中国》和《798与当代中国艺术》首发仪式 中国作家代表团、中国紫禁城室内乐团、黑龙江省艺术团、“沈阳小天使艺术团”赴波演出，李云迪在华沙举办“纪念肖邦诞辰204年音乐会”	波兰欧洲施特劳斯圆舞曲交响乐团参加“中国新年音乐会演出”。波兰波罗的海歌剧院《居里夫人》团参加天津首届国际歌剧舞剧节演出

续表

年份	中方在波活动	波方在华活动
2015	举办“新丝绸之路——知遇波兰”中国当代艺术巡回展、“中国当代青年艺术展”“龙的世界”等展览 苏州芭蕾舞团等赴波演出	中国国家博物馆、波兰华沙国家博物馆、密茨凯维奇学院联合主办“来自肖邦故乡的珍宝：15—20 世纪的波兰艺术”展览。与中国国家图书馆联合主办“中国文化西传的使者——波兰 17 世纪来华传教士卜弥格生平成就展”。在宁波举办首届“波兰文化周” 莫扎特弦乐四剑客赴华巡演；华沙爆破摇滚乐队参加北京九门国际爵士音乐；Jazz-pospolita 索波特舞蹈剧团参加北京青年戏剧节；纳达秦镇消防员铜管队参加上海演出；拉克波瑞民间舞蹈团参加江苏常熟艺术周等；羊之歌剧团参加乌镇戏剧节
2016	举办“美丽中国、美丽波兰”图片展和中国主题图书展销月活动、“文心万象——中国古代文人的绘画与生活”展、“楚汉神韵”湖北非物质文化遗产展等展览 李云迪、北京雷动天下现代舞团、浙江省歌舞剧院民族乐团、陕西省广播电视民族乐团等赴波兰演出	举办 2016 成都波兰文化节 举办“科学是自由”波兰科学文化展、“马尔科瓦的撒玛利亚人：波兰人援救犹太人”展、波兰艺术家卡塔姿娜·科兹拉（Katarzyna Kozyra）中国个展、“波兰弗罗茨瓦夫美术馆学院的艺术家群体展”；“不可思议的世界：20 位来自波兰的插画家”；“数字梦想家：波兰游戏开发史”等展览。参加第 15 届中国国际数码互动娱乐展览会（ChinaJoy） 马雷克·布拉哈、波兰摇滚乐队 ROAN、波兰华沙跨大西洋剧团、后摇滚乐队 Tides from Nebula、“爵色波兰”、华沙国家歌剧院、波兰戏剧《藏匿》等艺术团体访华演出 出版中文版《不折之鹰》《精灵之血》等波兰历史和文学作品
2017	在华沙举办第三届丝绸之路国际文化论坛、“成都—波兰文创专场对接会”、中国主题图书巡回展。在克拉科夫举办首届“‘一带一路’中波青年对话” 举办中医文化讲座和体验活动、参加“一带一路”中医药针灸风采行波兰站“中医针灸”展览 波兰名人录出版社出版波文版《中国梦》	举办 2017 年成都波兰金秋文化节、波兰罗兹省食品文化节、云南（昆明）波兰文化节、参加 2017 中东欧文化艺术交流展 举办“波兰·建筑”“华沙起义 1944”和“涅槃重生：华沙的破坏与重建（1939—1955 年）”“波兰人在哈尔滨”等展览 克日什托夫·潘德列茨基、克日什托夫·克西昂日克、Altra Volta 弦乐四重奏、凯尔采戏剧舞蹈团等艺术团体访华演出 举办“波兰当代动画短片”展、波兰著名导演克日什托夫·扎努西电影回顾展

续表

年份	中方在波活动	波方在华活动
2018	举办2018年新春中国主题图书展销活动、“中华丹青丝路行——中国书画名家‘一带一路’主题作品展”、格但斯克“中国周”、在卡托维茨举办2018国际茶文化节等 北京舞蹈学院青年舞团、深圳歌舞团赴波演出	举办哈尔滨波兰周、重庆波拉文化节 举办“纵览波兰”“波兰·建筑——纪念波兰重获独立100周年特别展览”“时光凝固的美丽——波兰琥珀艺术展”“独立之女性”“瞩目波兰·第二次世界大战后特色海报展”“缩影·《纵览波兰》国家全记录”等展览，举办波兰—中国西南摄影比赛 安娜·玛丽·约佩克和克拉科手风琴三重奏、拉莫拉古乐团、钢琴家Katarzyna Borek华沙新剧院等访华演出 出版中文版《永不满足——莱万多夫斯基》、再版《福地》等波兰传记和文学作品。改编鲁迅《铸剑》 参加北京国际电影节波兰电影展映并举办波兰电影产业推介会

资料来源：中国驻波兰大使馆（http：//www. chinaembassy. org. pl/chn/），波兰驻中国大使馆（https：//pekin. msz. gov. pl/zh/）。

总体来看，自2011年以来，中波两国的文化交流合作项目日趋增多，并且从官方主导走向官民并举，从中央下沉到地方，从单纯的交流走向共同的创作。这表明在文化领域，不仅中波双方政府存在高度的政治共识，而且专业机构和从业人士以及两国民众有着相互欣赏和交流的巨大需求，两国的文化合作潜力相当可观。

（二）教育合作和智库交流

早在20世纪50年代中国就派遣留学生到波兰学习一直延续到60年代，1984年中波恢复教育交流，至今保持平稳发展。

波兰发展对华留学生市场开始于2004年加入欧盟以后。2006年波兰推出留学波兰计划，吸引自费留学生去波兰读书。到2015年，波兰的大学开设700多门外语授课的课程，国际留学生总量5万名。① 2011年波兰总统科莫罗夫斯基访华期间签署了双方教育合作协议，将两国派往对方国家学习或进修的国家公派留学人员总数提高到每年40人，并继续推进正

① 王阳、周晓琪、董德：《波兰留学：搭上“一带一路”的顺风车——专访波兰驻华大使林誉平》，《留学》2015年第22期。

在开展的高等教育领域合作。合作还包括把学生送至对方高等院校、交换学术人员、在大学的教员和学生中推广和支持波兰语和中文教学、开展联合科研等。同时，首届中国波兰大学校长论坛于2011年在北京外国语大学举行，并每年举办一次作为促进双方高等教育合作的重要平台。2012年，中国国务院总理温家宝在华沙出席中国—中东欧国家领导人会晤经贸论坛时宣布“未来5年向中东欧国家提供5000个奖学金名额”，自2013/2014学年至2017/2018学年，向中东欧16国增加1000个单方奖，每学年200个，波兰折合每学年增加30个单方奖名额。[①] 2016年中波又签署了相互承认高校毕业文凭的协议，进一步推动了教育合作的深化。

在两国政府的大力推动下，中波教育合作蓬勃发展。首先，两国互派留学生规模有所扩大。2013年，中国有605人赴波兰留学，截至2013年底在波各类留学人员计1210人，到2016年增加到1410多人。来华留学的波兰学生人数呈爆发式增长，2013年在华学习的波兰学生总数为865人，到2017年已增长到2115人。[②] 其次，两国高校越来越重视学习对方的语言和文化，为增进双边往来储备人才。华沙大学、波兹南的亚当·密茨凯维奇大学、波兹南的现代语言学院、格但斯克大学、卢布林的约翰·保罗二世天主教大学等波兰著名高校都推出了中文课程。此外，从2006年起，中国高校相继与雅盖隆大学、奥波莱工业大学、密茨凯维奇大学、弗罗茨瓦夫大学、格但斯克大学合作开设了5家孔子学院，并在维斯瓦大学、雅盖隆学院、比亚威斯托克工业大学、西里西亚工业大学、西里西亚大学开设孔子课堂。在中国，北京外国语大学、哈尔滨师范大学、广东外语外贸大学、北京第二外国语学院、上海外国语大学等9所高校开设了波兰语专业。目前，中国每年大约有150名学习波兰语的学生。最后，中波高校合作办学方兴未艾。两国部分高校已签署合作协议开展实质性合作办学，如中央民族大学与雅盖隆大学、重庆科技大学与华沙社会人文大学、

---

① 《中国与波兰教育合作与交流简况》，2015年6月，中国教育部（http：//old. moe. gov. cn/publicfiles/business/htmlfiles/moe/moe_ 853/201005/87462. html）。

② 《中国与波兰教育合作与交流简况》，2015年6月，中国教育部（http：//old. moe. gov. cn/publicfiles/business/htmlfiles/moe/moe_ 853/201005/87462. html）；《2018中国高等教育展在波兰举行》，2018年10月22日，新华网（http：//www. xinhuanet. com/world/2018-10/22/c_ 1123594689. htm）。

上海对外经贸大学与波兰亚洲研究中心、沈阳建筑大学与琴斯托霍瓦科技大学、沈阳理工大学与波兰西里西亚技术大学等。在此基础上，北京工业大学、重庆交通大学和波兰奥波莱工业大学在2017年3月共同发起成立了“一带一路”中波大学联盟。该联盟由中波23所高校共同参与组建，其中北京和重庆各7所，波兰9所。联盟旨在通过发展中国高校与波兰乃至中东欧国家高等教育的合作伙伴关系，加强与波兰乃至中东欧大学的全面交流与合作。[①]

与此同时，中波两国对彼此的学术研究和智库交流也逐步深入。在波兰，早在1932年华沙大学就成立了东方研究院，是波兰国内最早从事中国研究的机构。翌年，波兰东方研究协会（Polish Oriental Studies Society）成立，出版刊物有《东方研究年鉴》（1914—1918年）、《波兰东方研究通报》（1937—1938年）和《东方西方》（1930—1938年）等。在此期间，华沙大学的东方研究院出现了两位享誉欧洲的汉学家，一位是亚沃尔斯基（Jan Jaworski），曾在北京的《华裔学志》（*Monumenta Serica*）上发表了大量有关中国佛教的论文；另一位是研究中国文化的夏白龙（Witold Jablonski）教授，在第二次世界大战前曾在清华任教。中波建交后，中国研究开始在波兰快速发展。1952年，波兰科学院成立了东方研究委员会，翌年，成立了东方研究系并出版刊物《东方研究评论》和《东方评论》。1978年，波兰科学院成立非欧洲国家研究中心（Center for Studies on Non—European Countries，PAS）主要从事中国、印度、阿拉伯国家和非洲地区问题的跨学科研究，也包括社会学、历史学和政治学领域的研究等，出版的刊物主要有《华沙亚洲学刊》（*Acta Asiatic Varsoviensia*）和《半球：文化和社会研究》（*Hemispheres：Studies on Cultures and Societies*）等。在该中心任职的施乐文教授是著名汉学家，其主编的《中国近代史》（*The Modern History of China*，2006）一书有英文和波兰文两种版本，邀请了来自中国社会科学院近代史研究所的张海鹏研究员、中国台湾地区学者王超然、张力等10位作者撰写该书，是中东欧国家出版的第一部中国近代史专著。除了传统汉学研究外，当代中国的内政外交也是波兰学者关注的重点。波兰弗罗茨瓦夫大

① 《“一带一路”中波大学联盟成立》，《光明日报》2017年3月25日第6版。

学社会科学院政治学系教授泽·彼格涅夫·维克多已先后出版了《中国走上社会主义现代化的道路》《中国发展及其在变化世界中的未来展望》两本关注当代中国经济社会改革的专著。①

中国方面也在加强对波兰的研究。2011 年波兰总统科莫罗夫斯基在访华期间亲自为北京外国语大学的波兰研究中心揭牌。此后，四川大学、西安外国语大学、浙江大学宁波理工学院相继成立了波兰研究中心，支持中波关系发展。同时，自 2013 年起，波兰经济大会基金会（Polish Economic Congress Foundation）和东中西部区域发展和改革研究院每年联合在北京和华沙两地轮流举行“中波智库对话”。总部位于华沙的波兰经济大会基金会的现任主席瓦尔德马·帕夫拉克（Waldemar Pawlak）曾担任波兰总理，该基金会由波兰雇主企业联盟成立，是欧洲重要智库机构，致力于搭建政界、商界、学界之间的多维对话平台，对波兰及欧洲政治、经济、社会等重大议题提出重要而有影响力的政策建议。近年来，该基金会积极对中国经济转型和发展、中国区域发展战略及中波合作等领域展开研究和活动。“中波智库对话”已成为中波两国非政府智库开展公共外交的重要平台。在 2015 年的“中波智库对话”上决定共同成立“波中一带一路促进联席会”，成为“一带一路”倡议出台以来由智库成立的第一家双边合作协会平台，并将总部设在华沙。同时，两国主办方还签署了《共建中波产业园区协议》《共建波中银行、中波产业基金协议》等双边协议，为推进中波双边务实合作提供了有力的智力支持。2017 年 4 月，“波中一带一路促进联席会”在华沙正式成立。② 此外，由中国社会科学院牵头成立的中国—中东欧智库交流与合作网络每年配合“16 + 1”领导人会晤举办的高级别智库研讨会也为中波两国的智库专家搭建了定期交流的平台，起到了为双方政府增信释疑、建言献策的积极作用。

---

① 丁俊萍：《一位波兰学者眼中的中国社会主义现代化》，《中共党史研究》2009 年第 12 期；丁俊萍、吕惠东：《波兰学者维克多新著〈中国发展及其在变化世界中的未来展望〉评介》，《中共党史研究》2013 年第 4 期。

② 《中波智库 2017 华沙对话举行，通过“华沙共识”》，2017 年 9 月 20 日，新华网（http：//www. xinhuanet. com//world/2017-09/20/c_ 129708695. htm）。

（三）科技创新合作[①]

波兰是中国与中东欧各国科技合作项目最多、涉及范围最广、合作成效最好的伙伴。中波两国政府科技合作协定于1954年7月20日在华沙签订。1967—1971年，中波两国科技合作一度中断。1971年底，双方同意恢复两国科技合作关系，但级别由副部级降为局级。1982年12月，中波恢复了副部长级的科技合作委员会，并在1988年6月波兰部长会议主席兹·梅斯内尔访华期间签署了《中波两国长期经济和科技合作发展纲要》。除政府间合作外，两国科学院（在中方还包括中国社会科学院）和专业部门（煤炭、卫生、城建、交通、电子、测绘、专利及科协等）也建立了双边合作关系，其中煤炭、电子部门还设立了常设工作组（副部长级）。其他部门则签订了双边合作协议。1990年以来，随着波兰政治、经济转轨，其科技体制和政策也出现了转型，波兰国际科技合作的重心逐渐转向西方发达国家，与中国的科技合作仍维持在一定水平上。1995年4月，波部长会议副主席兼国家科研委主席亚历山大·乌查克率波政府科技代表团访华，在北京同时举行了《中波政府间科技合作协定》和《中波科技合作委员会第25届会议议定书》两个文件的签字仪式。2000年2月，中波科技合作委员会第29届会议在北京举行，双方商定两国科技合作委员会会议由每年一次改为每两年举行一次；会议双方主席级别由部级调整为司局级。[②]

在两国政府间科技合作协定的推动下，两国许多科研和企事业单位建立了直接对口的合作关系，形成了多层次、多渠道、多部门、多形式、官民结合、稳定务实的格局。2002年以来，中国水利部、科技部、工信部与波兰的科学与教育部、环境部、能源部相继派遣副部级以上高层官员进行互访，并定期举行中波科技合作联合委员会例会。在此基础上，“16+1”合作和“一带一路”倡议为中波两国的科技创新合作提供了更广阔的平台，两国在农业、矿业安全、化工、机械、电子、通信、医学等传统领域的合作交流不断深化，在绿色移动、生物医药、新材料、清洁能源、空

① 本部分主要内容来自《中国与波兰科技合作大有可为：波兰的创新》，《“一带一路”欧亚合作发展报告2018》，社会科学文献出版社2018年版。

② http：//pl. chineseembassB. org/chn/kj/zbkjhz/t128130. htm.

间等新领域的合作交流进一步拓展。根据2013年通过的《布加勒斯特纲要》，中国科技部在上海成功举办了首届中国—中东欧国家促进创新技术合作和国际技术转移研讨会。波兰国家研发中心和雅盖隆大学分别选派了两位代表参会。[①] 在两国政府的推动下，中波科研机构和创新企业积极探索实现产学研结合，促进研究成果的产业化，已在新能源、空间合作、大数据等前沿科技创新领域开展了一系列实质性合作（见表III－6－2）。

表III－6－2　　2013年以来中波主要科技合作项目

年份	合作内容
2013	3月，北京理工大学和波兰华沙理工大学牵头的中波e-Bus合作项目在北京签署合作框架协议，该项目引收了两国具有技术和产业化优势的研究机构和龙头企业参加 7月，中国长城工业集团公司中标承接波兰小卫星搭载发射项目，是中波在空间领域的首个合作项目 9月，中国煤炭工业协会副会长王虹桥率团访波并参加卡托维茨国际采矿技术和装备博览会，促进中波在采矿安全技术领域的合作交流 9月，中国农业部对外经济合作中心组织36家农产品科技企业和专家团参加在波兹南的食品博览会，展示了中国农产品和食品，签署了多项合作协议 11月，华为公司在华沙成功举办面向中东欧地区的TDD技术标准推介会 11月，北京理工华创电动车技术有限公司、上海电巴新能源科技有限公司、中信国安盟固利动力科技有限公司、波兰TAURON集团等科技企业参与中波e-Bus项目合作
2014	4月，国家林业局局长赵树丛率团访波，与波兰环境部签署了包括林业科技合作在内的两国林业合作备忘录，标志着两国政府间建立起林业合作的长期机制 8月，中国长征四号乙火箭搭载发射波兰小卫星赫维留斯号取得圆满成功。这是中波在空间领域的首个合作项目，双方均予以高度评价 11月，由波兰专利局和中国国家知识产权局联合主办的维谢格拉德集团—中国（V4＋1）知识产权研讨会在华沙举行。研讨会上，来自中国和维谢格拉德集团国家的代表介绍了各自知识产权的状况和有关政策，与会者还就保护知识产权问题交流意见、分享经验
2015	6月，在华沙召开的第36届中波科技合作联委会取得圆满成功。双方高度评价科技合作已取得的成果，审议通过了38个新一轮政府间合作研究项目 7月，国土资源部副部长汪民应邀访问波兰环境部，就两部之间在地质调查、页岩气开发等领域的合作达成意向 9月，中国农业部副部长屈冬玉率团访问波兰期间，两国农业部续签了中波农业科技中心合作协议，确定了19个农业科技合作重点领域 10月，波兰环境部副国务秘书布洛津斯基出席天津国际采矿大会期间，双方正式签署合作谅解备忘录 6月，长江水利委代表团访问波兰环境部等机构，就两部门及下属机构在水资源管理与保护领域开展合作交换意见。双方于10月签署了合作意向书

① http：//pl. chineseembassB. org/chn/kj/zbkjhz/t1263895. htm.

续表

年份	合作内容
2016	6月，在习近平主席访问波兰期间，习近平主席与杜达总统见证签署了《中国国家航天局与波兰航天局关于探索与和平利用外层空间合作的谅解备忘录》 6月20日，华为技术有限公司与华沙大学签署了共建创新科学数据中心的协议。创新科学数据中心将在大数据、云计算、高效运算和数据分析领域开展合作 同日，柳工瑞斯塔机械有限公司与波兰国家研发中心签署了合作备忘录。柳工将在波兰建欧洲研发中心。波方将对柳工研发项目给予50%资助，项目金额最高可达1300万美元 9月，升空的天宫二号空间实验室外侧架设“天极”望远镜。其全称是伽玛暴偏振探测仪，是专门用于测量伽玛暴偏振的高灵敏度探测器。“天极”是中欧合作开展的伽玛暴偏振探测项目（POLAR），也是天宫二号搭载的所有实验中唯一的国际合作项目。项目合作单位包括中国科学院高能物理研究所与瑞士日内瓦大学（University of Geneva）、瑞士保罗谢尔研究所（Paul Scherrer Institut）和波兰国家核研究中心（National Centre for Nuclear Research）等。波兰科学家参与设计了“天极”的高压供电电路，共同完成了其在轨软件的编写工作，并全程参与了“天极”的测试验证工作
2017	4月，工信部部长苗圩访波，与波兰能源部签署《关于电动交通（电动汽车）领域开展合作的谅解备忘录》 7月，波兰能源部副部长皮厄特罗斯基访华，与中国国家能源局签署《关于民用核能领域合作的谅解备忘录》
2018	7月，中国农业科学院与波兰国家土壤科学和作物栽培研究所在波兰农业农村发展部签署了关于成立中波土壤可持续发展合作研究平台的谅解备忘录

资料来源：中国驻波兰大使馆（http：//www. chinaembassy. org. pl/chn/）。

当前，波兰建设创新型经济体的发展战略及促进创新创业的政策与中国的创新驱动发展战略不谋而合，双方的科研创新合作潜力可观。

（四）旅游合作

中国和波兰两国都是历史悠久、旅游资源丰富的国家，有开展旅游合作的良好基础和广阔空间。中国方面，目前共有53项世界遗产，其中世界文化遗产36项，世界自然遗产13项，世界文化与自然双重遗产4项，在世界遗产名录的国家排名中仅次于意大利，位居第二。随着中国综合实力的提升，中国已成为世界第一大国际旅游消费国，世界第四大旅游目的地国家，在2017年旅游业全球竞争力排名15位。[①] 波兰方面，共有15处

① 夏杰长、徐金海：《中国旅游业改革开放40年：回顾与展望》，《经济与管理研究》2018年第6期。

世界遗产，旅游业是波兰重点发展的服务行业，游客主要来自欧美国家。但在2008年国际金融危机的冲击下，其旅游业收入一度大幅下降，吸引来自经济增长强劲的亚洲游客尤其是中国游客成为波兰重振旅游业的期望所在。在此背景下，波兰旅游局于2012年发起名为“我爱波兰”的面向亚洲的旅游宣传活动。同年9月，第一届“中波旅游论坛”在华沙举行，中国国家旅游局组织了14家中国大型出境游组团社参加论坛，并提出几点建议：一是加强旅游宣传推广，提高两国游客的认知度；二是加强业界合作，推进务实交流；三是加强市场研究，开发新的旅游产品；四是加快人才培养，提升服务质量；五是采取措施，便捷游客往来；六是积极开展青少年交流，增进两国传统友谊。①

在此基础上，2015年中国旅游局和波兰体育旅游部门签署合作备忘录，同时前往波兰的中国游客显著增长，从2004年的7700人次迅速攀升到6万人次，2015年波兰赴中国的旅游人数也达到近7万人次。随着中波旅游合作的迅速发展，两国航空企业在2016年恢复了北京和华沙之间的直航，进一步刺激了两国游客规模的扩大。针对中国游客大多以团组形式前往波兰旅游的特点，2016年波兰旅游局在北京设立了办事处，并在深圳、成都等地开展了一系列路演和在线活动以提升中国游客对波兰的认知度，并为中国旅行团制定单独游览波兰的旅行线路。2017年在北京举行第一届“一带一路”国际合作高峰论坛期间，中波两国签署了政府间双边旅游合作协议。在两国的共同努力下，到波兰旅游的中国游客出现了井喷式增长，2017年达到14万人次，同时2017年有7万人次波兰游客赴中国旅游。中国已成为亚洲最大的赴波游客来源国。② 为了进一步简便中国游客赴波兰的签证程序，波兰在北京、上海、广州和成都设立四个签证中心之外，于2018年又在杭州、南京、西安、昆明等地增加了10个签证申请中心。同时，中国为了便利波兰公民赴华，也于同年10月在华沙设立中国签证中心，是中国在维谢格拉德集团四国设立的首个签证中心，以适应中波旅游合作迅猛发展的需求。

---

① 《王志发率代表团出席第一届“中波旅游论坛”》，2012年9月29日，中国政府门户网站（http：//www. gov. cn/gzdt//2012-09/29/content_ 2236054. htm）。

② 《中国驻波兰大使刘光源：从三个1/3读懂中东欧“领头羊”》，2018年12月20日，环球网（http：//world. huanqiu. com/exclusive/2018-12/13851717. html？ agt = 15425）。

第三节　中波人文交流的前景

人文交流旨在推动各文明和文化之间的相互尊重、理解和共同发展，其集中表现为在文化、教育、旅游、科技、体育等广泛领域在平等交流的基础上相互借鉴，为国与国之间关系的持续发展提供社会民意基础和动力。从上文的梳理中可以看出，中波之间的人文交流已从对话机制建设走向实质性项目合作，从首脑外交下沉到普通民众的日常往来，从文化扩展到教育、创新、旅游、体育等多个领域的交流合作，但在取得显著成果的同时，中波人文交流仍存在着一些有待改进的不足之处。

首先，中波人文交流中厚古薄今的倾向较为突出，对彼此现状的了解仍有待深入。中波两国都有悠久的历史和丰富的文化资源，都较为重视推介自己的民族传统和经典文化，但也难免加深某些刻板印象。对中国而言，传统文化、民族文化、民俗文化构成了中方对波兰开展外宣的重头戏，但是对当代中国不断解放思想、推进改革开放的系统介绍相对薄弱、形式也较为单一，主要采取图片展或是通过智库对话的形式，可持续性和受众面受到局限。现任波兰总理莫拉维茨基十分赞赏北京大学教授、世界银行前高级副行长兼首席经济学家林毅夫的新结构经济学，多次与其座谈并为其英文著作作序。但是，这些少数精英和专业人士之间的理论探讨并未能有效转化为普通波兰大众对中国发展道路的感性认知，他们更多的是从波兰和西方的精英与媒体的转述中间接地了解中国而使之难以摆脱偏见。对波兰而言，多年来在中国的知名度并不高。一提到波兰，中国人首先联想到的就是肖邦和第二次世界大战爆发地，而当代波兰转型在经济社会领域取得成就和变化并不为广大中国老百姓所熟悉。对此，中波两国不仅需要在学术研究和智库层面推动专业人士加强对彼此的国情研究和相互交流，更需要将这些研究成果转化为通俗易懂、形象生动的表达方式传递给两国普通民众，使中波人文交流在保留和延续历史传统的同时，在内容和形式上更具有时代性、更贴近民众。

其次，中波人文交流中热闹的活动较多，但有待培育更多细水长流的合作项目。开展人文交流的根本目的旨在增进国与国之间的民心相通，但是一国的社会民意不是一朝一夕可以形成或改变的，而是深受其历史和文化传统的影响。就波兰而言，作为一个在宗教和民族构成上高度“同质化”的国家，其“强宗教”加“强民族”的身份认同使之在当前出现了抵触欧盟主流的多元文化主义的排外情绪。同时，波兰曾被大国瓜分的历史记忆和冷战时期受到苏联霸权主义的压制，使其不仅对大国存有根深蒂固的防范心理，而且其天主教会和右翼政党抱有“反苏”“反共”偏见并对民众有较大影响力。尽管今天波兰民众更多地将中国视为一个经济飞速发展的友好大国，但是两国在主流文化和意识形态上的差异仍然显而易见——中国是一个以无神论为主流文化，且大部分民众没有特定宗教信仰的国家；绝大部分波兰人则信仰天主教，宗教在波兰的民族意识形态中占据十分重要的位置。这种差异在诸如“华为事件”等特定时间发生的特定事件中可能会成为加剧双方矛盾或误解的“催化剂”。在此情况下，改善中国在波兰的形象、增进波兰民众对中国的好感度不能抱有毕其功于一役的急躁心态。除了举办文化节、展览、演出和论坛等短期的大规模交流活动之外，更需要通过机制化的平台和渠道推进长期交流项目，在增进两国民众的日常接触中持之以恒、潜移默化地影响彼此的认识。

最后，中波人文交流较为依赖双方政府自上而下的推动，有待进一步激发自下而上的民间自发交往。中波双方政府均有较强的政治意愿推动人文交流，并且已自上而下地从多边的“16＋1”合作到双边的中央和地方政府之间搭建了多层次、多领域的定期交流平台，但是政治共识转化为社会民意基础仍有赖于具体的个体之间的交往和互动，民间自发的日常交流是支撑政治共识的基础，是促进中波之间民心相通的动力。目前，中波两国的教育合作刚刚起步，互派留学生的规模相对较小，特别是中国学生对前往波兰留学的兴趣不大。同时，中国前往波兰的游客在经历了过去几年高速增长后到2018年停留在了14万人的规模，与去捷克的62万人次相比有较大差距。此外，在波兰的华人华侨到2017年也只有8036人，规模偏小。[①] 反观波兰，欧美国家仍然是波兰人留学、移民的首选目的地。尽管历史上波兰人曾在哈尔滨建立自己的社区，他们在陆续回到波兰后也建立了“哈尔滨人”俱乐部这样的联谊组织，但是在中国有长期生活经历的波兰人并不多。因此，双方相互往来的悠久传统与民众之间的有限接触

① 张慧：《“一带一路”与波兰中国移民的演变趋势研究》，《人口研究》2018年第3期。

存在显著的落差，民间交往的资源和潜力还有待发掘。

2017 年中共中央办公厅、国务院办公厅印发了《关于加强和改进中外人文交流工作的若干意见》,[①] 对改进当前中波人文交流存在的不足有重要的指导作用，具体而言可以从以下几方面着手。

第一，在中波人文交流中发挥元首外交和首脑外交的引领作用基础上，充分调动社会多元主体的积极性，支持其开展自主交流。回顾中波建交 70 年来的历史，两国关系因国际风云而经历过起起伏伏，但以中波轮船股份公司、“波兰的白求恩”傅拉都、波兰的“哈尔滨人”俱乐部等为代表的企业、友华人士和社会组织，始终在维持中波两国关系、促进双方合作上发挥着积极的桥梁作用。因此，通过人文交流将领导人的政治共识转化成民心相通最终有赖于两国的企业、社会组织和个人等社会多元主体之间形成的利益和情感纽带。在现有的双边和多边人文交流平台的基础上，需要进一步明确政府和社会之间的分工协作。在政府层面，两国高层领导人的会晤是双方对人文交流进行顶层设计的重要契机，引导双方的具体执行机构在相互感兴趣、有共同需求和利益的领域优先开展合作。政府通过进行总体战略布局、制度设计以及提供政策和资金支持等举措，利用市场的资源配置作用调动社会多元主体的资源和潜力，引导其参与和开发符合双方需求的人文交流项目。在此基础上，可以通过职能部门、友好城市、智库等层面的对话和合作，以试点的形式率先落实双方达成的共识。还可以利用政府设立的专项基金，通过发布交流目录指南的方式引导民间主体的交流内容和形式，同时以政府采购方式吸纳专业化、国际化的社会组织和民间力量参与和开发具体的人文交流项目，并及时评估实际效果，将受到两国民众欢迎且有经济可持续性的项目打造成为中波人文交流品牌。

第二，加大对教育合作和智库交流的支持力度，培养更多的通晓中波两国语言、熟悉两国风土人情的“中国通”和“波兰通”。人文交流归根结底是人与人之间的交流，语言互通才有民心相通。尽管在“16 + 1”合作和“一带一路”的推动下，中波两国已有部分高校设立了学习对方语

① 《关于加强和改进中外人文交流工作的若干意见》，2017 年 12 月 21 日，新华网（http：//www. xinhuanet. com/2017-12/21/c_ 1122148432. htm）。

言的专业和研究机构，但是时间较短、规模较小、研究较浅，还不能满足两国的经贸和人员往来迅速发展的巨大需求。当前中国对波兰开展系统研究的学术专著不多，除了《东欧史》《波兰通史》《列国志·波兰》等著作外，对当代波兰各领域现状进行深入研究的专题性著作仍然鲜见，更缺少对广大民众的知识普及。对此，中国除了需要鼓励国内学生和学者到波兰进行语言和国别区域的基础性学科的学习和研究之外，还可以鼓励高等学校和职业院校配合企业“走出去”，到波兰进行联合办学，利用中波双方的学科优势和师资培养既精通中波两国语言又具有专业知识和实务经验的复合型人才。同时，中国可以针对波兰青年的留学需求，充分发挥“丝绸之路”政府奖学金的引导作用，加大对与当代中国研究相关的专业如经济、法律、外交等专业的招生和奖学金投放力度，培养契合时代需要的波兰的“中国通”。

第三，加强文化传媒领域的对接与合作，为两国民众及时准确地提供对方国情的第一手信息，以降低因传播隔阂而造成的误解。如本书第三篇第二章所述，目前中波两国只有个别媒体在对方设立常驻站点，两国对彼此的报道往往引述第三方媒体的消息，导致在信息传播上易受到第三方立场的干扰而出现失真，进而影响两国普通民众对彼此的认知。从皮尤研究中心的数据来看，尽管2011年以来中波两国人文交流日益密切，但是波兰民众对中国的好感度并未随之有显著上升，反而受到国际形势的变动而有下降态势。这表明受制于不同的国情和传播体制，单纯依靠政府层面来推动中国文化的国际传播活动，有时难以取得预期效果。同时在国际传播中，中国媒体也存在着对国内传播和国际传播的区别把握不够、对国内外的政治文化差异认识不深刻、未充分考虑目标受众的接受心理和接受习惯、把国际传播简单地等同于对外宣传的问题。当前，中国媒体普遍缺乏对国外目标受众进行长期有效的跟踪研究和专业分析，尚未建立针对国际传播内容的专业评估和信息反馈系统，对传播效果缺乏准确清晰的判断，不能根据各国受众的思维习惯、接受特点对传播内容进行调整，缺乏针对性、吸引力和感染力。为此，中波两国媒体可以在已有的交流对接基础上，针对两国民众关心的热点问题进行联合采访和共同制作专题节目，尤其是可以充分发挥互联网和新媒体的技术便利、形式灵活、传播迅速的特点，直接将双方的合作成果以民众喜闻乐见的形式进行推广。

第四，发挥好在波中资企业和华人华侨的纽带作用，使之成为中波人文交流的先行者和示范者。中波两国相距遥远、文化迥异，在波兰的中资企业和华人华侨是波兰民众了解中国的第一扇窗口，他们的日常言行直接影响波兰民众对中国的观感。同时，中资企业和海外华人华侨也能直接感受到波兰当地社会民意的变化，可以及时帮助中国国内改进对波兰的人文交流方式。尽管目前波兰的华人华侨规模较小，但当地的华人华侨总体层次较高，精通当地语言或者俄语和英语且拥有专业技能，从事高端餐饮、贸易文化和其他服务行业，语言和经济优势使之社会融合度较高。在"16+1"合作和"一带一路"的推动下，目前已有884家中国企业入驻波兰，企业外派波兰的中方人员也随之增多，其中有些人看重波兰的生活环境而考虑移民，但目前还是一个相对隔离的群体。[①] 在中波人文交流中，既需要搭建平台加强在波中资企业、华人华侨与中国的联系，同时也需要帮助他们更好地融入当地社会，促使其在地方政府（友好城市）或者行业（商业联合会、教育合作机构）的交流与合作中发挥牵线搭桥和示范表率的作用。

总体而言，中波关系的发展趋势是稳中有进，但两国也存在着显而易见的价值观和文化差异，因而难免存在政治分歧。对此，中国应当保持大国定力，了解双方分歧背后深层的社会、政治和文化因素，把握住中波合作关系向前发展的总体趋势，通过更为深入、持久的人文交流加深双方的彼此了解来管控分歧。"政治是短暂的，经济是长久的，文化是永恒的。"中国和波兰在政治、经济、人文等诸多领域都拥有广阔的合作与发展空间，通过经济上的互惠互利和文化上的尊重理解来巩固两国的政治共识。

---

① 张慧：《"一带一路"与波兰中国移民的演变趋势研究》，《人口研究》2018年第3期。

参考文献

一　中文文献

（一）著作

高德平、高空编著：《列国志·波兰》，社会科学文献出版社 2017 年版。

高歌主编：《从"16+1"到"一带一路"合作发展共赢》，中国社会科学出版社 2017 年版

林红：《民粹主义：概念、理论与实证》，中央编译出版社 2007 年版。

林少文主编：《新媒体时代对俄罗斯东欧传播研究》，辽宁人民出版社 2008 年版。

刘昶、甘露主编：《欧洲传媒概览：产业·规划·教育》，中国传媒大学出版社 2015 年版。

刘祖熙：《波兰通史》，商务印书馆 2006 年版。

刘作奎：《欧洲与"一带一路"倡议：回应与风险（2017）》，中国社会科学出版社 2017 年版。

钱乘旦主编：《欧洲文明：民族的融合与冲突》，贵州人民出版社 1999 年版。

徐以骅主编：《宗教与美国社会（第十三辑）》，时事出版社 2016 年版。

杨烨、高歌主编：《冷战后德国与中东欧的关系》，社会科学文献出版社 2017 年版。

张利华主编：《中欧文化外交及影响》，知识产权出版社 2014 年版。

郑亚莉、张海燕：《一带一路框架下浙江与捷克经贸合作发展报告（2018）》，浙江人民出版社 2018 年版。

（二）译著

［波］科沃德科：《从休克到治疗：后社会主义转轨的政治经济》，上海远东出版社 2000 年版。

［波］斯坦尼斯瓦夫·阿尔诺耳德、马里安·瑞霍夫斯基：《波兰简史：从建国至现代》，史波译，商务印书馆 1974 年版。

［波］耶日·卢克瓦斯基、赫伯特·扎瓦德斯基：《波兰史》，常程译，东方出版中心 2011 年版，第 223 页。

［美］兹比格纽·布热津斯基：《大棋局——美国的首要地位及其地缘战略》，中国国际问题研究所译，上海人民出版社 1998 年版。

［英］艾伦·帕尔默：《夹缝中的六国——维也纳会议以来的中东欧历史》，于亚伦等译，商务印书馆 1997 年版。

［英］恩斯特·拉克劳、［英］查特尔·墨菲：《领导权与社会主义的策略：走向激进民主政治》，尹树广、鉴传今译，黑龙江人民出版社 2003 年版。

［英］哈莉克·科汉斯基：《不折之鹰：二战中的波兰和波兰人》，何娟、陈燕伟译，中国青年出版社 2015 年版。

（三）论文和文章

陈成：《论波兰劳动法的历史沿革与发展》，《河北法学》2017 年第 3 期。

陈春华：《波兰在欧盟影响力的发展趋势与决定因素》，《俄罗斯东欧中亚研究》2017 年第 3 期。

陈立峰：《中国现当代文学在波兰的译介与传播》，《中国比较文学》2018 年第 2 期。

陈维、赵可金：《城市外交的内陆模式——以“一带一路”中的中国内陆城市为例》，《国际观察》2017 年第 1 期。

陈相芬：《“苏满欧”班列对国际商贸流通的影响研究》，《商业经济研究》2016 年第 13 期。

陈翔、韦红：《“一带一路”建设视野下的中国地方外交》，《国际观察》2016 年第 6 期。

陈志敏：《中国的地方外交》，《国际观察》2010 年第 1 期。

程鑫、卡她日娜·皮乐邦奇克、马丁·雅谷比：《波兰高等教育概况及中波高等教育合作》,《世界教育信息》2017 年第 17 期。
丁纯、张铭心、杨嘉威:《“多速欧洲”的政治经济学分析》,《欧洲研究》2017 年第 4 期。
傅宏:《国际援华医疗队新探》,《贵州社会科学》2005 年第 6 期。
高歌:《离心与向心——2017 年中东欧国家与欧盟的关系》,《当代世界》2018 年第 1 期。
高歌:《亲美疑欧:波兰外交的个性》,《世界知识》2019 年第 3 期。
龚铁鹰:《国际关系视野中的城市——地位、功能及政治走向》,《世界经济与政治》2004 年第 8 期。
郭洁:《近二十年波兰外交转型刍议》,《俄罗斯研究》2012 年第 1 期。
胡闽苏:《救亡的“寓言”:晚清小说中的波兰亡国书写》,《中国现代文学研究丛刊》2017 年第 2 期。
黄丹琼:《中东欧民粹主义兴起与欧盟内部分化》,《国际观察》2018 年第 1 期。
黄格林:《被国民党批评的“3S”之一:波兰记者苏伊丝与中国》,《新闻春秋》2019 年第 1 期。
姬文刚:《波兰的经济转型及社会发展:阶段、成就与问题》,《欧亚经济》2018 年第 4 期。
金玲:《中东欧国家对外经济合作中的欧盟因素分析》,《欧洲研究》2015 年第 2 期。
金玉:《波兰经济转型中收入不平等问题探微》,《未来与发展》2015 年第 6 期。
孔寒冰、韦冲霄:《中国与中东欧国家“16 + 1”合作机制的若干问题探讨》,《社会科学》2017 年 11 期。
孔田平:《波兰的欧盟政策与入盟谈判战略》,《欧洲研究》2004 年第 2 期。
孔田平:《波兰在乌克兰危机中的行为及其根源》,《俄罗斯学刊》2018 年第 4 期。
孔田平:《从巴尔采罗维奇计划到莫拉维茨基计划——试析波兰经济转型范式和发展模式的变化》,《欧亚经济》2018 年第 4 期。
孔田平:《东欧剧变后国家与教会关系的演化》,《俄罗斯中亚东欧研究》

2003 年第 4 期。
孔田平：《维谢格拉德集团的地位与中欧的未来》，《俄罗斯东欧中亚研究》2015 年第 4 期。
李俊、王媛媛、刘晨：《波兰“新发展模式”解析》，《现代国际关系》2016 年第 8 期。
李忠华：《波兰转型过程中收入不平等的演进、发展趋向及启示》，《未来与发展》2014 年第 11 期。
林红：《论民粹主义产生的社会根源》，《学术界》2006 年第 6 期。
林清龙、林怀艺：《前波兰剧变中的境外宗教渗透因素剖析》，《西北民族大学学报》（哲学社会科学版）2018 年第 1 期。
刘作奎：《波兰的外交政策走向与中波关系》，《当代世界》2016 年第 7 期。
刘作奎、［波］卡塔里娜·高里克：《2015 年波兰宪法危机根源、前景及对中波关系影响分析》，《欧洲研究》2016 年第 2 期。
马骏驰：《德国与维谢格拉德国家的经贸、投资关系探究：对中国与中东欧合作的启示》，《欧亚经济》2015 年第 6 期。
茅银辉：《波兰对外关系的变化及中波关系的机遇与挑战》，《现代国际关系》2016 年第 6 期。
潘光：《波兰白求恩：国际主义战士傅拉都》，《世界知识》2017 年第 3 期。
钱雪梅：《宗教民族主义探析》，《民族研究》2007 年第 4 期。
沈志华：《一九五六年十月危机：中国的角色和影响——“波匈事件与中国”研究之一》，《历史研究》2005 年第 2 期。
宋景华：《波兰的工潮为何逐年扩大》，《理论前沿》1992 年第 23 期。
孙友晋、张磊：《后冷战时期波兰的民族认同与俄罗斯观》，《俄罗斯研究》2007 年第 2 期。
汤伟：《“一带一路”与城市外交》，《国际关系研究》2015 年第 4 期。
吴素梅、李明超：《国际友好城市参与中国—中东欧合作研究》，《上海对外经贸大学学报》2018 年第 2 期。
项佐涛：《试析中东欧新民粹主义政党的兴起》，《国际政治研究》2017 年第 2 期。

项佐涛：《中东欧政党政治的“欧洲化”程度研究》，《当代世界与社会主义》2013 年第 2 期。

谢基：《波兰传教士米海尔·鲍姆对汉学西传的贡献》，《社会科学》1986 年第 4 期。

熊昊：《变与不变间的波兰——图斯克新政府外交政策走向》，《俄罗斯东欧中亚研究》2008 年第 4 期。

熊昊：《空难事件后波兰对美欧俄政策走向》，《现代国际关系》2010 年第 4 期。

杨烨：《欧盟东扩中的“波兰现象”评析》，《俄罗斯中亚东欧研究》2004 年第 4 期。

杨友孙：《社会主义波兰的犹太民族政策初探》，《当代世界社会主义问题》2008 年第 3 期。

姚勤华、戴轶尘、朱雯霞：《从“魏玛三角”到“波兰现象”——欧盟东扩与整合中的利益博弈》，《现代国际关系研究》2004 年第 5 期。

姚永祥、郭增麟：《对波兰天主教会的新观察》，《当代世界》1996 年第 3 期。

余南平、孔令兰萱：《后金融危机时代中东欧社会经济转型评估》，《俄罗斯研究》2013 年第 4 期。

张慧：《“一带一路”与波兰中国移民的演变趋势研究》，《人口研究》2018 年第 3 期。

张浚：《欧洲的国家转型及其政治图景——从欧洲民粹主义谈起》，《欧洲研究》2018 年第 3 期。

张莉：《民族主义与民粹主义：意识形态的构建还是政治策略的选择——以匈牙利民族民粹主义政党尤比克党为例》，《国外社会科学》2018 年第 2 期。

张牧洲、文学：《21 世纪波兰政治两次右转的原因及影响》，《哈尔滨学院学报》2017 年第 5 期。

张晓通、赖扬敏：《历史的逻辑与欧洲的未来》，《欧洲研究》2018 年第 5 期。

赵可金：《嵌入式外交：对中国城市外交的一种理论解释》，《世界经济与政治》2014 年第 11 期。

赵艳霞、唐更田：《21世纪初波兰的东方政策及其制约因素》，《俄罗斯学刊》2013年第4期。

朱晓中：《冷战后中东欧与美国关系》，《俄罗斯学刊》2014年第6期。

邹振环：《晚清波兰亡国史书写的演变系谱》，《南京政治学院学报》2016年第4期。

［波］彼特拉夏克·玛尔戈让塔：《哈尔滨的波兰侨民》，刘涧南译，《黑河学院学报》2015年第2期。

［德］赫里伯特·科尔：《加入欧盟后中东欧国家工会的现状》，张文成译，《当代世界与社会主义》2010年第2期。

［德］塞巴斯蒂安·哈尼施：《德国与中国"一带一路"倡议：初期评估》，黄萌萌译，赵柯校，《欧洲研究》2018年第3期。

二　外文文献

（一）著作

Alexander S. Kuznetsov, *Theory and Practice of Paradiplomacy: Subnational Governments in International Affairs*, Routledge, 2014.

Andrew Moravcsik, *The Choice for Europe: Social Purpose and State Power from Messina to Maastricht*, Routledge, 2013.

Bartosz Napieralski, *Political Catholicism and Euroscepticism: The Deviant Case of Poland in Comparative Perspective*, New York: Routledge, 2018.

Brian Poter-Szucs, *Faith and Fatherland: Catholicism, Modernity and Poland*, London: Oxford University Press, 2011.

Cas Mudde, Cristóbal Rovira Kaltwasser eds., *Populism in Europe and the Americas: Threat or Corrective for Democracy?* New York: Cambridge University Press, 2012.

Cas Mudde, Eatwell Roger, *Western Democracies and the New Extreme Right Challenge*, New York: Routledge, 2004.

Cas Mudde, *Populist Radical Right Parties in Europe*, New York: Cambridge University Press, 2007.

Cas Mudde, *Racist Extremism in Central and Eastern Europe*, New York: Routledge, 2005.

Cas Mudde, *The ideology of the extreme right*, Manchester: Manchester University Press, 2002.

Chantal Mouffe, *On the Political*, London: Routledge, 2005.

Daniele Albertazzi, Duncan McDonnell eds. , *Twenty-First Century Populism: the Spectre of Western European Democracy*, New York: Palgrave Macmillan, 2008.

Dorota Szeligowska, *Polish Patriotism after* 1989: *Concepts*, *Debates*, *Identities*, Bern: Peter Lang Publishing, 2016.

Eli Lederhendler ed. , *Jews*, *Catholics*, *and the Burden of History*, New York: Oxford University Press, 2005.

Francisco Aldecoa and Michael Keating, *Paradiplomacy in Action: the Foreign Relations of Subnational Governments*, Routledge, 2013.

Genevieve Zubrzycki, *The Crosses of Auschwitz: Nationalism and Religion in Post-Communist Poland*, Chicago: University of Chicago Press, 2006.

Hans-Georg Betz, *Radical Right-Wing Populism in Western Europe*, London: The Macmillan Press, 1994.

H. RosenfeldAlwin ed. , *Resurgent Anti-Semitism: Global Perspectives*, Bloomington: Indiana University Press, 2013.

Jim McGuigan, *Culture Populism*, London: Routledge, 1992.

Joseph Rothschild, *East Central Europe between the Two World Wars*, Seattle and London: University of Washington Press.

Jubstyna Zajac, *Poland's Security Policy: The West*, *Russia*, *and the Changing International Order*, London: Palgrave Macmillan, 2016.

Juraj Buzalka, *Nation and Religion: The Politics of Commemorations in South-East Poland*, Berlin: Lit-Verlag, 2007.

McCombs, M. E. , *Setting the Agenda. The Mass Media and Public Opinion*, Cambridge: Polity Press, 2004.

Michael L. Budde ed. , *Beyond the Borders of Baptism: Catholicity*, *Allegiances*, *and Lived Identities*, Eugene OR: Cascade Books, 2016.

Norman Davies: *Heart of Europe: A Short History of Poland*, Oxford & New

York: Oxford University Press, 1984.

Rafal Pankowski, *The Populist Radical Right in Poland: The Patriots*, London: Routledge, 2010.

Sabrina P. Ramet, Irena Borowik eds. , *Religion, Politics and Values in Poland: Continuity and Change Since 1989*, New York: Palgrave Macmillian, 2017.

Sabrina P. Ramet, *The Catholic Church in Polish History: From 966 to the Present*, New York: Palgrave Macmillan, 2017.

Vicky Randall ed. , *Democratization and the Media*, London: Frank Cass, 1998.

Witold Gombrowicz, *Diary*, *Volume I*, Northwestern University Press, 1988.

(二) 论文

Adam Starzyk, Natalia Tomaszewska, "Concepetion of Intermarium in Polish Foreign Policy in 21 century", *Torun International Studies*, No. 1, 2017.

Agnieszka Bieńczyk-Missala, "Poland's Foreign and Security Policy: Main Directions", *Revista UNISCI / UNISCI Journal*, No. 40 (Enero / January 2016).

Albright Michael, "Poland's 1991 Labor Statutes: A Refinement of Earlier Legislation Rather Than a Liberalization of Union Rights and Powers", *Case Western Reserve Journal of International Law*, Vol. 25 Issue 3 (Summer1993).

Andrew Moravcsik, "Preferences and Power in the European Community: A Liberal Intergovernmentalist Approach", *JCMS: Journal of Common Market Studies*, Vol. 31, No. 4, 1993.

Andrew Moravcsik, "Taking Preferences Seriously: A Liberal Theory of International Politics", *International Organization*, Vol. 51, No. 4, 1997.

André Lecours, "Paradiplomacy: Reflections on the Foreign Policy and International Relations of Regions", International Negotiation, Vol. 7, No. 1, 2002.

Aneta Kosztowniak, Anna Sacio-SzBmańska, "The assesment of the effectiveness of selected innovation support instruments used in Poland in 2007 - 2013", *Economics and Management*, Volume 7, Issue 2, 2015.

Angelos-Stylianos Chryssogelos, "The Evolution of the 'Populist Potential' in European Politics from new right radicalism to Anti-system Populism", *European View*, Vol. 12, 2013.

Arkadiusz Modrzejewski, "Catholic and Nationalist Populism in the Current Poland", *Perspectives in Politics*, Vol. 17, Issue 1, 2017.

Arne Musch and Alexandra Sizoo, "City diplomacy: the Role of Local Governments in Conflict Prevention, Peace-Building, Post-Conflict Reconstruction", The Hague: VNG International, 2008.

Bartosz Kowalski, "China's Foreign Policy towards Central and Eastern Europe: The '16 + 1' Format in the South-South Cooperation Perspective. Cases of the Czech Republic and Hungary", *Cambridge Journal of Eurasian Studies*, 2017.

Bartłomiej Igliński, Anna Iglińska, Grzegorz Koziński, et al. "WindEnergy in Poland: History, Current State, Surveys, Renewable Energy Sources Act, SWOT Analysis", *Renewable and Sustainable Energy Reviews*, No. 64, 2016.

Bilewicz M. and Krzeminski I., "Anti-semitism in Poland and Ukraine: The belief in Jewish control as mechanism of scapegoating", *International Journal of Conflict and Violence*, 2010. 4 (2).

Bojan Bugaric, Alenka Kuhelj, "Varieties of Populism in Europe: Is the Rule of Law in Danger?" *Hague J. Rule Law*, Vol. 10, 2018.

Brian Porter, "The Catholic Nation: Religion, Identity, and the Narratives of Polish History", *The Slavic and East European Journal*, Vol. 45, No. 2, 2001.

Dawid Bunikowski, "The constitutional crisis in Poland, Schmittian questions and Kaczyński's political and legal philosophy", *Journal of Contemporary European Studies*, No. 3, 2018.

Dorota Szelewa, "Killing 'Unborn Childer'? The Catholic Church and Abortion Law in Poland Since 1989", *Social & Legal Studies*, Vol. 25, No. 6, 2016.

Evan S. Medeiros and M. Taylor Fravel, "China's New Diplomacy", *Foreign Affairs*, Vol. 82, 2003.

Ewa Kaliszuk, "Chinese and South Korean investment in Poland: a comparative study" , *Transnational Corporations Review*, Vol. 8 , No. 1 , 2016.

Ewa Morawska, "Civil Religion vs. State Power in Poland" , *Society*, Vol. 21 , No. 4, 1984.

Heino Nyyssönen, "The East is different, isn't it? Poland and Hungary in search of prestige" , *Journal of Contemporary European Studies*, No. 3 , 2018.

Izabela Surwillo, Karen Henderson, Gabriella Lazaridis, "Between Euroscepticism and Eurosupport: The Attitudes of Urban and Rrual Populations in Poland 2000 – 2008" , *Europe-ASIA Studies*, Vol. 62 , No. 9, 2010.

Jacqueline Heinen, Stéphane Portet, "Reproductive Rights in Poland: when politicians fear the wrath of the Church" , *Third World Quarterly*, Vol. 31 , No. 6, 2010.

Joana Setzer, "Testing the Boundaries of Subnational Diplomacy: the International Climate Action of Local and Regional Governments" , *Transnational Environmental Law*, Vol. 4 , No. 2 , 2015.

Jowita Brudnicka, "Geopolitical position of Poland: from time of Partitions to the independence" , *Securitologia*, No. 1/2016.

Katarzyna Kolodziejczyk, "Poland in the European Union. Ten Years of Membership" , *Revista UNISCI / UNISCI Journal*, No. 40 (Enero / January 2016) .

Krzysztof Jasiewicz," The New Populism in Poland: The usual Suspects?" *Problems of Post-Communism*, Vol. 55; Issue 3 , 2008.

Krzysztof Zuba, "The Political Strategies of te Catholic Church in Poland" , *Religion, State & Society*, Vol. 38 , No. 2, 2010.

Leszek Mitrus, "European Trade Unions in Age of Flexicurity and Segmented Labor Markets: The Case of Poland" , *Comp. Labor Law and Pol'y Journal*, Vol. 38: 59, 2016.

Luca Tomini, "Reassessing Democratic Consolidation in Central and Eastern Europe and the Roleofthe EU" , *Euro-Asia Studies*, Vol. 66 , No. 6, 2014.

Lucyna Stetkiewicz, "The Role of the Catholic Church and Polish Religiousity" , *The Journal for the Sociological Integration of Religion and Society*, Vol. 3 , No. 2, 2013.

Martin Dangerfield, "V4: A New Brand for Europe? Ten Years of Post-Accession Regional Cooperation in Central Europe", *Poznań University of Economics Review*, No. 4 2014.

Michael Bruter, "Diplomacywithout A State: the External Delegations of the European Commission", *Journal of European Public Policy*, Vol. 6, No. 2, 1999.

Michał Krzyżanowski, "Discursive Shifts in Ethno-Nationalist Politics: On Politicization and Mediatization of the ' Refugee Crisis ' in Poland", *Journal of Immigrant & Refugee Studies*, Issue1 -2, 2018.

Michele Acuto, Mika Morissette, and Agis Tsouros, "City Diplomacy: Towards More Strategic Networking? Learning with WHO Healthy Cities", *Global Policy*, Vol. 8, No. 1, 2017.

Michele Acuto, "World Politics by Other Means? London, City Diplomacy and the Olympics", *The Hague Journal of Diplomacy*, Vol. 8, No. 3 -4, 2013.

Patrycja Pendrakowska, "Poland's perspective on the Belt and Road Initiative", *Journal of Contemporary East Asia Studies*, Vol. 7, No. 2, 2018.

Paula Kukołowicz and Maciej A. Górecki, "When incumbents can only gain: economic votingin local government elections in Poland", *West European Politics*, No. 3, 2018.

Peter J. Kastor, "Motives of Peculiar Urgency: Local Diplomacy in Louisiana, 1803 -1821" The William and Mary Quarterly, Vol. 58, No. 4, 2001.

Peter Vermeersch," Nationalism and political competition in Central Europe: The case of Poland", *Nationalities Papers*, Vol. 41, No. 3, 2013.

Radoslaw Markowski, Joshua A. Tucker, "Euroscepticism and the Emergence of Political Parties in Poland", *Party Politics*, Vol. 16, No. 4, 2010.

Radoslaw Markowski, "The Polish Elections of 2005: Pure Chaos or a Restructuring of the Party System?" *West European Politics*, Vol. 29, No. 4, 2006.

Rafał TUSZYŃSKI, "Polish Perspectiveson CEE-China 16 +1 Cooperation: The Unexpected Ukraine Factor", *Euro Polity*, Vol. 9, No. 1, 2015.

Robert D. Putnam, "Diplomacy and Domestic Politics: the Logic of Two-Level Games", *International Organization*, Vol. 42, No. 3, 1988.

Robert M. Doherty, "Local Diplomacy and the U2 Incident… I Am Justa Coalminer's… Lawyer in", *Proteus*, Vol. 13, No. 1, 1996.

Rogier Van der Pluijm and Jan Melissen, "City Diplomacy: the Expanding Role of Cities in International Politics", Netherlands Institute of International Relations' Clingendael', 2007.

Roman Szul, "Geopolitics of Natural Gas Supplyin Europe-Poland between the EU and Russia", *European Spatial Research and Policy*, NO. 2, 2011.

RudraSil, "The battle over flexibilization in post-communist transitions: Labor politics in Poland and the Czech Republic, 1989 – 2010", *Journal of Industrial Relations*, Vol. 59 (4), 2017.

R. Dassonneville and M. S. Lewis-Beck, "Economic Policy Voting and Incumbency: Unemployment in Western Europe", *Political Science Research and Methods*, No. 1, 2013.

Sheri Kunovich, "Occupational Diversity in Polish Politics, 1991 – 2011", *International Journal of Sociology*, Vol. 48, 2018.

Skomra and Sławomir, "Jak wstąpić do PiS? Coraz więcej chętnych by stać się członkiem partii rządzącej", *Kurier Lubelski*, Retrieved 30 June 2016.

Stanislaw Burdziej, "Voice of the Disinherited? Religious Media After the 2005 residential and Parliamentary Elections in Poland", *East European Quarterly*, XLII, No. 2.

Stuart Shields, "From Socialist Solidarity to Neo-populist Neoliberalisation? The Paradoxes of Poland's Post-communist Transition", *Captical&Class*, Vol. 31, No. 3, 2007.

Stuart Shields, "Neoliberalism Redux: Poland's Recombinant Populism and its Alternatives", *Critical Sociology*, Vol. 41, 2015.

三 网站和数据库

波兰地质研究所（geoportal. pgi. gov. pl）

波兰东方研究所（OSW）（https://www. osw. waw. pl/）

波兰国际事务研究所（PISM）（http://www. pism. pl/）

波兰国家采矿局（http://www.wug.gov.pl/）
波兰经济发展部（https://usa.trade.gov.pl/）
波兰能源局（https://www.gov.pl/web/energia/）
波兰投资贸易局（http://www.paiz.gov.pl/）
波兰外交部（https://www.msz.gov.pl/）
波兰亚洲研究所（CSPA）（http://www.polska-azja.pl/tag/poland-asia-research-center/）
波兰中央统计局（http://stat.gov.pl/）
波兰中央银行（http://www.nbp.pl/）
波兰驻中国大使馆（https://pekin.msz.gov.pl/zh/）
城市人口网（http://www.citypopulation.de/）
经合组织数据库（http://stats.oecd.org.）
联合国教科文组织（http://www.unesco.org）
联合国贸发会（http://unctad.org）
联合国人口司（https://esa.un.org/unpd/wpp/Download/Standard/Population）
欧洲统计局（https://ec.europa.eu/eurostat）
皮尤研究中心（http://assets.pewresearch.org）
全球竞争力报告（https://cn.weforum.org/reports）
世界银行数据库（https://data.worldbank.org.cn/）
中国国家统计局（http://www.stats.gov.cn/）
中国外交部（https://www.fmprc.gov.cn/）
中国驻波兰大使馆（http://www.chinaembassy.org.pl/chn/）
中国驻波兰使馆经商参赞处（pl.mofcom.gov.cn/）